现代人力资源管理系列教材

劳动关系管理

（修订本）

于桂兰　于　楠　主编

清华大学出版社
北京交通大学出版社
·北京·

内 容 简 介

本教材共有12章，具体包括：劳动关系管理导论；劳动关系中的工会、雇主组织、政府和国际组织；劳动关系建立；工资、社会保险与福利制度；员工健康与安全管理；员工参与管理；纪律与异动管理；员工抱怨与申诉管理；劳动关系解除与终止；集体谈判与集体合同；劳动争议管理；劳动关系管理效果评估。本教材基本涵盖了企业劳动关系管理的主要内容。

本教材可供管理类、劳动与社会保障类本科生使用，也可以作为普通高等教育相关专业本科生教材、企业劳动关系管理人员的培训教材，还可以提供给对劳动关系管理感兴趣的相关人员自学使用。

图书在版编目（CIP）数据

劳动关系管理/于桂兰，于楠主编. —北京：清华大学出版社；北京交通大学出版社，2010.12（2022.1重印）
（现代人力资源管理系列教材）
ISBN 978-7-5121-0404-4

Ⅰ.①劳…　Ⅱ.①于…　②于…　Ⅲ.①劳动-生产关系-管理-教材　Ⅳ.①F246

中国版本图书馆CIP数据核字（2010）第229882号

责任编辑：赵彩云
出版发行：清 华 大 学 出 版 社　邮编：100084　电话：010-62776969
　　　　　北京交通大学出版社　邮编：100044　电话：010-51686414
印 刷 者：北京时代华都印刷有限公司
经　　销：全国新华书店
开　　本：185×260　印张：28.75　字数：718千字
版　　次：2020年4月第1次修订　2022年1月第8次印刷
书　　号：ISBN 978-7-5121-0404-4/F·761
定　　价：69.00元

本书如有质量问题，请向北京交通大学出版社质监组反映。对您的意见和批评，我们表示欢迎和感谢。
投诉电话：010-51686043，51686008；传真：010-62225406；E-mail：press@bjtu.edu.cn。

前 言

随着中国工业化和市场化进程的加速，劳动关系问题越来越突出。如何通过有效的劳动关系管理，保证劳动关系的和谐稳定，从而为社会的和谐发展奠定基础，是摆在政府、企业（雇主）、工会和劳动者面前的现实问题。本教材站在企业角度，对劳动关系管理的相关基本概念、基本知识、基本理论和基本方法进行了介绍。

本教材的主要特点是：章节、体例和版块结构的安排，符合管理类课程的学习和教学规律。每章都设计了八个版块：本章学习内容、本章学习目标、导引案例、主体内容、本章主要内容回顾、案例讨论、复习思考题、参考文献。为了帮助理解教学内容和提高阅读兴趣，在每一章的适当位置，都设计了简洁实用的图表，插入了一些微型案例。

本教材采用联合主编方式，由于桂兰和于楠共同提出教材的整体架构、详细的写作大纲和每章内版块结构的安排，共同进行统稿和定稿工作。各章节的具体编写分工如下：

第 1 章，于桂兰，于楠；第 2 章，于桂兰，孟秀石；第 3 章，于米；第 4 章，于桂兰，孟秀石；第 5 章，于桂兰，姜小暖；第 6 章，于楠，徐扬；第 7 章，于米；第 8 章，于桂兰，罗丹；第 9 章，于米；第 10 章，于米；第 11 章，于桂兰，窦娇娇；第 12 章，于桂兰，窦娇娇。

在编写过程中，参阅和借鉴了大量国内外同行的书籍、论文及网上资料，在此向前辈和同行所做的开拓性贡献表示由衷的敬意和感谢！如果没有前辈和同行在劳动关系研究和教学领域的长期不懈奋斗，我们是难以完成本教材的编写工作的。我们尽量做到尊重原作者的知识产权，但由于主编的阅读范围有限或者其他非主观故意的原因，可能还会有不令人满意的地方，一旦存在使用了作者的原创性成果，但没有明确清晰地给予注释和说明的情况，敬请原作者毫不客气地指出来，我们将立即给予更正，向原作者表示歉意，并请求谅解。

在教材写作过程中，吉林大学商学院人力资源管理专业 2008 级本科生李虹颖同学，认真仔细地校对了本教材的第 1、3、5、6、7、8、9、10、11 和 12 章；2009 级研究生姜小暖校对了第 2 和第 4 章。在此对她俩的辛勤劳动，表示真诚的谢意！

由于我们知识和经验的不足，本教材的错误和遗漏在所难免，恳切希望使用本教材的教师和同学及相关专家提出批评和建议，以使本教材能不断充实和完善。

于桂兰　于　楠

2021 年 1 月

目　录

第1章 劳动关系管理导论

本章学习内容

1. 劳动关系概念与主体；
2. 劳动关系的本质与表现形式；
3. 劳动关系的类型与影响因素；
4. 劳动关系的流派及其政策主张；
5. 我国劳动关系的特点与问题；
6. 劳动关系管理的目标。

本章学习目标

1. 掌握劳动关系的基本概念、基本理论；
2. 了解我国劳动关系的基本特点和问题。

引导案例

东方航空公司的飞行员集体返航事件①

2008年3月31日，中国东方航空公司的飞行员私自“导演”了一场“空中秀”，提前过了“愚人节”，从昆明飞往大理、丽江、西双版纳、芒市、思茅和临沧六地的18个航班在到达目的地上空后，均“因天气原因”而集体返航，致使1 500多名旅客滞留昆明巫家坝机场。4月1日，该公司又有3个航班“因天气缘故返航”。

事情发生后，东方航空公司对外界解释说，返航事件是由于“天气缘故”。4月7日，不得不承认这次事件中，部分航班的返航存在“明显的人为因素”。

4月8日，公司在上海发表《告全体员工书》，明确表示：“绝不允许东航员工拿着旅客的利益作为筹码”，并在上海证券报发布公告，披露这一信息。

由于“罢飞”事件的恶劣社会影响，不少乘客开始自发集体抵制东航航班。

中国消费者协会新闻发言人也在同一天对媒体表示，消费者协会将一直密切关注东方航空公司云南部分航班的集体返航事件，中国消费者协会律师团将会根据消费者的要求，依法提供支持。

事件发生后，中国民航管理局介入调整。在调查过程中，有关飞行员说：集体返航是飞

---

① 本案例摘自《21世纪经济报道》2007年12月24日第5版。原作者：陈欢

行员之间长期在一起工作、生活养成的一种默契，事先没有人组织，也不存在“带头大哥”式的人物，事发过程中也不知道会有多少人参与。“只要有一架飞机返航，后面就会有一群飞机跟着，呼啦呼啦地飞回来。”他们在“返航过程中，想得很简单，就是要向公司表达不满，但没料到事情发展到这个地步”。飞行员长期反映的问题得不到解决，飞行员也不知道该怎么办。就用这种方式表达了不满。

有飞行员说，事件发生前，云南分公司飞行员中，就流传着一封反映飞行员待遇不公的公开信，这是返航事件的导火索。但是谁散布了这封公开信，都不知道。

也有专家分析称，飞行员之所以敢于这样做，是因为“飞行员短缺危机到来了”。最新数据显示：我国航空公司共有飞行员 11 509 人，其中现任机长 5 092 人，副驾驶 6 417 人。而截至 2007 年年底，我国共有民航运输飞机 1 131 架。中国民用航空飞行学院院长郑孝雍预测。“中国民航业正以每年 12%～14%的速度增长，未来 5 年间，飞行员缺口将达到 1 万名，到 2015 年，这一缺口将高达 1.8 万名。”同时，多家民营航空公司使用多样的手段从国有大航空公司“挖”飞行员，也提高了飞行员的不稳定性。

4 月 16 日，中国民用航空局就东方航空公司云南分公司的集体返航事件作出调查结论，同时对东方航空公司作出处罚决定：

（1）停止东航云南地区部分航线、航班的经营权，交由其他航空公司经营；具体执行事宜由民航西南管理局安排；

（2）对东航处以人民币 150 万元罚款，上缴国库；责令东航在三个月内完成相关设备的改装升级，恢复 QAR 译码设备的正常工作。

该事件也导致了东航 11 名飞行员停飞，接受调查。

思考题：

1. 在本案例中，劳动关系的主体有哪些？
2. 在本案例中，哪些因素影响了东方航空公司飞行员集体返航事件的发生？
3. 如果你是东方航空公司的总经理，在事件发生前后，你会怎么做？

1.1 劳动关系概念与主体

1.1.1 劳动关系概念

劳动关系（labor relations）是指劳动者与劳动力使用者以及相关组织为实现劳动过程所构成的社会经济关系。[①] 在不同国家或不同体制下，劳动关系又被称为“劳资关系（labor-management relations）”、“劳工关系（labor relation）”、“劳雇关系（employee-employer relations）”、“雇佣关系（employment relations）”、“员工关系（employee relations）”、“产业关系（industrial relations）”、“劳使关系”等。在西方国家，劳动关系通常称为“产业关系”，是产业中劳动力与资本之间关系的缩略语，即产业社会领域内，政府、雇主和劳动者（工会）围绕着有关劳动问题而发生的相互关系。作为劳动者和劳动力使用者之间的社会经济关

① 常凯．劳动关系学．北京：中国劳动社会保障出版社，2005：9.

系的表述，“劳动关系”（labor relations）是一个最为宽泛和适应性最强的概念。①

1.1.2 劳动关系主体

从狭义上讲，劳动关系的主体包括两方：一方是雇员及以工会为主要形式范围的雇员组织；另一方是雇主及其代理人（管理方）以及雇主组织。同时，如果劳动关系问题处理不当，其影响有可能超越组织和经济的范畴，进入政治和公共领域，影响到经济发展、社会稳定和公共利益，因此，政府会以各种方式不同程度地介入劳动关系事务，以平衡双方的关系；在经济全球化的背景下，一个国家的劳动关系质量，也会影响到这个国家的国际形象、对外经济贸易关系等，因此，劳动关系问题又可能超越国界，进入国际政治和经贸关系领域，因此，相关国际组织，如国际劳工组织、国际雇主组织一些国际性和区域性的经济贸易组织等，对一个国家劳动关系的影响，也越来越大。因此，当代劳动关系管理，应该将这类国际组织也列入研究范围，给予足够关注。

（1）雇员及其组织

雇员是指以工资收入为主要来源的劳动者。雇员不包括自由职业者和农民。我国《劳动法》第三条规定，“在中国境内的企业、事业单位、机关中以工资收入为主要生活来源的体力劳动者和脑力劳动者，不分民族、种族、性别、职业、宗教信仰、教育程度，都有依法参加和组织工会的权利。”这基本限定了雇员的范围。

在市场经济条件下，雇主及其代理人（管理方）和雇员双方都是劳动力市场的主体，双方都要遵循平等、自愿、协商的原则订立劳动合同，缔结劳动关系。双方都有相应的权利与义务，发生争议时法律地位也是平等的。但是，缔结劳动关系以前，在供大于求的劳动力市场上，就业压力使雇员处于弱势地位；缔结劳动关系之后，雇员在工作场所要接受管理方的管理和监督，按照管理方所规定的纪律和要求付出劳动；这些都使作为个体的雇员在事实上处于被动和劣势地位，管理方往往占有更多的优势，处于主动地位。

因此，雇员们会建立自己的组织，利用集体的力量，联合起来维护自己的权利，如工会、员工协会和职业协会等。

韦伯夫妇（Webbs）早在1894年就通过对当时英国工会的研究，提出了工会具有互助保险、集体谈判和参与法律制定等功能；工会一般能够组织起来与雇主谈判，以便能够改变工人个人与雇主谈判的不利地位。他们后来又在《工会史》中，把工会定义为“由工资收入者组成的旨在维护并改善其工作生活条件的连续性组织”②。工会的主要目标就是通过集体协商和集体谈判等方式，增强工人与雇主谈判时的力量，改善工人的工作条件、劳动报酬及其他待遇。

我国《工会法》第二条和第六条规定，“中华全国总工会及其各工会组织代表职工的利益，依法维护职工的合法权益”，“维护职工合法权益是工会的基本职责。工会在维护全国人民总体利益的同时，代表和维护职工的合法权益。”

我国工会代表和维护职工合法权益的权利和义务主要表现在以下几方面：

---

① 常凯．劳动关系学．北京：中国劳动社会保障出版社，2005：14.

② Sidney，Beatrice Webb. The history of Trade Unionism. Longmans Green and Co Ltd，London，New York，Toronto，1920：1.

与管理方一起协商确定和修改完善企业劳动规章制度；维护职工的民主权利；帮助、指导职工与用人单位签订劳动合同；代表职工与用人单位平等协商、签订集体合同；监督用人单位对职工的管理；代表职工与用人单位交涉侵权事项；对危及职工生命安全的情况提出解决建议；代表职工向用人单位或者有关方面提出解决劳动纠纷的意见和建议；参加劳动争议调解和仲裁；在直接涉及职工切身利益的法律、法规、规章、政策和措施制定过程中，向国家机关和政府提出建议；参与劳动关系三方协商，与政府、企业方代表共同研究解决劳动关系重大问题。

(2) 雇主及其雇主组织

雇主是指雇用雇员的用人单位或个人。在企业中，通常管理方代表雇主行使管理雇员的权利。管理方是指享有法律所赋予对企业拥有经营管理权且在用人单位中具有主要经营决策权力的人或团队。在不同的国家和不同的时期，与管理方有关的概念很多，诸如“资本家(capitalist)”、“雇主(employer)”、“企业主(enterprise owner)”、“企业(enterprise)”、“企业家(entrepreneur)”、“经营者”、“用人单位(employing unit)”等。

雇主组织是由雇主依法组成的组织，其目的是通过一定的组织形式，将单个雇主联合起来形成一种群体力量，在产业和社会层面通过这种群体优势同工会组织进行协商和谈判，最终促进并维护每个雇主成员的利益。雇主组织通常有以下三种类型：行业协会、地区协会和国家级雇主联合会。在我国，像中国企业联合会和中国企业家协会、各种总商会、全国工商联合会和中国民营企业家协会等，都是雇主组织。

(3) 政府

狭义的政府仅是指国家机构中执掌行政权力、履行行政职能的行政机构。广义的政府泛指各类国家权力机构，即立法、行政和司法机构的总称。劳动关系中的政府，是指广义政府。

政府一方面通过立法执法和司法介入和影响劳动关系；同时政府又是公共利益维护者，通过监督、干预等手段直接促进劳动关系的协调；政府还是公共部门的雇主，直接参与劳动关系。

(4) 国际劳工组织、国际雇主组织与国际经贸组织

全球化是当代劳动关系不得不面对的现实，任何国家的劳工问题都不得不考虑其国际背景和国际影响。因此，任何一个国家的劳动法律、政策和实践，在某种程度上都要受到来自有关国际组织和国际标准的约束。“由于全球化的影响，我国劳动关系在主体结构、劳动标准、调整方式等方面，开始出现了国际化的趋向，即劳动关系的存在和调整，已经不仅仅是一个国家的内部事务，而且直接受到国际经贸规则和国际劳工标准的影响，以及跨国公司管理惯例的制约”。“产业工会面临着在全球和地区性国际经贸组织中，就产业发展和劳动关系协调问题，与各国劳、资、政组织进行多边协商，以维护本国产业职工的权益”①。

1.1.3 劳动关系的重要性

劳动关系是一个国家最基本的社会经济关系。劳动关系是否和谐，对雇员、雇主和政府与社会，都会产生重要影响，如图1-1所示。

① 乔健. 促进工会体制改革，发挥产业工会作用. 中国人力资源开发研究会劳动关系分会成立大会暨2008年年会论文集，2008年6月20—21日，第96页。

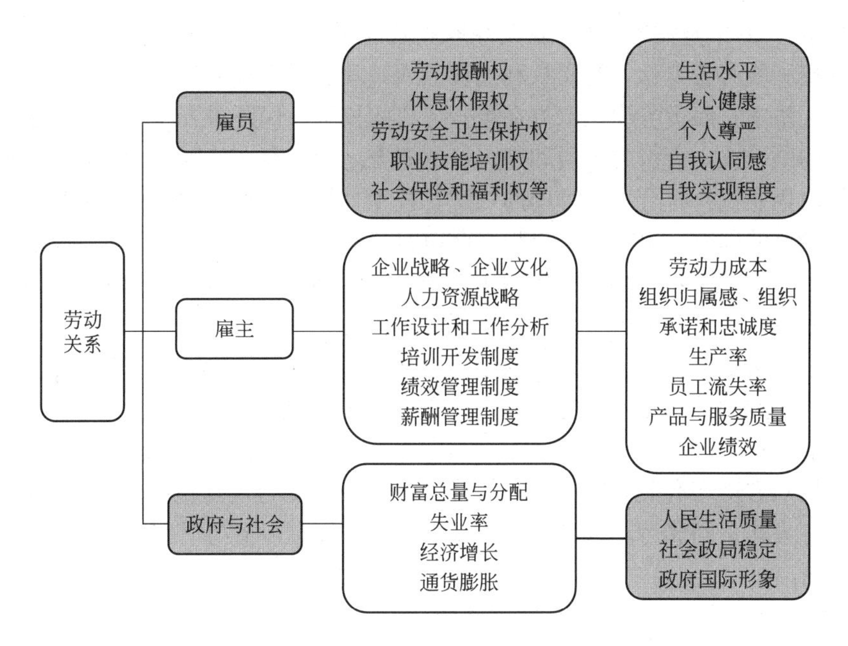

图 1-1 劳动关系对不同主体的影响

对于雇员来说，劳动关系质量影响到劳动者权利的实现状况，进而影响劳动者的生活水平、身心健康、个人尊严、自我认同感和自我实现程度。

对雇主来说，劳动关系质量明显受到企业战略、企业文化、人力资源战略以及工作设计和工作分析制度、培训开发制度、绩效管理制度、薪酬管理制度等的影响。如果这些战略和文化所确定的方向和信念是正确的，相应的人力资源制度又在具体设计和实施方面比较有效，虽然可能使劳动力成本有所上升，但员工组织归属感、组织承诺和忠诚度的提高，可能会提高生产率、降低员工流失率、提高产品与服务质量，进而提高企业绩效。

对于政府和社会来说，劳动关系质量如何，会影响到社会财富总量的创造与分配、失业率、经济增长和通货膨胀等，进而影响人民的工作生活质量、社会与政局的稳定以及政府的国际形象。

1.2 劳动关系本质与表现形式

1.2.1 劳动关系的本质①

劳动关系本质上是雇员与雇主双方的权利和义务关系，是双方合作与冲突的对立统一。我国《劳动法》第三条规定，劳动者享有平等就业和选择职业的权利、取得劳动报酬的权利、休息休假的权利、获得劳动安全卫生保护的权利、接受职业技能培训的权利、享受社会保险和福利的权利、提请劳动争议处理的权利以及法律规定的其他劳动权利。

巴泽尔认为，“人们对资产的权利（包括他自己的和他人的）不是永久不变的，它们是

① 本节部分观点来自：程延园．劳动关系．北京：中国人民大学出版社，2002：44-62.

他们自己直接努力加以保护、他人企图夺取和政府予以保护程度的函数。”① 可见，权利的实现，涉及权利所有者自己，妨碍权利实现的人，政府对权利所有者的保护。

在劳动关系中，雇员与雇主双方在维护各自的权利、保证对方履行各自义务的时候，由于双方权利的不一致，会引起矛盾和冲突，但双方之间又存在着因为有效合作而获得的共同利益。雇员向企业投入符合雇主需要的知识、技术、能力、经验和健康等要素，在获得工资收入和其他报酬的同时，也在工作过程中获得对组织的认同感和归属感、在交往中受到尊重和获得自尊、在贡献中获得成长和实现自我等；雇主则通过正确的战略决策和各种职能管理，通过对雇员有效管理和开发，可以获取组织的核心竞争优势，在为客户创造价值的同时，也给股东带来丰厚收益。总之，双方由于共同利益而合作，也由于某种程度的利益差异而冲突。因此，劳动关系是雇员与雇主双方合作与冲突的统一。

(1) 合作根源

合作是指双方遵守有关制度和规则的行为。这些制度与规则包括广义的国家法律法规、双方共同签订集体合同和劳动合同、企业规章制度、社会习俗与惯例以及某些非正式的心理契约等。“合作根源”主要来自两方面：被迫和获得满足。

“被迫”是指雇员为谋生被迫与雇主合作，除此之外别无选择。如果他们与雇主的利益和期望不符或作对，就会受到各种惩罚，甚至失去工作。即使雇员能够联合起来采取集体行动，但长期的罢工和其他形式的冲突，也会使雇员损失收入来源，还会引起雇主撤资、不再经营、关闭工厂或重新择地开业，使雇员最终失去工作。事实上，雇员比雇主更加依赖这种雇佣关系的延续。可见利益所带来的合作与冲突同样重要。

雇员从合作中“获得满足”，主要建立在下列几个方面：

① 建立在雇员对雇主信任的基础上。这是基于对立法公正的理解和对雇主的限制措施，加上媒体宣传、教育等，增加员工信任感。西方劳动关系理论家对此有三种解释。第一种解释认为，工人在社会化的过程中处于一种接受社会的状态，雇主可以通过宣传媒体和教育体系向工人灌输其价值观和信仰，从而降低工人产生阶级意识的可能性。因而工人被塑造成“团队成员”而不是“麻烦制造者”；第二种解释认为，大多数工人都很现实，他们明白没有其他可行的选择可以替代现今的制度安排，并且认为，从整体上看，当前系统运行得还不错；第三种解释认为，工人的眼界是有限的，他们比较的对象总是具有相似资格的其他人，并且相信只要他们在这个圈子里过得不错，就没什么好抱怨的。因而那些从事“较差”工作的工人往往也很乐于工作。

② 大多数工作本身具有积极的一面。当今欧美国家中，大多数工人对其工作有较高的满意度，认为自己已经融入到了工作中，并且觉得他们的工作不但是有意义的，而且从本质上说也是令人愉快的。所以，即使有时会感到工作压力、工作超负荷或者对工作缺乏控制权，他们仍乐于工作。工人认识到工作的价值，因而会从工作中产生实现自我价值的满足感。

③ 管理方的努力也使雇员获得了满足。尽管人力资源学派所提出的进步策略和方法，并没有像他们所预言的那样被广泛推广，但是该学派提倡“进步的”管理手段，以及雇主出于自身利益考虑向员工作出的让步，都在一定程度上提升了员工满意度。这些措施削减了冲

① 巴泽尔. 产权的经济学分析. 上海：上海三联书店，1997：2.

突产生根源的影响，增加了合作根源的影响。这些“好”雇主往往能得到更多的信任和认同。

(2) 冲突的根源

冲突即双方的目标、利益和期望出现的分歧，如雇员旷工、怠工和罢工，管理方的“关闭工厂”、“黑名单”、“排工”等。“冲突根源”可以分为本质根源和背景根源，前者是指由于劳动关系本质属性，即劳资双方权力和利益差异，造成的冲突；后者是指组织、产业、地域、文化、制度与政策等因素所造成的冲突。

冲突的本质根源主要包括以下四种：

① 异化劳动的合法化。马克思指出，资本主义市场经济存在着资产阶级和无产阶级的分化。前者拥有并控制着生产工具，而后者一无所有，只能靠出卖劳动力谋生。这种阶级地位的差别，决定了现代资本主义社会的主要特征是大多数劳动力市场的参与者都在为他人工作。实际上这也是目前资本主义经济中劳动关系的最主要特征。因为工人并非为自己工作，所以他们在法律上既不拥有生产资料、生产产品以及生产收益，也不能控制生产过程，从而在法律上造成了劳动者与这些生产特征的分离。工人为了保住工作，可能会认同这种工作安排并尽力工作。但是，在其他条件不变的情况下，工人缺乏努力工作的客观理由，因为生产资料、过程、结果及收益等在法律上不归他所有，这本身就是管理的难题。

② 客观利益差异。市场经济更深层次的原则是企业利润最大化目标。马克思认为，在任何一个经济体系中，所有的价值都是由生产性劳动创造的。如果雇主按照劳动创造的价值给付工人报酬，那就没有利润，投资方就没有任何投资的动机，最终就会导致经济的崩溃。所以资本主义存在的条件就是通过劳动力长期的过度供给（即失业）将工人置于不利的地位，从而支付少于工人通过劳动创造出的价值的工资，实现对工人的剥削。国外一些学者认为，无论是否接受“剥削”的论点，对利润的追求都意味着雇主和工人之间的利益存在着根本冲突。在其他条件不变的情况下，雇主的利益在于给付工人报酬的最小化，以及从工人那里获得收益的最大化，工人的利益在于工资福利的最大化，以及在保住工作的前提下尽量少付出劳动。毋庸置疑，雇主与工人的利益是直接冲突的，即企业对利润的追求和员工对福利工资的要求，是劳动关系深层次冲突的根本原因之一。

③ 雇佣关系的等级性和从属性。管理方的权力在就业组织中是以一种等级分层（由上而下）的形式逐级递减的。这种权力来源于所有者的产权，在没有法律特别规定的情况下，员工没有权力选举组织中直接的管理者或更高职位的人，而且管理者无须对下负责。虽然雇员拥有退出、罢工和岗位的力量，并能够同管理方协商有关管理制度，但雇员难以真正行使参与管理的权利。双方的这种雇佣关系使员工不情愿地处于从属地位，从而造成对管理者的不信任。

雇员与管理者冲突更深层的原因是：在一个崇尚个人自由和民主的社会，劳动者不愿意处于从属地位；更重要的是，这种权力的分布不是雇员的利益所在，而是资本所有者的利益（利润）所在。

④ 正式契约的不完全性。如果雇主和雇员的劳动合同是完全的，明确详细规定了雇员和雇主各方全部的权利和义务；如果集体协商和谈判的双方代表能够根据法律和企业实际，就劳动报酬、工作时间、休息休假、劳动安全卫生、保险福利等事项达成非常完备一致的集体合同；如果劳动法律法规能够把所有劳动关系中可能遇到的问题及其处理都作出具体明确

的规定；同时，劳动合同、集体合同和劳动法律法规又能够得到完全的履行，那么，双方因为权利义务不清晰而造成的冲突，就会大大降低。但现实情况是，契约各方获得的信息都是不完全的，契约各方都是有限理性的，契约各方对未来的变化都是不确定的，契约各方都存在机会主义倾向。这些现实的约束条件决定，契约是有成本的，更是不完全的。在不完全的契约下，因为权利义务不清晰而造成的冲突，就是不可避免的。

⑤ 心理契约的不确定性。目前，从全球劳动力市场看，正式的劳动契约并不普遍，合同条款和内容不可能包罗万象，格式也不统一，甚至没有书面的合同。劳动关系的一些内容，比如对工作的预期和理解等，并不能完全用书面的形式进行约定，有时它是建立在一种“心理契约”基础之上的，即建立在双方对“工资与努力程度之间的动态博弈”结果之上的，或者说，在心理契约形成之后，可以从薪酬水平推测出工人的努力程度。心理契约的内容可以非常丰富，如工人对经济报酬、工作保障、晋升机会、归属感的预期，雇主对工人忠诚度、敬业度、认同感、组织承诺的预期等。由于心理契约在理解和期望上的复杂性和模糊性，在日常工作中经常会产生对于“公平合理安排”的不同看法。同时，即使在雇员个人与雇主方签有书面合同的情况下，也会由于双方对合同条款内涵的理解和解释的不同而导致差异。心理契约的模糊性和复杂性，也是造成潜在冲突的一个根源。

冲突的背景根源主要体现在下列三个方面：广泛的社会不平等和贫富分化导致了工人的敌视和报复行为；劳动力市场供大于求的状况，使失业率上升，就业压力加大，雇主更加挑剔；职业危害和安全生产问题在全球范围，尤其是发展中国家，仍十分严峻；在垄断和非垄断行业之间，不同地区和不同部门之间，不同性别和种族之间，工作不平等、不公正问题，在全球仍十分突出；“异化的和艰苦的工作岗位”即使在西方发达国家，也仍然大量存在，许多工人仍然感到无奈、孤独、无意义甚至失去自我。

以上分析表明，雇员与雇主冲突，是有深刻根源的。

1.2.2　劳动关系表现形式[①]

劳动关系双方由于共同利益而合作，也由于某种程度的利益差异而冲突。所以，劳动关系在表现形式上，既有合作，也有冲突，是双方合作与冲突的统一。

（1）合作表现形式

雇员和雇主之间的合作方式，主要包括：沟通、共同协商、员工参与管理等。

① 沟通，所谓“沟通”，是指管理方向雇员及其组织传达信息的过程，使其对组织的问题和管理方地位表示理解，消除雇员可能有的错误的观念。雇员通过沟通了解组织的信息，可以巩固工会在集体谈判、组织内部劳资联合决策中的作用。沟通的主要内容包括：就业组织重要信息，让员工对就业组织的全貌有一个大概的了解，如企业性质、职工人数、产品范围等；日常工作情况信息，如某天生产的产品数量与质量，以及生产过程中遇到的问题等；组织内部调整信息，如新经理上任、裁员等；组织运作的详细信息，如企业生产经营状况及分析等。下面就是一则企业缺乏沟通可能引起劳动问题的案例。

---

① 本部分内容，部分观点来自：程延园．劳动关系．北京：中国人民大学出版社，2002：44－62，218－228；常凯．劳动关系学．北京：中国劳动社会保障出版社，2005：296－322；左祥琦．劳动关系管理．北京：中国发展出版社，2007：214－219．

案例

企业“困难”的迷惘

今天是某毛巾厂工人张某发工资的日子，可他并不高兴。因为据说由于今年经济不景气，企业资金出现困难，工人们只能领到70%的工资。下面是他和妻子李某的对话。

“是不是你们厂亏损了？赔了多少钱？”

“我不知道，又没人告诉我们。”

“那你们这工资还补不补了？”

“不知道。说反正是没钱，要也没有。”

“那不对呀，你们一直也没停工，有时候还要加班，而且我听隔壁小孙说，你们厂长刚从美国回来，去了半年了，现在书记又要去欧洲。你们厂要是没钱，他们拿什么出国呀？你们头儿怎么说？”

“我们头儿的工资我猜一分都没少，他成天就和我们打哈哈，不替我们着想。”

“那你们自己就不兴问问？”

“有几个四组的哥们儿去厂办问了，人家说上班时间不许问问题，否则按旷工处理。”

“那下了班呢？”

“你下班，他们也下班了。还是问不着。”

“那你们怎么不找厂长问问这事？”

“厂长回来之后还没见过呢。”

“干什么事也得明明白白的呀，要是厂里真的有困难，我们也可以分担。可是这样分明是稀里糊涂地受气！”

“实在不行，我们就去劳动仲裁告他们！”

资料来源：程延园．劳动关系．北京：中国人民大学出版社，2002：59－60.

在上述案例中，如果管理方告诉张某，工厂的货款没有收回来，全厂所有人的工资都只发70%，但等到货款到位时会全部补齐；厂长和书记是去外国学习，是为了引进先进技术，那么，张某和他妻子的感受就会完全不同了。

虽然沟通可以改善管理方与劳动者双方的关系，减少冲突，但沟通并不能完全消除冲突，更不能从根本上解决双方利益和价值观上的差别，因而也无法根治冲突。

② 共同协商。“共同协商”是指管理方在制定决策之前，先征求员工的意见，但不需征得其同意的决策程序。共同协商的作用主要体现在下列几个方面。

共同协商使员工获得知情权的满足，理解与支持管理方的经营生产战略，从而双方在思想和行动上取得一致。

员工通过共同协商表示不满之后，双方通过这种互相尊重的民主形式，可以使管理方了解潜在冲突。

通过共同协商，双方可以局部地调整劳动关系。若双方共同利益比较少，那么共同协商调整劳动关系的回旋余地就比较小，反之亦然。

共同协商具有信息传输量大且涉及双方共同关注的组织发展问题，使其与集体谈判制度相互补充，推动双方的合作。

③ 员工参与管理。员工参与（Participation）是企业或其他组织中的普遍员工依据一定的规章制度，通过一定的组织形式，直接或间接地参与管理与决策的各种行为的总称。员工参与对增进劳动关系主体双方了解，消除意见分歧，把有可能造成重大利益冲突进而影响劳动关系稳定的因素和隐患消除于萌芽之中都非常有必要。根据参与的程度，可以从无参与到完全由员工控制不等。

无参与。员工不参与共同决策，但雇主对于决策的有关信息可以采取两种不同态度：一是完全不透露任何有关决策的具体信息；二是可以向员工提供关于决策的具体信息。

共同磋商。分为两种情况：一是雇主决策之前，就有关问题向员工解释，并征求员工意见，然后独立地决策；二是雇主不但向员工征求意见，而且在最终决策中充分反映员工意见。

联合或共同决策。员工与雇主共同对有关问题进行分析，共同决策。一般来说，在共同决策的情况下，双方对最终决策的形成有同样大的影响力。

员工完全控制。员工班组中的某个人或某些人对有关他们自己的问题完全拥有决策的权力，雇主在非例外的情况下不得干预。

根据参与的内容，员工参与管理具体包括以下几种：

工作层面的参与，主要是指员工参与工作条件方面的管理。包括任务分配、工作方法、工作程序设计、工作目标、工作速度、工作时间、设备的安置、照明设备的配备、工作安全等。

管理层面的参与，主要是指员工参与包括雇用与解雇、培训与激励、工作纪律与工作评估、工资发放与意外事故补偿及标准等方面的管理。

企业战略的参与，主要是指员工参与包括管理者的雇用与使用、利润分成与财务计划、产品发展与市场营销、资本投资与股票分红等方面的管理。

决策阶段的参与，主要包括搜索背景信息和提出解决方法等方面。

在多数情况下，员工参与决策的内容主要涉及工作层面和管理层面，极少涉及企业主要战略问题，如产品选择、工厂选址和投资等。

（2）冲突的表现形式

① 雇员或雇员组织（工会）的冲突表现方式。从无组织到有组织、从潜在到公开两个维度出发，雇员表现出来的冲突形式，可以分为以下几类：“付出—获得”型心理契约、应对行为、不服从行为和罢工，如图 1-2 所示。

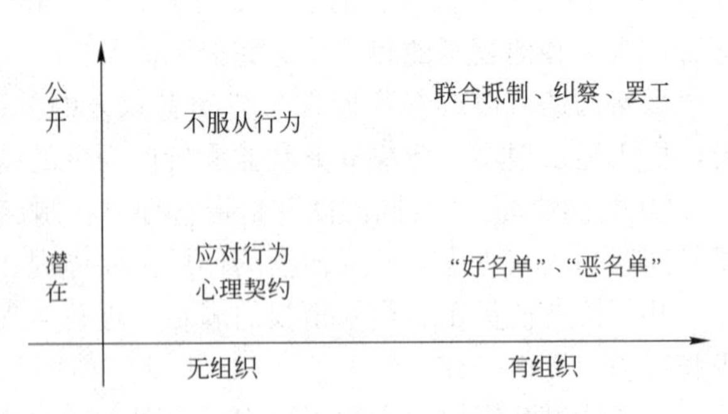

图 1-2　雇员及其工会的冲突表现形式

无组织的潜在冲突。主要是以“付出—获得”型心理契约的形式表现出来的冲突。由于劳动关系冲突根源的存在，雇员及其上司之间的关系是高度等级化的，管理者力图从雇员那里获得更高的绩效水平，而雇员的反应是，如果上司准备了更多回报，则会服从监督和管理，否则他们会拒绝。劳动关系正是通过这种“付出—获得”的方式形成早期心理契约。从这个角度而言，心理契约也属于“协商后的秩序”，这种秩序反映了劳动关系存续期间劳动者与管理者之间的“付出—给予”关系。当然，管理方可以用纪律惩处的冲突解决办法单方撕毁契约，这就会引发很多问题。在西方国家，这些问题以前面提到的冲突的各种形式表现出来，包括工人低效率、怠工、非法罢工、缺勤率提高，以及辞职率的不断增长等。

无组织的半潜在冲突。主要包括“应对行为”和“不服从行为”两类。前者是一种无组织的、处于从潜在到公开的过渡阶段但更接近潜在的冲突，主要是指工作场所各种各样的嬉闹行为，如拿同事乱开玩笑、在公共场合打闹、交头接耳、酗酒等。这是雇员对自身所处不利地位和紧张雇佣关系的单方调节行为，是对劳动关系造成的潜在紧张和挫折的一种发泄；后者是一种无组织的、处于从潜在到公开的过渡阶段但更靠近公开的冲突，如工作松懈、主观缺勤、怠工、“退出”或称辞职等。怠工是工人不离开工作岗位也不进行就地罢工，只是放慢工作速度或破坏性地工作；员工辞职，并不是因为他们有更多的选择，而是迫不得已，但这种辞职往往会成为回敬雇主和恢复自尊的员工个体所采取的最终行为。

有组织的潜在的冲突。“好名单、恶名单”，就是这种冲突的典型。在这种冲突中，工会将那些与工会作对的雇主列入“恶名单”，将对工会公正的雇主列入一个“好名单”，并将这些名单在工会会员中传阅，以促使广大会员不再维护“恶名单”上的企业，更好地维护这些进入“好名单”的企业，不信任没有进入任何名单的企业。

有组织的公开冲突。主要包括“联合抵制”、“纠察”、“罢工”等。联合抵制是指阻止雇主出售最终产品；纠察是指罢工雇员对靠近工厂的入口处或有关区域实行的警戒；罢工是雇员集体停止为雇主工作。罢工是在通过其他诉求渠道都不能表达和解决雇员的权利问题时，雇员有组织地与管理方公开冲突的表现形式。罢工是雇员被压抑的强烈不满情绪的宣泄方式。如果罢工渠道受阻，雇员的强烈不满情绪会继续被压抑，如果不能有效疏导，冲突最终会以更为激烈的形式表现出来。

② 雇主或雇主组织的冲突表现方式。从无组织到有组织、从潜在到公开两个维度出发，雇主或雇主组织表现出的冲突方式，主要有关闭工厂、雇用罢工替代者、充当罢工破坏者、复工运动、黑名单、排工等几种，如图1-3所示。

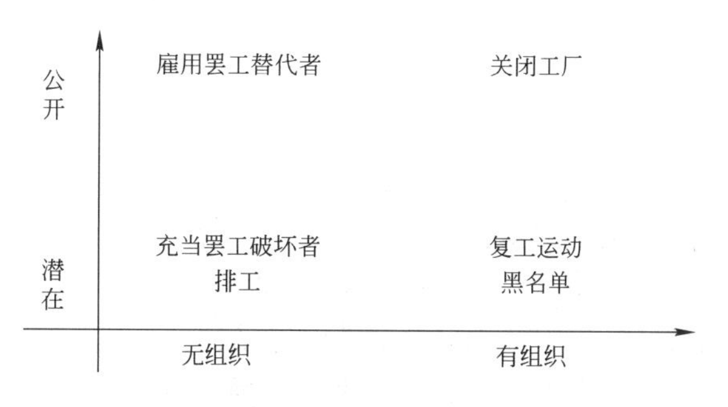

图1-3 雇主及其组织的冲突表现形式

关闭工厂，雇主通常把关闭工厂安排在工会准备罢工时。主要目的是以少量损失避免产生重大损失，甚至倒闭，同时通过解雇或者停职，断绝劳动者的工资来源，迫使劳动者完全降服于管理者的权威。

雇用罢工替代者，即罢工期间，雇主通过雇用其他劳动者代替罢工雇员进行生产活动，以抵制或破坏罢工的方法。

充当罢工破坏者，即罢工期间，雇主借助其他雇主的帮助完成生产任务。

复工运动，即雇主派人到罢工雇员家中说服罢工者或者家属，使他们相信到某一天，大多数罢工雇员都将复工，如果他们回厂复工，其利益将得到很好的保障，同时雇主还会在报刊上发出复工运动通告。

黑名单，即雇主通过秘密调查，将一些不安分或有可能在劳资冲突中发挥主要或带头作用的劳动者，秘密登记在一张表上，并暗中通知本行业其他雇主不要雇用他们，致使被列在表上的劳动者丧失被雇用的机会。

排工，即雇主在雇用劳动者时，对某些劳动者采取排斥态度。通常雇主专门排斥那些加入工会的劳动者。

1.3 劳动关系的类型与影响因素

现实存在的劳动关系，有多种类型，而劳动关系的类型是由政治、经济、历史、文化、社会、心理等多种因素共同影响而成的。

1.3.1 劳动关系类型

(1) 按职权结构划分

按照分配工作任务的方式、监督雇员行为的方法和奖惩方法为标准，可将劳动关系分为独裁型、集权型、自主型（人力资源管理型）三类。

① 独裁型（autocratic）。高层管理人员直接分配工作任务，亲自监督，经常“武断地”作出奖惩决定。

② 集权型（bureaucratic）。雇员按订立的制度与规程行事，有明确的工作角色，管理者根据雇员是否遵守企业的制度与规程监督、奖惩雇员。

③ 自主型（autonomic），也称为人力资源管理型。雇员被赋予高度自主权并参与决策，管理者以工作绩效作为监督、奖惩的依据。

(2) 按管理理念划分

管理方的价值观与目标在管理实践中的体现为核心的管理理念，以此为标准，可将管理方主导的劳动关系，分为剥削型、宽容型、合作型三类。

① 剥削型（exploitive）。管理者不关心雇员的需求，其目标是以最低的工资换取最大量的雇员劳动。

② 宽容型（accommodative）。管理者意识到雇员的某些需求是法律认可的，从而提供合理的报酬与就业条件。

③ 合作型（cooperative）。管理者充分考虑雇员福利，实施各种计划以赢得员工对企业的忠诚，培养员工对企业的献身精神。

在一个纵轴代表职权结构、横轴代表管理理念的坐标体系中，这些不同的劳动关系类型，可以形成不同的劳动关系类型组合。沿纵轴自下而上，沿横轴从左向右，管理模式逐渐从传统的科学管理向人力资源管理演进。以集权/剥削模式为例，由于企业制定了明确的管理规则，因此比独裁型职权结构前进了一步，但有效性仍不如自主型职权结构。由此，可以认为集权/剥削模式要比独裁/剥削模式先进，但不如自主/剥削模式先进。

左祥琦借助管理模式图（见图 1-4），对管理方的政策与实践进行了粗略的对比分析：沿“↗”所示方向，管理模式朝着先进的方向演进。独裁/剥削模式、集权/宽容模式以及自主/合作模式处在“落后→先进”的对角线上，可作为其他六种管理模式的参照系。从劳动关系角度考察，这个管理模式图，实际上也是一个劳动关系类型模式图。

↗先进

管理理念 / 职权结构	剥削型	宽容型	合作型
自主型	自主/剥削（承包工作任务）	自主/宽容（传统手工业行会）	自主/合作（人力资源管理）
集权型	集权/剥削（早期考勤制）	集权/宽容（“二战”后主流劳工体制）	集权/合作（高级家长制）
独裁型	独裁/剥削	独裁/宽容（小型零售商店）	独裁/合作（早期家长制）

↗落后

图 1－4 管理模式图

资料来源：左祥琦．劳动关系管理．北京：中国发展出版社，2007：57.

(3) 按双方力量对比和政府影响程度划分

根据管理方和劳动者双方力量和权力的对比及政府政策、法律等的影响程度，可以将劳动关系分为以下几种类型。

① 均衡型。指劳动关系双方力量相差不大，能够相互制衡。该类型的劳动关系主要表现为：在相同的法律制度下，员工及工会有权了解组织内部信息，参与组织的基本生产决策与经营管理。

② 倾斜型。指劳动关系双方力量相差悬殊，出现了向管理方或员工方的倾斜。该类型又可分为两种情况，即向管理方倾斜或向员工方倾斜，在当今世界经济中，以前者较为普遍。

③ 政府主导型。指政府控制劳动关系力量，决定劳动关系事务。如在计划经济国家、新加坡等较为典型①。

1.3.2 劳动关系的影响因素

劳动关系的影响因素是多种多样的，一些学者将这些因素进行归纳和整理后，抽象出了劳动关系的理论模型。这些模型比较清晰地对影响劳动关系的因素进行了分析。

(1) 邓洛普劳资关系模型中的影响因素

美国著名劳动关系学者邓洛普（Dunlop）在 1958 年出版的《产业关系系统》（*Industrial Relations System*）一书中，提出了劳动关系系统理论。他认为劳动关系系统是由特定行为主体（actors）、特定环境（contexts）、涉及劳动关系系统的意识形态（role of ideology）以及管理工作场所和工作团体的规则（web of rules）四部分构成的，如图 1－5 所示。

特定行为主体是指雇主及其组织、雇员及其组织以及制定和实施劳动关系法律政策的政府；环境因素包括工作场所和工作团体的技术条件、行为主体面对的产品和要素市场以及预算制约、主体权力分布和地位；意识形态是指决定每一个主体角色与地位的共同思想观念，它作为行为主体所持有的一整套观念和信条，将系统连接成一个整体。系统的有效运行是由共同的意识形态来维系的，这就要求各行动者的信念是一致和协调的，并且接受各自扮演的角色。意识形态的作用是能够使参与者分享共同的工作场所语言、特定的共同信念和偏见。

① 程延园．劳动关系．北京：中国人民大学出版社，2002：10.

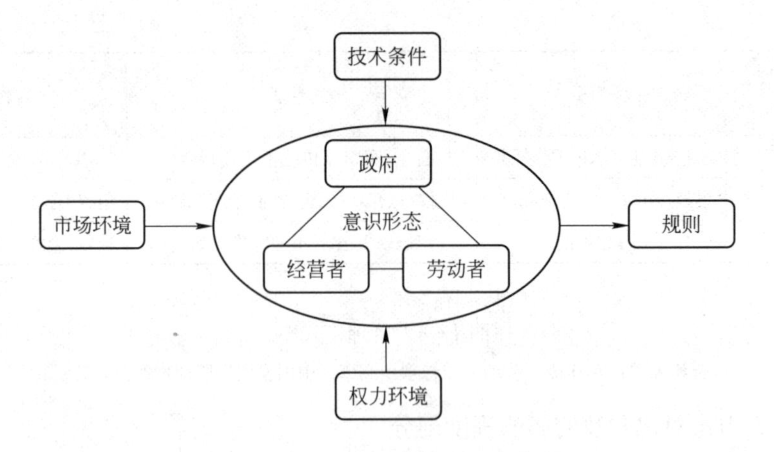

图 1－5　Dunlop 的劳动关系分析框架

资料来源：John T. Dunlop. Industrial Relations Systems. Rev Ed). Harvard Business School Press，1993：47－54. 崔勋整理。转引自崔勋，吴思嫣. 国外劳动关系系统理论与当前研究的焦点. 中国人力资源开发研究会劳动关系分会成立大会暨 2008 年年会论文集，第 241 页。

否则，系统就不会稳定；在环境因素的影响下，主体之间的交互作用会产生一系列复杂的管理工厂和雇员的规则。

（2）KKM 劳动关系模型中的影响因素

1986 年，美国学者 Thomas A. Cochan，Harry. C. Katz 和 Robert B. Mckersie 发表了合著《美国劳动关系转型》，对美国劳动关系的变化进行了分析，指出美国劳动关系正处于转型时期。他们提出了战略选择理论，在劳动关系模型中加入了“战略选择”这一动态因素，指出劳动关系变化是环境压力与组织应对战略的产物，并以此来分析美国劳动关系变化的特点。他们认为，雇员、雇主以及政府等行为主体的选择和判断，对劳动关系系统的方向和结构具有重要影响，如图 1－6 所示。

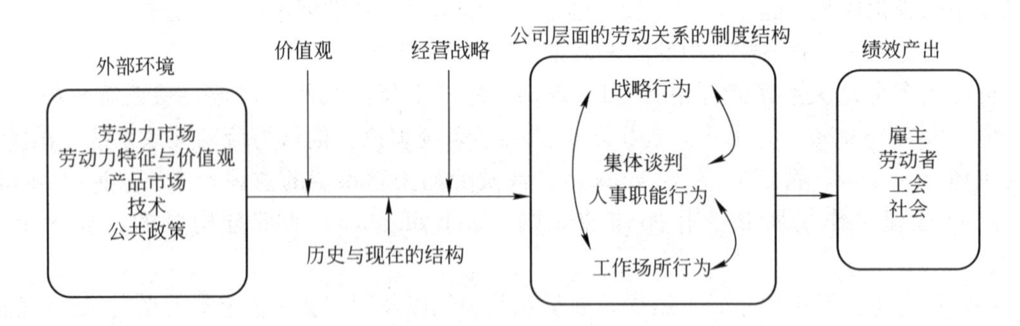

图 1－6　分析劳动关系问题的一般框架

资料来源：Thomas A. Kochan，Harry. C. Katz，Robert B. Mckersie. The Transformantion of American Industrial Relations. Cornell university，1994：11.

KKM 的“战略选择”理论将劳动关系主体分为三个层次：决定战略决策的最高层、决定集体谈判及人事政策的中间层、直接影响员工及管理者个人的工作场所层。在不同层次上，经营者、工会和政府活动的重点不同，如表 1－1 所示。

表 1-1 劳动关系行动的三个层次

层次	经营者	工会	政府
长期战略及政策制定	经营战略 投资战略 人力资源战略	政治战略 代表战略 组织战略	宏观经济及社会政策
集体谈判及人事政策	人事政策 谈判战略	集体谈判战略	劳动法与劳动行政
工作场所及个人/组织关系	管理风格 员工参与 工作设计及工作组织	合同管理 员工参与 工作设计及工作组织	劳动标准 员工参与 个人权利

资料来源：Thomas A. Kochan，Harry. C. Katz，Robert B. Mckersie. The Transfarmation of American Industrial Relations. Cornell university，1994：17.

(3) 李孝秀（Hyo-Soo Lee）劳资关系模型中的影响因素

1996 年，韩国学者李孝秀从生产、分配和规则制定的综合与交互作用角度，提出了劳动关系的 PDR 模型。他认为劳动关系的决定因素有四个方面。

① 环境。环境分为竞争环境和总体环境。前者包括技术、资本和产品市场、劳动力市场、公司治理和企业规模；后者包括社会文化氛围、经济和政治状况。环境通过影响主体的价值观和权利地位，间接影响劳动关系。

② 主体。主体指雇员及工会、雇主和政府。主体的价值观决定他们进行战略选择的范围，其相对权利地位决定战略选择的有效性。主体运用两种战略来影响劳动关系：通过工会组织战略或竞争环境战略来加强其权利地位；通过构建或革新生产—分配—规则制定系统。主体的价值观和权利地位至关重要。为了应对劳动关系环境的变化，主体不断开发和创建相应的生产—分配—规则系统战略，劳动关系也就不断演化。

③ PDR 系统的内容和交互作用。PDR 系统包括三个子系统：人件系统（humanware system）、软件系统（组织与工作场所实践）和硬件系统。三个系统相互影响，其中人件系统最重要，它综合了分配系统（薪酬体系和工作条件）和根据人件系统的心智（mindset）所形成的规则制定系统，并且能够将人力资源转变为创造性的资源。生产系统的引擎是能将人力资源转变为创造性资源的人件系统。

④ 产出的绩效。包括生产率和工人生活质量。如图 1-7 所示，各子系统具有内在的联系，环境因素影响主体的价值观和权利地位，并进而影响主体在 PDR 系统中的战略选择，PDR 系统的内容和相互作用，影响了绩效水平。

(4) 约翰·W·巴德（John W. Budd）劳动关系模型中的影响因素

John W. Budd 认为，劳动关系影响因素是指能够对劳动关系运行的过程和结果产生影响的因素。劳动关系的过程和结果，是雇主与雇员之间在雇佣关系的社会政治、战略、职能和工作场所等各层面相互作用的结果，而这些相互作用，又受到劳动关系外部环境和雇主、雇员个人因素的影响。"劳方—资方相互作用受环境的制约，受效率、公平与发言权的基本目标的制约，也受人的决策（包括道德规范）的制约"①。因此，劳动关系管理，必须考察其外部环境因素和人的因素，如图 1-8 所示。

① 约翰·W·巴德. 人性化的雇佣关系：效率、公平与发言权的平衡. 解格先，马振英，译. 北京：北京大学出版社，2007：70.

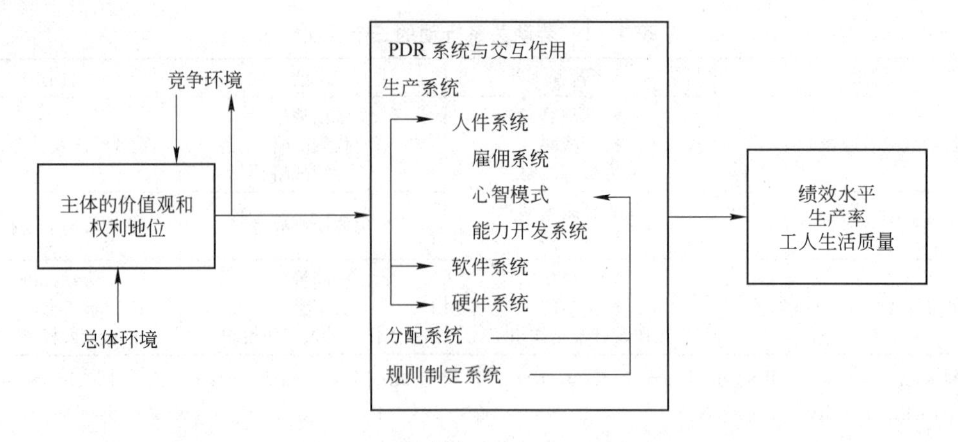

图 1-7 劳动关系的 PDR 系统框架

资料来源：Hyo-Soo Lee. The Construction in Industrial Relations: A Synthesis of PDR Systems. The Korean Economic Review, New Series 12, No. 2, 1996: 199-218. 转引自崔勋，吴思嫣. 国外劳动关系系统理论与当前研究的焦点. 中国人力资源开发研究会劳动关系分会成立大会暨 2008 年年会论文集，第 246 页。

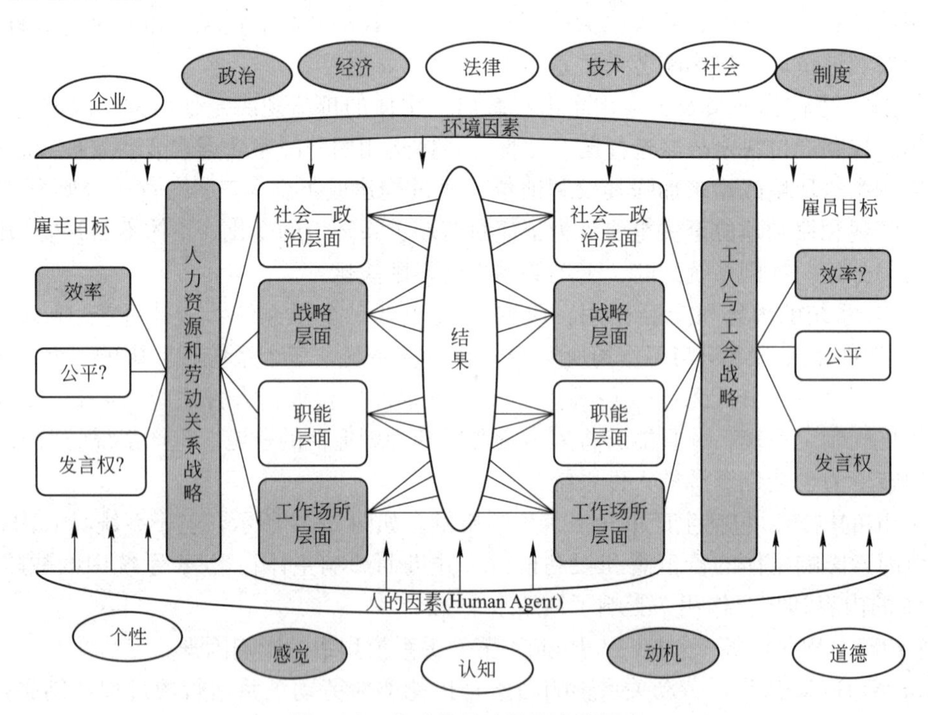

图 1-8 劳动关系结果的决定因素

资料来源：John W. Budd. Labor Relations: Striking a Balance (Second Edition). McGraw-Hill/Irwin, 2008: 73.

① 环境因素。

● 法律环境。国家法律为劳动关系双方相互作用提供了法律框架。我国《劳动法》规定了劳动者享有平等就业和选择职业、取得劳动报酬、休息休假、获得劳动安全卫生保护、接受职业技能培训、享受社会保险和福利、提请劳动争议处理等多项权利；也规定了用人单位应当依法建立和完善规章制度，保障劳动者享有劳动权利和履行劳动义务，并就促进就业、劳动合同和集体合同、工作时间和休息休假、工资、劳动安全卫生、女职工和未成年工特殊保护、职业培训、社会保险和福利、劳动争议、监督检查和相关法律责任，作出了具体规定。我国的《工会法》规定，工会代表职工的利益，依法维护职工的合法权益；劳动者都有依法参加和组织工会的权利；并就工会组织、工会的权利和义务、基层工会组织、工会的经费和财产以及相关的法律责任等，进行了明确规定。我国的《劳动合同法》为劳动合同的订立、履行和变更、解除和终止、集体合同、劳务派遣、非全日制用工、监督检查和相关法律责任等，提供了基本原则和具体法律框架。这些规定是双方处理劳动关系最重要的依据，也是政府调整劳动关系的重要手段。

● 经济环境。经济环境包括劳动力市场、产品或服务市场以及整体的宏观经济环境等。雇员的谈判力受劳动力市场供求关系的影响，而供求关系依赖于雇员在生产过程中对客户需要的产品或服务有多么重要。如果雇主的产品或服务对某种类型雇员的需求越缺乏弹性，雇员的谈判力就越强。这种现象一般会出现在以下情况下：劳动力很重要或难以找到替代人选；对产品或服务的需求弹性小（价格变动余地小）；劳动力成本只占整个生产成本的一小部分；其他生产要素供应缺乏弹性。学者们将这四种情况称为"马歇尔条件"（Marshall's Conditions）。经济增长速度及就业率等宏观经济环境，也能够改变劳动关系双方的力量对比，从而影响员工福利水平、就业、工作转换及工会运动与工会发展，直至影响产品生产、岗位设计等，最终间接影响到劳动关系的整体状况。

● 技术环境。技术环境包括工作场所是否固定、生产规模、生产工序和方式、资本或技术密集程度和技术变革等。工作地点经常变动且与客户频繁接触的雇员（如销售人员），比工作场所固定、与客户缺少联系的雇员（如生产流水线上员工），谈判力一般会更强一些；从大规模生产制作向满足个性化需求的灵捷生产方式转变时，对雇员的技能深度和宽度提出了更高需求，企业对雇员的依赖程度会提高；高技术含量产品生产单位的员工，岗位力量会增强，从而在劳动关系中优势比较大。相反，那些低技术密集型行业（如快餐业）员工岗位的力量就弱些；技能偏好型技术变革增加了对高技能员工的需求，也拉大了高技能员工和低技能员工的工资差距，而技能退化型技术变革则降低了对员工技能的需求，如将办公室文员的完整工作分解成简单化、程序化和低技能的工作片段，分配给几个人承担，就会提高管理层对员工的控制程度，降低员工的谈判力。

● 政治环境。政治环境对劳动关系的影响，可以通过多种形式表现出来。政府的直接干预是典型形式。例如，英国前首相撒切尔夫人领导下的保守党信奉新自由主义，力主铲除对市场"自由"运行的制度障碍。她的资深同事 Keith Joseph 在大选前就出版了题为《解决工会问题是英国复兴之关键》的小册子。1979 年大选后，英国国会通过了一系列法律，削弱劳工的力量，限制工会的权力，致使发生了英国劳工运动史上的"哥白尼革命"，工会会员从 1979 年超过 1 300 万人的高峰，下降到 90 年代后期的不到 800 万人。[①] 同时，工会也可以利用选举制度，支持对劳工和工会友好的政党和政治家，并获得更多参与相关立法和政策制定的机会。美国汽车工人联合会（UAW）主席 Walter Reuther 曾经形容这种关系为"面包箱和投票箱之间有一种直接联系，工会在谈判桌上所力争并赢得的东西，可能在立法

① Richard Hyman. Understanding European Trade Unionism: Between Market, Class and Society. SAGE Publications Ltd, 2001: 103 - 104.

大厅中被取走”，① 因此，工会争取立法和政策制定的参与权力是非常重要的。

● 社会环境。无论是雇主还是雇员，都工作在一定的群体或工作场所的社会背景中。在这里人与人之间、群体与群体之间是互动的，这种互动要受到社会规范的影响。传统习惯、价值观、信仰等，都对这种互动产生影响。对于违反社会文化规则的个人和组织，虽然惩罚不像法律那样具有强制性，但其作用却不可低估。比如，天主教对德国的劳动关系，就具有重要影响。1891年天主教教皇Leo十三世发表的《新路线》（*New Line*）中主张，各阶级不是对立的，而是互补的：资本与劳动应该以和谐与一致的方式存在。这里隐含着一种相互的责任：工人应该为雇主忠诚地工作，雇主应该尊重工人的尊严。工资应该足以维持工人合理、简朴的舒适生活，工作量与工时不应该过度，以至于麻木了工人的心灵，损害了工人的身体。在这些标准未被尊重的地方，国家有责任介入。工人集体组织的责任，只是提供工人需要时的相互支持，而不是向雇主施加压力。② 德国后来劳资双方的“社会合作伙伴”关系以及“劳资共决”制度，都能从这里找到信仰的渊源。

● 企业环境。企业环境的核心内容是企业战略和公司治理结构。采用成本领先战略的企业，通常劳动分工非常专业化，工人的劳动技能简单，工作重复单调，劳动报酬低，工作保障差，雇员个人谈判力很低，雇主与雇员的关系，更多依赖劳动契约关系来维系。如果没有强有力的工会，雇员将处于非常弱势的地位；采用高品质战略的企业，通常更依赖员工的能力来提升产品或服务质量，更注重雇员掌握多样的技能，尤其是沟通、合作和解决现场问题的能力，更需要培养团队式的企业文化；雇员和雇主的关系更主要地依赖心理契约来维系。公司治理结构的不同，会为劳动关系营造不同的企业制度环境。采用利益相关者公司治理模式的企业，来自于雇员方面的代表在董事会等决策机构中会占有一定的位置，雇员的利益在公司的决策中会受到更多制度化的重视；而采用持股者（股东至上）模式的企业，雇员的利益往往得不到制度化的保障。

② 人的因素。

新古典经济学认为，个人效用最大化和市场约束决定着人的各种选择；行为科学认为心理状态和思想过程也影响着人的决策；而社会学则强调非正式社会结构的重要性。约翰·W·巴德将这些影响劳动关系的人的因素归纳为：认知、动机、个性、情绪、道德五个方面③。

● 认知。认知包括信息处理技术和能力。有限理性理论认为，虽然人试图采取最佳行动方案，寻求最佳结果，但受人的认知能力和客观因素的限制，人们只能选择一个“够好”的解决方案，寻求一个“满意”的结果。比如在集体谈判中，工会当然希望达成的协议完全满足工人和工会的要求，但通常最终达成的协议是双方都可以接受的妥协和让步的结果。但是，认知能力的高低，对劳动关系的影响还是非常重要的。如果工会方的谈判代表或管理方的谈判代表拥有足够多的信息、足够恰当的谈判战略和足够高超的谈判艺术，就可能在谈判开始时开出比较高的谈判价格，最后的谈判结果也会敲定在一个比较高的价格点上，进而提

① 约翰·W·巴德. 人性化的雇佣关系：效率、公平与发言权的平衡. 解格先，马振英，译. 北京：北京大学出版社，2007：76.

② Richard Hyman. Understanding European Trade Unionism：Between Market，Class and Society. SAGE Publications Ltd，2001：40.

③ 约翰·W·巴德. 人性化的雇佣关系：效率、公平与发言权的平衡. 解格先，马振英，译. 北京：北京大学出版社，2007：81-88.

高自己一方的满意度；同时，如果双方的谈判代表拥有足够强烈的双赢意识，在谈判过程中的合作态度和行为会更多一些，达成的协议也可以提高双方的满意度。

● 动机。从广义上说，动机包括了推动人类行为的各种物质、生物、社会以及心理等方面的欲望和需要。比如员工对公平的需求，既有对结果公平的需求，也有对程序公平的需求。

● 个性。Barrick and Mount 在 1991 年提出了分析了人的个性特征的五个维度，即“大五人格”①。这五个维度是外向性、调整性、亲和性、责任感和好奇性。在处理劳动关系过程中，责任心强的雇主可能更愿意对工人承担更多的责任和义务；亲和力强的工会领导人，可能会从工人那里得到更多的工作场所信息，更了解工人的实际情况和真实愿望，并可能更容易地与管理方进行沟通，防止问题积累到严重冲突的程度。

● 感觉。约翰·W·巴德将感觉分成“态度”、“心境”和“情绪”三种②。在劳动关系中，工作满意度、组织承诺和工会承诺等，都是重要的态度指标。工作不满意与旷工、怠工、人员流动、成立工会和工作场所的某些敌对行为倾向，具有某些联系；“心境”是一种一般性情感，与特定的触发因素无关；“情绪”与心境类似，但更强烈和短暂，并与特定的触发因素有关。对一件事情怀着积极的看法是一种心境，而对某同事感到生气是一种情绪。在集体谈判中，积极的心境能够促进谈判中的合作；带有积极情感的谈判者更可能达成协议，并更擅长通过创造性解决问题达成双赢的结果。情绪与特定的触发因素有关，可能使处于情绪中的人暂时不顾其他目标而意气用事。研究者发现，“受挫”情绪是导致罢工的重要因素。③

● 伦理道德。把伦理道德与劳动关系结合起来进行规范性分析，就是判断劳动关系中的理念、制度和行为的对错问题。约翰·W·巴德认为，有六种伦理道德对劳动关系的影响非常重要，如表 1－2 所示。

表 1－2　人力资源与劳动关系的六种伦理框架

伦理	有影响的思想家	核心观点	分析工具	不道德的行为	对效率、公平和发言权的平衡
效用	Jeremy Bentham；John Stuart Mill	为最大多数人谋求最大利益	成本—收益分析	低效率或福利降低的行为	效率是使福利最大化的关键，公平和发言权只有在有助于提高总体福利的时候，才是重要的
责任	Immanuel Kant	对人性尊严的尊重	（康德的）绝对禁令	用自己不想要的方式对待别人	雇佣合同产生效率责任，但公平和发言权是尊重人的尊严的重要方面。必须平衡效率、公平和发言权之间的关系
自由	John Locke	自由作为一种消极权利，不受干涉	财产权	强迫个人用自身或他们的财产来反对他们的意志（包括用于再分配的税收）	强大的财产权产生契约自由和效率。财产所有者有提供公平和发言权的自由，但强制是具有胁迫性的，是对个人自由的侵犯

① M. R. Barrick and M. K. Mount. The Big Five Personality Dimensions and Job Performance: A Meta－Analysis. Personnel Psychology 44，1991：1－26.

② 约翰·W·巴德. 人性化的雇佣关系：效率、公平与发言权的平衡. 解格先，马振英，译. 北京：北京大学出版社，2007：86.

③ 本部分一些观点的详细出处，见约翰·W·巴德. 人性化的雇佣关系：效率、公平与发言权的平衡. 解格先，马振英，译. 北京：北京大学出版社，2007：87－88.

续表

伦理	有影响的思想家	核心观点	分析工具	不道德的行为	对效率、公平和发言权的平衡
公正	John Rawls	公正，如自由、平等的机会和关心弱势群体	无知之幕；差别原则	将效率凌驾于自由、公平机会和对弱逝群体的关注之上	效率固然重要，但不能凌驾于弱势群体的平等机会和福利之上，所以要求公平。工作场所的发言权可以包含在自由权和无知之幕中，这与效率、公平和发言权的平衡是一致的
美德	Aristotle	实现幸福（繁荣）的道德特征	特定的美德，如友善和诚实	那些妨碍美德发扬光大的行为	强调个人的优秀不仅包括效率，还包括人与人之间关系和团体建设方面的美德。这与效率、公平和发言权的平衡是一致的
关怀	Carol Gilligan	培养个人关系	关怀人	在拓展特定关系方面不成功；建立在剥削、非礼和非正义基础上的关系	效率不是关怀，关系与社团的重要性与公平和发言权一致

资料来源：John W. Budd. Labor relations：striking a balance. McGraw－Hill/Irwin，2005：76 box3.4，约翰·W·巴德. 人性化的雇佣关系：效率、公平与发言权的平衡. 解格先，马振英，译. 北京：北京大学出版社，2007：97页表4－1；John W. Budd. Employment with a human face：balancing efficiency，equity，and voice. Cornell University Press，2004：68 Table 4－1.

1.4 劳动关系的流派及其政策主张

劳动关系的基本问题有四个：①劳动力是不是商品；②雇员和雇主是否是自律的劳动力市场的真正平等主体；③雇员和雇主之间是否存在内在的利益冲突；④雇员发言权是否重要。① 对这四个问题的不同回答，代表了研究劳动关系各流派学者的核心观点、研究方法以及政策和管理主张。根据对劳动关系基本问题的不同回答，可以将劳动关系的流派分为四个：新古典经济学派（Neoclassical Economics School）、人力资源管理学派（Human Resource Management School）、产业关系学派（Industrial Relations School）和激进产业关系学派/马克思主义产业关系学派（Critical Industrial Relations/Marxist School）。

1.4.1 新古典经济学的劳动关系观点和政策主张

新古典经济学在美国各个大学经济系中占据主流地位。这一流派强调市场的力量和完全竞争所带来的效率，认为市场失灵的情况很少见，自由市场能够有效地运行。如果要去矫正市场失灵，结果只能把事情弄得更糟糕。他们认为，劳动力就是劳动力市场上的商品，与其他商品并没有什么差别，是供求关系决定了雇佣条件；在劳动力市场上，雇主和雇员完全是平等的，他们的利益也是一致的，只要双方的交易是自愿的，那么，交易就会给双方带来好处，否则，双方就会拒绝交易。他们认为，公平和发言权属于道德和宗教范畴，不在经济学研究的范围内。

① 约翰·W·巴德. 人性化的雇佣关系：效率、公平与发言权的平衡. 解格先，马振英，译. 北京：北京大学出版社，2007：135.

新古典经济学使用收入和相对价格来解释人的行为，强调供求关系和当事人的自由选择，假设工资和价格都是弹性的，用建立数学模型并用数据统计分析来检验模型的方法研究劳动关系。

他们的政策主张是：反对政府干预劳动力市场，完全依靠自由市场的力量获得有效率的产出，反对政府对企业实行管制；认为工会具有垄断性，损害了经济效率，因而要摆脱工会；认为最低工资制度会引起更多的低技能工人失业；失业保险会使失业者没有积极性从失业状态中走出来，因而，主张取消最低工资法和其他一些阻碍竞争性市场运行的制度。

1.4.2 人力资源管理学派的劳动关系观点和管理主张

人力资源管理学派将关注的焦点集中于企业内部，而不是劳动力市场。这一学派认为，雇员和雇主是利益共同体，有效的管理会消除劳动关系问题。他们认为，工会是一个外在麻烦制造者，它阻碍了雇员和雇主的密切合作。如果经理人员能够与雇员有效沟通，雇员是可以与他们达成一致的。在有效管理的公司，并不需要工会。他们认为，劳资冲突是不正常的、病态的（pathological）。人力资源管理学派推崇向雇员“授权”和雇员参与决策，但这种参与是受管理层限制的“有限”参与。这一学派反对雇员真正享有独立发言权。

1.4.3 产业关系学派的劳动关系观点和政策主张

产业关系学派认为，组织和社会都是由不同利益集团组成的。在企业和社会中，工会是雇员利益的合法代表，而不是劳动力垄断者或外在的麻烦制造者；劳资冲突是正常的；集体谈判是解决劳资冲突的有效方法；他们接受资本主义存在的合理性，但主张通过改革来解决市场失灵问题、提高公平程度和加强员工的发言权。

该学派认为，面对雇主时，不平等的谈判力量将个体雇员置于劣势地位。因此，雇员需要通过工会用集体行动来建立平衡的力量。该学派使用案例研究、实地访谈和统计分析方法抽象出理论，从经济、政治、法律、历史、社会学和心理学等多学科中吸取学术营养。

他们的政策主张是：通过组织工会和集体谈判来保护雇员的权利；用最低工资法、禁止童工和禁止雇佣歧视来规范雇佣条件；建立社会保险制度来保护雇员免遭经济风险的打击。

1.4.4 激进产业关系/马克思主义产业关系学派的劳动关系观点和政治主张

激进产业关系学派/马克思主义产业关系学派认为，阶级斗争是历史的主旋律，工人在资本主义制度下被剥削和压迫，工会的目标应该是推翻资本主义制度。他们把集体谈判作为一种工会联合工人的手段，最终目的是进行革命，推翻资本主义制度，而不是通过改革来巩固资本主义制度。这一派别要求工会关注广泛的政治目标，而不仅集中在工作场所获得某些胜利；马克思主义者要求工会帮助工人获取对国家的控制。马克思主义者不认为政府是一个独立的行动者，认为国家是统治阶级的执行委员会，在资本主义社会，政府按照资本家的吩咐行事，并不对工人关心的事情负责。

1.5 我国劳动关系特点与问题

我国目前的劳动关系，是从社会主义计划经济体制向社会主义市场经济体制转型过程中的转型期劳动关系。随着社会主义市场经济体制的逐步建立，劳动者与管理方的权益不一致问题日益突出，我国的劳动关系问题，也开始成为劳动者、企业、社会和政府甚至国际社会共同关注的一个重大现实问题。

与高度集中的社会主义计划经济管理模式相适应，改革开放前的劳动关系是以行政化为主要特征的，基本表现是：在单一公有制企业内，国家用统包统配、固定工终身就业制度、平均主义工资制度、国家和企业统一包办社会保障和企业集体福利制度。在向社会主义市场经济转型过程中，我国的劳动关系越来越趋于市场化。雇员与雇主作为相互独立的经济主体，在劳动力市场上，通过劳动契约建立起的雇佣关系，其本质是雇员和雇主之间的权利与义务关系。这种权利义务关系是需要法制化保障的。我国劳动关系的法制化程度正在逐渐提高。[①] 这为企业劳动关系管理的法制化和规范化奠定了基础。

1.5.1 不同所有制企业的劳动关系特点

（1）国有企业的劳动关系

转型期国有企业劳动关系呈现下列主要特点：①政府在劳动关系处理中仍居于主导地位；②国有企业经营者这个雇佣主体正在形成，但并不完整；③国有企业经营者与劳动者的权力和利益差别正在逐渐加大。

（2）外资企业的劳动关系

与国有企业比较，外资企业的劳动关系具有以下特点：①在劳动关系方面拥有更充分的企业自主权；②劳资双方在利益上的对立较为明显；③劳动关系更容易受到国际潮流的影响，如企业社会责任运动，促进了外资企业劳动关系的规范和协调。

案例

福州开发区举措推进外资企业和谐劳动关系建设

1. 建立健全企业各项规章制度，维护中国员工权益。企业工会与企业通过平等协商，制定企业员工工资福利、社会保障、劳动保护等方面的规章制度，召开职代会形成决议，上升为具有法律效应的文件。截至目前，全区85%的外资企业签订了集体合同，95%的农民工签订了劳动合同，92%的企业建立了职代会制度。

2. 以开展“双爱双评”活动为载体构建和谐劳动关系。定期开展“企业关爱员工，员工热爱企业”和“评选关爱员工的优秀经营者和热爱企业的优秀员工”活动，通过“双爱双评”活动，一大批农民工、企业经营者被评为各级“双爱双评”和其他项目先进集体或个人，其中倩鹿公司、中铝瑞闽公司被评为“全国‘双爱双评’先进企业”，农民工林志

① 例如，1992年4月3日第七届全国人民代表大会第五次会议通过《中华人民共和国工会法》，2001年10月27日第九届全国人民代表大会常务委员会第二十四次会议对其进行了修正；1994年7月《中华人民共和国劳动法》在八届全国人大常委会第八次会议上通过，并于1995年1月1日起实施。2007年6月29日第十届全国人民代表大会常务委员会第二十八次会议通过了《中华人民共和国劳动合同法》，并于2008年1月1日起实施。2008年9月18日又发布了《中华人民共和国劳动合同法实施条例》；2007年12月12日《中华人民共和国劳动争议调解仲裁法》由中华人民共和国第十届全国人民代表大会常务委员会第三十一次会议通过并公布，从2008年5月1日起施行。

银被评为“全国劳动模范”，倩鹿公司老总瑞安德、NEG公司老总莲野等40多名外籍老总被评为省市区“关爱员工的优秀经营者”。

3. 搭建工会组织与企业经营者之间、企业经营者与员工之间沟通的平台。不定期开展职工文体活动，邀请外籍老总参加；定期召开与外籍老总联谊会、座谈会，征求外籍老总建议和意见，同时还通过推动建立企业“工会信箱”、“工会宣传栏”、“总经理信箱”、“交心会”和“通气会”等形式，听取员工诉求，及时化解劳资纠纷，既维护中国员工的合法权益，又促进企业的稳定和发展。

资料来源：人民网．2007-1-10. http://kfq.people.com.cn/GB/54918/55132/5265705.html

(3) 私营企业的劳动关系

现阶段，私营企业的劳动关系具有下列主要特点：①工资劳动者与剩余索取者之间的雇佣关系清晰，雇主占主导地位；②用工不规范的情况较为普遍，劳动合同和集体合同的签订比例不高。2004年第六次中国私营企业抽样调查结果显示，私营企业中签了劳动合同的员工仅占64%（见表1-3）；2006年第七次中国私营企业调查的结果表明，私营企业雇工与企业平均的劳动合同签订率为72.8%，但如果假定企业未提供其员工参加签订合同的人数就意味着没有建立劳动合同的话，那么，2006年私营企业员工的劳动合同签订率平均水平仅为64.5%。

表1-3　私营企业中与雇主签订劳动合同的雇工比例（2004）

企业资本规模（元）	和企业签订劳动合同的雇工占全体雇工的比例（%）
100万以下	59
100万～1 000万	60
1 000万以上	63
1亿以上	66
总平均	64

资料来源：中国私营企业研究课题组．2004年中国第六次私营企业抽样调查数据及分析．中国私营经济年鉴2002—2004．北京：中国致公出版社，2005：47.

2004年第六次中国私营企业抽样调查的结果显示，私营企业与雇工签订集体合同的仅占29%左右，没有签订集体合同的，占70%左右（见表1-4）。

表1-4　不同资本规模私营企业签订集体合同情况（2004）

企业资本规模（元）	企业签订集体合同	
	已签（%）	未签（%）
100万以下	24.6	75.4
100万～1 000万	34.8	65.2
1 000万以上	46.0	54.0
1亿以上	50.0	50.0
总平均	29.1	70.9

资料来源：中国私营企业研究课题组．2004年中国第六次私营企业抽样调查数据及分析．中国私营经济年鉴2002—2004．北京：中国致公出版社，2005：47.

2006年中国第七次私营企业抽样调查结果显示，3 837个被调查企业中，2007个企业没有提供集体合同的信息，占52.3%；1 198个企业表示本企业没有签订集体合同，占31.2%；仅有632个企业提供了本企业员工签订集体合同的人数，占16.5%。如果假定未提供相关数据的企业实际上就是没有实行集体合同制度，那么，目前我国私营企业实行集体合同制度的比例仅为16.5%；如果不考虑未提供相关数据的企业，则集体合同制度在私营企业的推广度为34%。

1.5.2 我国劳动关系的主要问题

从当前看，我国劳资关系至少面临如下问题。

(1) 劳动争议案件数量迅速增加

从表1-5和图1-9看出，我国劳动争议的绝对数量，从1991年到2008年一直处于上升趋势。1991年我国劳动争议案件总数量是7 633件，2008年增加到693 465件；2008年是1991年的90.85倍，17年间增加了685 832件；劳动争议案件涉及的总人数，在2003年以前基本处于上升趋势，从1991年的16 767人，上升到2003年的801 042人，2003年是1991年的47.77倍，13年间增加了784 245人。2003年以后，劳动争议案件涉及的总人数开始下降，但2008年，劳动争议案件涉及的总人数又创新高，达到了1 214 328人；集体争议涉及的总人数与劳动争议涉及的总人数，在趋势上基本一致。1991年集体争议涉及的总人数为8 957人，高峰也出现在2003年，达到了514 573人，2003年是1991年的57.45倍，13年间增加了505 616人；2003以后开始下降；但2008年，集体争议涉及的总人数再次超过50万大关，达到了502 713人；集体争议案件总数量，1991年是308人，2004年达到最高峰，是19 241件，2004年是1991年的62.47倍，14年间增加了18 933件。2008年，集体争议案件总数量也创新高，达到了21 880件。

表1-5 我国劳动争议案件数量和争议人数及增长率、比例情况（1991—2008）

年度	劳动争议总数量（件）	劳动争议总数量增长率（%）	劳动争议总人数（人）	劳动争议总人数增长率（%）	集体争议数量（件）	集体争议数量增长率（%）	集体争议人数（人）	集体争议人数增长率（%）	集体争议数量占争议总量的比例	集体争议人数占争议总人数的比例
1991	7 633	—	16 767	—	308	—	8 957	—	4.03	53.42
1992	8 150	6.77	17 140	2.22	548	77.92	9 100	1.60	6.72	53.09
1993	12 368	51.75	35 683	108.19	684	24.82	19 468	113.93	5.53	54.56
1994	19 098	54.41	77 794	118.01	1 482	116.67	52 637	170.38	7.76	67.66
1995	33 030	72.95	122 512	57.48	2 588	74.63	77 340	46.93	7.84	63.13
1996	47 951	45.17	189 120	54.37	3 150	21.72	92 203	19.22	6.56	48.75
1997	71 524	49.16	221 115	16.92	4 109	30.44	132 647	43.86	5.74	59.99
1998	93 649	30.93	358 531	62.15	6 767	64.69	251 268	89.43	7.23	70.08
1999	120 191	28.34	473 957	32.19	9 043	33.63	319 241	27.05	7.52	67.36
2000	135 206	12.49	422 617	-10.83	8 247	-8.80	259 445	-18.73	6.10	61.39
2001	154 621	14.36	467 150	10.54	9 847	19.40	286 680	10.50	6.37	51.54
2002	184 116	19.08	608 396	30.24	11 024	11.95	374 956	30.79	5.99	61.63
2003	226 391	22.96	801 042	31.67	10 823	-1.82	514 573	37.24	4.78	64.24

续表

年度	劳动争议总数量（件）	劳动争议总数量增长率（%）	劳动争议总人数（人）	劳动争议总人数增长率（%）	集体争议数量（件）	集体争议数量增长率（%）	集体争议人数（人）	集体争议人数增长率（%）	集体争议数量占争议总量的比例	集体争议人数占争议总人数的比例
2004	260 471	15.05	764 981	−4.50	19 241	77.78	477 992	−7.11	7.39	62.48
2005	313 773	20.46	744 195	−2.72	16 217	−15.72	409 819	−14.26	5.17	55.07
2006	317 162	1.08	679 312	−8.72	13 977	−13.81	348 714	−14.91	4.40	51.33
2007	350 182	10.41	653 472	−3.80	12 784	−8.54	271 777	−22.06	3.65	41.59
2008	693 465	98.03	1 214 328	85.83	21 880	71.15	502 713	84.97	3.16	41.40
平均	—	32.55	—	34.07	—	33.89	—	35.22	5.89	57.15

资料来源：1993—2008年的数据，根据《中国劳动统计年鉴》1994—2009年有关劳动争议的数据整理计算而得。1991、1992年的劳动争议数据，来自“劳动争议处理统计数据”，中国劳动咨询网 http://www.51labour.com/law/Article/55.asp.

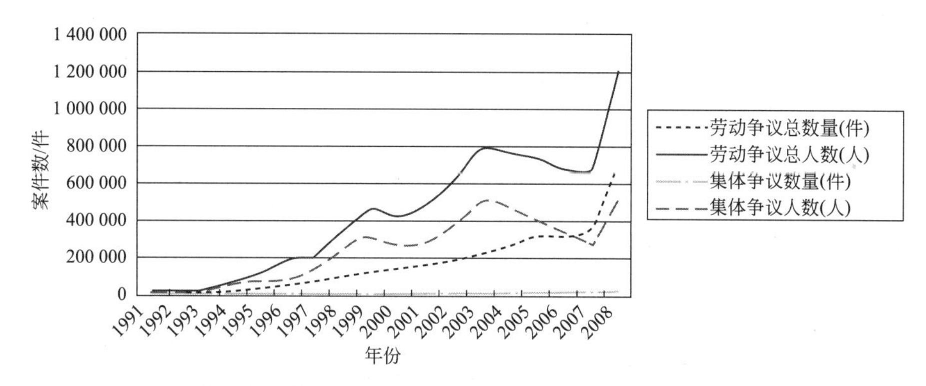

图 1－9　全国与集体的劳动争议案件数量和争议人数情况（1991—2008）

（2）雇主违反劳动法规的现象大量存在

我国虽然制定了多部劳动法律、法规和规章，但执行情况不尽如人意，雇主违法违规现象广泛存在。全国劳动争议案件的处理结果证明，劳动争议的主要责任者是雇主。因为如果劳动者胜诉，说明劳动争议的主要责任是用人单位，也就是用人单位违法或违规。反之，如果用人单位胜诉，则表明劳动者是引起劳动争议的主要责任人。因此，根据各方的劳动争议胜诉率，可以推断用人单位和劳动者哪方是违反法规的主要责任者。

从表 1－6 和图 1－10 全国劳动争议案件处理结果的统计数据看，1996—2008 年结案的劳动争议案件中，劳动者胜诉率平均为 49.45%，用人单位胜诉率平均为 14.69%，其余为双方各有部分胜诉，劳动者胜诉件数平均是用人单位胜诉件数的 3.49 倍。这表明，我国劳动争议的主要责任方是用人单位（雇主方）。由雇主违法或违约引起的劳动争议的数量，远远大于劳动者违法或违约引起的劳动争议数量。

表 1－6　全国劳动争议案件中劳动者与用人单位胜诉件数、胜诉率统计（1996—2008）

年度	结案件数	用人单位胜诉件数	劳动者胜诉件数	双方部分胜诉件数	劳动者胜诉率（%）	用人单位胜诉率（%）	劳动者胜诉数与用人单位胜诉数之比（倍）
1996	46 543	9 452	23 696	13 395	50.91	20.31	2.51
1997	70 792	11 488	40 063	19 241	56.59	16.23	3.49

续表

年度	结案件数	用人单位胜诉件数	劳动者胜诉件数	双方部分胜诉件数	劳动者胜诉率（%）	用人单位胜诉率（%）	劳动者胜诉数与用人单位胜诉数之比（倍）
1998	92 288	11 937	48 650	27 365	52.72	12.93	4.08
1999	121 289	15 674	63 030	37 459	52.46	12.92	4.02
2000	130 688	13 699	70 544	37 247	53.98	10.48	5.15
2001	150 279	31 544	71 739	46 996	47.74	20.99	2.27
2002	178 744	27 017	84 432	67 295	47.24	15.12	3.13
2003	223 503	34 272	109 556	79 475	49.02	15.33	3.20
2004	258 678	35 679	123 268	94 041	47.65	13.79	3.45
2005	306 027	39 401	145 352	121 274	47.50	12.88	3.69
2006	310 780	39 251	146 028	125 501	46.99	12.63	3.72
2007	340 030	49 211	156 955	133 864	46.16	14.47	3.19
2008	622 719	80 462	276 793	265 464	44.45	12.92	3.44
平均	—	—	—	—	49.45	14.69	3.49

资料来源：根据《中国劳动统计年鉴》2006、2007、2008和2009年中的数据整理和计算。劳动者胜诉率＝劳动者胜诉/结案件数，用人单位胜诉率＝用人单位胜诉件数/结案件数。

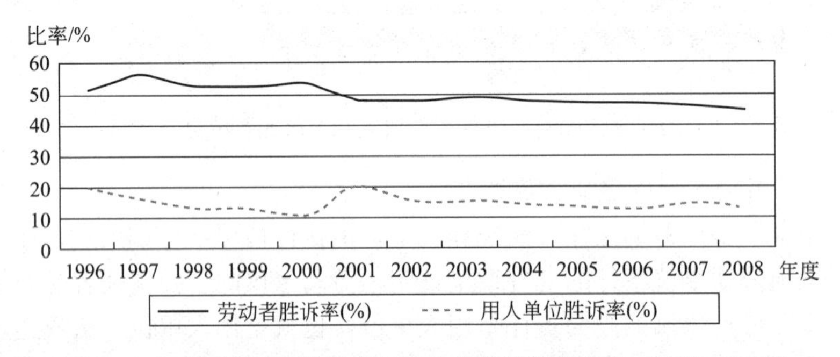

图1-10　我国劳动者胜诉率与用人单位胜诉率比较（1996—2008）

（3）劳动报酬和劳动合同问题是引起劳资争议的主要原因

我国《劳动法》第三条规定，劳动者享有平等就业和选择职业的权利、取得劳动报酬的权利、休息休假的权利、获得劳动安全卫生保护的权利、接受职业技能培训的权利、享受社会保险和福利的权利、提请劳动争议处理的权利以及法律规定的其他劳动权利。

从表1-7和图1-11中的数据看，因劳动报酬和社会保险问题引起的劳动争议案件数量，在全国总劳动争议案件数量中所占的比例最大。从1997年到2008年的劳动争议总数量中，由劳动报酬、社会保险问题所引起的争议数量，平均占到了总量的55.57%之多；其次，变更、解除、终止劳动合同引起的争议数量，平均占了劳动争议案件总量的24.68%。由劳动报酬、社会保险问题和变更、解除、终止劳动合同这两大类原因所引起的劳动争议案件数量，占到了劳动争议总数量的80.25%。由此可见，在全国范围中，包括社会保险在内的劳动者的劳动报酬权利被侵犯以及劳动合同问题，是引发劳动争议的主要原因。

表1-7 全国因劳动报酬、社会保险和变更、解除、终止劳动合同引起的劳动争议案件原因统计（1997—2008）

年度	受理案件总数（件）	劳动报酬、社会保险问题引起的劳动争议（件）	所占比例（%）	变更、解除、终止劳动合同问题引起的劳动争议（件）	所占比例（%）
1997	71 524	41 145	57.53	18 673	26.10
1998	93 649	51 602	55.10	20 661	22.10
1999	120 191	73 522	61.17	29 608	24.63
2000	135 206	73 021	54.01	35 794	26.47
2001	154 621	76 330	49.37	43 590	28.19
2002	184 116	91 766	49.84	49 782	27.04
2003	226 391	121 208	53.54	59 094	26.10
2004	260 471	173 251	66.51	63 124	24.23
2005	313 773	200 702	63.96	76 440	24.36
2006	317 162	204 229	64.39	71 324	22.49
2007	350 182	206 684	59.02	84 956	24.26
2008	693 465	225 061	32.45	139 702	20.15
平均	—	—	55.57	—	24.68

资料来源：根据《中国劳动统计年鉴》1998—2009年中的有关数据整理计算。其中，在2009年的《中国劳动统计年鉴》中，没有2008年因为"社会保险"问题引起的劳动争议数量数据；也没有2008年因为"劳动合同变更"和"劳动合同终止"引起的劳动争议数量数据。所以，本表中使用的"225 061"和"139 702"，分别仅仅是"劳动报酬"问题和"劳动合同解除"问题引起的劳动争议数量数据。

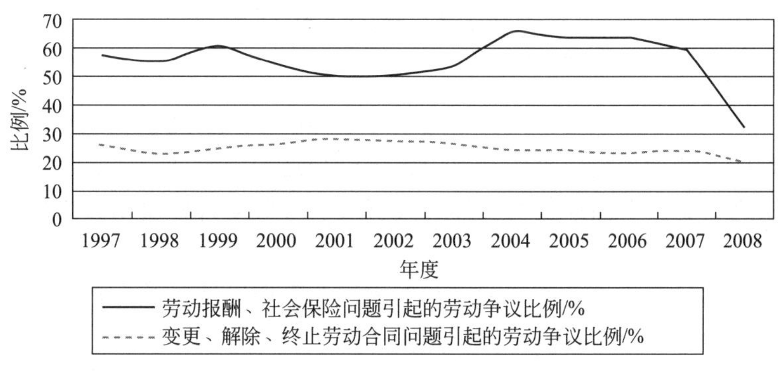

图1-11 全国劳动报酬、社会保险和变更解除终止合同引起争议案件的比例（1997—2008）

（4）私营企业雇主单方控制企业决策权和管理权

从历次中国私营企业抽样调查的数据看，雇主不仅单方控制企业的重大决策权，而且也单方控制着企业的一般管理权，雇员和工会几乎没有参与决策的权力。表1-8和表1-9中的数据显示，企业重大决策由投资人、股东大会、董事会和管理人员等作出的，一直占99%以上；企业一般管理决定，也有92.2%以上是管理方作出的。

表 1-8 私营企业重大决策权分布（1993—2006）（%）

调查时间	主要投资人	股东大会	董事会	主要投资人与主要管理人员	投资人与其他组织		其他
					党组织	工会	
1993	63.6	—	15.2	20.7	0.6		—
1995	54.4	—	19.7	25.6	0.0		—
1997	58.7	—	11.0	29.7	0.3		—
2000	43.7	—	26.3	29.1	0.5		0.2
2002	39.7	—	30.1	29.6	0.2		0.7
2004	36.4	17.1	26.0	19.7	0.4		0.3
2006	36.9	18.0	25.5	18.6	0.4	0.4	0.2

资料来源：中国私营企业研究课题组. 2002、2004、2006 年中国第五、第六、第七次私营企业抽样调查数据及分析. 载于《中国私营企业年鉴》(2000—2001) 第 132 页、《中国私营企业年鉴》(2002—2004) 第 20 页。

表 1-9 私营企业一般管理决定权分布（1993—2006）（%）

调查时间	主要投资人	董事会	主要投资人与主要管理人员	投资人与其他组织		职业经理人	其他
				党组织	工会		
1993	69.3	5.1	25.3	0.3		—	—
1995	47.3	15.1	37.3	0.3		—	—
1997	54.7	10.0	34.5	0.4		—	0.3
2000	35.4	18.2	41.8	0.8		—	3.4
2002	34.7	25.9	36.5	0.7		—	2.3
2006	39.1	—	53.1	0.4	0.3	6.9	0.2

资料来源：中国私营企业研究课题组. 2002、2006 年中国第五、七次私营企业抽样调查数据. 载于《中国私营企业年鉴》(2000—2001). 北京：中华工商联合出版社，2003 年 2 月 1 版，第 132 页。2004 年的调查没有一般管理决定问题。

1.6 劳动关系管理的目标①

劳动关系主体处于不同位置，其劳动关系管理的内容，也是有差异的。站在企业层面和人力资源部的角度，劳动关系管理的主要内容可以归结为：遵循劳动法律法规、工会关系管理、劳动合同管理、集体协商谈判与集体合同管理、与劳动者利益相关的规章制度管理、劳动争议管理和产业行动管理。

劳动关系管理的目标，是效率、公平和发言权的平衡以及受此影响的经济社会发展与和谐稳定。

1.6.1 效率

效率既是雇主管理劳动关系的主要目标，也是政府干预劳动关系和社会参与劳动关系管理的一个目标。

---

① 本部分的主要观点，来自约翰·W·巴德. 人性化的雇佣关系：效率、公平与发言权的平衡. 解格先，马振英，译. 北京：北京大学出版社，2007：18-44；John W. Budd. Employment with a human face：Balancing Efficiency，Equity，and Voice. Cornell University Press，2004：13-31；John W. Budd. Labor Relations：Striking a Balance. McGraw-Hill/Irwin，2005：3-29.

效率是指生产者以有效利用有限资源，包括劳动力资源为手段，增加产品或服务的供应，满足消费者需求。效率是经济行为的工具性标准，追求效率是一种经济行为，与利润最大化的企业目标保持一致，因而效率是雇主的首要目标。

同时，效率也强调有限资源的有效利用所带来的经济繁荣和社会福利，但在追求效率的过程中会产生外部性等一系列问题，比如交通系统工人罢工造成的旅客出行困难、工人低工资造成的社会购买力低下导致国内需求不足进而引起产品市场供需不平衡等，因而，效率也是政府和社会关注的一个目标。

效率可以用生产率、利润和股票表现等指标来衡量。

1.6.2 公平

公平是由一组公平就业标准构成的。这些标准涵盖了尊重人性尊严和人性自由的物质结果和个人待遇。作为劳动关系标准，公平涵盖了最低标准、分配性公平和程序性公平。

公平是雇员待遇的工具性标准。员工应该得到其应得的待遇，包括作为自由人所应有的最低条件和基于客观业绩标准的公平条件，比如合理的工资、安全的工作条件以及非歧视性待遇等。这些是员工获取食物和营养、住所、保健和休闲的重要手段。

公平的最低标准包括：最低工资、最高工时、安全和健康保护、童工限制、家庭休假以及退休、健康和伤残保险；公平还包括公平的工作报酬、均衡的收入分配、保证机会均等并免遭不正当解雇的非歧视政策；也包括政治上、道德上、宗教上和心理上的诸多方面的正当理由，以保证员工在感知上的公平性。显然，这些方面表现出的公平，是雇员方管理劳动关系的重要目标。

同时，公平中既包含了与薪资等有关的物质结果，也包括了分配性公平和程序性公平，涉及道德、宗教、政治等更广泛的问题，因此，公平也就成为政府和社会参与劳动关系管理的一个目标。

1.6.3 发言权

发言权是参与的内在标准，对于民主社会理性的自然人而言，参与管理和决策本身就是目的。因此，追求对工作场所的发言权是雇员管理劳动关系的重要目标。

Hirschman（1970）将经济学上的发言权概念定义为“改变而不是逃避（即退出）事件的令人不愉快的状态”的努力。[1] 发言权是在决策中提出有益见解的能力。发言权由两个要素构成：根植于政治民主理论的产业民主和根植于人性尊严自治重要性的员工决策。

政治民主的前提是这样一种思想：人们应该参与到影响他们生活的决策中，也就是具有发言权（Pateman，1970）。产业民主的最根本论据是：在一个民主社会中，不应存在人为的区别对待，即人们在政治决策有发言权，而在经济决策中也应该有发言权，尤其是当经济决策可能更直接地影响到个人生活的时候（Estey，1928）。“完整的人生要求人们对人类群落的政治、经济和社会生活进行参与，从而使人们对关系到他们生活的决策施加影响。这些原则不应该在工厂大门或办公室大门前被阻止（Adams，1995；Gross，1999）”，民主社会应寻求“整个世界生存空间的民主化（Klare，1988）”，其中包括工作场所。只有政治平等

① 转引自约翰·W·巴德．人性化的雇佣关系：效率、公平与发言权的平衡．解格先，马振英，译．北京：北京大学出版社，2007：34.

是不够的，如果雇佣劳动者不能拥有使他们与雇主处于平等地位的产业平等，那么就永远不可能实现真正意义的自由与自由权，而这恰是一个共和国政府所必不可少的（Harris，1993）。① Estey（1928）认为："政治民主的一条根本原则是一个人应在与他密切相关的问题上有发言权……因为如果没有这种发言权（一般通过投票方式行使），他生活中的重大事件、财富、财产以至于生命本身就将不为他所控制……如果有理由给（工人）投票权的话，那么更有理由在作坊和工厂条件方面给他一份发言权。"②

由于发言权与政治、道德、宗教、心理甚至产权有密切关系，出于政治理论、宗教思想、人性尊严及其他方面的原因，将发言权推及工作场所，是一种"道德律令"，也必然成为政府和社会关注的一个目标。

效率、公平和发言权的维度，见表1-10。

表1-10　效率、公平和发言权的维度

	目　的	基本原理
效率	以市场为基础的交易与合同	配置效率
	最低劳动标准（工资、工时、安全、家庭休假、提前通知、童工）	外部效应（externalities）（社会成本、购买力、信息不对称）
	收入补贴（失业保险、劳保费、退休金）	信息不对称、解决争议的成本高昂、流动性约束
	产业和平	外部效应（社会成本）
	劳工谈判力的增强	外部效应（社会成本、购买力）、流动成本
	工作场所公共物品	外部效应（搭便车）
	机会平等	外部效应（社会成本）
	雇员代表/参与	平衡失调（coordination failure）、信息不对称
	正当理由解雇	平衡失调、解决争议的成本高昂
公平	最低劳动标准（工资、工时、安全、家庭休假、提前通知、童工）	人性尊严（道德的和宗教的）
	平衡的收入分配	政治平等/自由
	机会均等	人性尊严（道德的与宗教的）、政治平等/自由、正当的程序权利
	正当理由解雇	人性尊严（道德的与宗教的）、政治平等/自由、正当的程序权利
发言权	产业民主	政治平等/自由/民主
	雇员决策和自治	人性尊严（道德的与宗教的）、心理/社会需求、财产权（利益相关者理论）
	言论自由	自由/人性尊严（道德上的）
	发言权是员工的政治权利	政治平等/自由

资料来源：约翰·W·巴德. 人性化的雇佣关系：效率、公平与发言权的平衡. 解格先，马振英，译. 北京：北京大学出版社，2007：26页表1.1；John W. Budd，Employment with a human face：Balancing Efficiency，Equity，and Voice. Cornell University Press，2004：68 Tables 1.1.

① 转引自约翰·W·巴德. 人性化的雇佣关系：效率、公平与发言权的平衡. 解格先，马振英，译. 北京：北京大学出版社，2007：37.

② 转引自约翰·W·巴德. 人性化的雇佣关系：效率、公平与发言权的平衡. 解格先，马振英，译. 北京：北京大学出版社，2007：34-35.

1.6.4 经济发展与社会和谐稳定

经济发展与社会和谐稳定是政府管理劳动关系的主要目标。如果国家、企业和工作场所等层面的劳动关系管理非常有效，就会减少产业行动发生的频率，缩小产业行动的规模，对经济发展、社会和谐稳定和促进公共利益，有非常积极的影响。

本章主要内容回顾

劳动关系是指劳动者与劳动力使用者以及相关组织为实现劳动过程所构成的社会经济关系。劳动关系是一个国家最基本社会经济关系。劳动关系是否和谐，对劳动者、用人单位和政府与社会，都会产生重要影响。劳动关系的主体包括雇员和雇员组织、雇主和雇主组织，以及政府。随着经济全球化进程的加快，一些国际性和区域性的经济贸易组织以及国际劳工组织和国际雇主组织，对一个国家劳动关系的影响也越来越大。

劳动关系本质上是雇员与雇主双方的权利和义务关系，也是雇员与雇主双方合作与冲突的统一。劳动关系双方由于共同利益而合作，也由于某种程度的利益差异而冲突。所以，劳动关系在表现形式上，既有合作，也有冲突，是双方合作与冲突的统一。

根据对劳动关系基本问题的不同回答，劳动关系研究者可以分为四个流派：新古典经济学派、人力资源管理学派、产业关系学派和激进产业关系学派/马克思主义产业关系学派。

我国劳动关系至少存在以下问题：①劳动争议案件数量迅速增加；②雇主违反劳动法规的现象大量存在；③劳动报酬和劳动合同问题是引起劳资争议的主要原因；④在私营企业，雇主单方控制企业决策权和管理权的现象严重等问题。

劳动关系管理的目标是效率、公平和发言权的平衡以及受此影响的经济社会发展与和谐稳定。

案例讨论

南海本田罢工事件①

南海本田汽车零部件有限公司工人为争取公平待遇，2010年5月17日，开始举行罢工。罢工历时半个月之久，最后经过6个多小时的集体谈判，劳资双方达成一致，于6月4日签订了集体协议，罢工事件落下帷幕。

南海本田罢工事件回顾

5月17日，本田汽车零部件公司近百名员工因不满工资低、福利待遇差，停工一天。公司方面承诺在一周内给予回复。

5月20日，劳资双方展开谈判，复工工人等待谈判结果。

---

① 本案例资料主要来源于伊夫，徐多. 南海本田罢工谈判亲历记. 集体劳动争议状况及对企业劳动关系的影响研讨会论文集，北京，2010-09-18：243-249；江海波，本田有条件复工：工会成焦点. 中国经营报，2010-06-05；新华网 http://news.xinhuanet.com/2010-05/28/c_12151354.htm。

5月21日，因传言公司已赴湛江等地大量招聘新工，公司不会给员工加薪，员工们开始第二轮停工。

5月22日下午1点多，公司通过广播宣布与“参与集体怠工、停工、集会，无正当理由不服从公司命令”的两名停工者小谭和小肖解除劳动合同。结果罢工扩大到全厂工人。

5月24日，公司公布了对停工事宜的解决方案：本田零部件公司员工的补贴提到120元到155元不等，相比之前提升了55元。

5月25日，本田零部件公司首次公开表态，“正以积极的态度希望可以通过协商，尽快解决问题。”对于员工要求，本田回应：“员工对工资、福利、教育制度等方面的不满，公司会带着诚意去改善。为此，对于给各个方面带来的不良影响和麻烦，我们深感歉意”。

5月26日，本田零部件公司下午4点多通过工厂广播宣布了新的加薪方案，正式员工工资和补贴将增加355元。本田零部件公司工人表示对于该方案并不满意，停工仍然继续。

5月27日，公司要求占工人三分之一的实习工人签署《承诺书》，要求他们保证“绝不领导、组织、参与怠工、停工、罢工”。工人全部拒绝签字。针对公司的《承诺书》，罢工工人代表则提出四点《工人要求》：①基本工资提高到每月800元；②追加工龄补贴；③保证不对罢工参加者进行追究；④重整工会。

同日，本田中国区新闻发言人朱林杰表示，在旗下零部件公司员工罢工十天之后，由于零部件供应中断，本田在中国的4家整车合资公司也被迫停产。当地政府也已介入协调。

5月31日，当地工会在劝阻工人罢工、要求工人返回工作岗位的过程中，与罢工工人发生冲突，导致个别工人受伤。

6月1日，广汽集团总经理曾庆洪介入罢工事件，进行调解斡旋，称三日后给工人满意答复。工人有条件复工。

同日，与罢工工人发生冲突的南海区总工会和师山镇总工会发出公开的道歉信。

6月3日，南海本田罢工工人谈判代表团发出《致全体工人和社会各界的公开信》。呼吁工人保持团结，避免被资方分化。要求资方拿出诚意，展开善意谈判，答应合理要求。谴责工会成为老板帮凶并暴力伤害罢工工人。并表示，维权斗争不仅仅是为了本厂1 800个员工的利益，我们也关心整个国家工人的权益，我们希望立下工人维权的良好例子。该公开信还宣布，三天复工期限结束后如果不能得到满意答复，将继续罢工。在公开信中，公布了工人谈判代表团联系人的名字和手机号码。

6月3日晚和6月4日上午，工人们重新选举罢工代表共30人，准备参加下午三点的劳资谈判。

南海本田罢工事件的背景

本田零部件公司于2005年9月在南海成立，是本田技研工业株式会社在中国设立的首家独资公司，总投资额为9 800万美元，主营生产销售汽车变速箱及其零部件、汽车发动机关键零部件等，年生产能力为24万套，直接为广汽本田、东风本田等供货。

据此前媒体报道，5月17日，本田在广东佛山零部件工厂的数百名员工因不满薪资待遇开始罢工，要求厂方将薪资提高至2 000～2 500元，不低于其他同类企业的工人薪水。为了证明薪水水平之低，一位本田员工不惜在网上“晒”出了自己的工资清单——南海本田Ⅰ级工资＝基本工资(675元)＋职能工资(340元)＋全勤补贴(100元)＋生活补贴(65元)＋住房补贴(250元)＋交通补贴(80元)＝1 510元，扣除养老保险（132元)、医疗保险（41

元）、住房公积金（126元），余额工资为1 211元。每月除去房租250元、吃饭300元、电话费100元、日用品100元、工会费5元，每月仅剩余456元。

在佛山市规定从2010年5月1日起，将最低工资标准从770元/月调整为920元/月之后，南海本田并没有打算依法提高基本工资，而是打算将原有的340元职能工资中划出一部分纳入底薪，从而使得工人的基本工资达到920元的法定要求，但工人到手的总收入没有任何改变。

与此形成鲜明对比的是在广东佛山南海本田工作的“日本支援者”。据本田员工透露，公司中的这些“日本支援者”享受很高的工资和福利，普通的“日本支援者”每月工资有5万元人民币，部长级的则可以达到月薪10万元人民币以上。不仅吃住行全包，而且每天还有300多美元的补助，相当于普通工人两个月工资。

“本田零部件公司的员工停工也反映出汽车行业普遍存在的一个问题——产业工人薪资水平偏低。”对此，业内有关专家表示，目前，国内汽车行业已进入高增长和高盈利时期，但是汽车产业工人的薪资并没有相应水平的增长。“有统计数字显示，目前国内汽车工人每小时的工资不到10元，但是美国通用汽车的工人每小时的工资是50美元。”有关专家表示，产业工人处于偏低工资水平其实对于汽车行业的发展是很不利的。“如果长此以往，必将造成工人的责任感缺失，以及技术工人的流失。”

在此之前，本田正在大规模启动其在华扩产计划，预计将广汽本田的产能从目前的36万辆提高到48万辆，将东风本田的产能由20万辆提高至30万辆，加上本田在广州保税区投资专用于出口的本田汽车（中国）有限公司的5万辆产能，本田在中国的汽车总产能将达到83万辆。

第三方的介入及立场

从历史经验看，罢工只是解决问题的手段，不是目的本身。一旦罢工发生，无论工人还是企业，都希望早日达成协议，结束非正常状态。但是，由于利益的分歧，劳资谈判往往陷入僵局。而来自外界和第三方的斡旋力量，常常会给谈判带来转机。

（1）以人大代表身份出现的调停人

6月1日，一辆本田雅阁汽车开来，广汽集团总经理曾庆洪走下车，直接走进游行的人群中。工人们已经对资方的各种谈判人员不抱希望。因此，工人们对曾庆洪并未表现出谈判的兴趣。曾的另一重身份是全国人大代表。他对工人说，他不代表资方，而是以人大代表的身份与工人谈话。听到曾庆洪的自我介绍和一番讲话之后，工人们渐渐觉得这个人“颇有诚意”，并接受曾庆洪的建议，同意暂时复工3天，并提出三点要求：①工会必须对打人事件给一个说法；②在已有的加薪方案基础上，再使基本工资增加200～300元，增加福利与培训；③重整工会，撤销现有工会，由工人自己选举。

不过，日本本田方面是否能完全接受工人们的三点要求，曾庆洪自己心里也没有底。一位代表问曾庆洪，工人的要求真的能在3天后被满足吗？曾庆洪的回答是只能抱一半的希望。如果3天后还是无法达到工人的要求，“手脚长在你们自己身上……”

（2）以专家身份出现的劳方法律顾问

6月3日晚上，劳动关系专家常凯教授接到了南海本田罢工工人代表团联系人小李的电话，说她是通过媒体找到常教授的联系方式的。小李说，“我们在这次罢工中遇到许多法律问题搞不清楚。资方的律师说我们违法，我们认为是他们违法，但不知道如何反驳他们”，

“您是著名的劳动法律专家，我们希望您能在法律上给我们以帮助”。

常教授略作思考后决定，取消去英国参加学术会议的计划，担任罢工工人的法律顾问。

6月4日上午九点多，本田工人给常教授传真过来了正式的书面委托书。中午十二点，常教授和两位助手登上北京飞往广州的班机。

此前，常凯教授就通过媒体表示：他同情工人这次争取公正待遇的集体行动，主张此次事件应该“理性对待，法治解决”。

常教授给自己的定位是只以法律顾问身份，帮助和指导工人代表在谈判中争取合法权益，并理性对待谈判，促成双方理解和妥协，以便达成协议。

(3) 政府劳动部门的介入

佛山市南海区人力资源社会保障局朱伟新局长是本次谈判的主持人。政府方的态度很明确：本田事件是一次劳资纠纷，政府不直接介入，而是促进劳资双方自己来谈判。

6月4日前的16名工人谈判代表，是临时选举的，代表性不够广泛，政府劳动部门建议重新选举，并于6月3日晚和4日上午在四个车间三个班次的工人中选举了30名工人代表。

(4) 媒体的跟踪报道

罢工事件发生后，新华网、雅虎中国、中国经营报、北京青年报、经济观察报、21经济报道、中国新闻周刊、搜狐财经等多家媒体纷纷给予跟踪报道。“媒体的介入非常重要。媒体把事实真相及时通报社会，使各方的举动都在阳光下”。“在媒体的监督下，各方都比较理性”。①

劳方法律顾问与斡旋人确立的谈判原则

劳资双方谈判代表的谈判下午3点开始。

接近4点，常教授和助手赶到南海本田。曾庆洪先生在谈判现场旁边的一间办公室等候。曾先生已经为劳资双方斡旋了3天，双眼布满血丝。

互致问候和敬意后，常教授说，罢工应该在法制轨道上结束，结束的条件是企业要解决工人的合理要求。至于“合理要求”的标准，应该由谈判双方协商决定。只有谈判双方都作出妥协和让步，谈判才能成功。

曾先生赞同常教授的态度，并说，结束罢工是当务之急，因为这次罢工影响的不是一家企业，仅广本集团的相关企业损失，目前就达到数十亿之多。

曾先生说，经过他的斡旋，企业已经提出一个增加工资的方案，增加的工资已经远远超过了佛山地区机械行业的平均工资水平，但工人代表不接受。他认为这个已经是资方的底线了。作为大型汽车企业的老总，他也担心，如果南海本田工人工资提高过多，将会影响整个汽车行业的工资，担心最终企业承受不起。谈判下一步如何进行，他也感到为难。

常教授对他表示理解，但认为，地区的平均工资虽然是一个参照，具体到南海本田，工资水平如何，还要由劳资双方根据企业具体情况，通过集体谈判决定。

曾先生对此表示认同。以此为基础，两人有商议了增加工资的方案细节，约定了下一步谈判以此为基础，争取在劳资双方相互理解的基础上获得一致。

---

① 常凯，陈亮．从南海本田罢工看中国劳动关系走向．集体劳动争议状况及对企业劳动关系的影响研讨会论文集，北京，2010-09-18：228。

劳方法律顾问与斡旋人在谈判原则上的一致，对谈判的进展起到了积极的推动作用。

劳资双方的谈判阵容

谈判现场墙上挂着“CHAM 工资集体协商会议”条幅，CHAM 是本田汽车零部件有限公司的英文缩写。

会议主持人坐在中间，他是政府劳动部门的代表——佛山市南海区人力资源社会保障局朱伟新局长。两旁各坐劳资谈判代表 5 名，其中 1 名为首席代表。

资方首席代表是南海本田总经理山田一穗，其余代表是管理课长、财务课长等。另有资方法律顾问、本田公司总部代表等。

劳方首席谈判代表，根据政府劳动部门的建议，选择的是南海本田公司管理科长兼工会主席吴佑和先生。理由是为了保证谈判程序和结果的合法性。谈判工人代表团认可并接受了这个建议。另外 4 名谈判代表是从 30 名代表中选出来的，而这 30 名代表是 6 月 3 日晚上和 6 月 4 日上午，在政府建议下，从 4 个车间 3 个班次的工人中推选出来的。30 名代表中的其他 26 人，列席会议。这些工人都是一线的，大部分是 90 后，有中专学历。

劳方谈判策略的调整

由于工人代表是 6 月 3 日和 4 日选举后临时聚集到一起的，对谈判没有形成统一的目标和计划。在第一轮谈判中，工人代表对谈判方案并不一致，对罢工问题也莫衷一是。进入第二轮谈判，工人代表仍然各自表达自己的意见。对于劳方的意见，资方无法立即答复，只好再次休会。劳资各方再次回到自己的独立空间继续讨论。

针对这些年轻工人还不习惯进行提案、辩论和表决，无法在短时间内达成共识的特点，常教授告诉他们，目前的问题是意见过于散乱。需要：①明确主要诉求；②确定工人代表内部的意见表达规则和程序；③明确谈判策略。

首先必须明确主要诉求，解决主要问题。经过商讨整理出四个主要问题：①工资总额问题；②工资增加的部分，是作为奖金还是还加入基本工资；③工龄工资问题；④重组工会。

工人代表的法律顾问进一步帮助大家分析发现，重组工会是工人自己的事情，不需要与资方谈判；工龄工资问题，年功序列工资制度是日本劳动制度的特色，可以谈判中提出议案，留待下次谈判解决。因此，本次谈判主要是解决工资增长问题。

提高的工资作为奖金还是作为基础工资，工人代表有分歧。如果作为奖金，总数会多 56 元；如果作为基础工资，可以扩大工资基数。

面对分歧，使用投票方式表达自己的意见，选择方案。30 个代表，按照意见不同，分别站到两边，弃权的站中间。表决结果是，同意加入基本工资的占绝大多数，最终选择了这个方案。

关于谈判策略，最终采用了工人代表法律顾问的建议：在资方同意增加的 500 多元中，尽量争取把更多的数额作为基础工资。对此，要有一个争取的目标，也要有一个底线。以此为原则，大家商量确定了具体方案。然后，由曾庆洪经理和常凯教授先与资方进行非正式沟通。

资方在另一间屋子里，当曾庆洪经理和常凯教授转达了工人代表的加薪方案后，财务课长与山田总经理耳语了几句，没有提任何意见，完全同意了工人代表的方案。

当常凯教授回到工人代表中间报告这一消息时，工人们欢呼起来。

双方达成一致，签订集体合同

第三轮谈判正式开始后，工人代表正式提出了工资增长方案：1 544 元(原工资)＋

300 元(基本工资)+66 元(补贴)+134 元(特别奖)。但是特别奖要年底才发，特别奖与年终奖不冲突，年终奖最少还是双薪。这一方案企业方正式表示接受，并且具体实施时间回溯到5月份，也就是罢工当月。

关于奖金发放时间和方式，也达成一致意见。工龄工资问题，资方同意作为下一次谈判的议题。

主要问题达成一致后，会议主持人朱局长最后问双方是否还有提议。常教授提出，资方不得对罢工工人追究责任，参加罢工不影响工人今后的职位升迁和发展，是国际惯例，应该写入协议；资方表示同意写入协议。

常教授还建议，劳资双方应以此为契机，在法制基础上，建立工资增长的劳资关系协调机制，通过制度来解决劳资矛盾，在保证工人合法权益基础上，促进企业更好的发展。

资方总经理山田一惠表示，常教授强调通过法制解决劳资矛盾，并建立劳资关系协调机制的意见非常重要，应该写写入协议中。劳方完全同意这一提议。工作人员马上生成了协议文本。

在频频的闪光灯下，劳资双方首席谈判代表共同在协议书上签字。

签字后，劳方、资方向法律顾问、斡旋人和政府代表以各种方式表示感谢，并合影留念。

到6月4日晚9点多，延续了6个多小时的谈判，持续了十余天的南海本田集体劳动争议，宣告结束。最终工人工资增加了34%。①

本田罢工事件的后续影响

6月4日当天，中华全国总工会发出了《关于进一步加强企业工会建设充分发挥企业工会作用的紧急通知》，要求各级工会要全力推动在外商投资企业、港澳台商投资等非公有制企业组建工会，推动企业工会组建工作深入开展。

工人的集体行动接近尾声，而政府对于劳资纠纷的关注度有增无减。狮山镇镇长王雪在包括南海本田在内的数十家企业参加的劳资纠纷协调会上说，本田事件，给政府很大的启发和教育，政府应尽量协调搭建一个对话沟通的平台，充当中间人的角色。

6月12日，中共中央政治局委员、广东省委书记汪洋指出，要加快建立非公企业的矛盾冲突协调机制，加快建立健全非公企业的党团组织和工会组织。企业和上级的工会组织应摆正位置，代表职工依法维权，真正成为工人利益诉求的“代表者”和“代言人”。

广州市政府正在起草《关于稳妥调处当前企业员工停工事件的指导意见（草案)》，对工人停工、企业应对和政府责任等，进行规范。

谈判中的小插曲

(1) 日本客座教授名片的微妙作用

谈判的日本高管人员对工人聘请的法律顾问一行，开始时处于戒备状态。当常教授递给他们日本东京大学同意印制的名片，上面写着他的另一个身份“东京大学社会科学研究所客座教授”时，他们的紧张情绪和“敌意”减缓了。因为东京大学社会科学研究所是日本政府的社会政策智囊机构。

---

① 降蕴彰. 劳资争议：理性对待，法制解决. 经济观察报，2010-06-12。

(2) 谈判过程中发生罢工

下午5点左右，谈判进行了2个小时时，由于迟迟等不到谈判结果，变速箱组装车科的工人又停产了。谈判气氛马上紧张起来。常教授对工人代表说：按照国际惯例，在集体谈判过程中，工人绝对不能罢工，应该组织工人恢复马上生产。几个工人代表回到该车间说服动员，工人很快复工。

问题讨论：

1. 南海本田汽车零部件有限公司罢工事件中，劳资关系各主体承担了什么角色？

2. 南海本田汽车零部件有限公司罢工事件的主要影响因素有哪些？

3. 如果你是南海本田公司总经理，事后你将在该企业内建立怎样的集体劳动争议预防和处理机制？

复习思考题

1. 什么是劳动关系？
2. 劳动关系的主体有哪些？
3. 劳动关系的本质是什么？有哪些表现形式？
4. 劳动关系有哪些类型？
5. 影响劳动关系的因素有哪些？
6. 各主要劳动关系流派的主要观点和政策主张是什么？
7. 劳动关系管理的目标是什么？

参考文献

[1] 程延园．劳动关系．北京：中国人民大学出版社，2002：44－62．

[2] 常凯．劳动关系学．北京：中国劳动社会保障出版社，2005：9．

[3] 左祥琦．劳动关系管理．北京：中国发展出版社，2007：57．

[4] 巴德．人性化的雇佣关系：效率、公平与发言权的平衡．解格先，马振英，译．北京：北京大学出版社，2007．

[5] 于桂兰．私营企业工人劳动力价值实现问题研究［D］．长春：吉林大学，2007．

[6] BUDD J W. Employment with a human face：balancing efficiency，equity，and voice. Cornell University Press，2004：68 Tables 1. 1.

[7] BUDD J W. Labor relations：striking a balance. 2nd ed. McGraw－Hill/Irwin，2008.

第2章
劳动关系中的工会、雇主组织、政府与国际组织

本章学习内容

1. 发达市场经济国家和中国社会主义市场经济体制下的工会；
2. 发达市场经济国家和中国社会主义市场经济体制下的雇主组织；
3. 发达市场经济国家和中国社会主义市场经济体制下的政府与劳动关系；
4. 三方协商机制；
5. 国际劳工组织与国际雇主组织。

本章学习目标

1. 掌握工会的定义、类型、目标和职能以及法律保障；
2. 了解雇主组织的定义和职能；
3. 掌握政府规制劳动关系的原理和手段；
4. 掌握三方协商机制的概念和我国三方机制的基本状况；
5. 掌握国际劳工组织的定义与国际劳工标准的宗旨；
6. 掌握核心劳工标准定义与主要内容；
7. 了解国际雇主组织的定义和主要任务。

引导案例

“党工一肩挑”破解吉林小型非公企业维权难

在“创先争优”工作中，吉林省总工会创新组织建设新模式，针对小型非公有制企业党组织、工会组建难，积极推动“职业化工会主席兼任党支部书记”的创新“党工共建”工作。到“十一”前，全省已有450名职业化工会主席兼任党支部书记，实现“党工一肩挑”。小型非公企业党工组织占到应建数的95%以上。

吉林省25人以下的小型非公有制企业占全省非公有制企业总数90%以上，这类企业规模小、没有党和工会的专职干部，相当长的一段时间以来，党及工会的正常活动难以开展，党员成了“口袋党员”，这类企业职工合法权益的维护出现了“真空”。

从2005年7月起，吉林省总工会在长春试行公开招聘职业化工会主席同时兼任党支部书记的“党工共建”工作。同年底，省委组织部和省总工会联合下发了《关于加强非

公有制企业党组织和工会组织建设保证和促进非公有制经济健康快速发展的意见》，确定用三至五年时间，使全省小型非公有制企业应建党、工组织覆盖面达到95%以上，并采取“社会化招聘、派遣式用人、契约化管理”的方式推行工会主席职业化。被招聘的工会主席同时兼任联合党支部书记，将零散的小型非公企业党员和职工组织起来，工资由省总工会、省中小企业局、各市（州）总工会三方支付。如今，这项工作已成为“创先争优”的一项重要内容，形成了“省市宏观指导、县区组织实施、乡镇街直接管理”的良好工作格局。

非公企业联合党支部书记和工会联合会主席两个职务“一肩挑”，实行聘用制，改变了传统“党工”干部管理方式，打破了以往书记、主席内部产生模式；工作对上接受区委组织部、区总工会和街道党工委双重领导，对下领导所覆盖的小型非公企业党小组和分工会、小组，组织开展活动，代行职能，解决了基层党组织、工会工作难开展、难突破的后顾之忧，促进了工作运行机制和活动方式的转变。

长春市100多名工会联合会主席兼任联合党支部书记后，建立了140个非公企业基层党工组织，发展新党员39名，培养党的积极分子190名，把1 200名流失党员找回党组织中来，全省共有6 700多名“流失党员”、“口袋党员”回到组织中。长春市朝阳区桂林街道联合党支部书记、工会主席高立东先后帮助20多名农民工维权，帮助打官司办结案件数十件，维护了职工合法权益。

目前，全省实施“党工一肩挑”的小型非公企业维权难问题已经基本得到解决。

资料来源：孙滨利，刘连柱，曾毅．新华网 http://www.jl.xinhuanet.com 2010-10-18 07：40：16.

2.1 发达市场经济国家的工会

工会是工业社会劳动关系矛盾的产物。工会起源于两类组织：互助联谊组织与职业规范组织。18世纪晚期，英国手工业者建立了具有互助联谊性质的组织，会员以“互助保险”的名义每周交一笔小额会费，在他们生病、退休、失业或者死亡时，其本人或者亲属可以获得一定数额的补偿。同样是在18世纪晚期，美国波士顿、纽约和费城等城市的手工业者，如制鞋匠、木匠、铁匠、印刷工人等为了提高收入、抵制雇主削减工资、改善劳动条件、规范工作时间或者挤垮外来的竞争者，一个地区同行业的手工业者开始建立地方性的协会或者团体，对某一行业加以规范，制定统一的培训、产品质量和价格等标准。虽然工会起源于上述两类组织，但他们不是现代意义上的工会。

2.1.1 工会的定义与性质

（1）工会的定义

工会是西方国家市场经济得以正常运行的基本制度之一，研究者对工会问题也一直充满兴趣。韦伯夫妇早在1894年就通过对当时英国工会的研究，提出了工会具有互助保险、集体谈判和参与法律制定等功能；工会一般能够组织起来与雇主谈判，以便能够改变工人个人与雇主谈判的不利地位。他们后来又在《工会史》中，把工会定义为“由工资收入者组成的旨在维护并改善其工作生活条件的连续性组织”[①]。Hoxie（1920）以美国工会为研究对象，把工会分为商业工会、友好或进步工会、革命工会和掠夺性工会四种类型，发现工会具有集体谈判、互助保险、阶级或政治动员以及自私的财富获得等功能。James Cunnison（1930）认为，工会是“工人的垄断性组织，它使个体劳动者能够相互补充。由于劳动者不得不出卖自己的劳动力从而依附于雇主，因此，工会的目标就是增强工人与雇主谈判时的力量”[②]。Freeman 和 Medoff（1984）以美国工会为研究对象，认为工会具有垄断和发言权两种功能，垄断的一面能够把工资提高到竞争水平以上，而发言权的一面，能够增加员工公共物品供应[③]。Richard Hyman（2001）以欧洲工会（英国、德国和意大利）为研究对象，识别出商业工会、社会共同体工会、反资本主义工会三种类型，认为工会具有集体谈判、法律制定和阶级或政治动员三个功能。他认为工会首先是一个有显著市场功能的利益组织；其次，工会是提高工人的社会地位进而也是提高社会公平的工具；再次，工会是劳动与资本斗争的主战派（schools of war）[④]。

工会在《现代劳动关系辞典》中定义为：工会是工人阶级的群众组织，是社会经济矛盾的产物，是工人阶级为加强内部团结集中斗争力量而自愿组成的社会团体。[⑤] 在《牛津法律大辞典》中，对工会下的定义为：工会是现代工业条件下雇佣工人自我保护的社团。[⑥]

在法律层面，英国《工会与劳资关系条例》定义工会为，“全部或主要由工人组成的组织，这一组织的主要目的是形成劳资双方的行为规范。”[⑦] 美国《国家劳资关系法》则认定，“‘劳工组织’这个词是职工参加的任何种类的任何组织，或任何代理机构，或职工代表委员会或计划，其存在的全部或部分目的是为了就各种申诉、劳动争议、工资、待遇等级、工时、工作条件等问题同雇主进行交涉。”日本《劳动组合法》规定：“工会是指以劳动者为主体，以维护和改善劳动条件，提高其经济地位为主要目的而自主地组织起来的团体或其联合团体。”国际劳工公约第 87 号公约第 2 条规定，工人和雇主应毫无区别地不经事先批准建立和参加他们自己选择的组织，其唯一条件是遵守有关组织的规章。第 3 条规定，工人组织和雇主组织应有权制定其各自组织的章程和规则，充分自由地选举其代表，自行管理与安排活动，并制订其行动计划。[⑧]

（2）工会的性质

站在不同学术立场的学者，对工会性质具有不同的认识。

新古典经济学派（neoclassical economics school）认为，工会是劳动力市场的垄断者和麻烦制造者（labor monopolies，trouble makers）。从微观看，工会的垄断性造成了劳动力市场的低效率，导致了工资差别的加大，降低了就业的增长率，也导致了工会化企业的利润率

① Sidney and Beatrice Webb. The History of Trade Unionism, Longmans Green and Co Ltd, London, New York, Toronto, 1920: 1.

② John Pencavel. Unionism Viewed Internationally, Journal of Labor Research, Vol. XXVI, No. 1, Winter. John Pencavel, 2005: 366.

③ Freeman, R. and Medoff, J. What Do Unions Do?, New York: Basic Book. 1984: 6.

④ Richard Hyman, Understanding European Trade Unionism: Between Market, Class and Society, London, Thousand Oaks, New Delhi: Sage. 2001: 3

⑤ 苑茜. 现代劳动关系辞典. 北京：中国劳动社会保障出版社，1999：97.

⑥ 戴维·M·沃克. 牛津法律大辞典. 北京：光明日报出版社，1988：889.

⑦ ［英］艾利森·帮，马纳·撒夫. 劳动法基础. 2 版. 武汉：武汉大学出版社，2004：166.

⑧ 常凯. 劳动关系学. 北京：中国劳动社会保障出版社，2005：179.

下降。从宏观看，工会运动所带来的成本上升和管理灵活性降低使得资本外流，投资机会、就业机会及整体福利水平都有所降低。

人力资源管理学派（human resource management school）认为，工会是企业管理病态的象征。雇员加入工会的主要原因是管理方的管理不当。雇员们通常相信：只有联合起来，才能从一块蛋糕中分得自己的公平合理的一份，也才能免遭管理方的专断对待和伤害。因此，如果管理方将雇员视为有价值的人力资源，向雇员提供具有竞争性的工资福利待遇和良好的工作条件、对雇员的抱怨给予及时关心与回应，雇员就没有必要寻求外部代表，工会就没有存在的基础。所以，有效的人力资源管理，可以增进员工满意度，降低或阻止工人对工会的需求，甚至可以替代工会。

劳动关系学派（industrial relations school）认为，工会是雇员利益的合法代表者（legitimate representatives of employee）。在这个学派看来，无论是社会还是组织中，都存在不同的利益集团。不同的利益集团之间需要协调利益关系。雇主和雇员处于两个不同的利益集团。雇员作为一个利益集团，其个体成员是没有力量与雇主抗衡的，因此雇员联合起来组建工会，用集体的力量抵制雇主的专制，争取公平待遇，就成为必然。基于以上理由，劳动关系学派认为，工会代表雇员与雇主就劳动报酬和劳动条件等进行的集体谈判，以及工会、雇主和政府的三方协商机制，都是协调劳动关系的重要手段。

激进劳动关系学派（critical industrial relations），也叫马克思主义劳动关系学派（Marxist industrial relations）认为，资本主义劳资关系的本质特征是雇佣性、剥削性和对抗性。劳资之间存在着不可调和的阶级利益冲突。工会的终极目标是打破资本主义雇佣劳动的生产方式，推翻资本主义制度，实现劳动者与生产资料的直接结合，集体谈判等斗争，仅仅是手段而已。工会运动必须在先进思想的指导下才能完成本阶级的历史使命。

总之，不同学派对工会性质的认识有着很大差别，产生这些认识差异的主要原因不只是研究方法和角度不同，更主要的是其所代表的利益集团不同，进而导致立场和目标的差异。①

2.1.2 工会的目标与职能

（1）工会的目标

工会的总体目标是保护和提高会员的利益。在总体目标下，不同的工会又有其特定的目标，这取决于时代变迁的需要和工会会员的需求。例如，在技术更新的时代，传统的工艺可能被新的技术和设备所取代，一些技术工人可能面临被解雇或者被裁员。此时工会就可能将其目标定为尽可能地为会员提供职业保障。一些以从事体力劳动的雇员为主体的工会可能将目标定在提高会员的工资福利待遇和改善劳动条件方面；而一些由从事脑力劳动的雇员为主体的工会可能将目标定在提高会员的福利待遇、缩短工作时间、增加带薪休假等方面。②

在总体目标的前提下，工会的特定目标还取决于工会不同的理念。海曼在 1994 年就指出，在 20 世纪的欧洲，工会已经呈现出组织形态的多样化与意识形态取向的多样化。特别是在意识形态方面，欧洲的工会出现了三个理念：第一，工会是具有出色的劳动力市场功能的利益组织；第二，工会是提高劳工更普遍的社会地位并进而促进社会正义的载体；第三，

① 常凯. 劳动关系学. 北京：中国劳动社会保障出版社，2005：175－178.
② 李琪. 产业关系概论. 北京：中国劳动社会保障出版社，2008：79－80.

工会是劳工与资本家斗争中的"主战派"。[①] 2001 年，海曼出版了《理解欧洲工团主义——在市场、阶级与社会之间》(Understanding European Trade Unionism：Between Market，Class and Society)。在该书中，海曼提出一个工会目标的市场、阶级和社会的三角模型，如图 2-1 所示。他认为，所有的工会都要面对三个目标取向：作为雇员的组织，它们要关注"工资与劳动"的关系，因此，不能忽视劳动力市场的存在；作为劳工的组织，它们要体现劳工的集体利益和与雇主不同的身份，因此，也无法回避作为工人阶级代表的角色；作为一个在社会中存在和运行的组织，它们必然是社会中的一个组成部分，因此，必须与其他社会机构和利益群体共存。海曼认为，这个三角形模型的每个角都在理论上可以是一种工会的类型，也可以理解为一种工会的目标取向。经济利益型的工会以市场为取向，社会整合型的工会以社会为取向，激进型的工会以阶级斗争为取向。不过，海曼同时指出，这三种极端型的工会在当代是极为罕见的，某个工会的意识形态特征和目标取向通常是趋向于三角形的某一个边。以此为理论框架，海曼识别出了三种工会类型：英国工会位于阶级与市场之间，德国工会位于市场与社会之间，意大利工会位于社会与阶级之间。[②]

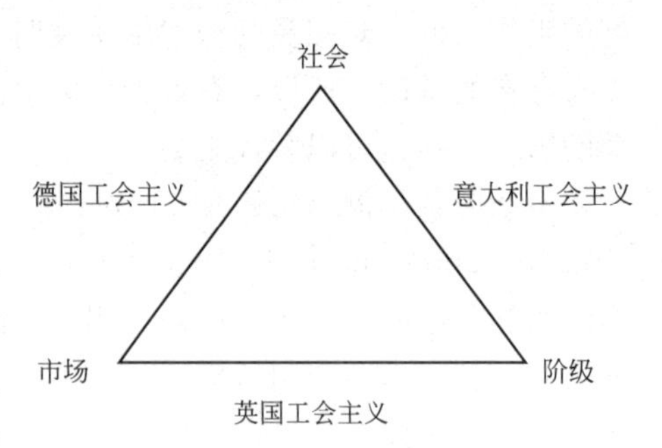

图 2-1　工会主义的战略目标

资料来源：根据 Richard Hyman. Understanding European Trade Unionism：between Market，Class and Society. SAGE Publications Ltd，2001：1、5、6 和 7 章的内容整理.

(2) 工会的职能

工会是员工的集体组织，其主要目的在于维护员工的合法权益。世界各国的工会组织都是以此宗旨建立，并在实践中具体贯彻落实。工会的具体职能体现在以下几个方面。

① 代表职能。工会之所以能在劳动关系中发挥作用，关键是它具有产业力量和雇主相抗衡。这种产业力量是一种集体的力量，它是全体会员力量的凝聚。正是这种集体的力量弥补了单个会员同雇主之间力量上的悬殊对比。工会只有代表全体会员的共同利益，才能获得会员的支持。

② 经济职能。工资水平和员工福利是集体谈判的主题。工资水平对经济系统来说，是一个重要的变量，它不仅决定着雇佣水平和生产中的劳动成本，而且影响着经济的总需求、通货膨胀、国际收支和经济增长；员工福利则关系着员工的切身经济利益。

③ 民主职能。工会的民主职能体现在：第一，当雇主违反集体合同确立的就业条件或滥用职权，非法惩罚、解雇员工时，工会可以保护会员；第二，工会有助于确保雇员在工作过程中获得自由，工会与管理方协商并制定有关工作进度、技能要求、绩效考核等的规则和程序，限制管理方的职权，维护雇员的权利；第三，工会作为一个民主机构，有自己的章程、代表大会及领导选举制度，从而保证雇员享有各种民主权利。

④ 服务职能。许多国家的工会组织开始向会员提供越来越多的现代服务，以吸收更多

---

① Richard Hyman. Changing Union Identities in Europe. In New Frontiers in European Industrial Relations. edited by Hyman，Richard and Anthony Ferner. Oxford：Blackwell，1994：108-139.

② Richard Hyman. Understanding European Trade Unionism：between Market，Class and Society. SAGE Publications Ltd，2001：1-9，66-168.

的潜在会员入会，如个人贷款、法律服务等。①

2.1.3 工会的类型与组织结构

(1) 工会的类型

工会的类型大致可分为行业工会、产业工会、普通工会和职员工会。

① 行业工会（craft unions）。行业工会是以相同或相似职业为依据组建的工会，例如，建筑工人工会、印刷工人工会、码头工人工会等，都属行业工会。早期行业工会是由从事同一职业的技术工人或熟练工人组成的，入会有严格的条件限制，比如，要经过一定年限的学徒培训。这样做的主要目的是，通过控制同行业劳动力的供给，维持必要的劳动力短缺程度，来保证会员的工资水平。这些工会与雇主进行集体谈判的实力，主要来自会员的关键工作岗位，这些岗位的工人都掌握难以替代的核心技术，一旦罢工，将给雇主造成很大损失。

② 产业工会（industrial unions）。产业工会是按照产业系统组建起来的工会，如汽车制造业工会、钢铁业工会、煤矿采掘业工会等，其特点是不分职业、工种，先将同一企业的工人，组织在同一产业的基层工会中，然后再根据其所属的产业系统，组织起该产业的地方工会委员会，最后再组建全国性产业工会委员会。

③ 普通工会（general unions）。普通工会不同于行业工会和产业工会，主要特点是接纳来自各个不同行业和不同产业的个人会员。这类工会不像行业工会那样，有严格的入会限制条件，把大量的非技术工人和临时工排除在工会之外。普通工会以一个区域的工人为组织基础，广泛招募会员，并且没有入会限制。这类工会主要依仗人多势众、可以组织大规模罢工，向雇主施加压力，与资方进行集体谈判。但在经济萧条时期，也容易因为会员大量失业而陷入生存危机。在 19 世纪，英国和其他一些国家，出现了这种工会。

④ 职员工会（staff unions）。职员工会主要由从事非体力劳动的雇员组成，如公司的职员、监工、一般管理人员、技术员、教师等。随着金融、保险、房地产和公用部门等第三产业的发展，就业于这些行业的职员人数也迅速增加，职员工会也就迅速发展起来。职员工会在与雇主进行集体谈判时，除工资事项之外，还比较重视社会保险待遇、工作条件和休假等事项。职员工会出现在 19 世纪后半叶。

以上是工会组织形式的大致分类，随着社会和经济的发展，工会策略的变化，工会的组织形式也在变化，各类工会之间的界限已经不太清晰，它们的会员发展对象、行动目标、活动手段和工会政策等也逐渐趋同。自 20 世纪 80 年代以来，各类工会为了生存和发展，已经合并或者接纳不同类别的工会，例如，行业工会覆盖了几个不同的职业，产业工会与行业工会合并，普通工会与行业工会结盟，职员工会与非职员工会合并等。②

(2) 工会的组织结构

工会的组织结构是指工会内部的组织层次，不同工会内部的组织结构具有相当大的差异。一般的结构可以总结为：在雇佣组织中，由工会会员选举一个工会干事（shop steward），如果组织规模较大，则可能有数名以上的工会干事，这样就需要有一个高级工会干事作为协调人。在雇佣组织所在地有一个工会的地区分会，地区分会的工会委员会由在该地区

① 本部分来源于盖勇．劳动关系与社会保险．济南：山东人民出版社，2004：49－52．
② 李琪．产业关系概论．北京：中国劳动社会保障出版社，2008：82－84．

所有的工会干事选举产生。在地区工会委员会之上是区域工会，区域工会委员会由地区分会工会委员会的代表组成，在区域工会之上是国家级总工会，总工会定期召开全国代表大会，由地区分会和区域工会选派代表参加，全国代表大会为总工会的决策机构，负责工会政策的制定，总工会还设有理事会之类的机构，负责实施该工会的政策。在总工会之上还可能有由数个总工会组成的工会联盟。

一般来说，工会的基层组织（grass-roots union）是工会的地区分会，分会设有工会的专职干部并有办公场所和会员的活动场地。地区分会负责组织会员活动、召集工会干事会议、交流信息、制定政策、收集会费，在有些情况下，还要代表工会与雇主进行集体谈判。地区分会如果成功地在雇佣组织中发展了会员且具有一定的会员规模，就会在雇佣组织中建立自己的分部，这些分部由工会干事负责。因为工会干事与会员发生直接的联系，且工作地是工会行动的核心地带，因此，工会干事对工会的生存、发展和行动均具有至关重要的作用。①

2.1.4　工会的法律地位与法律保障

（1）工会的法律地位

在资本主义国家，工会的法律地位，在立法上经历了三个阶段。

① 禁止阶段。资本主义初期，工人阶级为了保卫自身利益，自发地成立工会。当工会活动对资产阶级构成威胁时，他们便利用国家机器制定法律，禁止成立工会。如 1799 年英国议会通过的《劳工结社禁止法》规定，“凡因请求变更法定工资和减少劳动时间而组织团体或妨碍工人劳动者，均以违法论，处以两个月以上的监禁。”法国 1791 年宪法规定，凡同一职业的市民所组织的各种团体，均应废止。1810 年的《法国刑法典》也规定严格禁止组织会社。

② 限制阶段。迫于工人运动的高涨，一些资本主义国家不得不取消禁止成立工会的法律，而代之以限制工会活动的法律。如英国 1824 年废止《劳工结社禁止法》，次年颁布法律，原则上承认劳动者有组织工会的权利，但又规定如工会活动有强暴胁迫行为，即予处罚。法国 1864 年修改刑法，解除了绝对不许组织结社的禁令，规定凡 20 人以上的结社，须经官署认可，否则即予解散。1869 年颁布的北德意志联邦《行业法》（1872 年在全国施行），废除组织工会禁令，但又规定许多限制条款。

③ 承认阶段。在工人运动的压力下，资本主义国家对工会活动不得不采取放宽政策，英国于 1871 年通过了世界上第一个《工会法》，规定不得认为工会活动可能阻碍工商业发展而视为非法组织。法国于 1884 年制定了《职业团体法》，撤销了限制工会活动的法律，明确规定工会为法人，并从法律上确认工会的权利。德国于 1908 年制定了《结社法》，规定人民如无违反刑法的目的则拥有结社权。

但是，资本主义国家对工会活动也采取了一系列规制措施。英国政府于 1927 年颁布的《劳动争议与工会法》规定，罢工斗争仅限于经济条件的争议，如果有预谋直接、间接胁迫政府时，即属于违法；并且规定，工会的基金应分为政治基金与非政治基金两种，政治基金未经全体会员书面承认不得征收，目的是将工会斗争限于经济范围之内。美国国会 1935 年通过的《国家劳工关系法》（即《华格纳法》），承认了工人有组织工会的权利。但在 1947 年又通过《劳资关系法》（即《塔夫脱－哈特莱法》），取消了《华格纳法》给予工会的某些权

① 李琪. 产业关系概论. 北京：中国劳动社会保障出版社，2008：84.

利，规定政府可以对工会的会费数额、工人加入工会和开除会籍、工会机构选举程序等加以干涉，禁止以工会基金用于政治活动，禁止共产党人担任工会职务，目的是将工会活动控制在政府的监控范围内。

（2）工会的法律保障

各国对工会的法律保障可以分为以下几类。

① 组织与加入工会的权利。

组织与加入工会的权利来自结社自由权（freedom of association）。结社自由权是人类的一项基本权利，在一些国家的宪法和国际公约中均有规定。例如，在联合国大会 1948 年 12 月 10 日通过的《世界人权宣言》中，这项权利并列于言论自由、宗教信仰自由等项权利；在国际劳工组织 1948 年 7 月 9 日通过的《结社自由和组织权利保护公约》（第 87 号公约）中也是工人的一项基本权利。工会属于一种社团组织，组织与加入工会是结社自由权的一个组成部分。英国《产业关系法》（Industrial Relations Act，1971）规定，结社自由是一项基本的法律原则，工人有加入工会或者参加工会活动的自由，如果雇主违反了这条原则，即属于不公正产业行为（unfair industrial practice），雇主要向被侵权者作出赔偿。美国《劳资关系法》第 7 条则规定："雇员有权自己组织起来，建立、参加或者帮助劳工组织，并有权进行以集体谈判或互助或保护为目的的其他一切行动。"

② 工会不受雇主控制的权利。

工会不受雇主控制的权利也是其保持独立性的权利。除了工会要经过独立性认证方可获得法律的保障之外，法律还严格禁止雇主控制工会的行为。

例如，英国《工会与劳动关系法》将"独立"的工会定义为：①不受任何雇主或者雇主群体或者一个或一个以上的雇主组织的支配与控制；②在一个雇主或者任何雇主群体或者雇主组织为了达到控制的目的而给予经济的或者物质的或者其他任何形式的援助时，不易被它们介入。

美国《国家劳工关系法》规定，雇主控制或干涉任何一个劳工组织的成立或管理，或给它以财政或其他方式的支持是"不公正劳工行为"（unfair labor practice）。这些行为包括：（a）在雇员行使本法第 7 条保障的权利时，进行干涉、限制或胁迫；（b）控制或干涉任何一个劳工组织的成立或行政事务，或给予财政或其他方式的支持；（c）利用雇用或雇佣期限或任何雇佣条件方面的歧视，鼓励或者组织雇员参加劳工组织；（d）因雇员根据本法提出控告或者作证而将其解雇或者给予其他形式的歧视；（e）拒绝根据本法的规定同雇员代表进行集体谈判。

③ 加入工会或参与工会组织的活动不受解雇威胁的权利。

为了保障雇员在加入工会或者参加工会组织的活动之后不受解雇的威胁，法律严格禁止雇主以此为理由解雇雇员。例如，英国《产业关系法》在 1971 年颁布之后，禁止了不公正解雇，限制了普通法的"雇佣自由意志"的原则。该法将雇主因雇员加入工会或者参与工会活动而将其解雇视为不公正解雇。英国《工会与劳动关系法》进一步将不公正解雇的理由定义为：（a）雇员加入了或者准备加入一个独立的工会；（b）雇员在适宜的时间参加或者准备参加一个独立工会组织的活动。该法还特别注明，"适宜的时间"是指雇员工作时间以外的时间，或者在工作时间内，根据雇员与雇主的协议或者得到雇主的许可，参与工会组织的活动的时间。[①]

① 李琪．产业关系概论．北京：中国劳动社会保障出版社，2008：85－87.

2.2 中国社会主义市场经济体制下的工会

2.2.1 中国工会的性质

按照《中华人民共和国工会法》的规定:“工会是职工自愿结合的工人阶级的群众组织。”目前的中国工会,已经具备了现代工会的四个性质:阶级性、群众性、经济性和政治性。

阶级性是指《工会法》第3条将“以工资收入为主要生活来源的劳动者”作为加入工会的唯一条件,排除了不以工资收入为主要生活来源的农业劳动者、资本所有者以及其他不以工资收入为主要生活来源的人,使工会成为“工资收入劳动者”的具有阶级性的组织。同时,《工会法》第6条规定,“工会在维护全国人民总体利益的同时,代表和维护职工的合法权益。”也就是说,作为“工资收入劳动者”的阶级性组织,是代表和维护广大职工利益的。

群众性是指工会会员构成的广泛性。工会是职工群众的组织,而不是政党或其他组织,《工会法》第3条规定,“在中国境内的企业、事业单位、机关中以工资收入为主要生活来源的体力劳动者和脑力劳动者,不分民族、种族、性别、职业、宗教信仰、教育程度,都有依法参加和组织工会的权利。”此外,作为自愿结合的工资收入者的群众组织,职工参加工会和退出工会都是自愿的。

经济性是指工会将工作的重心放在为职工争取和维护合法的经济利益上。工会通过参与最低工资标准的制定、参与职业安全卫生法律法规的制定、参与三方协商机制、代表职工与雇主签订集体合同等,体现出工会维护职工经济利益的性质。

政治性是指中国工会一直在中国共产党领导下开展工作。《工会法》第4条规定,“工会必须遵守和维护宪法,以宪法为根本活动准则,以经济建设为中心,坚持社会主义道路、坚持人民民主专政,坚持中国共产党的领导、坚持马克思列宁主义毛泽东思想和邓小平理论,坚持改革开放,依照工会章程独立自主地开展工作。”《中国工会章程》规定,中国工会是中国共产党领导的职工自愿结合的工人阶级群众组织,是党联系职工群众的桥梁和纽带。同时,全总各级工会在贯彻和落实党和政府政策的同时,也积极参与各级立法活动,参与关系职工群众重大利益的政策制定;而党和政府也高度重视工会工作,在政治安排、权益维护和舆论宣传等方面落实全心全意依靠工人阶级的指导方针,指导和支持全总各级工会开展工作。

与发达市场经济国家的工会比较,中国工会具有更加突出的政治性色彩。这与中国工会的起源和发展演变过程密切相关。①

2.2.2 中国工会的权利、义务与职责

(1)中国工会的权利、义务

1950年6月29日中央人民政府颁布《中华人民共和国工会法》。1992年4月3日第七届全国人民代表大会第五次会议通过《中华人民共和国工会法》。根据2001年10月27日第九届全国人民代表大会常务委员会第二十四次会议《关于修改〈中华人民共和国工会法〉的

① 关于中国工会的起源和发展演变,参见李琪. 产业关系概论. 北京:中国劳动社会保障出版社,2008:88-91. 常凯. 劳动关系学. 北京:中国劳动社会保障出版社,2005:184-187.

决定》，其中第三章中国工会的权利和义务如下。

第三章 工会的权利和义务

第十九条 企业、事业单位违反职工代表大会制度和其他民主管理制度，工会有权要求纠正，保障职工依法行使民主管理的权利。

法律、法规规定应当提交职工大会或者职工代表大会审议、通过、决定的事项，企业、事业单位应当依法办理。

第二十条 工会帮助、指导职工与企业以及实行企业化管理的事业单位签订劳动合同。

工会代表职工与企业以及实行企业化管理的事业单位进行平等协商，签订集体合同。集体合同草案应当提交职工代表大会或者全体职工讨论通过。

工会签订集体合同，上级工会应当给予支持和帮助。

企业违反集体合同，侵犯职工劳动权益的，工会可以依法要求企业承担责任；因履行集体合同发生争议，经协商解决不成的，工会可以向劳动争议仲裁机构提请仲裁，仲裁机构不予受理或者对仲裁裁决不服的，可以向人民法院提起诉讼。

第二十一条 企业、事业单位处分职工，工会认为不适当的，有权提出意见。

企业单方面解除职工劳动合同时，应当事先将理由通知工会，工会认为企业违反法律、法规和有关合同，要求重新研究处理时，企业应当研究工会的意见，并将处理结果书面通知工会。

职工认为企业侵犯其劳动权益而申请劳动争议仲裁或者向人民法院提起诉讼的，工会应当给予支持和帮助。

第二十二条 企业、事业单位违反劳动法律、法规规定，有下列侵犯职工劳动权益情形，工会应当代表职工与企业、事业单位交涉，要求企业、事业单位采取措施予以改正；企业、事业单位应当予以研究处理，并向工会作出答复；企业、事业单位拒不改正的，工会可以请求当地人民政府依法作出处理：

（一）克扣职工工资的；

（二）不提供劳动安全卫生条件的；

（三）随意延长劳动时间的；

（四）侵犯女职工和未成年工特殊权益的；

（五）其他严重侵犯职工劳动权益的。

第二十三条 工会依照国家规定对新建、扩建企业和技术改造工程中的劳动条件和安全卫生设施与主体工程同时设计、同时施工、同时投产使用进行监督。对工会提出的意见，企业或者主管部门应当认真处理，并将处理结果书面通知工会。

第二十四条 工会发现企业违章指挥、强令工人冒险作业，或者生产过程中发现明显重大事故隐患和职业危害，有权提出解决的建议，企业应当及时研究答复；发现危及职工生命安全的情况时，工会有权向企业建议组织职工撤离危险现场，企业必须及时作出处理决定。

第二十五条 工会有权对企业、事业单位侵犯职工合法权益的问题进行调查，有关单位应当予以协助。

第二十六条　职工因工伤亡事故和其他严重危害职工健康问题的调查处理，必须有工会参加。

工会应当向有关部门提出处理意见，并有权要求追究直接负责的主管人员和有关责任人员的责任。对工会提出的意见，应当及时研究，给予答复。

第二十七条　企业、事业单位发生停工、怠工事件，工会应当代表职工同企业、事业单位或者有关方面协商，反映职工的意见和要求并提出解决意见。对于职工的合理要求，企业、事业单位应当予以解决。工会协助企业、事业单位做好工作，尽快恢复生产、工作秩序。

第二十八条　工会参加企业的劳动争议调解工作。

地方劳动争议仲裁组织应当有同级工会代表参加。

第二十九条　县级以上各级总工会可以为所属工会和职工提供法律服务。

第三十条　工会协助企业、事业单位、机关办好职工集体福利事业，做好工资、劳动安全卫生和社会保险工作。

第三十一条　工会会同企业、事业单位教育职工以国家主人翁态度对待劳动，爱护国家和企业的财产，组织职工开展群众性的合理化建议、技术革新活动，进行业余文化技术学习和职工培训，组织职工开展文娱、体育活动。

第三十二条　根据政府委托，工会与有关部门共同做好劳动模范和先进生产（工作）者的评选、表彰、培养和管理工作。

第三十三条　国家机关在组织起草或者修改直接涉及职工切身利益的法律、法规、规章时，应当听取工会意见。

县级以上各级人民政府制订国民经济和社会发展计划，对涉及职工利益的重大问题，应当听取同级工会的意见。

县级以上各级人民政府及其有关部门研究制定劳动就业、工资、劳动安全卫生、社会保险等涉及职工切身利益的政策、措施时，应当吸收同级工会参加研究，听取工会意见。

第三十四条　县级以上地方各级人民政府可以召开会议或者采取适当方式，向同级工会通报政府的重要的工作部署和与工会工作有关的行政措施，研究解决工会反映的职工群众的意见和要求。

各级人民政府劳动行政部门应当会同同级工会和企业方面代表，建立劳动关系三方协商机制，共同研究解决劳动关系方面的重大问题。

(2) 中国工会的职责

1992年修改后的《中华人民共和国工会法》将工会的职能概括为“维护、建设、参与、教育”。2001年修改后的《中华人民共和国工会法》将“维护”列为工会的基本职责（第6条）。依据《工会法》的规定，工会职责可以分为基本职责和具体职责。

维护职工的合法权益是工会的基本职责。工会需要维护的职工合法权益包括两个方面的内容：一是劳动权益，包括就业的权利、获取劳动报酬的权利、获得劳动保护的权利、社会保障的权利、休息休假的权利等；二是民主权利，包括职工依法对企业、事业单位的事务进行民主管理、民主参与和民主监督的权利。

工会维护职工合法权益的主要机制有三个：一是平等协商与集体合同制度；二是职工代

表大会制度；三是劳动合同制度。

工会在通过上述三种机制维护职工合法权益的同时，还需要通过履行其他具体职责，更好地体现工会的维护职责。这些职责包括以下方面。

① 代表职工参与和监督。

工会履行参与和监督的职责是以维护职工切身利益为目的的。在履行这一职责的过程中，工会要参与国家和地方立法机构的法律法规制定过程，参与政府涉及职工利益的有关政策的制定过程，参与企事业单位涉及职工利益的重大事项的决策等，并代表职工对法律法规和政策的贯彻执行进行监督。

② 为职工提供劳动权利保障。

这一职责要求各级工会，特别是企业基层工会承担在日常生产劳动过程中对劳动者基本劳动权利的保护责任。《工会法》第22条规定，在出现企业事业单位克扣职工工资、不提供劳动安全卫生条件、随意延长劳动时间、侵犯女职工和未成年工特殊权益等情况时，工会应当代表职工与企业、事业单位交涉，要求企业、事业单位采取措施予以改正。《工会法》第24条还规定，工会发现企业违章指挥、强令工人冒险作业，或者生产过程中发现明显重大事故隐患和职业危害时，有权提出解决的建议；发现危及职工生命安全的情况时，工会有权向企业建议组织职工撤离危险现场。

③ 为职工提供生活保障。

这一职责要求各级工会保障职工的生活福利、社会保险、劳动就业及女职工特殊利益等方面的权益。《工会法》第6条规定："工会必须密切联系职工，听取和反映职工的意见和要求，关心职工的生活，帮助职工解决困难，全心全意为职工服务。"第30条规定："工会协助企业、事业单位、机关办好职工集体福利事业，做好工资、劳动安全卫生和社会保险工作。"

除了上述与工会维护职责有关的具体职责外，按照《工会法》的规定，工会还承担了以下职责，这些职责体现了中国工会的性质和特色，并使工会在构建中国社会和企业组织内部和谐稳定的劳动关系中承担了重要角色。

(a) 对职工进行教育。这一职责要求工会要教育职工不断提高思想道德、技术业务和科学文化素质；要会同企业、事业单位组织职工进行业余文化技术学习和职工培训，组织职工开展文娱、体育活动。

(b) 组织职工参加经济建设。这一职责要求工会吸引和组织职工群众参加经济建设。《工会法》第7条要求工会动员和组织职工积极参加经济建设，努力完成生产任务和工作任务；第31条要求工会组织职工开展群众性的合理化建议、技术革新活动。

(c) 协调企业劳动关系。这一职责要求工会承担企业事业单位与职工之间劳动关系的协调责任。按照《工会法》第27条的规定，在企业、事业单位发生停工、怠工事件时，工会应当代表职工同企业、事业单位或者有关方面协商，反映职工的意见和要求并提出解决意见；工会要协助企业、事业单位做好工作，尽快恢复生产、工作秩序。另外，基层工会要参加企业的劳动争议调解工作、地方工会要参加劳动争议仲裁机构的仲裁工作。

2.2.3 中国工会的组织体系

《工会法》第10条规定："全国建立统一的中华全国总工会。"根据这一规定，中华全国总工会是中国唯一合法的工会。

中国工会由地方工会和产业工会两个系统组成，由中华全国总工会统一领导。

中国工会的最高权力机构是中国工会全国代表大会，工会全国代表大会每五年召开一次，其职权是：审议和批准中华全国总工会执行委员会的工作报告，审议和批准中华全国总工会执行委员会的经费收支情况报告和经费审查委员会的工作报告，修改中国工会章程，选举中华全国总工会执行委员会和经费审查委员会等。

全总执行委员会是中国工会全国代表大会的执行机构，由工会全国代表大会选举产生，在中国工会全国代表大会闭会期间，负责贯彻执行大会的决议，领导全国工会工作。

全总执行委员会每年至少举行一次全体会议，其主要任务是：根据工会全国代表大会确定的工作任务，审议通过每年的工会工作报告、财务工作报告和经费审查委员会的报告；根据形势和中国共产党的中心工作，研究和确定工会工作方针、任务；讨论有关人事变动事宜，替补、增补执行委员会和经费审查委员会委员；根据工作需要，选举主席团委员等。

在全总执行委员会全体会议闭会期间，由主席团行使执行委员会的职权，主席团下设书记处，主持全总日常工作。

全总执委会主席、副主席、委员，主席团委员和书记处书记的任期与中国工会全国代表大会届期相同，每届任期5年。中华全国总工会的组织结构如图2-2所示。

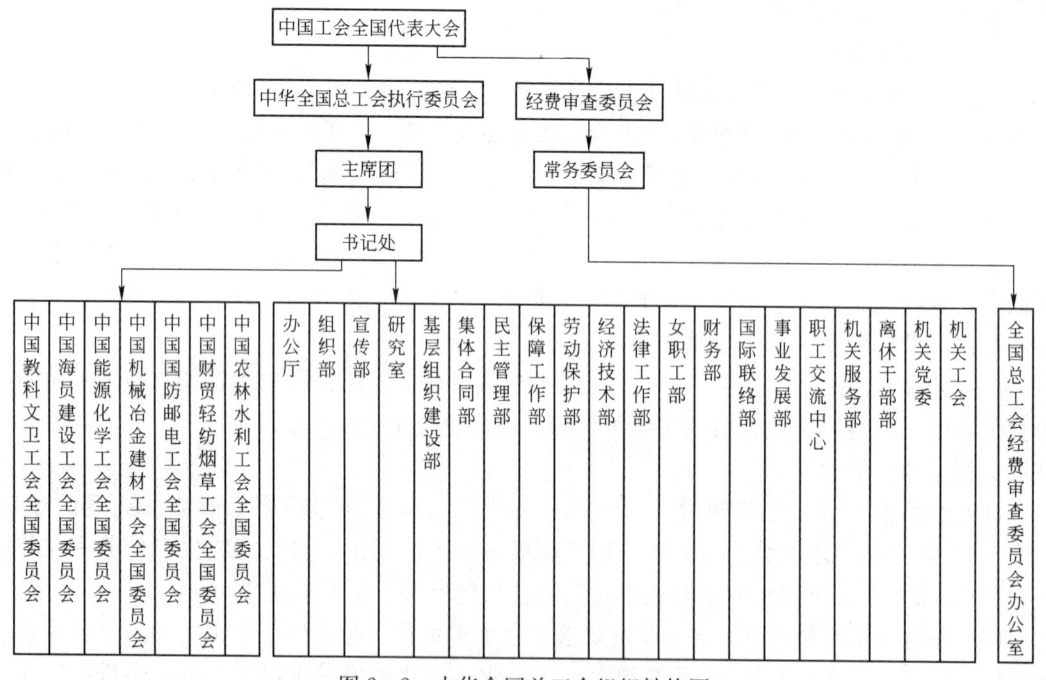

图2-2　中华全国总工会组织结构图

资料来源：常凯. 劳动关系学. 北京：中国劳动社会保障出版社. 2005：189.

《中国工会章程》第10条规定：“省、自治区、直辖市、自治州、市、县（旗）建立地方总工会。地方总工会是当地地方工会组织和产业工会地方组织的领导机关。”地方各级工会的领导机关是工会的地方各级代表大会和它所产生的总工会委员会。地方各级工会代表大会每五年召开一次，各级地方总工会委员会在代表大会闭会期间，执行上级工会的决定和同级工会代表大会的决议，领导本地区的工会工作，定期向上级总工会报告工作。目前，在一些经济发达地区，已经出现了乡镇工会和城市街道工会。这两类工会具有地方工会和基层工会双重职能。在当前私营企业、外资企业和乡镇企业工会组织不健全，工会工作还比较薄弱的情况下，乡镇、街道工会更多地发挥基层工会的作用，直接承担和处理新建企业工会难以承担的工作以及遇到的矛盾和问题。

产业工会的设置主要分为全国产业工会和地方各级产业工会。根据《中国工会章程》第20条的规定，产业工会全国组织的设置，由中华全国总工会根据需要确定。产业工会全国委员会的建立，经中华全国总工会批准，可以按照联合制、代表制原则组成；也可以由产业工会全国代表大会选举产生。产业工会全国委员会每届任期五年。目前中国共有7个全国产业工会。

按照《工会法》的规定，工会的基层组织是建立在企业、事业单位、机关之内的工会。《工会法》第10条的规定："企业、事业单位、机关有会员25人以上的，应当建立基层工会委员会；不足25人的，可以单独建立基层工会委员会，也可以由两个以上单位的会员联合建立基层工会委员会，也可以选举组织员一人，组织会员开展活动。企业职工较多的乡镇、城市街道，可以建立基层工会的联合会。"中华全国总工会的组织系统如图2-3所示。

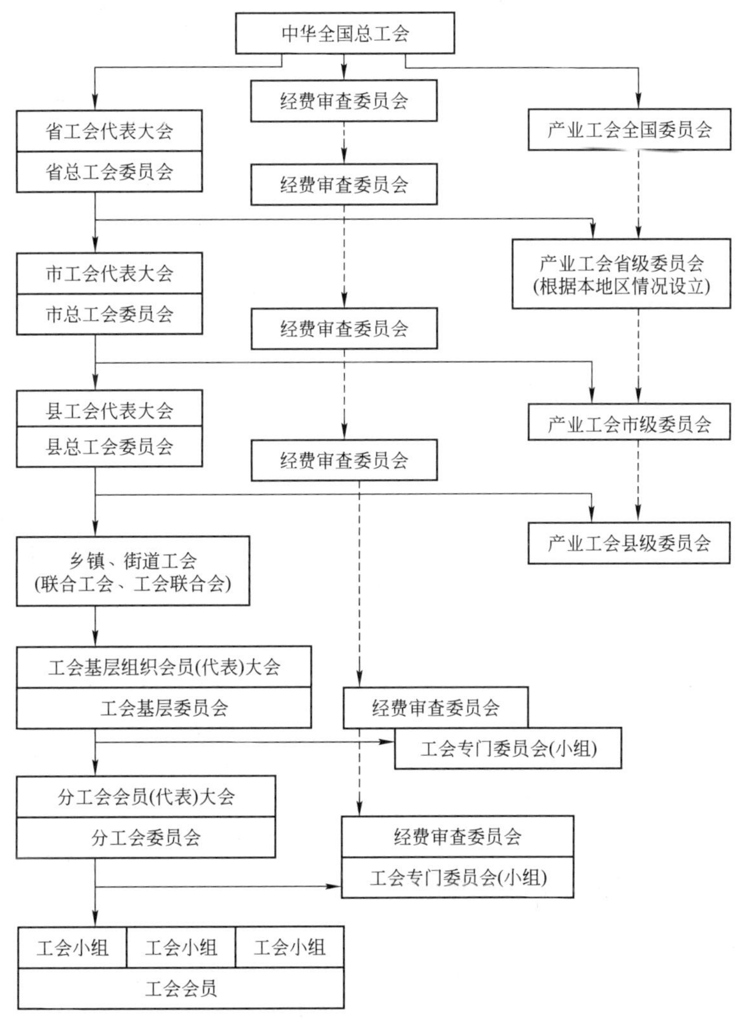

图2-3 中华全国总工会组织系统

注：图中实线表示垂直领导关系，虚线表示业务指导关系。部分产业工会实行垂直管理。

资料来源：常凯．劳动关系学．北京：中国劳动社会保障出版社．2005：190.

2.2.4 中国基层工会

引导案例

夹缝求生
——一个基层工会主席与沃尔玛的争端

这是一种力量的崛起，而代表它的，是一个年仅26岁、瘦弱的年轻人。

2007年12月16日，高海涛——沃尔玛南昌八一店工会主席，支持被裁员工向沃尔玛提起劳动仲裁，这是我国基层工会组织首次将跨国公司推上被告席。这标志着基层工会和跨国公司首次正面交锋。而在新劳动合同法即将实施，沃尔玛卷入突击裁员的背景下，这一事件尤为引人关注。而更让人关注的是：高海涛和他领导的沃尔玛南昌八一店工会，在过去一年里，在沃尔玛这个庞大的跨国机器内部，搅起了怎样的风波？自去年（2006）八月，沃尔玛这个“拒建”（工会）堡垒被攻克后，这个在中国51个城市拥有93家大型商场，雇用人数超过40 000人的巨无霸企业内部发生了什么？工会如何嵌入这个庞大公司机器上的某个齿轮？

基层工会控制权之争

基层工会的建立，是新生力量崛起的原点。2006年8月16日，沃尔玛南昌八一店在全国93个分店中第五个建立工会，高海涛被选为工会主席。从这一刻开始，斗争就悄然拉开了序幕。

“第一场，是工会领导权的争夺战。”南昌八一店工会顾问施志刚告诉记者。

在筹备建立工会期间，沃尔玛管理层提出，按照沃尔玛与中华全国总工会就建立工会达成的五点纪要精神，要求必须有沃尔玛方面的高层管理人员进入工会委员会。

“我们研究后没有同意。”施志刚说，“我们答复沃尔玛方面：根据《工会法》，工会委员会由选举产生，高层管理人员可以作为候选人，选上了，就进去，没有选上，就不进去。”

沃尔玛方面推选了一个副总、一个人力资源总监作为候选人，结果，一个也没有选上。而高海涛，这个26岁的小伙子被选为工会主席。这为后来一年中基层工会和跨国公司、上级工会的斗争埋下了伏笔。很快，首战告负的沃尔玛就开辟了第二战场。沃尔玛管理层提出，要在沃尔玛南昌地区的三家店（八一店、第二分店、销售总部）联合成立一个工会指导委员会，并且拿出了一份以沃尔玛副总担任委员会主任的委员会名单。

经过协商，八一店基层工会觉得此事不可小觑，“指导委员会成立，根本没有征求我们基层工会的意见，指导委员会和基层工会是什么关系？为什么要由副总经理担任主任？”施志刚说。而且，沃尔玛要建立工会指导委员会的想法，得到了南昌市总工会的支持和同意批复。

高海涛决定，求助中华全国总工会。一份情况反映信很快递交到了全总基层工作部。很快，全总下达了一个紧急通知《关于基层工会要牢牢把握工会领导权的通知》。一切尽在不言中，南昌市总工会收回了同意批复，指导委员会流产了。经过两番争夺，基层工会控制权仍然掌握在以高海涛为首的基层职工手里。

在夹缝中斗争

在基层工会控制权的两番争夺之后，在直接关系到员工福利的问题上又起争端。行政福利费的事情成为导火索。所谓行政福利费，是指沃尔玛历来有的一项节日福利，大致包括50元的月饼、50元的色拉油、150元的过年费。全年每个员工250元。在去年（2006）全总和沃尔玛在深圳一揽子谈判的时候，福利费就是争议的焦点，沃尔玛提出，既然建立工会，今后福利费就转由工会负担，从工会会费中支出。

高海涛坚决不同意这个做法，他的理由很简单："工会会费发掉了，那工会还怎么开展活动？工会向公司伸手讨钱，那还怎么保持独立性？"于是，高海涛召开了职工代表大会，制定了《工会会费使用范围的规定》，把行政福利和工会福利的区别写一个说明，用《告全体员工书》张贴到公司的宣传栏上。

让高海涛始料不及的是，沃尔玛深圳总部立刻派人来南昌调查此事，而南昌市总工会要求撤下《告全体员工书》。无奈之下，高海涛再度向全总求助，全总基层工作部则表态说：这样做完全合法。于是，这份说明在强压之下挂了7天。

"在从事这项工作之前，我从未想到过，基层工会的工作会如此之难，而各级工会的态度竟然有这么大差异。"高海涛感慨地说。

一位资深劳动律师分析，基层工会的处境是在夹缝中，它一方面是设在公司内部，办公室、人员、场地等都依附于公司，但同时又要代表员工向公司谋福利、争权益，这是它的两难处境。同时，我国《工会法》规定：基层工会是独立法人，上级工会对它是指导关系；现实中，上级工会隶属于政府，往往会更多从政府利益出发考虑问题，比如维护当地投资环境，维护公司的稳定等。这就使得基层工会与上级工会的意见往往不完全一致。

用工会会费发福利的事情最终未果，而今年（2007）11月份，由于一名职工被解雇，矛盾终于爆发了。11月20日，一名员工突然收到解聘合同，理由是违反员工守则——员工在非当班时间内，在员工餐厅里就餐。

高海涛认为，此事至少有两个问题。第一，《工会法》第21条规定，解除员工的合同，需要通知工会，工会有权调查并提出意见。而这个员工被解雇之前，工会没有得到任何通知。第二，员工守则规定，企业给当班员工提供午餐一份，非当班员工不得就餐。沃尔玛方面认为，被解雇员工在非当班时间在餐厅就餐，给公司造成严重损失。"两餐饭最多十元钱，怎么就是严重损失必须解雇？而且，该员工就餐时，虽然不是当班时间，但也是在进行MAS培训（沃尔玛的一项内部岗位培训）时间，员工守则制定过于苛刻，完全不合理。"

"工会代表员工与沃尔玛进行了3次谈判，提出三点要求：第一，今后解雇员工必须征求工会意见；第二，工会有权修改不合理的内部规章和员工手册；第三，收回解雇该员工的命令。"高海涛说。

谈判不欢而散。"员工手册不可能修改！沃尔玛是百年老店，员工手册是千锤百炼过的，怎么可能你说修改就修改？当时参加谈判的管理层表示。

"工会这一要求已经介入经营自主权，企业一般认为自己拥有100%的经营自主权，这个要求对企业来说是个很大的挑战，难以接受，这也是此次新劳动合同法最终删除工会有权要求的根本原因。"上述律师表示。

"但是，在公司和员工之间，地位和谈判能力是不均等的，公司强，员工弱，需要有工会这样的组织代表员工的利益，争取员工的利益。换言之，在涉及劳工权益的问题时，企业经营自主权边界在何处？这是一个模糊的话题。或许，通过高海涛和他的基层工会这样一次次的'斗争'，权利边界将逐渐清晰。"某资深工会人士表示。

高海涛的两种兵器

"我们沃尔玛南昌八一店工会是个特例，我也是个特例。"高海涛这样形容自己。

今年26岁的他，来自江苏徐州农村，自小生活艰苦，通过自学法律本科，在2005年通过国家统一司法考试，复习期间在沃尔玛打临时工维持生计，而后慢慢喜欢上在沃尔玛的工作和一起工作的伙伴们，因而留了下来。

"如果没有我，没有我读过法律，又没有我在沃尔玛工作过三年之久，不会有今天这样的工会。"高海涛说。

学习过法律的背景使得高海涛手里有两大武器，一是《工会法》，二是《劳动合同法》。他特别强调依法办事儿，依法斗争，"我觉得只要按照法律的规定去做，基本的东西就不会错。"

"最开始担任工会主席的时候，没有想很多，就觉得公司的某些做法不规范，可以通过工会的角度为职工争取利益。"高海涛说，至于工会的定位，基层工会与公司、与上级工会的关系，并没有想过。

一年之后，他有了新思考："我觉得工会首先应该维护职工的利益，在这个前提下，顺从企业的发展，这是工会的定位，否则，就是定位不准。"问题是，皮之不存，毛将焉附？如果企业没有好的发展，职工连就业都没有，哪里谈得上权益？

他认识到："工会也不是纯粹维护职工权益，要在职工和企业之间寻找平衡。"

他也困惑："工会的成员都是公司的人，你真为工人说话做事，和管理层作对，你自己也没好处，听公司的，就可能提拔，涨工资。"

上述每一句话，拆开看都是对的，针对具体的事情可能是对的，但放在一起，显然就有矛盾。你为什么要维护工人的利益呢？他也回答不了这个问题，回答不了他内心的矛盾。但有些人鼓励他说：心总该是热的。毕竟，基层工会作为一种新生力量，总要在和旧的强大力量的博弈中才能找到自己的位置，才能得到新的平衡。

资料来源：陈欢．夹缝求生——一个基层工会主席与沃尔玛的争端［N］．21世纪经济报道，2007-12-24，第5版．

（1）基层工会的法律地位

《工会法》第14条规定："中华全国总工会、地方总工会、产业工会具有社会团体法人资格。基层工会组织具备民法通则规定的法人条件的，依法取得社会团体法人资格。"工会具备法人资格的作用可使工会取得民事权利主体资格，凭此资格，基层工会可以进行必要的民事活动。基层工会在获得法人资格之后，可以以法人的名义，与企业、事业单位的管理方签订集体合同；当职工的合法权益受到侵犯时，工会可以接受职工委托，作为职工的代理人向人民法院提起诉讼；当工会自身的合法权益受到侵犯时，工会可以以独立的法人主体的身份提起诉讼，请求保护。

1997年10月9日，全总发布《基层工会法人资格登记办法》，该文件对基层工会法人资格的条件、审查、核准、登记等程序性的事项作出了指引。基层工会申请取得工会法人资格应具备的条件包括：依照《中华人民共和国工会法》和《中国工会章程》的规定成立；有健全的组织机构和经过民主程序选举产生的工会主席或者主持工作的副主席；有自己的工作场所；能正常开展工会各项工作；工会经费来源稳定，能够独立支配和使用工会经费，能依法独立承担民事责任。

在基层工会具备上述条件之后，地方工会要按照属地原则及组织隶属关系，对基层工会的法人资格进行审查、核准、登记和发证。主要程序包括：由申请取得法人资格的基层工会向该工会所隶属的县级以上工会提出申请，填写并报送工会法人资格申请登记表、上级工会出具的基层工会成立的证明、自有经费和财产证明等材料；县级以上地方总工会进行审核，为合格者办理登记手续，发放《工会法人资格证书》及其副本和《工会法人法定代表人证书》，由审查登记机关报告上一级工会备案。

(2) 基层工会组建条件

基层工会是工会的组织基础。对中国工会而言，因为基层工会可以根据《工会法》第10条的规定，建立在企业、事业单位这种劳动关系的发生地，因此愈显基层工会组建的重要性。组建基层工会需要具备三个条件：一是会员的资格；二是工会领导人的资格；三是工会组织的合法性。

《工会法》第3条可以视为对工会会员资格的规定。根据这一条款的规定，中国工会会员的资格被限定为：①加入工会者应在中国境内的企业、事业单位和机关中就业；②应是以工资收入为主要生活来源者；③应具有在劳动关系中与用人单位相对应的劳动者身份。

对基层工会领导人的资格，《工会法》有一项禁止性的规定，即“企业主要负责人的近亲属不得作为本企业基层工会委员会成员的人选”(第9条)。这一规定取消了那些虽然具备工会会员资格但同时也是企业主要负责人的近亲属者担任基层工会领导候选人的资格，这就保障了在一些私营企业中组建的工会可以独立地履行工会的职责。除上述规定外，法律对基层工会领导人的资格并无其他限制。

(3) 基层工会的组建程序

工会组织的合法性是指组建的工会是属于中华全国总工会系统的工会。因此，为保证工会的合法性，《工会法》第11条规定，基层工会的建立，必须报上一级工会批准。

组建基层工会还需经过一定的程序。这个程序主要由申请和批准两个步骤组成。在一般情况下，申请建会的主体应是具备工会会员资格的劳动者。但是，考虑到劳动者在工会组建之前尚未形成有组织的力量等多方面的因素，全总为促进基层工会组织的建设，提出几种不同的申请方式：其一，在已经建立党组织的企业，可以由党组织提出的工会筹备组人选提出申请；其二，由职工自己选出的代表提出建会申请；其三，由上级工会组织与职工和雇主代表共同协商成立工会筹备小组提出建会申请。申请的部门应是上级工会。在工会组建筹备组经过发展工会会员，召开会员代表大会，民主选举工会委员会和工会主席、副主席后，即需要向上级工会报告选举结果，请上级工会批准。只有经过上级工会批准并登记，新组建的工会组织才具有合法性，才可享有基层工会的权利和义务。

(4) 基层工会的组织形式

自新中国成立之后，中国工会基层工会的组织形式一直是以企业、事业单位和机关的工会为主要形式，这种组织形式与多年实行的公有制与计划经济制度相吻合。随着中国经济体制改革的深入，特别是国有企业的改制与私营经济的发展，保持单一的基层工会组织形式已经很难使工会继续履行法律为其规定的职责。2000 年 11 月，全总在浙江省宁波市召开“全国新建企业工会组建工作会议”，这次会议标志着中国工会基层组织的组建工作进入了一个新时期。在这次会议上，时任全总主席的尉健行发表了题为“认真学习贯彻党的十五届五中全会精神，进一步加快新建企业工会组建步伐”的讲话，提出：“必须确立哪里有职工哪里就要建立工会组织的组建原则。”

据中国学者乔健总结，近年来，在工会组建活动中，全总地方工会组建基层工会的模式可以分为六类。①独立组建模式。在有职工 25 人以上的新建企业，仍然按照传统的组建工会形式，直接建立独立的基层工会委员会。②联合组建模式。职工不足 25 人的小型新建企业，按照“就地就近”的原则，在同一地域、行业、专业市场、商业楼宇内，由两个以上企业建立联合基层工会委员会。③上挂组建模式。对个别单独、零散的小企业，又不具备建立联合基层工会条件的，由企业工会小组、会员直接挂靠在企业所在地上一级工会或工会联合会。④派人组建模式。对一些外商独资企业、规模较大的私营企业，地方工会从国有集体企业、党政机关、事业单位中选派熟悉工会工作，有奉献精神、年富力强的骨干作为企业工会主席候选人，进入私营企业，帮助企业筹建工会。为避免企业工会依附于雇主，这些企业工会主席的工资由地方工会发放。⑤统筹组建模式。针对经济结构调整，大量小型新建企业向农村、城市社区延伸发展的趋势，经济发达地区采取在村、社区统一建立工会组织，以此辐射所在地区企业工会的组建。⑥属地组建模式。针对大量在各地经济开发区内注册、区外生产经营的企业，按照属地管理的原则，由开发区提供企业名册、生产经营地点，依靠企业所在地工会建立基层工会。

(5) 基层工会的角色

中国的基层工会，在市场经济转型过程中承担着多重角色。为了研究中国经济市场化改革至今，基层企业工会组织及其干部与政府、企业雇主和工人的关系，中国劳动关系学院乔健教授带领的《基层工会主席调查》课题组，从 2004 年 3 月到 2006 年 6 月，在辽宁省、北京市、上海市、浙江省、广东省和甘肃省等地的企业，进行了调查。共发放企业工会主席调查问卷 2 000 份，回收有效问卷 1 811 份。

调查结果显示：

① 工会组建和工会主席的选举在党的领导下有控制地进行。

② 工会内部民主有了一些新的迹象和做法，会员对工会组织功能定位的影响力和约束力有所增强。具体表现在：(a) 会员代表大会日益健全；(b) 机构设置和组织体系渐趋完善；(c) 工会常务副主席的产生方式——由组织推荐，再经会员代表大会或会员大会选举产生的比例最高，占 57.3%；其次是组织委派，占 20.1%；再次是直接由会员代表大会或会员大会选举产生，占 16.3%；(d) 多数基层工会主席对工会主席职业化和社会化表示认同；(e) 基层工会主席们对联合制、代表制的看法较为一致；(f) 83.4%的基层工会主席赞同设立“工会主席保障基金”；(g) 推动基层工会财务走向独立。有 80.5%的基层工会组织有自己独立管理的资金账户。有相当多的工会主席从工会组织的独立自主性上来思考财务问题。

③ 维护工人权益已成为企业工会的基本职责，集体谈判、职工民主参与、劳动争议调解等适应市场经济要求的维权机制正在建立和完善，工会对会员的服务功能得到增强。被调查企业有 72.6%的工会代表会员与企业行政部门签订了集体合同；有 69.9%的工会回答已经成立了企业劳动争议调解委员会；企业工会还开展了大量对会员的扶贫帮困和送温暖活

动，有58.8%的企业工会为会员办理了互助补充保险，还有81.4%的企业工会建立了困难职工档案。

④ 企业工会的社会参与迈出了新的步伐，这使它能够借助内部和外部的各种资源来提升自己的地位，谋求自身的发展。

根据以上研究结果，作者得出的结论是：向市场经济转型至今，工会在国家、企业、劳工之间，扮演着极为复杂的多重角色。由于国情不同，工会的作用和演变轨迹与多数工业化市场经济国家大相径庭。工会不仅是经济利益矛盾的产物，更是政治博弈的工具，必须结合中国的政治和经济制度，才能准确把握它在现阶段的定位和作用。中国工会的维权更多地被赋予了维护政治稳定和社会稳定的政治功能。①

2.3 发达市场经济国家的雇主组织

2.3.1 雇主组织的定义与性质

雇主组织（employers'association）是以雇主为成员的、规范雇主与其雇员或工会之间关系的组织。与工会一样，建立雇主组织也是结社权利的体现。国际劳工组织《结社自由和组织权利保护公约》第2条规定："凡工人和雇主，没有任何区别地均应有权建立他们自己选择的组织，以及仅依有关组织的章程加入自己选择的组织，而无须事前得到批准。"

2.3.2 雇主组织的起源与发展

雇主组织的起源，可以英国为例。18世纪中叶，英国已有一些临时性、地方性的类似雇主组织的行会组织。现代意义的雇主组织是在19世纪中叶建立的，并在19世纪八九十年代迅速发展。雇主组织的产生与发展与工会的发展密切相关。

雇主组织成立之初的目的是抵制工会组织的罢工。当时英国出现了普通工会（general unions），它们以地方工会的形式，广泛吸收普通工人入会，并在各地举行罢工，为会员争取权益。他们的罢工不限于一个企业，通常会波及一个地区某个产业的诸多企业。这时，单个雇主已经无法对抗工会，必须联合起来，应对工会组织的罢工行动。于是，出现了地方性的雇主组织。这些雇主组织成立之初的目的就是抵制罢工，以雇主团结的力量抵制罢工雇员团结的力量，抵制工会在罢工时提出的各种要求，并支持雇主们的关厂行动。

后来，雇主组织的主要目的是抑制工会在企业内发展会员。当工会发展壮大并成为一种永久性组织的时候，雇主们意识到，除了抵制罢工，他们必须采取措施，抑制工会的发展，特别是制止工会在其雇员中招募会员。这时，雇主组织的组建目的已经从最初的对付工会罢工，发展为后来的抑制工会在企业内发展会员。基于这一目标，雇主们联合起来，相互沟通信息，制定抑制工会发展的统一对策，达成共同行动的协议。例如，当时雇主组织内部达成了一种制止工会在雇佣组织中发展会员的协议。根据这种协议，所有雇主都要求新招用的雇员签署一份保证书，要承诺他们在受雇之后不加入工会。此后，随着地方性总工会的联合和

① 乔健. 在国家、企业和劳工之间：工会在市场经济转型中的多重角色. 当代世界与社会主义，2008（2）. 原文共有13页，有详细的具体调查和分析数据。

全国性工会组织的发展，地方性雇主组织也实现了联合，建立了全国性雇主组织。

再后来，雇主组织将代表雇主与工会开展集体谈判作为主要任务。19 世纪末，雇主们组织起来抵制工会的意图逐渐减弱。当时工会已经不再是临时性的工人组织，而是一种状态稳定、结构严密的组织。雇主们不得不默认工会组织的存在并开始认真考虑工会提出的集体谈判要求。第一次世界大战前，因为工会在工作场所并没有得到雇主的承认，集体谈判主要在地方工会和雇主组织之间进行。雇主们很快发现了集体谈判的好处。这种集体谈判使工会每年只有一次提出工资方面要求的机会，可以避免工会采取蛙跳式（leap-frogging）工资增长策略而给雇主们带来的麻烦。另外，在地区工会与地区雇主组织进行谈判的同时，还共同建立了区域的争议处理程序，使工作场所无法解决的争议，通过区域性的处理程序得到解决。第二次世界大战结束时，一些雇主组织已经成为雇主集体谈判的代表，代表其会员与同级的工会进行地区或者国家级的集体谈判。

20 世纪 80 年代后，雇主组织的工作重点逐渐转向协调成员的管理战略和企业级集体谈判方面。随着组织外部环境的变化和市场竞争的加剧，雇主越来越需要更加灵活的产业关系政策和策略，以保证企业的生产力和利润率。适应这种变化，集体谈判的层次也开始向企业转移，地区和国家级集体谈判的规范化程度逐渐降低。这一趋势使雇主组织的工作重点逐渐转向协调成员的管理战略和企业级集体谈判方面。①

2.3.3 雇主组织的职能

由于各国产业关系的发展和产业关系的环境不同，发达市场经济国家的雇主组织，并无统一模式和职能。但是，所有雇主组织的目标都是支持和促进其会员企业实现商业目标。从劳动关系角度看，这一目标通过以下四项职能来实现。

（1）代表会员表达观点、反映意见

在劳动关系已经高度法制化和制度化的国家，雇主组织早已摒弃过去那种与工会直接对抗的态度、以关厂对付罢工的手段，转而将代表会员参与法律和政策的制定过程，反映会员的意见作为首要的职能。例如，英国产业联合会（Confederation of British Industries，CBI）向其会员承诺，“一切商业组织，无论其规模大小，无论其所在产业部门，在政府制定有关经济政策或者进行相关政策的咨询时，英国产业联合会将保证传达这些组织的呼声。”基于这一目标，英国产业联合会的主要职能集中在政策层面。这些职能包括：①在政府制定有关经济政策和产业关系政策的过程中，负责游说政府，传达会员的意见；②参与制定政府的工资政策和价格政策，在这两类政策的制定过程中，负责协调会员的行动，并作为雇主的代表与政府有关部门交涉；③在政府对产业关系立法的过程中，代表雇主就法案的条款提出立法建议；④就政府颁布的一些与会员利益相关的经济政策，例如，影响利率、汇率和市场价格的经济政策，影响会员收益的保险、税收、社会保障政策，国有化政策或者非国有化政策等，制定该组织的应对策略。

（2）在集体谈判中承担角色

雇主组织在集体谈判中充当的角色可以分为两种：第一种是作为谈判主体，与同级工会直接进行集体谈判；第二种角色是协助会员进行集体谈判，这种角色主要是由国家级的雇主

---

① 李琪．产业关系概论．北京：中国劳动社会保障出版社，2008：121－123.

组织承担。例如，德国雇主协会总会（Confederation of German Employers' Associations）对其会员集体谈判方面的支持包括：通过一个集体合同的数据库，为会员提供德国主要产业的集体合同文本；为会员提供有关宏观的经济形势和各行业工资状况的信息；协调区域和行业会员之间的工资政策，组织有关会员研讨工资边际增长幅度和工资构成。

（3）建立和参与劳资争议处理程序

雇主组织与工会在进行集体谈判的同时，也通过谈判与工会共同建立劳资争议的处理制度。这套制度通常是由各级调解和自愿仲裁的机构与程序组成的，制度建立之后，将适用于所有的雇佣组织成员。在雇佣组织内发生劳资争议之后，如果无法通过组织内部的争议处理程序得到解决，当事人可以根据这套程序逐级申诉，寻求组织外解决争议，这样就减少和避免了因争议无法解决而引发的产业行动。雇主组织要作为会员代表，参与这些制度，并为会员在劳资争议中提供技术支持。

（4）为会员提供劳动关系方面的协助和建议

雇主组织普遍具有为会员提供咨询和协助的职能。这一职能的主要内容包括：向会员传达有关产业关系的信息，提供有关工资和人力资源方面的统计数据，对会员进行有关劳动关系知识的培训，为会员提供法律咨询服务，为会员提供有关劳动关系专业的咨询，例如，就工会资格认定、集体谈判、解雇、裁员、人力资源管理等事项提供建议、解释法律、策划方案等。①

2.4 中国社会主义市场经济体制下的雇主组织

2.4.1 雇主的类型

雇主是指雇用雇员的用人单位或个人。公司是现代经济中最为普遍的雇主形式，除此之外，还有其他形式的雇主，这些雇主有不同的经营和服务目标，一般来说，私营雇主经营的目标是满足市场中消费者的需求；公营雇主的目标则是满足社会民众的服务需求。雇主大致可以分为以下几类。

① 私营企业。私营企业包括私营公司和私营非公司企业。后者是小型的、非公司制的企业，经常雇用的是临时的或者半日制的雇员。私营公司与私营非公司企业是市场经济发达国家最普遍的雇主，也是雇用劳动力最多的雇主。

② 公营公司。公营公司是国有公司，多为关系国计民生的企业，多为由国家控股的煤矿、铁路、电信、邮政、煤气等公司，也包括银行、广播公司、电视台等。这些公司不受国家公司法管辖，因此，与私营公司具有不同的法律地位。这些公司由政府委派管理人员，其出售产品与服务所获得全部或者部分收益归国家所有。

③ 公共服务部门。公共服务部门是为社会民众提供服务的机构组织，分为两类：一类是政府机构；另一类是公营的服务部门。受雇于各级政府机构的主要是公务员和在政府机构从事辅助性工作的人员，如厨师、清洁工、保安人员等；公营服务部门主要是由政府建立和运营的医疗服务机构、教育机构、测绘机构、法律咨询机构等，在这些机构就业的是医护人

① 李琪. 产业关系概论. 北京：中国劳动社会保障出版社，2008：123-125.

员、教师、测量师、工程师、建筑师、律师以及行政管理人员等。

④ 志愿服务部门。志愿服务部门主要是一些为自己的成员或者特殊的群体提供服务的组织，这些组织包括工会、雇主组织、宗教团体、慈善机构以及其他非政府组织。这些组织的日常工作人员多为志愿服务者，但是，这些组织也需要雇用一些人从事日常的管理和服务工作。与前三类雇佣组织相比，这类组织雇用的劳动力比重最小。

2.4.2 中国雇主的起源与发展

中国在计划经济体制下没有“雇主”这个概念。但从新中国成立初期到三大改造完成之前，由于经济发展的需要，中国曾允许私营经济存在和发展，因此而存在依托于私营经济的雇主，其合法地位也通过宪法或临时宪法中对私营经济的规定而得到间接的承认。《共同纲领》第30条规定：“凡有利于国计民生的私营经济事业，人民政府应鼓励其经营的积极性，并扶助其发展。”第32条进一步规定：“私人经营的企业，为实现劳资两利的原则，应由工会代表工人职员与资方订立集体合同。”这里的“资方”实质上就是雇主一方，因为在传统的商品经济下投资者与经营者是合一的，只是到了现代市场经济发达阶段，投资者和经营者发生了相对分离后，“资方”和“雇主方”这两个概念才不再完全等同。《共同纲领》的上述规定，是对雇主阶层法律地位的间接承认，并为其正当利益的平等保护提供了一定的基础。1954年新中国成立后通过的第一部正式宪法，也在第10条规定：“国家依照法律保护资本家的生产资料所有权和其他资本所有权。国家对资本主义工商业采取利用、限制和改造的政策。国家通过国家行政机关的管理、国营经济的领导和工人群众的监督，利用资本主义工商业的有利于国计民生的积极作用，限制它们的不利于国计民生的消极作用，鼓励和指导它们转变为各种不同形式的国家资本主义经济，逐步以全民所有制代替资本家所有制。”这里的“资本家”如以其经济与社会地位来考虑，相当于“雇主”，此时国家在宪法中对雇主阶层存在的合法性虽然仍持肯定态度，但对其存在的合理性则已经有了否定的倾向，这一点从上述规定中的“利用和限制”手段与“逐步代替”的目的中得到反映。于是在三大改造完成后，雇主阶层就暂时性地在中国大陆消亡了。

党的十一届三中全会后，随着改革开放的逐步深入，高度集中的计划经济体制逐步解体，市场经济体制逐步确立，多种所有制并存的经济制度安排，使雇主阶层也开始重新经历了一个从萌芽到初步形成再到发展壮大直至趋于成熟的发展过程。可以说，中国大陆的新兴雇主阶层是经济结构多元化和经济运行市场化的产物。由于当前中国计划经济体制向市场经济体制的过渡尚未完成，因此中国雇主阶层的构成情况也比较复杂。

中国具有典型的市场经济法律特征的雇主，是非公有制企业的劳动力使用者。他们主要由私营企业和外商投资企业的业主和经营者构成。在中小型私营企业，企业主是生产资料所有者和经营管理者，他们或凭借生产资料所有权或行使经营管理权决定雇佣条件，直接管理、支配劳动者。而在外商投资企业和一些大型民营企业中，基本上是产权和经营权分离，出资方为国外或港、澳、台的跨国公司或个人，而经营者则是受聘负责经营这些企业的海外或国内管理人员，他们在经营管理和用工行为中所代表的是资产所有者的利益，因此私营企业的业主和外商投资企业的高级管理人员基本构成了中国雇主阶层。这一社会群体不论在数量、占有和支配的资金额，以及所雇用的工人人数上，都已经远远超过了中国历史上的资产所有者。这一特征使得雇主们在劳资关系处理中，居于更加有利的地位。

2.4.3 中国雇主组织的类型

目前中国的全国性、地方性和产业性的雇主组织，主要有以下几种类型。

（1）综合性的全国企业团体

这种类型的组织主要有目前被普遍认为是中国雇主组织代表的中国企业联合会/中国企业家协会（两会合署办公，简称“中国企联”）。该会分别由1979年成立的中国企业管理协会和1984年成立的中国厂长经理研究会更名而来，最初所代表的是国有企业或国有企业的厂长、经理。随着改革开放的深入发展和中国社会主义市场经济体制的逐步建立，中国企联开始担负起雇主组织的一些职能。如1983年中国恢复在国际劳工组织的活动后，中国厂长经理研究会（1988年更名为“中国企业家协会”）被确认为中国雇主代表参加国际劳工组织的所有活动。2001年8月，中国劳动和社会保障部、中华全国总工会、中国企业联合会/中国企业家协会一起建立了“国家协调劳动关系三方会议制度”。2003年6月，中国企联被国际雇主组织吸收为会员并确认该会为中国唯一雇主组织。该会目前有省市一级的企业组织40个，全国性企业团体30个，工业城市企业团体220个，会员企业54.5万家，直属会员企业5 400家。

在2003年的第七次全国代表大会上，中国企联对其章程在以下方面进行了修改：一是突出强调了该组织“代表企业、企业家（雇主）参加由中华人民共和国劳动和社会保障部、中华全国总工会和本会组成的国家协调劳动关系三方会议”；二是在所有企业家后面以括弧的形式加上了“雇主”；三是在其任务中突出了“代表企业、企业家（雇主）协调劳动关系，指导各地区、各行业企业联合会、企业家协会建立健全‘三方机制’和参加劳动关系协调工作”的职能。

（2）总商会类不分所有制的企业团体

近年来，总商会在各地有了很大发展。这些商会一般是工商业界企业、团体及个人自愿组织的民间商会联合会。有些商会已开始介入劳动关系工作。如海南省总商会，由于大特区特定的经济环境，自1993年就参加了海南省三方机制工作并组建了各级商会。到2005年，全国已有十多个省市的总商会与企业联合会一起参与劳动关系协调工作。

（3）各类行业协会

行业协会在中国已形成网络体系较为完善的企业组织。到2005年，国资委联系的行业协会达300家，其中15家为国资委直管协会，其他285家为直管协会的代管协会。这些协会的主要任务是维护行业利益、搞好行业自律、配合政府宏观调控和协助行业应对国际竞争等。其中的中国建筑业协会，已经参与建设部和中国海员建设工会组建的全国建设系统协调劳动关系三方会议制度。

（4）各类非公有制企业的雇主组织

近年来一些非公有制经济的雇主组织也有了一定的发展。此类全国性的雇主组织有全国工商联合会、中国外商投资企业协会、中国民营企业家协会和中国个体劳动者协会等。这些组织，在各地都有其下属的组织和机构，并且，随着非公有制经济近年来实力的增强，这些组织在经济关系和社会关系中也日趋活跃。但这些组织的活动更多的是侧重于政治影响和社会影响，而非作为劳动关系一方的雇主代表，来处理与政府和工会的关系。

（5）各地雇主自发成立的非正式雇主组织

在非公有制经济发达的地区，许多雇主为在与政府对话和处理劳资关系事务中共同行动，自发成立了许多民间的雇主组织，这些组织一般没有正式的章程和组织机构，而是以“联谊会”、“商工俱乐部”等形式出现。①

2.5 发达市场经济国家的政府与劳动关系

2.5.1 政府的定义与性质

现代政治学对政府的概念有广义和狭义两种解释。广义的政府包括行使国家权力的所有机关，即立法、行政和司法机构的总称。狭义的政府仅仅是指国家权力的执行机关，即行政机关。在有关劳动关系学的中外著作中，一般采用政府的广义概念，本书将沿用这个概念。产业关系作为社会关系的重要组成部分，自然也就在政府治理的范围之内。政府对产业关系的介入，有政治、经济和社会等多方面的需要。从政治的角度，政府介入劳动关系，对包括工会在内的社会团体是鼓励、是支持、是抑制还是禁止，均要从社会政治力量对比的角度，考虑到团体或者阶级之间的力量平衡。从经济的角度，政府介入劳动关系，要通过其制定的就业政策、收入政策、价格政策等，实现“四个不太容易协调的经济目标，即充分就业、价格稳定、收支平衡和汇率稳定”。从社会的角度，政府介入劳动关系，要通过一系列的劳动标准立法和行政、司法等手段，维持社会基本的公正与稳定。②

2.5.2 发达市场经济国家的政府劳动关系角色

政府在劳动关系中发挥着重要而特殊的作用。政府在劳动关系中扮演的角色、强调的重点以及对劳动关系的干预程度，与各国的历史背景和传统文化有关。美国、法国和德国的劳动关系强调集体谈判，政府在集体谈判方面有着相近的立法。英国在传统上则强调劳资双方的自愿主义和自决信念。在澳大利亚，则主要着眼于由政府出面维持产业和平。台湾学者林大钧先生认为，美国联邦政府是促进劳资合作的催化剂或鞭策者，是劳动争议的调解人、仲裁者或受害方的支持者，是劳动法律的制定者和执行者，在劳动关系中扮演着一个不可或缺的角色。政府在劳动关系中的角色，可以归纳为“5P”。

（1）劳动者基本权利的保护者

政府的第一个角色是保护者（Protector）或管制者（Regulator）。政府通过劳动关系立法、劳动关系政策制定和实施，介入和影响劳动关系，维持劳动力市场的社会正义，并反映其劳动关系的基本理念，如对公平与公正、权力与职权、个人主义与集体主义等问题的基本价值判断。例如，通过最低工资立法，强制确定最低工资率和加班工资津贴等，保证每个雇员得到与其劳动相适应的报酬，保证雇员获得“维持生活工资”（Living Wage）水平以上的工资，消除极端贫困。

（2）集体谈判与雇员参与的促进者

政府的第二个角色是促进者（Promoter）。根据不同的经济、社会问题，政府要采取不同的方针、政策和行动，为管理方和工会之间开展集体谈判创造宏观环境，积极促进双方自

① 常凯. 劳动关系学. 北京：中国劳动社会保障出版社，2005：212-214.
② 李琪. 产业关系概论. 北京：中国劳动社会保障出版社，2008：123-125.

行谈判与对话，促使其在遵循劳动法基本规则和基本劳动标准基础上发展适合其特点的劳动条件。多数国家的劳动法律都规定了集体谈判的主体资格、谈判机构、谈判双方的责任、谈判的程序和内容、集体协议的签订和约束力。政府以促进者身份，推动集体谈判的开展以及雇员参与、分红和员工持股等活动。

(3) 劳动争议的调停者

政府的第三个角色是劳动争议的调停者 (Peace-maker)，有时也是调解者 (Mediator) 或仲裁者 (Arbitrator)。为了维持良好的劳动关系，政府通常作为中立的第三方，提供调解和仲裁服务。对一些涉及国计民生的公用事业部门如天然气、电力、饮用水与污水处理、医疗机构、学校、交通等特殊部门的工会的罢工问题，政府会特别关注。政府一般限制这些工会的罢工权，通过仲裁方式解决产业冲突。例如，美国许多州都禁止公共部门工会举行罢工，而实行强制仲裁程序；加拿大与意大利政府虽然没有完全剥夺这些工会的罢工权，但要求这些工会在罢工期间保证提供最基本服务，减轻罢工对经济和社会生活造成的破坏作用。

(4) 就业保障与人力资源的规划者

政府的第四个角色是规划者 (Planner)，为全体劳动者建立一套就业保障体系。这个体系包括三大支柱：职业培训、就业服务和失业保险。政府通常在教育培训、研究开发、人力资源规划等领域进行整体设计，提供更多、更有力的支持，以增强企业的国际竞争力。

(5) 公共部门的雇佣者

政府的第五个角色是公共部门的雇佣者 (Public Sector Employer)。公共部门的雇员包括政府与地方公务人员，在一些国家还包括公用事业部门的雇员，其规模和人数在各国不尽相同，但都占相当比重。政府作为公共部门的雇主，应该提供合法、合理的劳动条件，以模范雇主的身份参与和影响劳动关系，使之成为私营部门劳动关系的“样本”。

政府在扮演这五种角色时，作为保护者和规划者，政府应该积极而主动地完成任务；作为促进者和调停者，政府应该采取中立和不多干预的态度；至于政府作为雇佣者的角色，必须要真正成为民营企业家的表率，合法化、企业化和民主化是基本要求。①

2.5.3 政府对劳动关系的规制

(1) 政府规制劳动关系的原理

政府规制又称政府管制、政府监管，是指政府运用公共权力，通过制定一定的规则，对个人和组织的行为进行限制与调控。政府的规制领域分为经济和社会两大类。

政府对经济领域的规制，是指通过制定特定产业的进入、定价、融资以及信息发布等政策对主体行为进行有效的调整，以达到避免出现竞争主体过多或过少而引起过度竞争或竞争不足，造成资源浪费或者配置低效率，妨碍社会生产效率和服务供给的公正、稳定。经济性规制主要包括价格管制、进入和退出管制、投资管制、质量管制、信息管制等内容。

政府对社会领域的规制，主要针对外部不经济和内部不经济，前者是市场交易双方在交易时，会产生一种由第三方或社会全体支付的成本，像环境污染、自然资源的掠夺性和枯竭性开采等。政府因此必须对交易主体进行准入、设定标准和收费等方面的监管。后者是交易双方在交易过程中，一方控制信息但不向另一方完全公开，由此造成的非合约成本由信息不

① 程延园. 劳动关系. 北京：中国人民大学出版社，2002.

足方承担。比如说假劣药品的制售、隐瞒工作场所的安全卫生隐患等。所以，政府要进行准入、标准以及信息披露等方面的监管。

政府对劳动关系的规制，属于社会领域的规制范围。因为在劳动关系领域，既存在外部不经济问题，如劳资冲突对经济发展、社会稳定以及公众生活质量等造成的消极影响；也存在内部不经济问题，如雇主与雇员双向的信息不对称，造成的效率损失和安全隐患等。

第二次世界大战前，各国的工会和雇主都反对政府通过立法规范劳动关系，各国政府也秉承"自愿主义"原则，不干预劳动关系。第二次世界大战后，各国政府为了不因劳资冲突而中断资本积累过程，促进国家经济顺利发展，都对劳动关系采取了积极的干预政策，通过加强劳动关系立法，特别是对集体谈判的立法，来规范劳动关系。

各国政府对劳动关系的规制，是在承认团结权、集体谈判权和争议权（"劳动三权"）的基础上，进一步通过立法、执法和司法的程序与结果，对这三项权利和其他劳动权利的获得、行使进行保障、限制和调控。

(2) 政府规制劳动关系的手段

政府通常会通过劳动立法、劳动政策制定与执行、劳动争议调解仲裁与审判等手段，来规制劳动关系。

① 劳动立法。发达国家政府对劳动关系的立法，主要内容集中在以下方面："劳动三权"（团结权、集体谈判权和争议权）、工资保障、工作时间、年休假及休假工资、法定假日、最低工资、产假、解除雇佣合同的通知期限及经济补偿等。

② 劳动政策制定。制定劳动关系政策，是政府规制劳动关系的一项重要举措。收入控制政策就是一个典型。

第二次世界大战后，在长期稳定充分就业的基础上，各国工会有了长足的发展，有了通过集体谈判增加货币工资的能力。这种趋势给政府带来了问题：如果工资增长导致通货膨胀，将影响一个国家在国际市场的竞争力，即使没有通胀的压力，工资的增长也会减少资本的积累并进而影响经济的持续发展。这个问题促使政府采取收入政策，控制工资的增长幅度。政府采取了一些措施，要求劳资双方与政府合作，根据自愿的或者强制性的收入政策，限制在集体谈判中的工资增长幅度。在崇尚政府"不干预经济"的国家，这样的收入政策意味着政府对产业关系的高度介入，因此必然遭到劳资双方特别是工会的抵制。为顺利推行收入政策，政府作出一种被称为"组合主义"（corporatist）的制度安排。按照这种制度安排，工会、雇主组织的代表与政府共同组成一种三方合作型机制，通过这一机制，三方就政府提出的收入政策达成协议，进而形成对集体谈判中工资增长幅度的控制。

③ 劳动争议调解、仲裁与审判。在劳动关系发达国家，政府设立和资助各种独立机构，对劳资争议提供调解、仲裁服务，这些机构具有准司法机构的性质，这里可以英国为例。在英国，这类机构主要有三个。第一个是"劳动咨询调解仲裁服务局"（Advisory，Conciliation and Arbitration Service，ACAS）。该机构成立于1974年，由雇主、工会和独立的产业关系专家组成的委员会主持运行，它最初的职责是为劳资争议提供调解和仲裁服务并推行集体谈判。1993年以后，该机构不再承担推行集体谈判的职责，主要是负责调解个人和集体的劳资争议，为劳资双方提供信息和咨询服务。第二个是"中央仲裁委员会"（Central Arbitration Committee，CAC），该委员会的前身为1919年成立的"工业法院"（Industrial Court）和1971年成立的"工业仲裁委员会"（Industrial Arbitration Committee），现在的

地位和职责是根据英国1992年的《工会与劳资关系(综合)法》确立的。该委员会由雇主、工会和独立的产业关系专家组成的委员会主持运行,主要职责是对工会和雇主之间因承认工会和披露集体谈判相关信息的争议提供仲裁服务。第三个是就业法庭(Employment Tribunal),该法庭前身是根据英国《工业培训法》(Industrial Training Act,1964)建立的"工业法庭"(Industrial Tribunal)。该法庭并非真正的法院,不过在审理案件的程序上比较正规。该法庭主要是对受理的劳资争议案件进行仲裁,受理案件的范围几乎包括了所有个人和集体的劳资争议事项,并且受理不服"劳动咨询调解仲裁委员会"调解的争议案件。①

2.6 中国社会主义市场经济体制下的政府与劳动关系

2.6.1 中国政府的劳动关系角色

一般来说,在市场经济条件下,一切可以由市场机制调节的领域,都应交由市场去调节,政府只是提供公共产品和服务;但市场调节在有些领域也会失灵。在劳动关系领域,由于劳动力与一般商品的本质差异,完全依靠市场调节会造成一系列严重后果,危及社会稳定和经济可持续发展。因此,政府对劳动关系不同程度的介入,对各市场经济国家都是必要的。在中国由计划经济到市场经济的转型期,政府担负着培育和完善市场体系的职能。但需要指出的是,在中国,劳动关系中所讲的政府,不仅包含广义的政府概念,还包含中国共产党的组织系统。党的劳动关系理念、战略、政策和行动,对中国的劳动关系现实和未来走向,起着非常重要的作用。

借鉴国外先进经验,结合我国的实际情况,政府在劳动关系中要扮演好以下角色。

① 劳动法律与政策的制定者。政府依照法定的权限和程序制定劳动行政法规及规章以规范劳资关系,使劳资双方和各项劳动事务都有法可依,具体表现在对工资、工时、职业培训、保险福利、女职工和未成年人保护等方面。政府以劳工政策为主要内容的行政立法对于完善我国的劳动法律体系是不可或缺的。

② 劳工权利的保护者。劳动者在劳动关系中相对于强大的用人单位,处于弱势地位,往往导致劳动者合法权益得不到保护。作为社会公共利益保护者和社会公正代表者的政府有责任将劳资关系建立在尊重劳动者基本权利的基础上,维护劳动者尊严,实现体面劳动,使广大劳动者都能够分享社会进步和经济发展的成果,使经济和社会协调发展。

③ 劳动就业的促进者。就业关系到公民的生存。劳动权是公民的一项基本权利,任何单位和个人都没有权力非法剥夺公民的劳动权。

④ 劳动安全的守护神。我国劳动安全形势严峻,矿难、职业病等企业安全卫生事故层出不穷,严重侵害了劳动者的人身生命健康。政府要以人为本,把劳动者的生命健康安全放在首位。要实行严格的责任制,对企业的生产安全定期和非定期地检查,要监督企业把安全事故防患于未然。

⑤ 劳动力资源的开发和管理者。我国的劳动力质量总体不高,不仅严重影响到我国企

---

① 李琪. 产业关系概论. 北京:中国劳动社会保障出版社,2008:130-142.

业的进一步发展，更是影响到我国经济的可持续发展。这就要求政府要重视教育和职业培训，将劳动者作为国家人力资本投资的对象，提高人力资本增量，实现经济的良性发展。

⑥ 劳动争议的协调者。为了维持良好的劳动关系，政府通常作为中立的第三方提供调解和仲裁服务，使产业冲突减少到最小程度。劳动行政部门不仅行使自身的行政权，而且还享有一定的司法权。劳动行政司法行为是一种按照准司法程序建立起来的特殊具体行政行为，通过审理和裁处劳动争议或纠纷，以影响劳动者和用人单位之间的权利、义务关系，如劳动仲裁、调解行为等。劳动行政司法行为能够及时、便捷、专业化地解决纠纷，能有效防止矛盾激化，化解劳资矛盾，保持社会稳定，促进社会和谐。

⑦ 劳动规则的监察者。虽然我国劳动关系方面已有不少的法律法规，如《劳动法》、《劳动合同法》、《未成年人保护法》、《禁止使用童工规定》等，但现实中，劳动行政部门由于监察范围狭窄、监察方式不当、人员素质不高等原因，监察不力、执法不严，造成侵犯劳动者权益的事件屡屡发生。

2.6.2 中国政府对劳动关系的规制

中国政府对劳动关系的规制，主要体现在以下方面。

(1) 劳动关系立法与行政规章的制定

在中国由计划经济向市场经济转型的过程中，中央和地方政府在劳动关系立法和行政规章制定方面，取得了重要进展，建立起了劳动法律体系。

比如，1994年7月5日全国人大常委会通过并颁布了《劳动法》；2001年10月27日全国人大常委会通过了修订的《工会法》，同时通过了《职业病防治法》；2002年6月29日全国人大常委会通过了《中华人民共和国安全生产法》；2007年全国人大常委会先后通过了《劳动合同法》、《就业促进法》和《劳动争议调解仲裁法》。

2003年12月30日劳动和社会保障部通过《最低工资规定》；2004年11月1日国务院通过《劳动保障监察条例》；2008年9月3日国务院通过《劳动合同法实施条例》。再如，1994年9月1日河南省人大常委会通过《河南省外商投资企业和私营企业工会条例》；1999年到2003年，《辽宁省私营企业工会规定》、《内蒙古自治区私营企业工会条例》、《山西省私营企业工会条例》、《浙江省私营企业工会条例》、《黑龙江省私营企业工会条例》和《福建省私营企业工会若干规定》(2003年修正本) 等相继出台。

2004年8月27日深圳市人大常委会通过《深圳市员工工资支付条例》；2005年1月19日广东省人大常委会通过《广东省工资支付条例》；2005年2月2日海南省人民政府通过《海南省最低工资规定》；2008年4月1日深圳市人大常委会修订，2008年5月29日广东省人大常委会批准《深圳市实施〈中华人民共和国工会法〉办法》等。

(2) 劳动保障监察

劳动保障监察，即过去所称的劳动监察，国外亦称为劳动监察，是劳动保障行政机关依法对用人单位遵守劳动保障法律法规的情况进行监督监察，发现和纠正违法行为，并对违法行为进行行政处理或行政处罚的行政执法活动。

《劳动法》第85条赋予县级以上各级人民政府劳动行政部门劳动监察的职责，这种监察主要是对个人劳动关系运行的监督。《劳动保障监察条例》规定了劳动保障行政部门实施劳动保障监察应当履行的4项职责：①宣传劳动保障法律、法规和规章，督促用人单位贯彻执行；②检查用人单位遵守劳动保障法律、法规和规章的情况；③受理对违反劳动保障法律、法规或者规章的行为的举报、投诉；④依法纠正和查处违反劳动保障法律、法规或者规章的行为。

劳动保障监察的内容主要是国家法定的劳动标准和事项以及社会保险规定的执行情况。主要包括用人单位：遵守录用和招聘职工规定的情况；遵守有关劳动合同规定的情况；遵守女职工和未成年工特殊劳动保护规定的情况；遵守工作时间和休息休假规定的情况；遵守工资支付规定的情况；制定劳动规章制度情况；维护外派劳务人员合法权益的情况；遵守外国人在中国就业管理规定及台湾、香港和澳门居民在内地就业管理规定的情况；遵守就业训练规定的情况；遵守职业培训实体管理规定的情况；遵守职业中介有关规定的情况；遵守职业技能鉴定、企业职工培训规定的情况；遵守社会保险规定的情况；法律、法规、规章规定的其他劳动保障监察事项。

针对用人单位违反劳动保障法律法规行为，劳动者可以采取以下措施进行举报：

① 根据《中华人民共和国劳动法》、《国务院关于实施〈劳动保障监察条例〉若干规定》等规定，任何组织和个人对于违反劳动法律、法规的行为有权检举和控告；

② 各级劳动保障行政部门应公布举报电话，设立举报信箱，设立举报接待室，指定专人负责；

③ 举报可以采取口述举报、电话举报、信函举报等形式；

④ 凡符合规定的举报，劳动保障行政部门在五日内立案受理；不符合规定受理范围的举报，告知举报人向有处理权的机关反映；

⑤ 对举报人信函举报的，应当将信函转交有处理权的机关处理；

⑥ 对符合立案条件的举报案件应当从立案之日起60日内结案；情节特别复杂的，可以适当延长，但不得超过90日；

⑦ 举报人要求告知举报的受理和查处结果的，劳动保障行政部门应当通知该举报人；

⑧ 劳动保障监察机构和监察员要保护举报人，为举报人保密。

(3) 建立和运行三方协商机制

在劳动和社会保障部2006年11月22日发布的《劳动和社会保障事业发展“十一五”规划纲要宣传提纲》中，将三方协商机制定义为“由各级政府劳动和社会保障部门、工会组织、企业组织派出代表，组成协调机构，对涉及劳动关系的重大问题进行沟通和协商，对拟订有关劳动和社会保障法规以及涉及三方利益调整的重大改革方案和政策措施提出建议”。

政府、雇主、劳动者三方代表组成的三方协商机制，本质是一种在市场经济条件下，协调与平衡不同利益主体之间各自不同的利益需求的制度。

(4) 劳动争议调解仲裁和审判

《劳动法》第79条中规定：“劳动争议发生后，当事人可以向本单位劳动争议调解委员会申请调解；调解不成，当事人一方要求仲裁的，可以向劳动争议调解委员会申请仲裁。当事人一方也可以直接向劳动争议仲裁委员会申请仲裁。对仲裁裁决不服的，可以向人民法院提起诉讼。”在《劳动争议调解仲裁法》中，政府的调解仲裁者角色发生了一些变化。根据该法第17条的规定，劳动争议仲裁机构要按照统筹规划、合理布局和适应实际需要的原则设立，不再按行政区划层层设立。省、自治区人民政府可以决定在市、县设立；直辖市人民政府可以决定在区、县设立；直辖市、设区的市也可以设立一个或者若干个劳动争议仲裁委员会。而且该法将过去主要由劳动行政部门的官员担任劳动争议仲裁员的做法，改为由劳动争议仲裁委员会设仲裁员名册，从社会上聘请符合一定条件的人担任专职或者兼职仲裁员（第19条、第21条）。

2.7　三方协商机制

2.7.1　三方协商机制的概念

三方协商，是指由政府、雇主、劳动者三方代表，根据一定的议事规则或程序，通过特定的形式开展协商谈判而形成的共同参与决定、相互影响、相互促进、相互制衡的一种制度。

理解上述概念应把握下面几点含义。①三方协商的主体是政府、雇主和劳动者。在三方格局中，政府一方一般是管理劳动事务的劳动（劳工）行政部门或有关主管部门的代表；雇主一方可以是雇主代表，也可以是雇主协会（联合会）代表；劳动者一方一般由工会或工会联合会作为代表。②三方协商的内容是劳动关系领域的重大事务，诸如劳动法律法规和政策的制定与实施，劳动关系运行中的某些变更、劳动纠纷的处理等。③三方协商的方式是在平等的基础上进行对话、协商、谈判。④三方协商的宗旨是促进政府、雇主、劳动者三方合作，维护劳动秩序，稳定劳动关系，发展国家经济，提高生活水平。

从更广泛的意义上说，三方协商机制还包含着这样的意思，即三方协商机制形成后，工会、雇主和政府各方在不同时期力量对比的变化以及各自地位、作用的态势等构成了一种客观格局，表明各个不同的社会利益集团在经济利益和其他权力等方面寻找某种平衡的客观需要和共同合作。

三方协商的实质是在社会活动中有差异的三方之间实行三方权利分享，共同协商，消除误解，增进了解，弱化争议，取得共识。在市场经济条件下，不同的利益主体有着不同的利益追求，形成不同的利益倾向。雇主最关心的是尽量降低劳动成本，保证有序生产，增强竞争力，以获取更大的利润，实现更大的发展；劳工及其代表组织（工会）最关心的则是自身的权益和利益，让劳动者更多地分享劳动成果，提高生活水平；政府则倾注于经济增长、社会和谐与政局稳定。在这种情况下，对劳动关系的一系列重大问题就难免出现分歧、产生争议，任何一方都不能单独作出决定。现代市场经济社会主张社会生活民主化，尤其推崇决策民主，认为任何一项宏观经济政策和社会政策的制定，必须广泛发扬民主，吸收与之有关的团体、组织的意见和建议，以制约相互关系，达到不同社会群体之间的协调与平衡。劳动关系是社会利益关系的实现方式，更应保持不同利益集团之间的协调与平衡。因此，三方协商原则体现了劳动关系领域的民主化，是平衡各方实力、保持和谐统一的重要机制。

2.7.2　三方协商机制的形成和发展

三方协商机制的形成和发展经历了一个长期的过程。它是工人运动的产物，是工业民主化的一个重要组成部分和重要表现形式。它的发展完善，既取决于社会生产力水平和现代化程度的提高，也取决于工人运动的发展壮大。

18世纪中期兴起的产业革命，标志着资本主义工业化的开端。随着机器的出现，机器生产取代了传统的手工工具，现代工厂制度取代了手工作坊，社会生产力水平获得了空前的提高，从而形成了现代意义上的产业无产阶级。

面对低工资、高强度和超时劳动、童工、恶劣劳动条件等，18 世纪末 19 世纪初，西欧各国工人发动了无以数计的反抗斗争，破坏机器设备、烧毁厂房、停工怠工、抗议示威等接连不断。但是，这些斗争大多因为没有周密组织和计划，而以失败告终。这使工人们开始意识到联合起来的必要性，并建立了早期的工会。

对于早期的工会组织，雇主进行了激烈的抵制，代表雇主利益的资产阶级政府则用法律对工人组织及其活动加以限制。当时资本主义各国的立法都禁止工人结社、罢工和示威，英国 1799—1800 年颁布的《结社法》和法国 1791 年颁布的《夏勃里埃法》就是这类法律的典型代表。当时的资产阶级政府标榜自己的主要职责是保证“自由竞争”，将劳资关系问题交由劳资双方去处理，官方不予干涉。这种自由放任政策，实际上是放任和支持雇主，使他们可以任意剥削工人，而对工人则给予种种限制，形成劳资关系中资方明显处于优势、劳方处于绝对劣势的不合理格局。这种格局造成劳资矛盾加深，激烈的对抗和冲突增多，劳资关系呈现出不稳定状态。

19 世纪下半期到 20 世纪初，西方资本主义各国经济开始从自由竞争向垄断过渡。工人阶级的斗争和工会运动的发展不仅没有因雇主和政府的镇压而停止，反而更加高涨。在工人运动的强大压力下，西方各国政府被迫相继废除了禁止结社的法律，从而使工会组织得到了空前发展。到了 19 世纪末，工会在西欧各国已相当普遍。工人组织和工人运动力量的增强，使劳资关系力量对比发生了变化。随着社会经济发展和民主政治的推行，由工会代表劳工与雇主谈判解决劳资纠纷的方式在某些国家开始出现。面对这种形势、欧美各国政府逐渐改变了对劳资关系“自由放任”的政策，转而采取了干预措施，相继出台一些法令，规定了允许协商谈判。三方协商机制有了一定的社会背景和历史条件。

20 世纪二三十年代，资本主义世界发生了空前严重的经济危机，大量的企业破产和工人失业，使劳资关系重新紧张起来，迫使政府直接出面干预失业，并采取了一些政策措施，缓解劳资矛盾。战争和经济危机后，由于进行了大量的固定资本更新，经济得到了新的发展，对劳动过程的科学管理提出了新的要求。在此基础上，“产业合理化”运动开始兴起。在工人阶级强烈要求下，政府为平息工人斗争而采取的开明政策，加之现代生产的客观需要，使得以工人参与企业管理为主要内容的产业民主化运动在许多国家出现。三方协商也在这一时期开始产生。最初，三方协商只是由政府劳动部门安排雇主和工人代表参加一些会议，讨论某些问题。后来，逐渐发展为主动征求双方意见，在工作中与之配合。三方合作的方式主要体现在两个方面：一是以集体方式处理劳资关系；二是雇主组织和工人组织共同参与劳动法律法规的制定与实施。

1904 年新西兰出现了集体谈判立法，集体谈判和集体协商制度逐渐在各国兴起。由劳资双方通过有组织的交涉来确定工资和其他就业条件的方式越来越为各方所接受，政府则为谈判创造条件，提供调解和仲裁及其他服务。在劳动立法中，迫于工人运动的压力，政府从开始只邀请雇主代表转变为也邀请工人代表参加协商。为此，一些国家还成立了由三方参加的机构，如劳资协议会等。三方协商在这时虽不普遍，也不完善，但雇主组织和工人组织参与国家管理，劳方、资方和政府三方协商处理劳资关系事务，已成为不可阻挡的社会潮流和发展趋势。

随后，三方协商机制在西方市场经济国家越来越广泛，三方格局逐渐形成。1919 年成立的国际劳工组织是劳资关系领域三方协商机制正式形成和发展的重要标志。国际劳工组织不仅在机构组成上具有三方性的鲜明特点，由政府代表、雇主代表、工人代表三方共同组成，而且活动宗旨也充分体现了其促进政府、雇主、劳方合作，共同改善劳动状况，协调劳资关系，维护劳动权益的精神。美国在20世纪70年代末，政府与工会、雇主达成“全面谅解”协议，正式确定了三方合作关系。20世纪80年代末至90年代初，东欧国家也陆续建立了协调劳动关系的三方委员会。当今，国际社会，不仅西方市场经济国家普遍建立了三方协商机制，许多发展中国家也建立了三方协商机制。由于各国不同的历史背景、传统、社会经济条件，三方协商机制付诸实践的程度和形式及其所起到的作用不尽相同。[①]

2.7.3 中国的三方协商机制

三方协商机制是国际劳工首倡并积极推行的，1990年8月全国人大常委会批准了国际劳工组织144号公约《三方协商促进履行国际劳动标准公约》，2001年10月27日九届全国人大24次会议通过的修改后的《中华人民共和国工会法》第34条第二款规定：“各级人民政府劳动行政部门应当会同同级工会和企业方面代表，建立劳动关系三方协商机制，共同研究解决劳动关系方面的重大问题。”这是我国首次在立法上对这一制度加以明确规定。

2001年8月3日，国家协调劳动关系三方会议成立暨第一次会议在北京召开。会议审议通过了《国家协调劳动关系三方会议制度》和《国家协调劳动关系三方会议组成人员》。

（1）三方会议的组成

三方会议由劳动和社会保障部、中华全国总工会、中国企业联合会/中国企业家协会三方组成。劳动和社会保障部领导同志担任主席，中华全国总工会和中国企业联合会/中国企业家协会领导同志担任副主席。

各方确定相对固定的部、室的人员参加三方会议。其中，劳动和社会保障部的成员由劳动工资司、办公厅等相关部门人员组成，中华全国总工会的成员由办公厅、集体合同部、法律工作部、保障工作部、政策研究室等相关部门人员组成，中国企业联合会/中国企业家协会的成员由雇主工作部、雇主工作委员会、维护企业和企业家合法权益委员会、研究部等相关部门人员组成。三方会议在劳动和社会保障部劳动工资司设立办公室，负责协调组织召开会议的日常工作。中华全国总工会和中国企业联合会/中国企业家协会分别确定各自的部门参与办公室工作。

（2）三方会议的职责任务

① 研究分析经济体制改革政策和经济社会发展计划对劳动关系的影响，提出政策意见和建议。

② 通报交流各自协调劳动关系工作中的情况和问题，研究分析全国劳动关系状况及发展趋势，对劳动关系方面带有全局性、倾向性的重大问题进行协商，形成共识。

③ 对制定并监督实施涉及调整劳动关系的法律、法规、规章和政策提出意见和建议。

④ 对地方建立三方协调机制和企业开展平等协商、签订集体合同等劳动关系协调工作进行指导、协调，指导地方的劳动争议处理工作，总结推广典型经验。

⑤ 对跨地区或在全国具有重大影响的集体劳动争议或群体性事件进行调查研究，提出

---

① 资料来源：管理世界. http://www.hroot.com/contents/167/75033.html. 2010-07-07.

解决的意见和建议。

（3）协调内容

① 推进和完善平等协商、集体合同制度以及劳动合同制度。

② 企业改制改组过程中的劳动关系。

③ 企业工资收入分配。

④ 最低工资、工作时间和休息休假、劳动安全卫生、女职工和未成年工特殊保护、生活福利待遇、职业技能培训等劳动标准的制定和实施。

⑤ 劳动争议的预防和处理。

⑥ 职工民主管理和工会组织建设。

⑦ 其他有关劳动关系调整的问题。

（4）会议制度

① 会议原则上每四个月召开一次。如有需要，可临时召开会议。

② 会议的每季例会轮流在三方机关或其他地点召开。每次召开会议前两周，各方向三方会议办公室提出议题，由办公室将各方确定的议题报告会议主席和副主席。临时会议召开的时间、地点、议题等，由提议方提出并由办公室与另两方协商确定，会议由主席或主席委托副主席主持。

③ 每次召开三方会议，指定专人记录并形成会议纪要。根据议题的重要程度，可将会议纪要上报或下发。各地的三方机制运行模式，基本遵循了国家级三方会议制度对三方协商规则和程序的规定。①

（4）常设办事机构

根据《国家协调劳动关系三会议办公室工作规则》，经国家协调劳动关系三方会议第九次会议批准，国家三方会议办公室于 2005 年 6 月 19 日设立常设办事机构，由三方各派专职工作人员组成，办公地点设在劳动和社会保障部。常设办事机构设立后，在办公室主任会议的领导下，加强自身基础建设，制定工作规范，有序开展工作，在三方会议的组织协调和信息交流等方面开始发挥积极作用。

2006 年 3 月 14 日十届全国人大四次会议审议批准了《国民经济和社会发展第十一个五年规划纲要》，再次明确提出要健全协调劳动关系三方机制，首次将三方协商机制工作纳入国家经济和社会发展总体布局中。

在国家级三方会议的推动下，各地加大了推进劳动关系三方协商机制的力度，三方协商机制的建立对建立和谐稳定的劳动关系，维护改革、发展、稳定的大局起到了关键作用。

2.8 国际劳工组织与国际雇主组织

2.8.1 国际劳工组织

国际劳工组织（International Labor Organization，ILO）成立于 1919 年，是联合国负

① 资料来源：中企联网 http://www.cec-ceda.org.cn/ldgx/info/content.php? id=57.

责社会和劳工事务的专门机构，是联合国系统中唯一具有三方性机制的国际组织。

早在19世纪，成立该组织的构想便在一些工业化国家中形成。第一次世界大战结束前夕，人们已经认识到，要同工业化带来的有害影响作斗争，必须作出国际性的共同努力。如果劳动者在社会上和经济上得不到公正待遇，就无世界和平可言。

第一次世界大战结束以后，参战国于1919年初在巴黎召开和平会议，签订和平条约。会上成立了由15个国家组成的劳工立法委员会，这是国际劳工组织的前身。委员会拟定了有关劳动问题的9项原则和《国际劳工组织章程草案》，经过巴黎和会讨论通过，作为《凡尔赛和平条约》第13部分，即所谓的《国际劳动宪章》，为以后《国际劳工组织章程》奠定了基础。

国际劳工组织成立的初衷及其主要活动是从事国际劳动立法，即制定和推动实施国际劳工公约和建议书，统称国际劳工标准，以促进对全世界劳动者基本权利的保护。国际劳工组织现有178个成员国。

国际劳工组织的主要机构是国际劳工大会、理事会和国际劳工局。国际劳工大会是国际劳工组织的最高权力机关。正常情况下，每年6月在瑞士日内瓦举行会议，由每个成员国派三方代表团（包括政府代表2人，工人和雇主代表各1人共4人）出席。三方代表享有平等的地位，各自独立地发表意见，独立地进行投票。大会的主要任务，除听取国际劳工局局长的报告外，主要是制定国际劳工公约和建议书，并审查这些公约和建议书在各国的执行情况。提倡工人与雇主合作以促进经济与社会的发展，是国际劳工组织奉行三方性原则的一个重要思想基础。国际劳工组织所关心和处理的事务，一般都涉及各国工人、雇主的权利和义务。在对这些事务讨论和决策时，吸收工人代表和雇主代表以平等的地位同政府代表一起研究、协商并作出决定，体现了对劳动关系当事各方的尊重以及谋求通过协商讨论达成共识的意愿。

2.8.2 国际劳工标准

国际劳工标准的核心和宗旨是确立和保障世界范围内的工人权利。工人权利又称劳工权益，是指法律所规定的处于现代劳动关系中的劳动者在履行劳动义务的同时所享有的与劳动有关的社会权益。

国际劳工立法（国际劳工标准）的目标，在《国际劳工组织章程》中确定为：“只有以社会正义为基础，才能建立世界持久和平。”在《费城宣言》中进一步确立为：“全人类不分种族、信仰和性别都有权在自由和尊严、经济保障和机会均等的条件下谋求物质福利和精神发展。”因此，国际劳工组织需要通过制定和实施国际劳工标准的方式，来确立和保障世界范围内的工人权利，改善各国工人的劳动条件，以达到维护社会正义和世界和平的目标。

按照国际劳工组织的监督机制，国际劳工标准可分为核心劳工标准、优先性劳工标准和一般性劳工标准。我国常常将国际劳工标准分为三大类，即基本人权类、劳动管理类、特殊人群类。国际劳工组织对其制定的国际劳工公约和建议书，按其内容分了14大类，即：基本人权；就业政策与人力资源开发；社会政策；劳动行政管理与劳动监察；产业（劳资）关系；工作条件；社会保障；妇女就业；儿童和未成年人就业；老年工人；移民工人；土著工人与部落人口；非本部领土劳动者；特殊行业劳动者，包括海员、渔船船员、内河航运工人、码头工人、种植园工人、雇农和佃农、护理人员、旅馆和餐馆人员、家庭工等。

“核心劳工标准”，又称“基本劳工标准”，是指已经被国际劳工组织理事会确认的，不论成员国经济发展水平如何，不论成员国对这 8 项公约批准与否，为保护工作中的人权而应遵守的 8 个最基本的国际劳工公约。这些公约分为四类，即四个方面的权利：结社自由、废除强迫劳动、禁止童工劳动、消除就业与职业歧视。

(1) 结社自由和有效承认集体谈判

结社自由权作为一项基本人权在国际人权立法中占有重要的地位。1948 年第 31 届国际劳工大会通过了《结社自由和保障组织权利公约》(第 87 号)，该公约以民主国家宪法中“结社自由”公民权利为依据和出发点，具体规定了团结权的内容和要求。1949 年第 32 届国际劳工大会又通过了《组织权利和集体谈判权利公约》(第 98 号)，它可以被视为是对第 87 号公约的补充。这两个公约构成在结社自由权和组织谈判权方面的核心国际劳工标准。

第 87 号公约有以下几个要点。①结社自由是指“凡工人和雇主，没有任何区别地均应有权建立他们自己选择的组织，以及仅依有关组织的章程加入他们自己选择的组织，而无须事前得到批准”。②“工人组织和雇主组织均有权制定它们的章程和规章，充分自由地选举自己的代表、规划自己的行政事务与活动，以及制订自己的工作计划；政府当局不得对上述权利加以任何限制，或者对合法行使上述权利进行阻挠。”③解散工人组织和雇主组织或者停止他们的活动必须以法律为依据，而且应当遵循一定的司法程序。④工人组织和雇主组织须依法行使本公约规定的各项权利。

第 98 号公约要点如下：①工人应享有充分的保护，以防止在就业方面蒙受任何排斥工会的歧视行为；②工人组织和雇主组织均应享有充分的保护，以防止在组织的建立、开展活动或内部管理等方面，发生一方直接或通过代理人或会员干涉另一方的任何行为；③对雇主或雇主组织同工人组织之间进行自愿谈判的机制，政府应当采取适合本国国情的鼓励措施。

(2) 废除强迫或强制劳动

1930 年的国际劳工大会通过了《强迫劳动公约》(第 29 号)，当时制定这项公约的着眼点在于解决殖民地的强制劳动问题。公约规定：“强迫劳动是任何人受惩罚、威胁、被迫从事非本人自愿从事的一切工作或劳务，但有些义务不包括在强迫劳动之内。”

后来，国际社会对这个问题的注意力转向在更大范围里存在着的、把强制劳动作为一种发展经济或政治压制的手段。于是在 1957 年的国际劳工大会上，又通过了《废除强迫劳动公约》(第 105 号)。该公约要求，立即和彻底废除用于政治目的的强制劳动或义务劳动，废除以下任何形式为目的的强迫劳动，如把其作为政治压制或政治教育的一种手段，或作为对待持有或发表同既定的政治、社会或经济制度相对立的政治观点或思想观点的一种惩罚；把其作为发展经济而动员和运用劳工的一种措施；把其作为维护劳动纪律的一种手段；把其作为对参加罢工成员的一种惩罚；把其作为实行种族、社会、民族和宗教歧视的一种手段。

(3) 禁止童工劳动

有效保护儿童权利，逐步废除各种形式的童工劳动现象，是国际劳工组织从建立之日起就长期关注的一个问题。在它的章程里，把保护童工和未成年工人作为自己的一项迫切任务。1973 年《最低年龄公约》(第 138 号) 和 1999 年《最恶劣形式童工劳动公约》(第 182 号) 是涉及禁止童工劳动问题的两个重要的核心公约。

第 138 号公约要求成员国制定有效废除童工和逐步提高最低就业年龄的国家政策，按照公约规定，准许就业的最低年龄，不得低于完成义务教育的年龄，并在任何情况下不得低于

15 岁；但如果成员国的经济和教育设施不够发达，得在与有关的雇主组织和工人组织协商后，初步规定最低年龄为 14 岁。

国际劳工组织考虑到，彻底消除童工劳动是一项长期而艰巨的任务，需要通过新的劳工标准，以便补充依然是童工劳动方面基本劳工标准的 1973 年第 138 号公约，把禁止和消除最恶劣形式的童工劳动，作为国家和国际行动的主要优先目标。因此，1999 年通过了《最恶劣形式童工劳动公约》。该公约规定，就本公约而言，“儿童”一词适用于 18 岁以下的所有人员。所谓最恶劣形式的童工劳动，主要包括以下几种类型：①所有形式的奴隶制或类似奴隶制的做法，如出售和贩卖儿童、债务劳役和奴役，以及强迫或强制劳动，包括强迫或强制招募儿童用于武装冲突；②使用、招收或提供儿童卖淫、生产色情制品或进行色情表演；③使用、招收或提供儿童从事非法活动，特别是生产和贩卖有关国际条约中界定的毒品；④其性质或是在其中工作的环境可能损害儿童健康、安全或道德的工作，例如：使儿童遭受身体、心理或性虐待的工作；井下、水下、有危险的高处或狭窄空间工作；使用危险的机器、设备和工具的工作，或是搬运重物的工作；在不健康的环境中从事工作；在特殊困难条件下从事工作。公约规定，成员国须采取适当步骤，通过加强国际合作或援助，包括支持社会与经济发展、消除贫困计划与普及教育，实行必要的制裁，以保证有效实施公约的各项条款。

（4）消除就业和职业歧视

《费城宣言》指出：“全人类不分种族、信仰或性别，都有权在自由和尊严、经济有保障和机会均等的条件下，谋求其物质福利和精神发展。”然而在现实社会里，却广泛存在着人们在就业机会上的不均等，在就业条件上的不公平，即就业领域的歧视。为了消除这方面的歧视，国际劳工组织制定了相应的劳工公约。在就业领域消除歧视的基本国际劳工公约，是 1951 年通过的《同酬公约》（第 100 号）和 1958 年通过的《（就业和职业）歧视公约》（第 111 号）。

第 100 号公约规定，批准国应当以适当的手段，保证在一切工人中实行男女工人同工同酬的原则。第 111 号公约所说的“歧视”主要是指基于种族、肤色、性别、宗教、政治观点、民族血统和社会出身的区别、排斥或优惠，其结果是有损于在就业和职业上的机会均等和待遇平等。但是，如果“根据工作本身固有的特殊要求，对这种特定工作在就业上实行有所区别、排斥或优惠”，不应被认为是搞歧视。“对从事危害国家安全活动的人，或者有理由怀疑其从事危害国家安全活动的人，在就业上采取任何措施”，不应被认为是实行歧视。“国际劳工大会通过的其他公约或建议书中规定的各种特殊的保护性措施或者帮助，不应被认为是实行歧视”。

公约列举的消除歧视的办法有立法性的，也有教育性的；有需要国家直接实施的，也有需要雇主和工人组织主动去做的。公约给予成员国留有较大的灵活处置空间，允许成员国在消除歧视方面采取符合国家条件和惯例的方法。①

综上所述，8 项核心劳工公约是国际劳工标准中最重要的公约，公约规定的四个方面的权利是工人为了争取改善工作条件而采取的其他一切措施的前提条件。作为基本人权公约，已经得到了世界各国的普遍理解和认同。截至 2005 年 8 月 19 日，核心劳工公约在国际劳工组织的 178 个成员国中的批准情况见表 2－1。

---

① 常凯. 劳动关系学. 北京：中国劳动社会保障出版社，2005：110－118.

表 2-1 核心劳工公约在 178 个成员国中的批准情况表

公约名称	批准国的数目/个
1930 年强迫劳动公约（第 29 号）	168
1948 年结社自由和保护组织权利公约（第 87 号）	144
1949 年组织权利和集体谈判权利公约（第 98 号）	154
1951 年同酬公约（第 100 号）	162
1957 年废除强迫劳动公约（第 105 号）	165
1958 年（就业和职业）歧视公约（第 111 号）	163
1973 年最低年龄公约（第 138 号）	141
1999 年最恶劣形式童工劳动公约（第 182 号）	156

资料来源：常凯. 劳动关系学. 北京：中国劳动社会保障出版社，2005：115.

2.8.3 国际雇主组织

（1）国际雇主组织的成立

国际雇主组织（International Organization of Employers，IOE）成立于 1920 年，是各国国家级雇主组织组成的在社会和劳动领域代表雇主利益的国际组织，在联合国享有甲级咨商地位，在国际劳工组织是享有完全地位的唯一雇主组织。国际劳工组织所有雇主方面的活动都由国际雇主组织统筹和协调，包括国际劳工局理事会的选举。该会现有会员 136 个，均为世界各国国家级的雇主联合会或其他形式的雇主组织。

国际雇主组织是各国雇主组织发展的产物。在西方国家，雇主组织由于在促进雇主之间的相互协商与合作，推进行业标准规范化，加强劳资关系和人事管理方面的服务，参与社会和劳动立法，共同管理雇主有关事务等方面发挥了重要作用，获得了稳定发展。为了更好地发挥各国雇主组织的作用，在各国雇主组织之间建立和保持永久的联系，需要建立一个国际性的雇主组织，联合各国雇主组织共同应对不断强大的国际工会运动和不断增强的国际竞争压力。特别是在 1919 年国际劳工组织成立后，各国雇主组织需要在国际劳工重大问题上协调统一立场和观点，在国际上代表雇主组织来协调与工会的关系。为此，欧洲 15 个国家的雇主组织于 1920 年 3 月在伦敦发起成立了国际雇主组织，目的是在国际上协调各国雇主组织的立场，共同维护各国雇主的共同利益；与国际工会组织协调、合作，就共同关心的劳工等方面问题，开展协商和合作，维护各自的利益主体；加强各国雇主组织的交流与合作，特别是在有关的立法、政策和信息上加强交流与合作；与各国政府建立积极的良好关系，为各国雇主组织的建立和开展活动创造良好的条件；指导各国雇主组织开展维护雇主利益的活动，使雇主组织成为雇主利益的代言人。

（2）国际雇主组织的主要任务

国际雇主组织的目标是“在会员建立并保持永久性联系，从而使他们了解社会问题的进展情况，促进大家共同思考这些问题以及由此产生的经济和其他方面的影响”。为实现这一目标，国际雇主组织主要承担以下四个方面的任务：①在国际上维护雇主利益；②促进企业自主发展；③帮助建立和加强国家级雇主组织；④促进雇主组织之间的信息交流和雇主之间的经贸合作。

（3）加入国际雇主组织应具备的条件

按照国际雇主组织章程的规定，加入国际雇主组织的成员应具备几项基本条件：①成员必须由雇主和雇主组织构成，内部不能有工会组织；②成员必须代表和捍卫自主企业的原则；③成员必须是自由、独立和自愿加入的组织，不受政府或任何外部机构的任何形式的控制和干涉；④一般加入国际雇主组织的国家必须是国际劳工组织的成员国。

（4）加入国际雇主组织的程序

加入国际雇主组织的程序是：所有入会成员的申请及其附件先提交给执行委员会，由执行委员会在随后的会议上报给总理事会。总理事会的决定将是最终决定，而且无须为其决定陈述理由。但执行委员会可在总理事会的决定前接纳申请者为临时会员。国际雇主组织可以和其他雇主组织建立联系，其联系的条件和决定由执行委员会向总理事会提出建议，由总理事会作出决定。①

本章主要内容回顾

本章介绍了劳动关系中的工会、雇主组织和政府以及国际组织。

工会是“由工资收入者组成的旨在维护并改善其工作生活条件的连续性组织”。工会大致可分为行业工会、产业工会、普通工会、职员工会和总工会等几种类型。工会的总体目标是保护和提高会员的利益。在总体目标下，不同工会的特定目标，又受时代变迁、会员需求和工会理念的影响。工会主要有代表、经济、民主和服务多项的具体职能。各国立法一般对工会提供“组织与加入工会”、“不受雇主控制”、“加入工会或参与工会组织的活动不受解雇威胁”等多项法律保障。

雇主组织是以雇主为成员的、以规范雇主与其雇员或者工会之间关系的组织。雇主组织的职能为：代表会员表达观点、反映意见；在集体谈判中承担角色；建立和参与劳资争议处理程序；为雇主组织会员提供产业关系方面的协助和建议。

劳动关系中的政府，是指包括行使国家权力的所有机关，即包含立法、行政和司法机构的广义政府。由于在劳动关系领域，既存在外部不经济问题，也存在内部不经济问题，政府必然要对劳动关系进行规制。政府对劳动关系的规制，属于对社会领域的规制。各国政府对劳动关系的规制，是在承认团结权、集体谈判权和争议权（“劳动三权”）的基础上，进一步通过立法、执法和司法的程序与结果，对这三项权利和其他劳动权利的获得、行使进行保障、限制和调控。政府通常会通过劳动立法、劳动政策制定、劳动争议调解仲裁与审判和劳动监察等手段，来规制劳动关系。

为稳定劳动关系，促进经济社会健康发展，各国劳资政三方建立了“三方协商机制”。三方协商，是指由政府、雇主、劳动者三方代表，根据一定的议事规则或程序，通过特定的形式开展协商谈判而形成的共同参与决定、相互影响、相互促进、相互制衡的一种制度。1919年成立的国际劳工组织是劳资关系领域三方协商机制正式形成和发展的重要标志。目前，西方市场经济国家普遍建立了三方协商机制。在中国，2001年8月3日国家协调劳动关系三方会议成立并在北京召开第一次会议。三方会议由劳动和社会保障部、中华全国总工会、中国企业联合会/中国企业家协会三方组成。在国家级三方会议的推动下，各地加大了

① 常凯. 劳动关系学. 北京：中国劳动社会保障出版社，2005：207－209.

推进劳动关系三方协商机制的力度，三方协商机制的建立，对稳定劳动关系发挥了重要作用。

国际劳工组织是联合国负责社会和劳工事务的专门机构，是联合国系统中唯一具有三方性机制的国际组织。国际劳工组织通过制定和实施国际劳工标准的方式，来确立和保障世界范围内的工人权利，改善各国工人的劳动条件，以达到维护社会正义和世界和平的目标。国际劳工标准的核心和宗旨是确立和保障世界范围内的工人权利。工人权利又称劳工权益，是指法律所规定的处于现代劳动关系中的劳动者在履行劳动义务的同时所享有的与劳动有关的社会权益。国际劳工标准可分为核心劳工标准、优先性劳工标准和一般性劳工标准。“核心劳工标准”，又称“基本劳工标准”，是指已经被国际劳工组织理事会确认的，不论成员国经济发展水平如何，不论成员国对这 8 项公约批准与否，为保护工作中的人权而应遵守的 8 个最基本的国际劳工公约。这些公约分为四类，即四个方面的权利：结社自由、废除强迫劳动、禁止童工劳动、消除就业与职业歧视。

国际雇主组织是各国国家级雇主组织组成的在社会和劳动领域代表雇主利益的国际组织，在联合国中享有甲级咨商地位，在国际劳工组织中是享有完全地位的唯一雇主组织。国际雇主组织的主要任务是在国际上维护雇主利益、促进企业自主发展、帮助建立和加强国家级雇主组织、促进雇主组织之间的信息交流和雇主之间的经贸合作。

案例讨论

美国西海岸码头工人罢工事件

2002 年 9 月 27 日至 10 月 9 日，美国西海岸 29 座主要港口一万多码头工人同时罢工，引发三十年来历时最长的封港事件，给美国经济造成很大影响，受到世界广泛关注。事件以布什总统根据劳资关系法案启动紧急措施，联邦法院下令强制工人复工，劳资双方通过谈判达成新的协议而解决。

一、事件

罢工的起因是，代表美国中西部船运公司和码头业主的“太平洋海洋运输协会”与代表码头工人的“国际港口与仓库工人联合会”所签署的集体合同于 2002 年 7 月 1 日到期，而劳资双方由于在薪酬待遇以及雇员权利等问题上分歧过大，一直未能签订新的合同。主要矛盾是，“海运协会”准备使用新技术以提高劳动生产率，具体是指安装新的运输轨道系统。工会担心此举将导致工人失业，因而要求资方保证技术更新带来的新岗位由工会会员补充。资方认为自己无此义务，从而无法达成新的劳动合同协议。9 月 27 日，“海运协会”以码头工人消极怠工为由，决定采取警告行动，通知 10 500 名工人全部“临时下岗”36 小时，对其所属的西海岸 29 个港口全部关闭。工会方面立即采取行动，号召全体码头工人集体罢工以示抗议。整个西海岸港口就此陷入瘫痪状态。

美国西海岸主要港口每年货物吞吐量总值超过 3 000 亿美元，占美国外贸总量的一半。据估计，每停工一天的直接损失为 10 亿美元，加上相关经济损失每天超过 20 亿美元。事发后一个星期，就有 200 多艘大型集装箱运输船靠岸，价值数十亿美元的进口货物等待卸货，另有美国中西部大量农产品和肉类无法装船外运。物流的突然中断对美国进出口商、制造商和零售商冲击巨大。来自亚洲的计算机、汽车零配件、电器、家具，成衣和玩具等日用品无法卸货，开始造成市场短缺。已有一些工厂因进口配件无法到货而关闭生产线，一些进口商无法按时交货而面临退订索赔，还有更多零售商正焦急等待为年终购物黄金季节而订购的货物。一些公司的盈利可能降低4%～15%，一些工厂为了挽回经济损失，已开始通过裁员来降低成本，从而对美国的失业率产生影响。更为严重的是，封港导致许多军事装备无法按时起运，直接影响到美国政府打击伊拉克的军事部署。此次事件对中国和其他亚洲国家也造成很大损失。估计仅中国的中远集团损失即达数亿人民币。另据法国"百富勤"咨询公司发展的报告指出，罢工除对美国经济造成影响外，还会拖累中国、马来西亚、泰国、菲律宾，以及中国台湾和香港的经济。报告指出，中国内地 2001 年输往美国的出口货值达 771 亿美元，占中国内地同年整体外贸出口额的 28.9%。若罢工持续一个月，将使中国今年的经济增长减少 0.49 个百分点。美国摩根斯坦利银行 10 月 3 日发表的研究报告也指出，旷日持久的码头停工会对全球经济造成可怕的影响。如果这些港口关闭一个月或更久，东亚经济就会陷入衰退。

二、各方的反应

美国工商界基于自身利益对事件表示极大关注，纷纷要求政府出面，采取应急措施解决问题。全美零售商联合会等致函布什总统，催促他"立即采取行动"重新开放码头，并警告说，码头若继续停运，将进一步引发裁员、零售网点关门以及年底节假日期间的商品短缺等恶果。

工会方面站在码头工人一边，支持工人争取权利的行动，部分交通运输行业工会领导人呼吁布什总统不要插手。他们认为，如果布什动用权力让联邦法庭强迫工人复工，有可能使资方在谈判中指望政府偏袒而采取强硬立场。有些工会领导人则敦促码头工会与资方尽早谈判。

美国经济学界认为，这次事件在短期内对美国经济影响有限，但如果劳资纠纷长期拖延，将对处于脆弱状态的美国经济造成严重打击。

三、美国政府的应对措施

一般情况下，美国政府不对劳资纠纷进行直接干预。但美国 1947 年《劳资管理关系法》，即《塔夫脱-哈特莱法》规定，在国家经济和安全受到劳资争议严重威胁时，总统有权要求联邦法院下令停止罢工 80 天，以利于劳资双方冷静处理。由于此法案带有明显的强制色彩，历届政府实际很少使用。

在初期，布什政府对此事件反应谨慎。直到罢工发生后第 6 天，即 10 月 2 日，布什总统仍表示，他对西海岸的劳资纠纷"感到忧虑，正密切关注事态发展"，并呼吁劳资双方接受联邦政府派出的调解人的调解，尽快达成协议，但拒绝回答是否会动用《塔夫脱-哈特莱法》赋予的权力终止罢工。

随着事态发展和影响不断扩大，特别是劳资之间的谈判于 10 月 6 日再次破裂，布什总统开始采取行动。他首先指示劳工部门组织专门委员会调查事件情况和给美国经济造成的损失，要求委员会在次日向他报告调查结果。随后于 10 月 8 日根据《塔夫脱-哈特莱法》，指示司法部向法院申请下令停止罢工，重新开放港口。布什在发表的声明中表示，港口停工伤害美国整体经济，连带使其他未涉入这项争议的运输业者、制造业者、农业和牧场经营者、批发零售业者以及消费者都受到伤害，重要的军需物资也因港口封港停工而被耽搁。布什认为，这件事已经伤害美国国家安全，政府必须有所行动。

根据总统的指示，美国司法部10月8日向法院申请下令重新开放西部地区29个港口。旧金山联邦法院随即声明，联邦政府的做法符合下达重新开港、复工命令的法律规定，因此法院已于10月8日晚正式发出命令，要求"太平洋海运协会"迅速开港恢复正常作业。"太平洋海运协会"立即遵照此令，通知码头工人于10月9日下午6时返回工作岗位。工会方面则在得知总统8日的决定后率先表示同意复工，并于10日晨全面复工。

根据美国法律规定，法院的强制性复工命令为劳资纠纷的解决提供了80天的"冷却期"。劳资双方在此期间必须在联邦政府调停人的协调下继续谈判，谋求就争议问题达成协议，但政府不得强制任何一方作出让步。如果届时仍达不成协议，劳方有权重新发起另一轮罢工。

码头工人复工后，劳资淡判继续进行。到11月23日，美国劳工部宣布，经过一个月的谈判和联邦调停人的斡旋，美国西部港口劳资双方终于达成协议。同意延续劳动合同6年，从而宣告了这场令人瞩目的劳资纠纷结束。

美国劳工部首席调解员说，这项协议不久将交付码头工会投票批准后正式生效，协议将顾及双方的利益，一方面大幅度提高工人的工资和劳保待遇，一方面将允许资方使用先进的码头货物处理技术，加快装卸作业进度和劳动生产率。布什总统当天发表声明，对劳资双方达成协议表示祝贺。他说，这项协议不仅对工人有利，也对资方有利，更对美国经济有利。

讨论题

1. 美国西海岸码头工人罢工事件的起因是什么？
2. 美国政府为什么要干预这次罢工事件？采取了哪些措施对罢工事件进行干预？
3. 美国政府在此次罢工事件中扮演什么角色？它对我们认识政府在劳动关系中的作用有哪些启示？

资料来源：盖勇．劳动关系与社会保险．济南：山东人民出版社，2004：58．

复习思考题

1. 工会的定义、类型、目标和职能是什么？
2. 雇主组织的定义与职能是什么？
3. 政府在劳动关系中承担什么角色？
4. 政府为什么要对劳动关系进行规制？政府规制劳动关系的手段有哪些？
5. 什么是三方机制？
6. 什么是国际劳工组织？
7. 什么是国际劳工标准？什么是核心劳工标准？
8. 国际雇主组织的定义与主要任务是什么？

参考文献

[1] 李琪．产业关系概论．北京：中国劳动社会保障出版社，2008．

[2] 郭庆松．企业劳动关系管理．天津：南开大学出版社，2001．

[3] 杨体仁，李丽林．市场经济国家劳动关系：理论、制度、政策．北京：中国劳动社会保障出版社，2000：83．

[4] 程延园. 劳动关系. 北京：中国人民大学出版社，2002.
[5] 苑茜. 现代劳动关系辞典. 北京：中国劳动社会保障出版社，1999：97.
[6] 牛津法律大辞典. 北京：光明日报出版社，1988：889.
[7] 盖勇. 劳动关系与社会保险. 济南：山东人民出版社，2004：58.
[8] 曹延平. 中国工会80年的奋斗历程 [N]. 工人日报，2005-04-01 (7).
[9] 常凯. 劳动关系学. 北京：中国劳动社会保障出版社，2005.
[10] 冷明权，张智勇. 雇主组织在中国. 北京：企业管理出版社，2002.
[11] 蒋永清. 基层工会主席讲话. 北京：中国工人出版社，1989：3.
[12] 高爱娣. 新中国工会史（1948—1998）. 北京：中国经济出版社，1999：146.
[13] 中华全国总工会. 工会干部培训教程. 北京：中国工人出版社，2002：73.

第3章 劳动关系建立

本章学习内容

1. 劳动关系的订立；
2. 劳动关系的履行与变更；
3. 试用期的员工管理；
4. 劳务派遣合同与协议管理；
5. 非全日制用工合同与协议管理；
6. 培训合同与协议；
7. 保密与竞业限制协议。

本章学习目标

1. 掌握劳动关系建立的过程与原则；
2. 掌握劳动关系履行与变更的程序；
3. 掌握试用期员工管理的相关规定；
4. 了解劳务派遣中双方的权利和义务；
5. 了解非全日制用工的相关规定及其特征；
6. 了解培训合同与协议所规定的权利和义务；
7. 了解保密协议与竞业限制协议各自的特点与区别。

引导案例

如何确定劳动关系建立日

某动漫制作公司于2008年底为公司原画部部长职位招聘候选人，经过几轮面试，李某入选。但是在确定入职时间时，李某提出由于自己目前尚未离职，在原单位的项目中又担任重要角色，希望能够在两个月之后入职。公司同意了李某的要求，与他签订劳动合同，约定正式入职时间为2009年3月13日。可是公司的项目也在赶进度，急需原画设计人员，无奈之下，该公司又招聘了一位资历尚浅的设计师应急。经过一个月的磨合，这名设计师迅速表现出优异的成绩，李某的那个职位已经变得没有那么重要了。公司犹豫再三，决定将这位设计师提拔为原画部部长，通知李某解除劳动合同，此时已届2009年2月底。

李某接到通知马上赶到公司理论，要求公司向其支付解除合同的经济补偿金，并对他的损失承担赔偿责任，包括工资损失、向原公司支付的违反服务期的违约金等。该动漫制作公司认为，劳动合同毕竟尚未履行，劳动关系并未建立，因此可以随时终止，不存在补偿一说，但又担心李某提起仲裁。这种情况该怎样处理？

本案焦点是：劳动合同签订日期与用工日期，应该以哪个为劳动关系建立日？介于二者之间时，用人单位与劳动者属于什么关系？

根据《劳动合同法》第10条规定："建立劳动关系，应当订立书面劳动合同。用人单位与劳动者在用工前订立劳动合同的，劳动关系自用工之日起建立。"正式建立劳动关系时订立书面劳动合同，不仅有利于当事人正确履行相互约定的权利义务，也便于在争议出现时能够有据可查。而规定劳动合同订立日与开始用工之日不一致时，以用工之日为准，是以实际发生劳动权利义务关系作为劳动合同生效的起始时间。因此，公司选择用签订劳动合同来确定建立劳动关系的意向及实施时间的做法是正确的。由于未到用工日期，劳资双方没有实际发生用工关系，所以在合同签订后到实际入职的这段时间，公司与李某不具有劳动关系，不受劳动法律的约束，公司也就无须对劳动合同的解除或终止承担经济补偿责任。

但公司解除尚未生效的劳动合同是否应向对方承担法律责任，不仅要遵循劳动法律的规定，也要受其他相关法律、法规的制约。尽管劳动合同与一般民事合同不同，但招聘者与应聘者在合同订立过程中均享有订约自由，也应遵守诚实信用原则。《合同法》第42条确立了缔约过失责任制度，当事人在订立合同过程中有下列情形之一，给对方造成损失的，应当承担损害赔偿责任：①假借订立合同，恶意进行磋商；②故意隐瞒与订立合同有关的重要事实或者提供虚假情况；③有其他违背诚实信用原则的行为。本案中，基于对公司的合理信赖，李某向原用人单位提出辞职，该动漫制作公司应对自身违背诚信的行为和李某依据该合同辞职而导致的损失承担损害赔偿责任。这种情况下，公司可以与李某协商给予适当的补偿，以平稳、安全地解除双方的合同。

资料来源：中国人力资源开发网. http://www.chinahrd.net/zhi_sk/jt_page.asp? articleID=177813. 2009-10-26.

3.1 劳动关系建立概述

《劳动合同法》第7条规定，用人单位自用工之日起即与劳动者建立劳动关系。同时，第十条规定，用人单位与劳动者在用工前订立劳动合同的，劳动关系自用工之日起建立。也就是说，《劳动合同法》明确规定，产生劳动关系的基本法律事实是"用工"，而不是订立劳动合同。换句话说，即使用人单位没有与劳动者订立劳动合同，只要存在"用工"行为，该用人单位与劳动者之间的劳动关系即建立，与用人单位存在事实劳动关系的劳动者即享有劳动法律规定的权利，当然也同样受到《劳动合同法》的规范。

实践中，"用工"往往被理解为当事人达成一致而建立劳动关系的过程。但是，这种理解并不能涵盖所有的用工行为，特别是"实际用工"行为。在很多情况下，当事人并没有建立劳动关系的意思表示，司法实践中却往往将其定性为"用工"。

2005年5月由劳动部颁布的《关于确立劳动关系有关事项的通知》规定，用人单位招用劳动者未订立书面劳动合同，但同时具备下列情形的，劳动关系成立：①主体资格合法；②劳动者受用人单位的劳动管理，从事用人单位安排的有报酬的劳动；③劳动者提供的劳动是用人单位业务的组成部分。同时，该规定还进一步强调，认定双方存在劳动关系时可参照下列凭证：工资支付凭证或记录、缴纳各项社会保险费的记录、工作证、服务证、登记表、报名表、考勤记录、其他劳动者的证言等。用人单位招用劳动者符合上述规定情形的，用人单位应当与劳动者补签劳动合同，劳动合同期限由双方协商确定。协商不一致的，任何一方均可提出终止劳动关系，但对符合签订无固定期限劳动合同条件的劳动者，如果劳动者提出订立无固定期限劳动合同，用人单位应当订立。用人单位提出终止劳动关系的，应当按照劳动者在本单位工作年限每满一年支付一个月工资的经济补偿金。

目前，《劳动合同法》还规定，用人单位应当在“用工之日”起建立职工名册。这样，“用工”的事实还可以要求用人单位出具职工名册来证明。

3.2 劳动合同订立

劳动合同，是用人单位（包括企业、事业、国家机关、社会团体等组织）同劳动者之间确定劳动关系，明确相互权利义务的协议。劳动合同是确立劳动关系的法律依据。“劳动合同应当以书面形式订立”，这是我国《劳动合同法》规定用人单位与劳动者应采用的劳动合同订立形式。订立劳动合同，是劳动关系双方当事人一件十分重要的法律行为，必须严肃认真并履行必要的手续。

3.2.1 劳动合同的内容

根据《劳动合同法》的规定，劳动合同的必备内容或条款包括以下8个方面。

（1）用人单位的名称、住所和法定代表人或者主要负责人

为了明确劳动合同中用人单位一方的主体资格，确定劳动合同的当事人，《劳动合同法》要求，劳动合同中必须具备这一项内容。

（2）劳动者的姓名、住址和居民身份证或者其他有效证件号码

为了明确劳动合同中劳动者一方的主体资格，确定劳动合同的当事人，《劳动合同法》要求，劳动合同中必须具备这一项内容。

（3）劳动合同期限

劳动合同期限是双方当事人相互享有权利、履行义务的时间界限，即劳动合同的有效期限。主要分为固定期限、无固定期限和以完成一定工作任务为期限三种。

（4）工作内容和工作地点

工作内容是劳动法律关系所指向的对象，即劳动者具体从事什么种类或者内容的劳动，主要包括劳动者的工种、岗位，以及工作任务或职责。劳动合同中的工作内容条款，是劳动合同的核心条款之一，它是用人单位使用劳动者的目的，也是劳动者通过自己的劳动取得劳动报酬的原因，因此是必不可少的。劳动合同中的工作内容条款应当规定得明确、具体，便于遵照执行。

工作地点是劳动合同的履行地，是劳动者从事劳动合同中所规定的工作内容的地点，它关系到劳动者的工作环境、生活环境以及劳动者的就业选择，劳动者有权在与用人单位建立劳动关系时知悉自己的工作地点，所以这也是劳动合同中必不可少的内容。

（5）工作时间和休息休假

工作时间又叫劳动时间，是指劳动者在用人单位中，必须用来完成其所担负的工作任务的

时间。工作时间一般包括工作时间的长短、工作时间方式的确定，如是8小时工作制还是6小时工作制，是日班还是夜班，是正常工时还是实行不定时工作制，或者是综合计算工时制。在工作时间上的不同，对劳动者的就业选择、劳动报酬等均有影响，因此成为劳动合同的必备内容。

休息休假，是指劳动者按规定不需进行工作而自行支配的时间。休息休假的权利是每个公民都应享受的权利，用人单位与劳动者在约定休息休假事项时应当遵守劳动法及相关法律法规的规定。

(6) 劳动报酬

劳动合同中的劳动报酬，是指劳动者与用人单位确定劳动关系后，因提供了劳动而取得的报酬。劳动报酬是满足劳动者及其家庭成员物质文化生活需要的主要来源，也是劳动者付出劳动后应该得到的回报。劳动报酬主要包括以下几个方面：①用人单位工资水平、工资分配制度、工资标准和工资分配形式；②工资支付办法；③加班、加点工资及津贴、补贴标准和奖金分配办法；④工资调整办法；⑤试用期及病、事假等期间的工资待遇；⑥特殊情况下职工工资（生活费）支付办法；⑦其他劳动报酬分配办法。

(7) 社会保险

社会保险是政府通过立法强制实施，由劳动者、劳动者所在的工作单位或社区以及国家三方面共同筹资，帮助劳动者及其亲属在遭遇年老、疾病、工伤、生育、失业等风险时，防止收入的中断、减少和丧失，以保障其基本生活需求的社会保障制度。社会保险由国家成立的专门性机构进行基金的筹集、管理及发放，不以营利为目的。一般包括医疗保险、养老保险、失业保险、工伤保险和生育保险。

(8) 劳动保护、劳动条件和职业危害防护

劳动保护是指用人单位为了防止劳动过程中的安全事故，减少职业危害，保障劳动者的生命安全和健康而采取的各种措施。

劳动条件，是指用人单位为保障劳动者履行劳动义务、完成工作任务，而提供的必要物质和技术条件，如必要的劳动工具、机械设备、工作场地、技术资料等。

职业危害，是指用人单位的劳动者在职业活动中，因接触职业性有害因素如粉尘、放射性物质和其他有毒、有害物质等而对生命健康所造成的危害。根据《职业病防治法》第30条的规定，用人单位与劳动者订立劳动合同时，应当将工作过程中可能产生的职业病危害及其后果、职业病防护措施和待遇等如实告知劳动者，并在劳动合同中写明，不得隐瞒或者欺骗。用人单位应当按照有关法律、法规的规定严格履行职业危害防护的义务。

劳动合同除前面所规定的8项必备条款外，用人单位与劳动者还可以约定试用期、培训、保守秘密、补充保险和福利待遇、竞业禁止等其他事项。

3.2.2 劳动合同的订立原则

我国《劳动合同法》第3条规定，“订立劳动合同，应当遵循合法、公平、平等自愿、协商一致、诚实信用的原则。”劳动合同依法订立即具有法律效力，用人单位与劳动者应当履行劳动合同约定的义务。

(1) 合法原则

合法是劳动合同有效的前提条件。所谓合法，就是劳动合同的主体、形式和内容必须符合法律、法规的规定。首先，劳动合同主体应符合法律规定的条件，如劳动者必须具备法定

年龄和其他条件；其次，劳动合同的形式要合法，如除非全日制用工外，劳动合同需要以书面形式订立；最后，劳动合同的内容要合法，当事人不得订立内容违法或对社会公共利益有害的劳动合同。

（2）公平原则

公平原则的含义如下：①《劳动合同法》在规范劳动合同双方当事人之间的权利、义务和责任的承担上，应该体现公平原则，重点照顾劳动者的利益，同时兼顾用人单位的合法权益；②在订立劳动合同时，应本着公平原则确定相互之间的权利义务关系；③在处理劳动合同纠纷时，应依法律规定来进行，以体现公平原则。

（3）平等自愿原则

平等，是指用人单位和劳动者在缔结劳动合同时法律地位上的平等。在订立劳动合同过程中，当事人双方都是以劳动关系主体资格出现的，是平等主体之间的关系。双方都要依法在协商一致的基础上达成协议，用人单位不得借助于我国劳动力市场供大于求的现实，在订立劳动合同时对劳动者提出不平等的附加条件。

自愿，主要是指劳动合同的订立必须由当事人自己的意愿独立地完成意思表示，他人不得强迫对方完成这种意思表示。根据自愿原则，双方当事人对于劳动合同的订立不得享有任何特权。当事人订立劳动合同只能出于其内心意愿。其他任何机关、团体和个人都无权强迫劳动者订立劳动合同。同样，用人单位也有权不与劳动者签订不符合法律规定或者不符合用人单位录用条件的劳动合同。

（4）协商一致原则

所谓协商一致，是指劳动合同的内容、条款在法律法规允许的范围内，由双方当事人共同讨论、协商，在取得完全一致的意思表示后确定。只有双方当事人就合同的主要条款达成一致意见后，合同才成立和生效。在实践中，常见的是用人单位事先拟好劳动合同，由劳动者作出是否签约的决定，根据我国《合同法》的有关规定，采用格式条款订立合同的，提供格式条款的一方应当遵循公平原则确定当事人之间的权利和义务，并采取合理的方式提请对方注意免除或者限制其责任的条款，按照对方的要求，对该条款予以说明。

（5）诚实信用原则

诚实信用原则是道德观念的法律化，其要求劳动合同双方在进行劳动合同订立等活动时，意图诚实、善意，行使权力不得侵害他人和社会的利益，履行义务信守承诺和法律规定，最终达到所获取利益的活动。在处理劳动合同纠纷时也应该贯彻诚实信用的原则，以事实为依据，保护各方当事人的权利，平衡当事人的利益。

3.2.3 当事人的主体资格

劳动合同的主体，即劳动法律关系当事人，具体指“劳动者”和“用人单位”。劳动合同的主体是由法律规定的，具有特定性：一方是劳动者；一方是用人单位。劳动者和用人单位都要具备法律规定的劳动合同主体条件，才能签订劳动合同。不具有法定资格的公民与不具有用工权的组织和个人都不能签订劳动合同。《劳动合同法》第2条规定：“中华人民共和国境内的企业、个体经济组织、民办非企业单位等组织（以下简称用人单位）与劳动者建立劳动关系，订立、履行、变更、解除或者终止劳动合同，适用本法。国家机关、事业单位、社会团体和与其建立劳动关系的劳动者，订立、履行、变更、解除或者终止劳动合同，依照本法执行。”第96条规定：“事业单位与实行聘用制的工作人员订立、履行、变更、解除或者终止劳动合同，法律、行政法规或者国务院另有规定的，依照其规定；未作规定的，依照本法有关规定执行。”这些规定不仅明确了我国《劳动合同法》的适用范围，同时也规定了劳动合同主体的表现形式。

(1) 劳动者

按照《劳动合同法》第2条的规定，劳动者包括：与中华人民共和国境内的企业、个体经济组织、民办非企业单位建立劳动关系的劳动者；与国家机关、事业单位、社会团体建立劳动关系的劳动者。劳动法律意义上的劳动者特指那些具有劳动权利能力和劳动行为能力的公民。《劳动法》第15条规定：“禁止用人单位招用未满十六周岁的未成年人。”当然也有特殊情况，《劳动法》第15条第二款规定：“文艺、体育和特种工艺单位招用未满十六周岁的未成年人，必须依照国家有关规定，履行审批手续，并保障其接受义务教育的权利。”

在用人单位确认劳动者是否具有劳动合同的主体资格时，要严格遵守国家法律的规定，严禁就此歧视行为的产生。如果用人单位存在民族、种族、性别、宗教信仰、传染病病原携带者等方面的歧视问题，劳动者可以向人民法院提起诉讼。

诺基亚乙肝歧视案

【案情简介】2007年1月18日，黎胜（化名）在网上向东莞诺基亚移动电话有限公司投递了应聘测试技术员岗位的简历。之后，黎胜顺利的通过笔试和面试。该公司人力资源部通知黎胜被录用，和他谈了薪水等待遇，并要他到指定的医院参加入职体检。如果体检合格，他就可以到公司上班了。1月27日，黎胜到东莞同济医院进行入职前的体检。

“我以为像诺基亚这样的大公司，不会有乙肝歧视。所以，在体检结果还没出来时，我就主动告诉人力资源部负责人，说自己是乙肝病毒携带者。该负责人称，情况不太严重，不会影响录取。”黎胜告诉记者，1月30日，他又一次到东莞同济医院进行测试，检查结果显示，其病毒不具有传染性。

但是，诺基亚依然拒绝了黎胜。黎胜说，公司给他的答复是，“公司所有人都是在同一个食堂吃饭，同一个工作环境，担心他会传染给公司其他人，建议他换一份轻松点的工作。这是分公司的规定，也是和分公司领导商量过后决定的。”

黎胜因此将东莞诺基亚移动电话有限公司及其在中国的总部告上了法庭。黎胜在起诉书中请求法院依法确认诺基亚以乙肝小三阳为由不予录用原告是违法的，并且请求依法判令被告诺基亚赔偿精神损害抚慰金50万元。东莞市人民法院根据黎胜的民事起诉书，在5月8日立案。

8月15日下午，黎胜起诉诺基亚公司乙肝歧视案在东莞市人民法院正式开庭审理。在审理过程中，诺基亚的代理人坚称，拒录理由是黎胜“色盲”，而非黎胜携带乙肝病毒。

为证明自己被拒绝录用是由于企业“歧视乙肝病毒携带者”，原告黎胜出示了自己与应聘公司人力资源部工作人员对话的录音。根据录音材料内容显示，企业在回绝原告时，提到他“携带乙肝病毒”的体检结果。而诺基亚的代理人则直接推翻录音材料的证明效力，坚称其企业并不存在录音资料中回答黎胜提问的工作人员。法院对该案进行了两个小时的审理之后，宣布择日将再次开庭或宣判。

点评： 这是一起典型的涉及“就业歧视”的争议。用人单位在招用员工时，往往处于强势地位，是否录用员工，由企业说了算。但是，随着近几年劳动法律法规的日益健全以及员工维权意识的提高，就业歧视问题开始明显地受到立法者、执法者以及新闻媒体的关注。“就业歧视”中最为突出的就是对乙肝病毒携带者的招聘歧视，其他典型问题还涉及性别歧视、年龄歧视、身高歧视、相貌歧视等。2007年已经发生多起因“就业歧视”而引发的劳动争议案件，本案即为其中较有代表性的案例。在日益竞争激烈的就业环境下，在构建和谐社会的政策背景下，2007年国家各层次的立法已经对“就业歧视”问题作出了正面的回应。2008年1月1日，《中华人民共和国就业促进法》、《就业服务与就业管理规定》以及《劳动合同法》等几部新法即将正式实施。在这些新颁布的法律法规中，均严格禁止用人单位以传染病病原携带者为由拒绝录用员工，同时也规定了用人单位不得在招用人员简章或招聘广告中包含就业歧视性的内容。

本案谁胜谁败已经不是关键，对广大用人单位来说，更为重要的警示意义在于，招聘新员工时，应以员工的工作能力作为是否招用员工的主要依据，择优录取，而不应当跟乙肝病毒携带、身高、性别等与工作能力不相关的因素挂钩。

资料来源：http://www.sina.com.cn 2008年01月20日 17：26 法制日报

(2) 用人单位

劳动合同主体的另一方是用人单位。所谓用人单位，即具有法人资格或能够独立承担民事责任的单位和个人。否则，就不能成为与劳动者订立劳动合同的主体。

不具有用工权利能力和行为能力的经济组织或社会组织，不能建立合法的劳动关系，所签订的劳动合同是无效劳动合同。无效劳动合同不受法律保护，而且签订无效劳动合同还需承担法律责任。《劳动合同法》第93条规定：“对不具备合法经营资格的用人单位的违法犯罪行为，依法追究法律责任；劳动者已经付出劳动的，该单位或者其出资人应当依照本法有关规定向劳动者支付劳动报酬、经济补偿、赔偿金；给劳动者造成损害的，应当承担赔偿责任。”

《劳动合同法》实施后，劳动合同主体双方在建立劳动关系、签订劳动合同时，彼此都要认真了解对方是否具备劳动权利能力和劳动行为能力。如劳动者要注意用人单位是否具有招工、用工资质；用人单位要注意审查劳动者是否符合招用的条件，是否达到了法定劳动年龄等。只有这样，双方才能避免不必要的损失，使劳动合同得以真正地履行。

浙江省最新劳动合同范本

甲方（用人单位）名称：

法定代表人：

所有制性质：

地址：

乙方：（劳动者）姓名：

性别：出生年月：

民族：

文化程度：

居民身份证号码：

住址：

根据《中华人民共和国劳动法》以及有关法律、法规、规章和政策的规定，经双方平等协商，乙方为甲方城镇（农民）合同制职工，并订立本合同。

一、劳动合同期限

（一）本合同为有固定期限的劳动合同。合同期从　年　月　日起至　年　月　日止。其中熟练期（培训期、见习期）从　年　月　日起至　年　月　日止；试用期从　年　月　日起至　年　月　日止。

（二）本合同为无固定期限的劳动合同。合同期从　年　月　日起至法定或约定的解除（终止）合同的条件出现时止。其中熟练期（培训期、见习期）从　年　月　日起至　年　月　日止；试用期从　年　月　日起至　年　月　日止。

（三）本合同为以完成一定工作为期限的劳动合同。合同期从　之日起至　之日止（起讫时间必须明确具体）。其中熟练期（培训期、见习期）从　年　月　日起至　年　月　日止；试用期从　年　月　日起至　年　月　日止。

二、工作内容

乙方同意按甲方生产（工作）需要，在　岗位（工种）工作，完成该岗位（工种）所承担的各项工作内容。

三、劳动保护和劳动条件

甲乙双方都必须严格执行国家有关工作时间、生产安全、劳动保护、卫生健康等规定。甲方应为乙方提供符合规定的劳动保护设施、劳动防护用品及其他劳动保护条件。乙方应严格遵守各项安全操作规程。

四、劳动报酬

乙方熟练期（培训期、见习期、试用期）间的月工资为　元；熟练期（培训期、见习期、试用期）满的定级工资为　元。

乙方月工资为　元。

工资发放日为每月　日，甲方不得无故拖欠。

乙方工资的增减，奖金、津贴、补贴、加班加点工资的发放，以及特殊情况下的工资支付等，均按相关法律、法规、规章、政策以及甲方依法制定的规章制度执行。

五、劳动纪律

甲乙双方应严格遵守法律、法规、规章和政策。甲方应依法制定各项具体的内部管理制度。乙方应服从甲方的管理。

六、劳动合同变更、解除、终止的条件

（一）具有下列情形之一，经甲乙双方协商同意，可以变更本合同的相关内容：

1. 本合同订立时所依据的客观情况发生重大变化，致使本合同无法履行的；

2. 乙方不能从事或者不能胜任原岗位（工种）工作的。

（二）乙方具有下列情形之一的，甲方可以解除劳动合同：

1. 在试用期间被证明不符合录用条件的；

2. 严重违反劳动纪律或者甲方规章制度的；

3. 严重失职，营私舞弊，对甲方利益造成重大损害的；

4. 被依法追究刑事责任的。

（三）具有下列情形之一的，甲方可以解除劳动合同，但是应当提前三十日以书面形式通知乙方本人：

1. 乙方患病或非因工负伤，医疗期满后，不能从事原工作也不能从事由甲方另行安排的工作的；

2. 乙方不能胜任工作，经过培训或者调整工作岗位，仍不能胜任工作的；

3. 乙方不能从事或者不能胜任原岗位（工种）工作，经甲乙双方协商又不能就变更本合同达成协议的；

4. 本合同订立时所依据的客观情况发生重大变化，致使本合同无法履行，经甲乙双方协商不能就变更本合同达成协议的。

（四）甲方濒临破产进行法定整顿期间或者生产经营状况发生严重困难，达到政府规定的严重困难企业标准，确需裁减人员的，应当提前三十日向工会或者全体职工说明情况；听取工会或者职工的意见，并以书面形式向劳动行政部门报告后，可以解除劳动合同。

（五）乙方具有下列情形之一的，甲方不得依据本条第（三）、（四）款的规定解除劳动合同：

1. 患职业病或者因工负伤并被劳动鉴定委员会确认丧失或者部分丧失劳动能力的；

2. 患病或者负伤，在规定的医疗期内的；

3. 女职工在孕期、产期、哺乳期内的。

（六）有下列情形之一的，乙方可以随时通知甲方解除本合同：

1. 在试用期内的；

2. 甲方以暴力、威胁或者非法限制人身自由的手段强迫劳动的；

3. 甲方未按照本合同约定支付劳动报酬的；

4. 经国家有关部门确认，甲方劳动安全卫生条件恶劣、严重危害乙方人身安全和身体健康的。

（七）经甲乙双方协商一致，本合同可以解除。

（八）本合同期满或者甲乙双方约定的本合同终止条件出现，应当即行终止。由于生产（工作）需要，经双方协商一致，可以续订劳动合同。

七、社会保险和福利

（一）甲乙双方依法参加社会保险，按期足额缴纳养老保险基金、失业保险基金、工伤保险基金、医疗保险基金和生育保险基金，乙方个人缴纳部分，由甲方在其工资中代为扣缴；

（二）乙方的公休假、午休假、探亲假、婚丧假，女工孕期、产期、哺乳期待遇以及解除和终止劳动合同时乙方生活补助费（经济补偿金）、医疗补助费的发放等，均按有关法律、法规、规章、政策以及甲方依法制定的规定执行；

（三）乙方患职业病或因工负伤的待遇、因工或因病死亡的丧葬费、一次性抚恤费、供养直系亲属生活困难补助费等均按有关法律、法规、规章、政策执行；

（四）乙方患病或负伤的医疗期及其待遇、乙方供养直系亲属的医疗待遇等按法律、法规、规章、政策和甲方依法制定的规定执行。

八、违反劳动合同的责任

（一）由于甲乙任何一方的过错造成本合同不能履行或者不能完全履行的，由有过错的一方承担法律责任；如属双方过错，根据实际情况，由双方分别承担各自的法律责任；

（二）因不可抗力造成本合同不能履行的，可以不承担法律责任；

（三）甲乙任何一方违反本合同，给对方造成经济损失的，应当根据后果和责任大小，向对方支付赔偿金。

九、乙方在职期间（含转岗），由甲方出资进行职业技术培训，当乙方在甲方未满约定服务年限解除本合同时，甲方可以按照实际支付的培训费（包括培训期间的工资）计收赔偿金，其标准为每服务一年递减实际支付的培训费总额的　　%。

十、双方需要约定的其他事项：

（一）本合同条款与法律、法规、规章、政策和甲方依法制定的规章制度相抵触的，以及本合同未尽事宜，均按法律、法规、规章、政策和甲方依法制定的规章制度执行。

（二）本合同依法订立后，双方必须严格履行。

（三）本合同履行中发生劳动争议，甲乙双方应当协商解决，协商不成或不愿协商的，可以向本单位劳动争议调解委员会申请调解，调解不成的，可以向劳动争议仲裁委员会申请仲裁。甲乙任何一方也可以直接向劳动争议仲裁委员会申请仲裁。对仲裁裁决不服的，可以向人民法院起诉。

（四）本合同一式三份，甲乙双方各执一份，鉴证机关存档一份。

甲方（盖章）：　　　　　　　　　　鉴证机关（盖章）：

鉴证编码：

乙方（签名）：

鉴证人员（盖章）：

合同订立日期：　　年　　月　　日　　　　鉴证日期：　年　　月　　日

资料来源：中顾合同纠纷网．http://news.9ask.cn/htjf/tjzs/200905/179340.html．2009-5-11

3.3　劳动合同履行与变更

劳动合同的履行，指的是劳动合同双方当事人按照劳动合同的约定，履行各自的义务，享有各自的权利。劳动合同的变更，指的是在劳动合同履行期间，劳动合同双方当事人协商一致后改变劳动合同的内容。劳动合同是否得到依法履行，劳动合同的变更是否以平等自愿、协商一致为前提，直接关系到劳动合同双方当事人，尤其是劳动者的权益能否得到保护。

3.3.1　劳动合同的履行

用人单位与劳动者依法订立的劳动合同，受法律保护，劳动合同双方当事人应当按照劳动合同约定的内容，全面、如实地履行义务、行使权力。《劳动合同法》在总结《劳动法》

有关配套规定的基础上，对劳动合同履行的规定作出了补充。

(1) 全面履行原则

全面履行原则指的是劳动合同双方当事人在任何时候，均应当履行劳动合同约定的全部义务。《劳动合同法》第29条规定，用人单位与劳动者应当按照劳动合同的约定，全面履行各自的义务。

(2) 合法原则

合法原则指的是劳动合同双方当事人在履行劳动合同过程中，必须遵守法律法规，不得有违法行为。《劳动合同法》着重强调了三个方面，一是规定用人单位应当按照劳动合同约定和国家规定及时足额支付劳动报酬。用人单位拖欠或者未足额支付劳动报酬的，劳动者可以依法向当地人民法院申请支付令，人民法院应当依法发出支付令。二是规定用人单位应当严格执行劳动定额标准，不得强迫或者变相强迫劳动者加班。用人单位安排加班的，应当按照国家有关规定向劳动者支付加班费。三是规定劳动者对用人单位管理人员违章指挥、强令冒险作业有权拒绝，不视为违反劳动合同；对危害生命安全和身体健康的劳动条件，有权对用人单位提出批评、检举和控告。

(3) 规定了特殊情形下劳动合同的履行

一是规定用人单位变更名称、法定代表人、主要负责人或者投资人等事项，不影响劳动合同的履行。二是规定用人单位发生合并或者分立等情况，原劳动合同继续有效，劳动合同由承继其权利义务的用人单位继续履行。在用人单位变更名称、法定代表人、主要负责人，或者用人单位发生合并、分立等情况时，由于劳动合同必备条款中的用人单位名称、法定代表人、主要负责人等内容发生了变更，用人单位与劳动者应当从形式上变更劳动合同，但是，没有从形式上变更劳动合同的，原劳动合同也应当继续履行。

3.3.2 劳动合同的变更

(1) 劳动合同变更的原则

劳动合同的变更是指劳动合同依法订立生效以后，合同尚未履行或者尚未履行完毕之前，用人单位与劳动者就劳动合同内容作部分修改、补充或者删减的行为。

《劳动合同法》第35条规定："用人单位与劳动者协商一致，可以变更劳动合同约定的内容。变更劳动合同，应当采用书面形式，变更后的劳动合同文本由用人单位和劳动者各执一份。"劳动合同的变更应当遵守协商一致的原则。劳动合同的内容是用人单位和劳动者的合意，一经订立便受到法律的保护。劳动合同是劳动法律的延伸，即具有法律上的约束力，任何一方不得随意变更。现实生活是复杂的，人们无法确定地预测将来发生的情况，所以，为适应变化无常的客观情况，法律规定劳动合同可以有条件地变更，即必须经当事人协商一致。同时，法律又不是僵化的，为加强用人单位对劳动过程的组织管理自主权，法律规定在特定情况下，用人单位可以单方变更劳动合同，这主要是指劳动合同订立时的法律、法规发生变化，重大的法律事实的出现等，如劳动合同法的颁布实施，或者是用人单位根据市场变化决定调整经营策略，撤销部分岗位、工种等，这些情形都属于原劳动合同因签订时所依据的客观条件改变的范畴，劳动合同也因此而发生变更。

变更后的劳动合同文本由用人单位和劳动者各执一份。同时，在订立劳动合同的过程中，用人单位可以在劳动合同中约定变更的情形，当具备约定情形时，用人单位一方可能变更劳动合同。另外，《劳动法》第40条中规定，劳动合同订立时所依据的客观情况发生重大变化，致使劳动合同无法履行，经用人单位与劳动者协商，未能就变更劳动合同内容达成协议的，用人单位提前三十日以书面形式通知劳动者本人或者额外支付劳动者一个月工资后，可以解除劳动合同。

(2) 劳动合同变更需要注意的问题

根据《劳动合同法》及相关的法律法规，变更应当履行劳动合同订立的程序，但需要注意以下问题。

① 用人单位和劳动者均可能提出变更劳动合同的要求，办理劳动合同变更手续。提出变更要求的一方应及时告知对方变更劳动合同的理由、内容、条件等；另一方应及时作出答复，否则将导致一定的法律后果。

② 变更劳动合同应当采用书面形式。变更后的劳动合同仍然需要由劳动合同职工当事人签字、用人单位盖章且签字，方能生效。劳动合同变更书应由劳动合同双方各执一份，同时，对于劳动合同经过鉴证的，劳动合同变更书也应当履行相关手续。

③ 对于特定的情况，不需办理劳动合同变更手续的，只需向劳动者说明情况即可。如用人单位名称、法定代表人、主要负责人或者投资人等事项发生变更的，则不需要办理变更手续，劳动关系双方当事人应当继续履行原合同的内容。

④ 劳动合同变更应当及时进行。劳动合同变更必须在劳动合同生效之后、终止之前进行，用人单位和劳动者应当对劳动合同变更问题给予足够的重视，不能拖到劳动合同期满后进行。依照法律规定，劳动合同期满即行终止，那时便不存在劳动合同变更的问题了，也很容易因此而产生争议。

⑤ 劳动合同变更的效力。劳动合同变更是对劳动合同内容的局部的更改，如工作岗位、劳动报酬、工作地点等，一般说来都不是对劳动合同主体的变更。变更后的内容对于已经履行的部分往往不发生效力，仅对将来发生效力，同时，劳动合同未变更的部分，劳动合同双方还应当履行。劳动合同变更与劳动合同解除不同，劳动合同变更并不涉及经济补偿金等方面的问题。但是，由于劳动合同的变更对对方造成损失的，提出变更的一方应当承担损害赔偿责任。

3.4 试用期员工管理

试用期是指用人单位和劳动者双方相互了解、确定对方是否符合自己的招聘条件或求职条件而约定的不超过6个月的考察期。

在用工过程中，目前滥用试用期侵犯劳动者权益的现象比较普遍，包括什么样的劳动岗位需要约定试用期，约定多长的试用期，以什么作为参照设定试用期等，实践中比较混乱。用人单位通常不管是什么性质、多长期限的工作岗位，也不管有没有必要约定试用期，一律约定试用期，只要期限不超过劳动法规定的六个月即可，用足法律规定的上限。有的用人单位与劳动者签一年期限的劳动合同，其中半年为试用期；有的生产经营季节性强的用人单位甚至将试用期与劳动合同期限合二为一，试用期到了，劳动合同也到期了；有的劳动者在同一用人单位往往被不止一次约定试用期，换一个岗位约定一次试用期。总之试用期问题是劳动合同立法中劳动者意见最多的问题之一。

3.4.1 试用期的约定规则

“试用期”是伴随着劳动法的出台而出现的。劳动法规定，劳动合同可以约定试用期，但最长不得超过六个月。在劳动合同中约定试用期，一方面可以维护用人单位的利益，为每个工作岗位找到合适的劳动者，避免用人单位遭受不必要的损失；另一方面，可以维护新招收职工的利益，使被录用的职工有时间考察了解用人单位的工作内容、劳动条件、劳动报酬等是否符合劳动合同的规定。在劳动合同中规定试用期，既是订立劳动合同双方当事人的权利与义务，同时也为劳动合同其他条款的履行提供了保障。

《劳动合同法》第20条规定：“劳动者在试用期的工资不得低于本单位同岗位最低档工资或者劳动合同约定工资的80%，并不得低于用人单位所在地的最低工资标准”；第21条规定：“在试用期中，除劳动者出现本法第39条和第40条第一项、第二项规定的情形外，用人单位不得解除劳动合同。用人单位在试用期解除劳动合同的，应当向劳动者说明理由。”这几项规定明确了试用期的约定规则。

（1）试用期长短与合同期限挂钩

根据《劳动合同法》第19条规定，劳动合同期限在三个月以上而不满一年的，试用期不得超过一个月；劳动合同期限一年以上、三年以下的，试用期不得超过两个月；三年以上固定期限和无固定期限的劳动合同，试用期不得超过六个月。以完成一定工作任务为期限的劳动合同或者劳动合同期限不满三个月的，不得约定试用期。上述“一年以上”包括一年，“三年以下”不包括三年，“三年以上”包括三年。

（2）规定试用期的次数

《劳动合同法》规定，同一用人单位与同一劳动者只能约定一次试用期，这至少包括以下几种情形：在试用期内，劳动合同解除，不管是用人单位解除还是劳动者解除，用人单位再次招用该劳动者时，不得约定试用期；已经过试用期，在劳动合同期限内，劳动者岗位发生变化的，不得再约定试用期；已经过试用期，在劳动合同期限内，劳动合同解除，不管是用人单位解除还是劳动者解除，用人单位再次招用劳动者的，不得约定试用期；已经过试用期，劳动合同续订的，对该劳动者，用人单位不得约定试用期；已经过试用期，劳动终止后一段时间，用人单位再次招用劳动者的，不得约定试用期。

（3）不能单独约定试用期合同

《劳动合同法》规定，试用期包含在劳动合同期限内。劳动合同中仅约定试用期的，试用期不成立，该期限为劳动合同期限。用人单位与劳动者单独约定的试用期合同，试用期合同不成立，该期限就是劳动合同的期限。在这种情形下，法律视为用人单位放弃试用期。

（4）违反试用期规定的法律责任

根据《劳动合同法》第83条的规定，用人单位违反本法规定与劳动者约定试用期的，由劳动行政部门责令改正；违法约定的试用期无效，已经履行的，由用人单位以劳动者试用期满月工资为标准，按已经履行的超过法定试用期的期间向劳动者支付赔偿金。

（5）试用期工资

劳动者在试用期的工资，可以由双方自主约定。约定的试用期工资可以高于试用期满后的工资，可以与该工资相等，也可以低于试用期满后的工资，但不得低于法定的标准，即首先不得低于当地最低工资标准；其次不得低于同岗位最低档工资的80%或者劳动合同约定工资的80%。其中,"劳动合同约定工资",是指该劳动者与用人单位订立的劳动合同中约定的试用期满后的工资。

(6)试用期劳动合同的解除

《劳动合同法》规定了用人单位在试用期解除劳动合同的条件。用人单位在试用期解除劳动合同的,应当向劳动者说明理由。如果用人单位没有证据证明劳动者在试用期间不符合录用条件,就不能解除劳动合同,否则,需承担因违法解除劳动合同所带来的一切法律后果。另外,根据有关规定,试用期满后,用人单位不得再以试用期间不符合录用条件而解除劳动合同。这就必然要求解除理由合法合理、有理有据,否则将导致企业在劳动争议中败诉。因此,用人单位应该制定和细化岗位说明书,详细记录劳动者的工作过程和业绩,以此作为抗辩的根据。

3.4.2 试用期管理需要注意的问题

在试用期管理问题上,需要强调以下几点。

① 试用期是一个约定的条款,如果双方没有事先约定,用人单位就不能以试用期为由解除劳动合同。劳动合同双方当事人必须就试用期条款充分协商,取得一致,试用期条款才能成立。

②《劳动合同法》限定了试用期的约定条件,劳动者在试用期间应当享有全部的劳动权利。这些权利包括取得劳动报酬的权利、休息休假的权利、获得劳动安全卫生保护的权利、接受职业技能培训的权利、享受社会保险和福利的权利、提请劳动争议处理的权利以及法律规定的其他劳动权利。还包括依照法律规定,通过职工大会、职工代表大会或者其他形式,参与民主管理或者就保护劳动者合法权益与用人单位进行平等协商的权利。用人单位不能因为员工试用期的身份而加以限制,与其他劳动者区别对待。

③ 试用期是劳动者和用人单位劳动关系的一种表现形式,所以也应当签订劳动合同。试用期过后再与劳动者签订劳动合同,不仅违法,而且不签合同形成事实劳动关系,企业要终止这种关系须提前30天通知并依法补偿。试用期不签合同或者只签试用期合同,都是违法的。正确做法是与新员工签订劳动合同,合同中包含试用期的内容。

④ 有的用人单位为了规避法律,约定试岗、适应期、实习期,这些都是变相的试用期,其目的无非是为了将劳动者的待遇下调,方便解除劳动合同。为了保护劳动者的合法权益,应当明确这些情形按照试用期对待。

3.4.3 试用期管理风险防范

引导案例

某公司因需要上马一个新项目,决定从社会上招收一批工作人员,从事公司新项目的开发工作。周先生经过层层面试,最终被公司聘用。经双方协商,公司与周先生等人签订了为期3年的劳动合同,其中约定试用期为3个月。然而,合同履行后不到2个月,公司因经营战略调整,决定撤销该新项目,包括周先生在内的许多人员都被列入了裁员范围。当身为公司人力资源部经理的刘先生将这一决定通知周先生时,周先生却要求单位补偿2个月的工资,理由是:公司先提出解除合同没有提前30日通知,应支付一个月工资的代通知金,此外，公司在试用期没有理由辞退他，属于非法解雇，应支付双倍的经济补偿金作为赔偿。对这一“无理要求”，刘先生当场予以拒绝，并说：“试用期双方关系不确定，双方可以随便解除劳动关系，是不需要提前通知并支付经济补偿金的！”周先生在办理完离职手续后不到两周就将公司告到了当地劳动争议仲裁委员会。仲裁委员会支持了周先生的请求。

资料来源：石先广．中国人力资源开发网．http://www.chinahrd.net/zhi_sk/jt_page.asp?articleid=143676．2008-07-03．

案例解析：

在试用期内辞退员工，是许多公司在解聘员工中经常使用的撒手锏，在公司管理层的概念中，公司并没有承诺员工什么，想让你离开就可以让你离开，如案例中那位人力资源经理的理由“试用期双方关系不确定，可以随便解除劳动关系”。其实，这些认识都是错误的。《劳动合同法》第21条规定，在试用期中，除劳动者有本法第39条和第40条第一项、第二项规定的情形外，用人单位不得解除劳动合同。用人单位在试用期解除劳动合同的，应当向劳动者说明理由。从这一规定可以看出，《劳动合同法》的精神是用人单位原则上不得解除试用期员工的劳动合同，言外之意，用人单位与试用期员工解除劳动合同的，不能依据第40条第3项（即客观条件发生重大变化，双方无法就变更劳动合同达成一致意见）；也不能依据第41条的规定（即经济性裁员）。用人单位要想解除试用期员工的劳动合同，必须符合《劳动合同法》第39条规定的6种和第40条规定的2种情形之一，否则就是违法的。案例中公司败诉的原因就在于把辞退试用期的员工想像得过于简单。

在上述用人单位可以用来解除试用期员工合同的，比较常用的就是用人单位证明劳动者不符合录用条件可以解除劳动合同，这也是法律赋予用人单位在试用期辞退劳动者的一项特权。但是，这也是最容易被用人单位忽视的关键点。用人单位要避免试用期辞退员工的败诉风险，需做好以下几方面工作。

（1）招聘时变“事后考核”为“事前考察”

在实践中，很多企业招聘员工不太注重录用前的应聘员工评估和考察工作，习惯于把工作放在事后考核，即先把员工招进来再说，如果不合适就在试用期辞退。其实，这种做法是危险的，尤其是在《劳动合同法》背景下，用人单位解除劳动合同尤其是试用期的劳动合同是受到严格限制的。在这种背景下，用人单位在招聘员工时，必须转变观念，变“事后考核”为“事前考察”，尤其是对一些重点员工，招聘时要慎重，要做好员工的背景调查工作，把好面试关，重要岗位由部门经理、人力资源部联合面试，确保能招到合适的人员。

（2）录用前将“录用条件”具体化、书面化

试用期解除劳动合同的条件比较常用的是，员工在试用期内被证明不符合录用条件。因此，企业要想利用这一法律规定来保护自己的权益，就必须在招聘时对录用条件作出具体明确的规定。“录用条件”应该是共性和个性的结合，包括能力、身体、态度和法律等因素。“录用条件”的共性可以通过规章制度进行明确，“录用条件”的个性可以通过劳动合同、单独的协议等进行明确。

此外，需要指出的是，用人单位还必须事先对录用条件进行公示。简单说来，就是要让员工知道用人单位的录用条件；从法律的角度来说，就是用人单位有证据证明员工已经知晓了本单位的录用条件。公示的方法有以下几种：通过招聘公告来公示，并采取一定方式予以固定，以便为诉讼保留证据；招聘员工时向其明示录用条件，并要求员工签字确认；劳动关

系建立以前，通过发送聘用函的方式向员工明示录用条件，并要求其签字确认；在劳动合同中明确约定录用条件或不符合录用条件的情形等。

(3) 录用后严格进行试用期考核

录用条件明确并向劳动者公示后，接下来就要进行试用期的考核。因为用人单位要解除试用期员工的劳动合同，举证责任在用人单位，而要证明劳动者不符合录用条件，需要以考核结果为依据。当然，考核需要围绕事先设定的录用条件进行考核。考核的方式，可以采用定期考核与不定期考核相结合的方式进行。

(4) 届满前杜绝延长试用期

经过试用考核，如果暂时还难以确定其是否符合录用条件的，不能通过延长试用期来继续考核，因为“不符合录用条件”解除劳动合同，仅仅限于在试用期内可用，一旦超过试用期，用人单位就不能以此为由解除劳动合同。故试用期届满前，必须对试用期员工的去留做一个选择，如果不符合录用条件，需要按照“从严控制”原则在试用期内以不符合录用条件解除劳动合同。当然，用人单位以此为由解除劳动合同，必须能够提供劳动者不符合录用条件的证据。

3.5 劳务派遣合同与协议管理

引导案例

武汉劳务派遣悄然兴起

目前，一种“雇人不用人，用人不雇人”的新用工模式在江城武汉悄然兴起。2008 年以前，武汉市只有 50 余家劳务派遣公司，到今年（2009 年）8 月已猛增至 150 余家，至少有 4.4 万名劳务派遣工活跃在武汉各个行业。

与此同时，注册成立劳务派遣公司的申请也随之增加。“派遣公司可以做的事情很多。”华中人才派遣部经理杨志辉说，“招聘员工、培训学员、绩效考核、办理社会保险、处理劳动纠纷等，既复杂又专业，一般人很难办好，而派遣公司拥有专业人员，可以承担这些工作并从中盈利。”

据了解，最爱“租用”派遣工的是外资企业。有的外企同时租用几家派遣公司的员工，并让这些公司展开竞争，看谁的员工干得好，每隔一段时间，还要进行评分。有的外企对中国的政策法律不熟悉，也没那么多精力来处理员工复杂的人事关系，干脆不设人力资源管理机构，而把这部分工作包给派遣公司来做，自身专注于生产和销售。外企这种当“甩手掌柜”的做法，逐渐被一些国企和私营企业仿效。一些国有企事业单位缺少人手，但受编制所限又不能“扩军”，只好“租用”派遣工补缺。一些服装、食品行业的私企，季节性用工特点明显，旺季时租用短期派遣工，既保证了生产，也避免了淡季裁员的麻烦和风险。

国企沙市钢管厂武汉分厂有 298 名员工，其中七成是派遣工。厂长李明生说，国企正式工编制有限，有些岗位必须用派遣工。派遣工进厂后，不仅跟正式工干得一样好，而且还能激励正式工不断进取，可谓一举两得。

派遣公司通过签订劳务派遣协议，将自己的员工成批“租”给用人单位使用，并按每人每月50元至100元不等的价格，收取管理费用。对于派遣公司来说，与其合作的单位越多，其麾下的派遣员工越多，日子就越好过。据了解，武汉市150余家劳务派遣公司，合作单位最多的有上百家，最少的只有几家。一家拥有70余家合作单位、8 000余名员工的派遣公司负责人透露，该公司除去税收和用工成本，每年纯收入达100多万元。

当然，派遣公司也有风险。用人单位退工、女职工生育、产生劳动纠纷、发生工伤事故、聘请律师等都要花钱，没有足够的合作单位，没有足够的派遣员工，一旦出事，派遣公司很可能得不偿失。正因为如此，派遣公司最怕用人单位"甩包袱"，把本应由用人单位承担的用工风险转嫁到派遣公司头上。据了解，有的单位接受派遣员工时，往往要求派遣公司签订"不平等条约"。如合同未到期辞退派遣工，违约金由派遣公司支付；派遣员工发生工伤事故，费用全部由派遣公司支付。由于劳务派遣行业竞争激烈，有的派遣公司为多接几项业务，只好违心接受。

在劳务派遣用工模式中，派遣工的身份并非一成不变。武汉每年都有一些派遣工因表现优秀，被用人单位相中，转为正式工，或提拔到管理岗位。33岁的王海林去年12月被派遣到武汉一家环保工业公司做钳工，该公司有很多英文订单，对员工英语水平要求较高。王海林刻苦钻研，不仅将专业英语单词背得滚瓜烂熟，技术水平也提高很快。当派遣工仅一个多月，他在全公司技能考核中，就取得了83.5分的好成绩。今年8月，王海林被该公司聘为正式工，他随即与派遣公司解除劳动合同，直接跟用人单位签约，成为岗位稳定的技术工人。

劳务派遣市场的兴起，也加剧了派遣公司之间的竞争。业内专家提醒，求职者应选择有实力的派遣公司，一要看其有无劳动保障部门核发的劳务派遣资质证书；二要看与该公司合作的用工单位多不多；三要看派遣公司有没有设立培训机构；四要看派遣公司有没有聘请法律顾问。

资料来源：额菁. 中国工商报. 2009年8月28日，第001版.

3.5.1 劳务派遣的概念

劳务派遣，又叫人才派遣、人才租赁，其作为一种用工形式，最早产生于美国，随后在西欧和日本出现。我国劳务派遣始于20世纪70年代末，主要是当时的政府机构出于国家安全考虑而向外国驻华机构派遣相关的服务人员，因此，劳务派遣在我国的发展历史还很短暂。2007年6月29日，第十届全国人大常委会第二十八次会议正式通过的《中华人民共和国劳动合同法》(2008年1月1日施行）首次使用了"劳务派遣"这一名称。

相对于劳动关系中的直接聘用，劳务派遣在整个用工制度中处于次要和补充的地位，它是一种非典型（非主流）的雇佣关系。劳务派遣作为一种社会存在，它是指派遣单位与劳动者订立劳动契约成为派遣单位的职工后，再由派遣单位与真正需要用工的单位通过签订劳动力派遣契约，将劳动者派遣到用工单位从事职业劳动，由用工单位对劳动者的职业劳动进行管理和控制的用工方式。

与传统劳动用工方式，即两个主体、一个劳动合同关系相比，在劳务派遣用工方式中，存在着劳动者、派遣单位与用工单位三方主体，同时劳动者与派遣单位之间的劳动合同以及派遣单位与用工单位之间的派遣合同组成了两个合同关系。传统劳动用工方式中劳动力雇佣和使用都是用人单位，而劳务派遣用工方式下劳动者由派遣单位雇佣，却由用工单位使用，其实质是劳动力的雇佣和使用相分离，即派遣单位"招人不用人"，用工单位"用人不招人”。劳动派遣用工方式增加了用工单位劳动用工和劳动者就业的灵活性，有利于促进劳动者就业，同时，由于缺乏明确的法律规范，劳务派遣用工方式也为用工单位规避劳动法上的义务提供了便利，劳务派遣各方一旦出现纠纷，往往出现互相推诿、侵害劳动者权益的情形，因而规制劳务派遣关系成为一个令人关注的问题。

为规范劳务派遣人员的聘用和管理，明确用工单位、劳务派遣机构和被派遣劳动者三方的权利和义务，保证劳务用工制度的规范执行，《劳动合同法》用专节对劳务派遣用工方式首次作出规定，明确规定了劳务派遣三方的权利义务，以保障劳务派遣的规范运行。

3.5.2 劳务派遣单位的义务

(1) 劳务派遣单位具有合法资质

《劳动合同法》第57条规定：“劳务派遣单位应当依照公司法的有关规定设立，注册资金不得少于50万元。”

劳务派遣机构具备合法资质是保障劳务派遣规范运作的基础。第一，劳务派遣单位应当符合公司的设立条件。劳务派遣单位是依据我国《公司法》设立的，设立实行准则制度。通过法律的明文规定规范了劳务派遣公司的设立制度，避免了一些小机构、职介所违法经营劳务派遣业务，也使被派遣劳动者的劳动关系相对明确化。第二，注册资本不得少于50万元。这主要是出于对劳务派遣的社会风险防范的需要。由于劳务派遣单位是与被派遣劳动者直接签订劳动合同的单位，其实力和信誉对劳务派遣的秩序和效果至关重要。通过对劳务派遣进行立法的时候规定派遣单位的注册资本，提高劳务派遣的入门门槛，可以增强劳务派遣机构的责任承担能力，形成被派遣劳动者权益的有效保护机制。

(2) 劳务派遣单位对劳动者履行用人单位义务

《劳动合同法》第58条明确规定：“劳务派遣单位是本法所称的用人单位，应当履行用人单位对劳动者的义务。劳务派遣单位与被派遣劳动者订立的劳动合同，除应当载明本法第十七条规定的事项外，还应当载明被派遣劳动者的用工单位以及派遣期限、工作岗位等情况。劳务派遣单位应当与被派遣劳动者订立两年以上的固定期限劳动合同，按月支付劳动报酬；被派遣劳动者在无工作期间，劳务派遣单位应当按照所在地人民政府规定的最低工资标准，向其按月支付报酬。”这一规定将劳务派遣单位与被派遣劳动者之间的劳动关系以法律的形式确定下来，同时规定劳务派遣单位以用人单位的名义与被派遣劳动者订立书面劳动合同。虽然劳务派遣单位并不直接使用劳动力，但是它与被派遣劳动者在形式上的劳动关系决定了它必须履行用人单位对劳动者的义务，包括派遣单位承担依法招用劳动者、签订劳动合同以及解除劳动合同时支付经济补偿金、支付工资、参加社会保险并依法缴费等义务。将这一关系用法律的形式予以明确规定，可以避免劳务派遣单位以其并非被派遣劳动者劳动力的使用者为由，推卸雇主责任的情况发生。

此外，《劳动合同法》第60条还进一步规定：劳务派遣单位应当将劳务派遣协议的内容告知被派遣劳动者。劳务派遣单位不得克扣用工单位按照劳务派遣协议支付给被派遣劳动者的劳动报酬。劳务派遣单位和用工单位不得向被派遣劳动者收取费用。

3.5.3 用工单位在劳务派遣中的义务

依照《劳动合同法》第61、62、67条的规定，在劳务派遣中，用工单位必须履行的义务包括如下几点。

① 执行国家劳动标准，提供相应的劳动条件和劳动保护。劳动条件是指劳动者完成劳动任务的必要条件，如必要的劳动工具、工作场所、劳动经费、技术资料等必不可少的物质技术条件和其他工作条件。劳动保护，是指用工单位为了保障劳动者在劳动过程中的身体健康与生命安全，预防伤亡事故和职业病的发生，而采取的有效措施。在生产劳动过程中，存在着各种不安全、不卫生的因素，国家为了保障劳动者的身体健康和生命安全，通过制定相应的法律和行政法规、规章，规定劳动保护规则，以保护劳动者的健康和安全。在劳动保护方面，凡是国家有标准规定的，用工单位必须按照国家标准执行，合同约定只能高于国家标准；国家没有标准的，合同约定的标准以不使劳动者的生命安全受到威胁、身体健康受到侵害为前提条件。

② 告知被派遣劳动者的工作要求和劳动报酬。工作要求是指用工单位安排劳动者从事的岗位对劳动者的能力和绩效要求。劳动报酬是劳动者履行劳动义务后享有的劳动权利，包括工资、奖金、津贴等形式。劳动报酬是满足劳动者自身及其家庭成员物质文化生活需要的主要来源，也是劳动者付出劳动后应得到的回报。被派遣劳动者对此享有知情权，尤其是劳动报酬的多少、支付方式等，因为这直接关系到被派遣劳动者合法劳动权益的保护，是关乎切身利益的重大问题。

③ 支付加班费、绩效奖金，提供与工作岗位相关的福利待遇。劳动者在正常工作时间和应当完成的工作量之外提供额外劳动的，用工单位应当依法支付加班费。加班是劳动者在法定工作时间以外提供的额外劳动，有权依法享受加班报酬。此外，用工单位还应当依法支付被派遣劳动者绩效奖金，提供与其工作岗位相关的福利待遇。

④ 对在岗被派遣劳动者进行工作岗位所必需的培训。用工单位在实际用工时，对被派遣劳动者要进行相关的岗位培训。这样既有利于提高劳动者的技能和工作效率，又有利于安全生产和职业病预防，同时也是劳动者的一项权利。被派遣的劳动者有权要求用工单位提供必要的职业培训条件和参加用工单位组织的工作岗位所必需的培训。

⑤ 连续用工的，实行正常的工资调整机制。劳务派遣一般在临时性、辅助性或者替代性的工作岗位上实施，因此劳动期限一般不会很长，约定的工资一般也较为固定。但如果用工单位连续用工，则需根据正常的工资调整机制，及时调整被派遣劳动者的工资、奖金和各项福利待遇，贯彻和落实同工同酬的基本原则。

⑥ 用工单位不得将被派遣劳动者再派遣到其他用人单位。根据派遣协议，用工单位有权按照约定合理配置被派遣劳动者，但无权将被派遣劳动者再派遣到其他用人单位。再派遣或“转派遣”将使得劳动法律关系处于不稳定的状态，不利于劳动者权益的保护。为了避免二次派遣引发的权责界定不清，《劳动合同法》明确规定了用工单位只对被派遣员工享有直接使用管理权，而不得实施二次派遣。

⑦ 用人单位不得自设劳务派遣企业。用人单位自设劳务派遣企业，将使原本简单的劳动关系复杂化，使原本单一对应的劳动主体之间出现关系的转变，被派遣劳动者不得不面对双层雇主，使责任关系模糊不清，不利于劳动争议的解决，也不利于和谐稳定劳动关系的构建和发展，给劳务派遣的发展造成了不利影响。因此，《劳动法》第67条明确规定，用人单位不得设立劳务派遣单位向本单位或者所属单位派遣劳动者，就是力图解决上述问题。在不需要劳务派遣的场合，不允许用劳务派遣的形式来规避用人单位的责任。

3.5.4 被派遣劳动者在劳务派遣中的权利

(1) 享有同工同酬的权利

这里面包含两层含义。

① 被派遣劳动者与用工单位的劳动者享有同工同酬的权利。《劳动合同法》第 63 条规定："被派遣劳动者享有与用工单位的劳动者同工同酬的权利。用工单位无同类岗位劳动者的，参照用工单位所在地相同或者相近岗位劳动者的劳动报酬确定。"确认了被派遣的劳动者与用工单位劳动者享有同工同酬的权利，具体体现了劳动合同法的公平原则。

② 跨地区被派遣劳动者同工同酬的权利。劳务派遣作为一种新型的用工方式，其特点决定了其在派遣劳动者的过程中具有灵活性，可以根据用工的需要将被派遣劳动者派遣至不同的地区、不同的行业。而被派遣至不同地区的被派遣劳动者的劳动报酬和劳动条件是按照劳务派遣单位所在地区的标准还是按照用工单位所在地区的标准执行，对于被派遣劳动者意义重大。因为劳务派遣往往是由经济较落后而劳动力相对过剩的地区向经济较为发达但劳动力相对短缺的地区进行的，也就是说，用工单位所在地区的劳动报酬和劳动条件一般要优于劳务派遣单位所在地区。在现实中，这种劳动报酬和劳动条件的差距往往成为用工单位和劳务派遣单位剥夺劳动者正当权益的缘由，劳动者的合法权益往往因此受到伤害，仅仅可以拿到劳务派遣单位所在地区标准的工资。对此，《劳动合同法》第 61 条以法律的形式作出了明确规定："劳务派遣单位跨地区派遣劳动者的，被派遣劳动者享有的劳动报酬和劳动条件，按照用工单位所在地的标准执行。"这一规定，基本解决了由于地区差异带来用工单位和用人单位劳动标准不同引发的争议。

(2) 确定被派遣劳动者参加或者组织工会权利的规定

在市场经济条件下，参加和组织工会，利用集体的力量争取自身合法、正当权益是劳动者最基本的权利之一，被派遣劳动者因为其自身地位及与劳务派遣单位和用工单位关系的特殊性，其参加和组织工会的权利更应该得到强调和保护。实践中，由于劳务派遣工参加工会的情况比较特殊，被派遣劳动者加入劳务派遣单位工会和用工单位工会的人数很少，利用工会维护权益的情况更少。正是考虑到这些特殊情况，《劳动合同法》第 64 条规定了劳务派遣工有权在劳务派遣单位或者用工单位依法参加或者组织工会，以维护自身的合法权益。这一规定不仅为劳动者或者是劳动者权利提供了有力保障，也为工会下一步工作的开展提供了法律支持。

(3) 依法享有解除合同的权利

《劳动合同法》第 65 条规定："被派遣劳动者可以依照本法第 36 条、第 38 条的规定与劳务派遣单位解除劳动合同。被派遣劳动者有本法第 39 条和第 40 条第一项、第二项规定情形的，用工单位可以将劳动者退回劳务派遣单位，劳务派遣单位依照本法有关规定，可以与劳动者解除劳动合同。"明确了被派遣劳动者与劳务派遣单位解除劳动合同的规定。

① 协商解除合同的权利。《劳动合同法》第 36 条规定，用人单位与劳动者协商一致，可以解除劳动合同。被派遣劳动者与劳务派遣单位之间建立的是劳动关系，《劳动合同法》规定的劳动者可解除劳动合同的情形同样适用于被派遣劳动者与劳务派遣单位。

② 单方解除合同的权利。被派遣劳动者依法享有单方解除合同的权利。《劳动合同法》第 38 条规定，用人单位有下列情形之一的，劳动者可以单方解除劳动合同：未按照劳动合同约定提供劳动保护或者劳动条件的；未及时足额支付劳动报酬的；未依法缴纳社会保险费

的；规章制度违反法律、法规的规定，损害劳动者权益的；以欺诈、胁迫的手段或者乘人之危，使对方在违背真实意思的情况下订立或者变更劳动合同的；免除自己的法定责任、排除被派遣劳动者权利的；违反法律、行政法规强制性规定的；法律、行政法规规定劳动者可以解除劳动合同的其他情形；用人单位以暴力、威胁或者非法限制人身自由的手段强迫劳动者劳动的，或者用人单位违章指挥、强令冒险作业危及劳动者人身安全的。在用人单位出现上述情形之一时，被派遣劳动者不仅享有单方解除劳动合同的权利，并有权要求劳务派遣单位向其支付经济赔偿金。

劳务派遣单位依法享有单方解除合同的权利。当被派遣劳动者出现下列情形之一时，用工单位可以将劳动者退回劳务派遣单位，劳务派遣单位有权依法行使单方解除权。第 39 条是劳动者有严重过失，用人单位有权解除劳动合同的情形；第 40 条第一款规定是劳动者患病不能工作，第二款规定是劳动者不能胜任工作，用人单位可以单方解除合同的情形，其共同特点都是因为劳动者个人原因，而不是因为用人单位原因解除合同。在这里，《劳动合同法》限制了用人单位随意解除被派遣劳动者的劳动合同，限定了用工单位退回劳动者的情形。

3.5.5 劳务派遣的一般性规定

(1) 劳务派遣的适用范围

《劳动合同法》第 66 条规定："劳务派遣一般在临时性、辅助性或者替代性的工作岗位上实施。"劳务派遣有其负面影响，主要包括以下几个方面。第一，冲击正规职业。派遣工的待遇和用工成本往往低于正规工，用工单位出于规避对正规工的雇主义务、降低用工成本的动机，会作出尽量减少正规工数量、大量使用派遣工的选择，特别是在以往使用正式工的主业岗位、核心岗位、常年性岗位实行劳务派遣，就会减少用工单位对正式工的需求，从而对正规就业造成冲击。第二，影响劳动关系稳定。在劳务派遣中，劳动关系具有短期化和流动率高的特点，随着劳务派遣经营范围的不断扩宽，加剧了劳务关系的短期化，使劳动者就业更加不稳定。过多使用派遣工，派遣工就业安全感不足，会影响职业安定。而且，劳务派遣不利于人力资本投资和劳动力素质提高，劳务派遣的范围过宽，特别是在主业、核心、常年性岗位实行劳务派遣，企业将难以保持和增强市场竞争力。第三，回归旧体制。劳务派遣在实践中使劳动制度改革中已经消除的旧机制得以回归。《劳动法》实施后，由于劳动合同制的全面推行，国家取消了企业的临时工制度。而现阶段的劳务派遣，其适用范围已不限于边缘性岗位、辅助性岗位、临时性（季节性）岗位，于是，在核心岗位、主业岗位、常年性岗位并存着派遣工和正式员工，使派遣工也成为劳动待遇低于正式员工的一种身份。这实际上回归到了原来的临时工制度。

因此，为防范劳务派遣被滥用，尽量消除劳务派遣所带来的负面影响，有必要对劳务派遣适用范围作出限制。我国《劳动合同法》遂作出了这一规定。

(2) 派遣单位与用工单位应当订立劳务派遣协议

《劳动合同法》第 59 条规定："劳务派遣单位派遣劳动者应当与接受以劳务派遣形式用工的单位（以下称用工单位）订立劳务派遣协议。劳务派遣协议应当约定派遣岗位和人员数量、派遣期限、劳动报酬和社会保险费的数额与支付方式以及违反协议的责任。用工单位应当根据工作岗位的实际需要与劳务派遣单位确定派遣期限，不得将连续用工期限分割订立数个短期劳务派遣协议。”明确了派遣单位与用工单位应当通过劳务派遣协议明确相互权利义务。这里，派遣岗位是指被派遣劳动者在用工单位中将被安排的工作性质、职位；派遣期限是指被派遣劳动者依派遣单位的派遣受用工单位指挥、管理的时间。在劳务派遣协议中明确劳动报酬和社会保险费的数额与支付方式以及违反协议的责任等内容，将有利于明确派遣单位与接受以劳务派遣形式用工的单位（即用工单位）的权利义务，从而避免发生争议时派遣单位与用工单位互相推诿现象的出现，有利于劳动者合法劳动权益的保护，也有利于和谐、稳定劳动关系的构建和发展。

此外，在订立劳务派遣协议时，用工单位与劳务派遣单位应当遵循实际需要的原则来确定派遣期限。此外，将连续用工期限分割订立数个短期劳务派遣协议是不允许的。分割订立数个短期劳务派遣协议往往成为相关单位实践中躲避社会保险、正常的工资调整等的手段，这对劳动者合法劳动权益是一种侵害，对其进行禁止有利于保护劳动者合法劳动权益。

（3）强化用工单位责任，明确派遣单位与用工单位承担连带赔偿责任

《劳动合同法》第92条规定：“劳务派遣单位违反本法规定的，由劳动行政部门和其他有关主管部门责令改正；情节严重的，以每人一千元以上五千元以下的标准处以罚款，并由工商行政管理部门吊销营业执照；给被派遣劳动者造成损害的，劳务派遣单位与用工单位承担连带赔偿责任。”

连带责任是我国立法中的一项重要民事责任制度，是一种加重责任。《民法通则》规定，连带债务人都有义务向债权人清偿债务，债权人可同时或先后要求连带债务人全体或部分或一人履行全部或部分义务，被请求之债务人不得以超出自己应付份额为由，提出抗辩。只要债务没有全部清偿完毕，每个连带债务人不论他是否应债权人请求清偿过债务，对没有清偿的债务部分，都有清偿的义务。因此，法律规定被派遣劳动者权益受到损害的，由劳务派遣单位和用工单位承担连带赔偿责任，这对于制止用工单位不实际承担用工责任，劳务派遣单位实际承担不了用工责任，以最大限度地保障被派遣劳动者受损的权益得到赔偿，都具有重要的意义和积极的法律效果。

劳务派遣合同范本

用人单位：（以下简称甲方）

派遣单位：劳务有限公司（以下简称乙方）

为了促进就业，满足甲方的用人需求，甲乙双方经过友好、平等协商，建立劳务派遣合作关系。甲方将本企业所需劳动力交由乙方统一派遣。双方经协商一致，就劳务派遣事宜签订以下协议。

一、劳务派遣人员的条件和提供劳务的方式

乙方按甲方要求招聘、录用符合条件的人员，以劳务派遣的方式派往甲方（具体人数另约定）。

二、劳务派遣人员的招录与变更

1. 劳务派遣人员可由甲方自行面试、确认录用，也可委托乙方进行招聘并交由甲方确定。派遣的劳务人员一经确定，甲、乙双方应拟定《劳务派遣人员名单》，并签字、盖章，

作为本合同的附件，由乙方与劳务派遣人员签订劳动合同。

2. 甲、乙双方按照商定对被派遣的劳务人员进行变更的，要相应更改《劳务派遣人员名单》，并须经双方签字、盖章认可。劳务派遣人员在甲方工作期间依法需要辞退的，甲方应提前35个工作日将辞退意见以书面形式通知乙方，由乙方负责与劳务派遣人员办理终止或解除劳动合同手续，甲方应依法支付经济补偿金。

3. 劳务派遣人员在甲方工作期间，因病、工伤（含职业病）在医疗期内的，以及女性职工的“三期”期间，甲方不得通知乙方与其终止、解除劳动关系，甲方应按劳动法的有关规定继续履行用人单位的职责。

三、劳务派遣人员的工资、各项社会保险费（见附件）支付

1. 劳务派遣人员的工资标准和福利待遇按照甲方依法制定的标准执行，实行同工同酬。

2. 劳务派遣人员的工资、各项社会保险费，甲方应于每月　　日前转入乙方银行账户。乙方根据甲方提供的劳务派遣人员的工资清单，转入每个劳务派遣人员的银行工资卡账户内。

3. 甲方应做好劳务派遣人员的工资、各项社会保险费明细表，乙方根据甲方转入的工资、各项社会保险费足额发放和缴纳。

4. 劳务派遣人员的每月工资、各项社会保险费甲方如不能按期支付，以及乙方未能按期转入工资卡账户，违约方应自逾期之日起每日按未支付总额5%的比例向对方支付违约金。

四、甲方权利与义务

（一）必须按照劳动法的规定合法规范用工，安排劳务派遣人员在甲方的具体工作岗位，监督、检查、考核劳务派遣人员完成工作的情况。

（二）对劳务派遣人员是否适合要求有最终决定权。

劳务派遣人员有以下情形之一的，甲方可立即通知并退回乙方：

1. 在试用期内不符合甲方工作要求的；

2. 严重违反甲方劳动纪律、规章制度的；

3. 严重工作失职，营私舞弊，给甲方造成重大经济损失的；

4. 被依法追究刑事责任的。

（三）甲方要求劳务派遣人员进入公司前需身体健康，并根据甲方的要求提供健康证明，体检不合格的人员退回乙方，乙方自行安排。

（四）甲方确因生产经营变化需减少或退回乙方劳务派遣人员时，应提前35个工作日书面通知乙方。甲方须结算清本协议第六条第一项第1、2、3款的费用，经甲、乙双方商定后，由乙方负责办理有关手续。

（五）因社保费用为提前申报，故甲方每月10日前应将社保费用增减情况通知乙方（如遇休息日及节假日应相应提前一日）。

（六）确定和调整劳务派遣人员的劳务报酬标准。

（七）因甲方原因造成劳务派遣人员与乙方提前解除劳动合同的，其经济补偿责任，由甲方按照劳动法相关规定执行。

（八）对乙方不履行合同的，甲方有权追究其违约责任。

（九）对劳务派遣人员的职业道德规范、工作任务、技能培训、应达到的工作要求、应注意的安全事项、应遵守的各项纪律等履行告知、教育、管理督查的义务。

（十）为劳务派遣人员提供必需的劳动条件、劳动工具和业务用品，以及符合国家规定的劳动安全卫生设施和必要的劳动防护用品，为劳务派遣人员提供简单的工厂医疗服务。

五、乙方的权利与义务

（一）乙方有义务把甲、乙双方签订劳务派遣协议的事实告知劳务派遣人员，并且作为乙方和劳务派遣人员签订劳动合同的其中一项条款。

（二）对甲方不履行合同的，乙方有权追究其违约责任。

（三）全面负责被派遣劳务人员的劳务用工管理、劳务纠纷处理与社保办理，处理涉及劳动关系的所有事宜，与劳务派遣人员签订劳动合同，并且提供给甲方备案。

（四）负责劳务派遣人员档案管理，负责建立、接转劳务派遣人员档案。

（五）按合同条款规定派遣符合条件的劳务人员到甲方工作，对于甲方按本合同相关条款停止派遣并退回乙方的劳务人员，乙方应予接收并负责处理与劳务人员之间的劳动关系等后续工作，尽量避免对甲方的正常生产运营造成不利影响。

（六）劳务派遣人员发生工作事故的，乙方接到甲方通知后，按相关保险条例妥善处理，并负责办理申报和理赔事宜。

（七）对劳务派遣人员给甲方造成的经济损失，乙方应积极帮助甲方向劳务人员索赔，甲方提供必要的协助。

（八）乙方应指定专人定期到甲方处，了解劳务派遣人员的思想动态、工作表现、遵纪情况以及对乙方的合理要求，乙方应尽力提供最佳服务。

（九）乙方负责劳务派遣人员的日常生活、工作的协调处理工作。

（十）劳务派遣人员应遵守甲乙双方的规章制度，服从甲、乙双方的工作安排与管理，因个人原因需要提前结束服务期的，应提前30日向甲、乙双方同时书面申请。待批准并办理完毕与甲方的移交手续后方可离职，其相关手续由乙方负责办理。

六、费用的支付

（一）甲方向乙方支付的劳务费用包括：

1. 劳务派遣人员的劳务报酬；

2. 劳务派遣人员的社会保险费用或实习生的意外险费用；

3. 劳务派遣的服务管理费用。

（二）费用的标准：

1. 甲方应支付的相关社会保险费用数额按双方约定的标准，由乙方书面通知甲方；

2. 不参加社会保险的实习生的　万元额度的意外险保费，按每人一份年交额一次性划入乙方指定银行账户；

3. 劳务派遣服务管理费标准：

① 每人每月　　元；

② 按职工工资总额的　　%收取。

（三）支付方式和支付时间：

甲方于每月10日前将（二）项中第1、2、3款规定的费用以转账结算的方式支付给乙方。（其中：劳务人员的工资发放标准以甲方的工资清单为准；各项社会保险费如遇国家政策调整，双方也应依法及时调整；劳务派遣服务管理费不满1个月的按1个月计算）。

七、劳务派遣人员的日常管理

1. 劳务派遣人员在派往甲方工作期间，其日常管理工作、安全教育、月评、季评及年度考核等均由甲方负责落实。

2. 劳务派遣人员在派往甲方工作期间，享有甲方规定的福利、劳保、工作、学习、休息等待遇和评优、评先等权利。

八、工伤事故处理

1. 甲方应遵守有关安全生产和职业病防治的法律法规，预防工伤事故的发生。

2. 劳务派遣人员在甲方工作期间发生工伤，甲方应积极组织抢救、保护现场，并且及时通知乙方。乙方应承担工伤认定申请和劳动能力鉴定申请，以及协调工作，甲方应积极配合。工伤认定申请和劳动能力鉴定申请结束后，由甲方按照《工伤保险条例》的有关规定承担用人单位的义务，并按有关规定执行。

3. 因发生工伤而引起的所有费用，除社会保险机构按政策规定支付外，其他费用均由甲方支付，乙方负责办理。

4. 劳务派遣人员发生工伤，在接受治疗的停工留薪期，原工资福利待遇不变，由甲方按月支付。

九、劳务派遣协议的期限

本协议期为　　年，自　　年　　月　　日起，至　　年　　月　　日止，如合同期满甲、乙双方无疑义，合同顺延；合同期满后甲、乙双方一方提出异议，双方协商解决。

十、合同的变更、解除、终止和其他

1. 甲乙双方应共同遵守本合同的各项条款。未尽事宜，由双方协商解决。经双方协商一致对本合同进行修改、补充达成的补充协议与本合同具有同等法律效力。

2. 本合同期满即终止。甲、乙任何一方如拟变更本合同内容或提前终止本合同的，都应提前一个月书面通知对方，并协商解决。合同终止后，甲方仍继续使用被派遣劳务人员的，则视为本派遣协议继续有效，合同期顺延，甲、乙双方应当及时补办派遣协议手续。

3. 甲乙双方任一方违约，违约方应向对方承担违约责任，并承担相应的经济赔偿。

十一、合同履行过程中发生的争议，双方协商解决；如协商不成提交乙方所在地法院解决。

十二、本合同正本一式两份，甲、乙双方各执一份，签字后生效。

甲方（盖章）：　　　　　　　　乙方（盖章）：

法定代表人/授权人签字：　　　　　　　　法定代表人/授权人签字：

日期：　　年　　月　　日　　　　　　　　日期：　　年　　月　　日

资料来源：中顾合同纠纷网．http://news.9ask.cn/ldjf/laowupaiqian/200906/186721.html．2009-06-01.

3.6 非全日制用工合同与协议管理

《劳动合同法》第68条规定："非全日制用工，是指以小时计酬为主，劳动者在同一用人单位一般平均每日工作时间不超过四小时，每周工作时间累计不超过二十四小时的用工形式。"非全日制用工是比全日制用工更为灵活的一种用工形式，具有缓解就业压力、扩大就业机会、降低用人单位成本、方便劳动者自由灵活选择劳动时间等重要作用。

3.6.1 非全日制用工的立法规制

2003年5月30日，原劳动和社会保障部颁布了《关于非全日制用工若干问题的意见》(以下简称《非全日制用工意见》)，对非全日制用工的劳动关系、工资支付、社会保险、劳动争议处理和管理与服务等方面都做了规定，为规范用人单位非全日制用工行为，保障劳动者的合法权益，促进非全日制就业健康发展奠定了基础。2008年1月1日起施行的《中华人民共和国劳动合同法》(以下简称《劳动合同法》)在第五章第三节专门对非全日制用工进行了规制，这也是非全日制用工首次在法律层面上得以规制。

此外，各地针对本地非全日制用工的实际情况，也出台了一些地方性法规、行政规范性文件等。如2001年11月15日上海市人大常委会颁布的《上海市劳动合同条例》第五章对非全日制劳动合同进行了专章规定。2003年4月23日，北京市劳动和社会保障局制定了《北京市非全日制就业管理若干问题的通知》。2003年7月4日，安徽省劳动和社会保障厅制定了《安徽省非全日制用工试行办法》。2007年5月13日，深圳市劳动和社会保障局制定了《关于非全日制用工的若干规定》。

非全日制用工属于劳动关系。根据《劳动合同法》第2条规定的适用范围，非全日制用工只限于用人单位用工，而不包括个人用工形式。个人用工属于民事雇佣关系，应受民事法律关系调整。

3.6.2 非全日制用工的特征

根据《劳动合同法》的有关规定，非全日制用工主要有以下特征。

(1) 合同形式

《劳动合同法》第69条第一款规定，非全日制用工双方当事人可以订立口头协议。在这一点上，非全日制用工合同与全日制用工合同强调订立书面合同有显著的差别，根据《劳动合同法》第10条规定，建立劳动关系，应当订立书面劳动合同。这也正体现了非全日制用工的灵活性。但是，从对劳动者权益保护的角度来看，如果具备签订书面合同的条件，还是应以签订书面合同为宜，将双方的权利义务明确规定在书面合同中，一旦发生劳动争议，劳动者可以据此保障自己的权益。

______________有限公司非全日制用工劳动合同书

甲方：

法定代表人或主要负责人：

委托代理人：

住所地：

联系电话：

乙方：

证件类型：　　　　　　　　　　　　　　证件号码：

住址：

联系电话：　　　　　　　　　　　　　　电子邮箱：

根据《中华人民共和国劳动合同法》的规定，甲、乙双方本着平等自愿、协商一致、公正公平、诚实信用的原则，签订本合同，建立劳动关系，并承诺共同遵守。

一、劳动合同期限

第一条　合同期限

双方同意按以下第________种方式确定本合同期限：

1. 有固定期限：从______年______月______日起，至______年______月______日止。

2. 以完成一定工作任务为期限：从______年______月______日起，至________工作任务完成时止。

二、工作内容和工作地点

第二条 乙方同意根据甲方工作需要，担任________岗位（工种）工作，乙方的工作任务或职责是________________。

第三条　甲、乙双方确认工作地点在________，根据甲方的工作需要，经甲、乙双方协商一致，可以变更工作地点。

第四条　甲方因生产经营需要调整乙方的工作岗位，经甲、乙双方协商一致，可变更本合同。

第五条　乙方应按照甲方的要求，按照甲方制定的岗位职责履行职务，按时、按质、按量完成规定的工作。

三、工作时间和休息休假

第六条　甲、乙双方同意按以下第________种方式确定乙方的工作时间：

1. 每周工作______日，每日工作________小时；

2. 以完成________________工作任务为工作时间，折算平均每日工作______小时，累计每周不超过二十四小时。

第七条　甲方因生产（工作）需要，经与乙方协商后可以延长工作时间，但应当按照法律规定支付延长工作时间的劳动报酬。

第八条　甲方应按规定给予乙方享受国家规定的假期。

四、劳动报酬

第九条　甲方按下列第______方式，以货币形式支付乙方工资：

1. 按小时计酬，不得低于当地政府规定的最低小时工资标准，标准为每小时______元；

2. 按完成一定工作任务计酬，标准为______元/(日/项)。

第十条　甲方按______（日/周/）支付乙方工资，工资结算支付周期最长不得超过十五日。

五、社会保险

第十一条　甲、乙双方应当按照国家法律法规及有关政策规定参加社会保险。

六、劳动保护、劳动条件和职业危害防护

第十二条　甲方应当建立、健全劳动卫生制度，严格执行国家劳动安全卫生规程和标准，对乙方进行劳动安全卫生教育，防止劳动过程中的事故，减少职业危害。

第十三条　甲方必须为乙方提供符合国家规定的劳动安全卫生条件和必要的劳动防护用品，安排乙方从事有职业危害作业的，应定期为乙方进行健康检查。

第十四条　甲方对可能产生职业病危害的岗位，应当向乙方履行告知义务，并做好劳动过程中职业危害的预防工作。

七、劳动合同的变更

第十五条　有下列情形之一的，甲、乙双方可以变更本合同的内容，变更后的劳动合同，文本由甲、乙双方各执一份：

1. 双方协商一致同意变更的；

2. 劳动合同订立时所依据的客观情况发生了重大变化，甲、乙双方协商一致同意变更的；

3. 由于不可抗力的因素致使劳动合同无法完全履行的；

4. 劳动合同订立时所依据的法律、法规被废止或修改的；

5. 法律、法规规定的其他情形。

八、劳动合同的终止

第十六条　有下列情形之一的，本合同终止，合同终止甲方依法可不支付经济补偿：

1. 劳动合同期满的；

2. 乙方开始依法享受基本养老保险待遇的；

3. 乙方死亡，或者被人民法院宣告死亡或者宣告失踪的；

4. 甲方被依法宣告破产的；

5. 甲方被吊销营业执照、责令关闭、撤销或者甲方决定提前解散的；

6. 法律、行政法规规定的其他情形。

第十七条　甲、乙双方当事人任何一方都可以随时通知对方终止用工。终止用工，甲方不向乙方支付经济补偿。

九、特别约定

第十八条　乙方可以与一个或者一个以上用人单位订立劳动合同，但是，不得影响本劳动合同的履行。

第十九条　乙方应当保守甲方的商业秘密。

第二十条　乙方在劳动合同解除或终止后三日内，应当按照诚实信用原则办理工作交接手续。

第二十一条　乙方确认，甲方已如实告知乙方工作内容、工作条件、工作地点、职业危害、安全生产状况、劳动报酬，以及乙方要求了解的其他情况。

第二十二条　甲方依法制定的规章制度（包括员工手册）作为本合同附件一并执行，乙方确认已充分阅读甲方规章制度并愿意遵照执行。

第二十三条　乙方确认，甲方有关文书在无法直接送达给乙方的情形下（包括但不限于乙方拒收、下落不明等情形），乙方在本合同中填写的住址为甲方邮寄送达地址。

十、劳动争议的解决

第二十四条　因履行本合同发生的劳动争议，当事人应当自劳动争议发生之日起六十日内向______劳动争议仲裁委员会申请仲裁，对仲裁裁决不服的，可以向人民法院提起诉讼。

十一、劳动合同的生效

第二十五条　本合同自甲、乙双方签字盖章之日起生效。

第二十六条　本合同未尽事宜，双方可另协商解决；与今后国家法律、行政法规有关规定相悖的，按有关规定执行。

第二十七条　本合同一式两份，甲、乙双方各执一份，均具同等法律效力。

甲方（签章）：　　　　　　　　　　　　乙方（签章）：

年　月　日　　　　　　　　　　　　年　月　日

资料来源：李迎春. 劳动合同法网. http://www.ldht.org/html/laodonghetongfanben/1924.html. 2007-10-17.

（2）工资标准及结算

《劳动合同法》第72条规定，非全日制用工小时计酬标准不得低于用人单位所在地人民政府规定的最低小时工资标准。非全日制用工劳动报酬结算支付周期最长不得超过十五日。非全日制劳动者以小时为单位与用人单位建立劳动关系，计酬也是以小时为准，每小时工资不得低于当地最低小时工资标准；而全日制劳动则是以日、月、年为单位建立劳动关系，每月工资不得低于当地最低月工资标准。

（3）双重劳动关系

对于全日制劳动者，《劳动合同法》并未禁止其与两个或两个以上的用人单位建立双重劳动关系，但根据该法第39条的规定，全日制劳动者同时与其他用人单位建立劳动关系，对完成本单位的工作任务造成严重影响，或者经用人单位提出，拒不改正的，用人单位可以解除劳动合同。同时根据该法第91条的规定，用人单位招用与其他用人单位尚未解除或者终止劳动合同的劳动者，给其他用人单位造成损失的，应当承担连带赔偿责任。可见，法律并不提倡全日制劳动者建立双重劳动关系。但是，对于非全日制劳动者，《劳动合同法》第69条第二款规定“从事非全日制用工的劳动者可以与一个或者一个以上用人单位订立劳动合同；但是，后订立的劳动合同不得影响先订立的劳动合同的履行”。之所以作出这样的规定，是因为非全日制劳动者在一个用人单位的工作时间比全日制劳动者少，收入也低，因此，非全日制劳动者不仅可能有从事两种或两种以上职业的愿望，而且也有可调剂安排的劳动时间。《劳动合同法》允许非全日制劳动者建立双重劳动关系，有利于其增加劳动收入，促进灵活就业。

（4）试用期

《劳动合同法》第70条规定：“非全日制用工双方当事人不得约定试用期。”对于全日制劳动者，劳动法规定试用期最长不超过六个月。试用期有利于用人单位和劳动者之间相互了解，试用期内用人单位认为劳动者不符合录用条件的，可即时解除合同，劳动者也可以随时解除劳动合同。而对于非全日制用工，其劳动以小时计酬，一般而言劳动技术含量不高，劳动关系的稳定性也并不强，如果允许约定试用期，用人单位为了降低劳动力成本，有可能试用期满就辞退劳动者，这对劳动者非常不利，因此，《劳动合同法》规定了非全日制用工不得约定试用期。

(5) 合同的终止

《劳动合同法》第 71 条规定："非全日制用工双方当事人任何一方都可以随时通知对方终止用工。终止用工，用人单位不向劳动者支付经济补偿。"《劳动合同法》赋予了用人单位和非全日制劳动者双方随时可终止合同的权利，这样有助于减少非全日制用工劳动关系对双方当事人的束缚，增加其灵活性，便于非全日制劳动者自由流动，也便于用人单位根据生产经营需要增减劳动力成本。根据《劳动合同法》的这一规定可知，即便是双方当事人约定了用工期限的，也可以随时通知终止用工，双方互不支付补偿金或赔偿金。

(6) 社会保险

按劳社部发［2003］12 号文的规定，从事非全日制工作的劳动者应当参加基本养老保险，原则上参照个体工商户的参保办法执行。对于已参加过基本养老保险和建立个人账户的人员，前后缴费年限合并计算，跨统筹地区转移的，应办理基本养老保险关系和个人账户的转移、接续手续。符合退休条件时，按国家规定计发基本养老金。

从事非全日制工作的劳动者可以个人身份参加基本医疗保险，并按照待遇水平与缴费水平相挂钩的原则，享受相应的基本医疗保险待遇。参加基本医疗保险的具体办法由各地劳动保障部门研究制定。

根据原劳动和社会保障部《关于非全日制用工若干问题的意见》第 12 条规定，用人单位应当按照国家有关规定为建立劳动关系的非全日制劳动者缴纳工伤保险费。从事非全日制工作的劳动者发生工伤，依法享受工伤保险待遇；被鉴定为伤残 5～10 级的，经劳动者与用人单位协商一致，可以一次性结算伤残待遇及有关费用。

案例分析

女生签"非全日制用工劳动协议书"被辞

打声招呼就被辞退了

2006 年 9 月份，江某受聘于福建某工业学校从事卫生保洁工作，双方口头约定江某每周工作 5 天，工资为 550 元。2007 年 10 月份起，江某的工资调整为 750 元。2008 年 3 月份，江某按照学校要求与学校签订了一份"非全日制用工劳动协议书"，期限为 8 个月。

2008 年 10 月 15 日，学校与鼓楼区的一家清洁服务公司签订了"卫生保洁承包服务合同"，将学校的卫生保洁委托给该公司负责，江某继续留下工作，成为清洁服务公司的一名员工，工资从 2008 年 11 月份起开始计算。可让江某没有想到的是，在新的单位只工作了 25 天，公司负责人就称其已被辞退。没有与清洁服务公司签订劳动合同的江某只拿到了 11 月份的工资 546 元。怎么能说辞退就辞退呢？在学校工作了 2 年的江某怎么也想不通，无奈之下她将学校告上了法庭，要求其赔偿自己损失。

争议点：到底是不是"计时工"？

庭审时，学校方坚持江某是"计时工"，并称"计时工"被辞退是不需要补偿。江某坚称，自己为学校服务了 2 年，存在事实劳动关系，那份"非全日制用工劳动协议书"是学校强迫其签订的，该协议书明显违反了《中华人民共和国劳动合同法》的相关规定。校方在庭审时表示，由于江某在清洁服务公司工作时多次提出不干，于是清洁服务公司同意了其请求。根据《劳动合同法》第 71 条规定："非全日制用工双方当事人任何一方都可以随时通知对方终止用工。终止用工，用人单位不向劳动者支付经济补偿。”而辞退江某的并不是学校，而是清洁服务公司。

法院：辞退“计时工”不需补偿

经过审理，仓山区法院认为，2008年3月，江某和学校签订了“非全日制用工劳动协议书”，江某主张自己与学校成立事实劳动关系，证据不足。江某在合同期限内的8个月工资及合同期外的2个月工资校方已全部支付。江某从2008年11月1日起至11月25日止在清洁服务公司的工资也已经拿到，故法院不支持江某补偿金的诉请。

资料来源：任思言，蓝宇. 中国人力资源开发网. http://www.chinahrd.net/zhi_sk/jt_page.asp?articleID=164871，2009-08-04.

3.7 培训合同与协议

培训协议

吴先生与一家公司签订了为期三年的劳动合同。由于工作努力，一年后，公司选送吴先生前往外国的投资公司进行培训。出国培训前，公司与吴先生签订了一份培训协议，双方约定：公司出资对吴先生进行一年的专业培训，吴先生在培训结束后为公司服务五年，否则支付相当于培训费的违约金人民币20万元。吴先生如期去外国培训了一年，结束培训后即回公司工作。一年后，双方原来签订的三年期劳动合同期限届满，此时，公司要求吴先生按服务期约定续签劳动合同，吴先生则不愿再与公司续约而要求终止劳动合同。公司在与吴先生多次协商未果的情况下，只得向劳动仲裁委员会提出申诉，要求吴先生依据培训协议履行服务期。

《劳动合同法》规定，劳动合同期满，劳动合同终止。依照该条款，本案中吴先生有权在合同到期后不与公司续签劳动合同而自然终止，但因为吴先生与公司签订过培训协议，公司为其提供了专项培训费用，对其进行了专业技术培训，且与吴先生约定了服务期，故根据《劳动合同法实施条例》的规定，公司有权要求吴先生依照培训协议的约定，为公司工作直至服务期满为止，而如果吴先生拒绝履行，应当按照培训协议的约定向公司支付相应的违约金。

资料来源：HR管理世界. http://www.hroot.com/article/html/2009-1-3/Out200913163732.htm，2009-01-08.

《劳动合同法》第22条规定：“用人单位为劳动者提供专项培训费用，对其进行专业技术培训的，可以与该劳动者订立协议，约定服务期。劳动者违反服务期约定的，应当按照约定向用人单位支付违约金。违约金的数额不得超过用人单位提供的培训费用。用人单位要求劳动者支付的违约金不得超过服务期尚未履行部分所应分摊的培训费用。用人单位与劳动者约定服务期的，不影响按照正常的工资调整机制提高劳动者在服务期期间的劳动报酬。”

3.7.1 培训协议的签订条件

从上述法条可以看出，与劳动者订立培训协议、约定服务期是有严格的条件限制的。

① 用人单位提供专项培训费用。按照国家规定，用人单位必须按照本单位工资总额的一定比例提取培训费用，用于对劳动者的职业培训，这类一般性培训费用的使用，如岗前入职培训等，不能作为与劳动者约定服务期的条件，而必须是用人单位对劳动者的技术业务进行特别的人力资本投入的专项培训，才涉及签订培训协议。例如，酒店会为其厨师提供专项培训，资助其到国外进行参观交流，学习新的菜式或烹饪方法等；或者某企业从国外引进一条生产线、一个项目，为培养能够熟练操作该项目的人才，而把劳动者送到国外进行专项培训等。“专项培训费用”，包括用人单位直接承担的学费，还包括住宿费、差旅费、培训补贴、参观考察费、观摩费等间接支出的费用。企业应当在培训协议中明确约定培训费的范围、构成与计算方式。

② 对劳动者进行的是专业技术培训，包括专业知识和职业技能。其目的在于提高劳动者在所从事专业方面的技术能力。尤其是对于资格认证、项目课程等性质相对模糊的培训类别，要通过协议条款的方式予以明确化。

③《劳动合同法实施条例》第 16 条从财务上对培训费用作出了补充说明。规定：劳动合同法规定的培训费用，包括用人单位为了对劳动者进行专业技术培训而支付的有凭证的培训费用、培训期间的差旅费用以及因培训产生的用于该劳动者的其他直接费用。有凭证的培训费用是指用人单位安排劳动者参加专业技术培训时向培训机构支付的开具了发票或者其他凭证的培训费用。培训期间的差旅费用是指劳动者参加培训期间的交通、饮食住宿等费用。

3.7.2 培训协议确认的权利义务

通常，企业出资对劳动者进行专业技术培训，是希望通过对人力资源进行开发，提升劳动者工作能力，从而能继续为企业服务，带来持续的高绩效，所以事先明确约定服务期，以及劳动者违反服务期约定的责任就非常关键。

（1）服务期

服务期是指用人单位提供培训费用对劳动者进行技术培训，而由用人单位与劳动者在劳动合同中或在服务期协议里约定的劳动者必须为该用人单位提供劳动的期限。一般主要针对核心员工，其目的是为了防止员工接受出资培训后随意跳槽，给企业带来损失。培训协议是合理保护企业利益、规范员工流动的一种法律手段和人力资源管理措施。服务期与劳动合同期限未必一致，可能短于劳动合同期限，也可能长于劳动合同期限。《劳动合同法实施条例》第 17 条进一步明确规定：劳动合同期满，但是用人单位与劳动者依照《劳动合同法》第 22 条规定约定的服务期尚未到期的，劳动合同应当续延至服务期满；双方另有约定的，从其约定。此外，劳动合同双方可以变更劳动合同或者重新订立劳动合同，以与服务期的约定相一致。

至于企业到底应该与受训员工约定多长的服务期，主要根据企业的实际情况和员工特点来定，员工流动率低的企业可以约定得长些，反之则可设置得短一些。根据对跳槽周期的合理预估，服务期通常以 3～5 年为宜。

（2）违约金及其支付

按照《劳动合同法》规定，劳动者违反服务期约定的，应当按照约定向用人单位支付违约金。违约金的数额不得超过用人单位提供的培训费用。用人单位要求劳动者支付的违约金，不得超过服务期尚未履行部分所应分摊的培训费用。如培训费用 10 万元，服务期 5 年，则每年分摊 2 万元。如果已经履行 3 年，则违约金不得超过尚未履行的 2 年服务期所应分摊的4万元培训费用。《劳动合同法》对违约金的数额和支付进行了封顶，这样规定的目的在于适度保护用人单位的权益。用人单位为劳动者提供了专项培训费用用于专业技术培训，相应地，用人单位可以与劳动者约定服务期及违反服务期约定的违约金。

(3) 服务期工资

根据《劳动合同法》规定，用人单位与劳动者约定服务期的，不影响按照正常的工资调整机制提高劳动者在服务期期间的劳动报酬，即不能因约定了服务期而不再调整劳动者的工资。工资调整机制，是指用人单位根据经营利润状况、自身发展需要、绩效考核结果以及物价上涨等因素，对劳动者的工资级别进行调整的机制。由于工资的刚性特点，工资总体上呈现不断增长的趋势。该条规定是为了保护处于服务期的劳动者可以正常享受用人单位的工资调整待遇，保护劳动者的合法权益。这样规定的目的在于，防止用人单位由于跟劳动者约定了服务期而长期不提高劳动者的工资。

3.7.3 签订培训协议需要注意的问题

① 在与员工签订培训协议前，企业应先界定培训的性质，明确该培训为专业技术培训，而非一般岗位技能培训，因为提供普通的岗位技能培训一般被认为是企业应尽的义务，并非给员工的特殊待遇，一般不能以此与员工约定服务期。

② 企业在为员工提供专业技术培训时，应当要求员工签订培训协议，制订培训计划，并在培训中注意收集证据，例如，要求员工填写培训记录、提交培训报告、载明培训时间，以避免发生争议时，对员工在此期间究竟是“培训”还是“业务工作”，在认定上发生争议。

③ 企业应在培训协议上注明“由企业提供培训费用”，并保留培训费用的相关凭证或单据。在员工培训结束后，要求员工对这些单据签字确认，以此作为公司为员工进行专业技术培训，提供培训费用的有力证据。

④ 企业应注意，培训协议的违约金金额不得超过企业提供的培训费用，且发生员工违约时，要求其支付的违约金不得超过服务期尚未履行部分所应分摊的培训费用，故为保护企业的利益，有必要细化企业支出的培训费用，将培训中涉及的讲课费、教材费、交通费、住宿费等一一罗列进入培训费用中。用人单位和劳动者可以通过规章制度或者双方签订的其他协议对培训费用的细则加以界定。

培训协议范本

甲方（出资培训单位）：

乙方（培训人员）：　　　　　　　　　　　　身份证号：

根据《劳动法》等有关规定，甲乙双方在平等互惠、协商一致的基础上达成如下条款，以共同遵守。

第一条：培训服务事项

甲方根据企业发展的需要，同意出资送乙方参加培训，乙方参加培训结束后，回到甲方单位继续工作服务。

第二条：培训时间与方式

(一) 培训时间：自　　年　　月　　日至　　年　　月　　日共　　天；

(二) 培训方式：脱产、半脱产、函授、业余、自学。

第三条：培训项目与内容

(一) 参加培训项目：

(二) 培训主要内容：

1.

2.

3.

第四条：培训效果与要求

乙方在培训结束时，要保证达到以下水平与要求：

(一) 取得培训机构颁发的成绩单、相关证书、证明材料等；乙方受训后荣获的相关资格证书由甲方保存，待乙方离职日或协议服务满年限后交付乙方。

(二) 甲方提出的学习目标与要求：

1. 能够熟练掌握应用　　　专业或相关理论知识。

2. 具备胜任　　　岗位或职务实践操作技能和关键任务能力。

3. 其他要求：

1)

2)

第五条：培训服务费用

(一) 费用项目、范围及标准

1. 培训期内甲方为乙方出资费用项目包括：工资及福利费、学杂费、教材费、往返交通费、住宿费。

2. 费用支付标准：

1) 工资及生活补助费：工资　　元/月（或享受相应岗位级别工资标准）；福利按甲方统一规定标准执行；生活补助费　　元/月。

2) 学杂费及教材资料费：　　元。

3) 往返交通费：往返路线　　至　　，乘坐交通工具　　每次　　元，共计：　　次，合计：　　元，市内往返路线　　至　　，乘坐交通工具　　每次　　元，共计　　次，合计　　元。

4) 住宿费：住宿费标准：均为×人合住，住宿标准　　元/天，即每人　　元/天/间，共计　　天，每人合计：　　元。

5) 培训费用（以上1～4项）合计：　　元。

(二) 费用支付的条件、时间与期限

1. 满足本协议第四条款约定，甲方向乙方应支付出资费用范围内全部培训费。

2. 工资及生活补助的发放：

□按月发放；□分学期发放；□培训结束后一次性发放；□随甲方统一发放；□分次预借报销。

3. 其他费用包括学杂费、教材资料费、交通费、食宿费等：

□分期预借报销 □一次性预借报销 □分次凭票报销 □一次性凭票报销

4. 所有培训费用的报销支付在培训结束后一个月内办理完毕，过期后由乙方自行负担。

第六条：甲方责任与义务

1. 保证及时向乙方支付约定范围内的各项培训费用；

2. 保证向乙方提供必要的服务和条件；

3. 在培训期间，做好培训指导、监督、协调和服务工作；

4. 保证在乙方完成培训任务后，安排在适合的工作岗位或职务，并给予相应的工资待遇。

第七条：乙方责任与义务

1. 保证完成培训目标和学习任务，取得相关学习证件证明材料；

2. 保证在培训期服从管理，不违反甲方与培训单位的各项政策、制度与规定；

3. 保证在培训期内服从甲方各项安排；

4. 保证在培训期内维护自身安全和甲方一切利益；

5. 保证在培训期结束后，回到甲方参加工作，服从甲方分配，胜任工作岗位（或职务），服务期限达到×年以上。

第八条：违约责任

（一）下列情况之一，乙方承担的经济责任：

1. 在培训结束时，未能完成培训目标任务，未取得相应证书证明材料，乙方向甲方赔偿全部培训成本费用（全部培训成本费用包括甲方出资全部培训费用）；

2. 在培训期内违反了甲方和培训单位的管理和规定，按甲方和培训单位奖惩规定执行；

3. 在培训期内损坏甲方形象和利益，造成了一定经济损失，乙方补偿甲方全部经济损失；

4. 培训中期自行提出中止培训或解除劳动用工合同，乙方向甲方赔偿全部培训成本费用；

5. 培训期结束后不能胜任甲方根据培训效果适当安排的岗位或职务工作，乙方负担全部培训成本费用；

6. 培训期结束回到甲方工作后（自受训结束之日起计算），未达到协议约定的工作年限，乙方赔偿部分培训费用：最低服务工作年限为×年以上，则免除乙方承担当年所有的培训费用，在服务工作期限内除无法抗拒的特殊情况外，乙方提出辞职或离职（乙方违反甲方管理规定另行处理）甲方有权根据乙方实际协议服务期限，要求乙方承担一定的受训费用。公式如下：

乙方承担受训的费用=（培训费用合计÷协议服务月份数）×（协议服务月份数−实际服务月份数）

7. 乙方参加培训学习期间的工薪，计入正常考勤，按照乙方当前在甲方服务的基本月薪计算，由甲方支付。

（二）发生下列情况之一，甲方承担的经济责任：

1. 甲方未按约定向乙方支付全部或部分培训费用，应按协议向乙方支付培训费用；

2. 因甲方原因提出与乙方终止培训协议或解除劳动用工合同，应向乙方支付劳动合同违约补偿金。

（三）发生违约情况时，除补偿经济损失外，另一方可提出解除培训协议并终止劳动用工合同。

第九条：法律效力

本协议作为甲、乙双方所签订劳动用工合同的附件，经双方签字、地方劳动行政主管部门鉴定后，具有法律效力，并在乙方人事档案卷宗中保存。

第十条：附则

1. 未尽事宜双方可另作约定；

2. 当双方发生争议不能协商处理时，由当地劳动仲裁部门或人民法院处理；

3. 本协议一式两份，甲、乙双方各执一份。

甲方：法人或代表：　　　　　　　　　　　　　　乙方：

　　　　　　年　　月　　日　　　　　　　　　　　　年　　月　　日

资料来源：深圳劳资网．http://www.szlzw.com/example/2009-10-02/78.html．2009-10-02．

3.8　保密与竞业限制协议

3.8.1　保密协议

《劳动法》第23条规定，用人单位与劳动者可以在劳动合同中约定保守用人单位的商业秘密和与知识产权相关的保密事项。对负有保密义务的劳动者，用人单位可以在劳动合同或者保密协议中与劳动者约定竞业限制条款，并约定在解除或者终止劳动合同后，在竞业限制期限内按月给予劳动者经济补偿。劳动者违反竞业限制约定的，应当按照约定向用人单位支付违约金。

商业秘密指不为公众所知悉，能为用人单位带来经济利益，具有实用性并经用人单位采取保密措施的技术信息和经营信息。不为公众所知悉，是指该信息是不能从公开渠道直接获取的；能为权利人带来经济利益、具有实用性，是指该信息具有确定的可应用性，能为权利人带来现实的或者潜在的经济利益或者竞争优势；采取保密措施，包括订立保密协议，建立保密制度及采取其他合理的保密措施；技术信息和经营信息，包括设计、程序、产品配方、制作工艺、制作方法、管理诀窍、客户名单、货源情报、产销策略、招投标中的标底及标书内容等信息。

"与知识产权相关的事项"，是《劳动合同法》新提出的一项保密内容，是指尚未依法取得知识产权但与知识产权相关的需要保密的事项。知识产权（Intellectual Property）是一种无形的财产权，概括地说是指公民、法人或者其他组织对其在科学技术和文学艺术等领域内，主要基于脑力劳动创造完成的智力成果所依法享有的专有权利。知识产权的特征概括起来有以下几个方面。

① 双重性：既有某种人身权（如签名权）的性质，又包含财产权的内容。但商标权是一个例外，它只保护财产权，不保护人身权。

② 专有性：知识产权为权利主体所专有。权利人以外的任何人，未经权利人的同意或者法律的特别规定，都不能享有或者使用这种权利。

③ 地域性：某一国法律所确认和保护的知识产权，只在该国领域内发生法律效力。

④ 时间性：法律对知识产权的保护规定一定的保护期限，知识产权在法定期限内有效。

订立保密协议可以在劳动合同中直接约定保密条款，也可以与有关知识产权权利归属协议或竞业限制协议合订为一个合同，也可以单独签订保密协议。签订保密协议，应当遵循公平、合理的原则，保密协议的主要内容一般包括：保密的内容和范围、用人单位和劳动者双方的权利和义务、保密期限、侵犯商业秘密的赔偿责任等。保密协议可以在劳动者入职时签订，也可以在入职后协商签订。对拒不签订保密协议的劳动者，用人单位有权不予聘用。但是，保密协议不得违反法律、法规规定，协议条款所确定的双方权利义务不得显失公平。

需要注意的是，用人单位与劳动者订立保密协议时，如未同时订立竞业限制协议，则不能约定违约金。因此，为了保护用人单位的合法权益，在与劳动者订立保密协议时，建议同时订立竞业限制协议，这样可以在协议中约定违约金。

保密协议范本

甲方：　　　　　　　　　　　　　　　　乙方：

甲、乙双方根据《中华人民共和国反不正当竞争法》、《×××劳动合同条例》和《×××有限公司保密制度》以及国家、地方政府有关规定，双方在遵循平等自愿、协商一致、诚实信用的原则下，就甲方商业秘密保密事项达成如下协议。

（一）保密内容

1. 甲方的交易秘密，包括商品产、供、销渠道，客户名单，买卖意向，成交或商谈的价格，商品性能、质量、数量、交货日期；

2. 甲方的经营秘密，包括经营方针，投资决策意向，产品服务定价，市场分析，广告策略；

3. 甲方的管理秘密，包括财务资料、人事资料、工资薪酬资料、物流资料；

4. 甲方的技术秘密，包括产品设计、产品图纸、生产模具、作业蓝图、工程设计图、生产制造工艺、制造技术、计算机程序、技术数据、专利技术、科研成果。

（二）保密范围

1. 乙方在劳动合同期前所持有的科研成果和技术秘密，经双方协议乙方同意被甲方应用和生产的；

2. 乙方在劳动合同期内的职务发明、工作成果、科研成果和专利技术；

3. 乙方在劳动合同期前甲方已有的商业秘密；

4. 乙方在劳动合同期内甲方所拥有的商业秘密。

（三）双方的权利和义务

1. 甲方提供正常的工作条件，为乙方职务发明、科研成果提供良好的应用和生产条件，并根据创造的经济效益给予奖励；

2. 乙方必须按甲方的要求从事经营、生产项目和科研项目设计与开发，并将生产、经营、设计与开发的成果、资料交甲方，甲方拥有所有权和处置权；

3. 未经甲方书面同意，乙方不得利用甲方的商业秘密进行新产品的设计与开发和撰写论文向第三者公布；

4. 双方解除或终止劳动合同后，乙方不得向第三方公开甲方所拥有的未被公众知悉的商业秘密；

5. 双方协定竞业限制期的，解除或终止劳动合同后，在竞业限制期内乙方不得到生产同类或经营同类业务且有竞争关系的其他用人单位任职，也不得自己生产与甲方有竞争关系的同类产品或经营同类业务；

6. 乙方必须严格遵守甲方的保密制度，防止泄露甲方的商业秘密；

7. 甲方安排乙方任职涉密岗位，并给予乙方保密津贴。

（四）保密期限

1. 劳动合同期内；

2. 甲方的专利技术未被公众知悉期内。

（五）脱密期限

1. 因履行劳动合同约定条件发生变化，乙方要求解除劳动合同的必须以书面形式提前______月通知甲方，提前期即为脱密期限，由甲方采取脱密措施，安排乙方脱离涉密岗位；乙方应完整办妥涉密资料的交接工作；

2. 劳动合同终止双方无意续签的，提出方必须以书面形式提前______月通知对方，提前期即为脱密期限，由甲方采取脱密措施，安排乙方脱离涉密岗位；乙方应该接受甲方的工作安排并完整办妥涉密资料的交接工作；

3. 劳动合同解除或期满终止后，乙方必须信守本协议，不损害甲方利益。

（六）保密津贴

1. 甲方对乙方保守商业秘密予以保密津贴，甲方按月支付乙方保密津贴人民币__________元；

2. 保密津贴每月______日与工资同时发放；

3. 乙方调任非涉密岗位，甲方停止支付乙方保密津贴。

（七）违约责任

1. 在劳动合同期内，乙方违反此协议，虽未造成甲方经济损失，但给甲方正常生产经营活动带来麻烦的，甲方有权调离乙方涉密岗位，停发保密津贴，并予以行政处分；

2. 在劳动合同期内，乙方违反此协议，造成甲方轻微经济损失的，甲方可解除乙方的劳动合同；

3. 在劳动合同期内，乙方违反此协议，造成甲方较大经济损失的，甲方予以乙方除名的行政处罚，并追索全部或部分乙方按月领取的保密津贴；

4. 在劳动合同期内，乙方违反此协议，造成甲方重大经济损失的，甲方予以乙方除名的行政处罚，追索全部保密津贴；并追加经济损失赔偿，构成犯罪的，上诉人民法院，依法追究乙方刑事责任；

5. 甲、方双方因履行本协议发生争议和违约责任的执行超过法律、法规赋予双方权限的，可向甲方所在地劳动仲裁机构申请仲裁或向人民法院提出上诉。

（八）其他

本协议一式两份，甲、乙双方各执一份，经甲、乙双方签字盖章之日起生效。

甲方（盖章） 乙方（盖章）

法定代表人签名 签名

年 月 日 年 月 日

资料来源：中顾劳资纠纷网. http://news.9ask.cn/ldjf/bjtj/200911/268037.html. 2009-11-13.

3.8.2 竞业限制协议

所谓竞业限制（也称竞业禁止、竞业避止），是指用人单位与劳动者约定在解除或者终止劳动合同后一定期限内，劳动者不得到与本单位生产或者经营同类产品、从事同类业务的有竞争关系的其他用人单位任职，或者自己开业生产或者经营同类产品。竞业限制是基于诚实信用原则而产生的劳动者的基本职业道德要求，也是世界各国在法律及实践中广泛采取的做法。

我国《劳动法》第24条规定，竞业限制的人员限于用人单位的高级管理人员、高级技术人员和其他负有保密义务的人员。竞业限制的范围、地域、期限由用人单位与劳动者约定，竞业限制的约定不得违反法律、法规的规定。在解除或者终止劳动合同后，前款规定的人员到与本单位生产或者经营同类产品、从事同类业务的有竞争关系的其他用人单位，或者自己开业生产或者经营同类产品、从事同类业务的竞业限制期限，不得超过两年。

对负有保密义务的劳动者，用人单位可以在劳动合同或者保密协议中与劳动者约定竞业限制条款，一份完备的竞业限制协议一般应当包括如下内容。

① 竞业限制的人员范围：限于用人单位的高级管理人员、高级技术人员和其他负有保密义务的人员，对于没有接触到用人单位商业秘密的普通劳动者，不必订立竞业限制协议，即使订立，也对劳动者没有约束力，用人单位反而须支付相应的竞业限制补偿金。

② 竞业限制的地域范围：竞业限制协议限制了劳动者的就业权，因此不能任意扩大竞业限制的范围，原则上，竞业限制的范围、地域，应当以能够与用人单位形成实际竞争关系的地域为限。

③ 竞业限制期限：根据《劳动合同法》的规定，竞业限制的期限不得超过两年。

④ 竞业限制补偿：竞业限制限制了劳动者的劳动权利，由于受到协议的限制，劳动者的就业范围大幅缩小，甚至于失业，因此对劳动者进行补偿成为必要。法律没有规定补偿的具体标准，实践中可由用人单位与劳动者协商确定。

⑤ 违约责任：约定劳动者违反竞业限制协议应当承担的违约责任。法律没有对违约金的标准作出规定，可由用人单位与劳动者协商确定。

需要注意的是，法律没有规定竞业限制补偿金的标准和劳动者违反竞业限制的违约金标准，可由合同双方进行约定，这也是《劳动合同法》中少见的赋予用人单位较高自由度的条款。另外法律也没有规定支付竞业限制补偿和履行竞业限制义务的先后顺序、竞业限制补偿金是月初支付还是月底支付，这也可由双方约定。实践中用人单位需注意，在与劳动者协商确定补偿金和违约金数额时，应当遵循自愿、公平的原则，避免利用强势地位约定不合理的补偿及违约条款，损害劳动者的合法权益。

员工竞业限制协议

甲方：

住址：

法定代表人：

乙方：

乙方居住地址：

乙方身份证号码：

鉴于：乙方已经或可能知悉甲方重要技术秘密或者商业秘密或者对甲方的竞争优势具有重要影响，为保护双方的合法权益，甲、乙根据国家有关法律法规，本着平等、自愿、公平、诚信的精神，经充分协商一致后，共同订立本协议。

本协议的制定遵循如下原则：既要防止出现针对甲方的不正当竞争行为，又要保证乙方依法享有的劳动权利得到实现。双方确认，已经仔细审阅过协议的内容，并完全了解协议各条款的法律含义。

一、竞业限制范围

不论因何种原因双方解除劳动关系，乙方在两年内（自劳动关系解除之日起计算，到劳动关系解除两年后的次日止）不得到与甲方有竞争关系的企业就职，并不得自办与甲方有竞争关系的企业。

与甲方有竞争关系的企业包括但不限于下列企业：

二、竞业限制补偿金

1. 从乙方离职后开始计算竞业限制时起，甲方应当按照竞业限制期限向乙方支付一定数额的竞业限制补偿金。

2. 补偿金的数额以下列第　方式计算：

(1) 补偿金为：　　元（人民币）/月。

(2) 补偿金的数额为双方解除劳动关系前12个月乙方平均工资的　　%。

3. 补偿金的支付方式：在双方解除劳动关系后按月支付，由乙方到甲方领取（或甲方通过银行支付、甲方通过邮局支付）。如乙方拒绝领取，甲方可以将补偿费向有关方面提存。

三、违约责任

1. 如果乙方不履行本协议第一条所规定的义务，应当承担违约责任，一次性向甲方支付违约金人民币　　元。因乙方违约行为给甲方造成损失的，乙方应当承担赔偿责任（如已经支付违约金的，应当予以扣除）。

2. 前款所述损失赔偿按照如下方式计算：

① 损失赔偿额为甲方因乙方的违约行为所受的实际经济损失，计算方法是：因乙方的侵权行为导致甲方的产品销售数量下降，其销售数量减少的总数乘以每件产品的利润所得之积。

② 如果甲方的损失依照①款所述的计算方法难以计算的，损失赔偿额为乙方因违约行为所获得的全部利润，计算方法是：乙方从每件与违约行为直接关联的产品获得的利润

乘以在市场上销售的总数之积。

③ 甲方因调查乙方的违约行为而支付的合理费用，应当包含在损失赔偿额之内。

3. 因乙方的违约行为侵犯了甲方的合法权益，甲方可以选择根据本协议要求乙方承担违约责任，或者依照有关法律法规要求乙方承担侵权赔偿责任。

4. 甲方不履行本协议第二条所列各项义务，拒绝支付乙方的竞业限制补偿费（甲方无正当理由，延迟支付该到期补偿费超过一个月，或者甲支付该到期补偿费的数额不足本协议规定数额的4/5的，即可视为拒绝支付）的，甲方应当一次性支付乙方违约金人民币 元。

四、协议的解除和终止

1. 双方协商一致，可解除本协议。

2. 甲方不履行本协议第二条的义务，拒绝向乙方支付竞业限制补偿费的（甲方无正当理由，延迟支付该到期补偿费达到一个月，或者甲方支付该到期补偿费的数额不足本协议规定数额的4/5的，视为拒绝支付），乙方可解除本协议，并无须承担赔偿责任。

3. 甲方法人主体（或者其他组织）解散或破产，又没有承受其权利义务的人，本协议自行终止。

五、协议生效和其他

1. 本协议自双方签字或盖章生效。

2. 本协议一式两份，双方各执一份，具有同等效力。

甲方：　　　　　　　　　　　　　　乙方：

年　月　日　　　　　　　　　　　　年　月　日

资料来源：西安律师网. http://www.xagslaw.com/web/show.asp? ID=3342. 2009-06-27.

游戏公司向离职员工索赔百万案

【案情简介】2006年8月30日，某电脑报及部分网站上刊登了游戏米果网络科技（上海）有限公司对6位前雇员的“通缉令”，大致意思是该6名员工与公司存在竞业禁止协议，希望同行业企业不要雇用此6人，以免引起纠纷（连带责任），并公布了这6名离职员工的姓名、照片、身份证号码。

继“真人通缉令”之后，游戏米果网络科技（上海）有限公司针对2006年离职的游戏开发团队的主要员工，又举起劳动索赔的大旗，在不同的区级、中级法院提起诉讼43起，其中个案的索赔金额达600万元。2007年5月22日下午，这一系列纠纷中的一案在卢湾区法院开庭审理。

此案的被告童某、赵某等5位，都曾为游戏米果网络科技（上海）有限公司的网游核心开发人员，离职前，他们正在开发、完善两款网络游戏《真封神》和《如来神掌》。2006年七八月份，游戏开发团队的领军人物赖某，突然被公司开除，引发争议，童某等人随后提出辞职。游戏米果公司2006年年底在卢湾区法院诉称，童某等5人提出离职后，未经公司许可，便拒绝到公司上班，也不肯向公司指定的工作人员交接工作。公司与一马来西亚公司签约的升级游戏项目被迫中断，公司前期投入的开发费用也付诸东流，所以，向每个被告索赔提前离职造成的经济损失200万元，并请求判令5人履行交接手续。

2007年3月，游戏米果公司再次在卢湾区法院提起诉讼，要求5名被告共同赔偿因未依法办理离职交接手续给原告造成的损失共计人民币574.4万元，美元5万元。该劳动争议案已被受理。庭上，游戏米果公司改变诉求，只依据《员工服务期协议》向5名被告索取16万元到30万元不等的违约金112万元，离职赔偿金并入3月份起诉的案件里。原告代理人表示，5名被告作为公司核心开发人员，都与公司签订了"员工服务期协议"，他们提前离职20个月，按规定，要付给公司月薪乘以20个月的违约金，这样算下来5人的违约金为16万～30万元不等。5名被告表示，2006年7月17日，他们提出离职后，并没有离开公司，而是等待办理相关手续，但后来由于人身安全受到威胁，他们从2007年8月5日起，不再到公司去。另外，被告代理律师表示，原告并没按照"员工服务期协议"给几位被告特殊待遇，所以，这些条款只是单方面约束员工，显失公平，是无效的。此前，劳动仲裁也认为双方所签的不是服务期协议。本案尚在审理中。

游戏米果公司与离职员工间的诉讼案件已经达到了43起之多，其中13起为员工起诉公司，30起为公司起诉员工，员工起诉公司的13起中，已有7起结案，全部为员工胜诉；公司起诉员工的30起案件中，已撤诉一起，判决一起，判决的为员工胜诉。

点评：跳槽、离职在任何行业都是很普通的行为，业内主创人员离职甚至带着团队集体离职的事情也屡见不鲜，尽管干系重大，但像游戏米果公司这样对离职人员发出"业界封杀令"并动用法律手段追究责任的却是不多。"竞业限制"是否也需有合理边界？上海游戏米果公司"封杀员工"一案对于司法实践中以及《劳动合同法》中关于"竞业限制"规定的探讨有重要参考意义。

按照《劳动合同法》规定，用人单位和劳动者签订保密协议，约定竞业限制条款的，应该约定在员工解除或者终止劳动合同后，在竞业限制期限内按月给予劳动者经济补偿。竞业限制协议应该是在双方自愿的情况下签署的，同时需要双方共同遵守。若用人单位没有给劳动者竞业限制补偿金的，就不能要求劳动者履行竞业限制义务。另外，员工在离职时未做工作交接的，公司可以要求其承担赔偿责任，但前提是公司必须有证据证明自己的经济损失。

用人单位积极寻求合法的手段维护自己的合法权益，是值得肯定的，但任何维权行为均应符合法律规定，并应有合法有效的证据，同时，亦应注意管理的尺度问题。

资料来源：http://www.sina.com.cn 2008年01月20日 17：26 法制日报

3.8.3 保密协议与竞业限制协议的关系

在实践中，用人单位与劳动者往往在一份协议中同时约定保守商业秘密和竞业限制义务，比如订立《保密及竞业限制协议》，常常导致人们有一种模糊认识，认为保密协议和竞业限制协议是一回事。实际上保密协议和竞业限制协议是两个不同的法律概念。

保密协议是指用人单位针对知悉企业商业秘密的劳动者签订的要求劳动者保守用人单位商业秘密的协议。保密协议应当以书面形式签订，一般应具备以下主要条款：保密的内容和范围，保密协议双方的权利和义务，保密协议的期限，违约责任。在保密协议有效期限内，劳动者应严格遵守本企业保密制度，防止泄露企业技术秘密，不得向他人泄露企业技术秘密，非经用人单位书面同意，不得使用该商业秘密进行生产与经营活动，不得利用商业秘密进行新的研究和开发。

竞业限制协议是指用人单位与劳动者约定在解除或者终止劳动合同后一定期限内，劳动者不得到与本单位生产或者经营同类产品、从事同类业务的有竞争关系的其他用人单位任职，或者自己开业生产或者经营同类产品的书面协议。竞业限制是保密的手段，通过订立竞业限制协议，可以降低和限制商业秘密被泄露的概率。保密是竞业限制的目的，订立竞业限制协议最终的目的是保护用人单位的合法权益。

保密协议和竞业限制协议有如下区别。

① 保密义务一般是法律的直接规定或劳动合同的随附义务，不管用人单位与劳动者是否签订保密协议，劳动者均有义务保守商业秘密。而竞业限制是基于用人单位与劳动者的约定产生，没有约定的，无须承担竞业限制义务。

② 保密义务要求保密者不得泄露商业秘密，侧重的是不能“说”，竞业限制义务要求劳动者不能到竞争单位任职或自营竞争业务，侧重的是不能“做”。

③ 保密义务劳动者承担的义务仅限于保密，并不限制劳动者的就业权，而竞业限制义务不仅仅限制劳动者泄密，还限制劳动者的就业，相比之下劳动者所承担的义务要更多。

④ 保密义务一般期限较长，只要商业秘密存在，劳动者的保密义务就存在，而竞业限制期限较短，最长不超过两年。

在实践中，用人单位在与劳动者签订保密及竞业限制协议时，需明确保密协议与竞业限制协议之间的联系和区别，用人单位应当严格按照法律的规定，在协议中约定具体的竞业限制补偿金，以免混淆了保密费与竞业限制补偿金，从而造成利益的损害。

3.8.4 竞业限制协议中的常见问题

(1)“工资福利待遇中已经包含竞业限制补偿金”条款的效力

实践中，曾有很多用人单位在与劳动者签订的竞业限制协议中约定“每月支付给劳动者的工资福利待遇中已经包含竞业限制补偿金”，以往司法部门对该约定是否有效存在很大争议，对此类案件的裁判结果也不同。

事实上，劳动者的工资及福利待遇属于劳动报酬的范畴，是劳动者在履行劳动合同义务期间的应得报酬，是劳动者参加劳动的分配所得。而竞业限制补偿是对劳动者在劳动合同终止或解除以后不能就业或限制从业期间的补偿，系员工离职后方产生的补偿费用，其属于补偿金性质，与劳动报酬二者性质完全不同，支付依据也不同。工资及福利待遇中显然不能包含一个离职后方产生的费用，就如解除劳动合同的经济补偿金不能约定包含在工资中一样，竞业限制补偿金也不能包含在工资中。用人单位违反经济补偿支付的常规，约定每月支付给劳动者的工资福利待遇中已经包含竞业限制补偿金，其操作方式基本上是将劳动者合法工资收入的一部分划为竞业限制补偿金，其目的显然是为了规避劳动合同解除或终止后支付竞业限制补偿金的义务，从保护劳动者合法权益的角度出发，应当认定该约定无法律效力。《劳动合同法》也对此进行了规制，明确了竞业限制补偿金是“在解除或者终止劳动合同后，在竞业限制期限内按月支付”。

因此，用人单位应当注意，不要在竞业限制协议中约定工资福利待遇中已经包含竞业限制补偿金。作这样的约定，将面临竞业限制协议无效、劳动者无须承担竞业限制义务的风险。正确的做法是约定劳动合同解除或终止后，按月支付竞业限制补偿金，补偿金数额由用人单位根据实际情况与劳动者协商确定。

(2) 用人单位未支付竞业限制补偿金与竞业限制协议的效力

司法实践中，很多用人单位与劳动者订立的竞业限制协议，往往只约定劳动者应当在一定年限内不得到与本单位生产或者经营同类产品、从事同类业务的有竞争关系的其他用人单位任职，或者自己开业生产或者经营同类产品，而协议中却并未约定用人单位需向劳动者支付经济补偿，或即使约定了用人单位需支付经济补偿，但用人单位实际上并未向劳动者支付竞业限制补偿金。司法实践中一般认为：如果单纯限制劳动者的竞争活动，而不对劳动者提供公平、有效的对价补偿，必然会剥夺劳动者的择业自由权与生存发展权，因此，劳动者履行竞业限制条款规定的义务，就有权获得相应的合理的补偿金。没有约定经济补偿金的竞业限制条款对劳动者不具有约束力。《国家科委关于加强科技人员流动中技术秘密管理的若干意见》(国科发政字［1997］317号) 规定，本单位违反竞业限制条款，不支付或者无正当理由拖欠补偿费的，竞业限制条款自行终止。

(3) 用人单位违法解除劳动合同或劳动者被迫解除劳动合同时的竞业限制条款效力

用人单位违法解除劳动合同是指用人单位违反劳动合同法规定的可解除劳动合同的条件、程序，而单方面解除与劳动者的劳动合同。劳动者被迫解除劳动合同是指因用人单位存在违法行为损害劳动者的合法权益，迫使劳动者提出解除劳动合同。在用人单位违法解除劳动合同，或者用人单位因上述违法行为迫使劳动者提出解除合同的，合同解除后，竞业限制条款对劳动者不具有法律约束力。因为竞业限制协议是对劳动者劳动权和自由择业权的限制，其对劳动者的约束力始于劳动合同正常解除或终止后。如果由于用人单位的违法行为导致劳动合同被提前解除，其过错责任不在劳动者，劳动者无须承担竞业限制义务。

案例分析

员工是否有义务遵守竞业禁止与商业秘密协议？

案情介绍：

王某2005年9月在上海一家通信设备公司负责开发工作。签订劳动合同的同时双方签订了《保密与竞业限制协议》，协议约定了保守商业秘密的义务、保密措施、竞业禁止义务、补偿费用、违约责任等具体内容。在竞业禁止条款中，约定“王某在离开公司后一年内不得在生产同类产品或经营同类业务且有竞争关系或其他利害关系的其他单位内任职”。作为补偿，公司在王某离职后应每月向王某支付3千元的竞业禁止补偿费。如果王某违反竞业禁止条款，应向公司支付违约金3万元。违约金的给付并不意味着王某对通信公司竞业禁止义务的解除或终止。

2007年8月王某办理了离职手续。9月在某信息科技公司任技术主管。通信公司在王某离职后，按时向王某银行账号支付每月3千元。12月通信公司发现王某在信息科技公司工作，遂向劳动争议仲裁委员会申诉。仲裁委员会认为：因科技公司与信息公司属于同行业有竞争关系的单位，故王某的行为违反了《保密与竞业限制协议》中的规定，应承担违约责任。故裁决：

1. 王某向信息公司支付违约金3万元；

2. 王某继续履行《保密与竞业限制协议》，在约定的2007年8月至2008年8月期限内不得在上述信息科技公司工作。裁决后，王某不服诉至法院，法院作出了与仲裁相同的判决。

案件评析：

本案中，王某与通信公司签订的《保密与竞业限制协议》是符合法律规定的，而且通信公司每月支付给王某补偿，王某就应当遵守协议的约定负有保守公司商业秘密和一年内竞业禁止的义务。信息科技公司与通信公司属于同行业有竞争关系的单位，王某在离开通信公司不到1个月的时间内就到信息科技公司工作，已违反了竞业禁止的协议。

因此，仲裁与法院判定王某违约而应支付违约金，并在一年内遵守竞业限制是有理有据的。在庭上，王某曾提出通信公司提起仲裁已过时效的抗辩，但没有得到仲裁和法院的支持。因为，争议的时效并不是从劳动者离职时起算的。根据《民法通则》的规定，诉讼时效期间从知道或者应当知道权利被侵害时起计算。本案中，通信公司是在12月才知道王某到信息科技公司工作的。因此应当以通信公司知道王某违反义务到与通信公司有竞争关系的单位从业的时间计算。

竞业禁止纠纷与侵犯商业秘密纠纷往往是同时存在的。也就是说员工违反竞业禁止义务，自营或参与他人经营同类营业，并使用或许可他人使用用人单位的商业秘密时，就构成竞业禁止违约行为与侵犯商业秘密行为的竞合。用人单位可以侵害商业秘密为由起诉到法院，但劳动者是否使用或者允许他人使用用人单位的商业秘密很难举证，所以诉讼的风险较大，因此，用人单位以劳动者违反竞业禁止协议而提起劳动仲裁是更为有利的。

资料来源：温明. 中国人力资源开发网. http://www.chinahrd.net/zhi_sk/jt_page.asp?articleID=154889. 2009-02-24.

本章主要内容回顾

劳动合同，是用人单位同劳动者之间确定劳动关系，明确相互权利义务的协议。劳动合同是确立劳动关系的法律依据。订立劳动合同，是劳动关系双方当事人一件十分重要的法律行为，必须严肃认真并履行一定的手续。

劳动合同的履行，指的是劳动合同双方当事人按照劳动合同的约定，履行各自的义务，享有各自的权利。劳动合同的变更，指的是在劳动合同履行期间，劳动合同双方当事人协商一致后改变劳动合同的内容。劳动合同是否得到依法履行，劳动合同的变更是否以平等自愿、协商一致为前提，直接关系到劳动合同双方当事人，尤其是劳动者的权益能否得到保护。

试用期是指用人单位和劳动者双方相互了解、确定对方是否符合自己的招聘条件或求职条件而约定的不超过6个月的考察期。

为规范劳务派遣人员的聘用和管理，明确用工单位、劳务派遣机构和被派遣劳动者三方的权利和义务，保证劳务用工制度的规范执行，《劳动合同法》用专节对劳务派遣用工方式首次作出规定，明确规定了劳务派遣三方的权利义务，以保障劳务派遣的规范运行。

非全日制用工是比全日制用工更为灵活的一种用工形式，具有缓解就业压力、扩大就业机会、降低用人单位成本、方便劳动者自由灵活选择劳动时间等重要作用。《劳动合同法》

第 68 条规定：“非全日制用工，是指以小时计酬为主，劳动者在同一用人单位一般平均每日工作时间不超过四小时，每周工作时间累计不超过二十四小时的用工形式。”

我国“就业歧视”现象普遍存在且形式多样。这些就业歧视现象与我国现阶段劳动力市场供求关系失衡、用人单位不理性的用人观念、地方保护主义、相关法律不健全等不无关系。

针对培训协议，《劳动合同法》第 22 条规定：“用人单位为劳动者提供专项培训费用，对其进行专业技术培训的，可以与该劳动者订立协议，约定服务期。劳动者违反服务期约定的，应当按照约定向用人单位支付违约金。违约金的数额不得超过用人单位提供的培训费用。用人单位要求劳动者支付的违约金不得超过服务期尚未履行部分所应分摊的培训费用。用人单位与劳动者约定服务期的，不影响按照正常的工资调整机制提高劳动者在服务期期间的劳动报酬。”

在实践中，用人单位在与劳动者签订保密及竞业限制协议时，需明确保密协议与竞业限制协议之间的联系和区别，用人单位应当严格按照法律的规定，在协议中约定具体的竞业限制补偿金，以免混淆了保密费与竞业限制补偿金，从而造成利益的损害。

案例讨论

双重劳动关系仍受法律保护

案情回放：

张某系某企业下岗职工，与企业签订无固定期限劳动合同。下岗期间该企业仍为其缴纳各项社会保险。2006 年张某被一家外企聘用，双方未签订劳动合同，口头约定试用期满后月工资 2 000 元。2009 年外企解除与张某的劳动关系，张某提出支付加班工资、未订立劳动合同支付两倍工资的要求。遭外企拒绝后，张某申请仲裁，仲裁裁决认为其与外企不存在劳动关系。张某不服，诉至法院。

法院裁决：

法院认为，张某虽系企业下岗职工，与原企业签订无固定期限劳动合同，但我国法律并不禁止劳动者具有双重劳动关系。原告下岗后到被告单位工作已经形成了事实劳动关系，且原告的双重劳动关系之间并不矛盾，劳动者与新的用人单位的劳动关系应当依法受到保护。故判决支持原告诉讼请求。

案例评析：

建立双重劳动关系是目前经济转型期职工待岗再就业中存在的较为普遍的现象，本案就涉及双重劳动关系能否同样受劳动法的保护这样一个问题。

双重劳动关系指的是劳动者与两家用人单位之间存在形式上的或事实上的劳动关系。目前法律关于非全日制劳动者建立双重劳动关系有明确的规定，即允许非全日制劳动者可以同时在两家以上用人单位工作，形成多重非全日制劳动关系。但全日制的劳动者与一家用人单位保留劳动关系，而为另一家用人单位提供劳动，能否同样受到劳动法的保护呢？笔者认为这个答案应该是肯定的。

《劳动合同法》第 39 条规定，劳动者同时与其他用人单位建立劳动关系，对完成本单位的工作任务造成严重影响，或者经用人单位提出，拒不改正的，用人单位可以与其解除劳动合同。该条明确说明在“对完成本单位的工作任务造成严重影响，或者经用人单位提出，拒不改正的”这两种情况下，用人单位可解除与其他用人单位同时建立有劳动关系劳动者的劳动关系，即规定了双重劳动关系下解除劳动关系的特殊规则。该条虽然仅是规定用人单位不同情况下行使劳动关系单方解除权的情形，但其立法意旨却显然是在承认同时建立的劳动关系均受法律保护的基础上作出的上述规定。如果同时建立的劳动关系对完成本单位的工作任务未造成严重影响，则劳动者同时与其他用人单位建立的劳动关系就可以合法存续，受到法律同等保护。因此，从该条可以明确反推出法律对双重劳动关系的认可，只是法律未进一步对后建立劳动关系的权利义务作出更加明确的规定。

那么在双重劳动关系下的劳动者与仅存在单一劳动关系下的劳动者，在解除劳动关系时享有的劳动保护能否相同呢？笔者认为，双重劳动关系下劳动者与原单位保持劳动关系，在其解除或终止与原单位的劳动关系时，可以享受养老、医疗等社会保障，以及符合法律规定的经济补偿金支付等劳动待遇；在与同时建立劳动关系的用人单位解除或终止劳动关系的情形下，同时建立劳动关系的用人单位可不再重复向其履行原单位已经履行的劳动法律责任，否则就不符合对用人单位公平保护的立法原则，也不符合我国社会保险政策，即在原单位仍为其缴纳社会保险费的情况下，新的单位（除工伤保险外）无法再重新建立社会保险关系。但劳动关系是用人单位自用工之日起与劳动者建立的，不能因劳动者享有劳动待遇的差异而被否定。只是双重劳动关系下劳动关系的解除或终止，既要依照劳动法律的规定对劳动者的劳动权益进行全方面的保护，又要整体上兼顾用人单位的劳动权益，依法平衡双重劳动关系下劳动者与用人单位之间的劳动权利和义务，实现法律追求的公平与正义。

因此，本案张某与该企业之间建立的劳动关系应属于特殊的劳动关系，其特殊性就在于后建立劳动关系的用人单位可以不为张某参加养老、医疗社会保险，但必须承担未订立劳动合同向张某支付两倍工资的法定义务；不能免除为张某依法参加工伤保险的法定义务；在提供正常劳动的情况下，必须依法支付张某工资和延长工作时间应当支付法定的加班加点工资报酬；必须依法为张某提供安全、卫生等劳动保护。后建立劳动关系的用人单位必须与原用人单位一起全面担负起保护劳动者依法享有合法权益的法律责任。

问题：对于该案例的判决，你是怎样理解的？请结合本章内容，谈谈你的看法。

资料来源：雍卫民．北方网．http://news.enorth.com.cn/system/2009/11/21/004284050.shtml．2009-11-21．

复习思考题

1. 劳动关系订立应遵循哪些原则？劳动合同包括哪些内容？
2. 劳动关系履行与变更应遵循什么原则？
3. 试用期员工管理应注意什么问题？
4. 劳务派遣中用人单位的义务有哪些？
5. 非全日制用工有哪些特征？
6. 我国对未成年工的就业保护做了哪些规定？
7. 培训合同与协议中是如何规定劳动关系双方义务的？
8. 保密协议与竞业限制协议的区别是什么？

参考文献

[1] 程延园. 劳动关系. 北京：中国人民大学出版社，2002：44-62.

[2] 常凯. 劳动关系学. 北京：中国劳动社会保障出版社，2005：9.

[3] 左祥琦. 劳动关系管理. 北京：中国发展出版社，2007：57.

[4] 巴德. 人性化的雇佣关系：效率、公平与发言权的平衡. 解格先，马振英，译. 北京：北京大学出版社，2007.

[5] BUDD J W. Employment with a human face：balancing efficiency，equity，and voice. Cornell University Press，2004：68 Tables1.1.

[6] BUDD J W. Labor relations：striking a balance. McGraw-Hill/Irwin，2005.

[7] 刘路，邓娟. 浅论我国非全日制用工制度. 今日南国（理论创新版），2009（5）：154-156.

[8] 杨秀峰，冯锦卫. 雇佣关系中竞业禁止问题初探. 河北法学，2000（6）：93-96.

[9] 李琪. 产业关系概论. 北京：中国劳动社会保障出版社，2008.

[10] 程延园. 员工关系管理. 2版. 上海：复旦大学出版社，2008.

[11] 魏秀丽. 员工管理实务. 北京：机械工业出版社，2008.

[12] 张倜，戴环宇. 劳动关系管理. 北京：电子工业出版社，2006.

[13] 孙立如，刘兰. 劳动关系实务操作. 北京：中国人民大学出版社，2009.

第4章 工资、社会保险与福利制度

本章学习内容

1. 工资基础知识与基本理论；
2. 社会保险与住房公积金基础知识与基本理论；
3. 津贴与福利制度基础知识与基本理论。

本章学习目标

1. 理解工资的概念与职能、工资制度、工资支付的原则和形式；
2. 理解社会保险的五种形式及其特点和功能；
3. 理解住房公积金的使用和缴存；
4. 理解津贴与福利的内容。

4.1 企业工资制度

在18世纪及其以后相当长的时间内，全球工人运动中劳动者的核心要求之一就是“提高工资”。经过长期斗争，劳动报酬权已成为现代劳动法律体系中劳动者个人劳动权利的重要组成部分。

4.1.1 工资的概念与职能

(1) 工资的概念

《劳动法》中的“工资”是指用人单位依据国家有关规定或劳动合同的约定，以货币形式直接支付给本单位劳动者的劳动报酬，一般包括计时工资、计件工资、奖金、津贴和补贴，延长工作时间的工资报酬以及特殊情况下支付的工资等。“工资”是劳动者劳动收入的主要组成部分。劳动者的以下劳动收入不属于工资范围：①单位支付给劳动者个人的社会保险福利费用，如丧葬抚恤救济费、生活困难补助费、计划生育补贴等；②劳动保护方面的费用，如用人单位支付给劳动者的工作服、解毒剂、清凉饮料费用等；③按规定未列入工资总额的各种劳动报酬及其他劳动收入，如根据国家规定发放的创造发明奖、国家星火奖、自然科学奖、科学技术进步奖、合理化建议和技术改进奖、中华技能大奖等，以及稿费、讲课费、翻译费等。

《关于工资总额组成的规定》（1990年1月1日国家统计局令第1号）第4条，工资总额由下列六个部分组成：①计时工资；②计件工资；③奖金；④津贴和补贴；⑤加班加点工资；⑥特殊情况下支付的工资。

第11条规定，下列各项不列入工资总额的范围：

① 根据国务院发布的有关规定颁发的创造发明奖、自然科学奖、科学技术进步奖和合理化建议和技术改进奖以及支付给运动员、教练员的奖金；

② 有关劳动保险和职工福利方面的各项费用；

③ 有关离休、退休、退职人员待遇的各项支出；

④ 劳动保护的各项支出；

⑤ 稿费、讲课费及其他专门工作报酬；

⑥ 出差伙食补助费、误餐补助、调动工作的旅费和安家费；

⑦ 对自带工具、牲畜来企业工作职工所支付的工具、牲畜等补偿费用；

⑧ 实行租赁经营单位的承租人的风险性补偿收入；

⑨ 对购买本企业股票和债券的职工所支付的股息（包括股金分红）和利息；

⑩ 劳动合同制职工解除劳动合同时由企业支付的医疗补助费、生活补助费等；

⑪ 因录用临时工而在工资以外向提供劳动力单位支付的手续费或管理费；

⑫ 支付给家庭工人的加工费和按加工订货办法支付给承包单位的发包费用；

⑬ 支付给参加企业劳动的在校学生的补贴；

⑭ 计划生育独生子女补贴。

（2）工资的职能

工资的职能是指工资在分配中和作为分配的结果，其在客观上应当发挥的功能与作用。

① 分配职能。工资的分配职能，是指劳动者个人消费资料的分配仍然主要通过工资这一媒介来实现，工资仍然是劳动者提高生活水平的主要来源。

在我国社会主义市场经济条件下，个人消费资料的分配要以劳动为尺度，劳动报酬的取得仍然要通过货币工资来实现。劳动报酬只有采取货币的形式，才能适应人们的收入有高有低、消费需求多种多样的要求。

② 经济职能。工资的经济职能，是指工资也是“提高生产的一种方法、工具和手段”。[①] 主要体现在以下方面。

工资的强制性。工资是劳动的报酬，社会主义首先贯彻“不劳动者不得食”的原则，所以人们把劳动作为谋生的手段。

工资的激励性。工资是按照劳动者劳动的质和量分配的，从而能够鼓励劳动者尽可能地为社会劳动，关心个人的劳动成果和企业的经营成果，从而使工资成为调动和鼓励劳动者劳动积极性的经济手段。

工资的调节性。通过给不同部门、不同地区、不同企业、不同岗位的各类职工规定以及由市场供求形成合理的工资比例关系，吸引职工愿意到国家最需要的部门、地区、企业、岗位去工作，以求达到合理地调整劳动力流向、利用工资报酬实现高效率配置劳动力资源的目标。

---

① 《列宁全集》第32卷，人民出版社，1958：439.

4.1.2 企业工资制度的类型

工资是我国劳动者生活的主要来源，在社会主义市场经济体制下，具有社会分配职能和经济杠杆职能，是关系到国家分配、再分配，生产、再生产的问题。由于工资问题牵涉面广、政策性强，加之其自身结构复杂，所以，党和国家十分重视工资立法工作。

早在新中国建立初期，《共同纲领》就作了原则规定，要求人民政府统一领导和管理工资。1956 年全国进行了工资改革，基本上改变了旧中国遗留下来的工资混乱状况。此前此后，陆续颁布了许多调整工资关系的法规，如 1950 年的《工资条例》、1955 年的《关于国家机关工作人员全部实行工资制和改行货币工资制的命令》、1978 年的《关于实行奖励和计件工资制度的通知》等。尤其是党的十一届三中全会以来，相继颁布了《关于试行国营企业计件工资暂行办法》、《关于职工探亲待遇的规定》、《关于正确实行奖励制度，坚决制止滥发奖金的几项规定》等，加上《劳动法》第五章的专门规定，初步形成了工资法规体系。

工资制度是为了计量劳动消耗、计算劳动报酬和进行工资管理而建立的一系列原则和办法的总称，也是指在工资分配上要求人们共同遵守的、按一定程序进行工资管理的规程。具体包括：按照国家劳动法律、法规和有关工资政策规定的有关工资水平、工资标准、工资形式、转正定级、升级、工资支付等办法，亦是计时工资、计件工资、奖金、津贴（补贴）等制度的统称。

我国工资制度可以概括为以下几个方面。

① 基本工资制度。基本工资制度即定额劳动、标准报酬的制度。基本工资制度是企业内部多种分配形式的基础；是确定和调整企业内部人员工资关系的重要依据；是企业制订内部工资制度和计划的重要依据。社会主义计划经济体制下，企业基本工资制度是由政府统一制定和审批的。社会主义市场经济体制下，随着企业生产经营自主权的扩大，企业工资分配自主权也随之扩大，企业在依照国家宏观调控政策管理的前提下，根据本企业的生产劳动特点，可以自主确定适合本企业的基本工资制度。目前企业基本工资制度有很多种，包括岗位技能工资制、岗位工资制、岗位等级工资制、薪点工资制、结构工资制等。

② 工资等级制度和工资调整制度。工资等级制度是指根据劳动的复杂程度、繁重程度和责任大小等因素划分工资等级，并按等级规定工资标准的制度，如技术等级工资制、职务等级工资制等。工资等级制度主要体现劳动的质量和技术（工作）能力的差别，同时也体现企业间、部门间、成员间，以及各类人员间的工资关系和工资水平。工资调整制度是工资等级制度的补充，其主要内容有考核升级、自动增加工资、考核定级、提高工资标准等，使工资制度在变动中趋向平衡和合理。

③ 工资支付制度。工资支付制度指计算和支付职工工资的有关原则、标准的一种制度。主要包括支付原则、各类人员的工资待遇和特殊情况下的工资处理等内容。

④ 工资基金管理制度。工资基金管理制度指用人单位从其利润中提取的用于职工工资的那部分基金。这里所说的工资基金管理指国家规定一系列的工资基金审批程序和监督措施，对各单位工资基金的使用进行监督、审计等行政管理活动。

4.1.3 企业工资支付的法律规定

（1）工资支付的原则

根据《中华人民共和国劳动法》和《工资支付暂行规定》（1994 年 12 月 6 日劳部发

[1994] 489号）等法规，用人单位支付工资的行为必须遵循下列原则。

① 货币支付原则。工资应当以法定货币支付，不得以实物和有价证券替代货币支付。

② 直接支付原则。用人单位，应当将工资支付给职工本人，但是，职工本人因故不能领取工资时可由其家属或委托他人代领，用人单位可委托银行代发工资。为实施直接支付原则，国家还要求，用人单位必须书面记录支付工资的数额、时间、领取者姓名及其签字，并保存备查。

③ 全额支付原则。法定和约定应当支付给职工的工资项目和工资额，必须全部支付，不得克扣。正是基于此原则，国家规定，用人单位在支付工资时应当向职工提供一份个人工资清单。

④ 定期支付原则。即工资必须在固定的日期支付。我国规定，工资必须在用人单位与职工约定的日期支付。如遇节假日或休息日，应提前在最近的工作日支付；工资至少每月支付一次，实行周、日、小时工资制的，可按周、日、小时支付工资；对完成一次临时劳动或某项具体工作的职工，用人单位应按协议在完成劳动任务后即行支付；劳动关系依法终止时，用人单位应在终止劳动关系时一次性付清工资；凡拖欠工资的，应当按拖欠日期和拖欠工资额向职工赔偿损失。

⑤ 定地支付原则。用人单位除特别约定或以报酬性质、习惯等其他情形另行确定外，必须以营业场所为工资支付地。

⑥ 优先支付原则。企业破产或依法清算时，职工应得工资必须作为优先受偿的债权。

⑦ 紧急支付原则。在职工因遇有紧急情况致使不能维持生活时，用人单位必须向该职工预支其可得工资的相当部分。

（2）工资支付的形式

案例

不能以外币、股权、有价证券代替工资

小马所在的企业向社会发行债券，但买的人不多。企业便动员本厂职工购买，可响应者也很少。厂长于是决定全厂职工每人分摊250元。在当月发工资时，每人少发人民币250元，而以250元债券替代。职工们对此都很有意见，推选小马等人为代表，向当地劳动争议仲裁委员会申诉，要求按货币发放工资。

劳动争议仲裁委员会经调查，认为被诉企业效益较好，并非没有能力发放货币工资。于是，裁定被诉方补发申诉方工资每人250元人民币，债券由被诉方收回。

资料来源：左祥琦．工资与福利．北京：中国劳动社会保障出版社，2002：84.

工资支付形式关系到劳动者合法权益的保护，关系到国家的货币攻策，因此，国家法律规定，用人单位必须以货币形式按时发给劳动者工资，一般情况下，用人单位不得无故拖欠，更不能以其他实物及有价证券替代工资。

但在经营困难、效益下滑、难以实行《工资支付暂行规定》时，则可按照劳动部1995年发布的《关于贯彻执行〈中华人民共和国劳动法〉若干问题的意见》的相关规定执行。

① 企业发放工资确有困难时，应发给职工基本生活费，具体标准按照国务院 1993 年发布的《关于做好国有企业职工和离退休人员基本生活保障工作的通知》的精神，由各省、自治区、直辖市和各部门按实际情况确定。

② 企业发放工资有困难时，地方政府和银行应当共同帮助解决。按照 1994 年发布的《关于国有企业流动资金贷款的紧急通知》规定，地方政府通过财政补贴，银行要拿出一部分贷款，企业主管部门有可能也要拿出一部分资金，共同保证职工基本生活和社会的稳定。

③ 企业富余人员大量存在，用人单位难以按时支付工资时，可根据国务院 1993 年第 111 号令发布的《国有企业富余职工安置规定》执行，企业可以对职工实行有限期的放假。职工放假期间，由企业发给生活费。

用人单位如果在不具有上述情况的前提下，不以货币形式支付劳动者工资而形成拖欠，属于无故拖欠工资行为。

(3) 工资支付的时间

案例

某市一家中外合资公司，1990 年正式投入生产。1995 年 2 月，为扩大生产规模，合资公司招收了郎海等 18 名工人，双方在劳动合同中约定，试用期为 3 个月，此间每月工资为 400 元，试用期满后每月工资为 600 元。每月的 5 日向职工发放工资。

前几个月，公司遵照合同约定按时发放了工资，但后来，公司由于资金周转出现问题，迟迟没有解决，再也没能在 5 日向职工发工资，每月发工资的时间变得既不固定，又没规律。就这样持续了半年，郎海等人十分生气，凭什么公司可以随意违反劳动合同关于每月 5 日发薪的规定呢？郎海等人与公司管理者交涉，要求每月按时发给工资，并要求给予一定的拖欠工资补偿，公司管理者拿出《劳动法》，声称他们的做法是有法可依的。并向郎海等人讲解道：《劳动法》规定，工资需按月支付，只要在一个月之内发放工资都是符合法律规定的，不存在拖欠工资问题。公司管理者的说法对吗？

资料来源：左祥琦. 工资与福利. 北京：中国劳动社会保障出版社，2002：88.

《劳动法》中有明确规定，工资应当以货币形式按月支付给劳动者本人。劳动部颁发的《工资支付暂行规定》也有如下规定："工资必须在用人单位与劳动者约定的日期支付。如遇节假日或休息日，则应提前在最近的工作日支付。工资至少每月支付一次。"正确理解《劳动法》规定的工资应当按月支付的含义，应把握三点。

第一，工资至少每月支付一次。在一个月里，企业无论确定哪一天为工资支付日都可以，但必须有固定的工资支付日期。实行周、日、小时工资制的可按周、日、小时支付工资。对完成一次性临时劳动或某项具体工作的劳动者，应按有关协议或接合同规定，在其完成任务后即支付工资。

第二，工资必须在用人单位与劳动者约定的日期支付。用人单位与劳动者约定的工资支付日期是按月支付工资的日期，用人单位只要与劳动者约定了发薪日期，每月必须在约定之日发薪，不能随意变动，过了约定日期发薪，就是拖欠职工工资的违约行为。

第三，发薪日适逢休息日或法定节假日，则应提前在最近的工作日支付，而不能错后支付。休息日（公休日）就是职工根据国家规定在每周内法定休息的时间。法定节假日是指法律规定用以开展纪念、庆祝等活动的休息时间，包括政治性节日、职业性节日、传统习惯性节日、全民节日、宗教节日等。这种情况下，要提前在工作日支付工资的理由是，如果在休息日或节假日支付工资，必然会占用劳动者宝贵的休息和休假时间，也会增加用人单位的麻烦和额外支出。

法律规定，劳动者的工资必须按时发放，这是为了保证劳动者及其所赡养的家庭成员的基本生活的需要，是劳动者及时恢复劳动力、保持身心健康的保障。因此，用人单位应当按时支付劳动者工资报酬。

(4) 加班工资的支付

根据《劳动法》第 44 条规定，用人单位安排劳动者延长工作时间的，支付不低于工资的百分之一百五十的工资报酬；休息日安排劳动者工作又不能安排补休的，支付不低于工资百分二百的工资报酬；法定休假日安排劳动者工作的，支付不低于工资的百分之三百的工资报酬。

案例

四年加班费索赔案

原告邓小熊于 2001 年 11 月 5 日进入桂林某市场有限公司（以下简称公司）工作，担任协管理员，未签订劳动合同，月工资为 450 元，后调整为 500 元。工作期间原告基本上没有享受过休息日和法定节假日（其中只有两年实行过每周休息一天的制度）。

2006 年 2 月 20 日，公司以原告多次在夜班睡觉为由将原告邓小熊予以辞退。邓小熊被辞退后，于 2006 年 3 月 27 日向桂林市劳动争议仲裁委员会提起仲裁，要求公司支付邓小熊工作期间所有休息日和法定休假日的加班费共 17 175 元。仲裁委员会受理后，经审理于 2006 年 5 月 31 日作出裁决，裁决认为原告的请求超过了 60 日的申诉时效，只裁决公司支付原告被辞退前两个月的加班费及其 25%的经济补偿金共计 1 105.4 元。

原告不服，于 2006 年 6 月 18 日向桂林市象山区人民法院提起诉讼，要求公司支付原告工作期间所有休息日和法定节假日的加班费及其 25%的经济补偿金，合计人民币 20 128.63元。2006 年 8 月 10 日，象山区法院开庭审理本案；2006 年 12 月 27 日一审宣判，判决公司支付邓小熊 2001 年 11 月 5 日至 2006 年 2 月 20 日期间的全部加班费及其 25%的经济补偿金，共计 22 179.20 元。

一审宣判后，公司不服，于 2007 年 1 月 5 日上诉至桂林市中级人民法院，认为邓小熊要求加班费已经超过了 60 日时效，且一审法院计算加班费有误，要求撤销一审法院判决。2007 年 5 月 15 日，二审开庭审理；2007 年 6 月 26 日，桂林市中级人民法院向邓小熊送达了终审判决，判决驳回了公司的上诉，维持一审判决。

资料来源：http://www.sina.com.cn 2008 年 01 月 20 日 17：26 法制日报

4.1.4 政府调控企业工资的主要措施

(1) 公布社会平均工资

社会平均工资通常指某一地区一定时期内（通常为一年）全部职工工资总额除以同期内

的平均职工人数（现在统计局已经不再有职工平均工资统计项目，而以在岗职工平均工资取代），简称“社平工资”、“社平”。

“社会平均工资”是缴纳养老、工伤、失业、生育和医疗保险的主要参考标准。下面以北京市为例详细解释。

案例

关于统一2009年度各项社会保险缴费工资基数和缴费金额的通知

京劳社保发［2009］24号

各区（县）社会保险基金管理中心、市经济技术开发区社会保险基金管理中心，各社会保险代办机构，各参保单位：

根据北京市社会保险的相关规定、市劳动和社会保障局下发的《关于调整本市部分社会保险缴费问题的通知》（京劳社保发［2008］237号）和市统计局公布的2008年北京市职工年平均工资（44 715元），现就统一2009缴费年度各项社会保险缴费工资基数和缴费金额的有关问题通知如下：

一、凡以本市上一年职工月平均工资作为缴费基数的，其缴费工资基数为3 726元。

二、凡是上一年职工月平均工资收入超过本市上一年职工月平均工资300%的，其缴费工资基数为11 178元。

三、凡以本市上一年职工月平均工资的70%作为缴费基数的，其缴费工资基数为2 608元。

四、凡以本市上一年职工月平均工资的60%作为缴费基数的，其缴费工资基数为2 236元。

五、凡以本市上一年职工月平均工资的40%作为缴费基数的，其缴费工资基数为1 490元。

六、本市和外埠农民工按上年度本市职工最低工资标准缴纳养老保险、失业保险费的，其缴费工资基数为800元。

七、各区（县）社会保险基金管理中心、市经济技术开发区社会保险基金管理中心、社会保险代办机构应根据参保单位申报的职工2008年月平均工资收入，核定参保单位与职工2009年度实际缴费工资基数。

八、个人委托存档的灵活就业人员缴纳基本养老保险、失业保险和基本医疗保险月缴费金额：

（一）基本养老保险、失业保险

1. 以本市上一年职工月平均工资为缴费基数的，月缴纳基本养老保险费745.2元、失业保险费44.71元。

2. 以本市上一年职工月平均工资的60%作为缴费基数的，月缴纳基本养老保险费447.2元、失业保险费26.83元。

3. 以本市上一年职工月平均工资的40%作为缴费基数的，月缴纳基本养老保险298元、失业保险费17.88元。

（二）医疗保险

1. 不享受医疗保险补贴人员：

个人月缴费为182.56元，其中基本统筹169.52元、大额互助13.04元。

2. 享受医疗保险补贴人员：

个人月缴费为26.08元，其中基本统筹13.04元、大额互助13.04元。

北京市社会保险基金管理中心

二〇〇九年三月二十五日

北京2009年度五险缴费基数上下限

	户籍类别	本市城镇	本市农村劳动力	本市农民工	外地城镇	外地农村劳动力	外地农民工
养老保险	上限（元）	11 178	800	800	11 178	800	800
	下限（元）	1 490			1 490		
失业保险	上限（元）	11 178	800	800	11 178	800	800
	下限（元）	1 490			1 490		
工伤保险	上限（元）	11 178	11 178	11 178	11 178	11 178	11 178
	下限（元）	1 490	2 236	2 236	1 490	2 236	2 236
生育保险	上限（元）	11 178	11 178	11 178	0	0	0
	下限（元）	2 236	2 236	2 236	0	0	0
医疗保险	上限（元）	11 178	11 178	2 236	11 178	11 178	2 236
	下限（元）	2 236	2 236		2 236	2 236	
备注	1. 本市及外地农村户口养老、失业的工资基数都按下限标准（2009年下限为800元）； 2. 外地户口如取得北京市工作居住证，可以缴纳生育保险费，缴费基数及比例同本市户口人员； 3. 农民工（含外地）医疗保险基数为下限（2008年为2 236元），单位缴费比例为2%，个人不缴费。						

资料来源：北京宣武网. http://www.bjxw.gov.cn/XWIndex/XWxxxsh.ycs? GUID=455732. 2010-06-08.

(2) 规定和调整最低工资标准

最低工资标准是指劳动者在法定工作时间或依法签订的劳动合同约定的工作时间内提供了正常劳动的前提下，用人单位依法应支付的最低劳动报酬。最低工资标准一般采取月最低工资标准和小时最低工资标准两种形式，月最低工资标准适用于全日制就业劳动者，小时最低工资标准适用于非全日制就业劳动者。

最低工资保障制度是我国一项劳动和社会保障制度。《最低工资规定》以中华人民共和国劳动和社会保障部令（第21号）的形式，已于2003年12月30日颁布的，2004年3月1日起施行。最低工资标准的确定和调整方案，由各省、自治区、直辖市人民政府劳动保障行政部门会同同级工会、企业联合会/企业家协会研究拟订，并报经劳动保障部门同意。

确定最低工资标准一般要考虑的因素有：当地城镇居民生活费用支出、职工个人缴纳社会保险费、住房公积金、职工平均工资、失业率、经济发展水平等。确定的方法通常有比重法和恩格尔系数法。比重法是确定一定比例的最低人均收入户为贫困户，再统计出其人均生活费用支出水平，乘以每一就业者的赡养系数，加上一个调整数。恩格尔系数法就是根据有关数据，计算出最低食物支出标准，除以恩格尔系数，再乘以赡养系数，加上调整数。

目前，我国内地所有省、自治区、直辖市人民政府均正式颁布实施了当地的最低工资标准，以北京市为例，如表4-1所示。

表 4-1　北京市历年社会保障相关标准

年度	小时最低工资标准 元/小时	职工最低工资 元/月	最低工资执行起始时间	失业保险金 元/月	失业保险执行起始时间	低保标准 元/月	最低退休金 元/月	最低退职金 元/月	最低退养金 元/月	最低养老保险执行起始时间
2010 年		960	7 月 1 日	632～741	7 月 1 日	430		900	800	1 月 1 日
2009 年	4.60	800	7 月 1 日	562～671	1 月 1 日		900	800	700	1 月 1 日
2008 年	4.60	800	7 月 1 日	502～611	7 月 1 日	390	775	682	607	7 月 1 日
2007 年	4.36	730	7 月 1 日	422～531	7 月 1 日	330	675	592	527	10 月 1 日
2006 年	3.82	640	7 月 1 日	392～501	7 月 1 日	310	620	537	487	10 月 1 日
2005 年	3.47	580	7 月 1 日	382～491	7 月 1 日	300	563	488	443	10 月 1 日
2004 年	3.26	545	7 月 1 日	347～446	7 月 1 日	290	510	443	402	10 月 1 日
	2.96	495	1 月 1 日			290	510	443	402	10 月 1 日
2003 年	2.78	465	7 月 1 日	326～419	7 月 1 日	290	466	405	367	10 月 1 日
2002 年	2.78	465	7 月 1 日	326～419	7 月 1 日	290	466	405	367	10 月 1 日
2001 年	2.6	435	7 月 1 日	305～392	7 月 1 日	285	441	380	337	10 月 1 日
2000 年	2.46	412	7 月 1 日	300～385	7 月 1 日	280	421	360	308	10 月 1 日
	2.39	400	5 月 1 日			280	421	360	308	10 月 1 日
1999 年	2.3	400	9 月 1 日	291～374	9 月 1 日	273	396	335	288	10 月 1 日
	1.9	320	5 月 1 日	224～272	5 月 1 日	210	336	265	233	10 月 1 日
1998 年	1.8	310	7 月 1 日	217～264	7 月 1 日	200	336	265	233	10 月 1 日
1997 年	1.7	290	6 月 1 日	203～247	6 月 1 日	190	293	232	200	10 月 1 日
1996 年	1.6	270	7 月 1 日	189～229.5	7 月 1 日	170	263	202	170	10 月 1 日
1995 年	1.4	240	7 月 1 日							
1994 年	1.1	210	12 月 1 日							

资料来源：北京市人力资源和社会保障局 http://www.bjld.gov.cn/gzcx/other/200510/t20051009_19737.html.

(3) 建立工资指导线制度

工资指导线是政府对企业的工资分配进行规范与调控，使企业工资增长符合经济和社会发展要求，促进生产力发展的企业年度货币工资水平增长幅度的标准线。工资指导线可以采用工资增长相对数（即工资增长率）的形式，也可以采用工资增长绝对数的形式，还可以采用将相对数与绝对数相结合的办法。

工资指导线制度，是社会主义市场经济体制下，国家对企业工资分配进行宏观调控的一种制度。其目的是在国家宏观指导下，促使企业的工资微观分配与国家的宏观政策相协调，引导企业在生产发展、经济效益提高的基础上，合理进行工资分配。

工资指导线包括工资增长基准线、上线和下线。

① 工资增长基准线适用于生产正常发展、经济效益增长的企业，这类企业应按工资指导线基准线的要求，妥善安排职工工资的正常增长。

② 工资增长上线（预警线）适用于经济效益有较快增长的企业，它是政府允许企业工资增长的最高限额，所有企业都必须自觉遵守、不得突破。

③ 工资增长下线适用于经济效益下降或亏损企业，这类企业的实际工资可以是零增长或负增长，但企业必须严格遵守国家有关最低工资的规定，支付给提供正常劳动的职工的工

资不得低于当地最低工资标准。

对实行工效挂钩、工资总额包干的国有、城镇集体企业，各级劳动保障行政部门在核定工资基数、审批工资总额使用计划时，要考虑与工资指导线相衔接。

(4) 建立劳动力市场工资指导价位制度

劳动力市场工资指导价位制度是市场经济下，国家对企业工资分配进行指导和间接调控的一种方式。政府有关部门对各类职业（工种）工资水平进行广泛调查，经过汇总、分析和修正，公布有代表性的职业（工种）的工资指导价位，以规范劳动力市场供需双方的行为，从微观上指导企业合理确定劳动者个人工资水平和各类人员的工资关系。

建立劳动力市场工资指导价是市场经济国家的通行做法。中国 1999 年开始在部分城市进行试点。在不少城市，发布指导价的工种已达上百个，且每年更新，成为企业确定工资水平、劳动者求职时的重要参照系。未来几年，劳动力市场工资指导价将以中心城市为依托，广泛覆盖各类职业（工种），由国家、省（区、市）多层次汇总发布，使其直接、及时、便捷地服务于企业和劳动者，成为科学化、规范化、现代化的劳动力市场的有机组成部分。

① 劳动力市场工资指导价位制度的作用。随着企业工资制度改革的深入，国家对企业工资分配的宏观调控正从直接调控向间接调控过渡，由调控工资总量向调控工资水平转变。劳动力市场工资指导价位制度就是企业工资宏观调控体系的重要组成部分。

建立劳动力市场工资指导价位制度，有利于政府劳动工资管理部门转变职能，由直接的行政管理，转为充分利用劳动力市场价格信号指导企业合理进行工资分配，将市场机制引入企业内部分配，为企业合理确定工资水平和各类人员工资关系，开展工资集体协商提供重要依据；有利于促进劳动力市场形成合理的价格水平，为劳动力供求双方协商确定工资水平提供客观的市场参考标准，减少供求双方的盲目性，提高劳动者求职的成功率和劳动力市场运作的整体效率；有利于引导劳动力的合理、有序流动，调节地区、行业之间的就业结构，使劳动力价格机制与劳动力供求机制紧密结合，构建完整的劳动力市场体系。

② 劳动力市场工资指导价的确定。劳动力市场工资指导价有信息采集、价位制定、公开发布三个阶段。

信息采集主要通过抽样调查进行。调查范围包括被选城市行政区域内的所有城镇企业。调查内容为上一年度企业中有关职业（工种）在岗职工全年工资收入及有关情况。调查行业通常以农林牧渔业、采掘业、制造业、电力煤气及水的生产和供应业、建筑业、交通运输仓储及邮电通信业、批发和零售贸易餐饮业、金融保险业、房地产业、社会服务业 10 个行业为重点，根据当地产业结构进行选择。调查企业确定后，将企业按上年职工平均工资水平从高到低排列，采取等距抽样办法抽取企业。企业户数每个城市一般不少于 100 户。

工资指导价位的制定是将同一职业（工种）的全部调查职工工资收入从高到低进行排列，对有关数据进行检查、分析及作必要调整后，分别确定本职业（工种）工资指导价位的高位数、中位数和低位数。高位数指工资收入数列中前 5%的数据的算术平均数。中位数为处于工资收入数列中间位置的数值。低位数为工资收入数列中后 5%的数据的算术平均数。

工资指导价位每年 6 月底以前发布，每年发布一次。指导价位发布后，各级劳动保障部门将收集各方反应，以对工资指导价位的作用、科学性和代表性进行评价，不断修改、完善工资指导价位的调查和分析方法。

4.2 社会保险概述

社会保险是为保障劳动者（有些国家可能普及到全体公民）在遭遇年老、伤残、失业、患病、生育等风险时的基本生活需要，而采取的在国家法律保证下强制实施的一种社会制度，它强调受保障者权利与义务相结合。

社会保险是社会经济发展到一定阶段必然要产生的一种分配关系，其实质是国家有目的地使一部分国民收入转化为社会保险基金，通过再分配的形式保障丧失劳动能力和失去工作机会的人能有最基本的生活来源，以维持、促进社会劳动力的再生产和保证社会秩序的安定。社会保险制度就是社会保险行为的法律规范，其主要内容包括有关社会保险的法规政策、社会保险管理机构的设置、社会保险基金的筹集、社会保险基金的投资运营、社会保险的项目设置、社会保险的给付标准和支付条件以及社会保险基金监管等。

案例

社会保险和公积金的缴费金额是通过国家规定的缴费比例乘以特定的缴费基数来确定的。一般缴费基数就是当月的工资，不过如果工资很高（比如超过了上半年你所在城市社会月平均工资的三倍），那基数就到顶了。而如果工资特别低的话（比如低于上年你所在城市社会月平均工资的60%），那基数也有封底的。

社会保险及公积金缴费基数的确定（以2009年上海为例）：

1. 2009年个人缴费基数按职工本人2008年月平均工资收入确定（即所有税前现金性收入：基本工资、加班费、各类津贴奖金、年终奖等）。个人缴费基数的上限和下限，根据上海市公布的2008年度全市职工月平均工资的300%和60%相应确定。

2. 2008年上海市全市职工年平均工资为39 502元，月平均工资标准为3 292元。2008年度职工社会保险缴纳基数的上限为上一年度全市职工月平均工资的300%，即9 876元，下限为上一年度全市职工月平均工资的60%，即1 975元。

社会保险＝养老保险＋医疗保险＋失业保险＋工伤保险＋生育保险＋住房公积金

下面以上海市的社保构成比例为例：

2009年上海市社会保险费缴费标准

<table>
<tr><th rowspan="2">项目对象</th><th rowspan="2">缴费基数</th><th colspan="2">养老保险</th><th colspan="2">医疗保险</th><th colspan="2">失业保险</th><th>生育保险</th><th>工伤保险</th></tr>
<tr><th>单位</th><th>个人</th><th>单位</th><th>个人</th><th>单位</th><th>个人</th><th>单位</th><th>单位</th></tr>
<tr><td>机关、事业单位、企业、社会团体等单位</td><td>1 975～9 876元（注1）</td><td>22%</td><td>8%</td><td>12%</td><td>2%</td><td>2%</td><td>1%</td><td>0.50%</td><td>0.50%</td></tr>
<tr><td>个体商户</td><td>1975～9876元</td><td>个体业主缴付22%</td><td>个人（包括业主自己）缴付8%</td><td colspan="2">个体业主缴7%，个人（包括业主自己）缴1%（注2）或个体业主缴12%，个人（包括业主自己）缴2%（注3）</td><td>个体业主缴付2%</td><td>个人（包括业主自己）缴付1%</td><td>0.50%</td><td>0.50%</td></tr>
</table>

续表

项目对象	缴费基数	养老保险		医疗保险		失业保险		生育保险	工伤保险
		单位	个人	单位	个人	单位	个人	单位	单位
自由职业者	1 975～9 876 元	30%		8%（注 2）或 14%（注 3）		……		……	……
非正规劳动组织从业人员	960～9 876 元	30%		14%		3%		0.50%	0.50%
小城镇社会保险缴费基数：1 975 元									
外来从业人员缴纳综合保险费基数：1 975 元									

注 1：单位职工个人缴费基数上限为 9 876 元，下限为 1 975 元；单位按本单位个人缴费基数之和确定。
注 2：享受住院大病医疗保险待遇。
注 3：享受城镇职工基本医疗保险待遇。
本标准执行期：2009 年 4 月 1 日至 2010 年 3 月 31 日

2009 年上海市住房公积金缴存基数、比例、上下限一览表

年度	缴存基数	缴存比例			上限	下限
			个人	单位		
2009.7～2010.6	上年月平均工资	机关、事业单位、企业、社会团体等	7%	7%	1 382 元	134 元
		个体商户	6%	6%		
		自由职业者	5%	5%		
		非正规劳动组织从业人员	1%～8%	1%～8%	无	无

则

五险一金缴费比例	个人缴纳部分		公司缴纳部分
养老保险＝	基数×8%	＋	基数×22%
医疗保险＝	基数×2%	＋	基数×12%
失业保险＝	基数×1%	＋	基数×2%
生育保险＝	基数×0.5%	＋	基数×0.5%
工伤保险＝	基数×0.5%	＋	基数×0.5%
住房公积金＝	基数×7%	＋	基数×7%

其中个人缴纳部分为基数的 8%＋2%＋1%＋0.5%＋0.5%＋7%＝19%，

公司缴纳部分为基数的 22%＋12%＋2%＋0.5%＋0.5%＋7%＝44%。

也就是说扣除五险一金后的工资＝员工工资－基数×19%，

而单位付出的总资金＝员工工资＋基数×44%。

注意：

① 五险一金的缴纳基数，不一定等于你的工资，有可能低于这个数；

② 有的公司不能为员工解决户口的，就不为员工缴纳生育保险，在签订三方协议时一定问清楚。

资料来源：上海人力资源和社会保障网 http://www.12333sh.gov.cn/.

4.2.1 社会保险的特性

跟其他保险制度相比，社会保险制度具有以下特性。

(1) 强制性

社会保险是以国家为主体，按照法律规定强制实施的一种社会保护制度。任何社会劳动者，只要符合有关社会保险法律的规定，都必须参加并有权享受社会保险，这就是社会保险的“强制性”。社会保险的强制性表现在社会保险基金的筹集上主要借助法律法规，通过强制性的方式来达到：一是凭借国家的政治权力，通过税收制度实行强制性的特征；二是通过颁布法令、法规等进行强制性的统筹。任何个人和单位，只要符合社会保险征税法等有关法令、法规的缴纳条件都必须照章纳税或缴费，否则就属于违法行为。社会保险的强制性从根本上决定了它是一种政府行为，是国家的社会政策，因此必须通过法律手段在全社会强制推行。凡属于法律规定范围的成员都必须无条件参加社会保险，并按规定履行缴费义务。社会保险的缴费标准和待遇项目、保险金的给付标准等均由国家的法律法规或地方政府的条例规定统一确定，劳动者个人或劳动者所在单位作为被保险人和投保人均无自由选择与更改的权利。

(2) 适度性

社会保险的目的是为了保障劳动者在遭遇年老、伤残、失业、患病、生育等风险时的基本生活需要，这决定了当参加社会保险的劳动者在失去工作机会与能力时，只能得到最基本的生活保障。这是由“社会要求的永久性的发展动力，就必须保持各种利益的差别”这一原则所决定的。社会保险的适度性有两层含义。一方面，社会保险待遇不能定得太低。如果定得太低就达不到保障人们在遭遇年老、伤残、失业、患病、生育等情况时的基本生活需要的目标。另一方面，社会保险待遇也不能定得太高。如果定得太高的话，国家财政难以负担，企业的劳动力成本也会随之上升，进而影响产品的国际竞争力，而且还会降低人们的工作热情，影响国民经济的发展。20 世纪 80 年代以来，欧洲部分发达国家出现“福利病”的现象就向我们揭示了社会保险待遇必须适度，要和社会经济发展水平相适应。

(3) 互济性

社会保险实际是国民收入的再次分配，秉承共同承担社会风险的原则。所谓“共同承担”，是对整个社会而言。承担社会风险，意味着所有参加社会保险的人，将每个人遇到的生、老、病、死等风险集中起来，大家共同来承担，即在全国各企业之间或一个地区内各企业之间大家共同承担风险。政府根据社会发展的不同时期，强制要求不同性质的劳动者参加社会保险。劳动者不是以人的生命或身体为标的，而是以劳动权利为标的，与政府形成权利与义务相等的社会保障关系。社会保险不以缴费的多少来决定相应的经济补偿。政府应尽对所规定特殊人群的保护义务；被保护人群也应尽在其具有劳动权利、能力和机会时的缴费义务。

(4) 权利与义务相结合

社会保险资金主要来源于三个部分：国家财政拨款、企业缴费和个人缴费。国家财政向社会保险拨款属于收入再分配，体现国家对发展社会保险事业的责任；企业缴费主要来自企业的经营收入，属于初次分配，体现企业保障员工利益和履行社会责任；个人缴费无论是代扣还是自我积累都属于个人储蓄，体现劳动者自我保障责任，也是为社会保险制度的顺利实施尽自己应尽的义务。人们要享受社会保险待遇的权利，就必须承担一定的义务，如照章缴纳社会保险税（费）。不尽缴费（税）义务，也就不具备享受社会保险的权利。当然，权利和义务相结合并不等于权利与义务必须完全一致，如有些人缴的医疗保险费不多，得了一场大病，他们缴的社会保险费（税）根本不够他们的看病费用，但是社会保险经办部门也必须支付他们的看病费用，保障他们的基本生活。

（5）公平与效率相结合

公平是社会保险的主导原则。公平即不同企业间的社会保险缴费负担应大体公平。社会保险待遇也应大体公平；参加政府强制性社会保险的特殊人群，不受政治地位、经济地位以及社会地位高低的影响，同等享受社会保险中的权利和义务，不存在经济利益和权利的继承。保险基金征集和支付直接受国家再分配的干预，起到调节收入悬殊、实现社会公平的作用。社会保险必须保障劳动者在遭遇年老、伤残、失业、患病、生育等情况时毫无例外地获得生存保障。社会保险的效率原则即社会保险待遇适当地与社会保险缴费挂钩，以激励劳动者的劳动积极性，鼓励劳动者多缴多得。在社会保险制度实施过程中，必须将公平与效率相结合，不可偏向一方。如果在实施社会保险制度过程中过分强调效率，那么，那些终身收入较低的劳动者在遭遇年老、伤残、失业、患病、生育等情况时就得不到必要的保障，社会保险制度就起不到保障人们基本生活需要的作用；如果在实施社会保险制度时过分强调公平，就会导致一部分人不思进取，躺在社会保险的“安乐椅”上坐享其成，同时也会大大加重政府的财政负担。西方发达国家所发生的“福利病”正是过分强调公平所导致的结果。

4.2.2 社会保险的功能

（1）稳定功能

社会保险聚集了多数单位与个人的经济力量，加上政府的资助，对于那些由于各种原因造成生活困难的劳动者给予基本的生活保障，使他们能保持最低生活水平，这就免去了人们生活无着落的恐惧，消除了社会不安宁因素，起到了治国安民的作用。

（2）保障和恢复功能

劳动者作为生产力的核心要素，对生产起决定作用。劳动者在劳动过程中，不可避免地会遭遇生育、年老、疾病、失业、伤残等各种困难。社会保险为在生产中造成暂时或永久丧失劳动能力的人及其家属提供物质帮助，解决了靠个人和家属难以解决的困难，使社会保险待遇享受者得以生息和繁衍。如医疗保险的实施，职工患病能得到及时治疗，早日康复，恢复生产能力。

（3）调节功能

通过社会保险，调节社会成员之间分配不公，收入水平和富裕程度的过分悬殊，保障劳动者在生存发生困难时的基本生活需要，防止少数人陷入贫困状况。社会保障通过征收保险费和给付保险金两个方面，实行收入再分配，使高工资收入者的保险金有所节制，低工资收入者的保险金得到照顾，从而协调社会关系和社会矛盾，使社会公平程度提高，社会关系得到和谐一致的发展。

（4）促进功能

社会保险通过保障基本生活需要，解除劳动者的后顾之忧，有利于调动劳动者的生产积极性，促进经济的发展。同时，社会保险可以为经济发展创造良好的社会环境。实行社会保险，一方面加大公共开支，增加人民收入，维持整个社会购买力，有利于繁荣经济；另一方面，可以使企业在发展中丢掉包袱，轻装上阵，能较轻松地进行企业经营转化、结构调整，促进企业经济效益提高；另外，社会保险可以进行地区收入再分配，弥补或缩小了地区间经济上的发展不平衡，促进整个国民经济的全面发展。

社会保险是国民经济的“减震器”，是国家干预国民经济的重要手段。在市场经济下，一国的国民经济有可能是处于周期波动状态，当经济处于膨胀期时，就业增加，失业率降低，社会保险支出会相应减少，社会保险缴费会增加（因为社会平均工资增加及失业的人减少，供款者多而领取待遇者相对减少），社会保险基金的存储规模则会增大，减少了社会需求，进而对经济过热起到一定的抑制作用。相反，当经济处于衰退期时，失业率上升，社会保险支出会相应增加，不仅保障了失业者及其家庭的最基本生活，而且也会由于提高了失业者的购买能力，增加社会有效需求，进而在一定程度上抑制经济的衰退。社会保险也是国民经济的“助推器”。健全的社会保险制度可以消除人们对年老、伤残、失业、患病、生育等情况的后顾之忧，同时也解除了不同企业由于职工年龄结构、性别构成不同而导致的他们之间畸轻畸重的用工成本负担，使得这些企业能够轻装上阵，公平参与社会竞争。通过社会保险缴费或通过开征社会保险税筹集到的社会保险基金，除了满足当期社会保险待遇给付之外，还有相当一部分资金存储起来，以备以后发放。经法律允许，这部分积累性或储蓄性的社会保险基金可以与市场机制融通，将这部分社会保险基金投入到国家迫切需要长期资金投入的项目当中去。这样既获得了稳定的经济回报，又支援了国家的经济建设。

4.2.3 社会保险的构成

世界各国由于各自的国情以及经济状况不同，其社会保险的项目设置也不同，一般包括养老保险、失业保险、医疗保险、工伤保险和生育保险、残疾保险、遗属保险等几个项目。

养老保险是国家依据法律规定，强制性地征缴养老保险费（税），以保障劳动者达到国家规定退休年龄，或因年老丧失劳动能力退出劳动领域后的基本生活的一种社会保险制度。经过一系列的改革后，目前，养老保险一般由基本养老保险、企业补充养老保险和个人储蓄性养老保险三大支柱构成。

医疗保险是国家依据法律规定，强制性地征缴医疗保险费（税），当参保人（被保险人）因患病、受伤或生育而接受了医疗服务时，为其提供基本的医疗服务，并由保险人（特定的组织或机构）提供经济补偿的一种社会保险制度。不少国家的医疗保险都由基本医疗保险、企业补充医疗保险、商业医疗保险等部分组成。

失业保险是社会保险制度中的重要组成部分，它是指劳动者由于非本人原因而失去工作、收入中断时，由国家和社会依法保证其基本生活需要的一种社会保险制度。其核心内容是通过建立失业保险基金，分散失业风险，为失业者提供基本保障，并通过转业培训、职业介绍等形式积极促进其再就业。

工伤保险是指劳动者在社会生产经营活动中或在规定的某些特殊情况下遭受职业伤害、职业病，以及因这两种情况造成劳动者死亡、暂时或永久丧失劳动能力时，受伤害者能够及时得到救治，劳动者或其遗属从国家和社会获得物质帮助的一种社会保险制度。随着社会的发展，工伤保险的职能在不断扩展，功能也不断完善。现代意义上的工伤保险除上述内容外，还包括下述功能：通过事故预防促进企业安全生产，减少事故发生；通过康复工作，使受伤害者尽快恢复劳动能力，促进受伤害者与社会的整合。工伤预防、工伤救治与补偿、工伤康复，已形成工伤保险的三大支柱。

生育保险制度是国家和社会通过立法对劳动者在生育期间提供一定的经济、物质及服务等各方面帮助的一项社会保险制度，旨在保障受保母子在此特殊时期的基本生活和医疗保健需要，确保生育女性的身体健康恢复及整个社会的人口再生产。

除了上述五大险种之外，有些国家的社会保险体系还包括遗属保险，即有资格领取社会保险给付金者去世之后，由政府或社会保险机构对其遗孀或鳏夫或父母及其未成年子女，定期或一次性给付遗属年金的保险；伤残保险，公民因伤残而享受的社会保险待遇，包括经济上的经常性补偿和一次性补偿以及医疗服务、假期等尽可能使伤残者恢复健康的保险待遇；护理保险，即对有需要的人群提供治疗护理，如某些内科慢性疾病或一些外科病患的医学、心理学康复护理，生活半自理或完全不能自理老年人的生活护理以及病危老年人的心理护理和临终关怀等保险待遇。由于上述五大险种是社会保险体系中最重要、最基本的项目且构成我国现行社会保险制度的框架，因此，本章主要对以上五种险种进行介绍。

4.3 养老保险

4.3.1 养老保险的概念

养老保险是社会保障制度的重要组成部分，是社会保险五大险种中最重要的险种之一。所谓养老保险（或养老保险制度），是国家和社会根据一定的法律和法规，为解决劳动者在达到国家规定的解除劳动义务的劳动年龄界限，或因年老丧失劳动能力退出劳动岗位后的基本生活而建立的一种社会保险制度。这一概念主要包含以下三层含义：

① 养老保险是在法定范围内的老年人完全或基本退出社会劳动生活后才自动发生作用的。这里所说的“完全”，是以劳动者与生产资料的脱离为特征的；所谓“基本”，指的是参加生产活动已不成为主要社会生活内容。需强调说明的是，法定的年龄界限（各国有不同的标准）才是切实可行的衡量标准。

② 养老保险的目的是为保障老年人的基本生活需求，为其提供稳定可靠的生活来源。

③ 养老保险是以社会保险为手段来达到保障的目的。养老保险是世界各国较普遍实行的一种社会保障制度。

案例

打零工人员能否参加养老保险

老王以前是国有企业职工，前些年下岗进了企业的再就业中心。2005 年与企业解除了劳动关系，最近一直给一些单位打零工，领取计时工资，以缓解生活压力。但是，老王已经临近退休年龄，与企业解除劳动关系后，养老保险缴费就已经中断。老王迫切地想知道，像他这样的情况，养老保险能否接续，国家对此有什么政策规定。

评析

老王目前的工作，我们又称为非全日制用工。规范地讲，《中华人民共和国劳动合同法》第 68 条规定：非全日制用工，是指以小时计酬为主，劳动者在同一用人单位一般平均每日工作时间不超过四小时，每周工作时间累计不超过二十四小时的用工形式。从事非全日制工作的劳动者，可以与一个或一个以上用人单位建立劳动关系，这种就业方式也是我们所说的灵活就业方式之一。

近年来，以小时为主要形式的非全日制用工发展较快。这一用工形式突破了传统的全日制用工模式，适应了用人单位灵活用工和劳动者自主择业的需要，已成为促进就业的重要途径。从事非全日制用工人员的劳动关系和社会保险问题得到国家和有关部门的关注。2003年5月，劳动和社会保障部专门下发了《关于非全日制用工若干问题的意见》（劳动部发［2003］12号），对非全日制用工养老保险的规定如下："从事非全日制工作的劳动者应当参加基本养老保险，原则上参照个体工商户的参保办法执行。对于已参加过基本养老保险和建立个人账户的人员，前后缴费年限合并计算，跨统筹地区转移的，应办理基本养老保险关系和个人账户的转移、接续手续。符合退休条件时，按照国家规定计发基本养老金。"该文件还要求："各级社会保险经办机构要为非全日制劳动者参保交费提供便利条件，开设专门窗口，可以采取按月、季或半年缴费的办法，及时为非全日制劳动者办理社会保险关系及个人账户的接续和转移手续；按规定发放社会保险缴费对账单，及时支付各项社会保险待遇，维护他们的社会保障权益。"

根据以上规定，老王可以到原参保的社会保险经办机构办理养老保险接续手续，按照当地对个体工商户参保办法继续参保缴费。

资料来源：http://www.ydsq.gov.cn/show.asp? Type=1&id=843. 2010-04-22.

4.3.2 养老保险的类型

20世纪90年代以来，世界银行等国际组织提倡并根据各国改革经验，将社会养老保险概括为三个支柱。第一支柱是基本养老保险，主要是指政府强制实施的国家公共养老保险计划系统。第一支柱的目标是保障社会成员或一定范围内的退休者的基本生活，更强调公平性。第二支柱是企业补充养老保险，亦称企业年金（职业年金），泛指企业雇主对雇员实施的养老金计划，其待遇与缴费和投资回报率相联系，更多地体现效率机制。第三支柱是个人储蓄养老保险，一般为自愿储蓄型，是对第一、第二支柱的补充，可以提高老年生活质量。

（1）基本养老保险

基本养老保险制度，是按国家统一政策规定，强制实施的为保障广大离退休人员基本生活需要的一种养老保险制度。在多层次养老保险体系中属于第一层次。我国的基本养老保险制度实行的是社会统筹与个人账户相结合的模式。

（2）补充养老保险

补充养老保险制度，是指企业在国家有关政策和法规的指导下，根据自身经营状况和发展需要而建立的，旨在使职工在退休后的一段时期内能按年度获得一定数额养老金的退休收入保障制度，它是对国家法定基本养老保险的一种有效补充，亦是企业人力资源战略中的一项重要的员工福利与激励手段。

（3）个人储蓄养老保险

个人储蓄养老保险，是由个人自愿参加、自主选择经办机构的一种补充保险方式。由社会保险主管部门制定具体办法。个人根据自己的工资收入情况，按规定缴纳个人储蓄性养老保险费，记入当地社会保险机构在有关银行开设的养老保险个人账户，并按不低于或高于同期城乡居民储蓄存款利率计息，所得利息计入个人账户，归个人所有。当人们达到法定退休年龄经批准退休后，凭个人账户一次性或分次领取储蓄性养老保险金。个人账户中的养老保险金可随个人跨地区流动。职工还没有到退休年龄却死亡的，记入个人账户的储蓄性养老保险金由其指定的或法定继承人继承。国际上个人储蓄性养老保险的做法主要有两种：一是个人储蓄；二是参加商业人寿保险。

4.3.3 养老保险制度的特征

① 普遍性。每一个人都会经历年老的过程，因此老年风险具有普遍性和可预见性，养老保险制度是确保老年人口晚年生活幸福和社会稳定的重要制度安排，所以许多国家都有相应的养老保险制度的安排。

② 重要性。养老保险因缴费比例高，覆盖面广，给付待遇高，领取时间长，在社会保险体系中占据着最重要的位置。

③ 长期积累性。养老保险涉及的时间跨度很大。从参保人缴纳养老保险费到受益人领取养老金之间有一段20年到40年的时间间隔，对个人而言，涵盖了劳动者从年轻到死亡的大半个人生；对制度本身而言，其设计、运行管理等往往横跨一个世纪，涉及几代人的社会福利分配，有很强的代际性。

④ 复杂性。养老问题对于国家和个人来说，都不是一件易事。在养老保险制度的设计中，要考虑社会各方面的承受能力，要考虑经济发展与社会福利之间的平衡，还要考虑养老保险制度的可持续发展，在基金的收支、运营、管理等方面都需要周全的考虑。

⑤ 保障方式的多层次性。养老保险制度在几乎所有国家都不是单一形式的。世界银行提出的“三支柱”的养老保险方式已经得到了很多国家的认可并在实践中实现，其内容包括国家基本养老保险、补充养老保险、个人储蓄养老保险三个层次。

4.3.4 养老保险的基本原则

① 享受待遇的同时解除劳动义务的原则。世界上各国都通过立法对劳动者的劳动年龄上限和下限作出规定，上限就是退休年龄。退休指的是劳动者达到规定的年龄和工龄，或因病残丧失劳动能力而退出劳动岗位休养。当劳动者达到法定的退休年龄后，就要按照国家法令的规定退出劳动岗位，解除劳动义务，而不管实际劳动能力是否丧失，这是其享受劳动保险给付的前提条件。也就是说，当劳动者到达法定的退休年龄之后，国家一方面安排其退出劳动，另一方面使其享受养老保险给付。

② 保障基本生活的原则。保障基本生活是社会保险的基本原则。老年劳动者退出劳动之后，国家或社会必须按照原先的承诺保障其基本生活。养老保险不能保证退休者的生活和退休前的生活没有变化。这是因为他们已经退出劳动，养老保险定得过高就会伤害在职劳动者的积极性。

③ 分享社会发展成果的原则。一方面养老金的给付额应该随着物价的上升而提高，使养老金的实际购买力不至于因物价的上涨而下降；另一方面，养老金的给付还应当随着经济的发展而提高，使退休者与在业者共同分享社会发展的成果。

4.3.5 我国现行养老保险制度的主要内容

国家基本养老保险是按国家法律法规政策规定，强制实施的为保障广大离退休人员基本生活需要的一种养老保险制度。我国在20世纪90年代之前，实行的是单一养老保险制度，保险社会化程度低，基金支撑能力不强。1991年发布《国务院关于企业职工养老保险制度改革的决定》，我国开始正式推行基本养老保险制度，对保障离退休人员的基本生活、维护社会稳定，起到了非常重要的作用。

根据《社会保险费征缴暂行条例》规定，用人单位应当在成立之日起30日内，持营业执照或者登记证书等有关证件，到当地社会保险经办机构申请办理社会保险登记。社会保险经办机构审核后，发给社会保险登记证件。用人单位的社会保险登记事项发生变更或者用人单位依法终止的，应当自变更或者终止之日起30日内，到社会保险经办机构办理变更或者注销社会保险登记手续。用人单位必须按月向社会保险经办机构申报应缴纳的社会保险费数额，经社会保险经办机构审核后，在规定的期限内缴纳社会保险费。职工个人应当缴纳的社会保险费，由所在单位从其本人工资中代扣代缴。社会保险经办机构应当按规定建立和记录个人账户。养老保险（失业保险、工伤保险、生育保险和基本医疗保险）的缴费基数统一按员工上一年度月平均工资总额核定。若本人工资低于当地职工上年平均工资60%的，按当地职工上年平均工资的60%确定缴费基数；若本人工资高于当地职工上年平均工资300%的，按当地职工上年平均工资的300%确定缴费基数；若本人工资水平在当地职工上年平均工资60%～300%之间的，按本人实际工资收入确定养老保险缴费基数。

（1）养老保险待遇

缴费年限：参保人符合下列条件之一的，可申请按月领取基本养老金。

① 1998年7月1日后参加基本养老保险，达到国家规定的退休年龄，累计缴费年限（含视同缴费年限，下同）满15年的；

② 1998年6月30日前参加基本养老保险，2013年6月30日前达到国家规定的退休年龄，累计缴费年限满10年的；

③ 1998年6月30日前参加基本养老保险，2013年7月1日后达到国家规定的退休年龄，累计缴费年限满15年的；

④ 1998年6月30日前应参加未参加基本养老保险，1998年7月1日以后办理参保补缴手续，达到国家规定的退休年龄，累计缴费年限满15年的。

（2）按月领取

① 基础养老金＝(全省上年度在岗职工月平均工资＋本人指数化月平均缴费工资)÷2×缴费年限×1%。

② 个人账户养老金＝个人账户储存额÷个人账户养老金计发月数

③ 以上两项①＋②之和为每月领取额。

（3）基本养老金调整

每年7月根据全省统一公布的方案实施年度调整。

（4）养老保险申请条件

职工按月领取基本养老金必须具备三个条件：一是达到法定退休年龄，并已办理退休手续；二是所在单位和个人依法参加养老保险并履行了养老保险缴费义务；三是个人缴费至少满15年（过渡期内缴费年限包括视同缴费年限）。目前，我国的企业职工法定退休年龄为：男职工60岁；从事管理和科研工作的女职工55岁；从事生产和工勤辅助工作的女职工50岁，自由职业者、个体工商户女年满55周岁。

4.3.6 养老保险金的计算

养老保险一般都要交满15年以后到退休的时候才能终生享受养老金，所以想拿养老金的员工，必须在自己退休前15年就开始交养老保险。如果到退休年龄所交养老保险不满15年，等到退休的时候国家会把你个人账户上存的8%的养老金全部退给你，而把单位为你交的21%的钱全部划到国家的养老统筹基金里，从此这钱就和你再也没有关系了。

下面我们来看一下退休时的养老金是怎么算出来的。

养老金的算法很复杂，因为国家每年都会把缴费基数变一次，举例来说：如果你现在30岁，你现在的缴费基数是3 000元，而退休年龄如果是55岁的话，那你必须在40岁以前就开始交养老保险了，而如果你现在从30岁就开始交，交到55岁是25年，那首先肯定你能享受养老金了，其次，如果25年后你交的3 000元的缴费基数已经变成了6 000元（假设来说），那你55岁的时候，首先每个月可以拿到6 000×20%＝1 200元的基本养老金，这是国家给你的，此外你的个人账户上的钱在25年里也积攒了不少，把缴费基数平均一下好了，(3 000＋6 000)÷2＝4 500，那么你这25年里个人账户上应该有4 500×8%（你缴纳的养老保险的个人比例)×25年×12个月＝108 000元钱，那么除了之前的1 200元以外你每个月还能拿到108 000÷120＝900元，这样你55岁开始每个月起码可以拿到1 200＋900＝2 100元的养老金，当然每年国家的基数还在往上涨，这样每年除了你自己的900元，你退休以后每个月都会拿到比1 200元更多的钱，那你的养老令当然也会越来越多。

这里需要介绍一个政策，不管你在哪里交社保费，当你退休的时候只能回你户口所在地享受当地的退休待遇，这么来看，在基数高的地方交社保但是退休回到基数低的地方享受养老金的人就非常不划算，举例来说，如果你年轻的时候在南京工作，交了20年的社保，退休之后，回到黑龙江享受养老金，如果你在南京交了20年的平均基数是3 000元，而当你退休的时候黑龙江的缴费基数才1 000元，那么你退休的时候只能享受1 000元的待遇。如果你在基数高的地方交社保但是退休的时候到基数低的地方享受社保，那你一辈子交的很多，但是享受的很少。

4.4 医疗保险

4.4.1 医疗保险的概念与特征

医疗保险是指由特定的组织或机构经办，按照强制性或自愿原则，在一定区域的参保人群中筹集医疗保险基金，当参保人（被保险人）因病、受伤或生育接受了医疗服务时，由保险人（特定的组织或机构）提供经济补偿的一系列政策、制度与办法。

从医疗保险所承保的范围来看，可分为狭义的医疗保险和广义的医疗保险。狭义的医疗保险（Medical Insurance）是指劳动者在发生疾病、负伤或生育时获得的医疗费用的补偿。而广义的医疗保险（Health Insurance），不仅补偿由于疾病给人们带来的直接经济损失（医疗费用），也补偿间接经济损失（如误工工资），甚至还包括疾病预防、卫生保健、宣传教育等一系列工作。因此，将这种广义的医疗保险称为健康保险更为准确。从目前国际上的改革来看，医疗保险的范围正在不断扩大，呈现出向健康保险转变的趋势。

一般来说，医疗保险具有以下特征。

（1）医疗保险具有普遍性

医疗保险是社会保险各个项目中保障对象最广泛的一个，原则上应该覆盖全体公民。一个人在一生之中，可能不发生失业、工伤、生育等风险，但却难以回避疾病风险的侵害。所有人不论年龄、性别、地位、职业等，都有均等机会获得医疗保险的保障。

（2）医疗保险涉及面广，更具复杂性

医疗保险涉及医疗方、患者、医疗保险机构以及用人单位等多方之间的复杂权利关系，而且为了确保医疗保险资源的合理利用，还存在着对医疗服务的享受者和提供者的行为进行合理引导与控制的问题。

（3）医疗保险补偿具有短期性和经常性的特点，且费用难以控制

由于疾病风险的随机性、突发性，医疗保险的补偿也只能是短期的、经常的，不像其他社会保险项目。并且医疗保险通常是按照病情的严重程度以及由此而引起的医疗费用的多少进行补偿，但疾病风险的发生频率高，每个人在一生中都会多次遭遇疾病风险，每次疾病的轻重不同，所花费的开支难以事先确定，因此，医疗保险相对于其他社会保险项目来讲，其风险的预测和费用的控制更为棘手。

（4）医疗保险的保障手段具有服务性

其他社会保险项目一般是以提供现金补助或劳务服务为主，而医疗保险则是为劳动者提供专门的、技术性很强的医疗服务，这种服务在很大程度取决于现代医学科学和生命科学的发展水平。

案例

医疗保险费应如何负担?

张某是深圳市福田对外经济发展公司的合同制工人，1990 年 1 月到该公司工作，任办公室主任职务。1990 年 10 月，张某患病，经医院诊断张患有脑溢血病，须住院治疗。张某治疗期间共花费医药费 3 907 元。张某病好后要求公司为其报销医药费，并发放病假工资。但公司称由于效益不好，公司内部规定实行医疗费包干制，每月发给职工 50 元医疗费，看不看病都给，超过部分公司一律不管。因此张某的医药费公司不能报销，只同意按每月 484 元的标准发放张某病假工资。张某多次与公司协商不成，只得向劳动争议仲裁委员会申请仲裁。

仲裁委员会经审理认为：深圳市福田对外经济发展公司对职工不加区别地实行医疗费包干制度不符合国家关于医疗保险费用由国家、用人单位、职工三方合理负担的原则，也不符合深圳市已经发布的《深圳市基本医疗保险暂行规定》，因此其内部规定不能作为处理该争议的依据。仲裁委员会经调解不成，作出裁决：公司为张某报销医药费 3 536.92 元，张某个人负担 370.08 元。

评析

这是一起因医药费的负担问题而发生的争议。仲裁委员会的处理决定是正确的。我国自20世纪80年代起对医疗保险制度进行改革。1993年11月，《中共中央关于社会主义市场经济体制若干问题的决定》中就明确提出："城镇职工养老和医疗保险金由单位和个人共同负担"；1994年4月，经国务院批准，国家体改委、财政部、劳动部、卫生部联合发布了《关于职工医疗保障制度改革试点意见》，规定职工医疗保险费用由用人单位和职工共同缴纳；1998年，国务院关于《建立城镇职工基本医疗保险制度的决定》也确定基本医疗保险费由用人单位和职工双方共同负担。《深圳市基本医疗保险暂行规定》更是具体规定了用人单位和职工负担基本医疗保险费的比例。从以上规定来看，我国医疗保险制度改革的内容之一就是医疗保险费实行国家、用人单位、职工三方合理负担原则。就本案而言，深圳市福田对外经济发展公司以医疗费包干制的形式，违背三方合理负担原则，显然劳动争议仲裁委员会对其行为不能予以支持。

医疗保险又称为疾病保险，是劳动者在疾病、非因工致残等情况下，从国家和社会获得物质帮助的一种社会保险制度。医疗保险的作用在于当劳动者因患病而暂时丧失劳动能力，其收入受到影响时，由国家和社会给予劳动者一定的补偿，以保障其基本生活需要。

我国自20世纪50年代起，在企业实行劳保医疗制度，在机关、事业单位和社会团体实行公费医疗制度。多年来，我国的医疗保险主要依据《中华人民共和国劳动保险条例》。由于国有经济和集体经济占主导地位，其覆盖范围相对广泛。

公费医疗制度是国家为保障国家工作人员而实行的，通过医疗卫生部门向享受人员提供制度规定范围内免费医疗和疾病预防服务的一项社会保障制度。它是根据1952年政务院发布的《关于全国各级人民政府、党派、团体及所属事业单位的国家工作人员实行公费医疗预防的指示》实施的，其覆盖面仅限于各级政府机关和事业单位、其他党派、人民团体的工作人员和退休人员，还包括高等学校的大学生和退伍在乡的二等乙级以上残废军人。

劳保医疗制度是为保护企业职工的健康，对其因病或非因工负伤，按规定享受医药费用补助的一项社会保障制度。它是根据1951年政务院公布的《中华人民共和国劳动保险条例（草案）》实施的。劳保医疗主要在国有企业中实行，县以上大集体企业参照执行。

我国的公费、劳保医疗制度，曾对保障职工身体健康、促进经济发展、维护社会稳定，发挥了重要的作用。但是，随着经济的发展和改革的深入，这种制度存在的缺陷也日益暴露出来。如覆盖面窄，改革开放以来发展起来的外商投资企业、股份制企业、私营企业及职工和个体工商户，基本没有纳入到公费、劳保医疗的范围内；职工医疗费全部由国家、企事业单位包揽，国家财政和企业不堪重负；医疗费缺乏统筹共济，职工医疗费待遇苦乐不均等。

针对公费、劳保医疗制度存在的问题，1998年12月14日，国务院发布《关于建立城镇职工基本医疗保险制度的决定》，对公费、劳保医疗制度进行了改革，将原来的公费、劳保医疗制度实行统一管理，在全国范围内建立城镇职工的基本医疗保险制度，也就是建立适应社会主义市场经济体制要求，充分考虑财政、企业和个人承受能力，切实保障职工基本医疗需求的社会医疗保险制度。

本案的讨论重点就在于医疗费到底应由谁负担，这也是我国医疗保险制度改革的重点，相关法律文件明确规定医疗保险基金实行国家、用人单位（企业）、职工三方合理负担原则。从本案提供情况看，深圳市福田对外经济发展公司尚未参加基本医疗保险统筹，张某的医药费主要应由单位负担，仲裁委员会根据合理原则确定双方负担的数额是符合我国医疗保险改革的有关规定的。

三方合理负担的内容有：国家负担采用对基本医疗保险费让税、让利及在基本医疗保险基金不敷使用时给予财政补贴的方式；对参加基本医疗保险统筹的用人单位和职工而言，基本医疗保险费由用人单位和职工双方负担，共同缴费，用人单位缴费率控制在职工工资总额的6%左右，职工缴费率一般为本人工资收入的2%。职工个人缴纳的基本医疗保险费，全部计入个人账户。用人单位缴纳的基本医疗保险费分为两部分，一部分用于建立统筹基金，另一部分划入个人账户。划入个人账户的比例一般为用人单位缴费的30%左右，具体比例由统筹地区根据个人账户的支付范围和职工年龄等因素确定。在医疗费用的支付上也体现了合理负担原则，国务院发布的《关于建立城镇职工基本医疗保险制度的决定》规定：统筹基金和个人账户要划定各自的支付范围，分别核算，不得互相挤占。要确定统筹基金的起付标准和最高支付限额，起付标准原则上控制在当地职工年平均工资的10%左右，最高支付限额原则上控制在当地职工年平均工资的4倍左右。起付标准以下的医疗费用，从个人账户中支付或由个人自付。起付标准以上、最高支付限额以下的医疗费用，主要从统筹基金中支付，个人也要负担一定比例。超过最高支付限额的医疗费用，可以通过商业医疗保险等途径解决。统筹基金的具体起付标准、最高支付限额以及在起付标准以上和最高支付限额以下医疗费用的个人负担比例，由统筹地区根据以收定支、收支平衡的原则确定。

资料来源：http://www.sz160.com/shebao/20071219/shebao56731.shtm. 2010-04-25.

4.4.2 医疗保险制度的功能

（1）保障功能

保障国民及家庭的基本健康权和生存权，是建立社会医疗保险制度的根本目的。国民的身体健康状况是社会发展的重要指标之一，也是一个国家文明进步的标志。保证国民的健康是政府的基本职责和国民应享有的基本权利。因此，各国政府一方面采取各种有效的措施防止疾病的侵袭，从根本上保证国民的健康；另一方面均采取行之有效的政策和措施同疾病作斗争，以期提高国民的健康水平，医疗保险即为其中重要的社会制度之一。医疗保险是社会进步和生产力发展的必然结果，同时医疗保险制度的建立和完善又进一步促进社会的进步和生产力的发展，对维护国民及家庭的正常经济生活、消除社会不安定因素、稳定社会秩序起着重要作用。

（2）调控功能

从医疗保险的运行过程及发展进程来看，医疗保险制度可以有效地调节医疗保险机构、参保人、医疗服务提供者和有关政府部门等多方之间复杂的利益关系，并控制医疗费用的不合理上涨。

（3）促进发展功能

医疗保险作为一种主动的、积极的，稳定的保障机制，对个人及整个社会的发展提供了制度基础。通过给所有参加保险的成员提供包括预防、保健、康复等在内的基本医疗待遇，为人们解除后顾之忧，有效地保障劳动者的健康，提高其身体素质和人力资本水平，从而提高劳动生产率，促进社会发展。同时，社会医疗保险制度的实施，对医疗服务提供的质量、合理性、科学性和规范性也起到重要的促进作用，促进医疗卫生事业的发展与完善。

4.4.3 医疗保险制度的模式

（1）社会医疗保险

社会医疗保险是由国家立法，通过强制性社会保险原则，由单位（雇主）和个人缴纳保险费进行筹资，政府酌情补贴，建立医疗保险基金，当参保劳动者及其家属因病、受伤或者生育接受了医疗服务时，有国家或社会医疗保险机构提供必需的医疗服务或费用补偿的一种社会保险制度安排。目前，世界上有100多个国家和地区采取社会医疗保险模式，是使用最多的一种模式。代表国家有德国、日本、法国、韩国等，我国的台湾地区也基本采用了这一模式。

社会医疗保险模式的强制性原则使基金的筹集有了法律保证，医疗保险基金由医疗保险机构统一征收、管理和使用，医疗保险机构同医疗机构建立了契约关系，促使医院提供优质的医疗服务，对控制医疗服务提供者的垄断行为较为有效。

这种模式实行现收现付。“以支定收、收支平衡”。只求当年平衡，没有纵向积累，不能解决两代人之间医疗保险费用负担的代际转移问题，随着我国人口老龄化社会的到来，这种矛盾将日趋尖锐。

（2）商业医疗保险模式

商业医疗保险是由营利性或非营利性的商业保险公司承办的按市场法则自由经营的一种医疗保险模式。其筹资不是强制性的，而是由投保人个人及其雇主自愿选择保险项目，并自愿缴纳相应的医疗保险费，故也称为自愿保险。一般而言，政府不出资或不补贴，但有些国家为了促进商业医疗保险市场的发展，会在税收上给予优惠。美国就是实行商业医疗保险模式的典型代表。

在这种模式下，医疗保险作为一种特殊的商品，其供求关系完全由市场进行调节，保险机构根据社会的不同需求开展业务。保险人与被保险人之间是一种权利义务对等的关系。而不像社会医疗保险是由政府组织并强制推行的，是为满足参保人基本医疗需求的制度安排。

总的来说，商业医疗保险形式灵活多样，能够满足不同社会阶层对医疗服务的需求，在市场机制的调控下，保险机构在价格、服务质量上进行竞争，提供低价优质的服务，也迫使医疗服务的提供者降低医疗服务的成本，从而控制了医疗费用。但是，商业医疗保险缺乏公平性。不同收入水平的人群会在医疗保险待遇上存在很大差别，有些低收入者甚至难以支付高昂的医疗保险费；靠市场调节的医疗服务供求，会因为“市场失灵”导致医疗消费的失控。另外，以赢利为目的的保险机构，会在参保条件上设置很多限制条件，老年人及体弱多病者往往被排除在外。

（3）社区合作医疗保险模式

社区合作医疗保险，又称为基层医疗保险和集资医疗保障制度，其对象可以是城市社区居民，也可以是农民，一般以农民为主。社区合作医疗保险是依靠社区的力量，按照“风险分担、互助共济”的原则，在社区范围内多方面筹集资金，用来支付参保人及其家庭的医疗、预防、保健等服务费用的一项综合性医疗保健措施。我国的农村合作医疗就是这种模式的代表。

社区合作医疗使得一个区域内资金的筹集、因病造成经济损失的分担以及医疗保健服务集于一身，能够在基层单位提供较好的基本医疗和预防保健，对于保障基层民众的身体健康有很好的作用，但不能否认的是其资金有限，覆盖人群少，抵御疾病风险的能力较差。

(4) 储蓄医疗保险模式

储蓄医疗保险模式，即个人积累制医疗保险模式，是以个人责任为基础，政府通过立法，强制劳动者或劳资双方缴费，以雇员名义建立保健储蓄账户，不断积累医疗基金，用于支付个人及家庭成员的医疗费用的医疗保险制度。这种模式以新加坡为代表，马来西亚、印度尼西亚等发展中国家也采用这种制度，属于公积金制度的一个部分。

与国家医疗保险、社会医疗保险及商业医疗保险模式的“横向”筹资不同，储蓄医疗保险模式完全是一种“纵向”积累资金，相当于劳动者收入的“延期支付”，不存在社会统筹、互助共济。

储蓄医疗保险模式以家庭储蓄为基础，强调个人责任，有利于增强个人责任感，激励人们就医时审慎地利用医疗服务，能有效控制需方的道德风险而造成的需求膨胀和医疗资源的浪费。“纵向积累”的方式能有效解决“横向积累”带来的代际矛盾，以及应付人口老龄所引起的医疗保健需求的筹资问题。但从另一方面来看，个人责任的过度强化，会造成低收入人群难以得到有效、及时以及高水平的医疗服务，缺乏公平性。而且“自保为主”的纵向积累，不能体现社会互助共济的风气。

4.4.4 现行医疗保险制度的主要内容

《国务院关于建立城镇职工基本医疗保险制度的决定》(国发［1998］44号) 规定：

加快医疗保险制度改革，保障职工基本医疗，是建立社会主义市场经济体制的客观要求和重要保障。在认真总结近年来各地医疗保险制度改革试点经验的基础上，国务院决定，在全国范围内进行城镇职工基本医疗保险制度改革。

(1) 改革的任务和原则

医疗保险制度改革的主要任务是建立城镇职工基本医疗保险制度，即适应社会主义市场经济体制，根据财政、企业和个人的承受能力，建立保障职工基本医疗需求的社会医疗保险制度。

建立城镇职工基本医疗保险制度的原则是：基本医疗保险的水平要与社会主义初级阶段生产力发展水平相适应；城镇所有用人单位及其职工都要参加基本医疗保险，实行属地管理；基本医疗保险费用由用人单位和职工双方共同负担；基本医疗保险基金实行社会统筹和个人账户相结合。

(2) 覆盖范围及缴费办法

城镇所有用人单位，包括企业(国有企业、集体企业、外商投资企业等、私营企业)、机关、事业单位、社会团体、民办非企业单位及其职工，都要参加基本医疗保险。乡镇企业及其职工、城镇个体经济组织业主及其从业人员是否参加基本医疗保险，由各省、自治区、直辖市人民政府决定。

基本医疗保险原则上以地级以上行政区(包括地、市、州、盟)为统筹单位，也可以县

（市）为统筹单位，北京、天津、上海3个直辖市原则上在全市范围内实行统筹（以下简称统筹地区）。所有用人单位及其职工都要按照属地管理原则参加所在统筹地区的基本医疗保险，执行统一政策，实行基本医疗保险基金的统一筹集、使用和管理。铁路、电力、远洋运输等跨地区、生产流动性较大的企业及其职工，可以相对集中的方式异地参加统筹地区的基本医疗保险。

基本医疗保险费由用人单位和职工共同缴纳。用人单位缴费率应控制在职工工资总额的6%左右，职工缴费率一般为本人工资收入的2%。随着经济的发展，用人单位和职工缴费率可作相应调整。

(3) 建立基本医疗保险统筹基金和个人账户

要建立基本医疗保险统筹基金和个人账户。基本医疗保险基金由统筹基金和个人账户构成。职工个人缴纳的基本医疗保险费，全部计入个人账户。用人单位缴纳的基本医疗保险费分为两部分，一部分用于建立统筹基金，一部分划入个人账户。划入个人账户的比例一般为用人单位缴纳的30%左右，具体比例由统筹地区根据个人账户的支付范围和职工年龄等因素确定。

统筹基金和个人账户要划定各自的支付范围，分别核算，不得互相挤占。要确定统筹基金的起付标准和最高支付限额，起付标准原则上控制在当地职工年平均工资的10%左右。最高支付限额原则上控制在当地职工年平均工资的4倍左右。起付标准以下的医疗费用，从个人账户中支付或由个人自付。起付标准以上、最高支付限额以下的医疗费用，主要从统筹基金中支付，个人也要负担一定比例。超过最高支付限额的医疗费用，可以通过商业医疗保险等途径解决。统筹基金的具体起付标准、最高支付限额以及在起付标准以上和最高支付限额以下医疗费用的个人负担比例，由统筹地区根据以收定支、收支平衡的原则确定。

(4) 健全基本医疗保险基金的管理和监督机制

基本医疗保险基金纳入财政专户管理，专款专用，不得挤占挪用。

社会保险经办机构负责基本医疗保险基金的筹集、管理和支付，并要建立健全预决算制度、财务会计制度和内部审计制度。社会保险经办机构的事业经费不得从基金中提取，由各级财政预算解决。

基本医疗保险基金的银行计算办法：当年筹集的部分，按活期存款利息计息；上年结转的基金本息，按3个月期整存整取银行存款利率计息；存入社会保险财政专户的沉淀资金，比照3年期零存整取储蓄存款利率计息，并不低于该档次利率水平。个人账户的本金和利息归个人所有，可以结转使用和继承。

各级劳动保障和财政部门，要加强对基本医疗保险基金的监督管理。审计部门要定期对社会保险经办机构的基金收支情况和管理情况进行审计。统筹地区应设立由政府有关部门代表、用人单位代表、医疗机构代表、工会代表和有关专家参加的医疗保险基金监督组织，加强对基本医疗保险基金的社会监督。

(5) 加强医疗服务管理

要确定基本医疗保险的服务范围和标准。人力资源和社会保障部会同卫生部、财政部等有关部门制定基本医疗保险服务范围、标准和医药费用结算办法，制定国家基本医疗保险药品目录、诊疗项目、医疗服务设施标准及相应的管理办法。各省、自治区、直辖市人力资源和社会保障行政管理部门根据国家规定，会同有关部门制定本地区相应的实施标准和办法。

基本医疗保险实行定点医疗机构（包括中医医院）和定点药店管理。人力资源和社会保障部会同卫生部、财政部等有关部门制定定点医疗机构和定点药店的资格审定办法。社会保险经办机构要根据中西医并举，基层、专科和综合医疗机构兼顾，方便职工就医的原则，负责确定定点医疗机构和定点药店，并同定点医疗机构和定点药店签订合同，明确各自的责任、权利和义务。在确定定点医疗机构和定点药店时，要引进竞争机制，职工可选择若干定点医疗机构就医、购药，也可持处方在若干定点药店购药。

各地要认真贯彻《中共中央、国务院关于卫生改革与发展的决定》（中发［1997］3号）精神，积极推进医药卫生改革，以较少的经费投入，使人民群众得到良好的医疗服务，促进医药卫生事业的健康发展。要建立医药分开核算、分别管理的制度，形成医疗服务和药品流通的竞争机制，合理控制医药费用水平；要加强医疗机构和药店的内部管理，规范医药服务行为，减员增效，降低医药成本；要理顺医疗服务价格，在实行医药分开核算、分别管理，降低药品收入占医疗总收入比重的基础上，合理提高医疗技术劳务价格；要加强业务技术培训和职业道德教育，提高医药服务人员的素质和服务质量；要合理调整医疗机构布局，优化医疗卫生资源配置，积极发展社区卫生服务，将社区卫生服务中的基本医疗服务项目纳入基本医疗保险范围。卫生部会同有关部门制订医疗机构改革方案和发展社区卫生服务的有关政策。国家经贸委等有关部门要认真配合做好药品体制改革工作。

（6）妥善解决有关人员的医疗待遇

离休人员、老红军的医疗待遇不变，医疗费用按原资金渠道解决，支付确有困难的，由同级人民政府帮助解决。离休人员、老红军的医疗管理办法由省、自治区、直辖市人民政府制定。

二等乙级以上革命残废军人的医疗待遇不变，医疗费用按原资金渠道解决，由社会保险经办机构单独列账管理。医疗费支付不足部分，由当地人民政府帮助解决。

退休人员参加基本医疗保险，个人不缴纳基本医疗保险费。对退休人员个人账户的计入金额和个人负担医疗费的比例给予适当照顾。

国家公务员在参加基本医疗保险的基础上，享受医疗补助政策。具体办法另行制定。

为了不降低一些特定职业职工现有的医疗消费水平，在参加基本医疗保险的基础上，作为过渡措施，允许建立企业补充医疗保险。企业补充医疗保险费在工资总额4%以内的部分，从职工福利费中列支，福利费不足的部分，经同级财政部门核准后列入成本。

国有企业下岗职工的基本医疗保险费，包括单位缴费和个人缴费，均由再就业服务中心按照当地上年度职工平均工资的60%为基数缴纳。

（7）加强组织领导

医疗保险改革政策性强，涉及广大职工的切身利益，关系到国民经济发展和社会稳定。各级人民政府要切实加强领导，统一思想，提高认识，做好宣传工作和政治思想工作，使广大职工和社会各方面都积极支持和参与这项改革。各地要按照建立城镇职工基本医疗保险制度的任务、原则和要求，结合本地实际，精心组织实施，保证新旧制度的平稳过渡。

建立城镇职工基本医疗保险制度工作从1999年年初开始启动，1999年年底基本完成。各省、自治区、直辖市人民政府要按照本决定的要求，制定医疗保险制度改革的总体规划，报劳动保障部备案。统筹地区要根据规划要求，制订基本医疗保险方案，报省、自治区、直辖市人民政府审批后执行。

劳动保障部要加强对建立城镇职工基本医疗保障制度工作的指导和检查，及时研究解决工作中出现的问题。财政、卫生、药品监督管理等有关部门要积极参与，密切配合，共同努力，确保城镇职工基本医疗保险制度改革工作的顺利进行。

4.4.5 医疗保险的操作

在4.2节中的案例中，以上海为例，介绍了单位每月给你交的医疗保险是12%，你个人每月交的医疗保险大概是2%，那么国家每个月会往你的医保账户上打属于你自己的2%。如果你每个月按照1 975元的最低基数交社保，那么1 975×2%=39.5元就是国家每个月打给你个人的钱，这个钱你可以积累起来直接刷卡去买药或者看门诊，剩下的12%国家就拿去算到医疗统筹基金里了。

如果以南京为例，如果从2007年1月开始缴纳医疗保险，那么从2007年2月起你就可以刷卡买药或者看门诊了，从2007年7月起你住院的费用就可以报销了，但报销手续比较复杂，举例来说：

如果你2007年8月1日住院了，住的是南京市最好的三级医院，住院期间用的都是医保范围内的药，手术和住院等费用一共花了5 000元，那么报销的时候医保中心首先扣除1 000元，这是起步价，剩下的4 000元医保中心可以报销4 000×86%=3 440元，你个人只要付4 000×14%=560元就可以了，加上之前的1 000元起步价，你花了5 000元，自己只要付1 560元就可以了，而且这1 560元还可以从你的医保卡里扣。

南京市规定医疗保险必须交满25年才能在退休以后终生享受，所以如果你55岁退休，那么最迟30岁起就必须开始交医疗保险了。

4.5 失业保险

4.5.1 失业保险的概念与特征

失业保险是社会保险制度的重要组成部分，它是指劳动者由于非本人原因失去工作、收入中断时，由国家和社会依法保证其基本生活需要的一种社会保险制度，其核心内容是通过建立失业保险基金，分散失业风险，为失业者提供基本保障，并通过转业培训、职业介绍等形式积极促进其再就业。失业保险的特征如下。

① 失业保险的对象是具有劳动能力的劳动者。其他社会保险项目，如养老、医疗、生育、工伤等保险的对象都是暂时或永久丧失劳动能力的劳动者，而失业保险的对象是没有丧失劳动能力且有就业意愿但没有工作岗位的劳动者，即同时具备这三个条件才能享受失业保险待遇。

② 造成失业风险的原因在于社会经济因素。其他社会保险项目中劳动风险的形成，主要是由于劳动者个人的生理原因或意外伤害所致，而失业保险的风险形成却是由于社会经济原因。产业结构的调整、就业政策的变化等都可能成为失业的原因。所以，失业保险通常遵循非自愿失业原则，即只有非劳动者个人原因导致的失业，才能享受失业保险。对于不想就业或者失业后持消极态度的劳动者，一般排除在失业保险之外。

③ 相对于养老保险、医疗保险来说，失业保险的待遇领取期限较短。一定比例的失业

率对市场经济来说，属于正常现象，失业对于具体的劳动者来说也是一种暂时的现象，因为失业通常与经济发展的周期性变动和经济结构的调整密切相关。规定失业并享受失业保险的期限，严格享受失业保险的条件，目的是为了防范“失业陷阱”，促进劳动者积极寻找机会，实现再就业。

④ 保险目的的多元性。其他社会保险项目是通过给付社会保险金保障保险对象的基本生活需求或基本医疗需求。而失业保险不仅保障保险对象的基本生活需求，而且通过转业培训、入职培训、职业介绍等，提高失业人员的就业能力，为他们谋求新的职业创造条件，使其尽快实现就业。

案例分析

企业支付给农民合同制工人的工资应纳入缴纳失业保险费的基数

某市的一家企业招用了几十名农民合同制工人，2008 年 8 月，某中 5 名农民合同制工人合同到期后未能与该企业续订劳动合同，处于失业状态。当他们发现与他们一起失业的城镇职工每月能从社会保险经办机构领取失业保险金后，也到社会保险经办机构申请领取失业保险待遇。社会保险经办机构告诉他们，他们原来所在的企业在他们就业时没有为他们缴纳失业保险费，也就是没有将支付给他们的工资计入缴纳失业保险费的基数，因此，他们无资格申请领取失业保险待遇。于是，这 5 人向劳动争议仲裁委员会申请仲裁，要求他们原来所在的企业为他们补缴失业保险费，以便他们也能按规定享受失业保险待遇。劳动仲裁委员会根据该市有关失业保险的规定裁定，农民合同制工人不在失业保险制度的覆盖范围之内，企业不应为他们缴纳失业保险费。这 5 人不服仲裁结果，向人民法院起诉，要求撤销劳动争议仲裁委员会的裁决，并要求企业为他们补缴失业保险费。法院根据有关法律和行政规定，判决企业应当将支付给农民合同制工人的工资纳入缴纳失业保险费的基数，即为农民合同制工人缴纳失业保险费。

评析

失业是指在劳动年龄内并具备就业能力而在一定时期内未找到或丧失就业岗位的情况。根据失业者对失业的主观心理态度，可将失业分为主动的失业和被动的失业。所谓主动的失业，是指在劳动年龄内并具备就业能力而自己主动地不愿意就业而失业的情况；所谓被动的失业，是指在劳动年龄内并具备劳动能力，由于自己主观原因以外的因素而未能就业，自己仍在积极求职的失业状态。失业保险是指对被动失业者，因失去工作而无法获得维持基本生活所必需的工资收入，在一定期间内由国家和社会为其提供基本生活保障的社会保险制度。失业保险是社会保险的重要组成部分。

根据《劳动法》第 2 条的规定，劳动法适用于企业、个体经济组织（简称用人单位）和与之形成劳动关系的劳动者。在此，劳动者即包括城镇劳动者和农民合同制工人。因此，《劳动法》第九章有关社会保险的规定当然也适用于农民合同制工人，即农民合同制工人也应覆盖在社会保险制度的范围内。

具体到失业保险制度，国务院于 1999 年 1 月 22 日发布实施的《失业保险条例》，对农民合同制工人的失业保险问题作了具体明确的规定。该条例第 6 条规定：“城镇企业事业单位按照本单位工资总额的百分之二缴纳失业保险费。”也就是企业缴纳失业保险费的基数为工资总额。所谓工资总额，按照国家统计局有关工资总额统计的规定，是指一个单位在一定时间如一个月或一年内发给本单位全体职工的全部劳动报酬，其中应当包括单位支付给农民合同制工人的工资。该条还规定，城镇企业事业单位招用的农民合同制工人本人不缴纳失业保险费。也就是说，尽管农民合同制工人本人不用缴纳失业保险费，但其所在企业必须为其缴纳失业保险费。正是考虑到农民合同制工人本人不缴纳失业保险费这一不同于城镇职工的特点，该条例第21条规定：“单位招用的农民合同制工人连续工作满1年，本单位并已缴纳失业保险费，劳动合同期满未续订或者提前解除劳动合同的，由社会保险经办机构根据其工作时间长短，对其支付一次性生活补助。”这里没有规定农民合同制工人像城镇职工一样按月领取失业保险金。

《社会保险费征缴暂行条例》第13条规定，缴费单位未按规定缴纳社会保险费的，由劳动保障行政部门责令限期缴纳。由于该企业在农民合同制工人就业时没有将支付给他们的工资纳入失业保险费缴费基数，不符合有关法律和行政法规的规定，因此，应当补缴应缴纳的失业保险费，以保证在该企业工作的农民合同制工人失业后，能享受一次性生活补助。另外，《中华人民共和国立法法》第79条规定，“法律的效力高于行政法规、地方性法规、规章。行政法规的效力高于地方性法规、规章。”据此，根据地方有关失业保险制度的规定，裁定企业可以不将支付给农民合同制工人的工资纳入失业保险费基数的做法也是错误的，因此，人民法院依法予以撤销，是正确的。

资料来源：http://blog.163.com/wqs099207/blog/static/29125598200811844741546/. 2010-04-25.

4.5.2 失业保险的目标与功能

建立失业保险制度的两大基本目标是保障生活和促进就业。一方面，它通过现金给付维持失业者的基本生活，为其重新寻找工作提供缓冲时间；另一方面，它通过对失业者的就业培训、职业介绍，帮助失业者重新就业。

建立失业保险的目标是通过失业保险维护社会稳定，促进经济发展。具体表现为：改进失业的社会成本的分配，分散失业风险；通过失业保险基金的“蓄水池”功能，缓解周期性的经济危机可能给经济发展带来的冲击；鼓励企业稳定雇佣关系，减少熟练劳动力的流失；促进劳动者不断提高素质，提高就业的匹配度。

一般来说，失业保险具有以下功能。

(1) 保障劳动者在失业期间的基本生活需求，从而维护社会的安定、和谐

失业是每一位劳动者都可能面临的社会风险，失业者的收入中断、生活水平下降会给劳动者带来生存危机，形成潜在的社会不安定因素，从而影响社会稳定。失业保险通过保障失业者的基本生活需求，缓解阶层矛盾，对消除社会不安定因素起到重要作用。失业保险被称为社会发展的“减震器”，尤其在周期性的经济危机时，对于维护社会的安定团结发挥了很大的作用。

(2) 通过对劳动力的保护和改善，促进社会再生产的顺利进行

劳动力的再生产是社会再生产的基础。失业者收入中断，生活水平下降，阻碍了劳动力的再生产。失业保险制度的建立可以有效调节劳动力的供给，为经济发展提供合格的劳动力

支持。在经济衰退期，失业保险通过给失业者发放救助金，维持其购买能力。通过转业培训、职业介绍提高劳动者的素质，为再生产的顺利进行创造必要条件。西方资本主义国家在第二次世界大战后能取得经济的高速发展，离不开产业后备军的支持，而失业保险制度在调节劳动力供给、促进劳动力再生产方面发挥了巨大作用。

（3）与其他经济社会政策相配套，促进经济体制的改革

社会化大生产的发展，要求产业结构的适时调整和就业形式的转变。市场经济的优胜劣汰也要求灵活的用工制度和劳动力资源的无障碍流动。从老产业中分离出来的剩余劳动力不能适应新产业的需要。造成“有人没事干，有事没人干，有人有事不会干”的局面，经济体制的改革使得劳动力素质与劳动力需求的矛盾突出，结构性失业成为促进就业的难题。失业保险制度的建立，配合了劳动用工制度的改革，有利于劳动力的合理流动和优化配置，减少了职工与企业之间的摩擦，增强了劳动者的风险意识和竞争意识，并通过保险金给付和就业培训、转业训练等提高劳动者的就业能力，为经济体制改革的顺利进行创造了条件。

4.5.3 失业保险基金筹集的原则

失业保险制度是国家立法强制实施的一种社会保障制度。为此，基金来源上要予以保证。在基金筹集中要坚持以下三个原则。

（1）强制性原则

所谓强制性，是指国家为实行失业保险制度，以法律法规的形式，向企业收缴失业保险金。目前，企业无论大小，无论生产经营情况如何，作为社会独立的经济成员，都必须承担保证社会生存和发展的共同责任和义务，都必须按国家规定及时足额地缴纳失业保险基金。在这一点上，要坚决维护国家法律法规的严肃性，不能搞自行其是或讨价还价，更不允许以任何理由拒不缴纳。

（2）无偿性原则

所谓无偿性，就是说国家征收失业保险金后，不需要偿还，也不需要向缴纳单位付出任何代价。失业职工脱离原单位后，就成为社会失业人员中的一个成员，对他们的救济和保险，已经和原单位无直接联系。无偿性和强制性是相联系的，正是这种无偿性牵涉缴纳单位的经济利益，所以才使失业保险基金的筹集具有法律上的强制性。

（3）固定性原则

所谓固定性，是指国家事先规定缴纳保险金的对象和应缴的数量比例，并要求缴纳对象按此标准缴纳。失业保险基金缴纳的固定特点决定了国家建立这项基金具有最可靠的来源。

4.5.4 现行失业保险制度的主要内容

我国现行失业保险制度的主要内容是指 1999 年 1 月 20 日《失业保险条例》的规定及《劳动法》和《社会保险费征缴暂行条例》的相关规定。

（1）失业保险基金的来源

根据 1999 年 1 月 22 日国务院颁布的《失业保险条例》第 5 条的规定，失业保险基金的来源如下：

① 城镇企业事业单位、城镇企业事业单位职工缴纳的失业保险费。即国有企业、城镇

集体企业、外商投资企业、城镇私营企业以及其他城镇企业、非企业化管理的事业单位及职工按照规定的标准缴纳的失业保险费，省、自治区、直辖市人民政府可根据当地情况，将社会团体及其专职人员、民办非企业单位及职工以及有雇主的城镇个体工商户及其雇工纳入失业保险的范围。这是失业保险基金的主要来源。

城镇企事业单位按照本单位工资总额的2%缴纳失业保险费；城镇企业事业单位职工按照本人工资总额的1%缴纳失业保险费；城镇企业事业单位招用的农民合同制工人本人不缴纳失业保险费。其中，工资总额是指一定时期内以各种形式实际支付给全体职工（包括企业的固定职工、合同制工人、临时工和计划外用工等）的劳动报酬总额。凡是根据职工劳动数量和质量支付给职工的劳动报酬，以及其他根据国家法令、政策规定支付的工资和津贴，不论是由工资科目开支，还是由工资科目以外其他科目开支，都包括在工资总额内，工资总额构成项目包括：计时工资、计件工资、计件超额工资、各种奖金、各种津贴和补贴、附加工资、加班加点工资、标准工资、辅助工资、保留工资以及调整工资时的补发工资等。不属于劳动报酬性质的开支不计算在工资总额内。

② 失业保险基金的利息收入。失业保险基金的利息收入是指将已筹集来的失业保险基金按规定存入财政部门在国有商业银行开设的社会保障基金财政专户后，由银行按城乡居民同期存款利率支付的利息；以及按照国家规定购买国债的失业保险基金，按国债利息计息的利息收入。这是失业保险基金的补充部分。

③ 财政补贴。财政补贴是指统筹地区失业保险基金在使用后出现入不敷出的情况时，由失业保险调剂金调剂，地方财政进行的补贴。这是失业保险基金的补足部分。

④ 依法纳入失业保险基金的其他资金。包括失业保险基金储备金用于增值的收入，以及对未按规定缴纳失业保险费的单位进行处罚的滞纳金收入等。

（2）失业保险基金的开支范围

根据1999年1月22日国务院颁布的《失业保险条例》第10条规定，失业保险基金的开支范围是：

① 失业保险金；

② 领取失业保险金期间的医疗补助金；

③ 领取失业保险金期间死亡的失业人员的丧葬补助金和其供养的配偶、直系亲属的抚恤金；

④ 领取失业保险金期间接受职业培训、职业介绍的补贴，补贴办法和标准由省、自治区、直辖市人民政府规定；

⑤ 国务院规定或者批准的与失业保险有关的其他费用。

（3）失业保险金的给付条件

1999年1月22日国务院颁布的《失业保险条例》中规定，具备下列条件的失业人员，可以领取失业保险金，并按规定享受其他失业保险待遇。

① 按照规定参加失业保险，所在单位和本人已按照规定履行缴费义务满一年的；

② 非因本人意愿中断就业；

③ 已办理失业登记，并有求职要求的。

失业人员在领取失业保险金期间有下列情形之一的，停止领取失业保险金，并同时停止享受其他失业保险待遇：重新就业的；应征服兵役的；移居境外的；享受基本养老保险待遇的；被判刑收监执行或者被劳动教养的；无正当理由，拒不接受当地人民政府指定的部门或机构介绍的工作的；有法律、行政法规规定的其他情形的。

不符合享受失业保险待遇条件，骗取失业保险金和其他失业保险待遇的，由社会保险经办机构责令退还；情节严重的，由劳动保障行政部门处以骗取金额 1 倍以上 3 倍以下的罚款。

(4) 失业保险金的给付期限及比率

失业职工领取失业救济金的期限，按失业人员失业前所在单位和本人按规定累计缴费时间计算。具体规定如下：

① 失业人员失业前所在单位和本人按照规定累计缴费时间满 1 年不足 5 年的，领取失业保险金的期限最长为 12 个月；

② 累计缴费时间满 5 年不足 10 年的，领取失业保险金的期限最长为 18 个月；

③ 累计缴费时间 10 年以上的，领取失业保险金的期限最长为 24 个月。

实际工作中，各地可以在不违反规定的领取失业保险金期限的前提下，在同一档次内，根据失业人员缴费时间的长短，相应拉开其领取失业保险金期限的差距。比如，失业人员失业前，累计缴费时间满 1 年不足 2 年的，可以领取 3 个月的失业保险金；累计缴费时间满 2 年不足 3 年的，可以领取 6 个月的失业保险金，具体标准各地可根据当地的实际情况确定。

将失业人员失业前的累计缴费时间作为领取失业保险金的条件，目的是为了保护阶段性就业人员享受失业保险待遇的权利。在市场经济条件下，很容易出现劳动者就业期限不满 1 年就失业，也可能出现劳动者多次就业期限很短就失业的情况，只要其在就业期间用人单位和他本人都按照规定履行了缴费义务，就符合享受失业保险待遇的条件，能够领到失业保险金。这不但保护了这部分人的合法权益，同时，在实践中将起到鼓励失业人员通过多种方式尽快实现再就业、减轻就业压力的作用。

重新就业后，再失业的，缴费时间重新计算，领取失业保险金的期限可以与前次失业应领取而尚未领取的失业保险金的期限合并计算，但是最长不得超过 24 个月；超过该期限仍未就业，符合社会救济条件的，可按规定领取社会救济金达到退休年龄时，办理退休手续，领取养老保险金。

单位招用的农民合同制工人连续工作满 1 年，本单位并已缴纳失业保险费，劳动合同期满未续订或者提前解除劳动合同的，由社会保险经办机构根据其工作时间长短，对其支付一次性生活补助，补助的办法和标准由省、自治区、直辖市人民政府规定。

4.5.5 失业保险的操作

失业保险是交满一年才能享受的，一般是交一年拿 2 个月，交两年拿 4 个月，但一辈子最多拿 24 个月，举例来说：

①如果你 2007 年 1 月 1 日开始交保险，2008 年 1 月你被公司辞退了，那你可以让公司给你拿 2 个月的失业保险；②或者你 2007 年 1 月开始交保险，2008 年 1 月你和公司合同到期了，双方都不想续签合同的话，那你也可以在离开公司以前，让公司给你拿 2 个月的失业保险；③但是如果你的劳动合同没到期，自己主动辞职，那就算你已经交满 1 年，也享受不到失业保险。

补充学习资料

失业保险待遇计发办法

1. 享受待遇的条件

(1) 按照规定参加失业保险，所在单位和个人已按照规定履行缴费义务满1年的；

(2) 非因本人意愿中断就业的；

(3) 已办理失业登记，并有求职要求的。

2. 失业保险待遇及发放标准

<table>
<tr><th colspan="2">待遇享受期限</th><th colspan="3">发放标准</th></tr>
<tr><th>条件</th><th>期限</th><th>保险金</th><th>医疗待遇</th><th>抚恤金</th></tr>
<tr><td>累计缴费满1年不足2年</td><td>3个月</td><td rowspan="7">当地最低工资标准的75%</td><td rowspan="7">失业前参加了医疗保险的，由失业保险经办机构按当地上年度社会平均工资的60%为基数代缴医疗保险费；未参加医疗保险的，按失业保险金的10%按月发给医疗补助金；失业期间患病住院的，补助70%医疗补助金，但最长不超过本人10个月的失业保险金</td><td rowspan="7">失业人员领取失业保险金期间死亡的，发给本人生前7个月失业保险金的丧葬补助金；有直系亲属需供养的，一次性按每供养1人发给本人生前10个月失业保险金的抚恤金，供养3人以上的，发给本人生前24个月失业保险金的抚恤金。</td></tr>
<tr><td>累计缴费满2年不足3年</td><td>6个月</td></tr>
<tr><td>累计缴费满3年不足4年</td><td>9个月</td></tr>
<tr><td>累计缴费满4年不足5年</td><td>12个月</td></tr>
<tr><td>累计缴费满5年不足6年</td><td>14个月</td></tr>
<tr><td>累计缴费6年以上</td><td>每满一年增加1个月最高24个月</td></tr>
<tr><td>累计缴费15年以上</td><td>24个月</td></tr>
</table>

说明：1. 农民合同制工人按当地发放失业人员失业保险金月基数的60%由失业保险经办机构对其支付一次性补助，补助的期限按缴费每满1年（未满整年的按整年计算）计发个月，但最长不得超过24个月。

2. 单位挪用失业人员并签订2个以上期限劳动合同的，失业保险经办机构可以将失业人员剩余期限的失业保险金按季拨给用人单位；失业人员从事个体经营或自行组织就业的，凭营业执照或者其他有效证明文件，可一次性领取其剩余期限的失业保险金作为扶持生产基金。

3. 职业培训、职业介绍补贴标准

失业保险经办机构认可的培训机构对失业人员进行职业培训的，可以由失业保险经办机构根据培训的实际效果和有关凭证，向职业培训机构或者失业人员支付培训补贴。其培训补贴标准每人最高不得超过24个月失业保险金的10%。

失业人员通过失业保险经办机构认可的职业介绍机构介绍，与用人单位签订1年以上期限劳动合同的，失业保险经办机构凭有关凭证，向职业介绍机构支付职业介绍补贴，补贴标准每人最高不得超过24个月失业保险金的8%。

4. 待遇的停发

失业人员在领取失业保险金期间，有下列情形之一的，停止领取失业保险金，并同时停止享受其他失业保险待遇：

(1) 重新就业的；

(2) 应征服兵役的；

(3) 移居境外的；

(4) 享受基本养老保险待遇的；

(5) 被判刑收监执行或者被劳动教养的；

(6) 无正当理由，拒不接受当地劳动保障行政部门认可的机构介绍工作的；

(7) 有法律、行政法规规定的其他情形的。

5. 待遇的续领和转迁

失业人员在领取失业保险金期间重新就业后再次失业的，缴费时间重新计算，其领取失业保险金的期限可以与前次失业应领取而尚未领取的失业保险金的期限合并计算，但是最长不得超过24个月。失业人员在领取失业保险金期间重新就业后不满一年再次失业的，可以继续申领其前次失业应领取而尚未领取的失业保险金。失业人员失业期间被判刑收监执行或者被劳动教养的，期满后未重新就业的，可以继续申领其判刑或者劳教前应领取而尚未领取的失业保险金。

城镇企业事业单位成建制跨统筹地区转移或职工个人在职期间跨统筹地区转换工作单位的，失业保险关系应随之转迁，其转出前单位和个人缴纳的失业保险费不转移。转出地失业保险经办机构应为转出单位或职工开具失业保险关系转迁证明。转出单位或职工应在开具证明后60日内到转入地经办机构办理失业保险关系接续手续，并自转出地停止缴纳失业保险费的当月起，按转入地经办机构核定的缴费基数缴纳失业保险费。转出前后的缴费时间合并计算。

失业人员失业保险关系跨统筹地区转迁的，失业保险费用随失业保险关系相应划转。需划转的失业保险费用包括失业保险金、医疗补助金和职业培训、职业介绍补贴。其中，医疗补助金和职业培训、职业介绍补贴按失业人员应享受的失业保险金总额的一半计算。失业人员失业保险关系转迁到本省外的，失业人员按转入地的规定享受失业保险待遇；失业人员失业保险关系在本省范围内转迁或从省外转入的，失业人员按照转入地的标准享受失业保险待遇。

资料来源：江西劳动保障网．www.jxldbz.gov.cn. 2010-06-08.

4.6 工伤保险

案例

王军系国有粮食加工厂的工人，1998年7月16日夜间操作玉米加工机时发生工伤，右臂被机器绞伤，造成粉碎性骨折，经当地劳动部门认定工伤。经县医院抢救治疗未愈，后经厂领导同意，转入市医院住院治疗。王军出院后，要求厂报销在县、市级医院治疗费用和住院期间伙食补助费。粮食加工厂以企业经营亏损，无钱支付为由，仅报销了医疗费用，而不予支付住院期间伙食补助。这家国有粮食加工厂的做法对吗?

粮食加工厂不支付王军住院期间伙食补助费是违法的，是侵犯职工合法权益的行为。《企业职工工伤保险试行办法》第17条明确规定：工伤职工需要住院治疗的，按照当地因公出差伙食补助标准的2/3发给住院伙食补助费；经批准转外地治疗的，所需交通、食宿费用按本企业职工因公出差标准报销。企业依照国家政策法规按时足额兑现职工工伤保险待遇，是应尽义务，不能以任何理由拒不承担责任，不得随意克扣职工工伤待遇。本案中，粮食加工厂已报销了王军医疗费的大额费用，却不愿支付其在治疗工伤住院期间的伙食补助费。其实这区区小钱，企业经营亏损也不是支付不了。《劳动法》规定劳动者享受的社会保险金“必须按时足额支付”，任何企业不能例外。如果企业破产了，砸锅卖铁也必须保障。因此，以无钱支付等客观原因为由，逃避工伤保险责任，是违反国家法律法规规定的，是侵犯劳动者合法权益的行为，绝对不能允许。

资料来源：张礼文. 工伤保险权益维护. 北京：中国劳动社会保障出版社，2000：135-136.

4.6.1 工伤保险的概念与特征

(1) 工伤保险的概念

工伤保险是指劳动者在生产经营活动中或在规定的某些特殊情况下遭受意外伤害、职业病以及因这两种情况造成死亡、暂时或永久丧失劳动能力时，劳动者及其遗属能够从国家、社会得到的必要的物质补偿。这种补偿既包括医疗、康复所需，也包括生活保障所需。1964年在第48届国际劳工大会上通过的第121号文件《工伤事故和职业病津贴公约》及《工伤事故津贴建议书》均指出，实施工伤保险的目的，是为发生不测的受雇人员提供医疗护理、现金津贴，进行职业康复；为残废者安排适当职业；采取措施防止工伤事故和职业病的发生。

我国2003年颁布的《工伤保险条例》中规定，我国实行工伤保险的目的是为了保障因工作遭受事故伤害或者患职业病的职工获得医疗救治和经济补偿，促进工伤预防和职业康复，分散用人单位的工伤风险。

(2) 工伤保险的性质

工伤保险具有补偿与保障的性质。比起其他社会保险项目，工伤保险的待遇最优厚、保险内容最全面、保险服务最周到，也最易于实现。

① 工伤保险具有强制性。工伤事故具有突发性和不可预测性，多属于意外事故。工伤及职业病所造成的器官或生理功能的损伤，可以是暂时、部分地丧失劳动能力，也可能是虽经治疗休养，仍不能完全复原，以致身体或智力功能部分或全部丧失，造成残疾，这种残疾表现为永久性部分或永久性全部丧失劳动能力。

由于工伤具有不可逆转性，其造成的损失往往难以挽回，为个人带来终身痛苦，给家庭带来永久的不幸，于企业、国家不利，因此，国家法律往往规定强制实施工伤保险。

② 工伤保险具有社会性（普遍性）。工伤保险是世界上历史最悠久、实施范围最广泛的社会保障制度。目前全世界有155个国家和地区建立和实施工伤保险制度，并且都有单独的法律法规。政府通过法律，通过社会经济生活的一定干预，在发生职业风险与未发生职业风险之间进行收入再分配，以切实达到保障劳动者基本生活水平的目的。

③ 工伤保险具有互济性。工伤保险通过社会统筹基金来分散职业风险，以缓解企业之间、行业之间、地区之间因职业风险不同而承受的不同压力，为劳动者和企业双方建立保护机制。

④ 工伤保险具有福利性。工伤保险基金属劳动者所有，是保障劳动者安全健康的基础，专款专用，国家不征税，并由国家财政提供担保，由隶属于政府部门的非营利性事业单位经

办，为受保人服务。

⑤ 工伤保险具有补偿性（赔偿性）。这是工伤保险不同于其他社会保险的显著特性。工伤保险费用不实行分担方式，全部费用由用人单位负担，劳动者个人不负担费用。

（3）工伤保险制度的功能

工伤保险制度是“双利”的：不仅具有保障因工作遭受事故伤害或者患职业病的职工获得医疗救治和经济补偿、促进工伤预防和职业康复的功能，而且还能分散企业风险，有利于经济发展与社会和谐。

① 保障劳动者人身安全和健康。工伤的发生势必会伤害劳动者的人身安全，对劳动者的健康造成暂时或永久的影响，严重的工伤不仅使劳动者丧失劳动能力甚至于失去生命，也给其家庭带来巨大的精神和经济损失。工伤保险制度不仅对工伤职工及时救治，而且还要对其进行康复治疗和培训，尽可能地降低劳动能力的损失程度。

② 保障企业的正常生产和经营。工伤特别是重大事故的发生既使企业的财产遭到直接破坏，也使企业的正常生产和经营受到影响。对于中小型企业，一次严重的工伤事故可能导致其走向倒闭的命运，而伤亡职工的赔偿则更加无从谈起。工伤保险制度的实施帮助企业分散了这种风险。

③ 促进社会安定。工伤事故发生后，如果处理不善不仅会引发劳资争议和劳动关系的紧张，而且容易造成职工对国家的不满，影响社会安定。正因如此，世界各国都建立了相应的职业伤害保障制度，其中，最具代表性的是德国的法定工伤保险制度。德国是世界上第一个对工伤设立保险制度的国家，并因其成功经验而为许多国家所仿效。

4.6.2 现行工伤保险制度的主要内容

根据《工伤保险条例》、《职业病防治法》和有关规章、规范性文件的规定，现行工伤保险制度的主要内容如下。

（1）工伤认定条件

职工由于下列情形之一负伤、致残、死亡的，应当认定为工伤：

① 从事本单位日常生产、工作或本单位负责人临时指定的工作的，在紧急情况下，虽未经本单位负责人指定但从事直接关系本单位重大利益的工作的；

② 经本单位负责人安排或者同意，从事与本单位有关的科学试验、发明创造和技术改进工作的；

③ 在生产工作环境中接触职业性有害因素造成职业病的；

④ 在生产工作的时间和区域内，由于不安全因素造成意外伤害的，或者由于工作紧张突发疾病造成死亡或经第一次抢救治疗后全部丧失劳动能力的；

⑤ 因履行职责遭致人身伤害的；

⑥ 从事抢险、救灾、救人等维护国家、社会和公众利益活动的；

⑦ 因公、因战致残的军人复员转业到企业工作后旧伤复发的；

⑧ 因公外出期间，由于工作原因，遭受交通事故或其他意外事故造成伤害或者失踪的，或因突发疾病造成死亡或者经第一次抢救治疗后全部丧失劳动能力的；

⑨ 在上下班的规定时间和必经路线上，发生无本人责任或者非本人主要责任的道路交通机动车事故的；

⑩ 法律、法规规定的其他情形。

职工由于下列情形之一造成负伤、致残、死亡的，不应定为工伤：

① 犯罪或违法；

② 自杀或自残；

③ 斗殴；

④ 酗酒；

⑤ 蓄意违章；

⑥ 法律、法规规定的其他情形。

（2）工伤保险待遇标准

工伤保险待遇标准是工伤职工享受工伤保险待遇及其他相关待遇不同等级的依据。工伤职工或其亲属享受工伤保险待遇时，工伤保险经办机构依据法定的待遇标准，发放给工伤职工或其供养亲属相关待遇。工伤保险待遇标准具体包括：工伤医疗待遇标准、停工留薪待遇标准、因工伤残待遇标准、因工死亡待遇标准。

① 工伤医疗待遇标准。工伤医疗待遇标准实际上包括工伤治疗费用标准和相关待遇标准。工伤医疗待遇标准包括工伤诊疗项目标准、药品使用标准、住院标准，上述标准不同于工伤现金待遇标准——能够确定相对恒定的数额，只能根据工伤职工的伤情与法定标准最终确定工伤保险待遇标准。一般来讲，工伤医疗待遇对上述费用实行全额报销制度，即上述费用全部从工伤保险基金中支付。

与工伤医疗待遇标准相关的待遇标准包括：住院伙食费、就医所需交通费用、食宿费用等标准。

② 停工留薪待遇标准。停工留薪待遇标准包括期限待遇标准和生活待遇标准两项。《工伤保险条例》第 31 条规定：停工留薪期一般不超过 12 个月、伤情严重或者情况特殊，经社区的市级劳动能力鉴定委员会确认，可以适当延长，但延长不得超过 12 个月。

工伤职工的生活待遇标准，即在工伤治疗期间，发放给工伤职工的基本生活补助。

停工留薪治疗期间，生活不能自理的工伤职工需要护理的，由所在单位负责。这一规定并没有指出费用的标准问题，可以理解为人工护理的成本由用人单位承担。

③ 因工伤残待遇标准。因工伤残待遇标准包括：伤残护理费标准、辅助器具费标准、一次性伤残补助金标准、年金性伤残津贴标准、一次性医疗补助金标准和就业补助金标准。

伤残护理费标准。伤残护理费是从工伤保险基金中支付的待遇，该类待遇标准是针对工伤职工生活不能自理，需要他人护理而确定的。

辅助器具费标准。辅助器具费标准是按照国家规定的标准确定的，也就是说对辅助器的选择，国家规定有专门的标准。工伤职工应如何确定辅助器具标准，如何确定假肢安装的档次，矫形器、义眼、假牙和轮椅等辅助器具的选择只能按照国家规定的标准执行。

一次性伤残补助金标准。该标准的确定依据是伤残程度和劳动能力下降程度。根据《工伤保险条例》第 33 条、第 34 条、第 35 条的规定，一次性伤残补助金的标准为 1～4 级伤残，保留劳动关系，退出工作岗位的职工享受一次性伤残待遇的标准是：一级伤残为 24 个月的本人工资，二级伤残为 22 个月的本人工资，三级伤残为 20 个月的本人工资，四级伤残为 18 个月的本人工资。5～6 级伤残，五级伤残为 16 个月的本人工资，六级伤残为 14 个月的本人工资。7～10 级伤残，七级伤残为 12 个月的本人工资，八级伤残为 10 个月的本人工资；九级伤残为8个月的本人工资，十级伤残为6个月的本人工资。

年金性伤残津贴标准。这种定期待遇的标准不仅存在标准的确定问题，还存在标准的调整问题。年金性伤残津贴，也就是所谓定期伤残津贴，一般情况下按月支付给工伤职工。《工伤保险条例》第33条、第34条、第35条规定了伤残津贴的标准，即以1～10级伤残的工伤职工的伤残等级和工资水平规定该类津贴。具体是：一级伤残为本人工资的90%，二级伤残为本人工资的85%，三级伤残为本人工资的80%，四级伤残为本人工资的75%。

一次性医疗补助金和就业补助金标准。一次性医疗补助金和伤残就业补助金只发放给5～6级伤残（大部分丧失劳动能力）和7～10级伤残（部分丧失劳动能力）的工伤职工。一次性伤残就业补助金，具体标准由省、自治区、直辖市人民政府规定。

④ 因工死亡待遇标准。因工死亡是最为严重的一种工伤，职工供养亲属所得到的待遇也最高。因工死亡待遇包括丧葬补助金标准、定期供养亲属抚恤金标准和一次性工亡补助金标准。

丧葬补助金的标准为：丧葬补助金为6个月的统筹地区上年度职工的月平均工资。丧葬补助金为一次性工伤保险待遇，该标准相当恒定，一般不会产生波动。

一次性工亡补助金标准。《工伤保险条例》37条第1款规定："一次性工亡抚恤金标准为48个月至60个月的统筹地区上年度职工平均工资，具体标准由统筹地区的人民政府根据当地经济、社会发展状况规定，报省、自治区、直辖市人民政府备案。"

定期供养亲属抚恤金标准，按照工亡职工本人工资水平。工亡职工供养亲属与工亡职工之间的关系，以及工亡职工供养的人数，以每个供养亲属为一份待遇的享受者来确定上述待遇。

下面以江西省为例，标准如表4-2所示。

表4-2 江西省因工死亡待遇标准

<table>
<tr><th rowspan="2">丧葬补助金</th><th colspan="2">一次性工亡补助金</th><th colspan="2">供养直系亲属抚恤金</th></tr>
<tr><th>对象分类</th><th>享受待遇</th><th>对象分类</th><th>享受待遇</th></tr>
<tr><td rowspan="3">6个月当地上年度职工平均工资</td><td>因工死亡</td><td>48个月上年度职工月平均工资</td><td>配偶</td><td>上年度职工月平均工资的40%</td></tr>
<tr><td rowspan="2">享受定期伤残抚恤金期间死亡（1～4级）</td><td rowspan="2">24个月上年度职工月平均工资</td><td>其他直系亲属</td><td>上年度职工月平均工资的30%</td></tr>
<tr><td>孤寡老人或者孤儿</td><td>在上述标准上加发10%</td></tr>
</table>

资料来源：江西劳动保障网 http://www.jxldbz.gov.cn/eip/default.asp? classid=190&articleid=4323. 2010-06-07.

4.6.3 工伤保险的操作

工伤保险在实践中一般用得少，需要提醒大家的是如果在工作的时候或者上下班的时候出了什么事，那么工伤保险就派上用场了。但是在实践中很多人出了事不注意保存证据，以至于自己无法享受工伤保险，这是很可惜的。如果下班的时候被车撞了，那就应该赶快报警，让警察来调查记录并拍照采集证据，警察处理完以后会开个事故鉴定书，就可以拿这个去单位要求报工伤了。如果出了事肇事者跑了，而且还不找证人不报警，在没证据的情况下一般不会被采纳为工伤的。

工伤还有个时效问题，如果你2007年7月1日出了工伤，那你必须马上报告单位，把警察出具的证据和事故鉴定书以及你出工伤以后去看病或住院的病历交给单位，要求单位拿着这些材料去做工伤鉴定，你的单位必须在2007年8月1日之前把你的有效材料送到工伤鉴定中心，如果距离你出工伤的日子超过了一个月，那工伤可能就不能鉴定了。如果你单位不去给你鉴定，那你自己可以拿着材料去鉴定中心鉴定，最好也不要超过一个月，否则会很麻烦。

4.7 生育保险

4.7.1 生育保险的概念

生育保险是通过国家立法，在职业妇女因生育子女而暂时中断劳动时由国家和社会及时给予生活保障和物质帮助的一项社会保险制度。其宗旨在于通过提供生育津贴、医疗服务和产假，维持、恢复和增进生育妇女身体健康，并使婴儿得到精心的照顾和哺育。

生育保险所提供的待遇主要由带薪产假、生育津贴、生育医疗服务及生育补助四项内容组成。

(1) 带薪产假

带薪产假是指生育女职工依照国家法律、法规规定，在怀孕、分娩以及产后的一定时期内所享受的有薪假期。各国设置产假的目的主要有二：一是保证女职工产前身体健康和产后劳动能力及时恢复；二是保证新生婴儿能够得到母亲的照料和哺育，为其后期的教育和健康成长奠定基础。

(2) 生育津贴

国家法律、法规规定对职业妇女因生育而离开工作岗位期间，给予的生活费用。有的国家又叫生育现金补助。我国生育津贴的支付方式和支付标准分两种情况：一是在实行生育保险社会统筹的地区，支付标准按本企业上年度职工月平均工资的标准支付，期限不少于90天；二是在没有开展生育保险社会统筹的地区，生育津贴由本企业或单位支付，标准为女职工生育之前的基本工资和物价补贴，期限一般为90天。部分地区对晚婚、晚育的职业妇女实行适当延长生育津贴支付期限的鼓励政策。还有的地区对参加生育保险的企业中男职工的配偶，给予一次性津贴补助。

(3) 生育医疗服务

生育医疗服务是指由医疗服务机构向生育妇女提供的妊娠、分娩及产后的一系列医疗保健和必要的住院治疗服务，以及对新生儿的保健服务等，由此引起的费用由生育保险基金支付，也有许多国家将此项目置于医疗保险范围内，其目的在于及早发现孕产期的异常现象，帮助胎儿健康发育，保证新生儿的质量。

(4) 生育补助

生育补助是指生育妇女享有的除基本的产假津贴之外的由政府提供的一定金额或实物的补助，主要有产前补助、出生补助、护理津贴等。从一定意义上讲，这些补助具有一定的福利色彩，但由于其与生育联系密切，也被视为生育保险待遇的一种，也有一些国家在家属津贴项目中提供类似的补助。

案例分析

福建某皮件厂女工邱某，1993 年 11 月与该厂签订 5 年劳动合同。邱某于 1998 年 9 月生小孩，住院期间花费检查费、接生费、住院费、手术费等医疗费用 1 470 元。而厂里规定生育费用采取包干的办法，一次性付给邱某 2 000 元。邱某认为 2 000 元的标准太低，加上生育津贴至少也需要 3 000 元。但是，厂里认为企业女职工多，不能负担太多的生育费用，只能实行包干的办法。况且，邱某的劳动合同已经到期。为此，邱某于 1998 年向当地劳动仲裁机关提出申诉，要求厂里为其报销全部生育医疗费用和支付产假期间的生育津贴。

评析

按照《女职工劳动保护规定》和《劳动部管理女职工生育待遇若干问题的通知》规定，企业应该负担邱某的生育医疗费用，并支付其产假期间的生育津贴。不能采取包干的办法。

结论

企业撤销生育费用包干的办法；企业支付邱某生育津贴 1 984.5 元，报销医疗费用 1 470元，共计 3 454.5 元。

资料来源：http://www.hroot.com/lawarticle/html/2005-10-12/20051012170237.htm. 2010-04-25.

4.7.2 生育保险的特征

① 享受生育保险的对象主要是女职工，因而待遇享受人群相对比较窄。随着社会进步和经济发展，有些地区允许在女职工生育后，给予配偶一定假期以照顾妻子，并发给假期工资；还有些地区为男职工的配偶提供经济补助。

② 待遇享受条件各国不一致。有些国家要求享受者有参保记录、工作年限、本国公民身份等方面的要求。我国生育保险要求享受对象必须是合法婚姻者，即必须符合法定结婚年龄、按婚姻法规定办理了合法手续，并符合国家计划生育政策等。

③ 无论女职工将来的妊娠后果如何，均可以按照规定得到补偿。也就是说，无论胎儿存活与否，产妇均享受有关待遇，并包括流产、引产以及胎儿和产妇发生意外等情况。

④ 生育期间的医疗服务主要以保健、咨询、检查为主，与医疗保险提供的医疗服务以治疗为主有所不同。生育期间的医疗服务侧重于指导孕妇处理好工作与修养、保健与锻炼的关系，使她们能够顺利度过生育期。分娩属于自然现象，正常情况下不需要特殊治疗。

⑤ 产假有固定要求。产假要根据生育期安排，分产前和产后。产前假期不能提前或推迟使用。产假也必须在生育期间享受，不能积攒到其他时间享用。各国规定的产假期限不同。我国规定的正常产产假为 90 天，其中产前假期为 15 天，产后假期为 75 天。

生育保险待遇有一定的福利色彩。生育期间的经济补偿高于养老、医疗等保险。生育保险提供的生育津贴，一般为生育女职工的原工资水平。另外，在我国职工个人不缴纳生育保险费，而是由参保单位按照其工资总额的一定比例缴纳。

4.7.3 生育保险的功能

作为专门针对女性的一项权益保障措施，生育保险一个非常重要的特征就是“双重功能性”，既保障原有劳动力的恢复又保障新生劳动力的健康成长。生育保险的这种双重性功能在社会保险体系中是独一无二的，这也决定了其地位的重要性。另外，生育保险对于分担风险、促进企业公平竞争、保障妇女平等就业及国家人口政策的顺利实施也具有重要作用。生育保险不仅直接关系到两代人的健康与发展，而且与企业、国家乃至整个社会的利益也是密切相关的。

对于个人而言，生育保险有利于保障妇女在生育期间的基本生活和医疗保健需求，促进其尽快地恢复身体健康；有助于维护妇女的平等就业权。生育保险通过统筹社会基金缓解了女性就业与生育之间的矛盾，为女性创造了公平参与工作的机会，有利于女性劳动力资源的开发和女性在家庭和社会中地位的提高。

对企业而言，生育保险对企业的作用主要体现在分散风险、提供公平的竞争环境上。生育保险分散风险的作用主要体现在两个方面：一是将个人的生育风险分散于社会之中；二是将企业间畸轻畸重的生育风险在各企业间加以平衡，这是由生育保险的社会统筹原则决定的。

对社会而言，生育保险有利于优生优育，保障人类的繁衍和劳动力再生产的连续性及质量；促进人口政策的贯彻实施。目前，一些西方国家的人口出生率很低，甚至出现劳动力短缺现象。为了缓解这一危机，许多国家都采取积极措施来鼓励生育。生育保险的不断完善，很大程度上保证了人口政策的顺利实施。

4.7.4 现行生育保险制度的主要内容

1986 年卫生部、劳动人事部、全国总工会、全国妇联联合印发了《女职工保健工作暂行规定》。这一《规定》是在全国范围内进行为期 6 年调查研究的基础上，经过科学论证，并参考各国法规制定的，为保障女职工的合法权益发挥了重大作用。

1988 年 7 月国务院发布了《女职工劳动保护规定》，此规定适用于中国境内一切国家机关、团体、企事业单位的女职工。军队系统的单位可参照执行。其对女职工的就业、劳动工作时间、产假、待遇孕期保护及其他福利等作了详细规定。

1994 年 12 月劳动部颁发的《企业职工生育保险试行办法》中规定：本办法适用城镇企业及其职工。生育保险按属地原则组织，生育保险费用实行社会统筹。

目前，我国生育保险的现状是实行两种制度并存。

第一种是由女职工所在单位负担生育女职工的产假工资和生育医疗费。根据国务院《女职工劳动保护规定》以及劳动部《关于女职工生育待遇若干问题的通知》，女职工怀孕期间的检查费、接生费、手术费、住院费和药费由所在单位负担。产假期间工资照发。

第二种是生育社会保险。根据劳动部 1994 年 12 月颁布的《企业职工生育保险试行办法》规定，参加生育保险社会统筹的用人单位，应向当地社会保险经办机构缴纳生育保险费；生育保险费的缴费比例由当地人民政府根据计划内生育女职工的生育津贴、生育医疗费支出情况等确定，最高不得超过工资总额的 1%，职工个人不缴费。参保单位女职工生育或流产后，其生育津贴和生育医疗费由生育保险基金支付。生育津贴按照本企业上年度职工月平均工资计发；生育医疗费包括女职工生育或流产的检查费、接生费、手术费、住院费和药费（超出规定的医疗服务费和药费由职工个人负担）以及女职工生育出院后，因生育引起疾病的医疗费。

生育保险津贴：生完小孩五个月内办理，分别由女职工、男配偶所在单位申领生育保险待遇，津贴发放标准如下。

（1）女职工生育津贴

生育津贴＝当月本单位人平缴费工资÷30(天)×假期天数

假期天数：

① 正常产假 90 天（包括产前检查 15 天）；

② 独生子女假增加 35 天；

③ 晚育假增加 15 天；

④ 难产假。剖腹产、Ⅲ度会阴破裂增加 30 天；吸引产、钳产、臀位产增加 15 天；

⑤ 多胞胎生育假，每多生育一个婴儿增加 15 天；

⑥ 流产假：怀孕不满 2 个月 15 天；怀孕不满 4 个月 30 天；满 4 个月以上（含 4 个月）至 7 个月以下 42 天；7 个月以上遇死胎、死产和早产不成话 75 天。

（2）女职工生育医疗费

① 确认生育就医身份后就医的医疗费用，由市劳动和社会保障局同医院定额结算（超过 1 万元以上的部分按核定数结算）。

② 异地分娩的医疗费用，低于定额标准的按实际报销；高于定额标准的，按定额标准报销。

（3）女职工一次性分娩营养补助费

正常产、满 7 个月以上流产：上年度市职工月平均工资×25%。

难产、多胞胎：上年度市职工月平均工资×50%。

（4）女职工一次性补贴

在一、二级医院分娩的，每人一次性增加 300 元补贴。

（5）男职工的有关待遇

领取《独生子女优待证》的男配偶享受 10 天的假期，以孩子出生当月本单位人平缴费工资计发。男配偶假期工资＝当月单位人平缴费工资÷30(天)×10(天)。

经核定的生育津贴、男配偶假期工资，由社会保险经办机构拨到单位，由单位管理和发放。用人单位要依据相关文件的相关规定支付给职工本人。一次性分娩营养补助费、在一、二级医院分娩的一次性补贴，用人单位要按社会保险经办机构拨付的标准支付给产妇。

生育就医手续确认。女职工在怀孕 16 周后，凡享受人流、引产、产检、生育等生育保险各项待遇时，从 2005 年 9 月 1 日起，由用人单位到医疗保险管理服务中心进行就医手续确认及申报定点医院。

4.7.5 生育保险的操作

生育保险要交一年才能享受。如果你是位女职工，每个月工资为 1 000 元，2007 年 1 月 1 日开始交生育保险，缴费基数为 1 189，而你 2007 年 3 月怀孕，2007 年 12 月底生了孩子，2008 年 1 月出院，那么你出院以后要尽快把结婚证（未婚生子的报销不了）＋ 独生子女证（一般来说生 2 胎的报销不了）＋ 病历和住院及手术费用的所有发票＋住院清单＋出院小结这些所有的材料交到公司，如果你怀孕时候检查花了 500 元，生孩子的时候住院＋手术花了

2 000 元，一般来说，公司在医保规定范围内基本上可以给你全部报销，报销以后给你的钱包括：500 元检查费+2 000 元住院手术费+1 189 元/月×4 个月=7 256 元，1 189 元/月×4 个月这是医保中心特别为报销的女职工补贴的，只有女职工报销才能拿得到。

国家规定女职工报销生育保险的时候必须给 4 个月的平均工资，所以你生孩子报销的话，不仅不用花钱而且还可以赚 4 个月的工资，如果你的缴费基数交的比工资高，比如拿 1 000元工资但是按照 1 189 元的标准缴纳，那你就赚了。

如果你是男职工，你妻子没工作或者工作单位没交保险，而她生孩子的时候你交的生育保险也已经超过了 1 年，那么你也可以报销生育保险，但是以之前的例子为例，你只能报销 500 元检查费+2 000 元住院手术费的一半=1 250 元，补贴的 1 189 元/月×4 个月的工资你就享受不到了，这是只有女职工报销的时候才可以享受的。

补充学习资料

江西省 2010 年生育保险基金征缴

1. 参保对象

凡在江西省的所有城镇企业（包括国有企业、城镇集体企业、股份制企业、外商投资企业、私营企业等）和实行企业化管理的事业单位（统称用人单位）及其全部职工都应参加当地生育保险费用社会统筹。原实行养老保险行业系统统筹的中央部属企业应按照属地管理原则，参加当地生育保险。

2. 缴费基数和缴费比例

生育保险费根据“以支定收、收支基本平衡”的原则筹集。征集比例一般应控制在参保单位工资总额的 0.6%左右，最高不得超过 0.8%。职工个人不缴纳生育保险费。

生育保险缴费基数以基本养老保险核定的缴费基数为标准；未参加基本养老保险的用人单位，其基数由社会保险机构根据用人单位上年度职工月平均工资总额审核后确定。

江西省 2010 年生育保险待遇支付

1. 享受生育保险待遇的女职工必须符合的条件

(1) 连续工作满一年；

(2) 女职工结婚符合《中华人民共和国婚姻法》规定；

(3) 女职工生育符合《江西省计划生育条例》规定，有当地计划生育部门签发的计划生育证明。

2. 待遇申报手续

女职工生育后，用人单位应及时指派专人与社会保险机构联系，办理待遇申报、审批拨付手续。申报时，用人单位应携带已填写的《生育保险待遇审批表》、准生证、婴儿出生证或死亡证、流产证明、工资花名册和生育医疗费原始发票及有关证明。

3. 目前我省生育保险待遇支付项目和标准

(1) 生育津贴。女职工生育或符合计划生育流产，按规定享受产假。产假期间按规定的产假期和生育女职工本人上年底月平均缴费工资标准计发生育津贴。本人上年度月平均缴费工资低于本单位上年度职工月平均缴费工资的，按本单位上年度职工月平均缴费工资计发。

（2）生育医疗费。生育医疗费用包括怀孕至分娩期间的检查费、接生费、手术费、住院费和药品费。为了有效控制生育医疗费，各地可根据本地生育医疗费用支付情况，实行限额实报实销的办法。限额标准应根据医疗费用的增长情况一般两年调整一次。

（3）流产医疗费。流产医疗费主要指女职工符合计划生育流产所发生的医疗手术费、检查费和药品费。

（4）疾病医疗费。疾病医疗费是指因生育引起疾病的医疗费，包括产后出血、产后感染、产褥热等疾病的治疗费、手术费、药费、住院费等。

（5）适当增加的支付项目。主要是各地根据当地实际和生育保险基金结余情况增加的支付项目，如女职工因生育死亡的一次性丧葬、抚恤费；一次性生育医疗补助费；计划生育手术费等。

一次性生育丧葬、抚恤费。凡符合计划生育规定，并参加了生育保险的女职工，因分娩死亡的，可按有关政策规定的"非因工及因病死亡"的标准，由当地社会保险机构一次性发给丧葬、抚恤费。

一次性生育补助费。企业男职工其在农村或属城镇无固定收入的配偶，符合生育保险支付条件的，各地可根据情况，由社会保险机构予以一次性生育补助费。

计划生育手术费。职工因实行计划生育需要，实施放置（取出）宫内节育器、流产术、引产术、绝育及复通手术所发生的医疗费用。

资料来源：江西劳动保障网 www.jxldbz.gov.cn. 2010-06-08.

4.8 住房公积金

4.8.1 住房公积金的概念与性质

住房公积金是指国家机关、国有企业、城镇集体企业、外商投资企业、城镇私营企业及其他城镇企业、事业单位及其在职职工依照国家有关政策法规缴存的长期住房储金，是我国住房货币化分配的重要形式。按照国务院《住房公积金管理条例》的规定，住房公积金由在职职工和所在单位各按职工工资收入的一定比例逐月缴存，其单位缴存部分和个人缴存部分，都属于职工个人所有。

住房公积金的性质，可以归纳为以下几个方面。

（1）社会保障性

建立住房公积金的根本目的是满足广大职工不断变化的住房需求，从住房公积金归集、管理和使用等方面，都可以看出它的社会保障性质。住房公积金是由在职职工和所在单位各按职工工资收入的一定比例逐月缴存的。其中职工个人缴存部分是在职职工必须存储的最低住房保障资金，单位为职工缴存部分是对职工工资中住房消费部分的补充，是对职工住房分配的货币转化形式。

（2）政策性

从缴存方面来看，住房公积金通过国家政策法规规定强制实行，所有城镇单位和在职职工都必须无条件地按时足额缴存；对于住房公积金的缴存基数、缴存比例、存贷款利率、归还本息期限、缴存资金来源及税收减免等方面，国家都有明确规定，这也是住房公积金与银行储蓄存款的本质区别。

（3）互助性

住房公积金由政府专门批准设立的机构统一归集和管理，统一在缴存住房公积金的所有职工范围内调剂使用。各住房公积金管理中心运用归集的住房公积金存储余额，向购买、大修自住住房的职工发放住房公积金低息贷款，利用这项贷款的职工解决了自己的住房问题，不同程度地享受了其他人缴存住房公积金给他带来的利益，这就是住房公积金互助性的体现。

（4）长期性

这是从住房公积金的归集、使用时限上讲的。住房公积金虽然是职工个人的一种住房储金，归职工个人所有，但各单位对在职期间的职工必须按时足额缴存住房公积金，不得断缴或不缴；职工对已缴存的住房公积金也必须按规定用途使用，而不是由职工本人自由支配。职工只有在离退休时，才按规定不必继续缴存住房公积金，已缴存的住房公积金本息余额则一次性退还职工本人。住房公积金的长期性同时说明，建立住房公积金制度是一项相对长期的政策措施，而不是一时的权宜之计。

案例分析

崇川法院对南通首起拖欠职工住房公积金案件作出裁决

2005年9月19日，江苏南通崇川区法院分别向江苏某酒业有限公司、海安某染整厂等两家企业送达了行政裁定书，裁定：申请人南通市住房公积金管理中心作出的通房公积金责缴［0204］第1001号、1006－6号《责令限期缴存住房公积金通知书》以及［0205］第001号、第002号《行政处罚决定书》，准予强制执行。这意味着法院对长期拖欠、拒缴职工住房公积金企业采取强制执行措施的序幕将由此拉开。

上述酒业公司属南通地区较有影响的大型酒类生产商，实力雄厚，注册资本近600万元，有职工600人左右。根据该酒业公司所在地区统计部门的数据显示，该公司2003年和2004年的利税总额均在1 600万元以上。然而，南通市住房公积金管理中心调查发现，就是这样一个规模型企业，自成立以来，一直未建立住房公积金制度，在规定的银行没有开立公积金账户，没有为其职工缴纳住房公积金，显然违反了国家关于住房公积金的规定，在一定程度上损害了职工的利益。2004年12月20日，南通市住房公积金管理中心根据《住房公积金管理条例》的规定，要求该酒业公司在规定的期限内足额缴纳拖欠的职工住房公积金81万余元。而该公司接到市公积金管理中心的责令补缴通知后，拒不履行，管理中心在原基础上又于2005年1月11日作出行政处罚决定，予以罚款3万元，然而该酒业公司依然无动于衷。染整厂情况略有类似。

2005年8月31日，管理中心依照行政诉讼法的规定向南通市崇川区法院申请强制执行。法院受理后对该两起具有普遍意义的典型案件召开了执行听证会，充分听取当事人的意见。听证会上，染整厂尽管提出了种种理由，但既不能否定拖欠未缴的事实，也无法摆脱其负有的缴付义务；酒业公司虽拒收法院的听证通知书，亦拒不到庭参加听证，但影响不了听证会的依法进行和未来强制执行程序的进入。法院经过听证审查认为，酒业公司的做法系放弃其享有的申辩、陈述权利的行为；管理中心作出的通知书和行政处罚，事实清楚、适用法律正确，且已经发生法律效力，应当准予强制执行。法院遂依据最高法院执行行政诉讼法的解释的规定，对上述两家企业发出了强制执行裁定书。

住房公积金是我国住房制度改革的一项重要措施，是住房社会化的重要途径，为低收入家庭解决住房问题提供了重要的保障，与养老保险、医疗保险共同构成为社会职工生存、生活、发展的三大保险支撑，其基础性作用可见一斑。国家对住房公积金历来十分重视，已经纳入法律化、制度化的范畴。然而社会某些企业为了追求自己的发展或是更多利润，而牺牲职工的切身利益，拒绝缴纳住房公积金的例子已是普遍存在的社会问题，这一问题应当引起政府有关部门的重视，采取有效措施切实解决好。

资料来源：http://www.ntenforce.com/showarticle.php? id=1991. 2010-04-25.

4.8.2 住房公积金管理的一般规定

(1) 缴存住房公积金的范围

缴存范围包括各级国家机关、国有企业、城镇集体企业、外商投资企业、城镇私营企业及其他城镇企业、事业单位及其在职职工。上述单位均须按规定到住地住房公积金管理中心，为所属职工（外商投资企业中的外国人除外）办理住房公积金的缴存手续。

(2) 住房公积金的管理原则

住房公积金的管理实行“住房委员会决策、住房公积金管理中心运作、银行专户存储、财政监督”的原则。住房委员会决策，是指由人民政府有关负责人及财政、建设等有关部门负责人和工会代表、有关专家组成的住房委员会，作为住房公积金管理的决策机构，对有关住房公积金管理的重大问题行使决策权。住房公积金管理中心运作，是指在住房委员会的领导下，各地依法成立的住房公积金管理中心，具体承担住房公积金的管理运作职责。银行专户存储，是指住房公积金管理中心在住房委员会确认的受委托银行设立住房公积金专用账户，专项存储住房公积金。财政监督，是指财政部门对住房公积金的管理运作进行检查监督。

(3) 住房公积金的权属性质

职工个人缴存的住房公积金和职工所在单位为职工缴存的住房公积金，属于职工个人所有。住房公积金由两部分组成，一是职工个人缴存部分，二是单位缴存部分。职工个人缴存的住房公积金，本身就是职工工资的一部分，当然归职工个人所有；单位为职工缴存的住房公积金，相当于单位以住房公积补贴形式给职工增加了一部分住房工资，是职工的货币化住房收入，因此也应归职工个人所有。

(4) 住房公积金的使用范围

住房公积金应当用于职工购买、建造、翻建、大修自住住房，任何单位和个人不得挪作他用。建立住房公积金制度的目的，是转变住房分配体制，提高职工购建自住住房的能力，发展住房消费信贷，加快住房建设。按照国务院《住房公积金管理条例》的规定，职工只有为解决自己的住房问题而进行基本住房消费时，即职工购买、建造、翻建、大修自住住房时，才能使用住房公积金。为了其他性质的个人消费或为了投资、增值等其他商业目的，则不能使用住房公积金。

4.8.3 住房公积金的缴存

案例

谁该为我缴交住房公积金?

潘先生与牡丹江某商城签订了劳动合同，然后由牡丹江某商城以劳务输出的形式派到A酒店工作。两年后潘先生结束了与A酒店的劳务关系并由A酒店开具了退工单。2004年下半年，因潘先生的房屋要动拆迁，才发现A酒店没有按规定为自己缴交住房公积金，于是潘先生找A酒店要求补缴住房公积金，却发现A酒店已于几年前改由另一家酒店集团管理，并改名为C酒店了。那么，潘先生现在该找谁去为他补缴住房公积金呢?

本案处理的关键是执法主体的确定问题。根据《关于实施〈牡丹江市劳动合同条例〉若干问题的通知》（沪劳保关发（2002）13号）中第三项第十一款的规定：《条例》第二十五条规定的签订劳动合同和实际使用劳动者的用人单位不一致的，经当事人协商一致可以变更用人单位主体，原劳动合同由变更后的用人单位继续履行。实际使用劳动者的单位不能履行劳动合同约定义务的，由签订劳动合同的用人单位承担对劳动者的义务。

在上述情况下，虽然实际工作用人单位是A酒店，但A酒店现已不存在，鉴于潘先生是与牡丹江某商城签订了劳动合同，由此可以认定牡丹江某商城为被执行主体。同时，牡丹江某商城违反了国务院《住房公积金管理条例》的相关规定：“单位应当于每月发放职工工资之日起5日内将单位缴存的和为职工代缴的住房公积金汇缴到住房公积金专户内，由受委托银行计入职工住房公积金账户。”“单位应当按时、足额缴存住房公积金，不得逾期缴存或者少缴。”因此，牡丹江某商城必须为潘先生补缴其存在劳动关系期间的住房公积金。在市公积金中心送达了责令限期缴存的法律文书后，牡丹江某商城补缴了潘先生的住房公积金。

资料来源：http://221.206.100.163/wqzl222.asp. 2010-04-25.

（1）住房公积金的缴存范围和缴存比例

单位缴存住房公积金的职工范围为在职职工，包括正式职工和聘用合同制职工。离退休职工和外商投资企业中的外国人不缴存住房公积金。单位新调入的职工，从调入单位发放工资之日起缴存住房公积金；新参加工作的职工，从参加工作的第二个月开始缴存住房公积金。单位与职工终止劳动关系的，从终止劳动关系之日起，不再为该职工缴存住房公积金。

职工个人缴存和职工所在单位为职工缴存住房公积金的比例，全国各个城市有所不同。

（2）住房公积金的缴存程序

单位到住地所辖住房公积金管理中心（以下简称“管理中心”）办理缴存登记。单位住房公积金管理人员到管理中心填制《住房公积金缴存登记表》，并填报有职工姓名、身份证号码和上一年度月平均工资总额的《公积金汇缴清册》，由管理中心核定其职工住房公积金月缴存额和单位汇总月缴存额。

管理中心为缴存单位职工办理住房公积金个人账户的开户手续。首先，单位核对管理中心核定的职工住房公积金月缴存额。每个职工的月缴存额包括职工缴存额和单位为职工的缴存额两部分，其中职工个人月缴存额为职工本人上一年度月平均工资乘以职工住房公积金缴存比例；单位为职工缴存的月缴存额为职工本人上一年度月平均工资乘以单位住房公积金缴存比例。其次，管理中心根据单位核对无误的职工《住房公积金月缴存额核定表》，为该单位职工办理住房公积金个人账户的开户手续。

单位按月办理住房公积金的缴存。单位按照管理中心为其打印的《住房公积金月缴存额核定表》的数额，在每月发薪时，先代扣职工个人缴存额，再连同单位缴存部分，于每月发工资之日起5个自然日内统一缴存管理中心在银行开立的住房公积金专户。住房公积金自存入职工住房公积金账户之日起，按照国家规定的利率计息。职工、单位有权向管理中心查询本人、本单位住房公积金的缴存和支取情况。

(3) 对不按规定缴存住房公积金单位的处罚

单位不办理住房公积金缴存登记或者不为本单位职工办理住房公积金账户设立手续的，由住房公积金管理中心责令限期办理；逾期不办理的，处1万元以上5万元以下的罚款。单位逾期不缴或者少缴住房公积金的，由住房公积金管理中心责令限期缴存；逾期仍不缴存的，可以申请人民法院强制执行。

(4) 单位缴存住房公积金的列支渠道和税收减免

单位为职工缴存的住房公积金，用管理中心开具的缴存凭证，按照下列规定列支：

① 机关单位在预算中列支；

② 事业单位由财政部门核定收支后，在预算或者费用中列支；

③ 企业在成本中列支。

按照国家有关政策规定，单位和个人实际缴存的住房公积金，不计入个人当期的工资、薪金收入，免征个人所得税；个人按规定支取已缴存的住房公积金时，免征个人所得税。职工住房公积金个人账户存款利息收入免征个人所得税。

4.8.4 住房公积金的提取和使用

(1) 住房公积金的使用

职工因住房需要，可以使用住房公积金。具体规定如下。

① 购房时支用住房公积金。职工购房时需要支取本人及配偶的住房公积金存储余额，应持有本人与房产商签订的购房合同或政府房改部门批准的公房出售文件及单位审核盖章的《住房公积金支取申请书》，到管理中心办理审核及支取手续。

② 自建或大修自住住房支用住房公积金。自建住房的应持有关的建房批准文件和单位审核盖章的《住房公积金支取申请书》；大修住房的应持房屋大修合同、房产证明、大修结算凭据及单位审核盖章的《住房公积金支取申请书》，到管理中心办理审核及支取手续。

③ 偿还购房贷款支用住房公积金。职工通过银行贷款购房的，在还款期内，可持银行借款合同和单位审核盖章的《住房公积金支取申请书》，到管理中心一年一次办理支取手续。

④ 房租超出家庭工资收入的规定比例须支用住房公积金。职工因生活困难，须支用住房公积金，以支付给所租房屋房主的，应持单位审核出具的房租超出家庭工资收入规定比例的证明、单位盖章的《住房公积金支取申请书》，到管理中心办理审核及支取手续。

⑤ 缴存住房公积金的职工在购买、建造、翻建、大修自住住房时，可按当地政府的有关规定，申请住房公积金贷款。

住房公积金个人住房贷款，是住房公积金管理中心运用归集的住房公积金存储余额，委托指定的商业银行，向已缴存住房公积金的职工发放的购买、大修自住住房贷款。此项贷款作为一种政策性业务，其贷款利率低于商业银行同类贷款利率标准。

凡正常向住地所辖的省、市（地）管理中心缴存住房公积金一年以上，具有完全民事行为能力的职工，购买或大修自住住房资金不足时，均可按照规定条件和程序向其缴存住房公积金的管理中心申请贷款，享受政策性住房贷款的信用支持。

除规定的其他证明和手续外，借款人及配偶工作单位需要出具有关借款人的职业、住房情况及住房公积金缴存等情况证明（即《住房公积金贷款申请人及配偶单位情况证明》一式三份）。

需要单位和员工个人特别注意的是：只有职工个人及所在单位尽了正常缴存住房公积金的义务，且连续足额缴存一年以上，才有权利享受住房公积金个人住房贷款的信用支持。

（2）职工按规定可销户提取住房公积金的情况

① 职工因离退休、完全丧失劳动能力并与单位终止劳动关系、调离本地市或出境定居时，可支取住房公积金。职工应持所在单位核实后出具的相关证明及单位盖章的《住房公积金支取申请书》，到管理中心办理住房公积金个人账户的注销和全部本息存储金额的支取手续。

② 职工因死亡或者被宣告死亡的，职工的继承人、受遗赠人可以持相关法律文书及受益人的身份证明、死亡职工单位审核盖章的《住房公积金支取申请书》，到管理中心办理住房公积金个人账户的注销和全部本息存储金额的支取手续；无继承人也无遗赠人的，职工住房公积金账户内的存储余额按规定纳入住房公积金的增值收益。

4.9 津贴与福利

4.9.1 津贴

津贴一般不与劳动者的劳动数量和质量发生直接联系，其发放的原则与依据是劳动者劳动环境与条件的优劣。津贴分为工资性津贴和非工资性津贴。津贴的种类繁多，大体可以分为以下几类。

① 补偿劳动者特殊或者额外劳动消耗的津贴，其主要特点是与特殊劳动环境下的工作岗位直接相关。如野外施工津贴、夜班津贴、矿山井下津贴、高空津贴、高温津贴、高寒津贴、高原津贴等。

② 保健津贴，是为保障特定行业劳动者的身体健康而建立的，这类津贴多与某一行业的劳动环境有关。如卫生防疫津贴、科技保健津贴、医疗卫生津贴等。

③ 保障津贴，是为了保证劳动者实际工资购买力不下降以及补偿职工由于特殊工作需要而造成的额外生活开支而建立的。如物价补贴、地区生活差补贴、出差补贴等。

④ 技术性津贴，是为了鼓励有特殊贡献、特殊技能的劳动者而建立的。它起到了鼓励劳动者提高科学技术水平、表彰先进工作者、调动劳动者积极性的作用。如科研津贴、特级教师津贴、优秀运动员津贴和体育津贴、工人技师津贴、对有突出贡献的专家学者所发放的政府津贴等。

⑤ 其他性质的津贴，如工龄津贴、教龄津贴等。

4.9.2 员工福利

员工福利是员工作为组织的一名成员而从组织内所获得的报酬。员工福利与工资、奖金不同，它与员工的绩效无关，是基于员工的组织成员身份而确定的。福利对企业发展的重要意义主要体现为：吸引优秀员工、提高员工士气、降低流失率、提高凝聚力。

（1）员工福利的特点

① 补偿性。福利是企业为员工劳动提供的一种物质补偿，也是员工薪资收入的补充分配形式。一些不宜用货币形式和个体形式支付的劳动报酬，可以用非货币和集体形式的福利方式来支付。

② 均等性。福利的均等性是指履行了劳动义务的本企业员工均有享受企业福利的平等权利。福利的均等性特点在一定程度上起着平衡员工收入差距的作用。当然，均等性是对企业一般性福利而言的，对于一些高层次福利，许多企业采取了差别对待的方式。

③ 集体性。兴办集体福利事业、员工集体消费或共同使用企业的公共物品等，是福利的主体形式。集体消费除了可以满足员工的某些物质需求之外，集体旅游、娱乐和健康项目的实施，还可以强化员工的团队意识和提升对企业的归属感。

（2）员工福利的构成

对于企业员工而言，福利包括两个部分。

① 员工法定福利。员工法定福利是政府通过立法，要求用人单位必须向员工提供的一些社会保险、法定假日及劳动保护措施等。其中核心的部分是社会保险，它是以向社会保险经办机构缴纳税（费）的方式提供的具有强制性的社会保险项目，从用人单位的角度可视之为法定福利。

② 企业自愿福利。企业自愿福利是企业自主决定、向本企业员工提供的一些福利项目。从世界范围看，企业自愿福利是企业在没有政府立法要求的前提下，为增强自身的凝聚力吸引更多高素质的劳动力和人才，并鼓励他们在岗位上长期服务而主动提供的福利。一般是通过举办集体福利设施、发放各种补贴等方式满足本企业员工某些普遍性和共同性的消费需要，并且以低费或免费形式提供。这种以用人单位或行业为主体自主地为职工提供的行业或单位内部的福利，在市场经济国家也很普遍。

（3）企业福利计划

企业一般通过福利计划来设计和发放企业自愿福利。在形形色色的企业福利计划中，最普遍和最具典型特征的福利项目包括补充养老保险、补充医疗保险、内部员工持股计划、人寿保险计划及其他一些员工福利项目。

① 补充养老保险是指除法定养老保险外，由企业根据自身经济实力，在国家规定的实施政策和实施条件下为本企业职工所建立的一种辅助性的养老保险，它由国家宏观指导、企业内部决策执行。企业补充养老保险费可由企业完全承担，或由企业和员工双方共同承担，承担比例由劳资双方协议确定。

我们在前面曾经讨论过的养老保险是社会保障的一部分，是法律所要求的退休福利。由于各方面的原因，法律所规定的养老金水平不会很高，很难保证劳动者在退休以后过上宽裕的生活。

为此，很多国家都鼓励企业在国家法定的养老保险之外，自行建立企业的补充养老保险计划，其主要手段是提供税收方面的优惠。比如美国的401K计划、403B计划就是为了鼓励企业建立补充养老保险而制订的税收减免计划。中国政府也鼓励企业在力所能及的情况下建立起企业的补充养老保险计划，但是由于政策方面不配套，所以中国在企业补充养老保险方面尚未形成统一的模式，在这里主要就美国企业的补充养老保险情况做一个简要的阐述。

对员工最主要的福利应是为其退休后的生活提供经济保障。养老金计划有三种基本形式。分别为团体养老金计划、延期利润分享计划和储蓄计划。团体养老金计划是指企业（可能也包括员工）向养老基金缴纳一定的养老金；延期利润分享计划是指组织会在每个员工的储蓄账户上贷记一笔数额一定的应得利润。储蓄计划是指员工从其工资中提取一定比例的储蓄金作为以后的养老金，与此同时，企业通常还会付给员工相当于储蓄金金额一半或同样数额的补贴。在员工退休或死亡以后，这笔收入会发给员工本人或其遗属。

养老金的基本形式还可以按照其他标准划分。例如，把退休福利分为固定受益制和固定缴费制。固定受益制包括确定养老金数量的一套准则，这样就可以事先确定员工应得的养老金数额。这个计划说明，为了使员工在退休以后得到某一数量的养老金，究竟应该依据什么原则来确定员工缴纳的养老金费用。而固定缴费制则并不确定员工最终所得的养老金数量，只确定计划的定期缴纳额。在固定受益制中，员工在退休之前就可以事先确定他们的退休所得。而在固定缴费制中，员工并不能确定他们的养老金数额。员工的最终所得和养老基金的摊缴额和退休基金的投资收益情况密切相关。

② 补充医疗保险是指除法定医疗保险外，企业为保障员工身体健康而采取的种种措施。许多国家的基本医疗保险定位于提供低成本、有限责任、普遍享受的医疗保障。这就给企业为员工提供补充医疗保险，为员工购买商业医疗保险或直接报销有关医疗费用留下了空间。

健康医疗保险的目的是减少当员工生病或遭受事故时本人或其家庭所遭受的损失。这种企业补充保险形式主要是在美国等一些经济发达国家使用。这种情况下，企业通常以两种方式提供这方面的福利：集体授保或者加入健康维护组织（HMO）。

集体授保是指企业向保险公司支付一笔费用，作为保险费，当员工生病或其家庭发生某些事故时，保险公司可以部分或全部地赔偿其损失。从长期来说，企业所交的保费应该等于保险公司向员工支付的赔偿金与保险公司的管理费用之和。但是保险项目必须界定清楚保险的范围以及赔偿金的比率。有些时候，有些企业还采取了自保的形式，也就是说，企业自己划出一部分资金作为员工的保险金，而不再向保险公司投保。这是一种控制健康保险成本的方式，但是，这种做法会将原来转嫁到保险公司的风险重新移回自己的头上。

此外，企业还可以采取加入健康维护组织的方式为员工提供健康医疗保险服务，健康维护组织在美国比较普遍，它是一种保险公司和健康服务提供者的结合。它提供完善的健康服务，包括对住院病人和未住院病人提供照顾等。

③ 内部员工持股计划。有的企业为了留住员工，开展了内部员工持股计划。一般是员工在公司工作一年以上，年龄在21岁以上的员工均可参加；股份分配以工资为依据，兼顾工龄和工作业绩；员工持有的股份由托管机构负责管理，它可以是公共的托管机构，也可以是公司内部自己的托管机构；员工持有股份须经5～7年，才能取得全部股份，并在满足了规定的时间和条件后，员工有权转让其股份，公司有责任收购；上市公司持股的员工享有其他股东相同的投票权，非上市公司的持股员工对公司的重大决策享有发言权。

④ 企业人寿保险计划。是一种比较古老和普通的员工福利，保险费的成本通常由雇主支付，并允许员工购买附加的保险。发达国家的绝大部分大中型企业，都把为职工购买人寿保险作为一种福利，在雇主为员工购买的最低保险额之上，通常还允许员工自己交保，购买一定数额的额外保险。

人寿保险是市场经济国家的一些企业所提供的一种最常见的福利。大多数企业都要为其员工提供团体人寿保险，这是因为一个适用于团体的寿险方案对企业和员工都有优点。作为一个群体的员工，对个人而言，可以较低的费率买到相同的保险。而团体方案通常适用于所有的员工，包括新进员工，而不论其健康或身体状况如何。多数情况下，企业会支付全部的基本保险费，承保金额相当于员工两年的薪酬收入。而附加的人寿保险则由员工自己承担。个别情况下，即使是基本保险费率也按一定的比率在企业和员工之间分摊，如 50∶50 或 20∶80。我国也已经有不少企业开始为员工办理集体人寿保险。

⑤ 各种补贴。我国立法关于员工个人福利补贴项目和标准的规定，对于国家机关、事业组织和社会团体而言，带有一定程度的强制性；对于企业来说，员工的福利补贴一般带有任意性。我国员工福利补贴项目主要包括：两地分居的员工享受探亲假期及相应的工作补贴和旅费补贴待遇；上下班交通费补贴；冬季取暖补贴；生活困难补助；生活消费品价格补贴、婚丧假等。

⑥ 员工服务。企业为员工提供的服务，如职工医疗、子弟学校、职工食堂、班车等，都属于员工服务，主要目的是为员工的生产生活提供一些方便。近年来，员工服务项目，在员工福利方面扮演着越来越重要的角色。

ⓐ 咨询服务。企业可以向员工提供广泛的咨询服务。咨询服务包括财务咨询（例如，怎样克服现存的债务问题）、家庭咨询（包括婚姻问题等）、职业生涯咨询（分析个人能力倾向并选择相应职业）、重新谋职咨询（帮助被解雇者寻找新工作）以及退休咨询等。在条件允许的情况下，企业还可以向员工提供法律咨询。

ⓑ 员工援助计划。员工援助计划是企业针对诸如酗酒、吸毒、赌博或压力问题等向员工提供咨询或治疗的正式计划。基本模式有四种：在内部模式中，由公司自行雇佣全部援助人员；在外部模式中，公司与第三方签订合同，由第三方提供员工援助服务所需的工作人员和服务内容，提供服务地可以是第三方的上班地点、本公司的上班地点或者是二者的结合；在合作模式中，多个公司集中其资源共同制订一个员工援助计划；在加盟模式中，第三方已经与公司签订了合同，但第三方持合同转包给一个地方性的专业机构，而不是利用自己的员工来执行合同。如果实施员工援助计划的第三方在客户公司所在地没有办公地点，通常采用加盟模式向客户公司的员工提供服务。

ⓒ 教育接助计划。教育接助计划是针对那些想接受继续教育或完成教育的员工实施的一种很普遍的福利计划。教育接助计划分为内部接助计划和外部援助计划两种。内部援助计划主要是指企业内部的培训，例如，一些企业尝试在企业内开设自己的大学课程，如 MBA 课程，并聘请大学教师来企业讲课等。外部接助计划主要指的是学费报销计划。学费的报销可以采取全额报销、部分报销的方式，也可以采取每年给予固定金额的补助等不同的方式。

ⓓ 儿童看护帮助。在美国，越来越多的公司向员工提供儿童看护帮助。这种帮助可以根据公司介入程度的不同划分为多种形式。企业参与程度最低的一种儿童看护帮助是，企业

向员工提供或帮助员工查找儿童看护服务的成本和质量方面的一些信息。在儿童看护帮助方面，较高参与程度的企业对于那些已经购买了儿童看护服务的员工提供补贴。在最高的企业参与层次上，企业直接向员工提供工作场所中的儿童看护服务。多项调查都显示，提供儿童看护帮助的企业，员工的缺勤现象大大减少，生产率也有一定程度的上升。

ⓔ 老人护理服务。随着人口平均年龄的提高，企业和个人都越来越多地关心老年人的护理向题。与儿童照顾有些类似，老年护理计划的目的是帮助员工照顾不能充分自理的年迈父母。从企业的角度说，老年护理福利之所以如此重要，其原因与儿童照顾福利一样，帮助员工照顾他们年迈的家人会提高员工的工作绩效。组织提供的老年护理福利主要包括：弹性工作时向、长期保健保险项目以及公司资助的老年人照顾中心等。

ⓕ 饮食服务。很多企业为员工提供某种形式的饮食服务，他们让员工以较低的价格购买膳食、快餐或饮料。在公司内部，这些饮食设施通常是非营利性质的，有的企业甚至以低于成本的价格提供饮食服务。这种做法对员工的好处是显而易见的，对企业来讲，则意味着员工不需要花费很长的就餐时向。即使不提供全部就餐设施的企业，往往也会提供饮水或自动售货机服务以方便员工，那些不提供饮食服务的组织可能就要为其不完善的工作设施付出补偿性的差别工资，或者提供饮食补助。

ⓖ 健康服务。健康服务是员工福利中使用最多的福利项目，也是最受重视的福利项目之一。员工日常需要的健康服务通常是法律规定的退休、生病、工伤保险所不能提供的。大多数情况下，健康服务包括为员工提供健身的场所和器械以及为员工举办健康讲座等。

(4) 员工福利的设计与实施原则

企业向员工提供福利计划的形式，由多种因素决定。

① 就增强内部激励效力而言，企业应该决策以哪些员工作为福利的主要受益对象，是全体员工还是部分员工？如果是部分员工，哪些员工的需要应该优先得到满足？如何满足他们？

② 就增强企业外部竞争力而言，还需要了解其他企业都向员工提供了什么形式的福利项目？通过什么形式提供的？效果如何？本企业准备向员工提供什么样的福利？提供多少？选择什么样的提供方式？提高福利的外部竞争力是企业福利政策制定的另一个重要原则。

③ 体现内部公平的原则。企业福利是企业向员工提供的一种收益分享机制，它与其他收入一样，也具有刚性特征。一项福利措施实施之后，如果没有特殊情况，不能简单收回，否则会失信于民，打击员工的积极性。所以，在制订福利计划时，对福利项目的选择一定要体现公平原则。

(5) 福利管理方式的创新

目前，比较流行的企业福利项目管理方式有以下几种。

①“一揽子”薪酬福利计划。许多企业不再将薪酬与福利管理分成两项管理工作，而是将其组合成一个有机整体。两种手段互相配合，共同围绕企业目标运转。例如，适宜以货币支付的，就采用货币支付的方式；反之就采用非货币，即福利支付的方式。对于一些奖励性报酬，可以采取货币与福利并用的方式。

② 自助式福利管理方式。自助式福利计划，也称为弹性福利计划，是指员工可以在多

种福利项目中根据自己的需要进行选择。这种自助式的福利可以分成两种类型：一种是基本保障型，人人都必须拥有，如一些法律规定的福利；另一种是各取所需型。企业中常用的弹性福利模式为福利套餐型。福利套餐是指由企业推出不同的“福利组合”，每一个组合所包含的福利项目都不一样，员工只能选择其中一个弹性福利套餐，就如同西餐厅所推出的A餐、B餐一样，顾客只能选择其中一个套餐，不能要求更换套餐里面的内容。企业可选择的福利形式和内容很多，如表4-3所示。

表4-3 可供选择的员工福利

公司医疗补助	修养地设施	保姆家庭护理
健康保健组织费用	免费或补助午餐	牙科及眼科医疗保险
经营及专业人员资格	薪水递增	个人事故险
俱乐部成员资格	团体家庭保险	教育费用
股票购买计划	受赡养者奖学金	娱乐设施
长期残疾福利	疾病和事故保险	自由核对账目
对口教育捐助	股票红利计划	休年假
公司提供或资助的旅行	生日（假期）家庭保健护理	团体汽车保险
日托中心	住院—手术—医疗保险	储蓄计划
外出医疗服务	无息贷款	团队寿险解雇费
公司产品折扣	公司提供的汽车	股票增值权利
价格折扣计划	公司提供的住房	托儿所
教育活动（脱产）		

资料来源：于桂兰，苗宏慧．人力资源管理．北京：北京交通大学出版社，2008.

弹性福利计划吸引了越来越多组织的注意，近年来，尤其在西方一些大公司里，弹性福利计划应用的比例有上升的趋势，但弹性福利计划也存在着缺点，其优缺点见表4-4。

表4-4 弹性福利计划的优缺点比较表

比较维度	优　　点	缺　　点
员工	1. 员工可以根据自己的情况选择对自己最有利的福利，由企业所提供的自我控制对员工具有激励作用 2. 可改善员工与企业的关系	部分员工在选择福利项目时未仔细考虑或只看近利，以至于选择了不实用的福利项目
企业	1. 弹性福利计划通常会在每个福利项目之后标示其金额，这样可以使员工了解每项福利和成本之间的关系，让员工有所珍惜，并方便雇主管理和控制成本。 2. 可减轻福利规划人员的负担，由员工自选，可以减少抱怨。 3. 企业通过福利增加员工的稳定性，保留优秀员工，同时也可以提高企业知名度和对人才的吸引力	1. 公司实施了弹性福利计划之后，使工会丧失了许多机会，有可能遭到来自工会部门的抵制 2. 实施弹性福利计划初期，行政费用会增加，成本往往不减反增 3. 实施弹性福利计划通常会附带繁杂的行政作业，尤其是在登记员工的福利项目时，会造成承办人员的极大负担

资料来源：于桂兰，苗宏慧．人力资源管理．北京：北京交通大学出版社，2008.

(6) 发挥福利的激励效应

福利是指企业为了保留和激励员工，采用的非现金形式的报酬，福利的形式包括保险、实物、培训、休假等。根据赫茨伯格“双因素”理论，企业可以通过合理的福利发放形式和内容，使得福利兼具保健和激励两种功能，达到既消除员工的不满意因素，又对员工起到激励作用，使员工满意的双重效果。

通过法定福利实现福利的保健功能。根据“双因素”理论，当企业的保健因素缺乏时，会使员工产生不满意，会使得企业中出现不和谐。而福利是企业为员工提供的一种额外的、附加的报酬，是一种间接的肯定和鼓励，是对员工需要的一种满足。一般说来，法定福利比较刚性，带有普惠性质，可以满足员工共性化的需求。企业可以通过法定福利来实现福利的保健功能。以上海贝尔公司的“福利菜单”为例，在企业提供的福利结构中，法定福利应该属于保健因素，它是福利的基础部分，可以保障员工的基本的生活与工作需要，是比较稳定的，不会随意变动，通过它可以消除员工的不满意感，让企业有一个和谐的环境。

通过自助式福利实现激励功能。企业还可以针对企业的实际情况和员工需求，为员工提供全方位、多层次的激励性福利，企业应关注员工的绩效进步和成长，并为员工提供灵活、多样且和绩效挂钩的自助式福利，以此满足员工差异化的需求，并有效激励员工，实现福利的激励功能。

案例分析

上海贝尔的福利管理

深得人心的福利，比高薪更能有效地激励员工。

上海贝尔始终把员工看成公司的宝贵资产、公司未来的生命线，并以拥有一支高素质的员工队伍而自豪。公司每年召开的董事会，都有相当多的时间用于专题讨论与员工切身相关的问题，员工培训计划、奖金分配方案、工资调整和其他福利政策等，而且每年董事会用于讨论此类事项的时间不断增加。

企业在市场竞争中的胜负，只有抓住员工这条主线，其他战略部署才成为有纲之目。因此，企业的福利政策应该与其总体的竞争策略保持一致。随着企业竞争策略的变化，相应的福利政策也应该随之调整。

当然，意识到人在企业经营中的重要性并不困难，难的是如何在企业的日常经营中贯彻以人为本的经营方略。上海贝尔在这方面做了一些卓有成效的探索，自然也体现在公司的福利政策上。公司管理层为了塑造以人为本的理念，在实际中致力于以下几项工作。

创造国际化发展空间

据上海贝尔有限公司总裁谢贝尔先生介绍，上海贝尔在经营初期，为当时的外部环境所限，公司福利更多地承袭了计划经济体系下的大锅饭形式。随着公司的发展及中国市场体系日益与国际接轨，上海贝尔在企业福利管理方面日趋成熟。其中重要的一条就是真正做到了福利跟随战略，使上海贝尔的福利管理摆脱了原先企业不得已而为之的被动窘境，公司主动设计出别具特色的福利政策来营建自身的竞争优势。

为了让员工真正融入国际化的社会、把握国际企业的运作方式，上海贝尔的各类技术开发人员、营销人员都有机会前往上海贝尔设在欧洲的培训基地和开发中心接受多种培训，也有相当人数的员工能有机会在海外的研发中心工作，少数有管理潜质的员工还被公司派往海外的名牌大学深造。如果一个企业能提供各种条件，使员工的知识技能始终保持在国际前沿水平，还有什么比这更能打动员工的心？

力推自我完善

谢贝尔认为，公司的福利政策应该是公司整体竞争战略的一个有机组成部分。吸引人才，激励人才，为员工提供一个自我发展、自我实现的优良环境，这是公司福利的目的。同时，各类人才，尤其是高科技领域的人才，在专业及管理知识和技能方面，自我更新和自我提升的需求日涨月高，这也是很自然的事。

“在我们的整个福利架构中，培训是重中之重，我们在此可谓是不遗余力。”谢贝尔感叹道。从企业长期发展的远景规划，以及对员工的长期承诺出发，上海贝尔形成了一整套完善的员工培训体系。上海贝尔尽管不时从外部招聘一些企业急需的人才，但主要的人才来源是高等院校毕业的本科生和研究生。他们进入上海贝尔后，必须经历为期一个月的入职培训，紧接着是为期数月的上岗培训；转为正式员工后，根据不同的工作需要，对员工还会进行在职培训，包括专业技能和管理专项培训。

此外，上海贝尔还鼓励员工接受继续教育，如MBA教育和博士、硕士学历教育，并为员工负担学习费用。各种各样的培训项目，还有新近成立的上海贝尔大学，不但提高了公司对各类专业人士的吸引力，也极大地提高了在职员工的工作满意度和对公司的忠诚度。

强调日常绩效

“我们致力于营造一个有良性竞争氛围的上海贝尔大家庭。努力使员工能分享公司的成功，但同时也努力使我们的福利政策能激励员工奋力争先。”谢贝尔说道。福利作为一种长期投资，管理上难就难在如何客观衡量其效果。在根据企业的经营策略制定福利政策的同时，必须使福利政策能促使员工去争取更好的业绩。否则，福利就会演变成平均主义的大锅饭，不但起不到激励员工的作用，反而会助长不思进取、坐享其成的消极工作习惯。

在上海贝尔，员工所享有的福利和工作业绩密切相连。不同部门有不同的业绩评估体系，员工定期的绩效评估结果决定他所得奖金的多少。为了鼓励团队合作精神，员工个人的奖金还和其所在的团队业绩挂钩。在其他福利待遇方面，上海贝尔也是在兼顾公平的前提下，以员工所作出的业绩贡献为主，尽力拉大档次差距。其意在激励广大员工力争上游，从体制上杜绝在中国为害甚烈的福利平均主义的弊端。

“我们为管理骨干分配了公务用车。我们的福利政策是，你会得到你应有的部分。但一切需要你去努力争取，一切取决于你对公司的贡献。”谢贝尔说道：“上海贝尔要在市场上具有竞争力，在公司内部也不能排除良性的竞争。竞争是个绝妙的东西，它使所有人得益。自然，我们的福利政策必须遵循这一规律。”

培育融洽关系

“卓有成效的企业福利需要和员工达成良性的沟通。”谢贝尔一语惊人。要真正获得员工的心，公司首先要了解员工的所思所想、他们内心的需求。员工的需求也随着人力资源市场情况的涨落和自身条件的改变在不断变化。所以，公司在探求员工的内心需求时，切忌采用静态的观点和手段，必须树立一种动态的观念。

上海贝尔的福利政策始终设法去贴切反应员工变动的需求。上海贝尔公司员工队伍的年龄结构平均仅为28岁。大部分员工正值成家立业之年，购房置业是他们生活中的首选事项。在上海房价高涨的情况下，上海贝尔及时推出了无息购房贷款的福利项目，给员工们在购房时助一臂之力。而且在员工工作满规定期限后，此项贷款可以减半偿还。此一来，既替年轻员工解了燃眉之急，也使为企业服务多年的资深员工得到回报，同时也从无形中加深了员工和公司之间长期的心灵契约。

当公司了解到部分员工通过其他手段已经解决了住房，有意于消费升级，购置私家轿车时，上海贝尔又为这部分员工推出购车的无息专项贷款。公司如此善解人意，员工当然投桃报李，对公司的忠诚度大幅提升。

附：上海贝尔的“福利菜单”

与上海贝尔的员工谈及公司福利，他们会众口一词地夸耀自己享有的优厚福利。当上海贝尔的人事总监陈伟栋先生介绍公司主要的福利项目时，展现在眼前的确实是一笔令人心动的清单。

奖金：各种与业绩挂钩的奖金，包括公司利润指标完成后和员工分享的红利。

法定福利：国家规定的各类福利。如养老金、公积金、医疗保险、失业保险和各类法定有薪假期。

衣食住行津贴：每年发服装费，免费提供工作餐，丰厚的住房津贴，公司免费提供上下班交通工具。管理骨干提供商务专车。

员工培训：包括入职培训、上岗培训、在职培训、各类技术培训、管理技能培训、工作态度培训、海外培训、海外派驻、由公司支付费用的学历教育。公司每年用于培训的现金支出在千万元以上。

专项无息贷款：主要有购房贷款和购车贷款。

补充性保险福利：主要是商业补充养老保险。按员工在公司工作年限，在退休时可一次性领取相当于数年工资额的商业养老金。

有薪假期：除法定有薪假外，员工享受每年长达14天的休假。

特殊福利：对有专长的人才，公司提供住房，其配偶在上海落实工作、子女解决就学问题。

员工业余活动：上海贝尔有30多个员工俱乐部。棋牌、网球、登山、旅游等，由公司出资定期举行各类活动。

以上所列不一而足，仅是上海贝尔公司众多福利项目的主要部分。就是凭借优厚的福利，上海贝尔吸引了大批人才，培养了大批人才，留住了大批人才，建立了一支一流的员工队伍，造就了一个内部富有良性竞争的上海贝尔大家庭。

资料来源：中国人力资源开发网. www.chinahrd.net/zhi _ sk/jt _ page.asp? articleid＝46130. 2010－06－08.

本章主要内容回顾

工资是指用人单位依据国家有关规定或劳动合同的约定，以货币形式直接支付给本单位劳动者的劳动报酬，工资具有分配职能、经济职能。

社会保险一般包括养老保险、医疗保险、失业保险和工伤保险等，其对象主要是劳动者；其目的是帮助劳动者在暂时或永久丧失劳动能力时，仍能保障其基本生活水平。本章主要对社会保险的概念与特征、功能，以及现行的保险制度作了理论上的概述，并通过案例来让读者了解企业怎样为员工缴纳社会保险。

津贴一般不与劳动者的劳动数量和质量发生直接联系，其发放的原则与依据是劳动者劳动环境与条件的优劣。员工福利与工资、奖金不同，它与员工的绩效无关，是基于员工的组织成员身份而确定的。福利对企业发展的重要意义，主要体现为：吸引优秀员工、提高员工士气、降低流失率、提高凝聚力。

案例讨论

解除合同、成功跳槽

——企业未依法缴纳社会保险费

2004年5月，王某与北京某外商投资企业签订了一份为期5年的劳动合同，月薪10 000元，并约定如果王某提前解除劳动合同，每提前一年，缴纳违约金10 000元。同时约定，王某的社会保险费的缴费基数为3 000元。2006年5月，王某获得某猎头公司提供的月薪15 000元的工作机会。猎头公司建议王某以企业未依法缴纳社会保险为由提出辞职，这样就不需要承担违约责任。经考虑，王某于2006年6月1日以企业未足额缴纳社会保险费为由提出了辞职申请。一个月后，王某收到了原单位起诉要求其承担违约责任的应诉通知书。庭审中，企业诉称以3 000元为社会保险缴费基数是与王某协商一致的结果，是王某真实意思的表达，企业并无过错，王某以此为由解除劳动合同并不能免除其违约责任。因此，企业请求仲裁委员会裁决王某支付30 000元的违约金。

仲裁结果

经审理，劳动争议仲裁委员会认为，企业以3 000元为基数为王某缴纳社会保险费不符合法律规定，王某依此解除劳动合同不需要承担违约责任。因此，裁决驳回企业的申诉请求。

专家点评

问题1：员工能否以企业未依法缴纳社会保险费为由解除劳动合同？

依法缴纳社会保险费是指足额、及时地为员工缴纳社会保险费。足额是指依照法律规定的基数和缴费比例缴纳；及时是指从劳动关系建立之日起按月为员工缴纳社会保险费。如果企业违反了足额、及时缴费的原则，则可以认定为企业未依法为员工缴纳社会保险费。员工是否可以依据企业未依法缴纳社会保险费而随时通知企业解除劳动合同呢？根据《劳动法》第32条规定："有下列情形之一的，劳动者可以随时通知用人单位解除劳动合同：（一）在试用期内的；（二）用人单位以暴力、威胁或者非法限制人身自由的手段强迫劳动的；（三）用人单位未按照劳动合同约定支付劳动报酬或者提供劳动条件的。"可见，《劳动法》并没有把企业未依法缴纳社会保险费作为员工随时通知企业解除劳动合同的情形。但在一些地方劳动合同立法中，却对此做了不同规定。如《北京市劳动合同规定》第35条规定："有下列情形之一的，劳动者可以随时通知用人单位解除劳动合同，用人单位应当支付劳动者相应的劳动报酬并依法缴纳社会保险费：（一）在试用期内的；……（四）用人单位未依法为劳动者缴纳社会保险费的。”可见，在北京地区，员工可以以企业未依法缴纳社会保险费为由，随时通知企业解除劳动合同。作出类似规定的地方立法还有《江苏省劳动合同条例》（第三十三条第二款第（五）项），《大连市劳动合同规定》（第三十条第（四）项）等。

问题2：企业与员工约定的社会保险费的缴费基数是否有效？

劳动合同是企业与员工协商一致的产物，那么出于当事人真实意愿而约定的社会保险费的缴费基数是否合法有效呢？根据《劳动法》第72条的规定：“用人单位和劳动者必须依法参加社会保险，缴纳社会保险费。”而且以职工本人上年度的月平均工资为缴费基数，月平均工资高于上年度当地月社会平均工资3倍的，以上年度月社会平均工资3倍作为缴费基数。由此可见，参加社会保险，缴纳社会保险费是国家的强制性规定，任何单位和个人都不得不缴或少缴社会保险费。这是因为用人单位和劳动者缴纳的社会保险费中除部分资金进入个人账户外，其他资金进入公共积累，用于社会统筹。如果用人单位和劳动者协商同意放弃或以较低的基数缴纳社会保险费，那么劳动者在放弃自己权益的同时，也侵犯了国家的利益，损害了社会统筹制度的建设，显然损害国家利益的行为是被法律禁止的。因此，本案中该企业与王某约定以3 000元作为社会保险缴费基数，违反了法律的强制性规定属无效约定。

资料来源：http://www.examda.com/hr/anli/20070727/093616486.html. 2010-06-08.

复习思考题

1. 工资的支付原则、形式、时间是什么？
2. 养老保险、医疗保险、失业保险、工伤保险和生育保险的概念、特征、功能、类型是什么？
3. 住房公积金的概念、性质是什么？缴存、提取的程序是什么？
4. 津贴与福利的内容是什么？

参考文献

[1] 常凯. 中国劳动关系报告：当代中国劳动关系的特点和趋势. 北京：中国劳动社会保障出版社，2009.

[2] 常凯. 劳动关系学. 北京：中国劳动社会保障出版社，2005.

[3] 于桂兰，苗宏慧. 人力资源管理. 北京：北京交通大学出版社，2008.

[4] 盖勇. 劳动关系与社会保险. 济南：山东人民出版社，2004.

[5] 列宁全集：第32卷. 北京：人民出版社，1958.

[6] 邱小平. 劳动关系. 2版. 北京：中国劳动社会保障出版社，2004.

[7] 孙树菡. 社会保险学. 北京：中国人民大学出版社，2008.

[8] 张礼文. 工伤保险权益维护. 北京：中国劳动社会保障出版社，2000.

[9] 左祥琦. 工资与福利. 北京：中国劳动社会保障出版社，2002.

第5章 员工健康与安全管理

本章学习内容

1. 员工健康管理概述；
2. 劳动时间和劳动强度管理；
3. 劳动安全与卫生管理；
4. 员工压力管理；
5. 员工援助计划；
6. 女职工和未成年工劳动保护。

本章学习目标

1. 理解员工健康管理的基本理论；
2. 理解员工劳动时间、劳动强度和劳动安全与卫生管理的制度与规定；
3. 掌握员工的压力来源和实施解压的办法；
4. 理解员工援助计划的主要内容及实施的影响因素；
5. 理解女职工和未成年工的劳动保护规定及实施对策。

引导案例

设首席员工健康与安全官

你可能对CEO、COO、CFO等了如指掌，但恐怕是第一次听说“首席员工健康与安全官”。

从2008年下半年开始，华为员工发现，邮箱里会不时收到副总裁纪平的邮件，她在邮件里提醒大家注意安全（哪怕是交通安全），要注意劳逸结合、注意身体健康。纪平之前是华为的CFO，她现在的新增头衔是“首席员工健康与安全官”。

就在几乎所有人都将“狼性”作为华为企业文化的第一大关键词时，华为也逐渐在企业文化中加入更多“温情”。

华为在刚刚发布的《2008华为社会责任报告》中指出，2008年首次设立首席员工健康与安全官，目的是进一步完善员工保障与职业健康计划。

在首席员工健康与安全官之下，华为还专门成立了健康指导中心，规范员工餐饮、饮水、办公等健康标准和疾病预防工作，提供健康与心理咨询。

其实，关于华为员工的工作状态问题，一度引起社会上的极大关注。2006年，华为员工胡新宇的猝死，让华为的“床垫文化”（有些员工为了方便加班，在办公桌下放置一张床垫）备受质疑，之后每当有华为员工发生交通事故以及各种意外（如前不久的法航飞机失事遇难者中就有一名华为员工），都会引起社会对华为员工的工作环境和工作压力的关注和拷问。

华为目前员工总数是8.75万，其中43%从事研发，因此，华为员工中的年轻工程师占了相当大部分。

“华为成长的道路上一直面临以小搏大、虎口夺食的压力，到今天都是如此。一路上都在充当鲨鱼堆里的‘鲇鱼’角色，公司压力以及员工压力可想而知。”一位华为员工评价说。

在设立首席员工健康与安全官之前，华为总裁任正非曾在公司内部多个场合发表演讲，帮助员工解决各种精神压力和思想困惑。比如在参加华为优秀党员座谈会时，他就以自身为例，说自己在1999年到2007年间曾经有很痛苦、很抑郁的经历，但最终通过多与外界交流、多交朋友等方式，把自己解放了出来。

“华为公司总的来说是个内部很宽容的公司，不像社会上想像的那样。有些误解的人，主要是不了解我们，我也是可以理解的。”任正非说。

2008年华为为员工各种福利保障支出达到14.4亿元。2008年华为还发布了健康报告，依据2008年度员工体检结果，总结了华为员工高发的病症，并详细介绍了这些疾病的诱因、危害以及如何预防及治疗。

资料来源：http://www.seeyi.net/zhui/TopicView-81232.htm，2009.

设立“首席员工健康与安全官”在大企业中尚属首例。这方面比较超前的公司是IBM，但其目前仅有资深健康保健顾问一职，并有专门的团队负责员工健康问题，但在级别和权限上，华为显然略胜一筹。这也说明，随着现代社会的发展，员工的整体健康状况对于企业的生存与发展越来越重要。因此，员工健康与安全管理，应纳入劳动关系管理范畴，应针对企业员工及企业集体人群的健康危险因素，进行全方位的管理与服务。

5.1 员工健康管理概述

20世纪以来科学技术的迅猛发展和生活质量的明显提高，加上医学和公共卫生的联盟，人类现在比任何时候都健康、长寿，同时也更注重健康管理。

5.1.1 员工健康管理概述

健康仅仅是个人问题吗？答案似乎并不是这么简单。从家庭角度理解，我们的健康关系到家庭的稳定与和睦。而从企业角度看，也是一样。个体是构成企业活力的基石，其健康问题与企业整体的运行状况及劳动生产率紧密连接在一起。西方国家有一个普遍承认的成本核算，即在健康管理上投资1元，将来在医疗费用上的开支将减少8～9元[①]。而大多数中国企业对于员工健康重要性的认识，仍然停留在概念上。当企业考虑投资时，对于除员工薪资、国家规定的基本福利外的任何投入，往往会让位于公司其他方面的投资。因此，对员工

① http://bbs.tcict.cn/frame.php?frameon=yes&referer=http%3A//bbs.tcict.cn/redirect.php%3Ffid%3D54%26tid%3D11029%26goto%3Dnextoldset.2008.

健康的关注，应该从概念层面上升到科学管理的层次，这将是企业劳动关系管理的一个重点。

那么，什么是健康管理呢？学术上的定义是指对个人或人群的健康危险因素进行全面检测、分析、评估以及预测和预防的全过程，即对健康危险因素的检查监测（发现健康问题)→评价（认识健康问题)→干预（解决健康问题）循环的不断运行。健康管理循环每循环一周，就解决一些健康问题，健康管理循环的不断运行，使管理对象走上健康之路。其宗旨是调动个人及集体的积极性，有效地利用有限的资源来达到最大的健康效果，达到预防和控制疾病的发生、提高生命质量、降低疾病负担的目的。

企业若能积极维护员工的健康，不仅可以提升员工的工作品质、效率与现场活力，还可以降低医疗保险费用的负担，从而使企业更加健全地成长与发展。为此，国际企业界对“员工健康管理为企业风险管理之一部分”的新意识正在增长。

5.1.2 员工常见的健康问题

根据员工在工作中表现出来的健康问题的性质和严重程度，我们可以把员工的健康问题分为四大类：职业病、亚健康、精神病、过劳死。

（1）职业病

案例

开胸验肺事件始末

“张海超开胸验肺事件”在2009年被媒体披露后在中国掀起了轩然大波，当人们纷纷谴责当地的某医院和职业病防治部门官僚作风严重的现象时，职业病这个并不陌生的词，再次进入了我们的眼帘。

2007年10月份，X胸片显示张海超双肺有阴影。

2009年1月，北京多家医院确诊其为尘肺病。

2009年5月25日，郑州职业病防治所的诊断结果为“无尘肺0+期（医学观察）合并肺结核”。

2009年6月，张海超主动爬上手术台“开胸验肺”。

2009年7月15日，媒体介入报道。

2009年7月23日，郑州市振东耐磨材料有限公司否认公司有责任。

2009年7月24日，卫生部督导组介入。

2009年7月27日，确诊张海超为三期尘肺病。河南省新密市劳动局认定为工伤，张海超已开始申请伤残鉴定。

2009年7月28日，河南省卫生厅追究郑州市职业病防治所、新密市卫生防疫站等相关单位和人员责任，郑州市委对相关责任人作出处理决定。

资料来源：http://www.ft22.com/anlizhanshi/2009-8/KaiXiongYanFeiShiJianShiMo.html.2009.

所谓职业病，是指企业、事业单位和个体经济组织（以下统称用人单位）的劳动者在职业活动中，因接触粉尘、放射性物质和其他有毒、有害物质等因素而引起的疾病。

“开胸验肺”事件前后长达3年，它并不是一个孤立的案例，它所折射的是我国职业病广泛存在的事实，映射的是我国政府企业和平民大众对待职业病仍然不甚关注的现象。目前我国职业病防治面临严峻的挑战，主要表现在以下几个方面。第一，我国职业病危害因素分布广泛。从传统工业到第三产业，都存在相当严重的职业病危害。第二，我国职业病发病形势恶化。近十年职业病发病情况呈现明显的凹形反弹倾向。其中主要是尘肺病检出率显著回升。第三，我国的职业危害主要以粉尘为主，职业病人以尘肺病为主，占全部职业病的71%，中毒占20%，两者占全部职业病的90%。而这两种职业病危害最为严重，患者会在中短期内部分甚至完全丧失劳动能力，严重者甚至会失去生命。第四，职业病所造成的经济损失严重。根据有关部门的粗略估算，每年我国因职业病、工伤事故产生的直接经济损失达1 000亿元，间接经济损失2 000亿元①。第五，职业性疾病已经成为影响劳动者健康、造成劳动者过早失去劳动能力的主要因素之一，其对我国经济可持续发展的制约作用越来越强。

（2）亚健康

亚健康，正如其英文subhealthy形容的一样，通俗的说是“半健康”，那么半健康又是什么状态呢？请看下面的两位患者的案例：

案例

（一）40岁的年龄50岁的身体

李女士，44岁，企业高层领导。

平时因为工作过于紧张，老是觉得疲劳、乏力。近几年来总疑神疑鬼，感觉丈夫有外遇，换件干净的衣服也要被她奚落半天；对下属失去耐心，一点小毛病就忍不住大声呵斥。尤其不能容忍的是，睡到半夜，突然起来给远在美国的儿子打电话……

她接受丈夫和朋友的建议，到市体质监测指导中心做体质检查。根据心肺功能、平衡感、柔韧度、耐力、爆发力、敏捷度等7个方面评价：亚健康状态。体质年龄为52岁，比实际年龄整整大8岁。

（二）李小姐大把大把掉头发

李小姐一身时髦的名牌衣着和面部精致的化妆，都掩饰不住她眉宇间透露出来的疲惫与憔悴。她夜间长期失眠，早上没有动力起床，大量掉头发，对烟酒依赖加重，经常出现一时间记不起同事姓名的情况。

一位典型的高级白领，毕业于国内名牌大学，受过良好的高等教育，凭着优秀的外语水平，受雇于一家跨国公司。她常抱怨：“感觉很累！件件事都累，每天下来疲惫不堪，逐渐对一切都失去了兴趣。我的世界很灰，有时候甚至想到死，一了百了。”一向信心十足的她，甚至对自己工作能力产生了怀疑。更让她感到无奈的是，她感到心理上非常孤独。“明年我就30岁了，想起事业无进展，爱情没有着落，年龄逐年增大，新人又层出不穷，我就一阵阵恐慌。”

资料来源：http://netclass.csu.edu.cn/JPKC2008/china/08huli/shownews.asp?id=270.2008.

亚健康并不是医学上定义的健康的状态，从医学上讲，即指非病非健康状态，这是一类次等健康状态，是介乎健康与疾病之间的状态，故又有“次健康”、“第三状态”等的称谓，

① http://baike.soso.com/v5871572.htm.2009.

世界卫生组织将机体无器质性病变，但是有一些功能改变的状态称为“第三状态”，我国称为“亚健康状态”。近年来科学家倾向于把它与国外流行的慢性疲劳综合征联系在一起。或者说亚健康状态，实际上就是慢性疲劳综合征。亚健康状态也是很多疾病的前期征兆，如肝炎、心脑血管疾病、代谢性疾病等。

健康—亚健康—疾病是一个动态不间断的过程。亚健康是介于健康和疾病之间的一种游离状态，如果保健得当，有希望回到健康状态，任其发展会导致疾病发生。亚健康是可逆的，但是其导致的疾病是不可逆的。

亚健康涉及的内容非常广泛，表现症状较多，但最明显的有以下六个方面。

① 心血管症状：上楼或走动感到心慌，气短，胸闷，憋气。

② 消化系统症状：对饭菜没胃口，有时饿也不想吃，吃起来也没滋味。

③ 骨关节症状：常感到腰酸背痛，或浑身不舒服，活动时脖子关节“咯咯”作响。

④ 神经系统症状：常头疼，头晕，记忆力差，容易疲劳。

⑤ 精神心理症状：莫名其妙地出现心烦意乱，遇到小事易生气，易紧张和恐惧。

⑥ 睡眠症状：入睡较困难，凌晨易早醒，夜间常做噩梦。

据世界卫生组织报道，全世界有60%以上的人处于亚健康状态。据我国卫生部对十个大城市上班族的调查显示，处于亚健康的人占48%，其中沿海城市高于内地城市，脑力劳动者高于体力劳动者，中年人高于青年人。高级知识分子、企业家处于亚健康状态的占70%。据对2万名高级知识分子死亡情况的调查显示，他们的平均寿命为58.2岁。其中在40～59岁的占56.8%，远不及中国人的平均寿命①，其主要原因在于忽视第三状态。

2006年4月8日在北京举办的“21世纪中国亚健康市场学术成果研讨会”提供的有关统计资料显示：我国有15%的人是健康人；15%是第二状态（经医生检查、诊断有病的人）人；70%的人是第三状态人。处于亚健康的人群如果不及时检查调养，久而久之，90%的人会转变为有各种疾病的人，其中70%的人患心脑血管疾病，10%的人患糖尿病，10%的人会处于过劳状态而意外猝死，仅10%的人有希望安享晚年。②

最近《老年生活报》又报道，世界卫生组织的一项全球性调查显示，全世界真正健康者仅为5%，找医生诊治疾病者仅为20%，剩下的75%属于“亚健康者”。③

尽管各方面报道的数字有出入，但却说明亚健康已经成为每个人不可忽视健康的信息。亚健康很容易使人产生麻痹心理，放松警惕，特别是那些缺乏健康知识的人。

（3）精神病

长期以来，企业比较关注员工的生理健康，而忽视了其心理健康，企业对职业心理保健投入很少，但是员工的心理问题却极大地影响着企业绩效及个人发展。心理疾病日益影响企业的正常生产活动。

需要指出的是，精神病并不是凭空发生、离我们很远的疾病，它就产生在我们身边。我们的工作环境、人际关系、生活节奏等因素都有可能成为致病的原因。精神病（psychosis）指严重的心理障碍，患者的认识、情感、意志、动作行为等心理活动均可出现持久的明显的

① http://wenda.tianya.cn/wenda/thread?tid=064cedfc1ef08f78.2009.

② http://bbs.sh.libaclub.com/topic.php?forumId=219&topicId=2620145&page=1.2007.

③ http://hi.baidu.com/qecnyydq/blog/item/4252333140f4cef31a4cff94.html.2009.

异常；不能正常地学习、工作、生活；动作行为难以被一般人理解，显得古怪、与众不同；在病态心理的支配下，有自杀或攻击、伤害他人的动作行为；有程度不等的自制力缺陷，患者往往对自己的精神症状丧失判断力，认为自己的心理与行为是正常的，拒绝治疗。

事实上，正如对精神病患者的研究证明的那样，除了极少先天因疾病造成的大脑损伤而导致的精神病以外，大部分精神病都是由后天的环境所导致的。对于企业员工而言，精神病是重度的心理疾病，往往起步于员工心理健康程度的低下，进而导致心理疾病的产生。心理健康程度低下以及心理疾病产生的原因，既有工作上的压力或人际关系的紧张，也有可能来源于不和谐的家庭关系。如果得不到及时纠正，将进一步转化为更严重的精神疾病。员工心理不健康（包括心理健康程度低下、心理疾病、精神病）对社会、对企业、对家庭和员工本人的影响是不可忽视的。尤其对于企业来讲，心理不健康的员工必然带来工作效率的低下，甚至出现一些破坏活动或伤害其他员工的行为。因此，企业必须加强员工心理疾病的预防与管理。①

（4）过劳死

案例

香港一名身体健壮、不沾烟酒的26岁男子，在一家电脑公司工作，同时在夜间兼读硕士课程。每天只睡4个小时，身体长期处于过度疲劳状态，突然死于办公室。

一名34岁的男子在深圳一家大酒店宴席厅里猝死。他原是某公司的销售部经理，拼命工作以实现自己的人生目标：100万元的存款，一栋花园别墅，一辆本田小车。然而，“三个一”目标未达到，却提前得到了一张“心肌梗死”的死亡证明。

资料来源：http://blog.sina.com.cn/u/1262307501.2008.

什么是过劳死？“过劳死”一词源自日本，最早出现于20世纪七八十年代日本经济繁荣时期。“过劳死”最简单的解释就是超过劳动强度而致死，是指“在非生理的劳动过程中，劳动者的正常工作规律和生活规律遭到破坏，体内疲劳蓄积并向过劳状态转移，使血压升高、动脉硬化加剧，进而出现致命的状态”。通常理解为，“过劳死”是因为工作时间长，劳动强度加重，心理压力大，存在精疲力竭的亚健康状态，由于积重难返，将突然引发身体潜在的疾病急性恶化，救治不及时而危及生命。

人体就像一个弹簧，劳累就是外力。当劳累超过极限或持续时间过长时，身体这个弹簧就会发生永久变形，免疫力大大下降，导致细胞老化、衰竭甚至死亡。有关资料表明，直接促成“过劳死”的5种疾病依次为：冠状动脉疾病、主动脉瘤、心瓣膜病、心肌病和脑出血。除此以外，消化系统疾病、肾衰竭、感染性疾病也会导致“过劳死”。

2006年6月20日《韩国经济》中有一则消息名为《疲惫的中国，加班现象蔓延，每年60万过劳死》！文中说，中国已成为全球工作时间最长的国家之一，人均劳动时间已超过日本和韩国。并且“过劳死”正在趋于年轻化。这些人英年早逝的主要原因是他们的工作任务过重，持续处在巨大的工作压力中得不到休息。这些事件也逐渐引起了企业和政府对员工健康的高度重视。

---

① 改编自魏祥迁，杨永杰．人力资源管理．北京：化学工业出版社，2008.

5.1.3 员工健康管理体系

员工对于企业的重要性是毋庸置疑的，但是目前我国对于员工的健康状态的关注仍然处于很低的水平。员工健康出现问题后，企业缺乏应对措施，事后投资巨大，效益却不与之成正比的现象广泛存在。所以，建立一套科学的针对员工健康的管理机制势在必行。针对员工常见的健康问题，企业可以从以下三个方面进行改进，提高员工的健康素质。

(1) 创新人力资源管理理念

健康管理的产生是中国人力资源管理的一次革命。人力资本是企业最基本、最重要的资源，是企业生存、发展的根本。企业应该关注人力资本的健康。在严峻的竞争环境下，员工的工作任务和压力都已经大大超出了员工身体、心理的承受力。企业应在员工所能承受的范围内制定工作目标、工作任务。企业不仅是一个营利组织，还是一个社会单元，担负一定的社会责任。企业应该担负起对员工的责任，关爱员工健康。

企业实施健康管理，能更详细地掌握员工目前的健康状况与存在的健康隐患。可以让员工保持好的身体状态，减少缺勤。同时通过有意识的预防可以降低企业内部员工的患病概率及流行性疾病的传染概率，减少精英人才损失风险。

(2) 构建员工健康管理体系

员工健康体系由企业员工健康档案系统、健康管理制度与管理系统、员工健康帮助系统、健康环境改进系统和健康事故评估系统构成。其实施步骤如下。

第一，安排企业的每一位员工参加定期的全面体检，重点复查易引发“过劳死”的疾病，同时以问卷的形式对企业员工的工作方式、生活方式、家族病史进行调查，建立企业健康档案系统。

第二，以企业健康档案为基础，进行健康分析评估，将员工按健康类别进行分类，建立健康管理制度与管理系统。例如，制定运动制度（要求员工每天参加企业统一组织的体育活动，如午间操制度）。

第三，根据企业健康数据分析，改善引起健康隐患的环境和饮食等问题，如对工作餐进行调整，注重菜品搭配、营养补充等。

第四，建立员工健康帮助系统。与相关健康医疗机构合作，为员工提供健康资讯支持和就医指导服务。

第五，在企业内建立健康事故评估系统。根据企业员工健康分类，设定健康事故标准，由第三方机构或企业决策层对健康事故进行预防及应急管理，确保企业健康管理的落实。

(3) 制订有效的健康计划

① 员工健康计划。员工健康计划是企业通过专门的部门建立员工健康档案，并对每位员工的健康问题进行指导、跟踪，同时在企业内部改进工作流程、环境等，及时预防、解决员工的健康问题。健康计划的主要步骤是定期体检、健康指导、企业改进。建立员工健康档案，根据健康档案对员工进行个别的饮食、生活习惯指导，并提供相应的医疗、咨询等帮助员工解决健康方面的问题。同时根据企业中存在的健康问题，对企业的工作环境、饮食等进行改进，以改善员工的健康状况。

② 心理健康计划。员工长期处在“高压”之下，对员工自身和企业都产生了负面影响。但目前许多企业还没有意识到这个问题，也有一部分企业虽然已经意识到，但却未能找到行

之有效的解决方案。常见的职业心理困扰，往往是由工作引起的压力反应、情绪抑郁、职业倦怠，以及由此所导致的身心健康问题或生活中的心理困扰在工作中的体现，严重损害员工身心健康。企业应采取建立心理支持系统、开展有针对性的心理培训、实施员工帮助计划（EAP）等多种方法来实施员工心理健康计划。

③ 职业安全健康计划。推行职业安全健康计划可以很好地预防各类职业病。ISO 9000、SA 8000 等体系中均要求企业行为公民化、道德化，其中重要内容就是要求企业关爱员工、善待员工。企业重视员工的职业安全健康可以给予员工一定的健康保障。①

5.2 劳动时间管理

“时间就是生命，效率就是金钱”。这条有益的格言已为越来越多的企业经营者奉为座右铭。但是，有些企业走向极端，故意延长员工的劳动时间，损害了员工的合法权益。因此，企业劳动时间的管理问题，必须引起重视。

5.2.1 劳动时间概述

劳动时间（亦指工作时间）是指法律规定的劳动者在一昼夜或一周内从事生产或工作的时间，即劳动者每天应工作的时数或每周应工作的天数。劳动者每天应工作的时数叫工作日，每周应工作的天数叫工作周。

延长工作时间是指劳动者的工作时间超过法律规定的标准工作时间。包括加班和加点。加班是指职工根据用人单位的要求，在法定节日或公休假日从事生产或工作。加点是指职工根据用人单位的要求，在标准工作日以外继续从事生产或工作。

我国法律严格限制延长工作时间。除了用人单位由于生产经营的需要，否则不可以延长工作时间。对于要延长工作时间的，必须要保障劳动者的身体健康。

5.2.2 工作日的种类

（1）标准工作日

标准工作日是指由国家法律统一规定的，在一般情况下，劳动者从事工作或劳动的时间。《劳动法》第三十六条规定，劳动者每日工作时间不超过八小时、平均每周工作时间不超过四十四小时。

（2）缩短工作日

缩短工作日是指法律规定的少于标准工作日时数的工作日，即劳动者每天工作的时数少于八小时或者每周工作少于四十小时。目前我国已实行缩短工作日的劳动者有以下几类。

① 从事矿山井下、高山、有毒有害、特别繁重体力劳动的劳动者。根据化工部、原国家劳动总局关于在化工有毒有害作业工人中改革工时制度的意见（1981 年 6 月 24 日以（81）化劳字第 536 号文发布）相关规定，化工行业有毒有害作业的工人，根据生产特点和条件分别实行“三工一休”制、每日工作六小时或七小时工作制和“定期轮流脱离接触”的

① 改编自何勤，王萌．企业员工健康管理现状分析及体系建立研究．中国论文下载中心，2008.

工时制度，煤矿井下实行四班六小时工作制，纺织企业实行“四班三运转”制度，建筑、冶炼、地质勘探、森林采伐、装卸搬运等从事繁重体力劳动的行业，根据本行业的特点不同程度地缩短工作时间。

② 从事夜班工作的劳动者。夜班工作时间指从本工作日二十二时到次日六时从事工作或劳动的时间。实行三班制的企业，从事夜班工作劳动者，其日工作时间比标准缩短一小时。

③ 在哺乳期工作的女职工。根据1988年国务院颁布的《女职工劳动保护规定》和1989年劳动部印发的《〈女职工劳动保护规定〉问题解答》的规定，哺乳不满一周岁婴儿的女职工，在每个工作日有两次哺乳（含人工喂养）时间，每次三十分钟。多胞胎生育的，每多哺乳一个婴儿，每次哺乳时间增加三十分钟。女职工的哺乳时间和在本单位内往返途中的时间，算作劳动时间。

（3）不定时工作日

不定时工作日又称为无定时工作日，是指没有固定时间限制的工作日。根据1994年劳动部《关于企业实行不定时工作制和综合计算工时工作制的审批办法》的规定，企业对符合下列条件之一的职工，可以实行不定时工作制。

① 企业中的高级管理人员、外勤人员、推销人员、部分值班人员和其他因工作原因无法按标准工作时间衡量的职工。

② 企业中的长途运输人员、出租车司机和铁路、港口、仓库的部分装卸人员及因工作性质特殊、需机动作业的职工。

③ 其他因生产特点、工作特殊需要或职责范围的关系，适合实行不定时工作制的职工。

企业实行不定时工作制的，应履行审批手续。实行不定时工作制的职工，其工作日长度超过标准工作日的，不算做延长工作时间，也不给予延长工作时间的工资报酬。

（4）综合计算工作日

综合计算工作日是指用人单位根据生产和工作的特点，分别采取以周、月、季、年为周期综合计算劳动者工作时间的一种工作形式。实行综合计算日后，其平均日工作时间应与法定标准工作时间基本相同。根据《审批办法》的规定，符合实行综合计算工作日的有以下企业的职工。

① 交通、铁路、邮电、水运、航空、渔业等行业中因工作性质特殊，需连续作业的职工。

② 地质及资源勘探、建筑、制盐、制糖、旅游等受季节和自然条件限制行业的职工。

③ 其他适合实行综合计算工作日制的职工。

综合计算工作日和不定时工作日的区别在于，前者有延长时间，要计算工资报酬。

（5）计件工作时间

计件工作时间是指劳动者完成一定劳动定额为标准的工作时间。实行计件工资制的劳动者，在完成计件定额任务后由用人单位安排其在法定标准工作时间以外延长工作时间的，按不低于法定工作时间计件单价的150％支付工资报酬；在休息日工作的，按不低于法定工作时间计件单价的200％支付工资报酬；在法定节假日工作的，按不低于法定工作时间计件单价的300％支付工资报酬。

（6）弹性工作时间

弹性工作时间（flexible work time）是指完成规定的工作任务或固定的工作时间长度的前提下，员工可以自由选择工作的具体时间安排，以代替统一固定的上下班时间的制度。

目前弹性工作时间制有多种形式。

① 核心时间与弹性时间结合制。一天的工作时间由核心工作时间（一般为：5～6个小时）和核心工作时间两头的弹性工作时间所组成。

② 成果中心制。公司对职工的考核仅仅是其工作成果，不规定具体时间，只要在所要求的期限内按质量完成任务就照付薪酬。

③ 紧缩工作时间制。职工可以将一个星期内的工作压缩在两三天内完成，剩余时间由自己处理。

工作日的计算如下。

年工作日：365天/年－104天/年(休息日)－10天/年(法定休息日)＝251天/年

季工作日：251天/年÷4季＝62.75天

月工作日：251天/年÷12月＝20.91天

5.2.3　进行劳动时间管理的原因和方法

为什么企业需要进行劳动时间管理，我们可以从企业和员工两个方面分别进行分析。通常，普遍存在的员工工作情况如下。

每周周一，是员工工作效率最低下的工作日，周一受到刚过去的周末的影响，员工的精力不能很好地集中。前程无忧网对职场人群做的调查显示，42%的职场人士不希望自己在星期一被打扰。①

而周五，很多员工又开始对即将到来的双休日跃跃欲试。到了星期五，你不妨留意一下，这一天里你完成的工作，在数量、质量上是否比平时都要高？一些在平时看来有些头痛、棘手的事情，在这一天里却比较容易完成。再次看看前程无忧对中国职场人群做的在线调查，按道理认为，即将放假而没有心思工作的星期五却成为工作效率最高的一天。

教授德比·莫斯考维茨（Debbie Moskowitz，2007）在她的一项研究中发现，星期五最容易冒险。这一天参加其研究的人员喜欢进行高风险的投资。另外，熬到了星期五，人们总希望一周事一周清，一些一周内纠缠不清的事情这个时候来个了断。

而与此对应的是，周二周三员工的工作效率达到了一个星期的峰值。从德比·莫斯考维茨教授对人一周行为规律的研究报告看，星期二是主导性最高的时候，工作效率最高，产出最大。据德比·莫斯考维茨教授求证，星期二下午也是网上求职的高峰期。求职网站的流量最大。据英国《金融时报》报道，星期二10时到中午这段时间，人头脑最好使。英国Bimuno保健品公司对3 000名白领的调查显示，周二11时45分为他们的压力峰值点。这3 000人中的约20%周二会加班到深夜以弥补之前未完成的工作。

我们从调查和科学研究中得知，员工在每天以及每周不同时间的工作效率是不同的，应该为员工在不同的时间制订出详细的应变计划。从公司层面上说，应从以下两个方面制订出针对员工的劳动时间计划。

(1) 调整员工的每日工作时间

与其让员工早到但是工作效率低下，不如让他们晚些上班。一个头脑清醒的员工比处于

① http://citynews.eastday.com/csdb/html/2009－08/28/content_16584.htm.2009.

迷糊状态的员工的效率要高得多。中午给予员工适当的休息时间，让员工有充足的体力进行下午的工作，无疑是公司优化劳动时间计划的选择之一。

(2) 对于每周工作任务的分配

如果公司能够对员工每周工作任务进行安排，那么公司应该避免将棘手的工作安排在周一；对于面临业务风险较大的公司，可以避免将重要的任务安排在周五。让员工在工作效率最高的周二周三，完成一周中最重要的任务，无疑是对公司最有力的选择。

对于个人而言，应从以下两个方面优化自己的时间管理。

① 完善个人工作时间计划。其一，制订工作时间计划一定要有点弹性，任务不可安排得太满，否则，一个意外的插入，就可能打乱你精心制订的计划；其二，如果在实行计划中，因故不得不等待的话，就把等待时间看做是“赠予时间”，用来休息、思考或干点别的什么事；其三，如果因其他事情耽误了原计划的实施，只要有必要，在完成插入的事情后，应设法安排时间，把原计划弥补上。

② 制定工作日程表。制定工作日程表是短时计划的一种形式。它是将一天的工作、学习目标加以科学地安排，更好地进行自我管理，切实提高办事效率。制定日程表应该遵循的基本原则是符合实际，先急后缓，统筹兼顾，留有余地。制定日程表的方法如下。首先把当天必须干和可能干的事情，一项不漏地逐项排列起来，但要注意，不要把每天都做的例行琐事也一一列上。制定日程表一定要考虑可行性，并留有余地。其次是设定先后次序。假如你竭尽全力，每天都能将表上的事情完成，那是再好不过。然而，当你每天都有很多工作应当做时，就必须正确地选择哪些必须立即做，哪些可以缓做或者免做。应按照事情的轻重缓急，排列出先后次序。其三是努力按照确定的次序去做，干完一件事就不必再分心了。然后再去做下一项工作，依此类推，直到工作时间结束。当然，先后次序排定之后也可以根据情况作适当调整。安排日程表最好在一天的开始或结束时进行。早晨头脑清醒时计划有很多好处。只要想到自己必须做的事，就很容易把它做完。晚上做计划的好处是，知道自己的工作已经做到了什么地步，可以正确选择明天要做的工作。而且，如果把明天所有的工作都安排好了，晚上可以思考明天的工作，第二天一上班就可立即采取完成任务的行动。可根据自己的实际情况灵活掌握。

5.2.4 国家关于劳动时间变更的相关规定

(1) 延长工作时间的规定

一般情况下，用人单位延长工作时间，必须符合下列条件：一是必须是生产经营的需要；二是必须与工会协商；三是必须与被延长工作时间的劳动者协商。

根据《劳动法》规定，如果出现了危及国家财产、集体财产和人民安全的紧急事件，延长工作时间不受《劳动法》第41条（用人单位由于生产经营需要，经与工会和劳动者协商后可以延长工作时间，一般每日不得超过一小时；因特殊原因需要延长工作时间的，在保障劳动者身体健康的条件下延长工作时间每日不得超过三小时，但是每月不得超过三十六小时）的限制，也即不受一般情况下延长工作时间的条件和法定时数的限制。

在特殊情况下，根据《劳动法》规定，有下列情形之一的，延长工作时间不受第四十一条的限制：

① 发生自然灾害、事故或者因其他原因，威胁劳动者生命健康和财产安全，需要紧急

处理的；

② 生产设备、交通运输线路、公共设施发生故障，影响生产和公众利益，必须及时抢修；

③ 法律、行政法规规定的其他情形。

用人单位按照有关要求延长劳动者的工作时间应该给予劳动者相应的报酬。根据《劳动法》的规定，用人单位延长工作时间的，必须按以下标准支付给劳动者报酬：

① 在标准工作日内安排劳动者延长工作时间的，支付不低于工资的150%的工资标准；

② 休息日安排劳动者工作又不能安排补休的，支付不低于工资的200%的工资报酬；

③ 法定休假日安排劳动者工作的，支付不低于工资的300%的工资报酬。

(2) 休息休假制度

休息又称休息时间，是指劳动者在国家规定的法定工作时间外自行支配的时间，包括劳动者每天休息的时数、每周休息的天数、节假日、年休假、探亲假等。

根据法律法规的有关规定，休息休假分为不同的种类。

① 1994年7月出版的《〈中华人民共和国劳动法〉释义》一书中，对《劳动法》第38条的释义指出：工作日内的间歇时间，是指一个工作日内给予劳动者休息的时间和用膳的时间。间歇时间的长短可由各单位根据实际情况确定，一般不少于半小时。间歇时间规定应在工作后四小时，因为职工连续工作四小时后，正处于疲劳阶段。

② 两个工作日之间的休息时间，是指劳动者在一个工作日结束后至下一个工作日开始前的休息时间。我国实行八小时工作制，职工从一个工作日结束至下一个工作日开始的时间一般为十五小时或十六小时。

③ 公休假日，是指劳动者满一个工作周以后的休息时间。《劳动法》第38条规定："用人单位应当保证劳动者每周至少休息一日。"目前我国实行五天的工作制，劳动者的公休假日一般为每周两天。

④ 法定节日，是指由国家法律统一规定的用于开展庆祝、纪念活动的休息时间。用人单位在下列节日应当依法安排劳动者休假：元旦、春节、国际劳动节、国庆节、清明节、端午节和中秋节。

⑤ 年休假，是指法律规定的职工满一定的工作年限后，每年享有的保留工作带薪的连续休假。

按照劳动合同法的规定，职工累计工作已满1年不满10年的，年休假5天；已满10年不满20年的，年休假10天；已满20年的，年休假15天。国家法定休假日、休息日不计入年休假的假期。

⑥ 探亲假，是指与父母或配偶分居两地的职工，每年享有的与父母或配偶团聚的假期。

根据《国务院关于职工探亲待遇的规定》，规定凡在国家机关、人民团体和全民所有制企业、事业单位工作满一年的固定职工，与配偶不住在一起，又不能在公休假日团聚的，可以享受探望配偶的待遇；与父亲、母亲都不住在一起，又不能在公休假团聚的，可以享受探望父母的待遇。但是，职工与父亲或母亲单方在一起的，不享受这种待遇。具体假期为：配偶——30天/年；未婚职工探望父母——20天/年或45天/两年；已婚职工探望父母——20天/四年。

职工在规定的探亲假和路程假期内的，按照本人的标准工资发给工资。职工探望配偶和未婚职工探望父母的往返路费，由所在单位负担。已婚职工探望父母的往返路费，在本人月标准工资30%内的，由本人自理，超过部分由所在单位负担。①

5.3 劳动强度管理

劳动强度是劳动的内含量，而工作日的延长则是劳动的外延量。随着社会生产力的提高、科学技术的进步和劳动者的经验积累，劳动的外延量可以转化为劳动的内含量，即随着新的机器和技术的采用，工作日可以缩短，但劳动的强度却可能提高。

5.3.1 劳动强度管理概述

马克思认为："增进劳动的强度，意思就是说在同一时间内增加劳动的支出。"他还将劳动强度定义为劳动的内含量或劳动的密度，并认为："提高机器的速度，和扩大同一劳动者照管的机器的范围"、"提高劳动的紧张程度，更加细密地填满劳动时间的微孔"、"增进劳动的规律性、划一性、秩序性、继续性和能量"等，都可提高劳动强度。

劳动强度是一个容易进行主观感觉而不容易进行理性抽象的概念。马克思把劳动的持续时间称之为劳动的外延量，把劳动在单位时间内所创造的劳动价值量称为劳动的内含量或劳动的强度②。根据以上思路可得到：总价值量＝劳动的内含量×劳动的外延量。

马克思认为，劳动量的度量单位为"社会必要劳动时间"，并把劳动者在标准状态下的劳动内含量定义为，非标准状态下的劳动内含量可折算成标准状态下的劳动内含量的一定倍数，劳动价值量就等于劳动时间（外延量）乘以这个倍数。显然，这种理解只能进行定性分析而无法进行定量分析。

由于工作性质和工作内容不同，所以准确地衡量劳动强度并不是件容易的事。因此，要对劳动强度进行鉴定，必须有大家共同认可的衡量指标。劳动强度可以用以下几个指标衡量。

① 体力劳动强度：生产岗位劳动者体力消耗的多少。

② 工作利用率：生产岗位净劳动时间的长短，等于净劳动时间与工作日总时间之比。

③ 劳动姿势：生产岗位劳动者主要劳动姿势对身体疲劳的影响程度。

④ 劳动紧张程度：生产岗位劳动者在劳动过程中生理器官的紧张程度。

⑤ 工作班制：生产岗位的轮班作业制度。③

根据劳动法规定，劳动者如果符合法律规定条件，可以要求执行缩短工作日。缩短工作日又称缩短长度工作日，是少于标准工作日或标准工作周的劳动者工作时间，也就是每日工作时间少于8小时、每周工作时间少于40小时。它是在特殊情况下对标准工作日长度的缩短，并不是对标准工作日的统一缩短。实行缩短工作日主要是为了保护特殊情况下、特殊条件下进行劳动的劳动者的身心健康。

因为该煤矿的做法违反了劳动法关于缩短工作日的有关特殊规定，所以宋某的要求有法律依据，应予支持。

---

① 改编自 http://hi.baidu.com/%B7%C7%CE%A8/blog/item/121f2b24bdd22a348644f953.html.2008.

② 马克思．资本论．第1卷．第437页．

③ 廖泉文．人力资源考评系统．济南：山东人民出版社，2000：472－483.

5.3.2 影响劳动强度的因素

影响劳动强度的因素可分为外部因素和内部因素两大类。

(1) 外部因素

① 劳动对象因素。包括工作性质与工作量密度，工作量密度是指单位时间内所完成的工作量。其中，工作性质主要由生产系统的岗位或工种来决定，它与劳动能力的相容性决定着劳动者外部环境的优劣，决定着体力劳动者的动作力度、速度和技巧难度，决定着脑力劳动者遵循的思维方法和逻辑处理程序等，因而在很大程度上决定着劳动强度；工作量密度的提高意味着恶化了劳动者原有的外部环境，从而提高了劳动强度。劳动者的体力输出功率可以近似反映出人体肌肉和神经的运动强度。

② 劳动工具因素。包括机器的操作力度、速度、技术难度、容错性能、宜人特性等。劳动工具的发展通常体现在劳动工具越来越适合于人的使用，意味着改善了劳动的外部环境，降低了劳动强度。

③ 劳动环境因素。是指劳动者在劳动过程中所处的外部环境，它分为劳动的自然环境和社会环境两个方面。劳动的自然环境包括气候条件、温湿度、噪声、照明以及空气中的氧、灰尘和有毒物质的含量等。对于同一劳动内容，在不同自然环境下将会产生不同生理、心理和精神效应，体现出不同的劳动强度：在恶劣的自然环境下，劳动强度较大；在宜人的自然环境下，劳动强度较小；劳动的社会环境包括人际关系、生产管理制度、工资待遇、思想潮流等。例如，当人际关系处于紧张状态时，劳动者在劳动过程中的心理和精神紧张程度就会增加，从而产生额外的劳动强度。由此可见，劳动条件优良本身就意味着劳动强度低，劳动条件恶劣本身就意味着劳动强度高。

(2) 内部因素

影响劳动强度的内部因素可分为生理、心理和精神状态特征三个方面。此外，劳动时间(或作息率)和老弱病残可以看做是一种特殊的影响劳动强度的内部因素，因为它综合体现了生理、心理和精神状态特征对劳动强度的影响情况。

① 生理状态特征。人作为一种高级的生物，有其固有的、普遍的生物规律，在劳动环境的布置、生产资料的设计、作息时间和作息率的安排中都应考虑人体一般的生理状态特征，都应符合人类的一般生物规律。如果违背其生物规律，机体的内环境就无法适应劳动过程的要求，从而体现出较大的劳动强度。一般来说，夜里劳动比白天劳动体现出较大的劳动强度；持续进行同一劳动比交替进行不同劳动体现出较大的劳动强度；不断变更作息时间，会打乱人体生物钟，从而体现出较大的劳动强度。

② 心理状态特征。影响劳动强度的心理因素主要有兴趣与爱好、气质与性格等。人在从事与自己喜欢的事物、爱好的行为和感兴趣的知识相关的劳动时，就会表现出较低的劳动强度。不同气质的人所具有的内部心理环境适应于不同性质的工作，从而体现出不同的劳动强度。例如，性格外向的人在从事社交活动时体现出较低的劳动强度，而性格内向的人在从事具体业务工作时体现出较低的劳动强度；理智占优势的人在从事科学技术工作时体现出较低的劳动强度，而情绪占优势的人在从事文学艺术工作时体现出较低的劳动强度；独立性强的人在独立开展工作时体现出较低的劳动强度，顺从性强的人在配合别人工作时体现出较低的劳动强度。

③ 精神状态特征。影响劳动强度的精神因素有情感、认识与意志。当人的情感(即情

绪、欲望与感情）处于良好状态时，干什么工作都会觉得轻松自如，干完后也不觉得疲倦。当人正确认识某一工作的重要意义时，就会对这一工作表现出较高的兴趣，从而体现出较低的劳动强度。相反，如果认为某一劳动无益于自己，或者认为是低人一等的事情，是承受惩罚的一种方式，那么就会体现出较高的劳动强度。

④ 劳动时间（或作息率）。随着劳动时间的不断增长，由附加劳动量建立和维持的机体内环境就会逐渐衰竭，如果不能及时地进行生活资料的补偿，就会逐渐加速主劳动量的耗费，使部分主劳动量转化为附加劳动量，这就必然提高劳动者的劳动强度。

⑤ 老弱病残因素。对于老弱病残的劳动者来说，其机体内环境低于正常水平，在进行相同劳动时将不得不投入更多的主劳动量，用于补偿和替代机体内环境的缺陷和不足，这就必然会提高劳动强度。

案例

富士康员工跳楼事件

2010年上半年富士康连续发生员工跳楼事件：

1月23日，凌晨4时许，富士康19岁员工马向前死亡。警方调查，马向前系“生前高坠死亡”。

3月17日，富士康龙华园区，新进女员工从3楼宿舍跳下，跌落在一楼受伤。

3月29日，龙华厂区，一男性员工从宿舍楼上坠下，当场死亡，23岁。

4月6日，观澜C8栋宿舍，饶姓女工坠楼，仍在医院治疗，18岁。

4月7日，观澜厂区外宿舍，宁姓女员工坠楼身亡，18岁。

4月7日，观澜樟阁村，富士康男员工猝死，22岁。

5月6日，龙华厂区，男工卢新从阳台纵身跳下身亡，24岁。

5月11日，龙华富士康厂区外某出租屋，离职女工跳楼身亡。

5月14日，富士康龙华厂区福华宿舍区，一名男员工坠楼身亡。

5月21日，凌晨四点多，富士康一名21岁男性员工南钢，从F4栋楼跳下身亡。

5月25日，富士康科技集团观澜园区华南培训中心，一名员工坠楼死亡。

5月26日晚11点，富士康深圳龙华厂区大润发商场前发生员工跳楼事件，死者是C2宿舍一位男性。

5月27日凌晨，又有一名女性从三楼坠下，受伤送往医院，发生第“13跳”。

5月26日深圳市政府举行新闻发布会，通报政府有关部门就富士康多起员工坠楼事件的调研情况，以及事件发生的多方原因和下一步的防治措施。

深圳市政府秘书长李平在发布会上说，富士康科技集团发生的员工坠楼事件，是快速工业化、城市化、现代化的转型期出现的特殊问题，有其深层次的原因，涉及员工个体、企业和社会等多方面的因素，情况比较复杂。

从个体来看，这些员工大多属于“80后”和“90后”，思想观念不成熟，涉世不深，经历磨炼不够，心理比较脆弱，对情感纠纷、环境变化、工作生活压力调节能力不够；从企业来看，富士康集团43万名处于相同年龄段的年轻员工聚集在一起，加上企业管理、文化建设等方面的问题，容易使一些问题和情绪产生“叠加效应”；从社会层面看，这些员工远离家乡，缺乏亲人朋友的关心，社会服务关爱、支持援助也不够，容易产生一些意想不到的事情。

李平说，下一步深圳市政府将从加强防范、改善公共服务配套设施、加强心理干预的针对性等方面进一步加大工作力度，多管齐下，多策并重，防止再次发生类似事件。

2010年5月28日上午，数十个台湾重要的劳工与社会运动团体成员，带着挽联，手持百合花，来到土城工业区鸿海总部，悼念富士康自杀员工。劳工团体指出，这个全球百大企业的国际一线代工厂，本质就是一个血汗工厂，在生产线上，压缩员工到7秒内执行一个生产步骤，员工每天要进行数千个重复而单调的动作，站立工作超过12个小时，工作时间不准相互交谈，订单涌入时每个月上百个小时的超时工作，加上宿舍管理也同样缺乏人性，工人之间互不相识，根本无法建立最基本的支持生存的人际网络关系。劳工团体强调，这个“精密科技”集团的专长，就是将工人的身体与心理，精密肢解成生产在线的血汗，苛算挤压到底。劳工团体指出，1915年福特汽车42秒一个动作的生产节奏造成的劳动挤压，已经使得当时的工人身心上承受不了，而造成底特律大量自杀的现象，如今富士康却变本加厉，将生产步骤压缩成7秒一个动作，为了应付涌入的订单数量而长时间超时工作。他们还强烈谴责以苹果Iphone为代表的跨国品牌公司，将订单交给富士康这样的血汗工厂，却完全没有尽到保障基本劳动人权的社会责任。

5月29日中华全国总工会发出《关于进一步做好职工队伍和社会稳定工作的意见》，指出要在加快经济发展方式转变中进一步加大维护职工合法权益与发展和谐劳动关系的力度，并发挥工会“大学校”作用，不断满足职工日益增长的精神文化需求。《意见》还特别强调，要加强对青年职工特别是新生代农民工的心理疏导，关心职工的生产生活，使广大职工有尊严地生活，实现体面劳动。

同日，中共中央政治局委员、广东省委书记汪洋再次赴深圳主持召开工作座谈会，听取深圳市和有关部门关于富士康员工连续跳楼事件的情况汇报，分析事故频发原因，进一步研究解决问题的措施和方法。

6月2日，富士康科技集团对外发布了基层员工全体加薪的消息。据介绍，从2010年6月1日起，富士康集团对企业作业员、线长、组长薪资进行调整，员工整体薪资水平提升30%以上。作业员由原来的900元/月调升到1 200元/月；作业员月薪高于900元者，上调升幅度不得低于30%；线长、组长在现有薪资标准基础上调升30%以上；其他职等员工，薪资调整方案近期另案公告。

富士康集团表示，此次加薪主要是基于物价、生活费用上涨及结合集团整体经营状况而作出的决定。富士康重视员工生活，希望员工在减少加班的情形下，也能增加收入并拥有足够的休闲时间。该公司位于中国其他城市的工厂将于7月份推出加薪举措，加薪幅度则根据当地的实际情况来确定。

富士康董事长郭台铭在声明中声称，“这次加薪旨在捍卫工人们的尊严。我们勤勉地工作是为了确保我们的生产质量和标准。加薪不仅仅是为了满足员工的需要，也是员工自身价值的最好体现。”

资料来源：本章作者根据《雅虎网》、《新华网》、《南方网》、《南海网》、《华商网》、《浙江在线》、《中安网》和《新民晚报》等媒体2010年6月2日前的有关报道整理。

5.4 劳动安全管理

引导案例

人民网七台河（2005年）11月29日电　记者刘红伟报道：截至29日上午9时，七台河矿难搜救队在井下又找到4名矿工遗体，现已确认有138名矿工遇难，加上煤矿发生爆炸时，两名女工在地面皮带机房作业时当场被炸身亡，至此，七台河“11·27”事故已确认140人遇难，72人生还，还有11名矿工下落不明。

今天上午9时，在七台河东风煤矿，国务院工作组听取了黑龙江省“11·27”矿难指挥部工作汇报，工作组认为，目前最紧迫的任务就是“找人”。国家安监总局局长李毅中说：“人不是静止的，矿工逃生过程中肯定不会呆在原来的位置，只要有一线的希望，就要尽100%的努力进行搜救。”李毅中同时还指出：“这次矿难是新中国成立以来第20次遇难者在百人以上的重大事故，现在压力很大，我们要将功补过。”

在东风煤矿现场，国家煤监局长赵铁锤表示，一定要尽快确定这11个人的位置，找到这11个人，要保证搜救工作的安全，防止次生灾害发生。由于东风煤矿三采区井下瓦斯、一氧化碳浓度超标，给搜救工作带来很大难度。煤矿将尽快恢复三采区通风系统，降低井下瓦斯和一氧化碳浓度，尽早完成搜救工作。赵铁锤认为，现在是处于攻坚阶段，难度增大。

张左己列出“时间表”

今天上午，黑龙江省省长张左己对搜救工作提出严格要求，要求在29日晚6点之前，一定要完成对失踪的11个人的搜救工作，井上、井下互相配合；30日6时之前，要完成全部遇难者的全部升井工作，保证安全，防止次生灾害；30日晚6点之前，要进行尸体的辨认、整容工作，和遇难者家属签协议，并争取火化一批。张左己说：“大灾当前、大难当前，一定要团结一致，对于推卸责任、不团结的人，一经查实，立即撤职！谁推卸责任，谁就是不讲政治，没有全局观，没有党性。”

事故原因

事故发生当天，共有254人在考勤表上画钩，而下井作业的是221人，有33人画了钩没有下井。李毅中表示，这说明在管理上的漏洞，劳动组织混乱。会议要求，龙煤集团七台河分公司要开始研究，吸取教训，整改设施，恢复生产。

中国评论新闻网分析矿难的原因如下：①七台河矿难亦属人祸：爆炸前有征兆却未及时补救、生产超过负荷、管理组织混乱、矿工缺乏自救能力。②“明星矿”仍然不是安全矿：国有煤矿证照齐全未必安全、设备投入欠账、福利待遇过低、安全管制措施形同虚设。③地方仅重经济，政府治矿措施失效，矿难转向“大矿大难”，隐瞒煤矿危机，官煤勾结，顽疾难除等。

李毅中认为，目前的工作重点是救人，先找到失踪人员，同时要为事故调查做准备，认真研究怎么吸取教训。

资料改编自：http://news.sohu.com/20051129/n227623427.shtml. 2005；

http://cn.chinareviewnews.com/doc/1000/6/7/2/100067221.html?coluid=37&kindid=711&docid=

100067221&mdate=0911123624.2005.

在本案例中，当矿井煤尘浓度明显增加时，管理人员并没有对安全隐患进行彻底排查，并且管理混乱，最终造成了煤尘爆炸。只有扎实推进安全生产行动，加强安全管理，才能远离事故。

所谓劳动安全，一般是指在劳动过程中防止中毒、触电、机械外伤、车辆、坠落、塌陷、爆炸、火灾等危及劳动者人身安全的事故发生。劳动安全问题随着人们的生产劳动而产生，与生产劳动同时并存，哪里有生产劳动，哪里就存在着劳动安全问题。因此，要采取各种控制措施，改善劳动条件，保护劳动者在生产过程中的安全与健康。

5.4.1 劳动过程中的不安全因素

劳动过程中处处都存在着不安全的因素。有数据统计表明，在工业企业发生人员伤亡事故中，80%左右的事故与人的不安全行为有直接的关系[①]。由于社会的、家庭的、观念的、心理的、文化的、经济的、作业环境的、企业管理等的原因，会造成操作者在从事生产活动中，出现这样那样的不安全的行为。归结起来，不安全的行为有以下几种。

① 精神不集中。无论从事何种生产或工作，精神或注意力集中是安全生产的首要前提，尤其诸如驾驶员、塔吊司机、机床操作工、运行值班工等要害作业的工种，更需要精神的高度集中才可能在生产中做到万无一失。

② 麻痹大意。长期在一个岗位上工作，或是在比较容易掌握的熟练工种工作，会使员工熟能生巧，运作自如，这样当然对提高生产效率是有好处的，但同时也会产生负面的效应，即麻痹大意。

③ 好奇乱动。经济的发展和企业规模的不断扩大，越来越多的新员工走进工厂的大门，他们对现代化企业的设备、设施、装置、材料会有很强的好奇心，还有的新员工由于性格、心理状态的影响，也会对千姿百态的设备、设施、材料和装置产生很强烈的好奇心。

④ 不佩戴或不正确佩戴劳动防护用品。有的员工在作业时嫌佩戴劳动防护用品不方便，在噪声很大的房间戴耳塞会使耳朵感觉不舒适而摘掉耳塞，另外也存在企业没有按要求发给操作者劳动保护用品的情况等。

⑤ 使用不安全的工具。工具的安全性对操作者的健康安全有直接的影响，有的操作者或图省事，或不了解工具的使用规范，由于工具的不安全造成人身事故。

⑥ 不按规定的速度进行作业。为了生产的安全，企业对厂内机动车的行车速度、机械设备的运行速度、流水线上的传动速度等作出明确的要求。但在生产中，往往会出现超速作业、超速行车、超速传递的现象，由于违反了正常的作业规律，发生事故的几率大大提高。

⑦ 拆除安全装置。为了保证作业人员的安全，在机械设备的轴、轮、齿上会有安全防护装置，但有的操作者为了维护或取物方便等原因，将安全防护装置部分拆除或整体拆除，由此造成的操作者或其他相关方的绞伤、挤伤、拉伤甚至死亡事故已屡见不鲜。

⑧ 在不安全处逗留。有的作业场所是严禁无关人员进入和停留的，如电力高压区、起重机下、强辐射区等，一旦进入，危及生命。

⑨ 不合理的配置、装载、混装等。如将不同化学性质，可能造成燃烧、爆炸的物品放

① http://www.anquan.com.cn/Wencui/guanli/zonghelw/200808/90122.html.2008.

置在一起；在运输机械上装货超出载重量。

⑩ 在狭窄或狭小的场所进行作业。有的作业需要一定的空间和距离，如修理汽车底盘，应在地沟内作业；建筑业绑扎钢筋应在较宽阔的地面上进行。有的作业人员不顾作业条件的安全性，给事故的发生提供了机会。

⑪ 违反劳动纪律的行为。如在作业时嬉笑、打闹等，也会引发事故。对于在生产过程中的人的不安全行为的防范措施，主要依靠教育和管理，应用血的教训和事实来告诫员工，不安全行为可能会给自己造成的痛苦和伤害。

5.4.2 加强劳动安全管理的措施和方法

（1）加强安全教育

加强安全教育不仅可以提高各级领导和职工搞好安全生产的责任感和自觉性，而且能普及和提高职工的安全技术知识，使其掌握不安全因素的客观规律，提高安全操作水平，确保安全生产。加强安全生产可以分为三级教育、对特种人员的专门训练和经常性的安全教育。①三级教育。即入厂教育、车间教育和岗位教育。三级教育制度是企业必须坚持的基本安全教育制度和主要形式。②对特种人员的专门训练。特殊工种教育是对那些技术比较复杂、岗位比较重要的特殊操作人员，如电工、锅炉司炉人员、起重机械人员、爆破人员、机动车驾驶人员等进行的专门的教育和训练。其培训方法可由所在单位或者单位的主管部门培训，也可由考核发证部门或考核发证部门指定的单位培训。特种作业人员经过安全技术培训后，考核合格取得操作证者，方可持证上岗独立作业。③经常性的安全教育。安全教育不能一劳永逸，必须经常不断地进行。经常性教育是职工业务学习的内容，也是安全管理中的经常性工作。经过安全教育已经掌握了的知识、技能，如果不经常使用，会逐渐淡忘；随着技术的进步、生产状况的变化，有新的安全知识、技能需要掌握。因此，必须开展经常性的教育。

（2）建立健全安全生产责任制

安全生产责任制是根据“管生产的必须管安全”的原则，对企业各级领导和各类人员明确地规定在生产中应负的安全责任。这是企业岗位责任制的一个组成部分，是企业中最基本的一项安全制度，是安全管理规章制度的核心。

（3）加强安全监督和检查

劳动安全监察是以国家的名义，并以国家的权力对国民经济各部门及企业的安全工作实行法治性监督，纠正和惩罚违反安全生产法规的行为，保证安全生产方针、政策和法规的贯彻落实。

（4）加强作业现场安全管理

作业现场安全管理可以概括为对人的安全管理和对物的安全管理两方面的问题。

对人的安全管理的内容是：①制定安全操作流程及作业标准，规范人的行为，使人能安全而高效地进行操作；②经常不断地对作业人员进行教育和训练；③消除生产作业场所中的不安全因素，创造安全的生产作业条件。

对物的安全管理包括：①生产设备的设计、制造、安装应该符合相关的技术规范和安全规程的要求，安全防护装置应该齐全、可靠；②经常进行检查和维修保养，使设备处于完好状态，防止由于磨损、老化、疲劳、腐蚀等原因降低设备的安全性。

（5）强化工会在劳动安全管理中作用

《中华人民共和国安全生产法》第七条规定，“工会依法组织职工参加本单位安全生产工作的民主管理和民主监督，维护职工在安全生产方面的合法权益。”

该法第五十二条规定，“工会有权对建设项目的安全设备与主体工程同时设计、同时施工、同时投入生产和使用进行监督，提出意见”。“工会对生产经营单位违反安全生产法律、法规，侵犯从业人员合法权益的行为，有权要求纠正；发现生产经营单位违章指挥、强令冒险作业或者发现事故隐患时，有权提出解决的建议，生产经营单位应当及时研究答复；发现危及从业人员生命安全的情况时，有权向生产经营单位建议组织从业人员撤离危险场所，生产经营单位必须立即处理”。“工会有权依法参加事故调查，向有关部门提出处理意见，并要求追究有关人员的责任”。

5.5 劳动卫生与职业病防治

随着医学模式的转变，人们逐渐认识到，除传统的职业性有害因素外，社会心理因素、个人生活方式等都会影响劳动者的健康及其职业生活的质量。只有找到产生这些问题的根本原因，采取综合的预防措施，才能保护和促进劳动者的身心健康。

5.5.1 劳动卫生与职业病的概念

劳动卫生（labor hygiene），是指在劳动过程中对有毒有害物质危害劳动者身体健康或者引起职业病发生的防范。为创造适合人体生理要求的劳动条件，我们需要研究如何使工作适合于人，又使每个人适合于自己的工作，使劳动者在身体、精神、心理和社会福利诸方面处于最佳状态。

职业病，是指企业、事业单位和个体经济组织（以下统称用人单位）的劳动者在职业活动中，因接触粉尘、放射性物质和其他有毒、有害物质等因素而引起的疾病。要构成《中华人民共和国职业病防治法》中所规定的职业病，必须具备四个条件：①患病主体是企业、事业单位或个体经济组织的劳动者；②必须是在从事职业活动的过程中产生的；③必须是因接触粉尘、放射性物质和其他有毒、有害物质等职业病危害因素引起的；④必须是国家公布的职业病分类和目录所列的职业病。四个条件缺一不可。

5.5.2 劳动过程中的有害因素及其来源

不同劳动条件存在各种职业性有害因素，它们对健康产生不良影响，可导致职业性病损。职业性危害因素在劳动条件中的大量存在是引起职业性损害的首要原因。劳动过程中的有害因素有以下三个来源。

① 生产过程中使用或生产的有害因素，如有毒物质（如铅、汞、苯、氯气、一氧化碳等），生产性粉尘（如石英尘、石棉尘、煤尘、皮毛尘等），异常小气候（如过高过低的温度、过高过低的气压），噪声、振动、微波、激光、X射线、γ射线等物理因素，以及细菌、霉菌、病毒等生物性因素等。

② 生产环境中的有害因素，如自然环境因素（高寒地区冬季露天作业时的严寒等），生

产流程布局不合理，有毒与无毒作业混杂安排在一个车间所致的环境污染等。

③ 劳动过程中的有害因素，如不合理的劳动组织及作业轮班制度，超重体力劳动，操作过度紧张，个别器官系统如视力过度紧张，不合理的生产过程所致环境污染等。

上述三个方面的不良因素，在生产情况下常同时存在，如果这些不良因素超过一定限度，又未采取有效防护措施，将会使接触者受到各种职业性损害：工伤、职业性疾病、残疾或死亡，妨碍生产的正常进行。

5.5.3 职业病的种类

根据《中华人民共和国职业病防治法》第15条的规定，卫生部颁布的《职业病目录》为10类115种。

(1) 尘肺

包括矽肺、煤工尘肺、石墨尘肺、炭黑尘肺、石棉肺、滑石尘肺、水泥尘肺、云母尘肺、陶工尘肺、铝尘肺、电焊工尘肺、铸工尘肺和根据《尘肺病诊断标准》和《尘肺病理诊断标准》可以诊断的其他尘肺共十五种。

(2) 职业性放射性疾病

包括外照射急性放射病、外照射亚急性放射病、外照射慢性放射病、内照射反射病、放射性皮肤疾病、放射性肿瘤、放射性过损伤、放射性甲状腺疾病、放射性性腺疾病、放射复合病和根据《职业病放射性疾病诊断标准（总则)》可以诊断的其他放射性损伤共十一种。

(3) 职业中毒

包括铅及其化合物中毒（不包括四乙基铅)、汞及其化合物中毒、锰及其化合物中毒、镉及其化合物中毒、铍病、铊及其化合物中毒、钡及其化合物中毒、钒及其化合物中毒、磷及其化合物中毒、砷及其化合物中毒、铀中毒、砷化氢中毒、氯气中毒、二氧化硫中毒、光气中毒、氨中毒、偏二甲肼基、氮氧化合物中毒、一氧化碳中毒、二硫化碳中毒、硫化氢中毒、磷化氢、磷化锌、磷化铝中毒、工业性氟病、氰化腈类化合物中毒、四乙基铅中毒、有机铅中毒、羰基镍中毒、苯中毒、甲苯中毒、二甲苯中毒、正已烷中毒、汽油中毒、一甲胺中毒、有机氟聚合物单体及其热裂解物中毒、二氯乙烷中毒、四氯化碳中毒、氯乙烯中毒、三氯乙烯中毒、氯丙烯中毒、氯丁二烯中毒、苯的氨基及硝基化合物（不包括三硝基甲苯）中毒、三硝基甲苯中毒、甲醇中毒、酚中毒、五氯酚（钠）中毒、甲醛中毒、硫酸二甲酯中毒、丙烯酰胺中毒、二甲基甲酰胺中毒、有机磷农药中毒、氨基甲酸酯类农药中毒、杀虫脒中毒、溴甲烷中毒、拟除虫菊酯类农药中毒、根据《职业性中毒性肝病诊断标准》可以诊断的职业性中毒肝病和根据《职业性急性化合物中毒诊断标准（总则)》可以诊断的其他职业性中毒共五十六种。

(4) 物理因素所致职业病

包括中暑、减压病、高原病、航空病和手臂振动病共五种。

(5) 生物因素所致职业病

包括炭疽、森林脑炎和布氏杆菌病共三种。

(6) 职业性皮肤病

包括接触性皮炎、光敏性皮炎、电光性皮炎、黑变病、痤疮、溃疡、化学性皮肤灼伤和根据《职业性皮肤病诊断标准（总则）》可以诊断的其他职业性皮肤病共八种。

（7）职业性眼病

包括化学性眼病、电光性眼病和职业性白内障（含放射性白内障、三硝基甲苯白内障）共三种。

（8）职业性耳鼻喉口腔疾病

包括噪声聋、铬鼻病和牙酸蚀病共三种。

（9）职业性肿瘤

包括石棉所致肺癌、间皮瘤、联苯胺所致膀胱癌、苯所致白血病、氯甲醚所致肺癌、砷所致肺癌、皮肤病、氯乙烯所致肝血管肉瘤、焦炉工人肺癌和铬酸盐制造业工人肺癌共八种。

（10）其他职业病

包括金属烟热、职业性哮喘、职业性变态反应性肺泡炎、棉尘病和煤矿井下工人滑囊炎共五种。

案例

云南水富县农民工尘肺病事件

在云南省水富县向家坝镇永安村，李正清、李正友两兄弟算是名人。他俩见多识广，老乡们有什么事，都会找他俩问问。可现在，他俩已没力气帮乡亲们排忧解难了。

2009年3月，兄弟俩同时被查出患有尘肺病，他们都曾在安徽石英砂厂打过工。

聊起自己的病，哥哥李正清常说，“我谁也不怪，是我自愿去安徽打工的。”他说这话，一是说给弟弟李正友听，因为他去安徽是弟弟介绍的，他不想给同样患病的弟弟增加压力。另外，他这话也是说给家里人听，他不希望家人埋怨弟弟。

一万七千元换走了健康

几个月前，媒体曝出云南省水富县两年内12名壮劳力相继得怪病去世，且死者都有在安徽省滁州市凤阳县官沟乡石英砂厂打工的经历。这件事引起了当地有关部门的重视，体检排查后发现，3个村庄先后有400多人在安徽打过工，其中30多名确诊为尘肺病中最严重的矽肺，李家兄弟就在其中。

30多名患者大半来自永安村。2003年，第一批前往安徽石英砂厂打工回来的乡亲带回现金，轰动了整个村庄。前往安徽石英砂厂打工，成了这些没有技术的山区农民的致富捷径。

据当地政府统计，小小的永安村先后有65人前往安徽。当时50岁的李正清从未有过外出打工的经历，让他动心的是“能拿到现钱”。打工两年，李正清给家里带回一万七千元，这是他一生中挣到的最大一笔钱。为了这笔钱，他彻底失去了健康。

砂厂关闭索赔难

永安村的邓寿田今年34岁，是第一批前往安徽打工的人，与他同时期去的人，好几个都已不在人世。2009年7月20日，邓寿田已在宜宾第二人民医院住院整4个月。他的病也是在今年3月的大普查中被发现的，那时他呼吸困难，有生命危险。经过治疗，他现在能躺在床上戴着氧气与人交谈。医生说，邓寿田以后不可能再做体力活了，最好的治疗结果也就是摘掉氧气做有限的活动。邓寿田的妻子杨瑞新说，“住院花了4万多元，全部是政府出的钱，如果是他们自己早就看不起病了。”

和邓寿田一起被查出患尘肺病的30多人都得到当地政府的照顾，在医院接受了免费治疗。由于患者都丧失劳动力，政府还为他们办理了低保，每人每月能领到80元左右。

为了维护这些农民工的权益，2009年3月中旬，当地政府派出调查组前往安徽调查取证，而安徽方面也派人到水富了解情况。

水富县当地官员向记者透露，两边地方政府已经接洽了4次，但都没有取得实质性进展。双方争论的焦点还停留在取证上。由于水富农民工在安徽打工并非有组织行为，没有用工合同、工作记录，更没有入职体检，他们打工的企业也都是些小作坊，而且打工时间都是两三年以前，取证工作非常艰难。事发后当地石英砂厂全部关闭，即便是有了确凿证据也很难找到企业主索赔。

7月21日，记者离开水富县时，当地正组织机关干部向这些尘肺患者捐款，捐款将用于他们的后期治疗和生活改善。

背景信息：云南省昭通市水富县向家坝镇有3个偏僻的村寨，多年来，这里的村民一直过着平静的生活。但最近两年，三个村12名青壮年男子相继去世。生前他们都曾在安徽省滁州市凤阳县官沟乡石英砂厂打工，都患有一种“怪病”。2009年3月这一事件被曝光后，当地为400多位曾在安徽石英砂厂打过工的农民工进行了体检，发现有30多例尘肺病人。随后，政府为病重患者提供了免费治疗，并帮助他们索赔。2009年7月，索赔依然没有实质性进展。

资料来源：郭铁流《新京报》www.thebeijingnews.com 2009-7-26 2：36：03。

5.5.4 劳动卫生与职业病防治

根据以上分析，职业卫生与职业病防治工作应包含以下几个方面内容。

(1) 职业卫生服务

根据世界卫生组织“人人享有职业卫生”的全球策略，国家有关卫生机构，如卫生防疫站、劳动卫生职业病防治研究所、疾病预防控制中心等，必须为企业提供良好的职业卫生服务。这些服务包括生产环境监测、健康监护、危害控制咨询等。

作业环境监测是接触评定的重要内容，目的在于及时发现和动态掌握作业环境中潜在的有害因素的种类、存在形式、强度和消长规律等，为改善劳动条件的干预措施提供依据。接触评定也包括应用某些特异的生物学指标，作为生产环境监测的补充和佐证，称为职业接触生物监测。

事故发生的主要原因是高空作业没戴安全带、热水池上无任何防护措施。那么经过作业环境检测后，工人要戴好标准防火安全带，厂方应在热水池上设置防护盖或铁网等。

健康监护着重于运用现代医学手段，早期检测特定作业条件下群体健康状况及个体健康损害性质与程度，并进一步确定接触人群的受害率，从而获得接触水平（剂量）反应关系。健康监护一般通过就业前和定期健康检查，及早发现不良健康效应或亚临床患者，予以妥善处理，防止继续接触有害因素产生不可逆性病损。对已发展为职业病的患者，作进一步明确诊断，予以积极治疗、促进康复；对劳动能力受损者，应作劳动能力鉴定，并按劳保条例规定处理。

危害控制咨询是职业卫生服务的重要内容，它是在环境检测和健康监护基础上产生的，也是采取治理措施的重要环节。

(2) 职业医学与环境医学的融合

职业医学源自临床医学，其起始任务为筛检就业禁忌证，诊断和治疗职业性疾病，服务对象主要是个体。随着流行病学和工业卫生学的发展，职业医学除对个体病例实施医疗保健外，还应及时识别致病因素、揭示和评价接触人群职业性病损的发生规律，最后采取措施控制有害因素，实施职业卫生服务与管理，并开展健康教育，从而由“个体医疗保健”发展为“群体卫生保健”。这是职业医学从“个体”到“群体”的一次飞跃。21 世纪，职业医学也许将面临第二次飞跃，即冲破厂内、厂外界线，逐步实现职业医学与环境医学的相互渗透与融合。

(3) 职业中毒的预防

生产性物质种类繁多，接触面广，职业中毒在职业病中占有很大比例。因此，做好职业中毒的预防，对保护职工健康、促进生产有重大意义。生产性毒物，必须从根本上消除、控制或尽可能减少毒物对职工的侵害。在预防上，遵循“三级预防”原则，预防的具体方法有很多，但就其作用可分为以下几个方面。

① 根除毒物。从生产工艺流程中消除有毒物质，可用无毒或低毒物质代替有毒或高毒物质，如用硅整流器代替汞整流器，用无汞仪表代替汞仪表；使用苯作为溶剂改为用二甲苯等。但要保证所用的替代物不影响产品的质量，目前还不能完全做到。

② 降低毒物浓度。减少人体接触毒物水平，以保证不对接触者产生明显危害，是预防职业中毒的关键。其中心环节是要使环境空气中毒物浓度降到低于最高容许范围。因此，要严格控制毒物溢散到作业场所空气中的机会，避免操作人员直接接触溢出的毒物，防止其扩散，并须经净化后排出厂外。

③ 个体防护。个体防护在预防职业中毒中虽不是根本性的措施，但在有些情况下，如在狭小船舱中、锅炉内电焊，维修、清洗化学反应器具等，个体防护是重要辅助措施。个体防护用品包括防护帽、防护眼镜、防护面罩、防护服、呼吸防护器、皮肤防护用品等。选择个人防护用品应注意其防护特性和效能。在使用时，应对使用者经常加以培训。

④ 工艺、建筑布局。生产工序的布局不仅要满足生产上的需要，而且应符合卫生的要求。有毒物溢散的作业，区域之间应区分隔离，以免产生不良影响；在符合工艺设计的前提下，从毒性、浓度和接触人群等几方面考虑，应呈梯度分布。有害物质发生源，应布置在下风侧。对容易积存或被吸附的毒物，如汞，或能发生有毒粉尘飞扬的厂房，建筑物结构表面应符合卫生要求，防止沾积尘毒及二次飞扬。

⑤ 安全卫生管理。管理制度不全、规章制度执行不严、设备维修不及时及违章操作等，常是造成职业中毒的主要原因。因此，采取相应的管理措施来消除可能引发职业中毒的危险因素，具有重要作用。所以应做好管理部门和作业者职业卫生知识的宣传教育，提高双方对防毒工作的认识和重视，共同自觉执行有关的职业安全卫生法规。

⑥ 职业卫生服务。健全的职业卫生服务在预防职业中毒中极为重要，除上面已提及的外，应定期或不定期监测作业场所空气中毒物浓度。对接触有毒物质职工，实施上岗前和定期身体检查，排除职业禁忌症，发现早期的健康损害，以便及时处理。

此外，对接触毒物的人员，合理实施有毒作业保护待遇制度，适当进行体育锻炼，以增强体质，提高机体抵抗力。

5.6 员工压力管理

压力是现代人面临的最重要的问题之一，员工的压力来源于社会、企业、家庭、工作和个人等方面，过高的工作压力给个人、组织、社会带来较为严重的后果。如果我们能够合理实施压力管理，就可以帮助员工降低不适当的工作压力，维持员工身心健康，帮助员工提高绩效水平。

5.6.1 员工压力定义

压力是什么？又是怎样产生的呢？这个问题问 100 个人，可能会得到 100 个不同的答案。Hans Selye（1964）被认为是压力研究之父，他使用“压力”来描述对不利环境的一系列生理和心理反应，包括机体对大范围内的化学、生理、物质等刺激的固有反应模式。他认为压力是身体对需求的一般反应，愉快或不愉快都依赖于压力。我们对压力的适应取决于需求的程度。[①] Lazarus（1966）等学者认为，压力是需求以及理性地应对这些需求之间的联系。McGrath（1970）认为压力是“需求与个人能力之间处于一种失衡的状态下，需求得不到满足引起的后果”。[②] Rice（1992）的定义更具有操作性的意味，将工作压力定义为工作需求超过工人成功应对的能力。[③]

5.6.2 员工压力的来源

为了有效地进行压力管理，要求管理者能准确查明员工的压力由何而来，从而相应采取积极有针对性的措施。

压力的起因或来源大体分为四方面：工作压力、家庭压力、社会压力和个人性格。

① 工作压力。工作压力是指在工作中产生的压力。它的起源有多种情况。如工作环境（包括工作场所物理环境和组织环境等），分配的工作任务多寡、难易程度，工作所要求完成时限长短，员工人际关系影响、角色冲突、工作岗位的变更和员工的事业追求等，这些都可能是员工工作压力的诱因。工作压力应成为企业人力资源管理者所关注的重要方面。

② 家庭压力。每一个员工都有自己的个人家庭生活，家庭生活是否美满和谐，财务是否紧张，家庭成员健康状况是否良好等，这些都对员工具有很大影响。员工日常生活的烦恼事件对压力的产生有重大影响。

③ 社会压力。包括社会宏观环境（如经济环境、行业情况、就业市场等）和员工身边微观环境的影响。如经济是否景气、就业市场的供给状况、员工所处社会阶层的地位高低和收入状况等都会对其构成压力。作为企业管理者应予以关注，尽量使之减少对员工的干扰，让员工全心投入到工作中去。

---

① http://www.studa.net/renliziyuan/080820/16595780.html.2008.

② 李秀梅. 长春百事可乐饮料有限公司员工压力管理研究［D］，吉林大学硕士毕业论文，2008.

③ http://hr.mgt.ncu.edu.tw/conferences/07th/pdf/1-1.pdf.2009.

④ 个人性格特征对压力源的反应。不同的性格特征对于同样的压力源的反应是有差异的。环境的变化，会对有些人产生很大的压力，而对于环境适应能力强的人来说则不算什么；社交技巧比较良好的人，在遭遇压力的时候，比较会动员他人来关心自己，给予自己情绪上的支持，聆听自己的诉苦。而对于环境适应能力低的人则会把压力扩大化，自己无法释放自己的压力，最终就会被压力打垮。对于性格的分析，有助于考察员工是否从性格上具备抵抗压力的能力。

按照人们的行为特征，可以将人划分为A型特征和B型特征两种。A型特征的特点是喜欢过度的竞争，喜欢寻求升迁与成就感；在一般言谈中过多强调关键词汇，喜欢追求各种不明确的目标；全神贯注于截止期限；憎恨延期；缺乏耐心；放松心情时会产生罪恶感。B型特征的特点是神情轻松自在而且思维缜密；工作之外拥有广泛兴趣；倾向于从容漫步；充满耐心。A型性格较之B型性格，对压力更敏感，也比较容易过激，对压力的心理承受能力也差一些。因此，A型性格的人要避免陷入焦躁状态，不要被突发事件打乱阵脚，更不要时刻让自己处于紧张状态。

根据以上性格类型的分析，我们可以用一份问卷测试出自己是属于什么类型的性格。具体内容见表5-1。

表5-1　A型性格的问卷

问　　题	是否
1. 你说话会时刻加重关键字的语气吗？	
2. 你吃饭和走路时都很急促吗？	
3. 你认为孩子自幼就该养成与人竞争的习惯吗？	
4. 当别人慢条斯理做事时你会感到不耐烦吗？	
5. 当别人向你解说事情时你会催他赶快说完嘛？	
6. 在路上挤车或餐馆排队时你会感到激怒吗？	
7. 聆听别人谈话时你会一直想你自己的问题吗？	
8. 你会一边吃饭一边做笔记或者一边开车一边刮胡子吗？	
9. 你会在休假之前先赶完预定的一切工作吗？	
10. 让你停下来工作休息一会时你会觉得浪费时间吗？	
11. 与别人闲谈时你会总是提到自己关心的事吗？	
12. 你是否觉得全心投入工作而无暇欣赏周围的美景？	
13. 你是否觉得宁可务实而不愿从事创新或者改革的事？	
14. 你是否尝试在时间限制内做出更多的事？	
15. 与别人有约时你是否绝对遵守时间？	
16. 表达意见时你是否紧握拳头以加强语气？	
17. 你是否有信心再提高你的工作绩效？	
18. 你是否觉得有些事情等着你立刻完成？	
19. 你是否觉得对自己的工作效率一直不满意？	
20. 你是否觉得与人竞争时非赢不可？	
21. 你是否经常打断别人的话？	
22. 看见别人迟到时你是否会生气？	
23. 用餐时你是否一吃完就立刻离席？	
24. 你是否经常有匆匆忙忙的感觉？	
25. 你是否对自己近来的表现不满意？	

资料来源：黄希庭，朱永新．人力资源管理心理学．上海：华东师范大学出版社．2002：331-332.

以上25个问题是用于诊断型性格的一份问卷，你可以对各问题回答“是”或者“否”。如果有半数以上题目你填“是”，希望你要改变习惯，放慢一点生活的节奏。

5.6.3 压力对员工的影响

相同的压力对于不同的员工有不同的影响，压力的大小对同一个员工的影响也是不同的，按照压力影响的结果，具体可以分为两类。

（1）工作压力的积极作用

压力的作用不仅仅是负面的，应客观地看待，不能忽略压力所产生的积极作用。当员工的压力处于适中阶段时，压力会产生一定的积极作用，首先表现为能够促使员工不断拼搏进取，提高工作效率，增强创造力，进而提高整个企业的效益，增加利润。即只有当压力等于员工个人的最大承受能力时，个人的效率达到最大化。压力和组织的绩效呈倒“U”的关系，压力过大或者过小都不利于组织绩效的提高，压力管理的关键是找到压力的最佳点。

压力和组织绩效的关系可以用图的形式形象地反映出来，如图5-1所示。

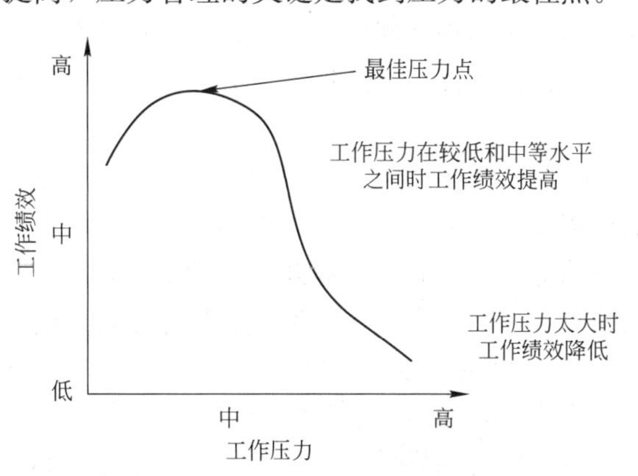

图5-1 工作压力与绩效的关系曲线

改编自：李秀梅．长春百事可乐饮料有限公司员工压力管理研究［D］．吉林大学硕士毕业论文，2008.

由图5-1可见，在压力的最佳点，绩效最高。如果个体压力小，达不到最佳点，则管理者应该加大员工的工作压力，使其向右增大到最佳点；如果员工的压力过大，超过最佳点，则管理者应该降低压力，使其向左减小到最佳点。在某种情况下，创造适度压力、提高员工积极性是管理者的首要职责，但在发现员工承受着不适当的工作压力时，帮助员工降低工作压力、提高绩效则是领导者的主要任务。

（2）工作压力的消极作用

① 心理症状。当员工在遇到较大的压力时，会产生如抑郁、紧张、焦虑等情绪，觉得特别累，这一切都是从心理的症状开始的。多数人对自己的自卫机制的产生并不清楚，直到他们有了行为表现或心理症状时，才开始感受到自己承受了很大的压力。

② 生理症状。压力的生理反应也是各种各样的，如心血管病，免疫力的下降，背痛、失眠、胃溃疡、头痛、呼吸问题、心脏疾病、癌症等。

③ 行为症状。生产能力下降，对工作产生倦怠，拖延或者避免工作。饮食过量或者过少，导致肥胖或者瘦得快。语言尖刻，冒险行为增加，酗酒吸毒，甚至是不计后果的驾车，伤害自己，同时也侵犯了别人，对社会造成了危害。

5.6.4 如何进行压力管理

现代社会工作生活节奏加快、社会竞争日趋激烈，各种不确定因素及突发事件交织在一起，随时都可能成为员工压力的来源。压力事实上已是每一个人都无法避免的事情。多数情况下员工的压力是超负荷的，因此我们更多关注的是该如何缓解员工压力。

① 分析工作压力来源，给员工“减负”。首先要善于识别各种压力来源，制定针对不同压力源的应对措施。对工作压力要进行分析研究，是否存在给员工分配任务难易程度不当、工作时限太紧、目标过高等问题，而这种安排或设计是否是没有经过仔细研究的，或者是否

是不切合实际的。如果有，那么就需要重新调整工作日标、内容、时限等，重新设计工作任务，使员工达到“减负”效果，从而真正做到人事匹配。当然这并不意味着使其没有工作压力，设计工作压力的指导原则应该是：经过员工自身努力能达到的目标即为合理。

② 培养员工的压力承受能力。对企业员工进行心理测评，测评的主要内容是员工的压力承受能力。有针对性地对一些压力抵抗力较弱的员工给予更多的帮助和指导，如组织员工预先进行心理咨询和心理辅导，可以采用个别咨询、集体咨询、书面咨询或电话咨询等方式。

③ 构建民主和谐的企业文化。构建一种民主和谐的企业文化，重视员工的意见，让员工更多地参与工作设计和企业管理，使员工对自己的工作有更多的自主权。企业管理者的领导风格亦应是民主开放而不应是专制独断的；应更多地加强上下级沟通等，更多地关心员工的生活有无困难，创建和谐友爱的人际关系。这种企业文化应该充满着人文关怀、重视员工自我实现、自我控制的氛围。无疑，在这样的企业文化氛围中压力也应该保持在一定的适度水平上。

④ 营造轻松惬意的工作环境。根据人体工程学原理，在办公场所内努力营造轻松惬意的环境也是至关重要的，如柔和的灯光照明、合适的桌椅设计、室内植物绿化 、轻松的背景音乐等。美国有些企业办公场所专设有咖啡间甚至是桌球室。让员工短时间内缓解工作紧张情绪，从而提高工作效率，这都是非常好的创意。

⑤ 提供员工压力释放渠道。定期组织员工集体活动，如聚餐、春游、参加联欢晚会等，开展丰富多彩的员工业余活动。通过这些方式能有效地缓解压力和紧张情绪。或者提供员工个人宣泄压力的渠道，如日本的企业就专门给员工设置一间“发泄室”，里面摆放着企业管理者的木偶像等道具，供其发泄使用。这些做法都值得企业人力资源管理者很好地借鉴。

5.7 员工援助计划（EAP）

引导案例

J女士今年42岁，是某机关的干部。此时，她正坐在办公室独自思索。近年来有好几件烦心的事困扰着她。首先是家里的事，她的儿子今年上初中后，性格有些变化，不太容易沟通，J女士也不知道怎么跟他进行恰当的交流。昨天晚上，看到他只顾看电视，不做功课，J女士就说了他几句，谁知儿子竟然摔门而出。J女士感到孩子很难教育。

其次，秘书最近不知怎么了，魂不守舍，工作经常出错，J女士百忙之中抽时间找她谈了几次，并没有收到什么效果。由于秘书的失误，J女士不得不给上级领导道了好几次歉。另外，J女士下属的一个科长新上任，下属中有个老资格的科员不服从安排，科长一气之下找到J女士，要求将那个科员调离本科室。

对于解决这些问题，J女士觉得自己并不在行，但又不得不同时面对，真令她感到头痛。突然，她想到曾听好朋友提到的EAP专家，抱着试试看的心理，她拨通了EAP专家的咨询电话。接电话的是一位态度和蔼的女士，她听完J女士的诉说后给出了几点建议：第一，安排家庭教育专家与J女士联系，一起约时间探讨孩子教育的问题；第二，请J女士的秘书和那位科长直接与EAP联系。

通过EAP专家的帮助，J女士明白了孩子正处在第二反抗期，并从专家那里学到了不少知识。EAP的人际关系专家在与科长的面对面交流中，对他目前面临的问题和自身的性格弱点作了全面的分析，使他感到受益匪浅。秘书在与EAP专家交流后，做事认真多了，错误也少了很多。

通过EAP的帮助，J女士把许多与人心理有关的工作交给EAP的专家处理，她自己则集中精力处理直接与工作有关的事宜，没过多久，J女士就因表现出色而受到了嘉奖。

资料来源：http://www.hxpsy.net/Ser_Com_infoview.asp?infoid=1038&classid=389.2009.

员工援助计划（Employee Assistant Program，EAP）指由企业组织为其成员设置的一项系统的、长期的服务项目，解决员工及其家人的心理和行为等问题，以促进员工个人成长，提高组织绩效，实现组织目标。它通过专业人员为企业和员工提供诊断、培训、指导与咨询，帮助员工及其家庭成员解决各种心理和行为问题，目的在于提高员工在企业中的身心健康水平和工作绩效，改善企业的组织气氛与管理效能。

5.7.1 员工援助计划的现状与发展

（1）员工援助计划的起源

员工援助计划20世纪20年代起源于美国，六七十年代得到社会的广泛认可和应用，80年代随着经济全球化的发展被引入欧洲及其他地区，并且被发达国家的多年实践证明是解决企业员工心理健康的最好方法。近年来，员工援助计划逐渐引入我国，成为人力资源管理的新理念。

随着全球化带来的跨国公司在世界各地的发展，各国军队驻外、国际学术交流和留学生的交流，员工援助计划被引入欧洲及其他地区。这种引进在20世纪80年代得到了迅速的发展，同时，EAP员工援助计划在英国、加拿大、澳大利亚等发达国家均有了长足的发展和应用。据统计，在世界500强企业中，有80%以上的企业都建立了EAP服务体系，而美国本土有近四分之一企业的员工享受到EAP服务①。

（2）员工援助计划的发展趋势

目前，美国是世界上EAP最发达的国家。1988年，美国劳工统计局进行的一项全国性调查发现，在6.5%的公共和私人工作场所都采用了EAP咨询服务（美国劳工统计局，1989）。两年后，对这些工作场所进行的跟踪调查发现，EAP的普及率已经上升到了11.8%（Hayghe，1991）。EAP普及率的上升进一步支持了国家工作场所和员工援助计划（NSWEAPs）所做的两次调查的结论。1993年国家调查发现，所有超过50人的私人企业中有33%购买了EAP（Hartwell et al.，1996）。而1995年第二次NSWEAPS调查数据表明，所有超过50人的私人企业中，购买了EAP的比率上升到了39%。此外，两次调查都表明，没有使用EAP的部门中有近10%表示正在考虑开始这个项目。2001年，在心理学家的主持下，联想电脑公司客户服务部的员工帮助计划启动。这是国内EAP项目的首次尝试。截至目前，EAP已经发展成为一种综合性的服务，其内容涉及工作压力、心理健康、灾难事件、职业生涯困扰、健康生活方式、法律纠纷、理财问题、减肥和饮食紊乱等方面，可以全方位地帮助员工解决个人问题。

① 吕捷．向世界500强企业学习提高核心竞争力．化工质量，2005（2）

还需要特别值得注意的是，一些国家或地区的政府也对EAP表现出越来越积极的态度，这是因为，EAP不仅给企业带来收益，也给和谐社会的建设带来了好处，因此，EAP服务在政府机关、军队内部也得到广泛的推广和应用。某些国家政府为了推动EAP，还专门立法来加强监管，以促进全社会对于EAP更多的关注、尊重和传播。当然，EAP的发展还有赖于专业机构和专家的推动，目前，已经成立了EAP的国际学术组织，在一些国家还成为一个新的就业领域，而且不乏完整服务体系的跨国EAP服务公司。

中国的EAP模式还处在初级阶段，EAP服务的专业化和规范化是我国EAP发展的必然趋势。

5.7.2 影响员工援助计划实施的因素

企业有效地推广员工援助计划，需要考虑如下影响因素。

① 应该得到企业高层管理者的理解和支持，使他们认识到，对于员工援助计划的投入是必要的，可以保证企业和谐稳定的发展，并最终得到更大的回报；

② 要有一套清晰的、书面表述的政策和程序，说明EAP的目的及其在组织中如何运行，发挥什么作用，这样，使EAP正式纳入企业的管理体系；

③ 要特别关注对于高层管理人员的培训，以提高他们辨认员工问题的能力；

④ 为了提高EAP在公司的利用率，应对员工进行宣传教育，以推广EAP服务。同时要与EAP培训机构加强联系，做好个案跟踪服务，确保员工信息的保密性，并建立基于项目评价目的的保存记录；

⑤ 要得到组织的经济支持，由公司的健康保险福利支付员工援助计划。[①]

企业要推广EAP，必须注意实施过程中的关键影响因素，因为这些因素将影响EAP实施的成败。当然推行EAP还须注意实施的过程性和系统性。不能急于求成，要完整地落实EAP的每一步，这样才能有效发挥EAP的作用。

5.7.3 如何实施员工援助计划

EAP计划是一个全面的、系统的服务过程，包括发现、预防和解决问题的整个过程，它可以完全由组织自己配备专门人员、设置专门的部门来加以实施，这种形式称之为内部EAP形式；也可借助于外部的专业EAP服务机构，即外部EAP形式，它是由组织与服务提供机构签订服务合同，组织安排1至2名工作人员负责联络，配合服务提供机构的工作，其余工作则主要由EAP服务机构具体操作。一个完整的EAP都包含有组织调研、宣传推广、教育培训和心理咨询这四个方面。

(1) 专家调研

这一阶段是EAP计划有效开展的前提，是有效实施EAP的基础。首先，由EAP咨询人员通过专业的心理学问卷测验、访谈等方法来考察组织成员的压力、心理健康、工作满意度、自我接纳、人际关系等方面的心理状况，以对员工进行全面的心理状况调查、研究和诊断，并建立员工心理档案。与此同时，力求发现和诊断职业心理问题及其导致的因素，帮助组织发现一些导致员工问题的组织管理因素，从而对各层管理者提出相应的建议，以减少或

---

① http://hi.baidu.com/weilulundao/blog/item/2f4d00c7ed24d9139c163d13.html.2009.

消除这些不良的因素，并最终提高组织管理效能。

（2）宣传推广

宣传推广的目的是使组织员工对心理知识有普遍的认识和了解，可以认为是“面”上的培训工作。这方面工作主要由EAP咨询人员运用海报、专题讲座等媒介宣传心理健康基础知识，提高员工的心理保健意识，鼓励遇到心理问题时积极寻求帮助等。这在一定程度上可提高组织成员对EAP计划本身的关注和热情。

（3）教育培训

教育培训是对具体的员工群体进行的极具针对性的心理知识培训工作，相对于宣传推广阶段“面”上的培训，可以将教育培训看作为EAP计划中“线”上的培训工作。针对组织中不同的员工群体，根据群体的工作性质以及在组织调研中所得知的问题，EAP服务机构提供相当有针对性的教育培训课程：一方面是针对管理者的培训，旨在教会管理者从心理咨询的角度、运用心理学的方法看待和处理管理中的问题，使之学会一定的心理咨询理论和技巧，在工作中预防、辨识和解决员工心理问题，并改变管理方式，使管理从命令、惩戒的方式转向支持、帮助的方式；另一方面是针对部分员工的培训，开展压力管理、保持积极情绪、工作与生活协调、自我成长等专题的培训或团体辅导，组织还可以开展心理旅游、团队拓展训练、员工体育比赛等活动，以提高员工自我管理、自我调节的技能，增强对心理问题的抵抗力，同时有助于融洽上下级之间的关系。

（4）心理咨询

这是EAP计划中解决组织成员心理问题的最后步骤，EAP计划中心理咨询方面的工作主要由员工自愿前来，当然也可以由管理者推荐到专业心理咨询人员处，应该说这是对组织成员问题的具体的“点”的处理。在进行了以上宣传推广和教育培训两方面的工作之后，组织中仍然会有一小部分员工由于问题比较特殊或者涉及个人隐私等原因，需要更加专业和深入的心理咨询服务，这方面的具体工作就是建立有效的求助渠道和服务平台，如开通热线电话、建立网上沟通渠道、开辟心理咨询室等，以保证员工能够顺利、及时地获得高效的心理咨询及治疗的帮助和服务。①

5.8 女职工劳动保护

随着经济的发展，教育的普及，促进了女性独立思想意识的空前解放，越来越多的女性不再只是单纯地相夫教子，而是和男人一样投身职场，希望拥有属于自己的事业天地。随着越来越多的女性投身职场，国家也出台了很多的法律法规来对女职工的劳动进行保护。

5.8.1 女职工劳动保护概述

女职工劳动保护是针对女职工在经期、孕期、产期、哺乳期等的生理特点，在工作任务分配和工作时间等方面所进行的特殊保护。职场的竞争是激烈而残酷的，女性的生理特性使

① 改编自 http://www.boraid.com/training/list.asp? id=12530.2009.

得女职员必须面对经期、孕期、产期、哺乳期，目前无论在立法上还是司法实践中，对女职工特殊生理时期的保护力度还是比较大的。

5.8.2　女职工劳动保护现状

案例

产假期满未归，能否做矿工处理？

A饭店D小姐2004年6月起到饭店担任行政兼人事部工作，当年8月30日双方签订了期限为一年的劳动合同，约定工资为1 400元。2005年3月D小姐结婚，同年6月20日经医院查出怀孕，医生推定其预产期为2006年2月28日。孕期D小姐仍正常上班。2006年1月4日D小姐口头向公司的人事部告知由于快过春节，过完春节即将生产，准备春节后不再来公司上班。人事部表示同意，要求A饭店总经理安排其他人员接替了D小姐的工作。春节过后D小姐未上班。2006年3月6日D小姐顺产一子。2006年5月8日A饭店人事部打电话通知她产假三个月已经休满，明天来上班。她在电话中告知自己是3月6日生产的，现在应该还在产假内，不能上班，口头予以拒绝。5月10日A饭店将总经理书面签字的通知"如再不上班，按旷工做解除合同处理"快递到D小姐家。D小姐仍不上班。总经理认为她已经构成"累计旷工超过三天，做违纪解除劳动合同处理"，欲将书面通知给她。

改编自 http://blog.tianya.cn/blogger/post_show.asp? BlogID=106983&PostID=13613418.2008.

根据规定符合计划生育规定的妇女在怀孕七个月以后，经单位批准可以休产前假。本案中D小姐在孕期内向饭店提出春节后不上班，提前回家待产，由于得到了同意，可以认为双方协商一致准予她休几天产前假。产假90天应该产前休15天，产后休75天，产前15天只能根据预产期来估算，实际有可能早产也可能滞后生产，所以产前可能未休满15天，也可能超过15天后才生育。根据劳动部关于《女职工劳动保护规定》的规定："女职工产假90天，分为产前假、产后假两部分。即产前假15天，产后假75天。……若孕妇推迟生产，可将超出的天数按病假处理。"因此，对于滞后生育的，必须保证女职工在生育后休息满75天，即D小姐于3月6日生后，必须保证其休息满75天。生育之前休息的超过15天产假和待产时间，可以按病假工资标准支付其待遇，而且A饭店未明确她能否享受晚育假、难产假。假如有，还要延长假期。因此A饭店作旷工处理是没有依据的。

在职场竞争中，一些用人单位置人伦道义、社会责任于不顾，这些用人单位违反女职工的权益，损害了女职工的合法权益。

宁波市非公有制企业总工会女职工部在2005年采用走访、召开座谈会、发放调查表等方法对宁波市的非公有制企业进行了有关女职工特殊权益保障方面的抽样调查，共涉及女职工4 600人。调查显示，近年来女职工劳动保护状况尽管有所改善，但问题仍然不少。在被调查的企业中，八成以上企业不同程度地存在着忽视和侵犯女职工特殊权益的现象。

(1) 孕期保护尚未到位

调查发现，女职工怀孕后多数企业不照顾轻便工作，有20%企业的女职工产前检查时间不按劳动时间计算。另外，只有30%企业的女职工产前检查全额报销，30%的企业报销部分费用，40%的企业分文不报。

(2) 产期保护亟待加强

一些企业不支付或不能全额支付女职工的产假工资，有的企业即使发放产假标准工资，也不能全额支付，而是按低于或接近最低工资支付。个别企业虽已为女职工办理了生育保险，但每月只发给500元的产假工资，扣克或截留了社保机构支付的产假工资。在未参加生育保险的企业中，75%不支付女职工生育医疗费。即使在一些参保企业，大量一线女工都未列入参保范围，生育医疗费自然不能报销。国家规定90天产假，不少企业都没有很好落实，其中有40%被调查企业的女职工无缘享受90天的产假待遇。

(3) 哺乳期待遇名存实亡

从调查情况看，尽管85%的企业予以每天一小时的哺乳时间，但由于这些企业多数实行计件工资，哺乳时间会减少劳动定额。这就意味着，女职工一旦享受哺乳期保护政策，就得少拿计件工资。所以，哺乳期保护实际上成为一句空话。另外，15%的企业仍要哺乳期内的女职工加班加点。

(4) 社会保险覆盖面低

调查显示，不少非公有制企业为降低成本，在落实养老、失业、医疗、工伤和生育等社会保险方面比较差，甚至剥夺了女职工参加社会保险的权利。在被调查的企业中，尽管有65%参加了五大保险，但参保险种并不均衡，其中参加养老保险最多，生育保险最少。再就是参保人数少，范围狭窄。有些企业虽然参加了社会保险，但参保对象主要是企业主的亲属、企业主要管理人员、部分技术骨干和原转制企业的职工，多数女职工尤其是外来女工未能参加社会保险。其中一家企业有职工255人，参加养老保险的只有51人；另一家合资企业共有员工1 000多人，但参加养老保险的仅50人。

(5) 工资低工作时间长

调查表明，多数女职工月工资在800～1 000元。如扣除各类社保费的自缴部分，实际到手工资只有600～800元，有的甚至更低。加之外来女工要租房，所以只能维持最基本的生活。即使是这样的工资水平，也是在经常加班加点的基础上换得的。另据调查，多数企业没有执行国家有关法定假日及双休日的规定，实行带薪休假制度的企业更少。在低工资低福利待遇情况下，加之女职工生育待遇无法落实，一些在苦、脏、累、险工作环境下劳动的女职工怀孕后不得不离开企业，回家待产。此次调查发现就有四成企业存在类似的问题。①

5.8.3 产生女职工侵权的主要原因

① 就业形势严峻。城镇新成长劳动力、农村富余劳动力、下岗失业人员“三碰头”，劳动力供大于求的矛盾十分尖锐。从劳动部获得的资料显示，我国城镇每年需要安排就业2 200万～2 300万人，年度供大于求的缺口在1 400万～1 500万个；现有农村富余劳动

① 以上改编自 http://www.cnnb.com.cn/gb/node2/newspaper/nbrb/2006/3/node59305/node59315/userobject7ai1280931.html.2006.

力达 1.5 亿人，而农村劳动力随着经济结构调整，向非农领域转移、向城市流动的规模还将进一步增大；城镇登记失业人员由 1998 年 571 万人增长到 2009 年 12 月底的 915 万人。巨大的就业压力使得就业岗位资源相对稀缺，妇女对劳动机会的渴望，往往使她们不敢主动争取自己的合法权益。

② 法制不健全。在立法方面，《女职工劳动保护规定》是 1988 年制定实施的，整体滞后于当前经济发展，条文比较笼统，可操作性差，对不同类别的企业没有加以区分，特别是根本没有考虑非公有制企业的特点，有的企业主钻了法律空子，变相侵害女工权益。《劳动法》出台后，也需要对执行中遇到的一些问题进行规范。在执法方面，由于非公有制企业在地方经济中起着重要的作用，部分地方政府常常给予较为宽松的政策，在发生劳资纠纷时，出于对地方经济利益的考虑，执法不严，也没有建立长效的监督和处罚机制，助长了部分企业无视女工权益的风气。在法制宣传和教育方面，女工集中的第三产业和劳动密集型企业，多是规模较小的乡镇、个体、私营企业，企业经营者法律意识淡漠，盲目追求利润最大化，接受过劳动安全卫生培训和相关法律教育的比例低，也是侵害女职工劳动权益事件屡屡发生的重要因素。

③ 生育保险制度改革发展不平衡，覆盖面窄，与广大妇女的实际需要有较大差距。女职工怀孕、生育、哺乳期的费用，增加了企业生产成本，这是造成企业漠视女职工特殊劳动保护、随意侵犯其合法权益的经济来源。生育保险制度能够从根本上保障妇女的生育费用支付，特别是依据 1994 年劳动部颁发的《企业职工生育保险试行办法》，在部分地区非公有制企业中试推行的生育保险社会统筹制度，对于减轻和均衡企业负担，改善妇女就业环境和劳动权益状况并没有取得良好的效果。生育保险改革与养老、医疗、失业保险相比，步伐明显滞后，在维护妇女劳动权益、促进经济发展和维护社会稳定上的优势尚未有效地发挥。

④ 非公有制企业中女工利益表达渠道不畅通。大部分非公有制企业中没有建立妇女组织，也没有代表女工利益的组织来承担反映问题、协调劳资双方关系和纠纷中为女工争取合法权益的重任，发生侵权案件后，女工往往不知如何反映、通过什么渠道解决，由谁出面代表其利益，很难得到社会支持，加上女工受教育程度普遍偏低，法律意识淡漠，使女工在争取自身权利时常常处于不利地位。

根据以上问题产生的原因，针对女职工的特殊生理和心理特征，我们应该采取积极的措施，保护女职工的合法权益。

5.8.4 女职工合法权益保护措施

(1) 政府对女职工合法权益的保护措施

① 在立法上，由劳动和社会保障部对《女职工劳动保护规定》进行修改，增加条款的可操作性，特别应针对非公有制企业女工劳动保护的特点进行规范，增加相应内容，加大行政处罚的力度。应当明确要求企业对于女工劳动保护给予一定投入，设置必要设施和条件。

② 在执法上，要加大《劳动法》的执行力度。劳动和社会保障部以及地方政府应加强对女工劳动保护状况的检查和监督，建立健全有力的劳动监督机制，加大行政执法的力度。地方政府对于现有的中毒事故多发行业，应进行专项整治和重点检查，引导企业进行技术改造。各级人大、政协应加大对《劳动法》的执法检查和调查。

③ 在社会保障制度上，加强生育保险制度。由劳动和社会保障部出台政策，在建立健全养老、医疗、失业保险制度的同时，将生育保险纳入社会保障体系之中，加大推行生育保险社会统筹制度的力度，从而解决非公有制企业间负担畸重畸轻的矛盾，发挥生育保险制度在保障妇女就业中的积极作用，体现对女性生育的社会价值的肯定。

④ 劳动和社会保障部门、工商管理部门、卫生部门、消防部门、宣传部门、司法部门、工会组织等有关部门和组织，可以通过企业审批、年检等不同环节，特别是开展针对非公有制企业经营者的法律和安全卫生等方面的宣传和培训，并将女工劳动保护状况与企业的贡献率挂钩，综合评估。对于维护女工权益工作做得好的企业应进行定期表彰，采取一定奖励措施，宣传先进，倡扬正气，使企业自觉做好女工的劳动保护工作。

⑤ 要发挥媒体和舆论的社会监督作用，通过对重大典型案件的曝光、开辟专栏、发动社会讨论，争取全社会对女工劳动权益保护状况的关注，培养公众监督意识和社会监督力量，推动女职工合法权益的实现。

(2) 企业对女职工合法权益的保护措施

我国劳动法对女职工的四期（经期、孕期、产期、哺乳期）进行了劳动保护。《劳动法》规定，不得安排女职工在经期从事高处、低温、冷水作业和国家规定的第三级体力劳动强度的劳动。不得安排女职工在怀孕期间从事国家规定的第三级体力劳动强度的劳动和孕期禁忌从事的劳动。对怀孕七个月以上的女职工，不得安排其延长工作时间和夜班劳动。女职工生育享受不少于九十天的产假。不得安排女职工在哺乳未满一周岁的婴儿期间从事国家规定的第三级体力劳动强度的劳动和哺乳期禁忌从事的其他劳动，不得安排其延长工作时间和夜班劳动。①

近几年来，非公有制经济迅速发展，已成为经济总量的重要组成部分。2005年企业执行了女职工“四期劳动保护”规定的企业占82%，执行了禁止安排女职工从事禁忌劳动规定的企业占85%。有关女职工劳动保护信访案件数17件比2003年减少了40件。2005年企业职工代表大会中女性代表比重为29%，企业董事会、监事会中女性代表比重分别为3.5%和4.7%。党和政府历来重视女职工的劳动保护工作，相继制定了一系列法律法规和政策，工会等有关组织也十分重视女职工特殊权益的保护。②

① 企业应该严格执行《劳动法》、《妇女权益保障法》、《女职工劳动保护规定》和《企业职工生育保障暂行办法》等一系列与女职工合法权益相关的法律法规，执行女职工“四期劳动保护”的相关规定，使女职工得到合法的权益。

② 以制度作保障，切实维护女职工的合法权益和特殊利益。建立平等协商集体合同制度，签订集体合同，把维护女职工基本利益和重大利益的事情通过合同的形式，以法律的形式进行规范，这也是对职工利益的深层次维护。将女职工的“四期”保护、卫生费、生育待遇等特殊保护内容写进集体合同，使集体合同的条款更贴近实际，更明确规范，以便更好地维护女职工的特殊利益。公司将保护女职工合法权益和特殊利益以合同条款的形式加以规范，并实施到位，解除女职工的后顾之忧。

③ 建立女职工维权监督保障机制。企业应该建立对女职工重大问题的监督和调查研究制度。如联席会议制度，在单位工会及女职工工作会议召开之际，召开联席会议，由工会领

---

① http://www.examda.com/flgw/jjms/fudao/20080216/102931145.html. 2008.

② http://www.jswomen.org.cn/main/show.jsp? id=16198&iclass=15. 2008.

导召集，请相关部门人员参加，总结维权工作计划执行情况，反映女职工权益突出问题，沟通信息，促进问题解决。由工会协调有关部门提供政策和舆论宣传，提供法律指导，企业每年确立一至两个女职工热点难点问题，展开调研，寻求支持，合理维权。建立法律咨询服务制度，如开设和公开维权监督电话，接待女职工来电、来访，接受女职工群众的举报，以签订集体合同的方式，明确公司和员工尤其是女员工的责、权、利，逐步推行职工互助保险管理办法，让每位女职工都参加互助保险，切实把依法维护女职工的合法权益和特殊利益落到实处，让女职工受益。

④ 企业自觉抓好《生育保险暂行办法》的推广工作。结合女职工的特点，认真贯彻"女职工劳动规定"，认真落实女职工的"四期"保护，定期体检、妇检，配合计生部门抓好计划生育工作。从整体上看，女职工生育待遇落实得好坏，关键在于有多少企业参加生育保险，覆盖多少女职工，抓好生育保险的推广工作，把生育保险基金的收缴与养老保险基金的收缴同步，一次性从银行直接划转，维护女职工的生育保险权利。

⑤ 加强信访窗口建设。企业应该继续发挥已有的维权机制的积极作用，认真做好信访接待工作，综合分析来信来访中的热点问题，为女职工提供实实在在的法律服务和法律援助。

（3）女职工个人应采取的合法权益保护措施

① 强化自身素质建设。要多学习和宣传与妇女权益有关的法律，如《妇女权益保障法》、《女职工劳动保护法》、《婚姻法》、《计划生育法》等，通过专题讲座、法律知识竞赛、典型案例分析、心得交流、问卷调查等多种形式，使广大女职工了解法律赋予自己的权益，学会用法律的武器维护自身的利益和权益，增强自我维护的自觉性、积极性、主动性。

② 依靠组织建设。按照"哪里有妇女，哪里就有妇女组织"的要求，女职工应该抓好女职工组织的组建工作，最大限度地把女职工组织起来，充分依靠组织的力量，更好地依法维护自己的合法权益，注重发挥女职工组织的作用，依法维护自己的合法权益。

党的十六大提出要"尊重和保障人权"，其中自然包括广大妇女的人权。具体到劳动领域，鼓励、支持、引导和规范非公有制企业的行为，使之合法吸纳女性劳动力，是兼顾社会效率与公平，有效维护非公有制企业女职工劳动权益，促进企业和社会经济可持续发展的需要，具有重要的现实意义。

5.9 未成年工劳动保护

引导案例

2001 年 5 月份，已满 16 周岁的小张被某市时兴宾馆录用。

宾馆与小张签订了为期 3 年的劳动合同，约定小张的工作岗位是宾馆锅炉房司炉。合同约定试用期 3 个月，试用期工资每月 600 元，试用期满转正后的工资是每月 900 元。

小张上班后，发现锅炉房司炉工作比较清闲，也就很满意这份工作。但到了 10 月份，宾馆开始向房间供暖，小张的工作量就非常大，每天为烧锅炉需要用推车推运 50 多车煤，工作一天下来感到精疲力竭，身体吃不消。

小张就向宾馆有关领导要求增加人手或予以调换工作岗位。而宾馆的有关负责人却以劳动合同中明确约定了小张的工作岗位为由拒绝了小张的请求。

为此双方发生了争议，在协商不成的情况下，小张在法律援助中心的帮助下向当地劳动争议仲裁委员会申请仲裁，请求宾馆为自己调换适当的工作岗位。

劳动争议仲裁委员会受理并核查事实后，裁决宾馆立即为小张调换适当工作岗位。

资料来源：http://www.btophr.com/s_case/case1301.shtml.2007.

对于未成年工，世界各国劳动法规定不完全一致。在我国，未成年工一般是指年龄满16周岁未满18周岁的劳动者。

根据《未成年人保护法》和原劳动部颁发的《未成年工特殊劳动保护规定》（劳部发［1994］489号）有关规定，未成年工的身体发育尚未完全定型，正在向成熟时期过渡。过重的劳动、不良的工作环境、过度紧张的劳动、不适的工具等，对未成年工的身体健康都会产生影响。因此，对未成年工的劳动要进行特殊保护，使未成年劳动者能够在参加劳动的同时，身体得到正常发育，技能得到逐步提高，安全有所保障，确保培养合格的社会主义建设者。

5.9.1 用人单位不得安排未成年工从事的劳动

①《生产性粉尘作业危害程度分级》国家标准中，第一级以上的接尘作业；

②《有毒作业分级》国家标准中，第一级以上的有毒作业；

③《高处作业分级》国家标准中，第二级以上的高处作业；

④《冷水作业分级》国家标准中，第二级以上的冷水作业；

⑤《高温作业分级》国家标准中，第三级以上的高温作业；

⑥《低温作业分级》国家标准中，第三级以上的低温作业；

⑦《体力劳动强度分级》国家标准中，第四级体力劳动强度的作业；

⑧ 矿山井下及矿山地面采石作业；

⑨ 森林业中的伐木、流放及守林作业；

⑩ 工作场所接触放射性物质的作业；

⑪ 有易燃易爆、化学性烧伤和热烧伤等危险性大的作业；

⑫ 地质勘探和资源勘探的野外作业；

⑬ 潜水、涵洞、涵道作业和海拔三千米以上的高原作业（不包括世居高原者）；

⑭ 连续负重每小时在六次以上并每次超过二十公斤，间断负重每次超过二十五公斤的作业；

⑮ 使用凿岩机、捣固机、气镐、气铲、铆钉机、电锤的作业；

⑯ 工作中需要长时间保持低头、弯腰、上举、下蹲等强迫体位和动作频率每分钟大于五十次的流水线作业；

⑰ 锅炉司炉。

由于搬运重物时的生理负荷除决定于物体重量外，还与搬运的路程长短和是否上下台阶等因素有关，也受劳动总时数、休息制度、个人劳动锻炼基础以及发育与健康等状况的影响。因此，具体情况应具体分析，主要是根据劳动后的生理反应评定负荷是否合适，反应良好即为合理。在上述案例中小张的工作负荷量过大，而且担任的是锅炉房司炉，根据保护未成年工的相关法律，小张有权请求企业调换合适的工作岗位。

5.9.2 未成年工劳动保护的内容

案例

1989年7月12日出生的刘强，于2006年8月被某县的甲煤矿招收为工人，并在与单位签订劳动合同的第二天就去煤矿上班了。矿老板认为刘强身体强壮，从2006年的9月27日起，安排其担任该煤矿的坑道凿岩机手。2007年1月5日，刘强所在的煤矿坑道因支撑枕木断裂造成塌方，刘强差点被埋在坑道里。刘强害怕再担任坑道凿岩机手了，第二天在父亲的陪同下找到矿老板，希望调整刘强的工作，安排到其他不太危险的岗位上，理由是孩子还不到17周岁，但这一要求遭到老板的拒绝。刘父亲带儿子到当地的劳动行政部门反映情况。得知该煤矿招收未成年工没有向劳动行政部门登记，而且，也没有按照规定对未成年工进行上岗前的健康检查。

资料来源：http://hudawu.fyfz.cn/art/353483.htm.2008.

根据《劳动法》和《未成年人保护法》的相关规定，未成年工进行劳动受到劳动保护的内容有：

① 禁止安排未成年工从事矿山井下等特别繁重的劳动和对未成年工身体健康特别有害的工作；

② 用人单位录用未成年工时，应对其进行体格检查，合格者方能录用，录用后要定期进行健康检查；

③ 提供适合未成年工身体状况的劳动条件；

④ 组织、指导未成年工的业余文化、技术学习，帮助他们提高文化技术水平；

⑤ 必要时要缩短工作时间，延长年休假的假期；

⑥ 禁止安排未成年工加班加点。

案例中甲煤矿明显违反了未成年工劳动保护内容的第1、第2和第3条的规定。按照对未成年工的有关保护内容，刘强有权要求甲煤矿对其调换工作，并且甲煤矿用未成年工还应该向有关部门登记，并定期对未成年工进行健康检查。

5.9.3 未成年工劳动保护的措施

① 规范劳动用工管理，从源头上加强未成年工特殊劳动保护。用人单位招收未成年工，必须依法履行招工录用手续，检查招聘人员的年龄身份证明，组织未成年工到当地县级以上医疗机构进行健康检查，健康检查项目应按《未成年工健康检查表》规定内容进行，劳动保障行政部门应根据医疗机构出具的《未成年工健康检查表》和用人单位填写的《未成年工登记表》，免费予以核发《未成年工登记证》，未成年工必须持《未成年工登记证》方能上岗作业。

② 用人单位不得安排未成年工从事国家禁忌的矿山井下、有毒有害、国家规定的第四级体力劳动强度的劳动和其他禁忌劳动及国家规定的患有八种疾病不准上岗的未成年工上岗作业。

③ 用人单位必须依法与未成年工签订劳动合同，劳动合同中除按规定的必备条款外，必须有明确未成年工劳动保护、健康体检等相关内容。使用未成年工的用人单位，在集体合同协商过程中，必须有专项单列未成年工劳动保护的条款。

④ 各类职业中介机构为用人单位介绍未成年工时，必须向用人单位介绍使用未成年工的法律法规规定以及有关管理制度和有关用工要求。

⑤ 劳动保障监察机构要加大对用人单位使用未成年工监察力度，对用人单位不按规定招聘未成年人，未经健康体检和未办理《未成年工登记证》及培训安排未成年工上岗，不与未成年工签订劳动合同，采取欺诈和威胁等手段签订合同，以及安排未成年工从事有毒有害职业危害岗位等违法行为应依法责令其纠正，对违反国家和有关未成年工的保护规定，对未成年工合法利益造成损害的，对用人单位予以行政处罚。

⑥ 各级劳动保障部门应积极参与综合治理，加强与公安、工商、教育等部门以及工会、共青团、妇联等组织密切配合；组织开展监督检查活动，依法保护未成年工的合法权益。

未成年工正处在生长发育过程中。因此，在安排他们参加劳动时，对于工种的选择、劳动负荷的大小、劳动制度的制定、劳动设备的配置等都应与成年工有所区别，对于劳动姿势和安全保护等方面也应特别注意，同时还必须加强卫生标准的研制和卫生监督。

本章主要内容回顾

健康管理是指对个人或人群的健康危险因素进行全面检测、分析、评估以及预测和预防的全过程。其宗旨是调动个人及集体的积极性，有效地利用有限的资源来达到最大的健康效果，达到预防和控制疾病的发生、提高生命质量、降低疾病负担的目的。根据员工在工作中表现出来的健康问题的性质和严重程度，可以把员工的健康问题分为四大类：职业病、亚健康、精神病、过劳死。针对这些问题，企业可以推行员工健康计划、心理健康计划和职业安全健康计划等来给予员工一定的健康保障。

劳动时间（亦指工作时间）是指法律规定的劳动者在一昼夜或一周内从事生产或工作的时间，即劳动者每天应工作的时数或每周应工作的天数。劳动者每天应工作的时数叫工作日，每周应工作的天数叫工作周。我国法律严格限制延长工作时间。

劳动强度是一个容易进行主观感觉而不容易进行理性抽象的概念。影响劳动强度的因素可分为外部因素和内部因素两大类。外部因素包括工具因素、劳动环境因素和劳动对象因素；内部因素可分为生理、心理和精神状态三个方面。

劳动安全，一般是指在劳动过程中防止中毒、触电、机械外伤、车辆、坠落、塌陷、爆炸、火灾等危及劳动者人身安全的事故发生。而劳动卫生，是指在劳动过程中对有毒有害物质危害劳动者身体健康或者引起职业病发生的防范。随着医学模式的转变，人们逐渐认识到，除传统的职业性有害因素外，社会心理因素、个人生活方式等都会影响劳动者的健康及其职业生活的质量。只有找到产生这些问题的原因，采取综合的预防措施，才能保护和促进劳动者的身心健康。

Hans Selye（1964）被认为是压力研究之父，他使用“压力”来描述对不利环境的一系列生理和心理反应，包括机体对大范围内的化学、生理、物质等刺激的固有反应模式。他认为压力是身体对需求的一般反应，愉快或不愉快都依赖于压力。压力来源大体分为四方面：工作压力、家庭压力，社会压力和个人性格。工作压力可以分为两类：一种是消极的压力；

一种是积极的压力。

员工援助计划指由企业组织为其成员设置的一项系统的、长期的服务项目，解决员工及其家人的心理和行为等问题，以促进员工个人成长，提高组织绩效，实现组织目标。它通过专业人员为企业和员工提供诊断、培训、指导与咨询，帮助员工及其家庭成员解决各种心理和行为问题，目的在于提高员工在企业中的身心健康水平和工作绩效，改善企业的组织气氛与管理效能。

女职工劳动保护是针对女职工在经期、孕期、产期、哺乳期等的生理特点，在工作任务分配和工作时间等方面所进行的特殊保护。同样，对未成年工的劳动也要进行特殊保护，使未成年劳动者能够在参加劳动的同时，身体得到正常发育，技能得到逐步提高，安全有所保障，确保培养合格的社会主义建设者。

案例讨论

员工健康与安全管理

在亚特兰大之外的一座呼叫中心里，穿着便装的员工坐在一排排小隔间里，通过电话耳机礼貌地与客户交谈着，他们像是在推销保险或双层玻璃。但实际上，他们是受过训练的护士，正在检查癌症或糖尿病等慢性病患者的情况。

这些护士为Matria Healthcare公司工作，该公司是一种被称为疾病管理服务的最大提供商之一。疾病管理服务的目的是，通过确保员工的慢性疾病得到有效的治疗，从而降低大公司的保健成本。

目前，有60多家美国公司雇佣了Matria来管理他们员工的慢性病，其中包括可口可乐(Coca-Cola)、大陆航空（Continental Airlines）和国际商业机器公司（IBM)。患病的员工定期接到Matria护士的电话，检查他们是否正确服用药物，并根据医生的建议改变其生活方式。

“我们的护士成了导师和教练，帮助人们作出有利于健康的正确选择，”Matria董事长兼首席执行官皮特·珀蒂（Pete Petit）说。

疾病管理是美国保健业中发展最快的领域之一，因为各公司竭力想控制日益飙升的健康保险费用。自1997年以来，美国的健康成本平均每年上升12.5%，达到了国内生产总值(GDP）的15%，比其他任何国家都高出近三分之一。这个负担有很大一部分落在那些为员工提供健康保险的大公司头上。单是通用汽车（General Motors）一家公司去年在保健方面就支出了52亿美元。

在美国的医疗支出中，有近三分之二是由慢性病所致。许多病人没能遵照医生开出的疗法，造成不必要的病假和住院，致使医疗支出膨胀。

“一半的慢性病患者不坚持接受治疗，”Matria负责运营的高级副总裁泰德·斯塔荷尔(Tad Stahel）说：“这给病人带来不必要的痛苦，也给雇主带来不必要的开支。我们打算减少这两种情况。”

在与Matria签约后的第一年，IBM的保健成本降低了4.5%，节省了2 520万美元。在Matria专攻的那些慢性病上，开支下降了逾14%。

Matria专门从事5种花费最高的疾病的管理——糖尿病、呼吸系统紊乱、心脏病、癌症以及背部疼痛。顾客可以选择想让该公司对付的一些病状，这取决于哪些病状在员工中最为普遍。

疾病管理可能会被一些怀疑论者视为“老大哥”式的隐私窥探。但Matria并不向雇主透露其员工的个人信息。“我们的顾客关注的不是单个病例，”珀蒂先生说，“它们的目的是降低治疗慢性病的平均成本。”

参加Matria的疾病管理项目是自愿的，但目标员工中有80%的人选择参加。“人们喜欢谈论自己的健康状况，”斯塔荷尔先生说，“大多数人对于能获得支持感到高兴。”

珀蒂先生强调说，疾病管理的目的不是取代医生。“我们不提供医疗建议或诊断，”他说，“只是提供有关推荐疗法和生活方式的实际信息。”

Matria的护士们制作了一些报告卡片，卡片上详细记录着雇员的治疗情况，并为他们设定了努力的目标，如增加运动或降低血压。

“我们并非试图挡在病人和医生之间，”斯塔荷尔先生说，“我们把这种报告卡送一份给雇员的医生，而多数医生都对这些额外信息表示欢迎。”

珀蒂先生表示，疾病管理目前仍处在早期阶段。不到15%的美国公司采用了这项服务。但他估计，在最大的上市公司中，已有近90%采用了这项服务。

Disease Management Purchasing Consortium为企业提供疾病管理建议，该机构的执行董事阿尔·刘易斯（Al Lewis）表示，过去6年里，对这项服务的需求一直在以20%至25%的速度增长。

Matria去年来自疾病管理的收入增长了80%，至5 240万美元。过去两年中，公司在纳斯达克上市的股票价格已翻了3倍。

珀蒂先生表示，他下一个步骤是从疾病管理向疾病预防领域拓展。顾客已对更广泛的保健计划产生需求，这些计划旨在通过解决不健康饮食、吸烟和滥用药品等致病原因，来降低慢性病的发病率。

“直接的成本节省来自管理现有疾病，”他说，“但一旦使这些情况趋于稳定，下一个问题就是，对于那些正患上慢性病的雇员，我们可以做些什么？”

制药公司也在采用疾病管理。比如辉瑞（Pfizer）和先灵葆雅（Schering-Plough），这两家公司都聘请了Matria，帮助病人学习怎样更有效地使用药物。

另一个需求来源是公共部门。如俄亥俄州政府就雇佣了Matria来管理公务员的糖尿病和哮喘。该州福利管理人纳恩·内夫（Nan Neff）表示，这样做不仅是为了降低成本，而且还为了提高生产力。“健康的员工才是生产力高的员工，”她说。

疾病管理未来最大的买家可能是联邦政府。美国卫生部最近推出了针对联邦医疗保险制度（Medicare）使用者的地区性试点计划，一旦这项服务在全国范围内采用，就有可能获得大额合同。医疗保险制度是一个公共保健体系。

但Matria以及American Healthways和CorSolutions等少数竞争对手并非是唯一意识到疾病管理潜力的机构。联合健康集团（UnitedHealth Group）和Cigna Healthcare等大型健康保险专业机构也已开始提供这项服务，而一些分析师相信，这些企业最终可能会将规模较小的公司挤出市场。“保健计划将（疾病管理）视为加深与顾客关系的一种途径，”刘易斯先生表示。

但Dougherty Company的分析师布鲁克斯·奥尼尔（Brooks O'Neil）表示，健康保险商“远远落后于”Matria及其同类企业，原因是健康保险商的技能在于处理保险理赔，而不是管理保健护理。他预测，保险公司和制药公司可能最终会通过收购疾病管理公司（Matria显然是个目标），以寻求建立自己的疾病管理能力。

在美国之外，采用疾病管理的地区还是凤毛麟角。“新加坡等地正迅速进入这一领域”，刘易斯先生说，“但许多国家有隐私规定和保健支付体系，因而难以采用这一做法。”

但珀蒂先生几乎毫不怀疑，至少在美国，疾病管理将会普及。“企业花费大量资金来确保自己的信息技术系统和供应链有效运作，但它们尚未重视员工的健康状况对业务的影响”，他说，“这种情况已开始改变。”

资料来源 http://www.eme2000.com/knowlodge/content.asp?id=115326.2010.

书面作业

请以某个企业的某个岗位或者某部门为调查对象，根据表6-1进行性格测试，并根据测试结果进行分析，应该对该部门增加压力还是减小压力。

复习思考题

1. 什么是员工健康管理？员工常见的健康问题有哪些？
2. 劳动时间是怎么规定的？工作日可以分为几类？
3. 在什么情况下可以延长劳动时间？为什么要进行劳动时间管理？
4. 什么是劳动强度？影响劳动强度的因素有哪些？
5. 什么是劳动安全、劳动卫生？劳动过程中的不安全因素有哪些？
6. 加强劳动安全管理的措施和方法有哪些？
7. 劳动过程的有害因素及来源有哪些？
8. 职业病的种类有哪些？怎样预防职业病？
9. 员工的压力来源有哪些？压力对员工有怎样的影响？怎样进行压力管理？
10. 什么是员工援助计划？影响员工援助计划实施的因素有哪些？
11. 为什么要对女职工进行特殊保护？保护的措施有哪些？
12. 为什么要对未成年工进行特殊保护？保护的内容和措施有哪些？

参考文献

[1] http://baike.soso.com/v5871572.htm，2009.
[2] http://wenda.tianya.cn/wenda/thread?tid=064cedfc1ef08f78.2009.
[3] http://bbs.sh.libaclub.com/topic.php?forumId=219&topicId=2620145&page=1.2007.
[4] http://hi.baidu.com/qecnyydq/blog/item/4252333140f4cef31a4cff94.html.2009.
[5] 魏祥迁，杨永杰. 人力资源管理. 北京：化学工业出版社，2008.
[6] 何勤，王萌. 企业员工健康管理现状分析及体系建立研究. 中国论文下载中心，2008.
[7] http://citynews.eastday.com/csdb/html/2009-08/28/content_16584.htm.2009.
[8] http://hi.baidu.com/%B7%C7%CE%A8/blog/item/121f2b24bdd22a348644f953.html.2008.
[9] 马克思. 资本论：第1卷. 第437页.

[10] 廖泉文. 人力资源考评系统. 济南：山东人民出版社，2000：472-483.

[11] http://www.anquan.com.cn/Wencui/guanli/zonghelw/200808/90122.html.2008.

[12] http://www.studa.net/renliziyuan/080820/16595780.html.2008.

[13] 李秀梅. 长春百事可乐饮料有限公司员工压力管理研究 [D]. 长春：吉林大学，2008.

[14] http://hr.mgt.ncu.edu.tw/conferences/07th/pdf/1-1.pdf.2009.

[15] 黄希庭，朱永新. 人力资源管理心理学. 上海：华东师范大学出版社，2002：331-332.

[16] 吕捷. 向世界500强企业学习提高核心竞争力. 化工质量，2005 (2).

[17] http://hi.baidu.com/weilulundao/blog/item/2f4d00c7ed24d9139c163d13.html.2009.

[18] http://www.boraid.com/training/list.asp? id=12530.2009.

[19] http://www.cnnb.com.cn/gb/node2/newspaper/nbrb/2006/3/node59305/node59315/userobject7ai1280931.html.2006.

[20] http://www.jswomen.org.cn/main/show.jsp? id=16198&iclass=15.2008.

第6章 员工参与管理

本章学习内容

1. 员工参与的概念和性质；
2. 员工参与的动机和意义；
3. 员工参与的类型和强度；
4. 员工参与管理的组织形式。

本章学习目标

1. 了解员工参与的含义和意义；
2. 掌握员工参与管理的组织形式。

引导案例

让员工做主

山东青岛某有限责任公司董事会正在讨论是否关闭其下属的一家元器件加工厂，原因是这家工厂不能给公司创造利润。如果关闭，将导致200名员工失业。对于总人数只有700人的该有限责任公司而言，这会引起工人们的恐慌，甚至会造成更大的损失。

两难之下，管理层决定让工人决定自己的命运。于是该有限责任公司管理层在元器件加工厂召开了一次职工大会，主要是宣读董事会的想法和倾听员工的意见。管理层希望大家踊跃建议，提出帮助加工厂降低成本、增加利润的解决方案，以摆脱被关闭的命运。管理层给大家一周的时间，希望大家把意见用书面报告的形式反映上来。管理层再三告之，元器件加工厂的命运掌握在广大员工手上。换言之，失业与否，由员工自己决定。

一周以后，管理层收到了来自员工的很多报告，其中有生产第一线的工人、车间的管理者、采购部门的人员等。这些触目惊心的报告在董事会产生了很大震动，管理者被要求在最短的时间内解决这些使得元器件加工厂长期亏损的根本问题。依据这些报告，管理者健全了元器件加工厂的管理制度。

两个月后，元器件加工厂的产品一次检验合格率由原来的90%上升到97%，仅此一项便减少损失30余万元。清理不合格员工给工厂每月减少人工成本达5万元；采购环节每月更是降低采购成本近10万元。五个月后，该元器件加工厂实现盈利。

资料来源：全球品牌网（www.globrand.com），2006年4月17日，有删减。转引自程延园．劳动关系．北京：中国人民大学出版社，2008：216－217.

6.1 员工参与概述

6.1.1 员工参与的概念[①]

“员工参与”的概念起源于19世纪末期在英国出现的集体谈判，内容包括员工参与管理和参与分配。这一制度在第二次世界大战后的工业民主化运动中逐步得到法律承认。员工参与成为各国立法关注的重点，意在通过立法来保障员工在企业中的经济和政治权益。员工参与管理是工业化运动的核心和结果，1951年国际劳工大会第34届会议通过一项工业民主决议，敦促会员国在企业中设立员工、雇主共同参加的组织。员工参与依据企业管理过程中的“分享管理”和“机会均等”原则得以发展，其核心是员工有权参与涉及其自身利益问题的决策和管理。

20世纪六七十年代以来，由工人组织和国家立法主导的员工参与发生了变化，出现了由雇主发起的员工参与活动，这主要表现为雇主通过自治团队、质量圈及提案活动等形式鼓励员工参与其工作的设计、组织和管理。这些活动旨在激发员工对工作投入的积极性，同时也增加了员工对自己工作过程控制的自由度，减轻了与工作的疏离感。

由于员工参与的发展过程相对复杂，包含了性质各异、形式各异的多种形式，学者们基于各自的研究角度和研究立场，也对员工参与给出了不同的定义。对于员工参与的不同理解，反映了在不同国家、不同社会条件下员工参与的多样性。

综合西方学者对员工参与的各种定义，概括起来有以下几种情况。

（1）强调员工参与是一种政治概念或哲学；

（2）强调员工参与是员工对企业组织的管理施加影响的过程；

（3）强调员工参与是一种组织管理哲学和方式。

本章采用我国学者常凯所编《劳动关系学》中的定义，即员工参与是企业或其他组织中的普通员工依据一定的规定与制度，通过一定的组织形式，直接或间接地参与管理与决策的各种行为的总称。这个定义包含以下基本要素。

（1）参与的主体是普通员工。普通员工是指在劳动关系中经常处于被管理、被领导者地位的劳动者，不包括业主和高级管理者。

（2）员工参与主要是通过各种形式的参与活动体现出来的，参与是其最主要的特点。就是说，不管员工参与的程度有多深、参与的范围有多广，甚至改变了管理的形态，但终究不能替代传统意义上的管理。

（3）员工参与具有明确的合法性和高度的权威性。当员工参与管理成为受到国家法律保护的活动时，它已经不是企业员工的个别人参与，它是一种制度，是一种和民主政治、文明社会联系在一起的制度。

---

① 本节部分观点来源于：程延园．劳动关系．北京：中国人民大学出版社，2002：44－62，218－228；左祥琦．劳动关系管理．北京：中国发展出版社，2007：214－219；程延园．员工关系管理．上海：复旦大学出版社，2008：136－140；常凯．劳动关系学．北京：中国劳动社会保障出版社，2005：296－298；卫民．劳资关系：问题与政策．台北：环球经济社，1990．

(4) 员工参与具有层次性和广泛性。员工参与主要是以参与决策的形式出现，它适用于各行各业、各种层次的管理与决策，因而它是民主社会应该具有的最一般特征。

(5) 员工参与具有明显的历史性。主要表现在两方面：一是员工参与管理并不是与管理同步产生，而是社会生产力发展到一定阶段的产物，当民主成为世界大多数国家认可的政治、经济与社会生活公开追求的共同价值时，它才成为工业、产业领域追循的一项制度，民主发达程度的差异，影响着员工参与的深度和广度；二是在不同国家、不同地区乃至一个国家的不同发展时期，员工参与的内容、形式和效果都有很大的差异。

6.1.2 员工参与的性质

从本质上看，参与权是对于管理权的一种分享，与传统的“劳动三权”即团结权、谈判权和争议权比较起来，它又是一项更高层次的权利。如果说“劳动三权”注重的是劳资双方之间的利益差别与劳资矛盾，参与权注重的则是劳资双方的共同利益与劳资合作。这种以产业民主为背景的民主权利，介入到管理权、决策权以及企业利润分配等多个方面，这些过去被看成是资方独享的领域如今变成与工人共享，这恰恰体现了产业民主所倡导的尊重人格和以人性化为目标的人本主义管理原则。①

企业的民主参与权，并不是一种直接的管理权，也不是替代管理权。作为分享权，其特点在于这一权力主体得到另一种权力主体对于部分权力的让渡。这种让渡在不同情况下限度是不同的，即参与的程度不同。同时，在权力的行使中，参与者始终处于一种被动的地位。当然，参与还有另一层意义，即参与的主动性和自主性，即“参与的含义是亲自参与，是自发自愿的参与，也就是说，参与不只是‘属于’，更不是非自愿的‘被迫属于’”②，因而企业民主参与权的行使是在与经营者的相互作用中实现的。就参与的程度而言，参与可以有信息沟通、咨询建议、协商磋商、共同决策等。在一般的或大多数的情况下，企业劳动者的参与是一种不对等的参与，对等参与是参与的最高程度，即劳资平分秋色。超出这一程度，就已经不是参与，而是工人直接管理或工人自治了。在中国，员工参与权一般分为建议权、共决权、决定权三个层面，这三个层面的权利在《企业法》、《职工代表大会条例》等法规文件中都有表述。

员工参与是一种将法定权利转化为权利或者说是影响力的过程。之所以有这种转化，一是决策涉及了参与者的特定利益，利益驱使人们去参与和接受参与。二是参与者本身从总体上承认决策所涉及的利益与自己的利益是一致的，他们只是想通过参与使决策变得更为符合自己本身或组织的利益。即使在员工提出的意见与决策者大相径庭时，他们也必然要以现有的组织利益关系、管理关系为前提。否则，参与者与组织建立起来的劳动关系可能面临破裂的危险，参与也就不复存在了。因此，员工参与就是通过各种影响手段，改变决策的方向，其本质是产生制约作用。即制约组织领导成员随意决策、不顾及工人利益的决策，并通过参与行为促进劳动关系向着健康和谐的方向发展。

---

① 常凯. 劳权论：当代中国劳动关系的法律调整研究. 北京：中国劳动社会保障出版社. 2004：307；常凯. 劳动关系学. 北京：中国劳动社会保障出版社，2005：303－305.

② [美] 乔·萨托利. 民主新论. 北京：东方出版社，1993：121.

6.1.3 员工参与的动机与意义[①]

从员工参与的性质上来看，参与决策本身就是对企业管理者管理权力的分享。从这一点说，员工参与是管理模式的变革。总的来说，这种变革自20世纪50年代出现之后，受到产业关系三方主体的支持。不过根据学者们的分析，三方主体对员工参与的支持各有不同的动机，对员工参与也有不同的看法。

就政府而言，政府推动员工参与的动机是希望通过这种形式实现社会整合的目标与需求。尤其是在战争和其他社会动荡时期，劳资之间的冲突常被视为影响社会秩序与国家经济的一个基本原因，政府的目的是通过员工参与制度，将劳资矛盾化解到最低程度，以保持雇佣组织内部的稳定，进而实现社会的稳定。

政府组织对员工参与的种种民主活动都有自己的态度。在现代社会中，反对员工参与的政府组织和官员是难以得到社会支持的。政府组织倡导和促进基层民主参与的目的要比前两者复杂得多，他们既有经济方面的要求，也有政治方面的要求。就一般情况看，政治方面的目的性要大于和高于经济方面的目的性。而且由于它们并不是基层民主参与的直接施受者，所以对基层民主参与的要求也大都是宏观的、原则性的。

就工会而言，工会运动从其产生之日起，就一直在推动"产业民主"。迈克尔·普尔(Poole Michael)认为，员工参与是产业民主的反映，例如，员工可以通过管理参与对他们所处的工作条件施加一些影响。工会运动一直在推动管理参与，这种运动的一个重要目标是将员工的集体影响扩大到与其工作有关的事项上，扩大到整个社会的经济环境。只要员工参与同这个目标相符，工会就会支持和推进有关项目，在历史上，与工会联系密切的政党在其执政期间也会通过立法支持员工参与。不过，在一些具体的员工参与项目上，工会的确曾经持反对的意见。例如，对职业生活质量项目，有工会领袖质疑管理方在推行这一项目的动机，认为他们很难通过这类项目扭转工会与管理方传统上的对立关系，并担忧这类项目可能会使工会从此失去传统的工作目标。[②] 更有论者早指出，参与的事实可能不像员工想像的那样，因为参与的形式不同，有些参与在层次上的确能够掌握决策的方向，有些参与不过是管理方在作出决定后知会一下工人。因此，参与并非一定具有影响决策的力量。[③]

就雇主而言，推动员工参与的动机是为了企业能够产生更高的效率。在20世纪初，美国工程师泰勒发明了科学管理方法，引起了产业界持续50多年的管理革命。但是，当企业的生产过程变得越来越复杂之后，泰勒那种将劳动过程的每一个步骤分解为最简单的工作元素的做法已经逐渐失去意义。尤其是20世纪50年代出现的组织行为学，20世纪80年代兴起的人力资源管理策略，使管理者认识到员工的工作满意程度与生产力之间具有密切的关系，员工的工作积极性不但与他们所处的工作环境有关，也与其能否亲身介入与工作相关的决策有密切的关系。管理方正是在认识到这一点之后，才会有选择地采用不同的员工参与项目。

---

① 本节的内容参考了：李琪. 产业管理概论. 北京：中国劳动社会保障出版社，2008：224－226；常凯. 劳动关系学. 北京：中国劳动社会保障出版社，2005：304－305.

② Strauss George. Quality of work life and the union. In Perspective on Behavior in Organizations, edited by Hackman Richard, et al. New York: McGraw－Hill, 1977: 479－486.

③ Dale Ernest. Union－management cooperation. In Industrial Conflict, edited by Kornhauser Arther, Dubin Robert and Arther Ross. New York: McGraw－Hill. 1954: 359－372.

虽然员工参与在一些经营者、决策者看来是需要付出成本的，“以前由他们单独作出的决策，现在必须意见一致才能推出。控制的缺乏和高度的不确定性和模糊性使一些经理感到不舒服”①，但他们深知激烈的市场竞争环境需要和谐与稳定的劳动关系，需要通过参与这种方式来调动被管理者的热情、积极性与合作精神。因此，员工参与对员工与管理者来讲都有其需求。

对劳动关系主体双方来讲，直接的经济目的是主要的，并希望通过参与活动使这些利益得以最大限度地实现。对员工而言，关心自己的利益与关心对方的利益并不矛盾。员工关心企业，并通过参与活动提高企业管理水平和经营效益，员工本身也是受益者，他们的经济利益也会有所增进。在企业劳动关系这个大框架内，促进企业效益提高，企业与劳动者都成为把蛋糕做大的收益者，这是民主参与活动中经营者与劳动者的交集部分。当然，如果企业效益因此提高，但企业没有在增多的收益中拿出一部分回馈给员工，员工自觉和自愿地参与活动便有可能难以为继。

企业组织的经营者乐于接受员工参与管理，其直接经济目的也非常明显。在现代企业制度条件下，盈利成为企业的第一特征。企业为了提高竞争能力，就要不断提高决策的科学性和产品质量，降低生产成本。这些要求的实现，没有职工广泛而深入的参与几乎都不能成功。所以，经营者接受甚至要求员工参与的主要目的，大都是围绕着提高企业的经济利益而展开的，并想方设法把员工参与引导到对企业的关心、改进生产技术、提出合理化建议方面，但对职工提高工资、改善待遇的种种要求则尽量不去触及，甚至设置重重障碍。

除了直接的经济目的，员工参与还能够通过种种机制满足劳动关系双方的需要，其主要机制表现为以下三点。

第一，“员工参与民主管理是个人自我实现的需要”。马斯洛的需要层次理论分析了需要层次及作用规律，认为人有五种基本的需要（生理、安全、归属、尊重、自我实现）。这五种需要中最高级的需要是自我实现需要，人总是希望能最大限度地发挥自身的潜能，达到所追求的目标，而这种潜能和目标的实现是在工作的参与过程中实现的。因此，要采取各种办法促使员工有充分发挥其潜能的机会，如让其承担挑战性的工作、员工决策、实行提案制度、支持员工的设想，以满足他们自我实现的需要。参与是一种赏识的手段，它能满足员工归属的需要和受人赞赏的需要，给人以一种成就感，是企业对员工工作热情进行激励的重要手段。

第二，员工参与管理，将个人目标与企业发展紧密联系在一起，员工对待企业就像对待自己的家庭一样，流动率将会大大降低。同时员工参与管理，有利于提高员工的工作热情。工作热情高的员工十分关心他们都做了哪些事情，并喜欢承担繁重的工作。工作热情与良好的工作绩效之间的联系是显而易见的，工作热情高的员工会以任务为导向，努力提高工作业绩，实现工作目标，把提高工作绩效看作自我价值的实现。这些员工在努力完成工作任务的同时，一定会尽全力投入自己的人力资本，使工作完成得更加富有成效。如果一个企业已经拥有所需要的人力资本，那么对忠诚的投资一定会带来卓越的工作绩效。

第三，员工参与对于企业与员工之间的劳动关系能够起到积极的调节作用。为了使企业等组织有一个和谐与稳定的劳动关系，各种经济利益矛盾能够得到圆满解决，为组织营造一个良好的劳动和管理环境，劳动者与用人单位之间的沟通、协商、交流便必不可少。通过参与，管理者及时了解工人的意见和要求，并根据工人要求对原有决策进行适当调整，这种调整可能是巨大的，也可能是微小的，但任何的调整可能更适应决策受体的要求，这对于增强工人实施决

① ［美］迈克尔·比尔. 管理人力资本. 程化，潘洁夫，译. 北京：华夏出版社，1998：76.

策的自觉性和接受管理者的命令与指挥等，都会产生积极影响。正如美国管理学家西蒙提出的那样，受条件所限，员工参与可能并不会提出太多有价值的建议，但这对于决策的实施却是必不可少的。因此，员工参与对增进劳动关系主体双方的了解，消除意见分歧，把有可能造成重大利益冲突进而影响劳动关系稳定的因素和隐患消除于萌芽之中，都是非常有必要的。从这个意义上讲，员工参与是和谐劳动关系的保障机制，是增进劳资合作实现双赢的有效润滑剂。

6.1.4 员工参与的实现①

员工享有参与权是民主参与行为得以实现的前提。这里讲的参与权是一种权利，是员工在相关法律中被界定的作为或不作为以及要求他人相应作为或不作为的许可，它表明行为的指向、范围及允许的程度。这种来自法律规定上的权利是至关重要的。也就是说，员工的参与权之所以成为“权利”，正是因为它来源于法律规定并得到法律的支持与保护。由于法律体系在各个国家以及同一个国家的不同发展时期具有不同的特点与内涵，因此，不同国家的员工参与权也会有所不同，即便在同一个国家，不同发展时期的员工参与也会表现出很大的差异性。

除此之外，员工参与权还来自于作为劳动关系主体一方的用人单位或者企业经营者、管理者的授予。法律对员工参与权的界定不管多么周到、细密，都不能把企业的复杂性、多样性囊括其中，因为法律上对参与权的描述只能是宏观的、原则性的。因此，员工参与权的实现在一定程度上又取决于管理者、决策者对员工参与的认可程度、接受程度与相应的行为表现。他们主动接受和大力支持员工参与，会强化员工参与权的力度；相反，他们粗暴对待员工参与或采取消极应对的方式对待员工参与，甚至为员工参与设置重重障碍，就会大大削弱员工的参与权，甚至可以使这种权利化为乌有。但从形式上看，其行为可能并不构成犯罪，以至于受到法律制裁。因此，员工参与权不仅是一个历史概念，也是一个道德的、个人品质的概念。

就员工的方面而言，参与不仅要求员工有足够的参与时间，而且更需要参与的内容必须和他们自身的利益有关，企业文化必须支持员工参与，员工本身也必须具有参与意识和一定的参与能力（智力、知识、技术、修养与沟通能力）。

员工参与的实现还受到参与决策双方态度的影响。参与决策的双方是用合作的态度、方式来寻找解决问题的办法，还是用敌视的、封闭的或有保留的交流方式来寻找解决问题的办法，其结果完全不同。前者参与的结果是积极的，有助于问题的及时解决，实现真正的合作；后者参与的结果是被动的，很难推动问题的有效解决，实现真正的双方合作。

6.2 员工参与的类型及强度

6.2.1 员工参与的类型②

在不同的管理层次、参与的不同领域以及不同模式的劳动关系下，参与的形式均有不同

① 本节参考了：常凯. 劳动关系学. 北京：中国劳动社会保障出版社，2005：307-308；左祥琦. 劳动关系管理. 北京：中国发展出版社，2007：215-216.

② 本节参考了：程延园. 劳动关系. 北京：中国人民大学出版社，2002：44-62，217-218；左祥琦. 劳动关系管理. 北京：中国发展出版社，2007：215-216；崔勋，吴思嫣. 员工的间接参与和直接参与：理论背景溯源与研究展望. 中国人力资源开发研究会劳动关系分会第二届年会暨学术研讨会会议论文集，2010.

表现。最普遍的分类是将员工参与分为直接参与和间接参与。间接参与，是员工通过其代表参与公司事务，代表通常由员工群体选举产生，如职工代表会、员工董事、工作委员会等。由于通过员工代表进行间接的参与，因此也被称为“代表参与（representative participation)”。它注重“员工通过集体谈判和讨价还价来对企业、工作表现、雇佣条款等许多方面施加影响”，是对决策权的一定程度的分享。直接参与是以个体为基础的参与，如自治团队、质量圈、提案制度等。Hyman & Mason 认为，直接参与与间接参与都是给予员工话语权：直接参与体现了个体员工的话语权，间接参与则体现了集体话语权①。他们按照沟通和决策两个维度，对直接参与和间接参与各自包括的参与形式进行了具体划分，并且提出，在间接参与决策制定中，积极的工会能带来更高的参与程度（如图 6-1 所示）。

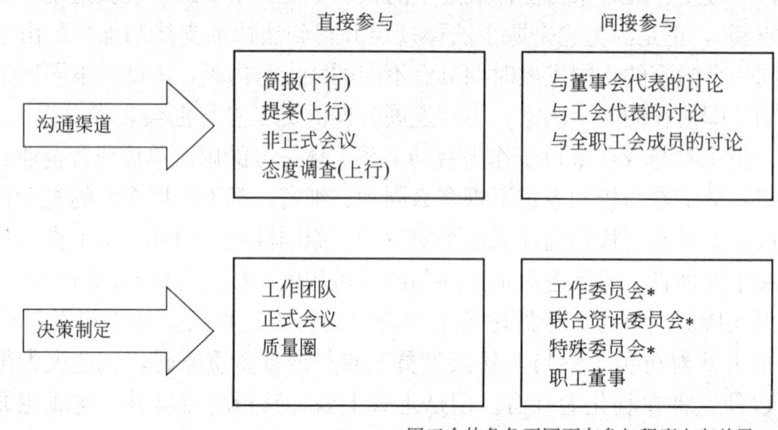

图 6-1　间接参与和直接参与

资料来源：HYMAN，MASON. Managing employee involvement and participation. London：Sage Publications，1995. 转引自崔勋，吴思嫣. 员工的间接参与和直接参与：理论背景溯源与研究展望. 中国人力资源开发研究会劳动关系分会第二届年会暨学术研讨会会议论文集，2010.

在直接参与和间接参与的典型分类方式之外，还可以根据员工参与度的不同以及员工参与决策的内容对员工参与的类型进行划分。这些分类方式将在下节中的员工参与强度中一并加以论述。

6.2.2　员工参与的强度

所谓员工参与强度（intensity of participation），是指参与决策的影响程度。根据员工参与的类型、参与度、员工参与的内容，可以进行员工参与强度的分析。克努森认为②，员工参与的强度应当从两个维度分析，一个维度是员工参与对决策的影响力，另一个维度是员工参与事项的数量和重要性。可以说参与强度是员工参与对决策的影响力与员工参与决策事项的数量和重要性的乘积。

① Hyman and Mason. Managing Employee Involvement and Participation. London：Sage Publications . 1995.

② 李琪. 产业管理概论. 北京：中国劳动社会保障出版社，2008：229-231.

在一个雇佣组织中，员工参与的类型不同，对决策的影响力不同，一般来说，对企业层面决策的参与大致可以分为信息分享、咨询和共同决定三类。这些参与类型对决策的影响力可以根据自低向高分为三个等级，咨询对决策的影响力大于信息分享，共同决定的影响力又大于咨询。根据一些国家的法律和集体合同条款的规定，雇主必须向雇员公开某些信息，例如，企业的经济财务状况、生产和市场状况、劳动力雇佣状况、企业内部组织结构调整情况等。在此情况下，信息分享就成为雇员的一项权利。但是雇员获得这些信息之后，如果没有另外的参与制度，他们实际上对决策没有什么影响力。因为这些信息所传递的是企业已经发生或者即将发生的变化，雇员对这些变化只能是听之任之。不过，如果有其他参与项目同时存在，雇员了解这些信息又是他们进一步参与的前提。如果法律、集体合同有进一步的规定，要求雇主在作出有关工作和就业条件的决策时，必须向雇员或者雇员代表咨询，听取他们的意见，那么，到了这一步，员工参与对决策就具有了一定的影响力。咨询至少为雇员或者雇员代表提供了一个评论、批评和建议的机会，使他们可以从自己的利益和公司的利益角度，对相关事项的决策提出看法。当然，咨询对管理决策的影响力依然有限，因为管理方可能接受或者拒绝雇员（雇员代表）提出的意见和建议。共同决定对管理决策具有最强的影响力。

克努森设计的员工参与强度的第二个维度是参与事项的数量和重要性。他认为，在信息分享、咨询和共同决定各种类型中都存在直接参与和间接参与形式，不过已有的研究成果证实，大部分直接参与都是属于低层次的决策参与，也就是说这些参与主要涉及的是雇员个人或者工作小组的工作，这样的参与实际上对雇主组织本身的发展战略和经营决策没有太多的影响。因此，在分析员工参与强度的时候，必须对参与所涉及的决策事项加以考虑。克努森将雇佣组织的管理决策事项进行了分类。①

第一，战略性决策。这是有关雇佣组织发展目标，组织结构，重要行动，与生产有关的投资、合并，企业整体或者部分关闭等方面的决策。

第二，策略性决策。这是有关如何实现雇佣组织发展目标的策略决定，这些决定是在公司和工厂层次上作出的，事关实现目标的技术与工作组织、工作岗位的设定原则、人事安排、时间安排、薪酬系统、职业安全与卫生政策等。

第三，运作性决策。这是为实现前两项决策而需要作出的具体安排，这些决策通常是在组织内部各部门和工作地作出的，如设计工作任务、确定工作任务、分配工作任务、实施薪酬计划、监督工作过程、确定工作班次、分配工作时间、安排休息休假、实施职业安全卫生政策等。

第四，福利性决策。这是有关雇佣组织内部的福利制度的安排，如食堂设施、宿舍设施、运动场所设施、各种文体活动、雇员培训的奖学金方案和其他工资之外的福利待遇等。

上述决策事项的分类排序也表达了事项的重要性。对雇员和雇主来说，相对于运作性和福利性决策，战略性和策略性决策是比较重要的，因为这些决策不仅事关组织的生存与发展，而且对雇员的就业、工作条件、工资等均有重要影响。

如果将上述两个维度结合起来，就得到了一个员工参与强度分布图（见图 6－2）。图中

---

① Knudsen Herman. Employee Participation in Europe. London：Sage Publications，1995：11.

揭示，管理决策事项的重要性越高，员工参与对决策的影响力越低。例如，无论是直接参与还是间接参与，员工参与对战略性决策的影响力都处于最低水平。而且实践数据已经证明，当管理方需要作出这类决策的时候，员工参与的类型都为信息分享。图中还说明，直接参与形式与间接参与形式在不同的管理决策事项上具有不同的参与强度。概括地讲，雇员直接参与一般是在运作性决策的层面上，这种直接参与对公司的战略性、策略性和福利性决策并无更大的影响。从另一方面看，尽管间接参与对战略性和决策性决策的参与强度较弱，但是，它对各种管理决策事项均有一定的影响。

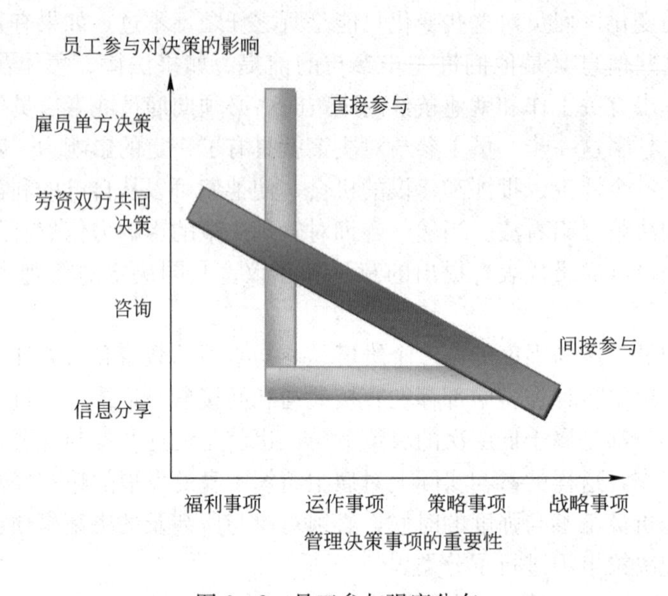

图 6－2　员工参与强度分布

资料来源：Knudsen Herman. Employee Participation in Europe. London：Sage Publications，1995：12.

6.3　员工参与管理的组织形式①

从企业的角度来说对员工参与进行管理，是在兼顾公平与员工发言权的理念基础上，通过促进劳动关系和谐、员工的经济利益与心理满足等机制，最大限度地发挥员工的劳动积极性，培养员工对企业的忠诚度，进而达到实现和改善企业效率的目的。由于各国历史和社会文化的特殊性以及员工参与类型的多样性，员工参与管理的组织形式也非常丰富。本节将从间接参与和直接参与两个层面介绍其中一些具有代表性和影响力的组织形式，然后简要说明其在企业管理中的应用。

① 本节内容的主要观点来自：常凯．劳动关系学．北京：中国劳动社会保障出版社，2005：309－318；左祥琦．劳动关系管理．北京：中国发展出版社，2007：219－228；李琪．产业管理概论．北京：中国劳动社会保障出版社，2008：226－246；程延园．劳动关系．北京：中国人民大学出版社，2008：223－227；程延园．员工关系管理．上海：复旦大学出版社，2008：136－140；张僩．劳动关系管理．北京：电子工业出版社，2008：114－124；孙立如，刘兰．劳动关系实务操作．北京：中国人民大学出版社，2009：127－130.

6.3.1 间接参与的典型组织形式

（1）集体谈判

集体谈判是市场经济国家劳动关系制度的核心。它不仅是市场经济国家规范和调整劳动关系十分奏效的基本手段和主要方法，也是现代工业社会劳动者应当拥有的一项权利。它不仅规定了劳动者的工资福利水平，而且确立了以集体协议的方式调整劳动关系的正式规则。集体谈判使劳资冲突得以规范化，它能有效地促使双方互相让步，达成妥协，签订协议，从而大大降低诸如怠工、辞职等冲突的产生。通过集体谈判确定的就业标准，不仅规范着工会化部门的劳动关系，而且对非工会化部门的劳动标准也具有示范作用。集体谈判也是解决冲突的一种重要途径，在劳动关系体系中，集体谈判的作用有三：一是确定和修改工作场所的规章制度；二是协调劳资双方共同关心的事务；三是调解、解决劳资纠纷。

集体谈判中劳动者一方的当事人是工会。工会是由雇员组成的组织，主要通过集体谈判方式代表雇员在工作场所以及整个社会中的利益。工会作为集体谈判的代表，必须具备若干条件。首先，工会必须是合法的组织，在我国企业工会要具备社团法人资格，才可以与身为法人的企业方进行协商谈判；其次，工会可以是企业工会，也可以是产业行业工会或全国性工会；最后，工会必须具有代表性，集体谈判权本质上是工人的权利，工会实施谈判行为是代表劳动者的，是要向劳动者负责的。工会一旦获得承认，就成为选举单位中工人的唯一合法代理人，代表工人进行集体谈判。除非有特别约定，工人不得再寻找其他代表方式，也不得单独与雇主进行谈判。

国际劳工公约对集体谈判的定义如下。集体谈判时适用于一名雇主、一些雇主及一个或数个雇主组织为一方，同一个或数个工人组织为一方，就以下目的所进行的所有谈判：①确定工作条件和就业条件；②调整雇主与工人之间的关系；③调整雇主组织与工人组织之间的关系。在实际谈判过程中，有三个权利主体参与其间：管理层、工会和政府——政府是作为一种补偿力量来发挥作用。管理层将为股东利益说话，工会则代表组织起来的工人，而政府——不管是否直接参与了谈判，主要是试图在两者之间代表“共同利益”来寻找平衡。从员工方面来看，集体协议为员工的团结自助提供了保护手段，从雇主方看，也可以通过集体协议避免劳资间的纠纷和同业间的竞争。总之，集体谈判是劳资合作的规范，也是企业和平的基石。劳资双方在集体协议的规范与努力下，工会要求劳动条件的改善，雇主则追求工作效率的提高，从而使企业发展与薪酬增加互为因果。企业愈发展，薪酬愈为合理，工人愈满意，社会购买力也愈高；工人愈满意，社会购买力愈高，企业也便具备了愈加发展的条件。所以，集体协议不仅保护了员工的利益，也开拓了资方的利益范围。

关于集体谈判和我国集体协商的相关法律规定以及具体的实施方法，请参阅第10章集体谈判与集体合同中的相关阐述。

（2）工人代表制度

劳动关系的正统多元论学派强调弱势群体的工会化，强调更为集中的、在产业层次上的集体谈判，并提出用工人代表制度等形式来保证劳动标准的推行，如建立工人与管理方共同组织的企业管理委员会，在公司董事会及监事会中要有工人代表，建立“工人委员会”（work council）。这些组织形式可以帮助工人代表分享企业信息、参与协商以及联合决策等。以下就介绍几种比较典型的工人代表制度安排。

① 董事会或监事会中的职工代表制。20 世纪 70 年代董事会制度中开始出现工人董事的概念。职工董事、职工监事是指由雇员民主选举一定数量的员工代表进入公司董事会、监事会，代表员工参与决策、监督的制度。董事会中的员工代表称为工人董事，监事会中的员工代表称为工人监事。职工董事、职工监事制度使员工代表对公司决策进行监督，及时反映员工的意见和要求；平衡与投资者、管理者的关系；能够把员工利益和公司利益结合在一起，共同承担风险、承担责任、共享利益；在促进公司发展，协调劳资关系方面起到重要作用。因此，董事会和监事会中的职工代表制的意义在于，职工董事在职工与雇主之间建立一个结合体，职工董事通过提供他们的观点和经验提高了决策会议的质量和决策质量，职工的利益要求也能够更多地在企业决策中得以体现，确保职工对董事会的决策有更多的认同，并且通过让职工了解管理方的问题和限制条件来减少劳资冲突，创造一种劳资相互信任的氛围，促进劳资合作。

在各种职工代表制中，职工代表少则 1 人，多则占到 1/3，只有德国按劳资双方人数对等原则组成监委会，形成西方工人参与管理中里程碑式的制度，即“共决制”。工人代表参加企业的决策机构——监事会，与资方代表一起共同决定企业重大问题。“共决制”在缓和劳资矛盾、促进企业发展方面的意义非常突出，前联邦德国总理施密特在谈到“共决制”时认为，“共决是迄今我们在经济上获得国际竞争优势的一个原因。”“共决制”的成功经验也影响了西欧其他国家。

但是，职工董事、监事制度如果实施不当，也很难发挥它应有的效果。作为产业民主运动的一部分，其初衷是通过职工董事、监事制度，使雇员代表能够更接近策略性政策的制定。但是这种形式存在的问题是，职工董事会在董事会上具有双重职责，作为董事必须对股东负责，作为职工代表必须对职工负责。这种状况有时会使职工代表在角色处理上出现矛盾，也造成董事会决策的统一性与集体性受到冲击。另外，职工董事同样依赖高级经理人员提供的信息和建议进行参与，从而大大降低了对决策的影响。

在私有企业内很少有职工董事、监事存在，即使有，也是“为了加强或者重新维护管理者的控制权而非分配控制权”①。在公营组织内部虽然有任命的职工董事，但一些学者研究发现，管理者代表事实上倾向于在董事会之外处理一些敏感或机密事务，而工会成员会发现他们处于两难境地：一方面得尽量维护工会成员的利益；另一方面又得帮助作出对工人有害的管理决策。基于这些原因，加之管理者对职工董事的不间断的敌视，职工董事制度难以成为员工关系状况的一个常见特征。

在我国，职工董事和监事制度是一个新制度，主要是借鉴了西方工业发达国家的惯例性做法。由于职工代表直接参与公司高层管理、决策和民主监管，体现了职工作为企业劳动关系主体一方应享有的权利，因而它是完善企业法人治理结构过程中职工民主参与管理制度的重大发展。职工董事、职工监事制度建设持续推进。截止到 2008 年，全国已建工会的公司制企业中，建立董事会 16.4 万个，其中建立职工董事制度的企业 10.7 万个，占 65.5%，比上年增加 2.2 万个；工会主席进入董事会的 4.4 万人，占建立董事会企业工会的 49.2%，比上年增加 6 407 个。建立职工董事制度的已建工会的公司制企业中，国有独资公司 2 052 个，占建立董事会国有独资公司的 77.3%；股份有限公司中的国有控股公司 2 771 个，占建

① ［英］迈克尔·阿姆斯特朗. 战略人力资源方法. 北京：华夏出版社，2004：278.

立董事会的股份有限公司中的国有控股公司的61.8%；集体企业6 562个，占建立董事会集体企业的77.6%；其他企业9.6万个，占建立董事会其他企业的64.7%①。

② 工人委员会制。在欧洲国家，工人委员会也是员工参与的一种重要形式。组织形式基本分为两种：一种是由企业管理者代表和工人代表按人数对等原则组成，类似劳资联席会议；另一种是由工厂全体工人选出的工人代表组成，不论是否工会会员都可当选职工代表。欧洲国家工人委员会讨论的话题，包括企业总体的经济和财政状况，对雇员有影响的具体事项，如迁址、关闭、合并、集体解雇以及新技术的推行等。同时，按照法律的规定，工人委员会有如下权利：知情权、被咨询权、共同决策权、否决权。

在德国，工人委员会制度是德国员工参与的核心制度，属于一种雇员间接参与的形式。按照现行的法律规定，一个雇用5名以上雇员的企业要建立工人委员会制度。工人委员会制度是独立于工会与雇主的，代表除企业管理人员以外的所有雇员的利益。工人委员会的委员任期4年，由雇员选举产生。委员的人数是根据企业的规模由法律规定的。5～20人的企业应当有一名委员，7 001～9 000人的企业应当有31名委员，此后，人数每增加3 000，委员增加2名。工人委员会制度是以工厂为单位设置的，如果一个公司有数个工厂，各工厂工人委员会可以指定代表参加公司的中心工人委员会。工人委员会委员在任期内，雇主无权撤销其代表资格，委员每个月至少与雇主会面两次。

③ 职工代表大会。职工代表大会是我国国有企业实行企业民主、员工参与的最基本形式，是员工行使民主管理权力的机构，它由民主选举的员工代表组成。之所以把职工代表大会作为基本形式，是因为它是直接民主管理和间接民主管理最好的结合形式。职工代表大会制度，是建立以职代会制度为主体的员工参与民主选举、民主决策、民主管理、民主监督，维护员工权益、协调企业内部劳动关系的维权机制。职工代表大会制度对保障员工权益，充分发挥员工的积极性和主动性，建立和谐的劳动关系，增强企业凝聚力、创造力和经济效益，稳定社会秩序具有重大意义。

职工代表大会的工作机构是企业工会，具有审议权、同意或否决权、决定权、监督权、选举权等职权，具体包括：审议企业生产经营重大决策，审议通过企业重大改革方案，参与决定职工集体福利重大事项以及民主评议和推荐、选举企业领导干部等。

这一制度具有充分的民主性和广泛的代表性，具有充分的法律依据。我国《全民所有制工业企业职工代表大会条例》规定，企业在实行厂长负责制的同时，建立和健全职工代表大会制度和其他民主管理制度，保障工会组织和员工代表在审议企业重大决策、监督行政领导、维护员工合法权益等方面的权利，发挥其应有的作用。

《全民所有制工业企业法》第52条规定："职工代表大会行使下列职权：（一）听取和审议厂长关于企业的经营方针、长远规划、年度计划、基本建设方案、重大技术改造方案、职工培训计划、留用资金分配和使用方案、承包和租赁经营责任制方案的报告，提出意见和建议；（二）审查同意或者否决企业的工资校正方案、奖金分配方案、劳动保护措施、奖惩办法以及其他重要的规章制度；（三）审议决定职工福利基金使用方案、职工住宅分配方案和其他有关职工生活福利的重大事项；（四）评议、监督企业各级行政领导干部，提出奖惩和任免的建议；（五）根据政府主管部门的决定选举厂长，报政府主管部门

① 参见全总研究室. 2008年工会组织和工会工作发展状况统计公报. 2009年5月1日。

批准。”

《全民所有制工业企业职工代表大会条例》第 18 条规定：“职工代表大会至少每半年召开一次。每次会议必须有三分之二以上的职工代表出席。遇到重大事项，经厂长、企业工会或三分之一以上职工代表的提议，可召开临时会议。职工代表大会进行选举和作出决议，必须经全体职工代表过半数通过。”

工会和职工代表大会都是维护职工权益的机构，它们之间没有本质的区别。所以，《企业法》第 8 条规定：“企业工会代表维护职工利益，依法独立自主开展活动，企业工会组织职工参加民主管理和民主监督。”同时，《企业法》第 51 条还规定：“职工代表大会的工作机构是企业的工会委员会，企业工会委员会负责职工代表大会的日常工作。”新《工会法》第 16 条规定：“全民所有制和集体所有制企事业单位违反职工代表大会制度和其他民主管理制度，工会有权提出意见，保障职工依法行使民主管理的权利。”由此可见，在企业内部来说职工代表大会与工会的关系是行使民主管理权力的机构与其工作机构的关系，它们既有分工又不可分割，共同为维护职工合法权益而工作。

我国的职工代表大会制度正在不断规范和完善。职代会建制率是企业民主管理推行情况的重要标志。到 2008 年，全国基层工会覆盖的企事业单位共计 336.6 万个，其中建立了职代会制度的 156.8 万个，占 46.6%，比上年增加 48.1 万个，增长 9.0 个百分点；覆盖职工 11 907.8 万人，占 57.7%，比上年增加 1 636.1 万人，增长 3.3 个百分点。本年度召开了职代会的企事业单位 131.0 万个，占已建职代会制度企事业单位的 83.6%，比上年增加 40.7 万个，增长 0.5 个百分点。[①] 虽然私营企业中建立职工代表大会制度的还为数甚少，但也出现了一些这样的尝试和典型案例，成为非常值得关注的动向[②]。

案例

工会对违反职工代表大会制度的行为进行纠正

银湖公司是一家全民所有制企业，近年来经营状况良好。上级主管部门认为，该企业取得良好业绩，证明公司总经理是难得的管理人才，于是对总经理另委以重任，从公司内部提拔了一人当总经理。新总经理上任后，对公司进行大刀阔斧的改革。首先推出了新的工资方案，新方案并没有让职工享受到企业效益增长的成果，反而仅仅满足了少数管理者的利益，很多职工对此表示了不满。不久以后，有超过 1/3 的职工代表共同提议，要求召开临时职工代表大会，讨论新的工资方案。总经理听闻此事，认为：“工资分配权是法律赋予用人单位的，职工代表大会根本管不着。”并威胁谁要再提召开职工代表大会，就给予纪律处分。

就在总经理认为此事已经解决时，却收到了工会发来的一份书面文件。该文件指出，总经理的行为违反了职工代表大会制度，同时该文件还义正词严地要求总经理尽快纠正错误行为，从而保障职工依法行使民主管理的权利。

资料来源：孙立如，刘兰．劳动关系实务操作．北京：中国人民大学出版社，2007.

---

① 参见全总研究室．2008 年工会组织和工会工作发展状况统计公报．2009 年 5 月 1 日。

② 参见冯同庆．国家、企业、职工、工会之间关系的社会转向：家族企业成长中的职工参与案例研究．载于冯同庆．中国经验：转型社会的企业治理与职工民主参与．北京：社会科学文献出版社，2005：249－273.

(3) 厂务公开制度

厂务公开制度是近些年在我国国有企业中兴起的一种职工民主参与形式。厂务公开制度是指企业管理方向本企业职工公开企业的重大决策、企业生产经营管理的重大事项、涉及职工切身利益和企业廉政建设的事项，接受职工监督的民主管理制度。

2002 年 6 月 3 日，中共中央办公厅、国务院办公厅发布了《关于在国有企业、集体企业及其控股企业深入实行厂务公开制度的通知》。该《通知》要求，国有企业、集体企业及其控股的企业都要实行厂务公开制度。

与职工代表大会制度相比，厂务公开制度具有三个明显的特点：一是内容更具有广泛性；二是时间上更具有灵活性；三是形式上多样性。但是它与职工代表大会又有着很强的内在联系。厂务公开制度的实行，有力地弥补了职工代表大会制度的不足，是对职工代表大会制度的发展与完善。厂务公开发挥作用的关键，是要求企业公开的各种信息（厂务方面）必须是真实的，职工借此才可以进行评判和监督，才可以进行深入的民主参与。如果不能做到这一点，职工依据不真实的、不充分的甚至虚假的情报进行参与，得出的结论极有可能是错误的。这既会挫伤职工的参与热情，对企业决策也会贻害无穷。

厂务公开民主管理，不仅可以搭建职工知情、参与、监督的平台，让广大职工充分参政议政、共建共享和谐，同时可以为企业铺就科学发展的道路。厂务公开制度的建设，可以从厂务公开的原则、范围、内容、形式、程序和职责等方面考虑。企业性质不同，公开制度的内容、形式等也不同。总体而言，可以通过公开栏、专题会议等多种形式，做到重大决策公开、制度管理公开、经营绩效公开、人事调整公开等。企业的实践证明，厂务公开制度有利于形成和谐合作、互利双赢的员工关系。厂务公开，能够调动员工的积极性、主动性和创造性，提高企业的经济效益，促进企业健康持续发展。

截止到 2008 年，全国已建工会的企事业单位实行厂务公开的 147.6 万个，占 43.8%，比上年增加 53.0 万个，增长 56.1%，覆盖职工 11 299.7 万人，占 54.7%，比上年增加 2 197.5万人，增长 24.1%。实行厂务公开的已建工会企业中，国有及国有独资企业 9.0 万个，占已建工会国有及国有独资企业的 62.1%，覆盖职工 2 704.8 万人，占已建工会国有及国有独资企业职工的 78.9%；股份有限公司中的国有控股公司 1.1 万个，占已建工会股份有限公司中的国有控股公司的 72.6%，覆盖职工 466.3 万人，占已建工会股份有限公司中的国有控股公司职工的 85.5%；集体企业 8.8 万个，占已建工会集体企业的 54.0%，覆盖职工 542.6 万人，占已建工会集体企业职工的 51.6%；其他企业 101.6 万个，占已建工会其他企业的 41.8%，覆盖职工 5 683.3 万人，占已建工会其他企业职工的 48.4%①。

(4) 员工持股计划

员工持股计划是股权激励的一种方式，也是员工参与管理的经济民主形式。它是指企业经营者和职工通过持有企业股权的形式，来分享企业剩余索取权的一种激励行为。

在美国，员工持股计划（Employee Stock Ownership Plans，ESOP）是 20 世纪 60 年代初，由路易斯·凯尔索（Louis Kelso）最先提出的。在现代大型股份制企业，员工持股已经非常普遍，并且员工广泛参与。20 世纪 80 年代以来，越来越多的企业开始拟订并实施员工持股计划。ESOP 在西方被看作一项员工福利计划，员工获得的股票是福利的一部分。

① 参见全总研究室. 2008 年工会组织和工会工作发展状况统计公报. 2009 年 5 月 1 日.

从资本意义上说，ESOP 使员工成为企业的所有者。实践证明，ESOP 的实施能够激励员工更努力、更主动地工作。如今，以 ESOP 为代表的员工持股计划的发展已越来越趋于国际化。ESOP 对企业业绩的提升作用十分明显，这是 ESOP 得以迅速推广的重要动因。美国学者对 1 400 家实施了 ESOP 的公司业绩进行了详细调查，结果表明，实施了 ESOP 的企业生产效率，比未实施 ESOP 的企业要高，而且员工参与企业管理的程度越高，企业业绩提高得越快。

通过员工持股计划有利于调动员工工作积极性，增强员工归属感和企业凝聚力，吸引人才，降低人员流动率，从而提高企业经济效益。随着市场经济的发展，ESOP 渐渐成为一些高科技公司留住人才、激励员工的有效方式。但并非仅仅使员工获得公司股份就可以达到激励员工的目的，员工除了具备财务股份外，还需要了解企业的经营状况并拥有对公司的经营施加影响的机会。只有具备了这些条件，员工才会对他们的工作更满意，对其在公司中的身份更满意，并积极地去做好工作，为公司赢得更大的效益。

目前我国也有许多企业实施了员工持股计划，其主要的参与办法是通过组织职工持股会来实现。员工入股参与是参与管理的物质基础，为了提高职工的积极性，保障职工在企业内同时具有劳动者和所有者的双重身份，增强企业的凝聚力，职工持股需要积极推广与完善提高，在实践中走出具有中国特色的路子，在制度上要有所创新，职工持股会就是这样的一种创新模式。

员工职工持股会适用于职工持股的公司制企业。在这种企业中，职工购买了本公司的股票，成为公司的股东，与公司之间又增加了一层产权关系。他们作为股东有权参加股东大会，参与产权管理。但在一般情况下，职工每人持股数量有限，且股份额度不均匀，尽管人数众多，如果分别参加股东会，难以形成维护共同利益的统一力量和一致意见。因此，在工会组织的指导下，有些企业就把持股职工组织起来，建立由工会主持的职工持股会。

在组织架构上，建立职工持股会即单独设立社团法人，成为以法人名义承担民事责任的组织。职工持股会作为公司的股东之一，代表全体持股职工作为公司的出资者按投入公司的资本额享有所有者的资产收益、重大决策和选择管理者等权力。持股会的主要工作是：按照国家有关法规和公司章程，选派代表参加股东会；将持股职工的意见和要求集中起来，在股东大会上充分表达，行使股东权力。

组织职工持股会，有利于维护持股职工的共同利益，有利于将职工自发的利益要求引导到关心和维护企业发展上来，也有利于充分发挥工会的作用，更好地维护职工的合法权益。目前，职工持股会需要妥善解决的问题是，处理好持股职工与不持股职工之间的利益关系。

案例

职工持股会是国有企业改革中的新事物

近几年来，全国部分地区，如北京、上海、天津、江苏、吉林、陕西、广西等参照了国外经验，结合国情和本地区的实际，建立了职工持股会。由于职工持股会是在我国国有企业改制中产生的新生事物，还很不成熟，到底如何规范、组织和运作，尚需各地工会组织继续研究和探索。

职工持股会使职工的主人翁地位从政治和经济的结合上得到了充分的确立。全心全意依靠工人阶级是我党的一贯指导方针。但多年来由于企业领导的政治意识、民主意识、法治意识和自身的素质不同，在不同企业，职工主人翁地位差异很大；另外职工与生产资料结合不紧密，政治上主人翁地位落实没有载体，所以带来主人翁地位的弱化程度很明显。成立职工持股会后，职工可以劳动者和出资者双重身份夯实在企业中的主人翁地位，从而有效地激发职工的积极性和责任感。

职工持股会既是维护职工权益的新渠道，也是对职工自身内动力的激活。职工关心工资福利奖金分配转向到积极关心参与企业的决策和管理，并加强了对企业领导班子的监督力度。职工代表参加股东会和监事会，参与源头民主决策和监督，客观上维护了职工的利益。职工关心企业的发展，并为增强企业的效益而努力工作。

职工从以按劳动分配转向“按劳和按资分配相结合”，拓展了分配的渠道，为提高职工收入创造了条件。

职工持股会促进了工会角色的转变。持股会建立后，工会代表职工拥有股权，投资者的意识增强。工会代表职工以法律形式参加股东会，进入高层决策，改变了过去工会纯属监督的职能。

职工持股会制度，从制度建设的角度促进企业“产权清晰、权责明确、政企分开、管理科学”的现代企业制度的建立。

思考与讨论：你认为我国的职工持股会应如何规范、组织和运作？

资料来源：左祥琦．劳动关系管理．北京：中国发展出版社，2007：213－214.

6.3.2 直接参与的典型组织形式

（1）工人自治团队

工人自治团队是在现场工作组织中赋予工人自我管理的权力，由团队自身负责生产任务的完成、品质控制以及技术改善创新的生产组织形式。这意味着在一定程度上生产管理权力的下移，工人及其团队以自行组织生产和实现生产及管理目标的方式直接参与管理。以工人自治团队为核心的生产方式控制生产中变化和偏差的重点在于充实和丰富工人的作业，赋予工人以应对变化和偏差的调节功能。最基本的作业单位不是工人个人，而是具有连带关系的整个团队，团队担负着具有整体性及相互联系的工作任务，这些工作任务并非机械地分割给团队中的每个个人，而是由团队成员根据外界环境的变化灵活地分担整体性的任务，整个团队对控制变化、维护系统的正常运行状态负有责任。

在20世纪60年代和70年代，各国企业引进工人自治团队的主要意图在于改善工人的劳动意愿，其逻辑可以用下列关系连锁表示：工人获得自主性→劳动意愿提高→企业提高绩效。而在80年代和90年代以后，引进工人自治团队是出于完全不同的目的，其提高企业绩效的途径并非来源于工人劳动意愿的改善，而是要通过对自治团队在一定程度上自主组织生产的授权获取灵活调节生产的优越性，其逻辑为获得生产灵活性→确保竞争力→企业提高绩效。中国企业赋予班组以更大现场管理权力也是出于这个目的。

由于各国文化社会特征的不同以及企业之间各具特色的管理文化和环境条件，工人自治团队也具有多种形式和不同的特色。一般来说，瑞典式团队更强调工人对管理权力的分享，日本式团队更重视团队自我负责对生产效率的影响，美国式团队居于中间。中国企业班组建设的方向是更多地向班组长授权，由班组长领导班组成员全面承担现场生产管理的各项任务，以充分发挥班组及班组成员参与生产管理的灵活性和积极性。

(2) 质量圈活动

质量圈（Quality Circle）最初起源于美国，但在美国长期遭到忽视，20 世纪 50 年代传到日本，被日本企业发扬光大，成为日本提高产品质量、降低生产成本并击败美国公司的重要原因之一。20 世纪 80 年代以来，欧洲、北美、亚洲等企业都大力实施质量圈活动，倡导员工参与企业管理，激发员工工作积极性。质量圈的理论基础是全面质量管理（TQM）。TQM 强调质量存在于企业管理的全过程，质量与企业的每一个员工都有关系。

质量圈也叫质量改善小组，是指从事相关工作的志愿人员组成的小组，在训练有素的领导下定期聚会讨论和提出改善工作方法或安排。通常拥有 5～10 个成员，他们选择要解决的问题，探讨问题成因，运用系统的分析技术或集体讨论方法来解决问题，提出解决建议，实施纠正措施，共同承担解决问题的责任。会议通常限制在 1 小时左右，由管理该团队的直线管理人员或该团队自我选举的一位成员作为协调人主持会议。质量圈讨论的问题包括工作设计、任务分配、工作进度、产品质量、生产成本、生产率、安全卫生、员工士气等各种生产问题。一般而言，管理层对建议方案的实施与否保留最终决定权。

实施质量圈计划，其目的是给予工人更多运用他们经验和知识的空间，给雇员提供发挥其智慧的机会，提高生产力和质量，改善雇员关系，赢得雇员对企业的责任心。雇员对管理者和团队领导不了解的工作问题了解更多，通过参加质量圈计划，员工能够在提供建议与解决问题过程中获得心理满足，这有助于增进劳资双方的沟通，也使之成为提高企业生产率的一个重要手段。就雇员而言，参与管理圈活动可以获得在生产方式方面的建议权并可直接对生产过程施加影响，由此还可以获得一定技能的训练来提高自身的素质和工作兴趣，可以发挥自身的才智并获得表彰。

质量圈是一种典型的“问题—解决”式的、自下而上的、工人和管理方双方合作的形式。其表现形式包括质量行动小组、质量改善小组、雇员调查、员工反馈和管理层回应的剪报等，其管理原则是明确地借鉴雇员的经验和技能、获得合作和意见。质量圈成功的先决条件是，高层管理者相信质量研究小组的价值并支持他们的研究成果，中层管理者和团队领导也必须加入到他们的研究成果的推行当中。同时，由于员工可能并不一定具有分析和解决质量问题的能力，因而质量圈的思想也包含对参与员工进行培训、鼓励和指导，向他们讲授群体沟通技巧、各种质量测量和分析问题的技术，确保他们获得所需的资源。

(3) 提案活动

提案活动最早也是在日本企业开展起来并推行到世界其他国家的，在我国被称之为合理化建议活动。我国企业开展合理化建议活动已经有数十年的历史，这项活动因具有范围广、投资少、见效快等优点，一直受到人们的重视。合理化建议是员工参与的一种最为简单、最容易实现的方式。

提案活动最常见的形式是意见箱、意见表格，或者由专门的人员或机构来具体负责。管理者和团队领导也必须鼓励下属提供建议，并以海报、小册子和公司杂志上的文章等方式来宣传该方案，并突出陈述成功的建议和贯彻这些建议的方式。企业应有专门的人员负责处理建议方案，将员工的建议提交给有关部门或个人进行评审。管理者应该处理所有的沟通事宜，必要时应向提建议的员工了解更多细节。

合理化建议活动为员工提供了参与改善企业效益的一个手段。在企业内部，有时员工的好点子因为没有良好的沟通渠道而无法提出来，员工因此会感到相当沮丧。成功的提案活动有助于减少这种沮丧情绪。

成功的提案活动的基础是，企业制定提交和评估各种点子并奖励有贡献人员的正式程序，以及制造易于使员工提出建议并确知其贡献能够得到即时或长期回报的组织氛围。

(4) 收益分享计划

收益分享计划（gain sharing plan）是20世纪30年代兴起一种激励薪酬计划。这种计划对提出改善生产力建议的员工给予直接的报酬，是一种雇佣组织和员工共同分享企业生产力提高所获收益的方式。美国企业曾经实施收益分享计划来鼓励员工参与企业管理，为企业献计献策，帮助企业提高生产效率。这一方式或多或少地在世界其他国家的企业中得到普及。

收益分享计划可以采取多种形式，不过所有的形式都包括三个因素。第一，这是在工作部门、工厂和公司内部实行的一种员工参与项目，它可以被视为一种正式的薪酬追加制度。第二，这些计划侧重于提高企业的生产力水平和降低生产成本，并非用于提高企业的产品销售量或者增加盈利。第三，这些计划都要在员工的建议被采纳且企业生产力水平的确提高之后，为他们支付奖金①。

阅读资料

斯坎伦计划（Scanlon Plan）

斯坎伦计划是最早出现的收益分享计划，这个计划的概念是由约瑟夫·斯坎伦（Scanlon Joseph）在20世纪30年代首先提出的。斯坎伦曾经在一家钢铁厂当工人，后来担任了美国联合钢铁工人工会（United Steelworkers of America）一个地区工会的主席。在20世纪30年代初经济大萧条时期，美国钢铁业有大批工厂面临倒闭。斯坎伦认为，如果要挽救这些工厂，唯一的途径是建立劳资之间的合作关系。他提出，如果管理方能够听取工人的意见，与工人一起致力于降低生产成本、消灭浪费、提高企业的生产力水平和产品质量水平，那么企业可以免遭破产。斯坎伦的看法得到了一些面临危机的钢铁厂高层管理者的认同，并将这些看法诉诸实践，从而使这些工厂在数年后走出困境。初期的斯坎伦计划比较简单，主要内容是每当企业的成本降到历史最低水平，管理方将向企业的全体雇员支付一个月的工资作为奖金。斯坎伦的实践受到了时任麻省理工学院教授的道格拉斯·麦格雷戈的关注，麦格雷戈要求斯坎伦到该校任教。此后，两人共同将斯坎伦的观点和实践发展为一种员工参与项目，并将其命名为“斯坎伦计划”。

斯坎伦计划包括两个基本要素。一是建立一个生产力目标，同时制定一个在生产力水平得到提高之后计算雇员奖金的公式。生产力目标最初是产品销售额与工资成本之比，此后发展为一套复杂的公式，奖金的公式则是以劳动成本除以产值。二是建立一套员工参与的制度。员工参与的制度包括在企业建立生产委员会和计划督导委员会，由管理方代表和工人代表参加，生产委员会每个月至少开一次会，讨论降低消耗、改善工作、提高生产力等的途径，还要研究由雇员提出的各种建议。督导委员会每个月也要至少开一次会，负责

① Cotton, John. Employee Involvement: Methods for Improving Performance and Work Attitudes. London: Sage Publication, 1993: 89.

评价员工参与计划的实施情况，决定奖金的水平是否合理，并对生产委员会已经研究的雇员建议进行分析。当企业的生产力水平确定调高后，企业所得收益由企业和雇员按照双方指定的比例分享，企业要为雇员以现金形式支付奖金，奖金的数额与个人工资挂钩。

资料来源：李琪. 产业管理概论. 北京：中国劳动社会保障出版社，2008：235－237.

（5）目标管理

目标管理最早是由美国著名管理学家德鲁克提出来的，目的在于最大限度地发挥员工在工作目标确定过程中的自觉性和自主性，把组织目标化为员工个人自觉自愿的工作目标，增强员工对实现自己工作目标的责任感。其实施过程是由员工及其上级管理者共同就员工在一定时期内的工作目标进行沟通和商讨，共同确定员工在各方面的工作目标，并在期末由管理者和员工共同检讨工作目标实现的程度和绩效，据此给予相应的评价及待遇。

目标管理是在科学管理和行为科学理论基础上建立起来的员工参与管理的制度。目标管理是一个关系系统，也是一种过程管理。目标管理建立在强调自我控制、自我指导的基础上，目标不是自上而下赋予的，而是通过员工的参与与管理者共同制定的，进而使员工产生执行工作目标的积极性，在满足员工自我实现需要的同时，更有助于组织目标的实现。

6.3.3　员工参与形式的选择

不同国家、不同企业员工参与管理的形式不尽相同，要依据企业、组织的具体情况选择最适合本企业的管理形式，来调动员工的积极性、主动性和创造性，使企业充满生机和活力，让员工都能参加企业管理，从而挖掘企业潜力，促进企业技术进步，提高企业经济效益。

一般而言，适合某一企业的参与形式取决于管理者和工会的态度和相对力量、该企业过去的谈判和磋商经验，以及当前员工关系的氛围。要对员工参与管理进行规划，分析评估当前的参与、磋商、沟通和其他正式非正式的参与方法，找出影响员工关系的企业内部和外部因素，实施适合企业的参与形式和参与计划。

在我国，随着企业所有制形式的多样化及企业治理结构的成熟化，劳动者参与管理的形式也将呈现出多样化趋势。这既表现在不同所有制类型的企业将采取不同的形式，又表现在所有制类型相同的企业，其活动方式和内容以及效果也会有所区别。例如，在国有企业以及国有资产占主体的公司制企业，职工代表大会具备法律保证和相应的制度条件成为员工参与形式的主体。但在国有资产不占主体的股份制企业、民营企业，则无法律依据要求其建立职工代表大会制度。不过，这并不排斥在这些企业中建立职工代表大会制度的可能性，只是其具体形式会由企业根据自己的特点和需要进行调整和完善，已经有企业提供了这方面的成功经验。总之，在现代企业制度条件下，职工民主参与的形式应该是多种多样的，一切视企业的需要，以能够促进企业与职工的共同发展为出发点，不能够生搬硬套。

本章主要内容回顾

员工参与是企业或其他组织中的普通员工依据一定的规定与制度，通过一定的组织形式，直接或间接地参与管理与决策的各种行为的总称。它以产业民主为背景而诞生，是对于管理权的一种分享。员工参与既是劳动关系双方达到各自经济目的的一种手段，也能够对劳动关系起到积极的调节作用，满足员工自我实现的需要，激发其工作热情和企业归属感。员工参与的实现不仅要凭借相应法律的保障，也受到劳动关系双方的理念、态度、意识以及员工参与能力的制约。

最普遍的分类方式是将员工参与分为直接参与和间接参与。直接参与是以员工个体为基础的参与，一般是在运作性决策的层面上，如自治团队、质量圈、提案制度等，对公司的战略性、策略性和福利性决策并无更大的影响。间接参与是员工通过其代表参与公司事务，如职工代表大会、员工董事、工作委员会等，尽管对战略性和决策性决策的参与强度较弱，但是对各种管理决策事项均有一定的影响。

间接参与的典型组织形式包括集体谈判、工人代表制度、厂务公开制度及员工持股计划，直接参与的典型组织形式包括工人自治团队、质量圈活动、提案活动、收益分享计划及目标管理制度等。要依据企业、组织在员工需求、员工素质和员工关系氛围等方面的具体情况选择最适合本企业的员工参与管理形式，来调动员工的积极性、主动性和创造性，实现企业和员工的共赢。

案例讨论

“韶星现象”

河南韶星实业有限公司是一个由生产硫酸的家庭作坊式企业发展起来的资产上亿元、年产值超亿元的中型化工企业。韶星公司成长经历表明，在非公有制乃至家庭式民营企业开展民主管理工作，对于促进企业和谐、健康、平衡发展，实现向现代企业制度跨越具有重要的意义。

韶星公司是1987年由一家八姊妹共同投资创建的典型家族式企业，有职工300多人。在2004年，企业生产经营一度走入困境，面临停产关门的局面。严峻的形势逼迫韶星公司作出生死抉择。韶星公司作出了正确的选择，这就是以职工为本，实施民主管理，依靠职工办企业。

韶星公司建立了以职工代表大会为基本形式的民主管理制度，选举职工代表参与生产经营管理活动，每年公司生产经营情况、财务运营状况、发展规模目标等坚持向职代会报告，听取职工的意见和建议。每月定期三次生产经营分析会，都邀请部分职工代表参加，请职工会诊献策。韶星公司还建立了书记、经理、工会主席党政工三人日常决策管理小组，对于生产经营、财务运营、材料采购、产品销售、工资发放、社保基金缴纳以及领导班子车管费、招待费、差旅补助费等实行厂务公开，让职工参与管理和监督。

韶星公司建立了职工工资共决机制、工资正常增长机制和支付保障机制，让职代会核定，提交职代会审议通过，并确定了公司在发展正常情况下实行职工工资年递增制。从公司转换管理机制三年来，公司职工工资已翻一番多，职工得到了实惠。

韶星公司开通了职工热线电话，设立了总经理信箱，共促企业发展，共建和谐企业。根据职工意见公司建起了餐馆化的食堂，建起了公寓化的宿舍，安装了卫星接收天线。建立了图书室、阅览室、职工培训中心，选送职工到清华大学、武汉大学、西安交大等深造。进一步完善了职工带薪病假、住院护理、困难帮扶、休养旅游等制度。

问题讨论：

1. 韶星公司的员工参与形式有哪些？

2. 韶星公司员工参与的意义是什么？

3. 韶星现象对民营企业的员工参与可提供哪些借鉴？

资料来源：节选自韩卫东．“韶星”现象启示和思考．中华全国总工会网站，2008年1月22日．

复习思考题

1. 什么是员工参与？

2. 员工参与的性质是什么？

3. 员工参与的意义是什么？

4. 员工参与的类型有哪些？

5. 员工参与管理的组织形式有哪些？

参考文献

1. 程延园．劳动关系．北京：中国人民大学出版社，2002.

2. 常凯．劳动关系学．北京：中国劳动社会保障出版社，2005.

3. 左祥琦．劳动关系管理．北京：中国发展出版社，2007.

4. 程延园．员工关系管理．上海：复旦大学出版社，2008.

5. 张倜．劳动关系管理．北京：电子工业出版社，2008.

6. 孙立如，刘兰．劳动关系实务操作．北京：中国人民大学出版社，2009.

7. 李琪．产业管理概论．北京：中国劳动社会保障出版社，2008.

8. 郭庆松．企业劳动关系管理．天津：南开大学出版社，2001.

9. 巴德．人性化的雇佣关系：效率、公平与发言权的平衡．解格先，马振英，译．北京：北京大学出版社，2007.

10. 阿姆斯特朗．战略人力资源方法．张晓萍，何昌邑，译．北京：华夏出版社，2004.

第7章 纪律与异动管理

本章学习内容

1. 奖惩制度的种类与实施办法；
2. 考勤制度的形式及管理手段；
3. 行为规范管理的内容及办法；
4. 晋升管理的流程；
5. 降职管理的流程；
6. 内部流动管理的机制与流程；
7. 外派培训管理的形式与处理程序。

本章学习目标

1. 了解和掌握纪律管理的内容和技巧；
2. 了解和掌握员工异动各项实务的处理。

引导案例

百胜掀反腐风暴 肯德基必胜客多名员工被开除

2008年6月的上海阴雨绵绵，王青（化名）终于办完了离职手续，当他离开必胜客熙攘的门店时，脚步有些沉重。王青离开的原因与近日必胜客展开的一系列反腐风暴有关，王青曾经在必胜客门店工作多年，经验丰富，在过去尽管他工资并不高，但却可以通过一些隐秘的手段来增加收入，如今这些手法在必胜客的“严打”之下暴露无遗，这也让更多类似王青的人萌生去意。而另据记者了解，这股反腐风潮在必胜客迅速蔓延，而这也成为某一种信号，在百胜集团经历了在中国的疯狂扩张之后，一些管理弊端日益显现，如何在高速扩张中寻求一种更好的管理模式成为百胜集团如今的目标。

必胜客假账风波

“这应该是必胜客近几年来，比较严重的事情了。”6月中旬，一位必胜客浦东门店员工对记者说，他所说的严重的事情就是指，在不久前，浦东一家门店店长由于做假账被撤职调查的事情。在上述员工的记忆中，此事让必胜客上海地区的高层第一次如临大敌，“一些高层是在晚上得知这家门店店长做假账的消息的，当晚这些高层就连夜赶到这家门店处理这个事情，他们的表情极为紧张和严肃。”而据一位必胜客内部知情人士向记者透露，在此次假账风波中被调查的店长，实际上与贪污无关，他只是隐瞒了门店真实的销售额和一些具体的货品单据，按照他的说法，这个出事的店长可能只是想让自己的业绩“做得漂亮一点”，以便获得更好的升职空间和机会。但也有必胜客门店员工告诉记者，这位店长假账之后有更多隐秘的环节没有暴露，做假账固然让门店可以交出一份不错的成绩单，但实则在背后有更多的潜规则隐现，“如果没有现实的经济利益，店长是不会冒这个风险的，毕竟能做到店长这一级别不容易。”在假账风波之外，实则在上海的其他地区，必胜客的整治之风也开始出现，在杨浦区一些门店就有多位员工因为私自窃钱而被开除。而就此事，百胜集团的答复是“的确我们在部分必胜客餐厅发现员工私窃现金的行为。我们已经按照相关法律和公司纪律进行了严肃处理”。“以前，必胜客比较注重门店的盈利能力，对员工的管理颇为严格，但仍然有漏洞可钻，但更多时候，就内部消化处理了，严重的就开除了事，情节较轻的就降职或调离岗位。但像现在这样大张旗鼓的还比较少见。”

贪污背后的利益链条

据知情者透露，这股风潮也非只在上海显现，在北京、南京等一些城市，百胜集团均加大反腐的力度。一位离职的必胜客员工说，之所以出现“窃钱”等情况，主要是因为在必胜客工作量大，而一般员工的工资待遇与付出不成正比。据悉，在必胜客一线城市的一般员工工资在 2 000 元左右，二线城市则为 1 600 元左右，而肯德基的员工工资又比必胜客下浮 300 元不等，除了工资收入外，员工还有加班工资和保险，但即便如此，一些员工仍然觉得压力太大，每年都有很多员工走马观灯似的离职，有的跳槽去竞争对手处，有的则完全脱离这个行业。“即便有些人升到了店长的职位后，也有离开的，主要是压力的原因，必胜客的业绩考核是非常严格的，此外，一些内部的排名也让这些店长身心疲惫。”上述离职的员工对记者说。“与竞争对手麦当劳相比，百胜集团旗下的肯德基和必胜客虽然工资较高，正式工也是 4 险加 1 金，年底双薪，但人文关怀较为缺失，比如麦当劳正式员工下晚班的出租车费一般给予报销，而在肯德基和必胜客就不可能了。”

上述离职的必胜客员工说，类似于“窃钱”的行为以前在必胜客和肯德基都较为常见，通常的手法是将原先不能打折的顾客消费进行打折处理，比如在必胜客此前就曾有相关规定，学生消费凭借学生证等可以打八折，“这其中就可以动动手脚，比如当顾客结账的时候，不去收银处结账，而是自行从腰包里掏钱来结，把钱和发票给完顾客后，自己再去收银处写上一个学生证号，再模仿几个签名就可以了”。但这位离职的人士也承认，这么做通常风险很大，容易被查出，但如果有店长关照那就完全不同了，“如果从店长到员工形成一条利益链条，那么被发现的机会就少了。不客气地说，从必胜客进入中国，这种窃钱的现象就存在，通常是店长带头来做”。据知情者透露，一个正式员工如果窃钱的话每个月可以增加 2 000 多元的收入，而店长的收入会更多，但百胜集团对这种贪污行为处理极为严厉，通常发现就会开除。

百胜模式之困

在过去的多年里，百胜集团的管理模式一直被称为业界的标准和模范，一位业内人士如此对记者评价。假账等诸多风波让百胜集团浮华外表之下的多年以来的顽疾暴露在大家视野中。“但客观地讲，即便百胜集团旗下品牌爆出诸多问题，但是它仍然是一个成功的企业，它本身所存在的问题也远比国内一些餐饮连锁品牌要少得多”，上述人士如是说。一位曾经在百胜集团工作过的人士对记者分析，百胜旗下的餐饮连锁之所以问题层出不穷，主要也与其飞速的扩张有关，数量上来了，管理质量有些跟不上。“这些年，百胜几乎把门店开到了中国的每一个角落，在全球范围内，它不是麦当劳的竞争对手，但在中国，它绝对是稳坐餐饮连锁老大的位置，而这些都建立在其飞速扩张的基础之上。”来自百胜餐饮集团官方公布的信息来看，在过去的一年，百胜旗下的肯德基新开了近三百家，必胜客新开一百家，此外它还在大力扩展中餐的品牌——东方即白。截止到去年年底，百胜下属的肯德基品牌餐厅数量达到了2 100多家，必胜客达到了300多家，员工人数为16万名。而这种飞速扩张也为其带来丰厚的收益，在2007年，百胜在中国的市场营业收入达到了215亿元，营业利润增长了30%。目前，这串数字还在上升，据悉，肯德基近些年来几乎每天开一家店，到今年年底，必胜客的数量将达到500家，在去年，其竞争对手麦当劳的门店还不到1 000家。而扩张战略也是百胜集团重点之一，百胜集团中国事业部总裁苏敬轼此前也曾说过，百胜的发展速度是麦当劳的四五倍，“百胜集团之所以在中国成功，就是因为它已经有了一个有效的商业模式，只要经过比较小的修改就可以到任何一个市场上去，而我们就是不断在复制这个商业模式，不断扩充这个商业模式。”

到了2007年，百胜集团全球三分之一的利润已经来自中国，中国已成为百胜最重要的市场。而在短时间过度的膨胀也被业界广为称赞。百胜模式问题开始暴露，如何让飞速的扩张与管理之间取得平衡已成为如今的百胜待解的难题。

资料来源：百胜掀反腐风暴　肯德基必胜客多员工被开除. 中国经营报，2008年7月1日.

这一案例说明企业纪律管理的重要性。所谓纪律管理，是指维持组织内部良好秩序的过程，即凭借奖励和惩罚措施来纠正、塑造以及强化员工行为的过程；或者说是将组织成员的行为纳入法律的环境，对守法者给予保障，对违法者予以适当惩罚的过程。纪律管理的内容包括奖惩管理、考勤制度、行为规范制度等。

与此相关，人事异动也是企业劳动关系管理的重要组成部分。一般来说，企业内人员的晋升降职、内部流动、外派培训等均属于人事异动的管理范围。

7.1 奖惩制度

一个公司的奖惩机制是员工管理的重要组成部分，它是对员工行为的塑造。企业到底该奖惩什么行为，让我们先来看一个公司的例子。

事件一：在全体员工的大会上，领导们说：“我们是新成立的公司，许多地方还很不完善，希望每一位员工都把这份工作看成自己的事业，有什么新想法就提出来，公司一定会重奖的。”有几个“热血青年”的热情受到了鼓舞，纷纷向公司递上了自己的建议书。结果建议书石沉大海的不计其数，甚至招来了上司的冷嘲热讽：“你如果把写建议书的精力用来多见几个客户的话，你的销售业绩也就不会这么差了。”

事件二：公司表彰了一批员工，可其中有相当一部分在大多数员工看来是不应该上这个光荣榜的。因为他们的工作表现一般，无论是业绩还是态度都只能算中等。经过比较，大家得出了比较一致的观点：和领导走得近一点，私人关系好一点，比工作干得卖力一点更为重要。

事件三：A从一名普通员工很快升到总经理秘书，从公司组织结构来看，她的地位和副总是一样的。总经理也总是人前人后地夸她："A是公司最勤奋的人了，每天总是最后一个离开公司。"此后，公司加班的人逐渐多了起来。可其中干活的有几个呢？大家上网玩游戏的有之，聊天的亦有之。但公司里的"人气"倒是旺了不少。

资料来源：魏秀丽．员工管理实务．北京：机械工业出版社，2008：141-142.

公司奖励什么行为就是鼓励员工多发生类似的行为；同样地，惩罚什么行为也就是希望在员工中抑制甚至杜绝类似行为的发生。从以上几个事件可以看出，该公司是不鼓励员工参与公司决策，而鼓励听话、和领导保持"密切"关系，同时又"埋头苦干"的行为。对于一个新成立的公司，它实际上奖励和惩罚的行为都和其发展战略背道而驰。长此以往，员工的精力都放在了和领导建立私人关系上，而长时间的"工作"身心俱疲，试问如何带来效益？企业需要塑造的行为，应当是正当的，真正有利于公司和个人发展的行为，而不是其他。

7.1.1 奖惩的意义

奖励和惩罚是纪律管理不可缺少的方法。奖励属于积极性的激励诱因，是对员工某项工作成果的肯定，旨在利用员工的上进心、荣誉感，促使其守法守纪，负责尽职，并发挥最高的潜能。奖励可以给员工带来高度的自尊、积极的情绪和满足感。惩罚则是消极的诱因，其目的是利用人的畏惧感，促使其循规蹈矩，不敢实施违法行为。惩罚会使人产生愤恨、恐惧或挫折，除非十分必要，否则不要滥施惩罚。

奖惩是管理者对工作努力或严重违法劳动纪律的员工所采取的激励或惩罚措施。有效的奖惩措施，不应随便使用，而应符合预先设定的规则，并按照规定的程序进行；应明确奖惩的原因、奖惩依据、奖惩程度、奖惩的具体形式，对事不对人。奖惩不当，无论对员工还是对管理方，都十分有害，并会影响劳动生产率的提高和员工关系的改善。

7.1.2 奖惩的种类

奖惩是管理者根据员工行为发生的事实、情节，依奖惩制度所给予的处理，一般可分为精神奖惩和物质奖惩。除了非正式的口头赞许与责备之外，正式的奖惩措施主要有以下几种。

(1) 奖励

① 嘉奖、记功、记大功：根据奖励事实和程序，给予嘉奖、记功、记大功。嘉奖3次相当于记功一次，记功3次相当于记大功一次。这些奖励措施通常可以作为绩效加分或增发奖金的依据或者晋升参考，比如获得嘉奖一次，在绩效考核中加一分；记功一次加3分，记大功一次加9分。记功的奖励也可以根据其程度，分为一等功、二等功、三等功。

② 奖金：以金钱激励受奖者，奖金数目可以根据月薪的百分比发放，也可以另定数目。

③ 奖状、奖牌、奖章：这类奖励方式可以使受奖者长期显示荣耀。另外，奖状、奖牌、奖章的设计样式，本身的价值以及赠奖人的身份地位，都可以影响奖励的价值。

④ 晋级加薪：调升受奖者的薪级，提高薪酬水平。

⑤ 调升职务：提升受奖者职务，如将技术员调升为工程师，或由职责较轻的工作调任

职责较重的工作等。

⑥ 培训深造：优先选送受奖者进修、深造，或送其出国考察。

⑦ 表扬：利用开会等公开场合给予表扬、赞美、慰勉、嘉许，或将事迹公布，或刊登在公司发行的刊物上等。

（2）惩罚

① 申诫、记过、记大过：与嘉奖、记功、记大功的奖励措施相对应，惩罚措施也可以分为申诫、记过、记大过。申诫3次相当于记过一次，记过3次相当于记大过一次。在绩效考核减分上，申诫一次扣一分，记过一次扣3分，记大过一次扣9分。记过也可以分为一等过、二等过、三等过。同样，这种惩罚措施也可以作为减发奖金的依据。

② 降级：降低受惩罚者的薪酬等级，减少薪酬。降级通常应有时间限制，如3个月、6个月，时间一到，即应恢复原来的薪酬等级。

③ 降调职务：降调受惩罚者的职务，如由主管降调为副主管，或由环境较优的地区调往环境较差的地区。

④ 停职：在一段时间停止受惩罚者的任职，停职期间停发薪酬和津贴。

⑤ 免职：对严重违反劳动纪律者，可以依法解除劳动关系。

⑥ 追究刑事责任：对触犯刑律者，如侵占公款等，可以移送司法机关，追究其刑事责任。

这些奖惩措施可以同时使用，如对记大功者，可以同时发给奖金、表扬并调升职务；对受惩罚者，也可以同时记大过，降级以及降调职务。

管理者施用奖惩措施，应当详细考察事实程度、功过轻重大小，妥善运用。惩罚员工，尤其应注意其错误的原因、动机、目的，做到不偏不倚，达到惩罚之效果。

7.1.3 奖惩的实施

对员工进行奖惩，应遵循一定的程序和步骤。

① 建立绩效考核等规章制度。绩效考核一般通过绩效评价过程来确定，规章制度是获得高绩效的保证，其内容应合法、公正、具体、明确，具有可操作性。

② 符合民主程序。制定规章制度和工作规则时，应直接或间接征求员工意见和建议，应符合法定的民主程序，如职工代表大会通过、集体谈判确认等。

③ 向员工公示。管理方负有将绩效考核标准和规章制度传达给员工的责任和义务，其方式有多种，如通过发放员工手册，介绍工作规则和组织政策；通过上岗引导，向新员工解释相关规则；通过让新员工在文件上签字，表明他们已经收到或读过工作手册；通过公告牌、公司简报和备忘录传达工作规则等。

④ 渐进性惩处。管理方对员工进行处罚，应采取逐步严厉的方式进行，即口头警告、书面警告、停职和解雇这种正常顺序，其目的是确保对所犯错误施以最轻惩处。实施渐进性惩处方式，要求对员工所犯错误，按照其严重程度进行分类。除了需要立即解雇的违纪行为如盗窃、伪造时间卡、工作时间打架等之外，对员工的各种违纪行为要制定出不同的处罚标准，并规范处理程序。总之，处罚员工，应仔细、公正、规范，避免草率。

⑤ 必要时，采取纠正性惩处行动。当员工的工作绩效低于预期或者违反了规章制度时，必须采取纠正措施。

⑥ 调查和取证。奖惩应建立在事实清楚、证据确凿的基础之上，以充分、恰当的记录为依据。建立详细的工作档案，对员工的工作表现、工作业绩、过去违反规则的行为，要有扎实的考核评价和书面记录，因为良好的工作绩效以及在企业工作时间的长短，都可能会影响惩处行为的严厉程度。

7.1.4 奖惩的要点

(1) 奖励

管理作家布朗斯坦在《销售力》杂志中指出，无论主管采取哪一种奖励方式，要达到最佳的效果，这些做法都必须达到以下标准。

① 即时。不要等发年终奖金时，才打算犒赏员工。在员工有良好的表现时，就应该尽速给予奖励。等待的时间越长，奖励的效果越可能打折。

② 明确。模糊的称赞如"你做得不错!"对员工的意义较小，主管应该明确指出，员工哪些工作做得很好，好在哪里，让他们知道，公司希望他们能重复良好的表现。

③ 让员工完全了解。主管必须事先让所有员工清楚知道，将提供的奖励是什么？评估标准是什么？举例来说，不要告诉员工："如果今年公司做得不错，你们就会得到奖金。"要解释何谓公司做得不错、公司营业收入的百分之几会成为员工奖金、这些数字如何定出来，以及员工可以在何时拿到奖金。清楚制定游戏规则，更能鼓舞员工有目标、有步骤地努力。

④ 为个别员工的需求量身定做。公司提供的奖励必须对员工具有意义，否则效果不大。每位员工能被激励的方式不同，公司应该参考自助餐的奖励方式，提供多元奖励，供员工选择。例如，对上有老母、下有儿女的职业妇女而言，给予她们一天在家工作的奖励，比大幅加薪更有吸引力。

⑤ 合理确定奖励总额。奖励总额是指将多少收入作为企业全体雇员奖励基金。比较常见的方式有以下几种。

一是按照企业利润的一定百分比提取奖金，公式为：奖金总额＝报告期利润额×计奖比例。奖金总额应随企业利润水平和企业计奖比例而波动，其中计奖比例是一个可调整的因素。

二是按照产量、销售量计算发放奖金总额，比较常见的方式有三种。

第一，按企业实际经营效果和实际支付的人工成本量因素决定奖金的支付。在这种方式中，将节约的人工成本以奖金的方式支付给雇员。具体为：奖金总额＝生产（或销售）总量×标准人工成本费用－实际支付工资总额。

第二，按企业年度产量（销售量）的超额程度计提奖金。在这种方式中，奖金从超额完成的销售额中按计奖比例提取，或按累计比例提取。公式为：年度奖金总额＝(年度实现的销售额－年度目标销售额)×计奖比例。

第三，按照成本节约量的一定比例提取奖金总额，主要目的是奖励雇员在企业生产和经营成本节约中作出的贡献。公式为：奖金总额＝成本节约×计奖比例。

除了上述方式，我国现行的企业奖金来源还有以下渠道：实行工资总额与经济效益挂钩的企业，可以从规定增加的效益工资总额中拨出一定比例的奖励基金；实行奖金和经济效益挂钩的企业，可以从企业利润中拨出一定比例的奖励基金；对某些特定的奖金，如原材料、燃料节约等，可以从节约成本中按比例提取，列入奖励基金。

（2）惩罚

① 惩罚前的“告诫”。在惩罚前，应当对员工进行告诫。告诫可以使员工改变自己的不良行为，是管理工作中一个不可缺少的方面。但是在告诫员工的时候要注意：事先让员工了解组织的行为规范，告诫要讲求时效性，告诫要讲求公平一致，告诫必须对事不对人，告诫时应当提出具体的告诫理由。以平静、客观、严肃的方式对待员工。

② 非惩罚性处分。警告、训斥和无薪停职等惩罚方式看似用严厉手段保证员工遵守组织准则，但这种传统体制仅能令人照章行事。即你可以通过惩罚让人服从，但却无法通过惩罚让他们敬业，此时就可以采取非惩罚性处分的方法。

传统惩罚模式和非惩罚性处分法的区别在于，它令经理人意识到，强化良好的表现跟反对不良绩效同样重要，同时它还让员工们意识到企业的期望，那就是良好的绩效将受到肯定。当非正式的教练过程和绩效改进讨论不能成功解决绩效或行为问题时，第一级正式处分措施是“首次提醒”，也就是主管讨论员工存在的问题，提醒员工注意自己有责任达到组织的标准，并争取员工同意重返令人满意的表现；如果问题继续存在，主管就进而给予“二次提醒”，主管将再次跟员工会谈，争取让他同意解决问题，会谈后主管将讨论内容正式编写成备忘录，交给该员工。

如果正式处分措施的初始步骤不能成功地说服某人解决绩效问题，就需要果断采取最后行动。非惩罚处分法提供了出乎意料的、有权威力的最后步骤：停职一天做决定。不管是否带薪，将暂停工作作为最后处分步骤相比较其他方法的“最后步骤”，都具有巨大优势。停职让双方都有一个“冷处理”期，能心平气和地考虑眼前的情形。停职期也是一种强硬姿态，它会迫使员工对失业前景有所领受，冷静头脑，并决心纠正自己的行为。

传统惩罚体制逮住制造麻烦的员工，对其实施惩罚，留给企业的只是一个遭受惩罚的麻烦制造者。而非惩罚处分体制将绩效管理的责任从经理人转向员工。经理人不是对员工的越轨行为横加训斥，而是坚持让员工作出选择：要么改正后留下来，要么走人。这样，既强调了人人必须遵守企业准则的要求，又顾全了双方的尊严。[①]

7.2 考勤制度

考勤是用人单位实施的一种管理措施，它反映的是劳动者在用人单位的出勤情况，是用人单位考核劳动者的依据。考勤系统的目的是为了实现员工考勤数据采集、数据统计和信息查询过程的自动化，完善人事管理现代化，方便员工上班报到，方便管理人员统计、考核员工出勤情况，方便管理部门查询、考核各部门出勤率；准确地掌握员工出勤情况，有效地管理、掌握人员流动情况，适用于机关、金融和各企事业单位。考勤管理系统是企业对考勤实行了信息化管理，考勤管理中主要涉及的管理任务有5个方面：部门信息管理、员工基本信息管理、考勤信息管理、考评信息管理以及系统管理。

人事考勤制度是公司管理制度的重要组成部分。员工准时出勤和公平合理的考勤管理制

---

① 关于奖惩制度的案例可以参考《中铁十七局集团第二工程有限公司职工奖惩管理暂行规定》. http://www.zt172.com.cn. 2009-6-28.

度影响到公司的形象、员工的士气，进而影响公司员工的工作效率、公司的经济效益。现在许多公司采用的考勤方式有：打卡钟、磁卡、IC卡、非接触式卡、ID卡等。虽然能起到一定的作用，但问题也很突出：打卡钟费人费事、需要好几个文员做统计，并得定时更换卡，而磁卡等则存在卡易忘带、遗失、被盗、制作新卡等问题。从根本上来说，以上考勤方法在验证员工的身份时并不是验证员工本身，而是验证物的有效性，因此存在无法避免的代打卡的可能，管理上的漏洞是先天性的。

因此，越来越多的企业开始利用指纹的识别唯一性特征进行考勤，避免了传统纸卡、IC卡考勤机代打卡的缺点。其中，指纹识别的前台系统包含指纹签到和指纹登记两大模块；后台管理系统包含基本信息管理、资料管理、考勤管理、薪资管理等四大模块。

（1）指纹签到

实时识别考勤人的员工编号，并与当前时间一起写入到后台数据库中；自动判别是否已经在短时间内考勤过，若已考勤过则提示；对无指纹数据录入的员工可以使用员工编号加密码的方式进行考勤。

（2）指纹登记

为员工登记考勤所需的指纹，每名员工最多可以登记三枚；登记后比对，看登记是否成功，以及是否能够正确识别，若比对出错、可重新登录；删除作废的指纹：登记无指纹员工的考勤密码。

（3）基本信息管理

设置使用单位，并为正式用户注册；设置操作员（新增操作员默认密码均为707）及其权限；设置部门代码及部门名称；设置工种、职务、级别等基本代码及名称。

（4）资料管理

员工入职及变更登记：查询及统计各部门在职人员，员工离职登记，查询及删除已离职员工，打印人事日报表和人事月报表。

（5）考勤管理

设置考勤规则；设置轮班名称及排班班别；设置工种假期名称及放假日期；设置个人出差休假请假类别及日期；设置员工加班类别及日期；设置员工调班；设置特许考勤员工及日期；按日考勤统计及汇总；按月考勤统计；打印原始考勤记录。

（6）薪资管理

设置员工岗位名称、薪酬等级、每月薪酬数额、变动情况、薪酬总额以及相关福利待遇等信息。

课后案例

考勤与加班的认定

考勤是用人单位的管理手段之一，因考勤记录而引发的加班争议时有发生，如考勤记录的时间是不是劳动者的标准工作时间；超过标准工作时间是否就是劳动者的加班时间；用人单位如何防范因考勤记录而引发的加班争议。

王先生于2005年12月11日进入某外商投资企业工作，签订了为期三年的劳动合同。2007年3月2日，王先生向该单位提出辞职，并于当月离开该单位。2007年4月2日，王先生向市劳动争议仲裁委员会申请仲裁，要求该单位支付加班工资10 903.20元人民币，其依据为2005年12月至2007年2月的考勤记录。该记录显示，王先生在用人单位的工作时间超过标准工作时间长达755.75小时。企业认为，根据公司的规章制度，所有加班都必须填写加班申请单，并经部门经理和部门总监批准后方可视为加班，公司已根据加班申请单支付王先生加班工资人民币4 797.51元，不存在拖欠加班工资问题。仲裁委认为考勤记录显示王先生超时工作时间达755.75小时，考勤记录足以证明王先生存在加班的情况，除已支付的4 797.51元外，还应支付王先生加班工资人民币10 903.20元。

企业不服仲裁委的裁决，并向区人民法院起诉。法院经审理后认为王某知道企业的有关规定，而且也一直是按规定领取加班费。现王某认为考勤记录的时间内从事加班，未提供相应的证据予以证明，故判决某外商投资企业无须支付王某加班费人民币10 903.20元。王某不服向市中级人民法院提出上诉，结果二审法院驳回上诉，维持原判。

出于保护劳动者考虑，我国劳动法及相关行政法规对加班采取限制措施，首先在时间上进行了限制。《劳动法》第41条规定，延长工作时间一般每日不得超过1小时，因特殊原因需要在保障劳动者身体健康的条件下延长工作时间不得超过个3小时，但每月不得超过36小时；其次对程序进行限制，不仅强调加班是用人单位由于生产经营的需要，而且还要同劳动者和工会协商；其三对用人单位的成本进行控制，《劳动法》第44条规定，用人单位对劳动者加班支付的报酬远高于正常情况下支付的工资。新的《劳动合同法》第31条规定用人单位应当严格执行劳动定额标准，不得强迫或者变相强迫劳动者加班。用人单位安排加班的，应当按照国家有关规定向劳动者支付加班费。从这三方面也可以看出，我国劳动法是不鼓励用人单位加班的。

因此，加班必须是用人单位生产经营的需要、由用人单位安排、在法定标准工作时间之外由劳动者提供的超时劳动。考勤和加班存在一定联系，但不存在必然联系。

在本案中王先生提供给仲裁庭的是考勤记录，记录他每天进入和离开用人单位的时间，仲裁庭认为用人单位没有证据证明王先生在考勤记录的时间不在加班，因此裁决用人单位支付王先生加班工资人民币10 903.20元。而法院认为根据用人单位的加班程序规定，王先生加班需申请且得到经理的批准。其申请且经过批准的加班，用人单位都已支付了加班费，而考勤记录只是王先生进入和离开单位的时间。除了用人单位认可的加班工作外，王先生没有证据证明在该段时间加班，因此一审、二审法院均判决用人单位无须支付王先生加班工资，这就涉及加班工资的举证责任问题。在本案中，仲裁裁决认为如果劳动者提供了考勤记录就足以证明该段时间劳动者是加班，应由用人单位来证明该段时间不是在加班，而法院认为应由劳动者来证明该段时间在加班，举证责任分配的不同直接决定了本案的判决结果。

加班的举证责任应该由谁承担，首先要看加班的构成要件，即在什么情况下才构成加班。我们认为加班有如下构成要件：劳动者的工作时间超过法定工作时间标准；劳动者的超时是在为用人单位提供劳动；加班是由用人单位安排的或者经用人单位批准的。我国《民事诉讼法》第64条规定：当事人对自己提出的主张，有责任提供证据。《最高人民法院关于民事诉讼的若干规定》第2条规定，当事人对自己提出的诉讼请求所依据的事实或者反驳对方诉讼请求所依据的事实有责任提供证据加以证明，没有证据或者证据不足以证明当事人的事实主张的，由负有举证责任的当事人承担不利后果。我国2008年5月1日实施的《劳动争议调解仲裁法》第6条规定：发生劳动争议，当事人对自己提出的主张，有责任提供证据。根据上述规定，我们认为劳动者主张加班的，其证明责任在劳动者，如果劳动者不能证明加班的存在，就应当存在败诉的风险。但这并不意味着所有的证据都由劳动者提供，由用人单位掌握的证据就应当由用人单位来提供，用人单位不提供的，应当承担不利后果。

我们再就本案具体分析。在本案中王先生主张加班必须证明如下要件：王先生超时上班事实的存在；超时是在为某外商投资企业提供劳动；该超时工作是由该外商投资企业安排的或由其批准的。王先生提供的考勤记录只是证明了其在单位的时间超过了法定的工作时间，至于超过法定工作时间是不是用人单位安排的，是否在为用人单位提供劳动，则没有提供任何证据加以证明。相反，在本案中用人单位提供了反证，包括加班的程序规定、王先生的加班申请单及加班工资发放记录，证明单位安排或者同意王先生加班的加班工资早已支付。而王先生无法进一步证明考勤记载的时间扣除用人单位已支付的加班工资外，和标准工作时间的差额期仍在从事用人单位安排的工作。因此，一审、二审法院判决王先生败诉是正确的。

加班争议在劳动争议中的比重越来越大，如何防范加班争议的风险，从本案可以看出，用人单位应完善管理制度，加强加班的流程管理，从制度上予以完善。本案某外商投资企业之所以最终能胜诉，很大的原因在于该外商投资企业对于加班有比较完善的制度。随着新《劳动合同法》的实施，用人单位更应该完善规章制度，防范可能产生的风险。

资料来源：朱慧，陈慧颖．中国人力资源开发．2008年12月号．总第222期：83－84．

7.3 行为规范管理

行为规范管理，主要包括确立目标、拟定工作和行为规范、沟通目标与规范、行为评估、修正所期望的行为。管理者首先要确立目标，与员工进行沟通，并据此来评价、修正员工行为。行为规范的目的，在于防范问题员工，协助员工成功，从积极方面促使员工自我约束。

行为规范管理在员工关系中发挥着重要作用。整体上看，行为规范管理还存在许多问题，由此引发的争议也很多。从我国目前劳动争议案件的处理结果看，企业败诉的比例仍然较高，约占五成。企业胜诉率低的重要原因之一，是对违纪员工的处罚没有具体细化、量化。我国现行劳动法律、法规对违纪行为的规定使用了大量的程度副词，如“严重违纪”、“重大损失”等，在这些情况下，企业可以解除劳动合同，但对什么是违纪行为、违纪行为达到何种程度才构成“严重违纪”等，却没有作出具体列举，这就需要企业在《员工守则》或者规章制度中根据不同岗位要求将其细化和量化。所谓细化，是指全面列举违纪行为的具体表现，最后使用兜底条款，如“公司认定的其他违纪行为”。所谓量化，是指在程度上尽量使用客观的数字说明、描述相应的行为。如不要使用“经常迟到早退”，而应使用类似

“迟到或早退累计达3次”的提法；不要使用“凡给公司造成严重经济损失的行为”，而应使用类似“给公司造成经济损失达2 000元以上者”的规定方式。

7.3.1 行为规范的程序

(1) 确定行为规范目标

制定目标，在于引导和规范员工工作行为，并使之井然有序，以提高企业生产力，达成组织目标。制定行为规范目标的意义在于确保组织目标的实现，保障员工个人合法权益。

(2) 拟定工作和行为规范

凡是直接或间接影响企业生产力或企业目标达成的事项，都应当拟成具体的纪律法规，以规范员工行为。纪律法规应当公平合理，简单明确，避免模棱两可、含糊不清，造成执行中的困难，引发员工的反感和抗议。通常，纪律法规应当涵盖工作行为的各个层面。

(3) 沟通目标与规范

行为规范要得到切实执行和遵守，必须获得员工对其目标和内容的了解，因而制定规范最好能有员工参与，确保员工对规则的支持与实践意愿。

(4) 评估员工行为

定期和不定期地记录员工平时的工作表现，并运用于绩效评价，对企业纪律政策及员工行为予以检讨和评估，作为管理决策参考。

(5) 修正员工行为

在绩效评估之后，应对员工不当工作行为予以检讨，并实施适当的惩戒措施予以修正。

7.3.2 行为规范管理技巧

维持并贯彻工作场所的纪律规则，是管理者的主要责任。管理者应采取必要的行为规范管理措施，确保纪律法规得到切实遵守，做到既不放纵违规者，又须采取合法、合理的处理方式。

为了强化管理者维持规范的责任，首先要制定和遵行整个企业有关维持规范的总目标，否则势必步调不一，造成更大不公平。为实现这一目标，管理者应遵循道格拉斯·麦格雷戈所提出的“烫炉法则”(Hot Stove Rule)，完善行为规范系统。“烫炉法则”类似于触摸到热炉产生的效果，其主要内容包括以下几个公面。

① 即时性与平等性：当某人要碰到火炉时，立即就会被烫，火炉对人，不分贵贱亲疏。我们的行为规范制度也应如此，不分职务高低，适用于任何人，一律平等；还有，违反制度的行为与处罚之间间隔时间过长，就不能收到好的罚戒、教育效果，因此，执行规范一定要坚决果断。

② 预警性：火炉摆在那里，要让大家知道碰触则会被烫，这就需要我们的管理有一个健全的长效机制，只有立足于正反两面的引导，使人自觉地去行动，行为规范机制才能发挥其优越性。

③ 贯彻性：火炉对人绝对“说到做到”，不是吓唬人的。执行和落实惩罚制度虽然会使人痛苦一时，但绝对必要，如果我们在执行赏罚时优柔寡断、瞻前顾后，就会使行为规范成

为摆设，失去其应有的作用。[①]

7.4 晋升管理

一般来讲，人事异动管理包括人员的晋升、降职、内部流动和外派培训等内容。晋升管理就是依照员工工作表现，结合员工具体学识、能力、工作经验等要素，对满足工作条件需要的员工做出由低到高的职位调整，其中可能包括工资的调整。

7.4.1 “空降兵”还是“内部晋升”

如果企业内部出现职位空缺，那么是用“空降兵”还是从内部晋升呢？如果内部员工符合职位的任职资格，他的晋升就代表着公司对其能力的认可，同时也是其地位的提升和价值的体现。在他的需要得到满足后，就更愿意付出更多时间和精力来获得良好业绩。当他晋升后，空缺的职位也为有实力的下属提供了晋升机会。

如果内部员工不符合职位的任职资格，也能让其知道真正的差距，并能在新的任职者到位后，积极配合工作，努力成长，为赢取下一次晋升机会积蓄知识和技能。

给内部员工机会，并不排除企业在必要的时候引进外部人才。但必须是在满足内部员工寻求尊重和自我实现需求的前提下，消除引进外部人才决策对人才本身、原有其他员工及企业所带来的消极影响之后进行的。

对于成熟的企业来说，高层人才应以内生为主，外部空降为辅。只有内生的人才才能更好地理解企业的价值理念，更能深刻理解企业现状与企业成长历史的关系，作出的相关决策更能符合企业的实际情况，更能得到员工的认可，在保证决策有效执行的前提下减少沟通成本。在科林斯的名著《基业长青》中列举的 18 家优秀公司从 1806 年到 1992 年的 113 位 CEO 中，只有四位是外聘的。看来，只有内部成长的经理人才能保持企业核心的一贯性。

从员工角度看，企业应与员工一起做好员工的职业生涯设计；从企业角度看，企业应有合理的人力资源规划，并建立起完善的培训体系。

7.4.2 职位晋升的依据

职位晋升对企业选择人才、激励员工具有重要作用。然而，现在许多企业实行的职位晋升制度，即由领导根据员工业绩大小择优晋升高一级职位的选拔方式，还存在着缺陷。这种方式在设计思想上忽略了管理工作的独特性，牺牲了组织效率。它是基于如下假设：一个人在目前岗位上成绩突出，就一定能在更高岗位上有所成就。

职位晋升意味着管理层次的提升，而管理工作不同于一般技术性工作，不同层次管理者处理问题重点不同，对其技能要求亦不同：

高层管理者的主要任务是谋求对企业最有利的竞争地位以实现经营目标，要求其具有根据内外信息确定企业发展方向和发展战略等具有全局意义的大政方针的能力；

中层管理者是上下级之间信息联络的桥梁，工作重点是人际沟通，与上级沟通以明确其

---

① 关于员工的行为规范管理制度，可以参见北京环亚运商物流技术开发有限公司．某公司员工行为规范．http://www.99568.com/UploadFiles/200732010321595.doc．2007-03-21．

工作意图，与同级沟通以利协作，与下级沟通以提高其积极性，顺利完成任务；

基层管理者主要完成具体工作，对员工进行指导、控制并保证工作质量，因而必须具备相关专业知识与技能。

因此，这种晋升方式的直接后果是，在其他方面有能力的人被提拔到不能正常发挥其能力的岗位，而这方面的合格者却因为在与自己能力不匹配的工作中未取得好成绩而被排斥在外。每个人都未得到自己合适的位置，最终结果使得企业在整体上出现管理混乱、效率低下状态。从实际操作效果看，这种晋升制度还造成管理者为争夺稀缺职位，在工作中产生管理行为短期化和本位化的结果。如注重部门短期成果，忽视长远发展；部门之间缺乏相互沟通与配合的协作精神，只考虑部门内部利益而忽略整体效益。

解决这一问题的有效方法就是构建完整的任职资格体系，它是员工内部合理晋升的基本前提。任职资格界定了职位要求应该具备的能力水平，应聘者必须达到这些标准才有可能就任该职位。

列出公司所有职位，组织资深员工和外部专家为每个职位编写任职资格，确定每个职位所需的知识、技能和应该承担的责任。知识以学历和专业为基础，还包括应该参加的培训内容。职位责任是用来界定不同职位对公司整体业绩的贡献程度。

比如对于业务单元经理，需要本科学历、专业不限，但需要具备财务管理、人力资源管理、市场营销、战略决策等相关知识或培训经历，三年以上部门管理经验并在绩效考核中达到良好等级，为业务单元的经营业绩和持续发展承担最终责任。而对于财务管理部门经理来说：本科以上学历，财务会计专业，注册会计师，有决策、沟通等培训经历，三年以上主管会计经验，并在绩效考核中达到良好等级，组织制定公司全面预算，指导下属对公司的财务管理和监督工作，并为公司高层决策提供财务信息支持。

具体而言，企业应当建立一个比较规范的职位体系，并为各种职位的晋升制定出明确的标准。例如，某公司将其职位划分为五种序列，每个序列又分为不同的职级。

① 管理序列：包括总裁助理、部长、副部长、分部经理、分部副经理和主管六个职级。

② 专业序列：包括特技专员、高级专员、中级专员和初级专员四个职级。

③ 销售序列：包括特级销售员、高级销售员、中级销售员和初级销售员四个职级。

④ 生产操作序列：包括高级技师、技师、高级工、中级工、初级工五个职级。

7.4.3 晋升的具体流程

员工晋升分为岗位晋升和职务晋升。岗位晋升是当公司内出现职位空缺时，通过内部竞聘方式产生的，而职务晋升则依据职务晋升办法，晋职的同时可能还会有工资的调整。

员工晋升的一般流程如下。

① 提出申请。方式可以是：如果岗位出现空缺，用人部门向人力资源部提出人员增补申请；员工认为自己符合晋职的条件，提出并填写职务晋职申请表；人力资源部根据人力资源规划和业绩考核结果提出晋职人员名单，并填写相应表单。

② 人力资源部与用人部门共同协商制定晋职的依据和办法。

一般情况下，对于正常的职务晋职企业都有相应的职务晋升制度，其中会提出晋职的标准和条件。但是对于临时空缺的岗位，需要人力资源部与用人部门共同协商制定晋职的依据和办法。例如，员工晋职的依据及着重考核的标准，具备晋升职位所需的有关工作经验和资历，在职工作表现及操行良好；具备较好的适应性及潜力，已经完成晋升职位有关的培训课程和可以提供接替其职位的合适人选。

③ 人力资源部发布晋职通知。如果这时内部岗位空缺，则报人力资源总监批准后在公司内部公开招聘，并公开晋升的条件和方法。

④ 候选人的产生。用人部门可以提供候选人名单，个人也可以提出申请。人力资源部门也可以根据平时资料的收集提出候选人。

⑤ 收集候选人信息，进行候选人初步评估。

这些方式可以包括：个人资料的审查；实施晋升考试，由人力资源部和相关部门联合命题；候选人提交自我评述报告，并提供两名接替自己岗位的候选人；人力资源部与相关部门组成面试小组对报名者进行综合面谈录用审批。

⑥ 与候选人沟通。人力资源部应当与候选人进行沟通，了解候选人的职业发展意向，评估潜在候选人对新职位的渴望及胜任力情况。一方面，考察候选人对承担新职位的意愿；另一方面，直接通过沟通了解候选人的胜任力。沟通时应填写《员工晋升沟通表》（见表7-1）。

表7-1　员工晋升沟通表

编号：　　　　　　　　　　　　　　　　　　　　　　　　　　　　填表日期：

姓　名		性　别		民　族	
出生年月		参加工作时间		进入企业时间	
所在部门		现职务名称		现职务任职时间	
		现岗位名称		现岗位任职时间	
职业发展意向					
胜任能力					
能力1					
能力2					
胜任能力综合评价					
员工签字盖章： 日期：				人力资源部经办人签字盖章： 日期：	

资料来源：魏秀丽．员工管理实务．北京：机械工业出版社，2008：72.

⑦ 进行候选人的筛选，确定具体人选，报批。筛选的依据可包括平时的绩效评估结果；直线上司或下属的反馈建议；人力资源管理者平时收集的信息。应填写《员工晋升评估表》（见表7-2）。

表 7-2 员工晋升评估表

姓名		性别		民族	
出生年月		参加工作时间		进入企业时间	
所在部门					
晋升类别	□岗位晋升			□职务晋升	
现职务名称		现职务任职时间		拟聘职务	
现岗位名称		现岗位任职时间		拟聘岗位	
上司推荐意见：	□同意		□不同意		
个人任职意愿：	□非常愿意	□愿意	□不愿意		
业绩评估意见					
评委1	□同意	□不同意	评委2	□同意	□不同意
评委3	□同意	□不同意	评委4	□同意	□不同意
业绩评估意见合计：同意（ ）人			不同意（ ）人		
胜任能力意见					
评委1	□同意	□不同意	评委2	□同意	□不同意
评委3	□同意	□不同意	评委4	□同意	□不同意
胜任能力意见合计：同意（ ）人			不同意（ ）人		
综合评估结果：	□同意岗位晋升		□同意职务晋升		
评价小组签名盖章：					

资料来源：魏秀丽．员工管理实务．北京：机械工业出版社，2008：73.

⑧ 公布晋升名单并公示一定时间。

⑨ 晋升员工的调职工作，应办理相关工作交接手续。

⑩ 员工晋升后一般会对其进行试用的考核，合格后正式任命，其他员工参与晋升的报名资料作为储备，进入人才资料库。[①]

7.5 降职管理

降职，无论对于员工还是企业，听上去都是一个沉重的话题。降职犹如一把双刃剑，如果处理得当，将有效引导员工的行为，对企业发展有利；如果处理不当，则被降职的员工轻则离职而去，重则在企业中混淆视听，散布言论，给企业文化环境造成不良影响。

降职是指员工由原来的职位降低到比原来职位低的职位。降职的原因一般如下：员工不能胜任原来职位的工作；员工自己提出要求降低职位要求，如自身健康状况不佳，不能胜任繁重工作；组织变革、结构调整，精简人员；员工违反组织纪律，组织对此作出的处罚。

7.5.1 降职处理技巧

（1）明升暗降

电视连续剧《汉武大帝》曾经有过这样一个情节，当平定七国之乱后，周亚夫担任太尉

① 关于员工晋升管理的制度，可以参见职场快线网．某公司员工晋升管理办法．http://info.jobems.com/I_248545_248264.htm.2009-04-05.

一职，独揽国家的兵权，人也自恃有功，专横跋扈。汉景帝想重新把兵权把握在手中，但是不能硬来，于是以迅雷不及掩耳之势，实行了朝廷的人事改革，以周亚夫年老为由，任命周亚夫为丞相，收回兵权。把周亚夫从太尉晋升为丞相，表明看来是晋升，但收回了兵权，所以实际上是对周亚夫做了降职处理。

明升暗降的做法类似于彼得·德德鲁在其著名的《彼得原理》中提到的“蔓藤式晋升”，是另一类型的假晋升。这时，不胜任员工获得阶层上的提升，有时连薪资也没有增加，只是被冠上一个较高的新头衔，然后被调到偏远的角落去。

(2) 长时间不晋升

对于一些能力不符合组织发展要求，但又不能轻易解除劳动合同的员工，组织可以很长时间都不对员工进行晋升，让其在原来岗位原地踏步，这样也起到类似降职的效果。员工同时也可能认识到组织对他的不满，或者自身认为自己在组织中没有多大的发展前途，进而主动提出辞职。

(3) 内部人才市场

内部人才市场是指在组织内的部分岗位实行重新竞聘上岗，做到员工能上也能下。例如，一些家族企业，老板的亲戚在企业中占据了重要的职位，家族企业刚起家的时候，这种以血缘关系维持的组织在某种程度上降低了招聘家族外部的员工交易成本、谈判成本和监督成本，但是随着企业的发展壮大，家族成员的大部分不能跟上企业的发展，甚至还阻碍了企业的发展。这时候要让这批退下来，让更有能力的一批人上去，实现企业的二次创业。

(4) 做好降职计划

如果公司希望降职处理的员工继续留下来工作，这时候就需要仔细考虑并投入相当多的时间和精力去制订一个让他们留下的计划。这些包括：如果在可能的情况下，要在采取行动之前同即将被降职的员工进行交流，这样可以使他们不至于过于震惊；同即将被降职的员工进行的交流一定要彻底；在降职决定执行之后继续保持同被降职员工的交流；确保被降职的员工能够得到高级管理层的关注；让被降职的员工做有意义的工作；为了让被降职的员工继续留下来，要制订一个奖励计划。如果决定对某名员工进行降职处理真的是迫于外部环境压力的话，应该考虑到这一点；如果伴随着职位的下降，被降职的员工的收入也会下降的话，那么就给他们提供一定的过渡薪水；经常在众人面前对被降职者在新岗位上的工作价值进行肯定和赞许。

(5) 依据个性管理降职员工

被降职的员工一般会有这样三种心态：一是觉得很没面子，在同事面前抬不起头来，在亲属朋友面前无法交代；二是不服组织处理结果，认为不是自己的原因，找理由归因于外；三是积极调整心态，勇于面对挫折和挑战。

对持第一种心态的员工，应给以更多关心与呵护，多鼓励，多沟通。尤其是当员工在新的岗位上做出成绩后，更要及时反馈，以增强其自信心；对持第二种心态的员工，要给予明确的批评与教育，并说明不做自我反思的后果，帮其重新认识自我，然后视其行为改变情况再行处理。对冥顽不改、不做反思的，必须与其解除聘用协议，不可再用；对有所认知与进步的，可与第一种情况等同对待；对持第三种心态的员工，则是企业应着重培养的对象，其潜力往往很大。

对有潜力的降职员工，人力资源部门应该更加关心和爱护，对他们过去有贡献的方面给以适当肯定，还要与其一同深刻剖析自我、认知自我、调整心态，对其进行能力培养。而对于确实不符合企业发展需要的员工，针对不同特点的员工，应予以辞退或采用适当的办法使其自动离职。

资料链接

GFT（Graph for Talent）理论与降职管理

所谓GFT理论，即个性风格图理论，它从人的思维模式入手，寻求由于人们思维模式的差异，而产生的行为及行为结果的差异。这套理论把人分为A、B、C、D、X、Y六大类，共12种类型。以下列举的类型是企业管理者中多见的类型，有些类型，比如Y2、B2、C2等由于个性的原因，在企业中的发展空间非常小，在各级管理者中也较少见，故不作介绍。

A1型（孙悟空型）：他们具有很强的判断力，凡事都有应对的招数，是解决问题的高手。个人独立行事能力非常强，只要不在团队中使用，绩效表现一般没问题。不能达成绩效的原因，往往是不适应新的工作环境和同事，处理人际关系是他们的弱项，往往得不到大家的配合与支持。如果经过心态的历练与调整之后，让其明确组织目标，给其独立的平台和自我发挥的空间，就能将其潜力发掘出来。

A2型（孙中山型）：他们是强理论型的人，凡事都得有个说法，自圆其说能力、表现欲都很强。联想丰富，创造力、演说能力也是其长项。可以作为团队的军师，使其创意充分发挥，由团队来判断创意的价值。绩效不好的原因可能是没有条件把他的创意落实到实际的工作中来，往往是理论脱离实际。

B1型（项羽型）：他们急于造势和取得收获，是非常容易出绩效的员工，绩效不好的原因往往是心态出了问题。要了解其根源性的原因，对症下药。另外，这类员工绩效不好的同时往往会有很强的破坏性，因此必须引导其认知自我，调整心态。

Y1型（刘备型）：他们善于积累资源和作出判断，往往在其很了解自己的能力范围或有绩效出来之后，才会对自己有信心，信心不足时对组织交给的工作常会采取逃避、自欺欺人的态度，导致绩效不佳。此类员工潜力很大，又对目标敏感，只要给他明确的目标，并鼓励其挑战自我，是可以成为优秀员工的。

X1型（诸葛亮型）：他们思考问题非常缜密，不喜欢做没有把握、事先没有准备和缺乏资源支持的事情，很难适应工作的变化。绩效不好的原因也往往是从事了快速变化或快速决策的工作。只要减轻他们的压力，把比较有规律或可以计划的工作交给他们就可以了。

X2型（袁绍型）：这类人细心，喜欢与人打交道。只要是经常与人打交道的工作，其绩效都不会差，绩效出了问题一般是工作不合适或刚到一个新的岗位，这类型的人在新岗位上需要找到感觉，没有找到感觉之前很难有好的绩效表现。

C1型（总理型）：他们的思维特征是配合他人的被动思考型，属于辅助性人才。在独立决策的岗位上由于其被动性思考，总是问题出现了才去思考对策，所以，因为没有前瞻性，会出现很大的问题。这类型的人责任心很强，只要有其信任的上级作为领导，做配合性的工作，也能把工作做好。

应用GFT思维理论工具，个性化的培养，发掘降职员工先天的潜力，是使其成长的关键。那么，这就需要了解各种类型员工的潜力所在，对不同类型的人区别培养。

资料来源：有效营销网．GFT（Graph for Talent）理论与降职管理．

http://www.em-cn.com/Article/200710/171396.shtml．2007-10-05．

7.5.2 降职的流程

一般的降职程序如下。

第一，部门负责人根据部门发展计划和职位变动、员工考核等情况进行人员调整分析，向人力资源部提出员工降职申请，填写《人事异动申请表》（见表7-3）。

表7-3 人事异动申请表

编号：　　　　　　　　　　　　　　　　填表日期：

姓名		性别		年龄	
学历		专业		到岗日期	
申报类别	□调动	□晋升	□调资	□降职	
原位	部门		调位	部门	
	职务			职务	
	职位			职位	
	工资级别			工资级别	
原因					
所附材料					
人事异动生效日期					
原位	部门主管		调位	部门主管	
	人力资源部主管			人力资源部主管	
总经理审批意见：					

说明：本表一式五份，一份送财务部，一份送原职位部门，一份送调位部门，一份送本人，一份存档备查。

资料来源：魏秀丽．员工管理实务．北京：机械工业出版社，2008：87．

第二，人力资源部门结合人力资源规划及相关政策，审核、调整各部门提出的降职申请：部门人员发展计划是否可行；部门内人员变动人数是否属实；所提出的降职人员是否满足降职条件；综合考虑各部门职位变动情况，调整各部门降职申请。

第三，人力资源部应当与当事人进行沟通，允许员工进行申辩。

第四，人力资源部作出降职报告（内容应包括拟降职人员名单、降职原因和降至何职位等）。

第五，人力资源部将相关降职材料呈报上级主管部门审批，呈报材料包括：主管领导对员工的全面鉴定；员工绩效考评表；员工培训及培训考评结果；具有说服力的事例；拟异动的职务和工作；其他有关材料。人力资源部同时还应填写《员工异动通知书》（见表7-4）。

表 7-4　员工异动通知书

<table>
<tr><td>姓名</td><td colspan="2"></td><td>性别</td><td></td><td>年龄</td><td colspan="2"></td></tr>
<tr><td colspan="2">异动关系</td><td colspan="6"></td></tr>
<tr><td rowspan="3">原职位</td><td>部门</td><td colspan="2"></td><td rowspan="3">调位职位</td><td>部门</td><td colspan="2"></td></tr>
<tr><td>职务</td><td colspan="2"></td><td>职务</td><td colspan="2"></td></tr>
<tr><td>薪资</td><td colspan="2"></td><td>薪资</td><td colspan="2"></td></tr>
<tr><td colspan="2">异动原因</td><td colspan="6"></td></tr>
<tr><td colspan="2">所附材料</td><td colspan="6"></td></tr>
<tr><td colspan="2">异动生效时间</td><td colspan="6">年　月　日</td></tr>
<tr><td>人力资源部经理</td><td></td><td>原职位部门经理</td><td></td><td>调位部门经理</td><td></td><td>总经理</td><td></td></tr>
</table>

资料来源：魏秀丽. 员工管理实务. 北京：机械工业出版社，2008：88-89.

第六，人力资源部门审批后的《员工异动通知书》发至本人及相关部门，填写人员异动登记表及相关人事档案并保存。

第七，接到降职通知的员工，需在一定时间内交接好工作，进入离职流程，到人力资源部办理任免手续。

通过以上分析，我们发现对降职员工的处理也并非想像中的那么棘手，只要按照组织的规章制度，给降职以正当理由；并且充分把握好员工的心态，对其进行人性化关怀；分析清楚员工自身的类型，有针对性地对每一位降职员工采取不同措施，使不适合在本企业发展的员工自动离职，并且留住自己需要的员工，对其进行能力和态度的培养，充分发挥其潜力，就能实现企业人力资源的优化配置。这也再次说明，人力资源工作者只有对人性有了充分的把握，理解人、关心人，才能做好自己的本职工作，才能为企业赢得人力资源的竞争优势。

7.6　内部流动管理

7.6.1　内部流动的意义

员工在企业内部的流动是将最好的员工在公司内部动态发展，培养其成为具有多方面技能的全面素质人才，同时提升团队之间的理解与合作。企业建立员工内部流动制度的目的是让优秀的人才有更好的职业发展空间，同时满足公司对多技能人才的需要，达到员工和公司的双赢。现在越来越多的公司为了留住和培养优秀人才，都大幅改进了员工的内部流动程序。惠而浦就是这样的一个例子。现在惠而浦员工要想查找公司的职位空缺是很容易的一件事情：只要敲一下电脑键盘就可以查到一个符合他们背景的职位清单，并可以在网上提交求职申请。经理们想要找人填补自己团队中的某个空缺，只要输入职位要求，马上就可以收到符合要求的内部和外部求职人员的名字。所有这些都是通过使用购自管理软件公司 Recruit soft 的在线申请程序实现的。惠而浦招聘的 320 人中有一半以上是内部员工。公司估计，通过内部招聘，相关费用至少节约了一百万美元。

为了给员工提供一个内部换岗的机会，很多公司都加大了在内部流动程序上的投资。如果不这样做，结果会怎么样？最佳员工会带着他们的工作经验另觅东家。“如果员工没有机会在公司内部流动，那么他们就会到就业市场上去寻找一份新工作”，惠而浦的人才和组织发展总监雷诺兹认为，“只要他们能够在目前的公司得到发展，他们就不会去别的公司了。”

毫无疑问，让员工在内部流动有助于公司的成本管理。首先，这可以降低员工流失率。根据 Recruit soft 下属的 iLogos 研究中心对 70 家大型跨国公司所作的研究，在有正式的内部流动政策的公司，员工流失率是 11%，在没有这一政策的公司，员工流失率是 15%。其次，把员工挽留下来能够极大地提高企业的生产效率。根据梅隆金融（Mellon Financial Corp.）的最新调查，外聘的员工和内聘的员工相比，需要多花一倍的时间才能达到最高生产效率。因此，企业应该考虑建立一个员工内部流转的机制。

7.6.2　内部流动的机制

（1）企业内部人才市场

企业内部人才市场是设在企业内部的中介服务机构，其主要功能是提供人才的供给与需求信息，为企业长期发展提供相关的人力资源服务，它接受人力资源部门的管理，运行模式遵循市场化规则，有一套操作性强的业务规则和程序。企业内部人才市场可以充分利用内部网络优势，开发出一套先进、适用、功能齐全的人才服务系统，建立以通过计算机网络实现服务功能的无形市场。

澳柯玛的“悬岗内聘人才交流会”就是内部人才市场的一个典型例子。许多才华出众的澳柯玛员工走上包括销售部门经理在内的中高层领导岗位。遗憾的是，多数企业只注重在外搜罗人才，很少将精力放在内部人才发掘上。实际上，与外部人才交流会相比，内部人才市场招聘有许多优越之处，如节约招聘费用、程序简化、不耽误工作进度、激发员工潜能等，对于企业和员工是一种“双赢”的做法。

（2）人才流动信息链

要实现人才在企业内部的合理流动，构造完整的人才流动信息链是必需的。人才流动信息链的构造开始于企业产生人才需求时，经过招聘、考核、薪酬等环节，直到员工离职。完整的企业内部人才流动信息链包括“岗位需求—资源计划—员工招聘—绩效考评—薪资福利—员工离职”等六个环节的信息。这六个环节全面覆盖当前人力资源管理的需求，能有效帮助企业整合公司的人力资源管理工作。

构造人才流动信息链要通过人力资源管理系统（HRMS）来实现。利用人力资源管理系统可以对每个员工进行动态跟踪，把与员工个人相关的各种信息储存到集中的数据库中，从而将员工的信息统一地管理起来。人力资源部门可以对这些信息进行相关分析，为企业内部人才调配提供参考。

（3）企业内部跳槽制度

建立企业内部跳槽制度是破除内部人才流动壁垒的一项重要举措。让员工内部“跳槽”既能大大挖掘员工的潜力，又能把人才稳定在公司。日本索尼公司原则上每隔两年便让职员调换一次工作，特别是对于精力旺盛、干劲十足的职员，不是让他们被动地等待工作变动，而是主动给他们施展才华的机会。除此之外，索尼的员工可以在每周出版一次的内部小报上看到各部门的“求人广告”，如果感兴趣，他们可以自由而且秘密地前去应聘，他们的上司无权阻止。索尼的员工通过内部跳槽制度能找到比较中意的岗位，积极性得到很大的提高；

而索尼公司则能够从中及时发现人才、提拔人才，克服埋没人才的弊端。并且，人事部门还可以从中发现一些部下频频“外流”的上司们所存在的问题，从而及时采取对策进行补救。

内部跳槽制度并非偶一为之的少数人才有机会的竞争上岗，而是制度化的与每个员工都密切相关的一种内部流动形式。内部跳槽的程序要尽量简单，并且整个过程为员工保密。员工可以毫无顾虑地陈述“跳槽”的理由，如果被聘上，就可以跳到新的部门或新的岗位。即使未被聘上，还可以再选择其他岗位继续应聘。

（4）周期性的人才盘点

人才盘点已成为很多企业人力资源管理的一项重要工作内容，人力资源作为一种重要的资源和其他资源一样，也需要进行必要的盘点分析。周期性的人才盘点是指定期对人力资源状况摸底调查，通过绩效管理及能力评估，盘点出员工的总体绩效状况、优势及待提高的方面。进一步说，就是发掘、发现一批具有特殊才干的潜力员工，记录并跟踪他们的个人职业发展倾向，并参照调查结果和评价结果明确岗位与发展对象，作出相应的人力资源战略规划，动态地对员工进行管理。

要建立企业内部人才流动机制，周期性的人才盘点是很有必要的。首先，通过人才盘点，企业管理层可以通过数据资料明确目前的人力资源配置现状，更好地配置人力资源，使人力资源的潜在优势得到最大的发挥。其次，人才盘点也是企业人力资源管理的总结和提高，在发展中回顾，在回顾中发展，实现企业人力资源管理的良性循环。再次，人才盘点也会让企业发现那些不适应发展的员工，及时地把他们从岗位上淘汰下来。

7.6.3 内部流动的一般流程

内部流动一般包含以下九个步骤。

① 内部调动的申请。

● 员工自主申请。员工可根据自己的能力专长和相应岗位的岗位说明书提出申请，经人力资源部会同该员工直接上级共同考察合格者，列入职务轮换备选人员档案，以便在适当时机选任。

● 部门申请。部门负责人根据本部门发展计划和职位变动情况，向人力资源部提出内部调动申请。

● 人力资源部结合企业人力资源规划和培训与开发政策，审核、调整各部门提出的内部调动申请。

② 人力资源部进行审核。审核的方面主要有：部门发展人员计划是否可行；部门内人员变动人数是否属实；所提出的轮换人员是否符合轮换条件；综合考虑各部门职位变动情况，调整各部门轮换申请。

③ 人力资源部作出内部调动的报告（内容应包括拟轮换职位名称、轮换原因、轮换人员数量、候选人名单及情况介绍）以及内部调动的计划。

④ 上级主管部门领导审批。

⑤ 员工参加新部门的面试和录用程序。

⑥ 人力资源部将核准人员的《人事异动申请表》发至本人及相关部门并配齐以下材料：拟轮换职务人员的基本材料，员工绩效考核表，直接上级对其所作的全面鉴定。

⑦ 人力资源部填写《人员异动登记表》及相关人事档案并保存。

⑧ 员工交接工作，到新部门报到。

⑨ 人力资源部信息中心更改员工个人信息。

7.7 外派培训管理

外派培训管理能够促进员工培训有序地开展，培养员工专业技能和管理能力，并保证员工在接受公司培训后能继续为公司发展贡献力量，行之有效地进行长期的、持续的、系统的学习与培训，提升员工的职业技能和职业素养。

7.7.1 外派培训的内容与形式

(1) 外派培训的内容

① 政府法令规定的，由政府单位主办及核定的资格鉴定课程；

② 特殊的专业知识或技能课程；

③ 国内外学历进修培训；

④ 国内外交流考察；

⑤ 企业经理人进修培训等。

(2) 外派培训的形式

外派培训的形式有全脱产、半脱产和在职培训。公司人力资源部及各部门应于新年度开始前提出外派培训计划并报批核准。临时外派项目，申请人需按正规的程序提出申请，经部门领导、培训中心、人力资源（副）总监、（副）总裁审批后执行。培训金额较大的，需报请公司董事会核准。

(3) 外派培训人员资格

① 参加外派培训人员应与公司签订正式劳动合同。

② 参加外派培训人员应有长期服务于公司的意愿。

③ 根据外派项目的具体要求，制定对外派人员关于学历、能力等方面的资格要求，必要时进行考试选择。

7.7.2 外派培训处理程序

① 外派培训人员分为指定、推荐及个人申请三种情况。

② 凡参加外派进修培训人员均填写外派培训申请表（附《培训邀请函》），由所在部门负责人推荐，公司培训中心进行资格审查报人力资源（副）总监、（副）总裁审批后，方可报名参加。

③ 学历教育须根据公司人才培训计划和工作需要，按照专业对口或相关专业的原则，由个人提出申请，并填写外派培训申请表（附《招生简章》），由所在部门负责人推荐，公司培训中心进行资格审查报人力资源（副）总监、（副）总裁审批后，方可报名参加。

④ 外派培训人员与公司签订培训合同后，其人事关系归人力资源部管理，工资待遇按合同执行。

⑤ 外派培训结束后，外派培训人员应于返公司七日内将外派培训期间所填写的学习日志交公司培训中心。参加培训学习结束后，须持结业证、考试成绩或其他证明材料到人力资

源部备案登记。

⑥ 外派培训人员的费用报销须在返公司七日内汇总填写明细，由培训中心部审核登记后办理报销手续。

7.7.3 培训承诺义务

① 凡参加公司组织培训或使用公司培训经费及资源的员工，都有义务继续为公司服务。服务年限与公司培训资源利用率相关。

② 培训费用指公司一次性或12个月内累计为一名员工支付的费用，包括但不限于有支付凭证的培训费用、培训期间的差旅费、培训期间的工资补贴以及因培训产生的其他直接费用。外派进修人员在半脱产或全脱产进修期间，薪金发放标准依公司相关薪金制度执行。

③ 承诺期限指从培训期结束或公司为员工支付培训经费的使用年度结束起，员工继续承诺为公司服务的年限。

④ 一般情况，短期培训以培训结束为约定服务开始期，长期培训以公司开始支付费用时间为开始期。如遇到一年内多次参加外派进修培训或分段支付的情形（如学历教育每年缴纳一次学费），则根据费用总额约定服务年限，但服务年限分段计算（根据公司支付费用的时间，分别记录服务年限，相应的如发生违约情况，则分别计算违约金额）。

⑤ 凡参加学历进修培训的，须在学历教育结束后一年内取得毕业证书；参加取证考试培训的，须在考试结束后半年内取得相关证书。

7.7.4 违约责任

① 外派进修人员在与公司约定的服务期内发生辞职、渎职、严重违反公司劳动纪律等行为，视为违约。

② 外派进修人员在与公司约定的服务期内离职，需返还公司支付培训费用不超过服务期尚未履行部分所应分摊的费用（赔偿金额＝剩余服务期÷服务期×培训总费用）。以下情况，外派进修人员需全额返还培训费用：培训期间辞职，未完成规定培训课程或自行中止培训，培训期间严重违反公司劳动纪律，因违反培训主办单位规定被勒令退学，取证考试培训结束后半年内未取得相关证书，学历教育培训结束后一年内未取得毕业证、学位证，约定服务期内渎职、严重违反劳动纪律或造成公司重大财产损失。[①]

本章主要内容回顾

奖励和惩罚是纪律管理不可缺少的方法。奖惩是管理者对工作努力或严重违法劳动纪律的员工所采取的激励或惩罚措施。有效的奖惩措施不应随便使用，而应符合预先设定的规则，并按照规定的程序进行；应明确奖惩的原因、奖惩依据、奖惩程度、奖惩的具体形式，对事不对人。奖惩不当，无论是对员工还是管理方，都十分有害，并会影响劳动生产率的提高和员工关系的改善。

考勤是用人单位实施的一种管理措施，它反映的是劳动者在用人单位的出勤情况，是用

① 关于员工外派培训的管理办法，可以参见某公司员工外派培训管理办法. http://hrclub.51job.com/blog/uploadfiles/hrtool.

人单位考核劳动者的依据。考勤系统的目的是为了实现员工考勤数据采集、数据统计和信息查询过程的自动化，完善人事管理现代化，方便员工上班报到，方便管理人员统计、考核员工出勤情况，方便管理部门查询、考核各部门出勤率；准确地掌握员工出勤情况，有效地管理、掌握人员流动情况，适用于机关、金融和各企事业单位。

行为规范管理，主要包括确立目标、拟定工作和行为规范、沟通目标与规范、行为评估、修正所期望的行为。行为规范的目的，在于防范问题员工，协助员工成功，从积极方面促使员工自我约束。

一般来讲，人事异动管理包括人员的晋升、降职、内部流动和外派培训等内容。晋升管理就是依照员工工作表现，结合员工具体学识、能力、工作经验等要素，对满足工作条件需要的员工做出由低到高的职位调整，其中可能包括工资的调整。

降职是指员工由原来的职位降低到比原来职位低的职位。降职的原因一般如下：员工不能胜任原来职位的工作；员工自己提出要求降低职位要求，如自身健康状况不佳，不能胜任繁重工作；组织变革、结构调整、精简人员；员工违反组织纪律，组织对此做出的处罚。

外派培训管理能够促进员工培训有序地开展，培养员工专业技能和管理能力，并保证员工在接受公司培训后能继续为公司发展贡献力量，行之有效地进行长期的、持续的、系统的学习与培训，提升员工的职业技能和职业素养。

案例讨论

后勤服务总公司员工劳动纪律管理暂行规定

为加强公司劳动纪律管理，维护员工合法权益，提高劳动生产率和工作效率，保证公司各项工作的正常进行，根据有关法律法规和学校有关规定，结合公司实际，特制定本规定。

本规定适用于公司学校编制员工和外聘骨干。

一、日常管理

第一条　员工的日常劳动纪律管理由所在单位负责，各单位应组织员工学习公司、本单位规章制度和劳动纪律规定，做好违章、违纪记录，并按规定的程序、权限对违章违纪情况进行处理、报告。

第二条　各单位应建立劳动纪律管理责任制，对职工经常教育、严格管理。

第三条　建立健全考勤制度。各单位应设立考勤员，认真做好考勤记录工作，考勤结果须由部门主要负责人签字认可，考勤记录及相关材料上报公司办公室人力资源部存档备案。员工请假应履行相应的书面请假手续。

二、工作时间

第四条　公司各单位应根据《劳动法》的有关规定，结合具体工作特点和性质，选择标准工作日、不定时工作日和综合计时三种工时制度（选择不定时工作日和综合计时要经劳动保障部门审核批准），制定合理的作息制度。

第五条　各单位应保障员工的休息时间，因工作需要而不能正常休息的，应尽可能安排补休；未能安排补休的，按照公司有关规定发给加班补贴。

三、劳动纪律及处罚

第六条　公司员工应严格遵守上下班制度，不得迟到、早退、旷工。事假必须先请假批准，病假须出具医生开具的证明。确实无法先履行请假手续的，应事先向主管领导报告说明情况，事后及时补办请假手续。

在规定的工作时间开始后10～20分钟以内上班者为迟到；在规定的下班时间前10～20分钟内下班者为早退。

迟到、早退一次扣20元。一个月内，迟到或早退累计达到4次以上的，由部门负责人给予警告，并扣发当月的岗位工资和岗位补贴。

旷工、病假、婚假、丧假、探亲假等按2006年发《关于后总岗位工资发放的补充规定》和《关于后勤服务总公司调整岗位补贴的通知》执行。

第七条　严守工作岗位。上班时间不得擅自离岗、串岗、游逛闲谈、电话聊天、干私活、外出办私事、上网打游戏或炒股炒基金等。严禁在工作时间或工作地点从事与本职工作无关的活动，如打牌、打麻将等。如有以上情况发生，公司给予通报批评，并视其情节给予经济处罚。

第八条　工作必须认真负责。凡玩忽职守，消极怠工，不遵守操作规程和安全制度，饮酒而造成工作差错、事故、损失的，视情节给予经济处罚和行政纪律处分。

第九条　必须遵守职业道德，不准无理取闹、打人骂人（包括在上班时间与家人发生纠纷）。发生以上情况者，视其情节给予经济处罚和行政纪律处分。

第十条　必须服从工作分配和指挥调动。凡不服从组织调动，拒不接受工作任务的，视情节给予离岗待聘处理。

第十一条　爱护公共财物，不得损公肥私，不得偷拿公款、公物。违者给予经济处罚和行政纪律处分。

四、附则

第十二条　各单位可结合自身实际制定内部管理、处罚细则，但不得违背国家法律法规及学校和公司的有关规定，并报公司人力资源部备案。

第十三条　公司办公室、督查办将定期或不定期进行监督检查。

第十四条　本规定自2008年6月1日起实施，由公司办公室负责解释。

问题：该公司的劳动纪律管理规定是否合理？结合本章学习的内容，你认为该规定存在哪些不足？有哪些需要补充的内容？

资料来源：后勤服务总公司员工劳动纪律管理暂行规定. http://hqfw.sicau.edu.cn/shownews.asp?action=gzzd&id=7.2008-6-17.

复习思考题

1. 纪律与异动管理的主要内容有哪些？
2. 奖惩形式可分为哪几种？
3. 晋升与降职应注意的问题有哪些？
4. 员工内部流动的程序包括哪几步？
5. 外派培训的形式有哪些？

参考文献

[1] 程延园．劳动关系．北京：中国人民大学出版社，2002：44－62．

[2] 常凯．劳动关系学．北京：中国劳动社会保障出版社，2005：345－355．

[3] 左祥琦．劳动关系管理．北京：中国发展出版社，2007．

[4] 巴德．人性化的雇佣关系：效率、公平与发言权的平衡．解格先，马振英，译．北京：北京大学出版社，2007．

[5] BUDD J W. Employment with a human face：balancing efficiency，equity，and voice. Cornell University Press，2004：68 Tables 1. 1.

[6] BUDD J W. Labor relations：striking a balance. McGraw－Hill/Irwin，2005.

[7] 刘路，邓娟．浅论我国非全日制用工制度．今日南国：理论创新版，2009（5）：154－156．

[8] 杨秀峰，冯锦卫．雇佣关系中竞业禁止问题初探．河北法学，2000（6）：93－96．

[9] 李琪．产业关系概论．北京：中国劳动社会保障出版社，2008．

[10] 程延园．员工关系管理．2 版．北京：复旦大学出版社，2008．

[11] 魏秀丽．员工管理实务．北京：机械工业出版社，2008．

[12] 张倜，戴环宇．劳动关系管理．北京：电子工业出版社，2006．

[13] 孙立如，刘兰．劳动关系实务操作．北京：中国人民大学出版社，2009．

第8章 员工抱怨与申诉管理

本章学习内容

1. 员工抱怨与申诉的定义、特点和作用；
2. 员工抱怨与申诉的分类和范围；
3. 员工抱怨与申诉的原因；
4. 员工申诉的程序及渠道建设；
5. 员工抱怨与申诉受理与处理。

本章学习目标

1. 了解员工抱怨与申诉的基本概念和基本理论；
2. 掌握员工抱怨与申诉的原因；
3. 根据企业特点，设计员工申诉程序，完善员工申诉的渠道建设；
4. 理解并掌握员工抱怨与申诉的处理程序及方法、原则及策略。

引导案例

员工抱怨蝴蝶效应

下属发牢骚是任何一个经理人员都会碰到的问题，很多经理认为牢骚就是牢骚，没有什么大不了的。对此处理的方式和过程一般都凭感觉行事。

不过，中山某公司人力资源部经理李玫的经历却让她感觉到：一招不慎，看似平淡小事的牢骚就会使管理人员陷入员工的信任危机。两个月前，公司由员工牢骚引起的风波，最终导致了一个部门的解体。

“围剿”公司制度

2005年5月13日下午，公司市场部经理姚昌召开了例行性的部门工作总结会议。会议结束时，已经临近下班时间，姚昌想起一个问题：“各位有没有需要我向公司高层反映的一些问题，都可以向我提出来，我在下周一的部门经理例会上反馈给总经理。”

负责文案工作的王洁马上应声说：“我一直觉得公司财务部付款时间拖得太长，每次付款从拿到报销单起，至少要拖上半个月才正式付款。我的几个客户意见特别大。我觉得财务部应该提高工作效率，否则，我们做工作太被动了。”

王洁的一席话，引起了其他7人的同感，纷纷抱怨财务部的工作效率低下，给各自的工作带来了很多不便。专责会务的黄灿则发牢骚说，财务对预算限制非常死，导致他每次谈合作，都不得不找一些较差的场地，公司高管每次在会后都指责他，为何不联系档次高一点的地方。

话匣子一打开，大家都把平时的不满倾泻出来。有抱怨食堂菜谱太单调的，有对客户服务部提供客户反馈非常不及时的，有对薪酬远低于竞争对手而发牢骚的，还有埋怨公司对市场推广计划管得过死的，更有员工对总经理的经营思路提出了质疑，甚至拿一些部门经理开起了玩笑……

姚昌认真地一一做了记录，"我一定会给大家一个满意的答复。"出于安慰员工的情绪的需要，姚昌在散会时作出了这样的承诺。而他没有作任何分析就妄下结论，这给后来的不和埋下了种子。

反馈问题遭到阻击

星期一上午，姚昌在经理会议上，逐条把部门员工反映的问题一一提了出来。姚昌的陈述引来了其他部门的不满，行政部经理反诘市场部的员工因何如此挑剔，第一次听到员工对食堂菜谱有意见。财务部经理则指责不了解财务程序，一味强烈要求顺从客户，却不考虑财务部的工作量。客户服务部经理干脆说，不如让市场部的员工来客户服务部换岗几天，看他们提供客户反馈有多快……

一直没有吭声的总经理非常生气地说："市场部人员提出的所有问题都不是问题，问题出在他们自己身上，没有摆正自己的位置，也没有理解公司的发展战略。"总经理顿了顿，"你姚昌要负主要责任，作为部门经理，没有贯彻公司战略，也没有管理好部门的员工。你自己回到部门要和所有员工一起反省。"

一见惹了众怒，姚昌没有再说话，总经理最后要他到总经理办公室一起单独商谈一些工作。

"员工的抱怨中，80%是针对小事的或是不合理的牢骚，这来自员工的习惯或敏感。另外的20%是需要进行处理的。但我们把这些牢骚严重化了，对这些抱怨认识非常肤浅，就作出了结论，这是最大的失误。"李玫对没有在当时的会议上纠正偏向，至今仍耿耿于怀，"更没有想到的是，姚昌单独向总经理反映时，没有匿名。"

抱怨激化为矛盾

当天下午，在例行的市场部通报会上，姚昌避而不谈上周五反映的问题。尽管他竭力掩饰，但显然大家都从他失落的表情上知道了他们提供的问题没有任何结果。

一周后，参加完项目组会议的黄灿回到办公室，黑着脸一声不吭地写了份辞职报告，一言不发地递给了姚昌。姚昌非常意外。"我希望公司尽快批准我的离职。"黄灿说完，掉头就走。

由于黄灿的能力及其对职位的难以替代性，公司由人力资源部经理李玫进行挽留面谈。黄灿非常坦率地告诉李玫，之所以突然离职，是因为对部门经理的不满，并且对他的处事方式感到不屑。

"当时，我们大家的确发了很多牢骚。我们的出发点是好的，都希望得到改善后能提高我们的工作效率。"黄灿愤愤不平说，"所以，当周一的时候他没有给我们提供任何反馈，我们也没追究。但我想不明白，作为一个部门经理，听了员工的抱怨，会把一些不该转述的话都告诉总经理。刚才项目会议上总经理含沙射影地说公司有些员工不懂公司的经营思路。"黄灿越说越气，脸涨得通红。

李玫第一次碰到这样的问题，也不知道该如何处理。只是安慰黄灿不要把一些小事往心里去，就为这么一句话而闹离职也太不值了。黄灿的观点是，部门经理这样做，使他已经无法对他再有任何信任感。“我以后还敢说什么？说不准我刚说完，一会总经理就找我谈话了。”在李玫的一再劝说下，黄灿没有离职，但在其坚决要求下，调离了市场部。

部门解体

很快，市场部其他员工都知道了黄灿离开市场部的原因。陆续地跟人力资源部反映问题，都对姚昌的做法表达了不安。尽管李玫一再声明，总经理不会找他们事后算账，但员工依旧失去了对姚昌的信任。

以后在部门会议上，大家都在姚昌面前不再轻易表态，沟通会议上大多只是他一个人发言。越来越觉得无趣的姚昌，最后提出了离职。市场部在成立不到4个月后重组。

“我与姚昌沟通时，他也非常委屈。尤其是黄灿提到的公司经营战略，他也有同感。他的出发点是希望公司了解到市场部工作的难处，提高部门的工作效率。而总经理也只是希望提点一下黄灿，以他为例，希望公司员工都能更好地理解公司的经营战略。”李玫说，“究竟谁要为此负责任呢？”

一个本来是很好的改善管理的机会，反而成为一个部门彻底解体的诱因。李玫非常遗憾，“给我们的教训是，处理员工抱怨是每一个直线经理都必须掌握的管理技巧。”

资料来源：赵洪利．员工抱怨蝴蝶效应．管理@人，2005（11）：74－75.

这个公司出现的问题，在现实生活中屡见不鲜。面对一个小小的抱怨，管理层如果处理不妥当，很容易导致严重后果。就像案例最后李玫所述：处理员工抱怨是每一个直线经理都必须掌握的管理技巧。

8.1 员工抱怨管理

在劳动关系中，人们常用“不满”、“抱怨”和“申诉”这三个概念来表示员工对其待遇和工作条件等方面的不满意情绪。这三个概念的基本区别在于不满意情绪的提出方式、严重程度和最终导致后果的不同。最初，员工对工作表现为不满，而后才会上升为“抱怨”，只有当这种抱怨没有得到管理者的关注或者没有得到妥善处理，而导致双方关系激化时，员工才会提请申诉。

Torrington & Hall（1998）曾在研究中比较明确地给出了三者的定义，并进行了区分。

不满：不满是指引起员工心情不愉快的任何事件。无论员工是否公开表达了自己的不快，这种行为都是对管理方不满意的表现。我们一定听过或见过这样的人，“他们整天喋喋不休、从早到晚地发牢骚，对于他们来说，不愉快的心情是一种‘自然的状态’”。

抱怨：抱怨是指用口头或书面的方式向监督者或管理者表达不满，以引起他们关注的行为。这种方式要比日常的牢骚更为正式。

申诉：申诉是指通过正式合法的程序向管理部门或工会官员投诉的行为。

当然，这三者并不是相互排斥的。比如，当管理者要求员工加班或超时工作时，员工会有不满情绪。但是，如果出现某些特定情况，这种不满就会上升为抱怨；然而当员工发现管理者的行为严重违反了集体协议或个人的劳动合同时，员工甚至会提请申诉。

这就是说，管理者应该在员工有抱怨情绪的时候，就采取恰当的措施来化解员工心中的不满意情绪，做到防微杜渐，未雨绸缪。

8.1.1 员工抱怨的定义及特点

员工抱怨行为被许多企业认为是一种能够引起混乱，并需要付出极高成本才能解决问题的行为。实际上，应该客观辩证地认识员工的抱怨。一方面，抱怨行为会影响员工的工作效率进而妨碍企业的正常运转；另一方面，抱怨行为能够缓解员工心中的怨气，并且给雇佣双方架起一座沟通的桥梁，使组织内部形成一种浓厚的解决问题的企业氛围，以利于企业健康发展。

（1）员工抱怨的定义

对于员工抱怨的定义，在文献中明确给出的并不多。尽管各学者的研究角度不同，但对于抱怨的定义所涵盖的内容，却基本相同。主要有以下两方面内容：①抱怨的涉及者为劳资双方，即员工与雇主；②当企业的管理活动侵犯了由相关法规与制度所规定的员工权益时，就会导致抱怨行为的产生。

Gordon &Miller（1994）指出，员工抱怨是被雇佣者对侵犯其所拥有权益的投诉，这种权益是由集体合同、国家法规、曾经的实践经验和公司制度所赋予的。尽管这种权益可以通过企业政策、以往的实践经验来确定，但在大多数情况下，都是通过劳资双方谈判来确定的。

本书对员工抱怨作如下定义[①]：

员工抱怨是指员工在工作中对其感受到的不公平或不公正待遇，以非正式的方式表达出来的任何不满。该定义强调如下几点。

① 员工抱怨的范围仅限于与工作有关的问题（工作环境、待遇、与同事间的关系等）。员工的私人或家庭等问题，虽然直接或间接地影响了员工工作，但并不是此类管理问题。

② 员工所感受到的不公平和不公正的待遇，可能是真实存在的，也可能是员工的个人感知。

③ 将员工抱怨划分为以非正式的形式表达的不满。例如，口头形式的发牢骚、非正规书面和电子邮件形式的抱怨，以及通过表情和肢体发泄情绪等。以正式形式所表达的不满与员工的申诉或投诉有关。

（2）员工抱怨的特点

① 抱怨是一种发泄。员工认为自己受到不公正待遇时，会采取一些方式来发泄心中的怨气。抱怨是一种最常见、破坏性最小的发泄方式。伴随着抱怨，可能会降低工作效率，甚至产生拒绝执行工作任务，破坏公司财产等过激行为。大多数的发泄一般只停留在口头的抱怨和影响工作情绪上。随着时间的推移或问题的解决，当情绪平稳下来时，抱怨一般也会随即消失。

② 抱怨具有传染性。个别员工抱怨会影响其他员工的积极性，一部分员工的抱怨通常会带来更大范围内的员工抱怨，因为抱怨者在抱怨时需要听众，并且要争取听众的认同，所以他们会不自觉地夸大事件的严重性和范围，并且会尽力与听众的利益取得联系。在这种鼓动下，自然会有越来越多的员工偏听偏信，最终加入抱怨的行列。所以抱怨情绪有时就像感

---

① 李新建. 员工关系管理. 天津：南开大学出版社，2009：174-175.

冒一样传播，员工人心思动，工作积极性自然受到严重的影响。

③ 抱怨与员工性格有关。抱怨与性格的相关性可能要大于与事件的相关性。同样一件不公的事情，不同性格的人的情绪波动程度有很大区别。在公司中，总有几个员工喜欢抱怨，甚至对任何事情都不满意，或者一件小事就可能会大动干戈。喜欢抱怨的人一般比较倔犟，性格内向，或者敏感。一个公司80%的抱怨都可能出自他们的口中。另外，有些刚刚踏入社会的年轻人也喜欢抱怨，尤其当今渐入社会的“80后”，由于多数人都属于独生子女，是父母的掌上明珠，在家中做惯了“小公主”、“小皇帝”，初入社会受不得半点委屈。虽然他们多数受过高等教育，有着良好的文化素养，但是由于阅历尚浅，其建议往往被忽视或者很难在工作中施展拳脚，难以得到个人发挥的舞台，这使得他们常有不被重视的感受，而通过抱怨行为来表达内心的不满。

8.1.2 员工抱怨的作用

很多企业都认为员工抱怨会极大地影响公司员工的工作效率，降低公司的利益。实际上万事都有两面性，员工抱怨也同样。

抱怨行为的积极作用主要体现在以下几个方面。

① 为控制劳动冲突提供了途径。员工通过抱怨行为，可以及时表达对公司制度或领导层的管理及行为方式等方面的不满情绪，在一定程度上会缓解员工内心的愤懑；同时公司也可以及时采取相关措施预防和解决员工的某些不妥行为，而有效地控制劳动冲突的发生。

② 消除员工不满，提高工作效率。只要员工心中的不满情绪及时地发泄出来并能够得到相关人员的重视，员工会感到自己是被关心的，对公司会有一种强烈的信任和责任感，并积极地投入到工作中去。

③ 为劳资双方的沟通架起了桥梁。从管理的角度看，抱怨行为是一种行之有效的沟通方式，为员工与管理方建立联系提供了枢纽。通过这种方式可以及时发现问题，能够使管理方深入了解员工对公司的态度。

④ 保证了企业人力资源政策的贯彻落实。公司的规章制度是否得到员工认可，各部门是否有效执行，员工抱怨行为往往反映了此类问题。通过员工的抱怨行为，企业管理层能够比较客观地了解公司各项制度的有效性、公平性及合理性，从而促进企业人力资源政策的贯彻落实。

同样，如果员工抱怨没有得到有效的解决，也将会给企业带来消极的影响，主要表现为以下几点。

① 员工工作态度和工作积极性受到了极大的影响，当问题严重时会增加人员流动率，甚至大大提高公司的离职率。

② 员工每天喋喋不休，使其难以按时完成工作任务。这不仅降低了个人的工作效率，还影响了整个公司的绩效。

③ 员工的工作热情和工作质量降低，怠慢客户，损害了公司的形象，使公司失去市场竞争力。

④ 由于员工抱怨的传染性，容易使个人抱怨蔓延至群体抱怨，如果没有有效的解决方式，很可能造成劳动冲突、集体上访等事件，导致整个公司没有凝聚力，公司文化成为空

谈，更会给企业和社会造成恶劣影响。

员工抱怨行为的两面性，要求公司的管理层要充分重视员工的抱怨，使这个天平向积极的方向倾斜，从而促进企业和谐、健康地发展。

8.1.3 员工抱怨管理的重要性

(1) 促进员工关系和谐

公司的很多问题都是由员工的抱怨开始形成的，大多数抱怨与管理有关，如薪酬不合理、奖惩不分明、制度不公平、管理人员能力差和素质低等。一个怨声载道的工作氛围是对员工关系和团队精神的最大伤害。因此，正确地对待和及时地处理员工的抱怨，有利于促进组织和员工的关系和谐。

(2) 利于组织长远发展

员工的抱怨至少说明两点：一是组织在发展中出现了问题；二是员工在成长中存在烦恼。这对于一个组织来说是正常的现象。员工的烦恼说明员工在组织成长和自身成长发展过程中遇到了自身不明白或解决不了的问题，需要得到管理者的重视和支持。所以，抱怨并不可怕，可怕的是管理者没有体察到这种抱怨，或者对抱怨的反应迟缓甚至反感，从而使抱怨的情绪蔓延下去，最终导致管理的混乱与矛盾的激化。

食品厂临时工因对工资待遇等不满而在出口饺子中投毒

新华网北京2010年3月26日电　2008年初，河北石家庄天洋食品厂出口到日本的饺子发生中毒事件后，中国政府高度重视，经过连续两年坚持不懈的努力，近日查明此次中毒事件是一起投毒案件，中国警方已将犯罪嫌疑人吕月庭抓捕归案。

中毒事件发生后，本着对两国消费者高度负责的态度，从全国抽调侦查、检验等各方面专家，成立了专案组。中国警方投入大量警力走访排查，克服了作案时间与案发时间相隔久、现场客观物证少等困难，开展了大量艰苦细致的侦破工作。

现已查明，犯罪嫌疑人吕月庭（男，36岁，河北省井陉县人，原天洋食品厂临时工），因对天洋食品厂工资待遇及个别职工不满，为报复泄愤在饺子中投毒。吕月庭对投毒作案供认不讳。公安机关已提取到吕月庭作案用的注射器，并收集到大量的证人证言。

目前，此案还在进一步工作中。

(3) 实现人本化管理

不管员工以何种形式进行抱怨或是发泄不满，实质上都反映了员工与组织价值观之间的不和谐，或组织成员之间的利益冲突没有得到解决。如果企业从员工角度看待这些问题，可能会对员工的牢骚有所理解，也会寻找科学和积极的方式加以解决。例如，一些企业定期进行员工满意度调查，就是将牢骚纳入人性化管理的有效途径。通过员工满意度调查①，管理者根据反馈结果了解员工满意和不满意之处，了解组织发展中存在的一些管理问题，为提出

① 员工满意度调查问卷，读者可以参见中国人力资源网. 2008-11-28. http://blog.hr.com.cn/index.php/action-Viewdownload-itemid-15485901itml.

解决对策准备了第一手资料。这种做法既促进了组织的良性发展，也释放了员工的不满情绪，达到了个人与组织之间的“共赢”。①

8.1.4 员工抱怨的分类

(1) 抱怨分类研究的起源

抱怨行为研究开始于20世纪60年代，Warand (1975) 是提出抱怨行为分类的早期研究者。他通过研究消费者的抱怨行为，将抱怨分为两类：困扰—不行动 (Upset - No action)，困扰—行动 (Upset - Action)，后续研究大都沿用这种分类方式。

Day and Landon (1977) 提出了抱怨行为二阶层级分类法。第一阶层区分为“抱怨”和“没有抱怨”两类；第二阶层将抱怨行为分为公开抱怨和私下抱怨。其中公开的抱怨行为包括直接向企业要求补偿、采取法律行动、对政府或私人机构抱怨；私人抱怨则主要向亲朋好友倾诉苦水，如图8-1所示。

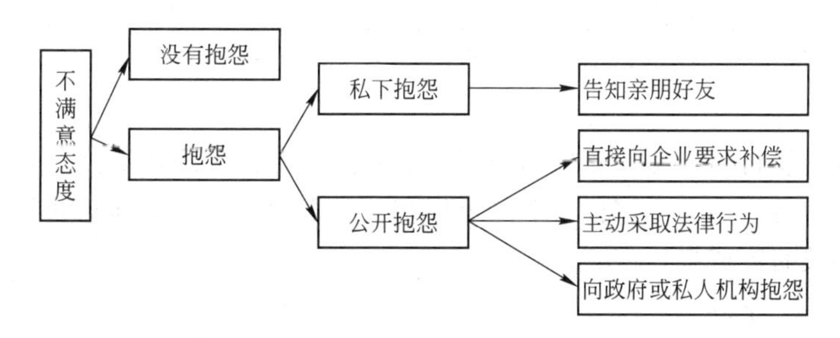

图8-1 Day and Landon (1977) 抱怨行为分类模式

资料来源：Day, Palph L, Laird Landon. Toward a theory of consumer complaining behavior, in Arch G. Woodside, Jagidsh N. Sheth, and Peter D. Benett (eds.). Consumer and Industrial Buying Behavior. New York: North - Holland. 1977: 426 - 437.

Day (1980) 对于在1977年所提出的分类重新做了修正，第一层仍将抱怨行为分成行动或不行动；第二层则将采取行动中的抱怨行为继续细分，以抱怨的目的为分类基础。他认为抱怨与否，都是为了达成各种特定的目的，因此将顾客抱怨行为分为三类，分别是：①寻求赔偿，包括直接向企业寻求补偿或透过第三团体来求偿，如向企业抱怨、采取法律行动和请消费者协会协助等；②发泄并传达不满的情绪，告知亲朋好友不满意的经验；③个人拒绝的行为，抵制该企业的产品、商店或品牌。

Day and Staubach (1981) 将“没有行为反应”纳入抱怨行为，以补上述分类不足之处，而将抱怨反应归纳为三大类。①不做任何事：在经历不满后，后续的行为不做任何改变。②私下行动：包括个人抵制该企业的品牌或商店；采取负面口头宣传，即将此不愉快的经验告诉家人、亲戚或朋友。③公开行动：包括直接向卖者或制造商要求赔偿；通过第三方团体要求赔偿；使用任何公开方式将不满的经验讲出来，其动机并非寻求赔偿，可能是想借此而影响到立法等。

Singh (1990) 认为，过去研究者未能区分反应及反应形态。后者是指顾客处理不满的

① 李新建. 员工关系管理. 天津：南开大学出版社，2009：177.

特定反应组合。于是他以以往研究为基础进行集群分析，将顾客不满意之后的反应形态区分为四群：被动型，不采取行动；发声型，只有出声行动；愤怒型，出声与私下行动；行动型，出声、私下与第三团体行动均有。接着 Singh 进一步依市场疏离、社会利益、个人规范、私人反应、第三团体等，分析了各式形态顾客的特质，如表 8-1 所示。

表 8-1 抱怨形态特质

特质	被动型	发声型	愤怒型	行动型
市场疏离	较少	较少	较多	较多
抱怨获取社会利益	较非正面态度	正面态度	正面态度	非常正面态度
私人规范对抱怨态度	感觉较少正面	正面态度	更正面态度	非常正面态度
第三团体反应	较少	较少	较少	非常多
私人反应	较少	较少	较少	非常多
声音反应	较少	较多	有点正面	非常多
年龄	较年轻	较年长	较年长	较年轻

资料来源：Singh Jagdip. A typology of consumer dissatisfaction response styles. Journal of Retailing. Greenvale. 1990，66 (1)：57.

通过对顾客抱怨行为分类的整理与分析，总结出抱怨行为的基本分类方式。由于顾客抱怨行为对于员工抱怨行为在一定程度上的可借鉴性，下面对于员工抱怨的分类，也部分借鉴了以上学者的相关研究成果。

(2) 员工抱怨的分类

① 按抱怨内容分类。

根据员工的抱怨内容，将员工抱怨行为分为管理类抱怨、权利类抱怨和制度类抱怨。

● 管理类抱怨。

管理类抱怨是指员工在日常工作过程中，由于管理者的管理方式、方法、态度等方面的问题，直接或间接地给员工带来心理上的负面作用，引发员工对管理者的强烈不满。下面材料中的两个案例，可以很好地说明管理类抱怨对员工以及企业造成的危害。

资料一："制造失败综合症①"

"制造失败综合症"的主要理念是，雇员绩效不佳的原因往往来自于管理者处理问题的方式而非员工自身的表现。即管理者主观臆断将员工分为"圈里人"和"圈外人"，当"圈外人"表现平平时，管理者会对其过分地监管，使员工感到自身的价值被贬低。这样一来，员工会因此抱怨管理者的不公平对待，从而限制其才能的发挥，继而降低了工作绩效。这导致管理者进一步地认为他是一个"差员工"，并更加严厉地"管教"他。"制造失败综合症"的最大代价就是浪费了"被认为绩效不佳者"的工作热情和创造力，严重地降低了工作效率。

资料二："坚果岛效应②"

"坚果岛效应"产生的最直接原因就是存在着毫无责任意识、漠不关心的领导层。他

① 琼·弗兰科伊斯·曼佐尼，琼·路易斯·巴索克斯. 制造失败综合症. 哈佛商业评论，1989 (3).

② 保罗·F·利维. "坚果岛效应"：当优秀团队误入歧途. 哈佛商业评论，2001 (5).

们给予团队过分的“授权”，他们无视团队们的优秀业绩，无视团队们的技术困难，甚至在发生严重问题的时候依然选择默然，导致整个团队抱怨声声，团队成员对领导们丧失信任，致使原本可以创造更高效益的团队日渐瓦解。

● 权利类抱怨。

权利类抱怨是指员工在工作时个人权利受到侵犯，或者企业无法履行对员工的承诺，使其个人权利受损，从而造成员工心理或生理上的伤害而产生的抱怨行为。

《中华人民共和国劳动法》规定，“劳动者享有平等就业和选择职业的权利、取得劳动报酬的权利、休息休假的权利、获得劳动安全卫生保护的权利、接受职业技能培训的权利、享受社会保险和福利的权利、提请劳动争议处理的权利以及法律规定的其他权利。”

产生权利类抱怨的群体一般集中在文化水平较低、技术性水平要求不高的行业（如保安业、家政业、建筑业、采矿挖掘业等）。由于这类员工群体的知识水平有限，他们为了养家糊口，往往不得不忍受管理方的歧视对待、没有休息日、无偿加班数小时、拖欠工资、没有安全健康保险等。这类弱势群体虽然意识到自己的权利受到侵犯，但是由于力量薄弱以及家庭生活水平的羁绊，使他们难以通过法律形式维护自己的权利，只有通过抱怨行为来表达内心的愤懑和不满。

● 制度类抱怨。

制度类抱怨的根源在于企业不完善的规章制度（包括薪酬福利制度、休息休假制度、安全保障制度、评估选拔制度、奖惩制度、绩效考核制度等）。由于规章制度的漏洞，常常使员工缺少安全感，担心公司对自己的承诺不能兑现。尤其是当员工发现其他公司的制度更加有利于个人的生存和发展时，他们会因此喋喋不休，以期通过抱怨的方式，引起管理者注意，完善公司制度，确保员工合法权益的实现。

② 按抱怨行为分类。

根据员工的抱怨对象，将员工抱怨行为主要分为私下抱怨和公开抱怨。

● 私下抱怨。私下抱怨是指在员工遇到令自己不愉快的经历时，与同事或家人、朋友唠叨，表达自己不满意情绪的一种非正式行为。

案例

两名员工私下抱怨工资低被开除

因私下议论工资低，两员工被叫到厂长办公室谈话，在未结算工资的情况下直接被解雇。昨日，两员工在江北区法院与原东家重庆某机电有限公司对簿公堂，要求公司结清工资及加班费2 000余元。

游某和柳某原来是重庆某机电有限公司下属一个机电厂的工人。两人称，在该公司工作期间，每个月只有1天的休息时间。今年5月至7月，他们连续加班了20多天，每天半小时至1小时不等，其他时间也断断续续加班，但工厂从来没有给付加班费。员工心生抱怨，常常私下议论工资低。

7月9日，柳某被叫到了厂长郑某的办公室“谈话”。柳称，厂长说她私下带头议论工资低了，影响不好，就叫她走人。柳不服，遂与郑某吵了起来。郑某认为她犯了“职场大忌”，坚决开除。接着，游某也因同样的原因被解雇。

“对这样的东家，我们不会留恋，但工资没有结算，2 000 多元的工资和加班费总该付给我们吧。”两人遂上法院索要。

对开除的原因，双方没有在法庭上过多争论。公司称，事后给两人快递了书面的解雇通知书，但两人都称未收到。由于双方僵持不下，法院表示择日宣判。

律师称，法律并未规定员工可以议论工资或者不可以议论工资。在以下三种特殊情形，单位可以与劳动者解除劳动合同：①单位生产经营发生严重困难的；②企业转产、重大技术革新或者经营方式调整，经变更劳动合同后，仍需裁减人员的；③其他因劳动合同订立时所依据的客观经济情况发生重大变化，致使劳动合同无法履行的。但就本案来说，柳某两人的行为并不属于严重违规，就算公司有类似规定也是不合理的，所以，公司因此将其开除并不合理。

资料来源：莫雪庆. 两名员工私下抱怨工资低被开除. 重庆晚报，2007-9-29 (19).

● 公开抱怨。公开抱怨是指员工在受到不公平对待而产生不满态度时，通过正规的渠道，公开地表达抱怨的方式。主要表现为向企业抱怨和向第三团体抱怨。

向企业抱怨：员工在工作时受到不平等对待或遇到不满的事件时，通过正规渠道向公司的主管部门表达不满的一种行为方式。比如在定期的员工大会上发言，指出企业目前欠妥的制度或将意见记录投递到意见箱中等做法。

向第三团体抱怨：这里的第三团体主要指政府或者相关法律机构。当员工采取此种抱怨方式解决问题时，说明员工的不满意情绪已经非常严重。

8.1.5 员工抱怨的原因

由于工作压力大、竞争激烈，很多员工都将抱怨作为发泄苦闷的一种方式。“天天加班，都快累死了”，“工作的环境太差”等的抱怨声不绝于耳。找到员工抱怨的原因，是解决员工对公司不满的重要环节。

案例

某公司的老板，每年中秋节，都会额外给员工发放一笔1 000元的奖金。但几年下来，老板感到这笔奖金正在丧失它应有的作用。因为员工在领取奖金的时候反应相当平和，每个人都像领取自己的薪水一样自然，并且在随后的工作中也没有人会为这1 000元表现得特别努力。既然奖金起不到激励作用，老板决定停发，加上行业不景气，这样做也可以减少公司的一部分开支。但停发的结果却大大出乎意料，公司上下几乎每一个人都在抱怨老板的决定，有些员工明显情绪低落，工作效率也受到不同程度的影响。

老板很困惑：为什么有奖金的时候，没有人会为此在工作上表现得积极主动，而取消奖金之后，大家都不约而同地指责、抱怨甚至消极怠工呢？

资料来源：崔春雷. 对员工的抱怨有合理解释. 经营管理者，2003 (11)：32-33.

这个案例中，老板每年固定发给的额外奖金已经成为员工心中理所应当的奖励，当老板突然停发时，他们会觉得自己获得的回报不及付出，心中落差极大，而产生强烈的抱怨情绪。员工抱怨是一个复杂的问题，究竟哪些因素导致员工抱怨呢？本节将从三个不同的角度阐释员工抱怨的原因。

（1）经典理论分析

① 运用马斯洛需要层次理论分析员工的抱怨。美国心理学家马斯洛于1943年提出的需要层次理论，把人们各种需要归纳为五种最基本的需要，并认为这五种需要是分层次由低级向高级发展的，即生理需要—安全需要—社交需要—尊重需要—自我实现需要。马斯洛认为在低层次的需要获得满足之后，才能发展到下一个较高层次的需要。但此时，层次较低的需要并未完全消失，只是对行为的影响作用减低而已。薪酬在当今社会是解决衣食住行等基本生理需要的保证。保险、退休金等，是对未来的保障，属于安全的需要。员工们希望企业能经常组织一些集体活动，满足员工对归属感的渴望，属于社交的需要。员工们希望能参与到企业的管理中去，自己的意见能够得到领导的重视，属于尊重的需要。员工们希望有晋升的机会，则属于自我实现的需要。在这些需要的每一个层级上，员工都会有一个最低的预期，当员工认为他们这些需要没有达到最低的预期时，抱怨自然会随之产生。

② 运用亚当斯的公平理论分析员工的抱怨。“公平理论”认为，如果人有了不公平的感觉，就会造成心理上的不平衡，就会使人设法降低不公平感。公平理论还认为，人能够受到激励，不但取决于他们自己得到了什么，而且还取决于他们看到别人得到了什么。人们总是通过比较，来全面衡量自己付出的代价与报酬是否相当，从而产生出公平与不公平的感觉。通过比较，如果他们认为自己对工作付出的代价与获得的报酬比例相当时，就会心理平衡，产生公平的感觉；如果他们认为自己对工作的付出的代价与获得的报酬不相当，或低于别人时，就会产生不公平感，形成不愉快、不满意和愤怒的思想感情。以薪酬制度为例，如果企业实施薪酬不与业绩挂钩，而仅仅与工作岗位及工作年限挂钩，同时也没有奖金的分配制度，必将导致大部分员工感到不公平。通过员工的努力工作，企业营业额上升，而员工的薪酬却没有相应的增加；甲乙两员工处在同一工作岗位，甲比乙付出更多的劳动，但却只能拿到和乙相同的薪酬。类似情况员工自然会感到不公平，产生抱怨。

③ 运用赫茨伯格的双因素理论分析员工的抱怨。“双因素理论”由美国心理学家赫茨伯格在1959年提出。在赫茨伯格看来，那些与人们的不满情绪有关的因素，如规章制度、工资水平、工作环境、劳动保护等，处理不好会引发人们对工作的抱怨，如果处理得好可以预防或消除这种抱怨，但是这种方式却是企业消极的处理手段，并不能在本质上化解员工的抱怨。因此，赫茨伯格将这类只能起保持人的积极性和维持工作现状作用的因素称为“保健因素”。与“保健因素”相对应，“激励因素”是指那些使职工感到满意，能够极大地激发员工工作热情，提高劳动生产效率的因素。赫茨伯格的观点是，只有“激励因素”才能真正起到对员工的激励作用，以致从根本上让员工热爱自己的工作，消除抱怨心理。

（2）模型分析

在前人研究成果的基础上，一些学者相继建立了抱怨模型，并从理论上给出了解释。Bemmels 等（1991）①，针对抱怨形成的原因建立了模型，并通过实证分析对模型进行验证。

---

① Bemmels B, Reshef Y, Stratton－Devine K. The roles of supervisors, employees, and stewards in grievance initiation. Industrial and LaborRelations Review, 1991: 15－30.

研究指出，抱怨的形成是一个复杂的过程，这个过程包括三个参与者，即员工、领导和工会代理人。

领导：在一个组织内，抱怨的产生是由于管理过程中侵犯了员工的权益。而这种侵犯员工权益的行为在较多的情况下，是由员工领导产生的。我们可以设想，如果员工领导的管理行为是符合企业集体合同及公平、公正的，那么员工提交的抱怨会少很多。

员工：抱怨形成模型的第一部分是发生在员工的行为选择上的。当员工在遇到领导侵犯员工权益的行为时，其所选择的行为构成了抱怨模型的第一步。员工在这一部分有三种行为：

① 对领导的行为保持沉默，即接受其行为，员工采取这种行为时，通常会伴随着对自己心理的调节（Klass，1989）；

② 员工可以采取一些消极的行为，如提高缺勤率、降低生产效率甚至辞职；

③ 员工向工会代理人投诉。

因此，抱怨形成模型的第一部分即为员工对于领导行为的反应。用如下方程表示：

$$EGB_i = f_i(SUPVB_j, X_1)$$

其中 $EGB_i (i=1, 2, \cdots, n_i)$ 代表员工的对于抱怨的第 i 个行为选择；$SUPVB_j (j=1, 2, \cdots, n_j)$ 是反映领导行为的变量；X_1 是代表员工、领导、组织、工作及行业特征的向量。

工会代理人：抱怨形成模型的第二部分是工会代理人的行为选择。工会代理人在此部分有四种行为选择：

① 当员工向其提交抱怨时，代理人接受员工提交的抱怨，并启动抱怨程序；

② 员工向其投诉时，代理人解决员工的抱怨问题，从而不必提交抱怨，不启动抱怨程序；

③ 代理人发现领导行为的问题，然而员工并未打算提交抱怨，此时，代理人可以说服员工提交抱怨，启动抱怨程序；

④ 代理人并未说服员工提交抱怨，其以工会的名义启动抱怨程序。

因此，抱怨形成模型的第二部分即为工会代理人的行为。可表示为：

$$SGB_k = g_k(EGB_i, SUPVB_j, X_1, X_2)$$

其中 $SGB_k (k=1, 2, \cdots, n_k)$ 代表工会代理人第 k 个行为选择；X_2 是工会代理人特征向量。

以上两部分的结果就是抱怨的形成，Bemmels，Reshef &Stratton - Devine 用抱怨率来表示形成的抱怨的数量。因此，模型的最后一部分可表示为：

$RATE = h(SGB_k, EGB_i, SUPVB_j, X_1, X_2)$，其中 RATE 代表企业的抱怨率。

因此，Bemmels，Reshef & Stratton - Devine 建立的抱怨形成模型，可用如下方程来表示：

① $EGB_i = f_i(SUPVB_j, X_1)\ (i=1, 2, \cdots, n_i)\ (j=1, 2, \cdots, n_j)$；

② $SGB_k = g_k(EGB_i, SUPVB_j, X_1, X_2)\ (k=1, 2, \cdots, n_k)$；

③ $RATE = h(SGB_k, EGB_i, SUPVB_j, X_1, X_2)$。

该模型由 $(n_i + n_j + 1)$ 个方程构成，这些方程构成了一个递归模型①。通过连续的变量

① Blalock，Hubert M. "Theory Construction. From Verbal to mathematical formulations" [M]. USA：Prentice - Hall Methods of Social Science Series，1969：48 - 50.

代替，得到了该模型的简化形式，即

④ $RATE = h_2(SUPVB_j, X_1, X_2)$

Bemmels，Reshef & Stratton-Devine 从抱怨形成过程中三个相关者的行为选择出发建立模型，与 Porter-Lawler 模型、Allen&Keaveny 模型和 Dalton & Todor 模型相比，考虑得更加全面。后两者仅从抱怨机制中的某一个相关者出发建立模型，该模型对于本文研究领导行为对员工抱怨行为的影响具有借鉴意义。

(3) 个人、组织与社会因素分析

① 个人因素。

● 个人兴趣。兴趣是个体以特定的事物、活动及人为对象，所产生的积极的和带有倾向性、选择性的态度和情绪。每个人都会对他感兴趣的事物给予优先注意和积极的探索，并表现出心驰神往。一个人如果能根据自己的爱好去选择职业，他的主动性将会得到充分发挥。即使十分疲倦和辛劳，也总是兴致勃勃，心情愉快，即使苦难重重也绝不灰心丧气，仍能废寝忘食，如醉如痴地去解决它。

员工选择工作的原因十分复杂，有时难免违背自身的兴趣和爱好，久而久之会使他们在工作中有一种厌烦感，更加失去工作热情。此外，员工可能对工作的领域比较陌生，适应时间相对较长，容易产生抱怨情绪。

● 疲惫程度。根据心理学家的调查显示，长期从事某项工作，有80%以上的人都会有身心疲惫现象。很多员工的抱怨产生是因为身心过于疲惫，特别是基层员工，在接受培训以后，公司往往会根据员工自身的特点来安排固定的工作，这样既能节约培训成本，又可以得到高质量的服务。但对于基层员工来说，每天工作时间固定、内容固定、程序固定、标准固定，日复一日工作枯燥无味，自然会有抱怨情绪。

● 性格特征。性格是个体特征的一部分，个体特征主要包括性别、年龄、受教育程度、性格等。抱怨与员工性格相关性最为明显，并且抱怨与性格的相关性可能要大于与事件的相关性。同样一件不公的事情，不同性格的人的情绪的波动程度有很大区别。

● 能力需求。工作能力需求上的抱怨主要表现在两方面：一是工作难度较大，员工由于能力有限，常常表现得“力不从心”，难以承担工作的巨大挑战；二是工作相对容易，使那些能力较高、业务知识较强的员工有一种“大材小用”的心理。

② 组织因素。

● 职业生涯规划。职业生涯规划是指个人与组织相结合，在对一个人职业生涯的主客观条件进行测定、分析、总结的基础上，对自己的兴趣、爱好、能力、特点进行综合分析与权衡，结合时代特点，根据自己的职业倾向，确定其最佳的职业奋斗目标，并为实现这一目标作出行之有效的安排。

萨柏把人的职业生涯划分为五个主要阶段：成长阶段、探索阶段、确立阶段、维持阶段和衰退阶段。其中确立阶段（25～44岁）是大多数人职业生涯周期中的核心部分。进入此阶段标志着已经进入一个合适的工作领域，并开始谋求发展。也就是说，从确立阶段，企业的员工已经开始勾勒自己的职业蓝图。然而倘若企业中岗位固化，即便有岗位空缺也都是通过裙带关系填补，无法为员工提供适合其发展的职业舞台，那么员工将失去努力工作的动力，心理上难以平衡，甚至跳槽另辟蹊径。

● 领导与管理方式。过于严格的管理体制，使员工只能唯命是从；程序过于复杂，阶梯式的审批制度，导致办事效率低下。领导风格过于强硬的管理者，不注意与员工的沟通艺术，会使员工心存不满，而产生抱怨情绪。甚至有时不是管理者的原因，员工也会归结或迁怒到管理者。

● 同工不同酬。同工同酬是员工们统一的呐喊，尤其表现在临时工与正式员工间的工资差距。很多临时员工迫于社会就业的压力及劳动力市场价格等因素，一部分人仍在坚守，期待着同工同酬早一天到来；也有一部分优秀的劳务工不屈于企业的不公平，由抱怨而最终悻悻离去，随之而去的还有在企业积累的经验与知识……

对于同一工种的正式员工，因学历、年龄等因素而非工作能力的不同，也会出现同工异酬现象。对能力强待遇低的员工来说，抱怨是他们发泄心中不满的一个途径。

● 公司制度。公司的薪酬制度、绩效考评体系、休息休假及安全保障制度的健全和完善，是保障员工积极工作的根本。如果没有切实可行的公司制度，没有公正透明的公司章程，很容易诱发员工的不满，而产生抱怨行为。

案例

日员工抱怨加班过多

据新华社东京8月24日电　据此间媒体报道，日本一家研究机构的调查显示，日本人在工作中最不满意的事情是加班过多、休假得不到保证。

据报道，独立调查机构“劳动政策研究所”去年底以全国1万家工会组织为调查对象，发出问卷。这一机构对收回的2 350份调查问卷统计分析后发现，70%的人在“加班、休息和休假”问题上感到不满。

调查还显示，对工资与奖金感到不满的人达64%，对工作方式和评价机制不满的人分别为58%和55%，另有32%的人表示不满工作中的“性骚扰和权力骚扰”。

此外，约60%的人认为管理层未能有效解决员工提出的问题，工会相关责任人没有针对员工不满的情况进行调查研究；40%的人认为工会内部缺乏能够处理员工不满问题的人才。

资料来源：路透. 日员工抱怨加班过多. 银川晚报，2008-08-25（6）.

● 工作环境及工作条件。员工对工作环境和工作条件的抱怨几乎包括工作的各个方面，小到公司的信笺质量，大到工作场所的地理位置、工具和设施故障以及管理和运行系统出现的问题等都可能涉及。工作环境是员工工作的基本条件，一旦一些工作条件不利于员工的工作，或影响了其工作情绪时，特别容易引发员工的抱怨。

● 部门之间的关系。企业内部门与部门之间是一种协同合作的关系，通过流程进行链接。由于流程存在缺陷或对流程的理解不一致或者对流程执行的力度不同，部门之间或基层与上级部门之间多少存在一些牢骚：前端抱怨后端支撑力度不够，后端反映前端市场预测不准确，基层反映管控部门服务不周等。部门之间由于利益矛盾、工作链接不畅而出现扯皮现象，会导致员工抱怨的产生。

③ 社会因素。

● 传统观念的影响。这个因素一般发生在进入门槛比较低的工作领域。例如，酒店工作、家政服务人员、超市理货员等服务行业。一些员工受到传统观念的影响，以为自己从事的是低人一等的卑微工作。尤其处于第一线的服务人员，工作量大，工作辛苦，甚至还遭到客人的有意刁难和人格侮辱，如果管理者处理方式不当，员工就会感觉到没有得到应有的关怀和尊重，怨气越积越重，导致工作毫无积极性，产生抱怨行为。

● 宏观环境的影响

在知识经济快速发展的环境下，一些宏观环境和因素的变化会给员工带来重要的影响，包括政治因素、经济环境、劳动力供求关系以及不可预测的突发事件等，企业出于盈利考虑，会随着宏观环境的改变而变革其发展战略，这不可避免地会影响员工的利益。比如，由于科技的进步，很多工作可以通过标准化的程序来完成，昔日负责零配件加工、组装的工人都被流水化的生产线取代。基于此，曾经工厂中的工人或者被调整为技术要求较低的门卫、保洁等，或者先下岗再竞争上岗。这种岗位及制度的变化，不可避免地会引起一些员工的不满而出现抱怨的情绪。

● 文化环境的影响

由于文化而导致员工抱怨的情况，一般出现在跨国公司。很多跨国企业的驻外人员，到一个新的文化环境中，因为语言、风俗、工作方式、文化等方面的不适应，产生较大的心理压力。为了舒缓内心不安的情绪，一些跨国工作的员工会通过抱怨的方式来调解。

8.1.6 员工抱怨的处理

案例

美国联邦捷运公司的抱怨处理

美国联邦捷运公司（Federal Express）成立于1907年，是当时美国西雅图著名的投递公司。今天，该公司已成为世界上最大的承运人和邮递、包裹与货运公司。

从本质上说，美国联邦捷运公司是劳动密集型企业。每天34.4万名员工在世界各地投递包裹和邮件达到1 300万件。作为大型跨国公司，美国联邦捷运公司将人视为最有价值的资产。在当今这样一个电子商务和网络迅猛发展的时代，人员流动明显加快，然而，美国联邦捷运公司人才保留率却仍然保持在90%。美国联邦捷运公司首席执行官Jim Kelly在公司工作了35年，而负责国际区域业务的高层管理人员，一般都在公司工作了20年。在公司工作了20年以上的员工也随处可见。究其原因，是公司对人才的充分重视，留住了人才的心。

“五人小组”是公司为了专门处理人才的抱怨而特意设立的，主要负责确认和解决人才的不满。此措施充分体现了公司对人才的重视，保持了人才对公司的高忠诚度。

“五人小组”是由CEO、最高经营管理者、最高人事管理者以及其他两位资深副总裁组成的，几乎每个星期二上午，他们都聚在一起对归档的抱怨和申诉进行审查和裁决。

联邦捷运公司的任何固定员工如果对企业有看法，如认为自己该晋升而未晋升等问题，都可以方便容易地拿到专用抱怨表格，填写后可以交给特定人员。正像人才手册中所写的那样："如果你因任何原因受到处罚，你都可使用 GFTP（确保公平待遇程序 Guarantee Fairness Treatment Procedure）。"

联邦捷运公司的抱怨处理程序包含以下步骤。

① 管理人员审查。员工可以在有关问题出现后 7 天之内提出书面抱怨。然后，该人所在单位的经理、高级经理和执行董事会审核收到的所有信息；接着，与抱怨人一起开电话会议或者会谈；根据事实作出支持或推翻所抱怨事项的决定；将决定通知书送达本人与人事部门。这一步骤的时限是 10 天。

② 向高级管理人员申诉。如果不同意上述决定，在收到第一步所作的决定 7 日内，当事人可以向一位高级管理人员如副总裁递交书面申诉材料。然后，由副总裁或第一副总裁核定信息，必要时做进一步调查，根据调查结果，作出支持或修正、推翻所申诉的抱怨事项的决定，将决定书面通知当事人，并将决定副本转交给该部门的人事部人员。时限也是 10 天。

③ 提交申诉管理者审查。收到第二步决定后 7 日内，如果不同意上述决定，当事人可以向人才关系部提交书面申诉材料。由该部进行调查，并准备好向"五人小组"提供的书面材料。"五人小组"将审查所有信息，作出是支持、修正还是推翻第二步决定的决定。有时五人小组会任命一个专门小组来进一步调查与处理该抱怨事项。一般在收到申诉材料的 10 天内办结。

对员工表现出的抱怨必须要迅速地加以处理，否则它的消极影响就可能会在公司里扩散开来，造成不利于公司形象的后果，甚至升级为对立情绪，而导致人才离去。

资料来源：和仁，管家民. 人才三策. 西安：西北大学出版社，2006：303-304.

（1）员工抱怨处理制度

员工抱怨处理制度是指将企业员工在生产和经营第一线日常产生的不满和劳资间在围绕劳动合同的执行而发生的纠纷，交由劳资间的自主协调组织来处理，以求得争议迅速、合理地解决。员工抱怨处理制度，也是市场经济尤其是西方发达市场经济国家经常使用的一种企业劳动争议处理的制度。员工抱怨处理中的争议处理机构是由劳资双方自主协调而成，因此，这种处理方法仍可以被看作是在没有第三方参与情况下由劳资双方协商解决的方法。

一般来说，在实行员工抱怨处理制度的企业中，从最基层单位的车间到企业生产经营的最高层管理机构，各级都设有员工抱怨处理机构。基层处理机构负责处理基层的员工抱怨问题，若基层处理不好，按规定程序逐次向上申请，直至公司的最高管理层。也就是说，由各级处理机构分层负责解决。若员工仍不满意，就要借助于第三方参与来加以解决。

（2）员工抱怨处理原则

处理抱怨的方法失当，其后果是很难想像的。如果一个方法并不能有效地遏制抱怨，那么抱怨者只会更加失望，更加强化其抱怨意识，其结果就有如捅马蜂窝一样，一发不可收拾。所以，管理者应当特别注意不要走进抱怨处理的误区，遵循"三要六不要"原则，才能更好地化解员工心中的不满情绪，使其全心全意地投入到工作中去。

案例

广告文案上的冲突

小张是一家广告公司文案，几个月前主管分配给他一个饮料广告的文案任务，经过1个月的精心准备，方案终于得到了客户的认可，小张以为自己这下可以放松一下了，但没想到主管却在这时候开始“为难”他了。小张的部门主管认为此文案还有一些细节需要再作润色。面对这样的要求，小张开始抱怨主管是对他的故意刁难，而这话恰恰又传到了主管的耳朵里。于是两个人为此争论起来。小张认为客户满意工作就OK了，而主管的要求纯属无理。而主管认为，对工作精益求精对提升个人技能是好事。从这个案例中我们发现，作为领导，当你受到下属抱怨时，处理得当可防止事态发展；而处理不当可能就会步步升级，引发人际冲突。

资料来源：王娟. 广告文案上的冲突. 新浪潮，2005（2）.

① 员工抱怨处理的“三要”原则。

● 要重视。作为企业的领导，对待员工的抱怨，首先给予足够的重视，只有重视了以后才有可能认真地想办法去沟通，同时这也是对员工最基本的尊重。即便员工的身份卑微、地位不高、学识浅薄，管理者们依然要用合理的处理方案化解员工心中的不满。“防人之口，胜于防川”，员工的抱怨具有传染性，不要让所有的不满集中起来一起爆发，要及时采取措施，尽量做到公正严明处理，防止负面影响进一步扩大而导致发生更严重的劳动关系问题。

● 要坦诚。倘若员工抱怨是由管理者自身在某件事情或某个地方的不恰当或不合理的做法引起的，管理者要勇于承认错误，坦诚地为自己的过失道歉。这不仅能够提高员工对公司的信任程度，同时能让员工看到公司管理层的宽广胸怀。如果管理者们明知是自己的过失，却故意遮遮掩掩，则只能欲盖弥彰，适得其反。

● 要倾听。员工抱怨时，可能情绪激动、长话连篇、怨声载道。理智的管理者应当耐心地倾听员工的抱怨，不要随意打断他的谈话。做到让自己先沉住气，不要一听到不满的话便气冲斗牛，甚至是拍案而起，这样做只能使矛盾激化，对于解决问题毫无益处。使自己冷静下来，耐心地倾听，也是处理矛盾危机的捷径，同时也是权衡一个领导是否成熟、经验是否丰富的重要指标。

② 员工抱怨处理的“六不要”原则。

● 不要以自我为中心。以自我为中心不但不能有效地处理抱怨，甚至有可能是引发抱怨的主要原因。但在很多情况下，管理者对抱怨往往采取这种态度，认为一切都得听我的，抱怨纯粹是无事生非，只要强加一些硬性管理，抱怨便产生不了什么影响，这种高压式的以自我为中心的管理，是处理抱怨的一个严重错误。

● 不要过早发表意见。在未获得足够证据证明是非对错之前，管理者不宜过早发表个人意见。因为人们认为你是公司的权威，你的言行有导向性，如果草率表示，不利于问题的解决，有可能陷入被动局面。另外，人们会对你产生说话不负责的印象。

● 不要拖延处理。拖延解决本身就有可能是抱怨的一种来源，而且拖延解决抱怨，会使小抱怨变成大抱怨，对管理者本身形象也会产生不良影响，人们会怀疑你的处事能力；或者会怀疑你有意压制。公司内部的议论也会由小及大，从而影响整体的士气。所以，管理者听到抱怨后，应尽早予以处理。当然，尽早处理也必须是建立在能有效处理的基础之上的，不能盲目和草率。

● 不要不找出实质性问题。找出实质性问题后，才能有针对性地对抱怨进行处理，达到“治标治本”的双重效果。从某种角度上讲，抱怨会为你提供一些发现问题的机会。如果对导致抱怨的背景探索不深入，不利于问题的最终解决，而且会让人们产生你想证明他们是无理取闹，或会让他们认为你不是一位值得信赖的管理者。

● 不要以官样文章挡驾。现实中，有许多管理者怕麻烦，常常以“这件事我必须先向上级请示”，“你应遵循正式途径投诉”，“我会在适当时候把你的意见反映给上级”之类的说辞来对付抱怨。作为管理者，虽可暂时用此控制抱怨的恶化和蔓延，但长期下去将会造成人们的反感。

● 不要对处理结果漠不关心。抱怨的处理通常都会令人感到不快，因此管理者无不希望及早了结这种不愉快的事。但这种不愉快事情的了结，应在抱怨获得最终解决之后。人们对抱怨的处理是否满意、抱怨的处理是否利于员工的团结和公司的士气、是否还存在制度上的隐患，管理者应认真考虑，使抱怨得以彻底解决。切莫对处理结果漠不关心，这会使员工认为你在应付，毫无帮助其解决问题的诚意。

(3) 员工抱怨处理步骤

① 一对一的讨论，尽量了解抱怨的起因。员工抱怨时，管理者要找一个单独的环境，与抱怨的员工一对一面谈，让其尽可能地抒发出内心的不快。管理者在倾听时，注意员工的言辞，了解员工抱怨的起因。

② 认真思考员工抱怨的内容，分析抱怨的性质。要让员工知道，他的问题得到了公司的关注，管理层将会认真地作出处理。根据员工的抱怨内容，挖掘问题的本质，调出近期的员工调查结果，以确定员工牢骚是普遍性问题还是其个人的情绪，据此判断是否需要反馈给公司高管层。对于比较敏感的问题，最好匿名转达。

③ 提出解决方案。需要作出处理的抱怨中，有80%是因为管理混乱造成的，由于员工个人失职的，只占20%①。所以规范工作流程、岗位职责、规章制度等，是处理这些抱怨的重要措施。在规范管理制度时，应采取民主、公开、公正的原则。对公司的各项管理规范首先要让当事人参加讨论，共同制定，对制定好的规范要向所有员工公开，并深入人心，只有这样才能保证管理的公正性。

● 建立一种比较完善的科学的考评和薪酬分配制度。

● 加强团队精神建设。可能某些时候团队会为了群体的利益而牺牲个别人的利益，可能会让其想不开，产生抱怨。对于这些，平常管理工作中的思想教育和团队建设会起到比较好的预防作用。

● 尽量让员工参与到管理当中来，适当地给他们一定的决策权。

(4) 员工抱怨处理策略

针对员工抱怨问题、方式、态度、程度的不同，公司可以采取不同的策略解决问题。

① 针对互利合作意向采用协作策略。

---

① 李剑. 人事经理如何处理员工抱怨. 管理科学文摘，2001 (11).

是否采用协作策略，与企业的管理体制和组织文化有关系。一般来讲，注重参与式管理的企业，比采用集权式管理的企业，更易于采用合作方式。讲求尊重人、“人的价值高于一切”、宽容而富有个性的企业文化更容易以协作方式处理员工的抱怨。

② 针对牺牲自我意向，采用“和稀泥”策略。

采用“和稀泥”策略，目的是降低抱怨所带来的紧张程度，着眼于抱怨的情绪抚慰，而不是真正地解决问题。以下情况，可以采用“和稀泥”的策略。

- 抱怨是由于各种个性因素而诱发的；
- 当抱怨十分强烈，甚至是气愤，马上要爆发时；
- 短期内为避免员工与组织决裂而采取的调和与安慰。

③ 针对消极应对意向采用逃避策略。

如员工抱怨时，管理者会说：“我还没有对这件事认真调查。”“你说这事啊，我听说过一点儿，但不清楚。”采用这种态度必须是在下列情况下：

- 员工抱怨的内容或强度微不足道，或只是暂时性的，不值得花费时间与精力去处理；
- 当管理者不具备处理员工所抱怨的问题的权力时，回避一下最为明智；
- 在一个分权体制中，管理者对下属有较大的自主处理权。

④ 针对合理折中意向，采用谈判策略。

如果你已经明了员工抱怨的原因与意图，思考过对方的兴趣与目标，就可以与员工进行谈判。注意以下几点。

- 针对抱怨的问题与事项，而不针对个人。你可以不同意员工的某些看法与观点，但不能攻击员工的人格。
- 以积极主动的态度进行谈判。也许公司只是一个小小的让步，就会得到员工同样的让步作为回报。
- 不要太在意最初的报价。把员工最初的要求只当作谈判的起步，因为员工最初的要求可能是情绪化的、极端化的、很理想化的，当他冷静下来，也许自己就放弃了。
- 重视双赢的解决方式。留不住员工的思维方式，就是认为满足员工的抱怨会牺牲组织利益，实际并非如此。

8.2 员工申诉管理

抱怨是非正式表达不满的方式，而申诉则是依程序正式公开地发表意见表达不满的发泄手段，因而公司的管理者应该对员工的申诉予以重视。

8.2.1 员工申诉的定义

所谓申诉，是指组织成员以口头或书面等正式方式，表达对组织或企业有关事项的不满。它为澄清员工和组织管理之间的纠纷提供了一种机制，有利于劳资双方在不同层次上的协商，确保员工问题能得到及时有效的解决[①]。这一定义强调了如下几点。

---

① 参见李新建. 员工关系管理. 天津：南开大学出版社，2009：179.

① 员工申诉是通过一种正式的、事先安排好的方式表达不满；

② 员工通过申诉渠道表达的不满，通常是由于企业违反了集体协议、劳动法律，或者违背了过去的惯例、规章制度以及没有承担企业应承担的责任而引起的；

③ 通过申诉管理有利于发挥工会在处理纠纷过程中的作用，有利于劳资双方在同层次上的协商，确保员工的问题能得到及时处理。

8.2.2 员工申诉的分类

(1) 根据申诉对象，员工申诉可分为企业内部申诉和企业外部申诉

① 企业内部申诉：是指员工通过企业内部的申诉渠道，根据企业制定的申诉制度和程序提出申诉，以解决问题的方式。

② 企业外部申诉：是员工向劳动仲裁机构提起申诉，即在劳动仲裁机构的主持下，依据国家有关法律法规进行的申诉方式。

(2) 根据申诉主体，员工申诉可分为个人申诉和集体申诉[①]

① 个人申诉多是由于管理方对工人进行惩罚引起的纠纷，通常由个人或工会的代表提出。个人申诉的内容主要是从管理方的书面警告开始，到最终工人被解雇整个过程中可能引发的任何争议。争议的焦点，是违反了集体协议中规定的个人和团体的权利，如违反有关资历的规定、工作规则，设计不合理的工作分类或工资水平等。

② 集体申诉是为了集体利益而提起的政策性申诉，通常是工会针对管理方（某些情况下，也可能是管理方针对工会）违反协议条款的行为提出的质疑。集体申诉虽不直接涉及个人利益，但却影响整个谈判单位的团体利益，通常由工会委员会的成员代表工会的利益提出。例如，管理方把协议中规定的本应在企业内部安排的工作任务外包给其他企业，这一做法可能并没有直接影响到某一单个的工人，但它却意味着在谈判单位内部，雇用的工人会更少，工作岗位也会更少，因而工会可以团体利益为基础提出申诉。

8.2.3 员工申诉的意义

妥善处理员工申诉，建立健全员工申诉制度，对维护企业劳动者的合法劳动权益，提高企业劳动者个人福利和企业经济效益，创造和谐工作环境，具有重要意义。具体来说，主要表现在两个层面[②]。

(1) 员工层面

① 提供员工依正式程序维护权益的救济渠道。申诉程序可以看作是一种处理争议的机制。多层次的申诉程序安排，有助于双方利用一切机会达成共识、解决纷争，而不是被迫接受仲裁者的解决方案。在这方面，申诉的程序类似集体谈判的过程，而诉诸仲裁则可以看作是谈判失败，出现与利益仲裁中相似的问题。

② 疏解员工情绪，改善工作气氛的手段。申诉就为个人或群体表达心声提供了一种机制，为员工提供了一个释放内心不满的渠道。相对而言，申诉是一种较为温和而又规范的矛盾处理机制，在一般情况下，不会导致劳资矛盾激化，引发罢工和集体行动等。因此，申诉

---

① 参见肖传亮，童丽，王贵军．劳动关系管理．大连：东北财经大学出版社，2008：164－165.

② 程延园．员工关系管理．上海：复旦大学出版社，2004：121－122.

制度也是劳资双方进行交流的重要方式，并为工作场所出现的管理问题提供了重要的信息来源。

③ 申诉是员工的一种压力策略。员工通过申诉手段可以给企业施压，迫使管理者对那些集体协议未涉及的问题作出修改，从而降低企业某些“霸王条款”对员工权益的侵害，提高员工个人的利益。比如，企业为降低人工费用，将一些可由本企业完成的工作转包给其他企业，而导致大量员工失业。如果集体协议中没有转包条款，工会则可以对协议中与此有关的其他问题提出申诉。不管是否有根据，这都会给管理方带来极大的不便，从而促使管理方重新反思有关转包合同的决定。

④ 降低了员工的不公平感，具有积极的道德意义。在申诉制度下工人个人可以免受，或者至少有条件免受管理方的专横或不公对待。这一程序不仅为员工提供了那些工作场所之外的基本民主权利及自由，而且有利于员工从其管理者那里获得公平待遇，因而也具有积极的道德意义。正因为如此才使得避免工会化的愿望经常与比较先进的企业通常采用的“内部公平系统”联系在一起。实际上，内部公平系统的本质就是申诉制度，只不过是名称的象征性改变而已。但是，与申诉制度相比，内部公平制度受到适用范围的限制，而且不能申请仲裁，也不受仲裁约束。

（2）企业层面

① 有效地防范管理权不当使用的工具。申诉是一种规范的员工抱怨处理的管理制度，在这一制度下，员工被给予针对个人或管理问题进行畅所欲言的权利，不会顾虑因此受到上级的报复或不公平对待。除此之外，申诉机制对管理层起到了相应的约束作用。当管理层出现以权谋私、徇私舞弊等不法现象时，员工们可以通过申诉机制检举这种不端行为，有效地抑制管理层滥用权力的现象。因此，公司建立申诉制度本身体现了民主和公平管理的原则。

② 保证管理制度与规章的合理性。如果某个规章制度经常被员工们提出质疑，或常常通过申诉机制甚至法律手段来解决问题，那么公司的管理层就应该深入地思考这个制度或章程的适用性、合理性，并且通过对公司制度的适度调整，提高员工的满意度，以降低分歧。

③ 申诉是执行集体协议的保障。申诉为集体协议的切实执行提供了法律保障，确保了协议的整体性，对劳动法律制度和集体协议的落实至关重要。同时也为双方进行补充协议的谈判奠定了基础。为了保持一定的灵活性或避免罢工，有时集体协议在某些条款的措辞和具体内容上有意留有余地，申诉程序为解释和运用这些模糊条款提供了一种机制，使得双方在必要时都能诉诸仲裁。

④ 申诉是解决组织内部冲突的政治手段。管理者通过申诉制度，不仅可以了解员工的心理动向，也可以通过实践的处理，总结经验，提高解决问题的能力。同时能够避免外力介入或干预导致问题扩大或恶化。例如，工会官员提起申诉，一般是为了给其会员留下一个“好的印象”，或者是为了安抚某个会员，或为了平息内部成员间的摩擦与不和，而不是因为他们相信申诉本身有什么价值。另外，他们提起申诉，也可能是因为已经得到基层管理者或明或暗的支持，以给高层管理者施压，促使其改变那些基层管理者及工会不满的政策和决定。

8.2.4 员工申诉的范围

员工申诉，主要是处理员工工作过程中的不满的一种方式，申诉范围应在人力资源管理职能的范围内。一般与工作无关的问题，通常排除在外（如员工的家庭问题、私人问题），虽然这些可能间接影响到工作绩效，但这并不是申诉制度所应该或所能够处理的问题。一般而言，员工通过申诉制度处理的主要事项包括：

① 因现行制度、规章、办法或措施未尽事宜或执行的疏忽，致损害其合法权益；

② 对绩效考评及奖惩的决定有异议，且有具体证明；

③ 对培训、薪酬、福利等方面有异议；

④ 对劳动合同的签订、续签、变更、解除、终止等方面有异议；

⑤ 认为受到上级或同事的违法、滥用职权或不当行为对待，致侵犯权益或影响正常工作；

⑥ 认为职务升迁或工作调派处置不当，而影响其权益；

⑦ 申诉人有证据证明自已权益受到侵犯的其他事项。

8.2.5 员工申诉的原因

员工的申诉行为往往是由于管理方没有有效解决员工的抱怨而产生的。如果问题已经发展到员工申诉的程度，那么就意味着这类问题已经更为严重，公司的管理者必须给予足够的重视。员工申诉的原因一般表现为以下方面。

（1）生命健康安全

很多行业的员工从事的是危险、有害身体健康的工作。像建筑工人、保安、司机等职业，员工长时间辛劳的工作容易导致职业病甚至意外的发生。所以从事这些工作的员工们迫切地渴望公司给予其健全的社会保险，当企业不能满足这种愿望时，员工会抱怨，尤其是长时间的工作已经使员工患上了某种疾病却无钱医治时，员工不满情绪更为严重，而导致申诉。

（2）公司制度与法规

用人单位的内部规章制度是其自行制定的，是用于经营、管理单位及规范员工行为的规范性文件。它是公司用以处理违纪员工的“操作性手册”。实践中，员工往往对公司的某些制度心存不满，比如其规章制度不健全导致对事件处理不公的异议；对公司职位职级调整的异议，如涉及员工晋升问题经常发生暗箱操作现象等的异议。

（3）上级领导行为

上级的领导行为与态度直接导致了其与员工之间关系的紧张程度。一个强权、不公的领导会给员工带来强烈反感。主要表现为：领导贪污受贿、以权谋私等违法乱纪行为，领导者滥用职权、对申诉者有重大不公的行为，领导出卖泄密等危害企业的行为，领导错误决策给企业带来严重损失的行为等。

（4）员工人格尊严

由于员工人格尊严受辱引起员工申诉主要表现在两方面：一是歧视；二是骚扰。我国当前就业歧视的主要领域有民族、宗教、政治面貌、残疾人、户籍、性别、年龄、健康、外貌身高、性取向等十余种。最严重的歧视是健康歧视（残疾人、艾滋病患者和乙肝病毒携带者）；其次为性别（女性）与身份（农民工）歧视[1]。而骚扰问题多为对异性的性骚扰。

---

① 蔡定剑. 中国就业歧视现状及反歧视对策，2007.

资料

材料一：公平就业相关规定

第二十五条　各级人民政府创造公平就业的环境，消除就业歧视，制定政策并采取措施对就业困难人员给予扶持和援助。

第二十六条　用人单位招用人员、职业中介机构从事职业中介活动，应当向劳动者提供平等的就业机会和公平的就业条件，不得实施就业歧视。

第二十七条　国家保障妇女享有与男子平等的劳动权利。用人单位招用人员，除国家规定的不适合妇女的工种或者岗位外，不得以性别为由拒绝录用妇女或者提高对妇女的录用标准。用人单位录用女职工，不得在劳动合同中规定限制女职工结婚、生育的内容。

第二十八条　各民族劳动者享有平等的劳动权利。用人单位招用人员，应当依法对少数民族劳动者给予适当照顾。

第二十九条　国家保障残疾人的劳动权利。各级人民政府应当对残疾人就业统筹规划，为残疾人创造就业条件。用人单位招用人员，不得歧视残疾人。

第三十条　用人单位招用人员，不得以是传染病病原携带者为由拒绝录用。但是，经医学鉴定传染病病原携带者在治愈前或者排除传染嫌疑前，不得从事法律、行政法规和国务院卫生行政部门规定禁止从事的易使传染病扩散的工作。

第三十一条　农村劳动者进城就业享有与城镇劳动者平等的劳动权利，不得对农村劳动者进城就业设置歧视性限制。

资料来源：中华人民共和国就业促进法，第三章　公平就业

材料二：工作场所的性骚扰

性骚扰是一个广义的概念，一般界定为被迫的和不受欢迎的与性有关的行为。性骚扰不单指男性对女性的骚扰，也包括女性对男性的骚扰，但主要是前者。性骚扰给受害者带来的主要是精神和心理的损伤。根据有关调查，职业场所的性骚扰占骚扰事件的50%左右，其中来自于上司的骚扰约占1/3，来自同事的骚扰占16%左右。

工作场所的性骚扰行为在发达国家和发展中国家都是一个比较严重的问题，特别是在一些小企业和管理不规范的企业中。因为这些企业主管和上司对部下有较大的控制支配权利，容易给一些行为不端者创造可乘之机。性骚扰不仅给被害者带来极大的心理和精神伤害，同时也破坏了组织内部的团结和合作氛围，违反了社会公德，甚至导致犯罪。

我国2006年8月通过的《中华人民共和国妇女权益保障法》的修订案中，规定了禁止性骚扰。该法的第四十条规定："禁止对妇女实施性骚扰。受害妇女有权向单位和有关机关投诉。"但是该罚的相关缺陷在于：其一，没有对性骚扰进行严格的内涵界定；其二，没有对工作场所的性骚扰内涵和处理作出严格规定。

工作场所性骚扰的防范及相关雇主的责任。企业应该建立工作场所性骚扰的防范制度，主要内容包括：第一，劳动合同中明确规定企业有义务禁止工作环境中的性骚扰；第二，用人者及其管理人员不得有对下属及员工的性骚扰行为；第三，用人单位应当建立员工性骚扰申诉制度、程序及惩罚措施；第四，规定用人单位进行相关的教育培训及防治工作中的性骚扰；第五，用人单位有禁止性骚扰的义务和法律责任。

资料来源：曹艳春. 论职场性骚扰的雇主责任：以雇主禁止性骚扰义务为中心. 燕山大学学报，2007：54－60.

8.2.6 员工申诉的渠道建设

（1）员工申诉方式

申诉人可以选择口头申诉或书面申诉，但是不论选择哪种方式均应填写人力资源部提供的《员工申诉书》作为记录，并且必须署名，否则不予受理。建议申诉人采取书面申诉方式以便于申诉的处理。

（2）员工申诉程序

实际提起申诉的程序是通过集体谈判确立的，并且具体写入协议条款中。通常集体协议中都包括了处理争议的申诉程序，具体步骤的设计由当事人双方自行决定。因此，在实践中申诉程序很可能因企业不同而存在差异①。

① 在有工会的企业中，这一程序有时可能仅包括工会代表和雇主之间进行见面磋商这样一个简单的步骤。一般来说，申诉通常包括三个阶段。

第一阶段，由工人及其工会代表与直接监督管理人员讨论，尝试通过非正式的方式解决争端。如果不成功，再向主管或其他管理人员提出书面申诉。

第二阶段，由工会领导或工会代表与更高一级的管理者（如部门经理或工厂负责人）会面磋商，如果仍得不到解决，申诉就进入第三阶段。

第三阶段，由企业自身的工会和当地工会主席进行讨论解决。如果仍然不能得到解决，则会结束申诉，进行仲裁。

② 相比而言，在没有工会的企业中，员工的申诉相似，但程序会相对复杂。员工沿着直线经理—部门经理—人力资源部负责人—公司人事副总—总经理/董事长的顺序，逐层反映情况。如果到总经理一层，公司仍然不能给出让员工满意的答复，员工就可以通过第三方解决。

③ 有无工会员工申诉程序的对比，如图8－2所示。

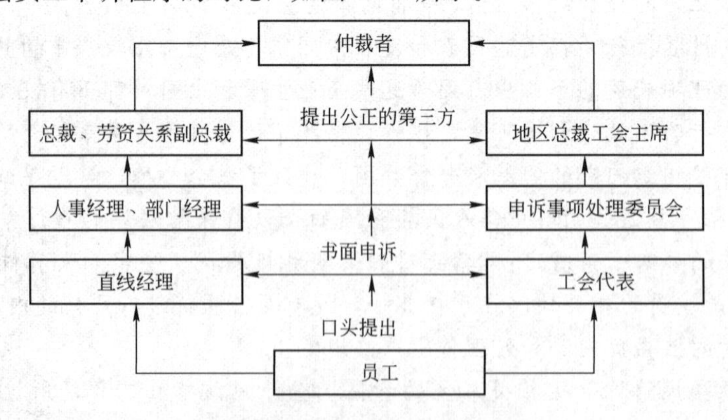

图8－2 有无工会员工申诉程序对比

资料来源：Robert W. Eckles, et al. Essentials of management for first line supervision. New York：John Wiley and Sons，1974：529.

① 程延园. 员工关系管理. 上海：复旦大学出版社，2008：123－124.

一般情况下，员工不能越级申诉，除非其上级出现如下情况：

- 上级有贪污、盗窃、受贿等危害企业的行为；
- 上级有重大出卖、泄密和危害企业的行为；
- 上级滥用职权、对申诉者有重大不公正的行为。

申诉程序有许多特点，但是，这些特点会因组织或决策的结构不同、规模不同而有所变化。有效的申诉程序应当满足：

- 申诉的程序尽量精简，保证及时地处理问题；
- 申诉的程序和形式必须使用方便，且员工与其主管都能很好理解；
- 必须有针对主管的裁决以及能进行上诉的直接的和及时的渠道。

通常为了防止拖延，对每一阶段都应该规定时间限制。但如果双方同意，这些限制可因个人申诉而被取消。因为在许多申诉中，尤其是那些涉及解雇问题的申诉中，集体协议规定了“及时仲裁”制度，即当事人可以不经过规定的申诉阶段，而直接进入仲裁。从理论上说，及时仲裁制度有助于防止案件的拖延，有助于快速解决对一方或双方至关重要的问题。

（3）申诉渠道建设

案例

麦当劳的员工申诉渠道

麦当劳为员工提供意见及抱怨宣泄提供了充分的保障。首先，麦当劳每年举行一次不记名的《员工满意度调查》，让各分店、各门市的员工，对店务及主管抒发自己的看法与意见。同时，麦当劳各分店都设有《意见箱》，员工对于公司政策、营运程序有正面或负面的意见，或是想申诉、提出新点子，都可以投递意见卡。收信的对象就是台湾麦当劳人力资源部。但是，不定期的绩效考核，才是麦当劳解决员工抱怨的秘密武器。不定期考核的方式，即请员工与部门的主管一同参与，为员工评定绩效。

首先，由员工衡量个人表现，自提绩效，给自己打分数，同时请直属主管也为员工评定分数。然后借这个机会，请员工个别与其主管讨论，员工能听听主管对自己的表现有何看法，若有什么意见，也能提出来与主管沟通讨论，一切开诚布公。

此外，若员工有严重的抱怨，麦当劳会针对事件中的特定对象，举办临时座谈会，跨越该员工的直属主管，而由第三者来主持座谈会，收集员工与主管双方的不满意见，予以调停，谋求在座谈会中当场解决。为员工提供一套正式而完善的抱怨申诉渠道，是企业的责任。抱怨申诉渠道不仅能够协助企业正视许多管理问题，同时能够平复员工的情绪，提升组织运作绩效。

资料来源：中国酒店招聘网．2009－1－4．http://www.hoteljob.cn/a/20090104/3816034.shtml.

保障申诉渠道的良好、健全，积极加强公司申诉渠道建设，是降低员工申诉率的有效手段。申诉渠道建设主要考虑以下方面。

① 高层领导。公司应提倡所有中层以上管理人员“门户开放”。欢迎员工提出想法和疑问，同时也要求中层以上管理人员主动关注下属的想法和情绪。高层管理人员面向基层，关

注一线，让员工及时了解公司业务发展方向及动态，并现场解答员工关心的问题。公司可以每月安排一天为“董事长（总经理）接待日”。在这一天，员工们可以与董事长（总经理）直接会面，反映公司的问题，检举违反规定的上级管理者等。

② 员工关系处理专员。公司的人力资源管理部门应该委任专门负责处理员工不满问题的专员，接受和处理员工表达的想法、意见和建议，鼓励员工广开言路。保证在法定工作日 36 个小时内给予答复，并为员工的身份保密。如员工需要与公司高层管理人员单独面谈，可以通过专员向高层提出申请。

③ 工会。工会是代表全体员工利益并为之服务的机构，维护职工合法权益是工会的基本职责。工会依照法律规定通过职工代表大会或者其他形式，组织职工参与本单位的民主决策、民主管理和民主监督。工会必须密切联系职工，听取和反映职工的意见和要求，关心职工的生活，帮助职工解决困难，全心全意为职工服务。如果员工有意见和想法，可以及时地向工会反映，工会代表员工的利益与公司协商谈判，第一时间解决员工的问题。

④ 媒体。公司内流通的报刊、业务简报、公告板、电视等宣传媒体，应该设立员工申诉版面，定期地将员工最关注的问题和公司对此问题的解决措施公之于众，及时化解员工的不满情绪，创造良好和谐的工作环境。

⑤ 网络。网络是一个巨大的交流平台。在公司内部网中，专门设立一个申诉版面，员工可以通过网络的方式积极地反映问题。同时，提倡公司启动董事长信箱、党办信箱，给那些面对面沟通有顾忌的员工一个开放的反映问题的渠道。通过这种渠道，及时地发现并解决员工的问题，增加员工对公司的信任和依赖程度，从而提高其工作效率。

8.2.7 员工申诉的处理程序

（1）非正式的申诉处理程序

非正式的申诉处理程序主要是依靠第三方调解实现。调解是指通过训练有素的中立的第三方，协调处理申诉双方当事人的意见分歧，以解决有关问题。实现调解成功的必要保障是争议的双方当事人都同意并积极参与调解。首先双方当事人对各自的行为进行详细的解释，然后通过平等、和平的沟通化解双方的分歧，最后提出一套双方当事人都认可的解决方案。如果通过此种途径，可以使双方当事人达成共识并有效地解决问题，就不必要再以正式途径提请申诉；反之，若双方当事人依然没有一致意见，则可以通过正式申诉处理程序解决矛盾。

（2）正式的申诉处理程序

不管有无工会，员工申诉的正式处理流程一般包括四个阶段：提交申诉—申诉受理—查明事实—解决问题①。

① 向申诉受理人提交《员工申诉表》（见表 8-2），应写明申诉缘由，并尽量列举可靠的依据。

② 申诉受理。直线经理或其他申诉受理人接到员工申诉后，应在第一时间内作出是否受理的答复。对于申诉事项毫无事实依据，仅凭主观臆断的申诉不予受理。受理者在接受申诉的过程中，要了解申诉事件产生的关键所在。

---

① 魏秀丽．员工管理实务．北京：机械工业出版社，2008：208-210．

表 8－2　员工申诉表

部　　门：	姓　　名：	工作证号：
职　　称：	通信地址：	TEL：
电子信箱：		
申诉事由：		
期望建议：		
申诉人：　　　　　　盖章：	年　　月　　日	
1. 本申诉表供第一阶段申诉之用。本表所载之内容应客观，佐证资料应翔实。附件资料应粘贴整理于后。 2. 匿名申诉概不受理。 3. 严禁诬陷、黑函及攻讦性文字，违者依规定议处。		

③ 查明事实。管理者要查明争议事实，不得有偏袒，对双方的事实都要认真调查了解。在此阶段，申诉受理人需要填写《员工申诉调查记录表》（见表 8－3）。

表 8－3　员工申诉调查记录表

申诉人姓名		工作证号	
部　　门		职　　位	
申诉事项			
申诉事由摘要			
面谈时间		接待人	
处理记录	问题简要描述：		
	调查情况：		
	协调方案：		
记录人签字：		日期：	

④ 解决问题。申诉受理人根据调查情况了解事实真相之后，在 3～5 个工作日内，及时将问题处理结果告知员工，并填写《员工申诉答复表》（见表 8－4）。

表 8－4　员工申诉答复表

申诉人姓名		工作证号	
部　　门		职　　位	
申诉事实经过及理由（可附页）： 　　　　　　　　申诉日期：			
申诉受理人：　　　　　　受理日期：			
申诉处理结果和依据（可附页）：			
申诉人签字：　　　　　　盖章：　　　　　　日期：			

一般而言，解决员工申诉的方法有①：

- 调查与抱怨发生有关的原因；
- 对事实真相迅速了解清楚，作出解释；
- 尊重申诉人，对员工的困境和苦恼表示理解和同情；
- 对员工进行与申诉相关的培训，让员工了解申诉制度建立的目的和意义；
- 帮助员工消除顾虑，解决问题。

⑤ 申请仲裁。如果员工的不满不能在组织内部得到满意解决，则双方都可以诉诸第三方或者公众力量来解决。仲裁者的角色有如法官，对员工的申诉进行解决。在我国，可经劳动争议仲裁委员会对争议进行裁决，仲裁之后如果双方当事人仍不服，还可以在规定的期限内向人民法院提起诉讼。

员工申诉一经仲裁裁决，双方必须完全服从。但如果裁决被证明不实、不当、有重大错误或明显违反法律，则可以请求法院予以撤销。申诉仲裁大多属于自愿仲裁，当事人可以自由确定仲裁员。

8.2.8 员工申诉管理的原则

所有的员工都有权利对工作内容、工作环境、劳动关系等方面存在的问题进行申诉。管理者应当按照合法、公正的原则进行员工申诉管理②。

（1）合法原则

任何企业的规章制度都必须符合国家现行的法律和法规，不能认为企业的制度是企业的内部事务，可以不受法律的约束，更不允许企业在进行员工申诉管理时与国家的法律和法规相抵触。

（2）公平原则

申诉管理时的公平有两个基本含义：其一，员工与企业是平等互惠的关系，而并非传统观念中的“劳资对立”；其二，当管理方确实触犯公司制度甚至国家法律时，应当一视同仁。制度面前，人人平等，对管理者的严重违规行为，更应严惩。

（3）明晰原则

要明确界定员工的申诉范围，哪些情况可以，哪些情况不可以提起申诉，都应严格界定。避免员工将本可以通过正常管理渠道解决的问题也通过申诉方式提出。同时，还应对申诉问题进行分类处理，使组织尽早发现和解决问题。

（4）及时原则

申诉管理的及时原则主要包括两方面：一是及时地预防，通过积极有效的措施，尽早发现并解决员工的不满，避免员工申诉；二是及时地处理，当员工已经提请申诉，无论事件大小都应果断积极地处理，避免进一步恶化。

（5）反馈原则

员工申诉管理中，要注意对处理结果的反馈；如果因为调查周期较长需要推迟决定，也应当及时与申诉人沟通、避免沟通不畅而导致其他问题的发生。在处理员工申诉时应当本着

① 程延园. 员工关系管理. 上海：复旦大学出版社，2004：124.

② 吴慧青. 如何进行员工关系管理. 北京：北京大学出版社，2004：23－24.

耐心、公正、认真的态度，切实处理好每一件申诉案。

（6）保密原则

在进行申诉处理时，为保护当事人的权益，在员工提出申诉后和申诉调查期间应对相关事项进行严格保密，减少申诉者的疑惑，尤其不能泄露申诉内容和申诉人的情况，避免出现打击报复等恶性事件。保密原则一方面体现出公司对员工的尊重，一方面表现出公司制度的合理、健全。

本章主要内容回顾

员工抱怨是以非正式形式表达对工作中的不满或一种情绪的发泄。抱怨与员工性格有关，具有传染性，同时又是一种反馈。员工抱怨具有两面性，妥善处理员工抱怨，会对组织带来巨大的积极作用，否则会对组织氛围和工作绩效产生消极的影响。员工抱怨按内容分为三类：管理类抱怨、权利类抱怨、制度类抱怨。按对象分为私下抱怨和公开抱怨。引起员工抱怨的因素很多，本章通过经典理论、模型分析及个人组织社会因素三个角度分别阐释了员工抱怨的原因。员工抱怨处理制度是市场经济尤其是西方发达市场经济国家经常使用的一种企业劳动争议处理的制度。处理员工抱怨要遵循“三要六不要”原则，才能更好地化解员工心中的不满情绪，使员工全心全意的工作。

申诉是员工以口头或书面等正式方式表示对组织或有关事项的不满，是处理员工关系问题的重要管理制度。员工申诉按对象，可分为企业内部申诉和企业外部申诉；按主体，可分为个人申诉和集体申诉。员工申诉范围应在人力资源管理职能内，一般与工作无关的问题，通常排除在外（如员工的家庭问题、私人问题）。员工的申诉行为往往由于管理方没有有效解决员工的抱怨而产生，包括生命健康安全、个人尊严、公司规章制度及上级的领导行为四方面。保障申诉渠道的良好、健全，积极加强公司申诉渠道建设，是降低员工申诉率的有效手段。员工申诉管理要遵循合法、公平、明晰、及时、反馈及保密原则。妥善处理员工申诉，对维护企业劳动者的合法劳动权益、提高企业劳动者个人福利和企业经济效益、创造和谐工作环境，具有重要意义。

企业员工的抱怨和申诉，是非常值得企业人力资源部门关注的问题。有效地解决员工的抱怨和申诉，有助于提高员工的企业忠诚度，培养员工的主人翁意识，促进企业目标和员工目标的共同实现。

案例讨论

迪斯尼员工的虚假快乐

香港迪斯尼乐园虽然为游客带来不少欢乐，但却有员工投诉工作量沉重，包括每天站立近10小时、欠缺休息时间，更有员工指出公司对职业安全缺乏关注。职工联会近日写信给迪斯尼高层管理部门，要求迪斯尼进行职业安全风险评估，尽快改善对员工待遇。

职工联会去信反映：近日接获近百名迪斯尼员工投诉，指出公司没有关注职业安全。投诉者指乐园过百名表演者，经常穿着有一定重量的戏服，工作过劳，加上休息时间太短，很多人都感到腰酸背痛。

◆ 受伤后延误治疗

娱乐部门只有一位物理治疗师，当有多名舞蹈员受伤（如扭伤或拉伤肌肉）时，由于找不到治疗师，只能到乐园内仅有一名护士的救护站求诊，可能因而延误治理。

◆ 缺少工作服，没有健康保障

有部分员工投诉，每天只获分配一套相同戏服，即使一天内有两场巡游表演，亦须整天穿着同一套戏服，对员工的健康及卫生有很大影响。

投诉者又指乐园采用的化妆油彩，出汗时容易溶化，更曾经有员工因颜料入眼而发炎。

◆ 合约未详列工作范围

职工联会立法会议员王国兴质疑迪斯尼利用合约漏洞，借词增加员工工作量，促请乐园清晰列明详细工作范围。

◆ 工时过长，缺乏休息

不少员工投诉工作时间过长，一般为10～13小时；扣除工时、往返公司的车程（共约3小时）、上班前的准备及下班后的执拾（约1小时），员工每天只余下7～10小时私人时间及睡眠时间。长时间的工作令员工身心疲惫及精力耗尽，更有员工因长工时而引致肌肉及肋骨劳损。

员工们希望迪斯尼把工时上限定为每天8小时，加班不得多于2小时，好让他们得到充分休息。

◆ 更表混乱，难以适从

很多员工投诉，迪斯尼的编更制度及人手安排极为混乱。

迟出更表：有员工在星期六下午才获通知翌日以后的更表。

更期极近：不少员工于深夜时分下班（如晚上11时），但翌日却需在清早上班（如早上6时），实在疲于奔命。

随意调动更期：有经理经常性随意调动员工更期，如在原定上班前15分钟才通知员工不用上班，白白浪费员工的时间及车资。

员工们希望迪斯尼每天的更期最少相隔12小时；若公司欲调动更期，需最少三天前询问员工，并获其同意下方可更改；并在五日前通知员工新的更表，让员工适当计划私人时间。

◆ 休息时间及设施不足

员工工作4小时后，理应享有15分钟休息，但由于人手不足，此安排经常不能兑现。就算获安排休息，但扣除往返休息室的时间，实际休息时间只有5～9分钟。另外，员工休息室设施（如座位、微波炉及雪柜）十分不足。此种种皆影响员工的工作状态及情绪，更直接影响服务质量。

职工联会要求迪斯尼严格执行每4小时休息15分钟的政策，让他们可补充体力；参考外国迪斯尼的做法，休息时间由员工到达休息室起计算；同时希望扩大员工休息室空间并增加设施。

◆ 人手不足，需增聘全职

由于工作待遇不理想，很多员工已经萌生去意，甚或辞去工作，因而导致人手极为紧张。据知餐饮部已聘请兼职工，清洁服务部已外判部分工作；但这并未真正解决人手问题，相反令员工担心合约化、兼职化及外判化是公司的方向，因而打击员工的士气及进一步扰乱军心。

员工们希望迪斯尼尽快增聘全职员工，停止聘用兼职工及外判工作，以舒缓人手压力及提升员工士气。

✧ 用膳安排不理想

员工的用膳时间只有45分钟，这跟一小时用膳的常规有别；员工用膳仓促，容易造成精神紧张及消化不良，直接影响其工作表现。香港一般工作的用膳时间均包括于工时内，为员工提供膳食几乎是全饮食业界的行规，但迪斯尼未提供这些正常的工作待遇，不禁令人失望。

员工们希望迪斯尼融入本地文化，提供有薪用膳、把用膳时间增长至1小时，并为餐饮业员工提供膳食。

✧ 交通安排欠妥善，更期难以配合

迪斯尼的位置偏远，良好的交通安排对员工而言极为重要，然而迪斯尼在这方面却未臻完善：

员工只能享有地铁乘车优惠，可是很多员工上班也要乘搭其他交通工具，如巴士、九铁、西铁等，这笔交通费极为昂贵；虽然公司现有提供专线小巴服务，可是它只于荃湾及旺角两区上落客及经常延误，未能照顾在港岛及新界居住的员工；于地铁尾班车后下班的同事，交通遇上极大困难，因为公司专巴的车站太小、班次稀疏。

员工们希望管理方仿效其他香港公司，向员工提供更多的交通优惠；在新界、港岛及九龙其他地方增设更多专线小巴站、加密班次及正常化专巴的运作以免班次延误。

✧ 上司处事不公

香港迪斯尼开幕至今，工会接获最多的投诉乃上司处事不公平，所作决定往往没有合理原因，公司无理解雇，经理强硬要求签署警告信，经历修改更表后不通知员工，经理不批准有病员工求医，上司使用粗言秽语等。很多员工也因此感到受屈，有怨无路诉，有苦自己知。

✧ 管理层置若罔闻，员工投诉苦无渠道

有不少员工曾向管理层反映意见，但却得不到积极回应。一部分管理层态度恶劣，毫不体谅员工的辛劳，对其投诉更是置若罔闻。由于投诉苦无渠道，员工怨声载道，很多人已萌生去意，有的甚至毅然离开。

虽然公司声称有内部诉讼渠道接纳员工投诉（如人事部、CAC、Cast、Forum等），但不少员工反映，内部的调查机制并不能有效解决员工的问题，他们的意见及回应往往被忽略，有时听完员工意见后便不了了之。

但在美国的迪斯尼，员工申诉渠道与香港迪斯尼截然不同。在美国的迪斯尼，员工可向独立的调查委员会投诉，可与工会代表一同参与调查会议等，这些机制确保员工的投诉得到公平、公正及透明的处理，不会出现私相授受的情况。

✧ 香港迪斯尼与佛罗里达州迪斯尼申诉渠道比较

申诉步骤	香港迪斯尼	佛罗里达州迪斯尼
第一步： 员工如有申诉，首先向直属上司提出，并可邀请工会代表陪同约见。	员工的工会代表不可陪同出席会议	员工的工会代表可以陪同出席会议

续表

申诉步骤	香港迪斯尼	佛罗里达州迪斯尼
第二步： 如员工对调查结果不满，可向当地区经理申诉，并可邀请工会代表陪同约见。	员工的工会代表不可陪同出席	员工的工会代表可以陪同出席会议
第三步： 如员工对调查结果不满，可向雇员关系科人事部申诉，并可邀请工会代表陪同约见。	人事部乃投诉的最终裁决者。就算员工认为裁决不合理，也无法向独立及公平的第三者提出上诉。	若解决方案不能令员工满意，员工可以继续上诉，包括向第三者上诉
第四步： 如员工对结果不满，可向“工会以及调查委员会”申诉。该委员会由工会代表及公司代表组成。	不可以	可以
第五步： 如员工对调查结果不满，可向独立仲裁专员申诉，该专员由公司及工会共同委任。该仲裁结果为最终仲裁，公司、工会及员工均需遵从。	不可以	可以

为避免员工情绪的恶化，导致更严重的后果，职工联会现正进行“香港迪斯尼乐园申诉程序问卷调查”，以了解员工对现行申诉渠道的意见及向公司反映，希望员工能得到更合理的对待。

✧ 迪斯尼公司员工申诉抱怨情况调查表

1. 你在工作时，有否遇到认为不公平的事件？ □有（跳答2） □没有（跳答7）

2. 不公平的事件是关于什么的？发生次数是否频密？(请圈出合适答案)

上司对员工待遇有差异： 从没发生 很少发生 偶尔发生 经常发生

上司发放误导或错误消息： 从没发生 很少发生 偶尔发生 经常发生

上司于表现评估（PDP）的意见偏颇：从没发生 很少发生 偶尔发生 经常发生

上司以强硬手法迫令签署警告信： 从没发生 很少发生 偶尔发生 经常发生

上司以强硬手法迫使员工服从其不合理命令：

从没发生 很少发生 偶尔发生 经常发生

工作分配不平均： 从没发生 很少发生 偶尔发生 经常发生

上司不礼貌或粗言对待： 从没发生 很少发生 偶尔发生 经常发生

上司选择性执行公司规例： 从没发生 很少发生 偶尔发生 经常发生

3. 遇到不公平事件，你有什么感觉？(可作多项选择)

□感觉委屈 □感觉不公平 □影响工作士气 □感觉有怨无处诉、没有渠道申诉

□对公司的归属感减少 □其他

4. 遇到不公平事件后，你有没有向你的直属上司投诉？你是否满意他们的回应？

□曾投诉，但他没有采取任何行动（请注明事件________________）

□曾投诉，但他的回应并不令人满意（请注明事件及上司的跟进________________）

□曾投诉，他已完满解决事件（请注明事件及上司的跟进________________）

□不曾作出任何投诉（请注明事件____________________________________）

5. 除直属上司外，你有否曾向高级管理层（如部门经理、总监、人事部）或CAC投诉？你是否满意他们的回应？

曾向____投诉，但他没有采取任何行动（请注明事件____________________）

曾向____投诉，但他的回应并不令人满意（请注明事件及管理层跟进__________）

曾向____投诉，他已圆满解决事件（请注明事件及管理层的跟进____________）

6. 不曾作出任何投诉（跳答6）（请注明事件________________________）

7. 遇到不公平事件后，你为何不向直属上司、部门经理、总监、人事部或CAC投诉？（可作多项选择）

□感到效用不大　　□不了解如何进一步投诉　　□怕被上司追究或报复

□语言不通　　□免却麻烦　　□其他____________

8. 你认为向上司、部门经理、总监、人事部、CAC投诉或提意见是否是有效的申诉渠道？

□经常有效用　　□偶尔有效用　　□很少有效用　　□完全没有效用

9. 你为何认为向上司、经理、总监、人事部或CAC投诉不是经常有效用？（可作多项选择）

□管理层会偏帮管理层　　□管理层或CAC不能代表员工权益

□管理层不重视员工意见　　□管理层调查不认真

10. 你赞成员工有权邀请工会代表陪同出席公司关于惩罚性、纪律性或调查性的会议吗？

□赞成　　□部分赞成　　□没有意见　　□有保留　　□反对

11. 你赞成成立独立的申诉委员会，并由工会及公司共同委任独立第三者调查员工投诉吗？

□赞成　　□部分赞成　　□没有意见　　□有保留　　□反对

原因：______________________________

12. 你离职的原因是什么？（离职员工请填写、现职员工不需填写）（可作多项选择）

□投诉无门　　□对管理层感到心灰意冷　　□管理层偏帮管理层　　□个人理由

□员工意见不被重视　　□被公司解雇　　□管理层劝诱或以强硬手法迫令辞职

□管理层处事不公平

13. 你希望：

□知道更多有关申诉渠道的资料　　□协助推动改善香港迪斯尼的员工申诉渠道

其他意见____

受访者资料：

部门：____________职级：____________年龄：____________

现时工资：__________入职工资：__________是否工会会员：__________

工作时数：____________（每月/每天）全职/兼职长约/合约

对工作的意见：____

职工联会希望通过这次调查，深入地了解员工申诉过程中遇到的问题，并及时解决。同时，要求迪斯尼尽快就以上投诉作出跟进；并向部门发出跟进员工投诉的指引，要认真及积极处理支持员工成立工会，有效地为员工反映意见，成为公司与员工间的沟通桥梁。

迪斯尼的目标是追寻梦想、为大众带来欢欣，但其劳工政策却与此大相径庭，令满腔热诚的员工及大众感到十分失望。职工盟促请迪斯尼贯彻其梦想欢欣的政策，尊重劳工权益，不要制造虚假的欢乐。

思考题：

1. 如果你是香港迪斯尼的人力资源部负责人，面对员工抱怨的问题，你会通过哪些措施来化解员工的不满?

2. 通过与佛罗里达州迪斯尼的对比，分析香港迪斯尼申诉渠道的缺陷，并拟订一个切实可行的员工申诉渠道建设方案。

3. 你认为有效处理员工抱怨与申诉的意义是什么?

资料来源：香港职工会联盟. 2005-10. http://www.hkctu.org.hk/contentr.php? orgtopicid=366.

书面作业

1. 小张加入A公司快三个月了，职位是网络编辑。由于版面的需要，有时候他也要以记者的身份去采访和撰写稿件。一天，版面的主编找到公司的人事主管，决定终止小张的试用期，理由是他经常“选题不好”、“思路不清晰”、“文字表达都有问题”等。按公司的惯例，人事主管要通知当事人并谈话，试用期一方提出解除合同也是正常的事。

出乎意料的是，谈话一开始，小张就抱怨声声，并觉得处理太突然。一是觉得“自己做得不错呀，上了那么多稿子”；二是“我们主编从来也没有说过什么呀”，“快转正了才说我不行，太不公平了”。

最后，小张还是离开了公司，给大家留下了深深的思考……

情景假设：从小张身上发生的事，诊断公司在哪一个环节出了问题。如果你是小张的人事主管，你会怎么做?

2. 周兰是一家公司的人力资源部经理。今天她打开公司内部的申诉电子邮箱时，发现有一封行政部新员工张英写来的申诉信，她说行政部经理卓峰平时经常对她动手动脚，最近她的试用期就要满了，卓峰居然告诉她说，如果她不答应自己的要求，就别想得到好的评价。她忍无可忍，决定向公司反映自己遇到的问题，希望公司能够尽快解决。

试论述：如果你是周兰，你将如何处理这起申诉案?

3. 根据本章所学内容，选择一个比较熟知的企业，根据企业运营及人事情况，为此企业拟定一个切实可行的员工申诉制度（包括申诉方式、程序等）。

复习思考题

1. 根据对员工抱怨与申诉的理解，比较两者的异同。
2. 员工抱怨的特点是什么?
3. 根据员工抱怨对企业的作用，论述员工抱怨的两面性。
4. 建立健全申诉制度对企业的意义是什么?
5. 根据自己的理解，选择一个角度，论述员工抱怨的原因。
6. 在有无工会的情况下，员工的申诉程序一样吗? 请详细说明。
7. 处理员工抱怨分几步进行? 要遵循哪些原则?

参考文献

[1] BEMMELS B, RESHEF Y, STRATTON - DEVINE K. The roles of supervisors, employees, and stewards in grievance initiation. Industrial and Labor Relations Review, 1991: 15 - 30.

[2] DAY PALPH L, LAIRD LANDON. Toward a theory of consumer complaining behavior//ARCH G WOODSIDE, JAGIDSH N. SHETH, BENETT P D. Consumer and industrial buying behavior. New York: North - Holland. 1977: 426 - 437.

[3] GORDON M E, BOWLBY R C. Reactance and intentionality attributions as determinants of the intent to file a grievance. Personnel Psychology, 1989: 309 - 329.

[4] PHILIP LEWIS, ADRIAN THOMHILL MARK SUAUDERS. Employee relations: understanding the employment relationship. FT Prentice Hall, 2003: 281 - 310.

[5] SINGH JAGDIP. A typology of consumer dissatisfaction response styles. Journal of Retailing. Greenvale. 1990, 66 (1): 57.

[6] TORRINGTON D, HALL L. Human resource management. London: prentice Hall. 1998.

[7] 利维. "坚果岛效应": 当优秀团队误入歧途. 哈佛商业评论, 2001 (5).

[8] 曹艳春. 论职场性骚扰的雇主责任: 以雇主禁止性骚扰义务为中心. 燕山大学学报, 2007: 54 - 60.

[9] 程延园. 员工关系管理. 上海: 复旦大学出版社, 2004.

[10] 崔春雷. 对员工的抱怨有合理解释. 经营管理者, 2003 (11): 32 - 33.

[11] 和仁, 管家民. 人才三策. 西安: 西北大学出版社, 2006: 303 - 304.

[12] 李剑. 如何处理员工的抱怨. 管理科学文摘, 2001 (11).

[13] 李新建. 员工关系管理. 天津: 南开大学出版社, 2009.

[14] 路透. 日员工抱怨加班过多. 银川晚报, 2008 - 08 - 25 (6).

[15] 莫雪庆. 两名员工私下抱怨工资低被开除. 重庆晚报, 2007 - 9 - 29 (19).

[16] 曼佐尼, 巴索克斯. 制造失败综合征. 哈佛商业评论, 1989 (3).

[17] 王娟. 广告文案上的冲突. 新浪潮, 2005 (2).

[18] 魏秀丽. 员工管理实务. 北京: 机械工业出版社, 2008: 208 - 210.

[19] 吴慧青. 如何进行员工关系管理. 北京: 北京大学出版社, 2004: 23 - 24.

[20] 肖传亮, 童丽, 王贵军. 劳动关系管理. 大连: 东北财经大学出版社, 2008: 164 - 165.

[21] 赵洪利. 员工抱怨蝴蝶效应. 北京: 管理@人, 2005 (11): 74 - 75.

[22] 香港职工联会. 迪斯尼员工投诉待遇欠佳 [DB/OL]. (2005 - 10 - 5) [2009 - 10 - 20]. http://www.hkctu.org.hk/contentr.php? orgtopicid=366.

[23] 中国酒店招聘网. 部属抱怨不停如何解决 [EB/OL]. (2009 - 1 - 4) [2009 - 12 - 28] http://www.hoteljob.cn/a/20090104/3816034.shtml.

[24] 中国人力资源网. 员工满意度调查表 [DB/OL]. (2008 - 11 - 28) [2009 - 11 - 25]. http://blog.hr.com.cn/index.php/action-viewdownload-itemid-154859.html.

第9章 劳动关系解除与终止

本章学习内容

1. 劳动合同解除；
2. 劳动合同终止与续订；
3. 员工辞职管理；
4. 员工离职管理；
5. 企业裁员管理。

本章学习目标

1. 掌握劳动合同解除的过程；
2. 掌握劳动合同终止与续订的程序；
3. 了解员工辞职管理的内容；
4. 了解员工离职管理的方法；
5. 了解员工辞职与离职的区别；
6. 了解企业裁员管理的对策。

引导案例

解除劳动关系

陆小姐在某香港公司上海代表处工作仅1年多，就突遭全球金融危机，公司向陆小姐送达了解除劳动关系的通知。陆小姐为此要求公司支付解除劳动关系经济补偿金、代通知金及未签署书面劳动合同的双倍工资。日前，陆小姐的请求获得了上海静安区法院支持，由香港公司支付陆小姐解除劳动关系经济补偿金4 200元、代通知金2 800元和未签订书面劳动合同的双倍工资2.52万元。

2007年9月20日，陆小姐进入香港华贸公司上海代表处工作。去年11月中旬，香港公司上海代表处以“全球经济不景气，公司订单减少”为由，向陆小姐送达解除劳动关系的通知。因双方对支付解除劳动关系经济补偿金、代通知金及未签书面劳动合同的双倍工资发生争议，离职后的陆小姐向静安区劳动仲裁委申请仲裁，获得了裁决认可。

今年3月，不服裁决的香港公司向法院起诉称，陆小姐是香港公司上海代表处的雇员，该代表处的注册地及办公地均在延安中路某号，而香港公司的注册地及经营地均在南汇区。香港公司与香港公司上海代表处是两个独立的公司，唯一相关联的是香港公司上海代表处全体员工的社会保险费，都挂靠在香港公司处代缴。为此，原告认为双方不存在劳动关系，不该支付陆小姐裁决的各类款项。

法院认为，这家香港公司上海代表处是境外公司设立在沪的办事机构，在境内不得与劳动者直接建立劳动关系。尽管实际聘用陆小姐的单位为香港公司上海代表处，但该代表处通过香港公司为陆小姐办理招、退工手续，缴纳社会保险费并发放工资，香港公司与陆小姐存在劳动关系。

法院还认为，这家香港公司上海代表处解除了与陆小姐的劳动关系，未履行提前一个月通知的义务，应支付未提前30天通知的一个月工资2 800元及经济补偿金4 200元。同时，因公司没有与陆小姐签订书面劳动合同，违反了国家《劳动合同法》的相关规定，香港公司应支付陆小姐主张的聘用期间的双倍工资2.52万元。

出处：《新民晚报》

资料来源：冰城人才网. http://www.bcrcw.net/indexQuerySWZ.do? sid=5003. 2009-07-23.

劳动合同的解除与终止，标志着劳动关系的消灭。劳动关系的解除或终止可分为用人单位单方解除劳动合同、劳动者单方解除劳动合同和双方协商解除三种情况。表现形式包括员工辞职、离职或企业裁员等。本章主要介绍以上几部分内容。

9.1 劳动合同解除

劳动合同的解除，是指劳动合同在订立以后，尚未履行完毕或者未全部履行以前，由于合同双方或者单方的法律行为导致双方当事人提前解除劳动关系的法律行为。可分为协商解除、法定解除和约定解除三种情况。

9.1.1 协商解除劳动合同

协商解除劳动合同，是指用人单位与劳动者在完全自愿的情况下，互相协商，在彼此达成一致意见的基础上提前终止劳动合同的效力。

我国《劳动合同法》第36条规定："用人单位与劳动者协商一致，可以解除劳动合同。"此为协商解除劳动合同，即双方当事人是合意的前提下，可以作出与原来合同内容不同的约定，这种约定可以是变更合同相关内容，也可以是解除劳动合同关系。双方当事人一旦就劳动合同的解除协商达成一致，并签订书面解除合同协议，就产生了双方劳动合同关系完结的法律效力。

劳动合同依法订立后，双方当事人必须履行合同义务，遵守合同的法律效力，任何一方不得因后悔或者难以履行而擅自解除劳动合同。但是，为了保障用人单位的用人自主权和劳动者劳动权的实现，规定在特定条件和程序下，用人单位与劳动者在协商一致且不违背国家利益和社会公共利益的情况下，可以解除劳动合同，但必须符合以下几个条件：

① 被解除的劳动合同是依法成立的有效的劳动合同；

② 解除劳动合同的行为必须是在被解除的劳动合同依法订立生效之后、尚未全部履行之前进行；

③ 用人单位与劳动者均有权提出解除劳动合同的请求；

④ 在双方自愿、平等协商的基础上达成一致意见，可以不受劳动合同中约定的终止条件的限制。

协商解除劳动合同过程中，用人单位需要注意的是按照《劳动合同法》第46条第（二）项和《违反和解除劳动合同的经济补偿办法》的规定，如果是用人单位提出解除劳动合同的，应依法向劳动者支付经济补偿金。

案例

协议解除劳动合同的经济责任

林先生在A私营公司已经六年多了，月工资为1 500元。因为公司改变了经营范围，有几个岗位均不适合林先生工作，林先生在公司没有具体事情干，就打杂，哪里需要人手就去帮忙。公司出钱对林先生进行了业务培训，可是林先生仍然不能适应工作的需要。赵经理找到林先生谈心。公司认真协商之后，要求与林先生协商解除劳动合同，林先生认为公司的提议有道理，故而同意与公司协议解除劳动合同。赵经理认为林先生是个好人，对公司有过贡献，对解除劳动合同有些过意不去，决定给林先生2 000元作为慰问金，林先生表示感谢公司的厚爱，非常满意地离开了公司。后来，林先生听朋友说根据国家的有关规定，可以得到公司补助三个月的工资，有近4 500元，林先生就去找赵经理。协商不成，便一纸诉状将公司告上了劳动仲裁委员会。那么，林先生的申请能得到法律的支持吗？协议解除合同以后，公司还应该承担经济赔偿吗？

如果是一般的合同，双方达成合意，协商解除合同，并按照协商的内容执行完毕，一方重新反悔，如无"重大误解"等特殊理由，很难得到法院的支持。但是，劳动合同就不一样了。劳动法是属于社会法范畴，对处于弱势的劳动者群体给予倾斜保护。根据劳动部1994年12月3日发布的劳部发［1994］481号文件《违反和解除劳动合同的经济补偿办法》第5条的规定，"经劳动合同当事人协商一致，由用人单位解除劳动合同的，用人单位应当根据劳动者在该单位的工作年限，每满一年发给相当于一个月工资的经济补偿金，但最多不超过12个月。工作时间不满一年的，按照一年的标准对劳动者发给经济补偿。"该规定明确即便是协商解除劳动合同，但只要是单位提出来的，都要按照上述标准给予经济补偿。所以，该私营公司只给予林先生2 000元作为解除劳动合同的经济补偿，与法不符，由于林先生已在公司工作了六年多，那么公司与林先生协商解除劳动合同，依法应该支付给其7个月的工资，也就是10 500元作为经济补偿金。

劳动法之所以规定在协商一致的情况下，用人单位与劳动者解除劳动合同，单位也要按照法定标准承担支付经济补偿金的责任，是因为劳动者因单位方面的原因，需要重新寻找其他工作，找工作需要时间，在没有工作期间，劳动者没有收入，单位需要弥补劳动者这段时间的损失。补偿的标准是以劳动者的月工资为标准，补偿的年限是根据劳动者在该单位的工作年限，由于劳动者在单位工作年限越长，对单位的贡献也越大，相应地，单位需要承担的补偿责任也就越大。

《劳动合同法》对于经济补偿金有新的规定，倾斜保护弱势劳动者。第47条规定："经济补偿按劳动者在本单位工作的年限，每满一年支付一个月工资的标准向劳动者支付。

六个月以上不满一年的，按一年计算；不满六个月的，向劳动者支付半个月工资的经济补偿。劳动者月工资高于用人单位所在直辖市、社区的市级人民政府公布的本地区上年度职工月平均工资三倍的，向其支付经济补偿的标准按职工月平均工资三倍的数额支付，向其支付经济补偿的年限最高不超过十二年。本条所称月工资是指劳动者在劳动合同解除或者终止前十二个月的平均工资。”

资料来源：中顾合同纠纷网. http://news.9ask.cn/htjf/htzhongzhi/htjc/200904/173483.html, 2009-04-27.

9.1.2 劳动者单方解除劳动合同

我国《劳动合同法》赋予劳动者辞职权，劳动者有权单方提出要求解除劳动合同。劳动者与用人单位解除劳动合同，可以分为两种情况：一是由于劳动者自身的主观原因，想要提前解除劳动合同；二是由于单位的过错，而使劳动者不得不与之解除劳动合同的情况。

在第一种情况下，《劳动合同法》第37条规定：“劳动者提前三十日以书面形式通知用人单位，可以解除劳动合同。劳动者在试用期内提前三日通知用人单位，可以解除劳动合同。”这样的规定有利于劳动者根据自身的能力、特长、志趣爱好来选择最适合自己的职业，充分发挥劳动者自身潜能，从而有利于实现劳动力资源的合理配置。

劳动者在行使解除劳动合同权利的同时，必须遵守法定的程序，主要体现在两个方面。

(1) 遵守解除预告期

规定劳动合同的解除预告期，是各国劳动立法的通行做法。劳动者在享有解除劳动合同自主权的同时，也应当遵守解除合同预告期，即应当提前三十天通知用人单位才能有效，也就是说劳动者在书面通知用人单位后还应继续工作至少三十天，这样便于用人单位及时安排人员接替其工作，保持劳动过程的连续性，确保正常的工作秩序，避免因解除劳动合同影响企业的生产经营活动，给用人单位造成不必要的损失。同时，这样也使劳动者解除劳动合同合法化。否则，将会构成违法解除劳动合同，而将可能承担赔偿责任。

(2) 书面形式通知用人单位

无论是劳动者还是用人单位，在解除劳动合同时，都必须以书面形式告知对方。因为这一时间的确定直接关系到解除预告期的起算时间，也关系到劳动者的工资等利益，所以必须采用慎重的方式来表达。

《劳动合同法》第37条还对劳动者在试用期内与用人单位解除劳动合同作了规定。试用期既是用人单位对新招收职工各方面的情况进行考察的期限，看劳动者是否具备录用条件，也是新招收职工用以考察用人单位的劳动条件、劳动报酬是否符合劳动合同规定的选择期限。在试用期内，劳动者与用人单位的劳动关系处于一种不确定状态，劳动者对是否与用人单位建立正式的劳动关系仍有选择的权利。为此，劳动者在试用期内，发现用人单位的实际情况与订立劳动合同时所介绍的实际情况不相符合，或者发现自己不适于从事该工种工作，以及存在其他不能履行劳动合同的情况，劳动者无须任何理由，可以通知用人单位予以解除劳动合同，但应提前三日通知用人单位，以便用人单位安排人员接替其工作。如果劳动者违反法律法规规定的条件解除劳动合同，给用人单位造成经济损失的，还应当承担赔偿责任。劳动者提出解除劳动合同的，用人单位可以不给付经济补偿金。

在第二种情况下，《劳动合同法》第38条规定："用人单位有下列情形之一的，劳动者可以解除劳动合同：（一）未按照劳动合同约定提供劳动保护或者劳动条件的；（二）未及时足额支付劳动报酬的；（三）未依法为劳动者缴纳社会保险费的；（四）用人单位的规章制度违反法律、法规的规定，损害劳动者权益的；（五）因本法第二十六条第一款规定的情形致使劳动合同无效的；（六）法律、行政法规规定劳动者可以解除劳动合同的其他情形。用人单位以暴力、威胁或者非法限制人身自由的手段强迫劳动者劳动的，或者用人单位违章指挥、强令冒险作业危及劳动者人身安全的，劳动者可以立即解除劳动合同，不需事先告知用人单位。"

本条是关于因用人单位的过错劳动者可以解除劳动合同的规定。目前社会上一些用人单位，任意克扣职工工资，停发、少发甚至完全不发工资，不为职工缴纳社会保险费，有的用人单位为了赚钱不顾劳动者死活，让职工在有毒气体、无防护设备等恶劣的生产环境下劳动，导致职工中毒生病、死亡或残废。针对这种情况，为保护劳动者的合法权益，《劳动合同法》明确规定劳动者享有特别解除权，可无条件与用人单位解除劳动合同。

特别解除权是劳动者无条件单方解除劳动合同的权利，是指如果出现了法定的事由，劳动者无须向用人单位预告就可通知用人单位解除劳动合同。由于劳动者行使特别解除权往往会给用人单位的正常生产经营带来很大的影响，所以，法律或者立法者在平衡保护劳动者与企业合法利益基础上对此类情形作了具体的规定，只限于在用人单位有过错行为的情况下，允许劳动者行使特别解除权。

案例

1999年7月，刘某从某矿冶学校毕业后，被某有色金属矿山企业录用，并签订了5年期劳动合同。劳动合同中约定，刘某负责指导一线开采工作，企业提供必要的劳动保护条件，工资待遇与企业管理人员相同。刘某工作后，企业为刘某提供了半年的培训，然后按劳动合同约定安排到一线工作，但一直没有提供相应的劳动保护设备。刘某找到企业负责人，答复说刘某是按管理人员对待的，不是真正的一线工人，不能像一线工人那样领取劳动保护设备，由于工作需要，也无法享受企业机关科室人员的工作环境。刘某认为企业的这种做法违反了劳动合同中关于劳动条件的约定，提出解除劳动合同。企业则提出，如果刘某擅自解除劳动合同，应按照劳动部《违反〈劳动法〉有关劳动合同规定的赔偿办法》（劳部发〔1995〕223号）第四条规定，赔偿企业录用和培训费用。刘某不服，到当地劳动争议仲裁委员会申诉，劳动争议仲裁委员会审理后裁定：企业违反了劳动合同中关于劳动条件的规定，刘某可以解除劳动合同，不需支付赔偿费用。

资料来源：劳动合同法网. http://www.ldht.org/Html/case/al/959605.html.

9.1.3 用人单位单方解除劳动合同

《劳动合同法》在赋予劳动者单方解除权的同时，也赋予用人单位对劳动合同的单方解除权，以保障用人单位的用工自主权，但为了防止用人单位滥用解除权，随意与劳动者解除劳动合同，立法上严格限定企业与劳动者解除劳动合同的条件，保护劳动者的劳动权。禁止用人单位随意或武断地与劳动者解除劳动合同。《劳动合同法》中对用人单位单方解除劳动合同的问题，做了比较明确的规定。

(1) 因劳动者过失而解除劳动合同

《劳动合同法》第39条规定："劳动者有下列情形之一的，用人单位可以解除劳动合同：(一) 在试用期间被证明不符合录用条件的；(二) 严重违反用人单位的规章制度的；(三) 严重失职，营私舞弊，给用人单位造成重大损害的；(四) 劳动者同时与其他用人单位建立劳动关系，对完成本单位的工作任务造成严重影响，或者经用人单位提出，拒不改正的；(五) 因本法第二十六条第一款规定的情形（以欺诈、胁迫的手段或者乘人之危，使对方在违背真实意思的情况下订立或者变更劳动合同的）致使劳动合同无效的；(六) 被依法追究刑事责任的。"

上述几种情况的劳动合同解除，均是因劳动者的过错造成的，所以，用人单位在解除劳动合同时，不需提前通知，也无须向劳动者支付解除劳动合同的补偿金。

案例

2004年10月10日，王某与玩网咨询公司签订劳动合同，出任该公司技术部经理，月工资人民币5 850元。在合同履行过程中，双方于2005年7月重新签订为期1年的劳动合同，约定聘任王某担任公司的首席运营官一职，月工资人民币1万元。

2006年6月12日，玩网咨询公司向王某发出《员工解除合同通知》，提前解除了合同，炒了王某的"鱿鱼"，理由是王某在外与人投资开办一家数码科技公司还兼任监事一职，此举违反了《劳动合同法》规定。王某不服公司该决定，在经过劳动仲裁后的2006年9月下旬起诉到法院，认为自己好端端地干着首席运营官工作，却遭公司提前解除合同并予以辞退，要求公司支付2006年6月份工资1万元及25%的经济补偿金2 500元；支付未提前30日通知解除劳动合同的一个月工资人民币1万元；支付解除劳动合同的经济补偿金人民币2万元及50%额外经济补偿金1万元。

法庭上，玩网咨询公司辩称，王某违反劳动合同约定，在外与人投资开办一家数码科技公司还兼任监事一职。由于两家公司业务相同，王某将玩网公司的业务信息泄露给了那家公司，该行为严重违反了公司劳动纪律，公司有权提前解除王某合同。公司认同支付王某2006年6月份工资1万元，但不愿承担未提前30日通知王某即解除劳动合同所应支付的一个月工资1万元及其他任何赔偿。公司还提供与王某签订的劳动合同，约定"非经公司书面同意，王某不得受聘于其他任何机构和从事第二职业"。"严重违反公司劳动纪律及规章制度的，公司可以随时解除劳动合同"。

玩网咨询公司还佐证，向法院还提供从金山工商分局调取的数码科技公司登记材料。这家公司于2005年5月30日经核准成立，以股东身份在册的王某出资20万元，兼任公司的监事一职。

面对玩网咨询公司出具的材料，王某确认自己是该公司股东，但表示股东会决定由自己担任监事一职，事先并不知情也未签字。还说即使自己是该公司的监事，也与玩网咨询公司不会产生任何利害冲突。

法院认为，首先，王某作为某数码科技公司的股东，对该公司股东决议决定由他担任监事应当知晓，特别是股东会决议是公司递交工商登记材料在工商局备案，具有公示的效力。

其次，王某投资数码科技公司所经营范围与玩网咨询公司业务上有重合，况且在未经玩网咨询公司同意下出任数码科技公司的监事一职，这势必要王某将一部分精力投入该公司工作中。

再次，玩网咨询公司没有如期支付王某工资的行为，尚不符合法律规定的“克扣或者无故拖欠劳动者工资”，应加付25%经济补偿金的情形。遂法院判决除玩网咨询公司在庭审中自愿同意支付2006年6月份工资人民币1万元外，对王某其他的诉讼请求均判决不予支持。

资料来源：李鸿光. 法院网. http://www.ldht.org/Html/case/case/66747000.html. 2007-05-01.

（2）无过失情况下解除劳动合同

《劳动合同法》第40条规定：“有下列情形之一的，用人单位提前三十日以书面形式通知劳动者本人或者额外支付劳动者一个月工资后，可以解除劳动合同：（一）劳动者患病或者非因工负伤，在规定的医疗期满后不能从事原工作，也不能从事由用人单位另行安排的工作的；（二）劳动者不能胜任工作，经过培训或者调整工作岗位，仍不能胜任工作的；（三）劳动合同订立时所依据的客观情况发生重大变化，致使劳动合同无法履行，经用人单位与劳动者协商，未能就变更劳动合同内容达成协议的。”

本条是关于无过失性辞退的规定。用人单位根据劳动合同履行中客观情况的变化而解除劳动合同。这里的客观情况既包括用人单位的原因，也有劳动者自身的原因。前者可能是由于经营上的原因发生困难、亏损或业务紧缩；也可能因为市场条件、国际竞争、技术革新等造成工作条件的改变而导致使用劳动者数量下降。后者则可能是由于原本胜任的工作在用人单位采取自动化或新生产技术后不能胜任，或者是因为身体原因不能胜任。本条对因客观情况变化导致劳动合同解除，规定了“提前通知”或“额外支付劳动者一个月工资”。目的在于对劳动者的保护，为劳动者寻找新的工作提供必要的时间保障。

（3）因客观情况变化解除劳动合同

除此之外，《劳动合同法》第41条规定：“有下列情形之一，需要裁减人员二十人以上或者裁减不足二十人但占企业职工总数百分之十以上的，用人单位提前三十日向工会或者全体职工说明情况，听取工会或者职工的意见后，裁减人员方案经向劳动行政部门报告，可以裁减人员：（一）依照企业破产法规定进行重整的；（二）生产经营发生严重困难的；（三）企业转产、重大技术革新或者经营方式调整，经变更劳动合同后，仍需裁减人员的；（四）其他因劳动合同订立时所依据的客观经济情况发生重大变化，致使劳动合同无法履行的。”

“裁减人员时，应当优先留用下列人员：（一）与本单位订立较长期限的固定期限劳动合同的；（二）与本单位订立无固定期限劳动合同的；（三）家庭无其他就业人员，有需要扶养的老人或者未成年人的。用人单位依照本条第一款规定裁减人员，在六个月内重新招用人员的，应当通知被裁减的人员，并在同等条件下优先招用被裁减的人员。”

劳动者出现上述几种情况，用人单位决定单方解除劳动合同时，应按《劳动合同法》的规定提前三十日通知劳动者，并支付解除劳动合同的经济补偿金。

案例

黄某，女，25岁，系穗兴服装公司的车缝工，1994年5月9日入该单位，原从事个体经营而未入过单位工作，其与单位签订劳动合同三年。1995年4月20日梁某左眼患了黄斑变性，经治疗病情虽然稳定，但视力只有0.5，不能矫正。黄某9岁时右眼受过伤，现矫正视力只有0.1，由于她视力差，不能从事原车缝工作，单位另安排她当门卫，但她认为不适合而不上岗，故单位在其医疗期届满后的第10天（即同年7月30日）解除其劳动合同。黄某认为单位没有预先通知她就解除劳动合同的做法违反《中华人民共和国劳动法》，遂与单位发生争议。

按《劳动合同法》第四十条规定："有下列情形之一的，用人单位提前三十日以书面形式通知劳动者本人或者额外支付劳动者一个月工资后，可以解除劳动合同：（一）劳动者患病或者非因工负伤，在规定的医疗期满后不能从事原工作，也不能从事由用人单位另行安排的工作的"；又根据劳动部发〔1994〕479号《企业职工患病或非因工负伤医疗期规定》中"实际工作年限十年以下的，在本单位工作年限五年以下的，企业应给予员工三个月的医疗期"的规定，单位给黄某三个月的停工医疗期是正确的。按黄某的身体及单位的实际情况，单位是可以在黄某医疗期满后解除其劳动合同的，但单位应提前30日以书面形式通知黄某，方可解除其劳动合同。此外，在额外支付黄某一个月工资后，用人单位也可接解除劳动合同。

资料来源：劳动合同法网. http://www.ldht.org/Html/case/al/3973177762.html.

案例

王某等26名职工与某商场签订了劳动合同，在劳动合同履行中，该商场以经营亏损为由，于2000年5月辞退王某等26名职工。王某等人遂向当地劳动保障局的劳动保障监察机构举报，请示纠正该商场的错误行为，维护自己的权益。劳动保障监察机构在接到王某等人的举报后，经多次深入调查取证，查明该商场不具备企业经济性裁减人员法定条件，又违反了企业经济性裁减人员法定程序，在此前提下，单方解除王某等26名职工的劳动合同，属违约行为，并责令该商场限期改正。该商场在劳动保障监察机构规定的期限内撤销了辞退王某等26名职工的决定，恢复了王某等人的工作，补发王某等人的工资并为其补缴了社会保险费。

这是一起因用人单位违反经济性减员法律规定，擅自解除劳动合同的案件。《劳动合同法》第四十一条规定："有下列情形之一，需要裁减人员二十人以上或者裁减不足二十人但占企业职工总数百分之十以上的，用人单位提前三十日向工会或者全体职工说明情况，听取工会或者职工的意见后，裁减人员方案经向劳动行政部门报告，可以裁减人员：（一）依照企业破产法规定进行重整的；（二）生产经营发生严重困难的；（三）企业转产、重大技术革新或者经营方式调整，经变更劳动合同后，仍需裁减人员的；（四）其他因劳动合同订立时所依据的客观经济情况发生重大变化，致使劳动合同无法履行的。"根据《劳动法》和《企业经济性裁减人员规定》（劳部发〔1994〕447号）的有关规定，用人单位在裁减人员时应当遵循下列原则：（1）原因法定原则，即用人单位裁减人员必须出于法律规定的原因；（2）程序合法原则，这是指用人单位裁减人员时必须经过法律所规定的程序。①提前三十日向工会或者全体职工说明情况，并提供有关生产经营状况的资料。②提出裁减人员方案，内容包括：被裁减人员名单，裁减时间及实施步骤，符合法律、法规规定和集体合同约定的被裁减人员经济补偿办法。③将裁减人员方案征求工会或者全体职工的意见，并对方案进行修改和完善。④向当地劳动行政部门报告裁减人员方案以及工会或者全体职工的意见，并听取劳动行政部门的意见。⑤由用人单位正式公布裁减人员方案，与被裁减人员办理解除劳动合同手续，按照有关规定向被裁减人员本人支付经济补偿金，出具裁减人员证明书。

某商场解除王某等26名职工劳动合同时，不具备上述法定条件，也未履行法定程序，严重违反经济性裁员有关法律规定，侵害了王某等26名职工的合法权益。劳动保障监察机构依法对某商场作出责令限期改正的决定是完全正确的。

资料来源：劳动合同法网. http://www.ldht.org/Html/case/al/73183981216146.html.

(4) 用人单位不得解除劳动合同的规定

对于《劳动合同法》第40条、第41条规定的情形，《劳动合同法》第42条作了特别规定："劳动者有下列情形之一的，用人单位不得依照本法第四十条、第四十一条的规定解除劳动合同：(一) 从事接触职业病危害作业的劳动者未进行离岗前职业健康检查，或者疑似职业病病人在诊断或者医学观察期间的；(二) 在本单位患职业病或者因工负伤并被确认丧失或者部分丧失劳动能力的；(三) 患病或者非因工负伤，在规定的医疗期内的；(四) 女职工在孕期、产期、哺乳期的；(五) 在本单位连续工作满十五年，且距法定退休年龄不足五年的；(六) 法律、行政法规规定的其他情形。"

根据《劳动合同法》第39条、第40条、第41条的规定，出现法定情形时，用人单位可以单方解除劳动合同。为保护一些特定群体劳动者的合法权益，《劳动合同法》第42条同时又规定在六类法定情形下，禁止用人单位根据劳动合同法第40条、第41条的规定单方解除劳动合同。对该规定的理解需注意以下两个方面：一是本条禁止的是用人单位单方解除劳动合同，并不禁止劳动者与用人单位协商一致解除劳动合同；二是本条的前提是用人单位不得根据《劳动合同法》第40条、第41条解除劳动合同，但是，如果由于劳动者的过错，出现了《劳动合同法》第39条规定的任一情形，用人单位仍可以与劳动者解除劳动合同。

案例

2002年9月，刘娟（化名）从职业高中毕业后被A服装厂招收，与该厂签订了8年期限的劳动合同。2004年6月，厂里见刘娟工作认真，选送其与另外两名女工在一家培训机构学习服装裁剪三个月。学习结束后，刘娟在该厂承担服装裁剪工作。由于刘娟学习时间短，该厂服装品牌又多，所裁剪的服装有时出现尺寸不准确、缝制后出现不合格等技术问题。2005年9月，该厂以刘娟不胜任工作，给厂里造成经济损失为由解除其劳动合同。刘娟向厂里说，自己已怀孕5个多月，厂里不能解除劳动合同。该厂认为不胜任工作可以解除合同，坚持原决定不变。刘娟不服，向当地劳动争议仲裁委员会提出申诉，请求撤销该厂解除其劳动合同的决定。仲裁委员会受理后，经调查，刘娟不能胜任工作和已怀孕5个多月，情况均属实。经仲裁委调解，该服装厂撤销了解除刘娟劳动合同的决定。

"这是一起怀孕女工不服企业解除劳动合同决定而引发的劳动争议案件，经仲裁机构调解得到了解决。"昆泰律师事务所的赵律师分析说。

赵律师认为，本案中，A服装厂解除怀孕女工刘娟劳动合同是违反法律规定的。《劳动合同法》第四十二条作了特别规定："劳动者有下列情形之一的，用人单位不得依照本法第四十条、第四十一条的规定解除劳动合同：（一）从事接触职业病危害作业的劳动者未进行离岗前职业健康检查，或者疑似职业病病人在诊断或者医学观察期间的；（二）在本单位患职业病或者因工负伤并被确认丧失或者部分丧失劳动能力的；（三）患病或者非因工负伤，在规定的医疗期内的；（四）女职工在孕期、产期、哺乳期的；（五）在本单位连续工作满十五年，且距法定退休年龄不足五年的；（六）法律、行政法规规定的其他情形。"这是《劳动合同法》对女职工的特殊劳动保护。该服装厂未能执行《劳动合同法》这一规定，在刘娟明示已怀孕5个多月的情况下，仍坚持解除劳动合同，显然是错误的。

资料来源：北京劳动保障网. http://www.bjld.gov.cn/tszl/ldzc/t20070316_402243565.htm. 2007-03-17.

(5) 劳动合同解除中工会所发挥的作用

另外，《劳动合同法》第43条规定："用人单位单方解除劳动合同，应当事先将理由通知工会。用人单位违反法律、行政法规规定或者劳动合同约定的，工会有权要求用人单位纠正。用人单位应当研究工会的意见，并将处理结果书面通知工会。"

本条是关于工会在用人单位解除劳动合同中发挥监督职责的规定。工会是维护劳动者合法权益的群众组织，用人单位单方解除劳动合同，应当事先将理由通知工会。用人单位违反法律、行政法规规定或者劳动合同约定的，工会有权要求用人单位纠正。

9.2 劳动合同终止与续订

9.2.1 劳动合同终止

(1) 劳动合同终止的定义

在法学理论上，劳动合同终止是指劳动合同的法律效力依法被消灭，即劳动关系由于一定法律事实的出现而终结，劳动者与用人单位之间原有的权利义务不再存在。但是，劳动合同终止，原有的权利义务不再存在，并不是说劳动合同终止之前发生的权利义务关系消灭，而是说合同终止之后，双方不再执行原劳动合同中约定的事项，如用人单位在合同终止前拖欠劳动者工资的，劳动合同终止后劳动者仍可依法请求法律救济。

我国合同法上劳动合同终止包括合同解除的情形，我国劳动法学界也一直对劳动合同终止与解除的关系存在争议，有"并列说"和"包容说"两种观点。1994年《劳动法》第23条规定，劳动合同期满或者当事人约定的劳动合同终止条件出现，劳动合同即行终止。显然，劳动法确立了劳动合同终止与解除的"并列说"。

(2) 劳动合同终止与解除的区别

考虑到劳动合同终止与解除存在以下几方面的不同，《劳动合同法》延续了《劳动法》并列说的做法。第一，阶段不同。劳动合同终止是劳动合同关系的自然结束，而解除是劳动合同关系的提前结束。第二，结束劳动关系的条件都有约定条件和法定条件，但具体内容不同。劳动合同终止的条件中，约定条件主要是合同期满的情形，而法定条件主要是劳动者和用人单位主体资格的消灭。劳动合同解除的条件中，约定条件主要是协商一致解除合同情形，而法定条件是一些违法违纪违规等行为。第三，预见性不同。劳动合同终止一般是可以预见的，特别是劳动合同期满终止的，而劳动合同解除一般不可预见。第四，适用原则不同。劳动合同终止受当事人意思自治的程度多一点，一般遵循民法的原则和精神，而劳动合同的解除受法律约束的程度较高，更多地体现社会法的性质和国家公权力的介入，体现对劳动者的倾斜保护。

(3) 劳动合同终止的条件

实践中劳动合同终止的情形比较多，而劳动法仅规定了两类终止的情形，包括劳动合同期满和双方约定的终止条件出现，显然过于简单。因此劳动合同法在制定过程中借鉴了各地立法中有关劳动合同终止情形的具体规定，对劳动合同终止情形做了进一步细化。《劳动合同法》第 44 条规定："有下列情形之一的，劳动合同终止：（一）劳动合同期满的；（二）劳动者开始依法享受基本养老保险待遇的；（三）劳动者死亡，或者被人民法院宣告死亡或者宣告失踪的；（四）用人单位被依法宣告破产的；（五）用人单位被吊销营业执照、责令关闭、撤销或者用人单位决定提前解散的；（六）法律、行政法规规定的其他情形。

被终止劳动合同的罗敏

罗敏自 2000 年 8 月起就在泰海机械厂工作，到现在算是泰海机械厂的老员工了，他的第一次劳动合同期限为 3 年，从 2000 年 8 月 1 日至 2003 年 7 月 31 日，第二次劳动合同期限为 5 年，从 2003 年 8 月 1 日至 2008 年 7 月 31 日，工资标准为每月 4 000 元。近年来，厂子引进了不少人才，他们不仅学历高，而且脑子灵活、干活利索。罗敏感到工作有些压力，眼看厂子和他的劳动合同马上就要到期，如果厂子不再和他续签劳动合同，他只能另谋出路。无意间，他从电台里听说新出台的《劳动合同法》有了新规定，像自己这样连续订立过两次固定期限劳动合同的劳动者，可以向用人单位提出续订无固定期限劳动合同，用人单位没有拒绝的权利。听到这条规定，罗敏好像吃了定心丸，觉得自己可以继续在厂子工作下去。就在这时候，厂子劳资科却于 7 月底向他发出了终止劳动合同通知书。原来，为了减员增效，厂子以解聘或终止的名义与许多工人终结了劳动关系。一些工友们拿到了经济补偿金，而罗敏却没有得到一分钱的补偿。他心里十分不平衡，就到劳资科讲理，要求签订无固定期限劳动合同，要求平等待遇。劳资科科长告诉罗敏，他对《劳动合同法》理解得并不正确，他没有权利要求订立无固定期限劳动合同。至于为什么不向他支付经济补偿金，是由于单位与他之间是终止劳动合同而非解除劳动合同，那些被解除劳动合同的工友才有权利领取经济补偿金。罗敏感到又困惑又委屈。

到底是罗敏对法律理解错误，还是泰海机械厂对法律认识不全面呢？

法官说法：

劳动合同的解除与终止在法律上有着十分鲜明的界限。这个案例的焦点问题在于用人单位何种情况下可行使终止劳动合同的权利？终止劳动合同与解除劳动合同的区别是什么？用人单位行使终止权是否也应该支付经济补偿金？

提示点 1：劳动合同终止的情形

劳动合同终止与解除是不同的法律概念，所谓劳动合同的终止，是指用人单位与劳动者所确立的劳动关系终结，具体来说是指劳动合同解除以外，劳动合同法律效力归于消灭的法定情形。

《劳动合同法》第44条规定："有下列情形之一的，劳动合同终止：(1) 劳动合同期满的；(2) 劳动者开始依法享受基本养老保险待遇的；(3) 劳动者死亡，或者被人民法院宣告死亡或者宣告失踪的；(4) 用人单位被依法宣告破产的；(5) 用人单位被吊销营业执照、责令关闭、撤销或者用人单位决定提前解散的；(6) 法律、行政法规规定的其他情形。"

提示点2：劳动合同终止与解除的区别

劳动合同终止与劳动合同解除是两个完全不同的法律概念。劳动合同终止，是指劳动合同期限届满或者有其他符合法律规定的情形出现导致劳动合同关系终结。按照《劳动合同法》的规定，劳动合同的终止只有法定情形的终止，而不能有约定条件下的终止。劳动合同解除是指劳动合同订立后，尚未全部履行以前，由于某种原因导致劳动合同一方或双方当事人提前消灭劳动关系的法律行为。劳动合同的解除分为法定解除和约定解除两种。

通过上述分析可以看出，本案中泰海机械厂是因与罗敏劳动合同期限届满而终止劳动合同，并非解除劳动合同，故泰海机械厂于2008年7月向罗敏送达终止通知书，是符合法律规定的。

提示点3：用人单位终止劳动合同应付的经济补偿与义务

《劳动合同法》规定，一般情况下，因劳动合同期限届满而终止劳动合同的情形，用人单位应向劳动者支付经济补偿金。除非用人单位已经向劳动者提出续订劳动合同，且续订劳动合同的条件维持或者提高原条件，在此情况下劳动者仍不同意续订劳动合同的，可以免除用人单位支付经济补偿金的义务。

此外，用人单位被依法宣告破产的以及用人单位被吊销营业执照、责令关闭、撤销或者用人单位决定提前解散而导致劳动合同终止的，由于劳动合同终止的情形完全由于用人单位的原因引起，故用人单位均应支付经济补偿金。

经济补偿金的计算按劳动者在本单位工作的年限，每满一年支付一个月工资的标准向劳动者支付。六个月以上不满一年的，按一年计算；不满六个月的，向劳动者支付半个月工资的经济补偿。

此外，用人单位终止了与劳动者的劳动合同后，应当在终止的同时出具终止劳动合同证明，并在十五日内为劳动者办理档案和社会保险关系转移手续。用人单位对于已经终止的劳动合同文本，负有至少保存两年的义务。

由此可见，本案中泰海机械厂劳资科科长答复只有解除劳动合同才支付经济补偿金，终止劳动合同企业并不支付经济补偿金是错误的，是与法律规定相悖的。但要注意的是，由于终止劳动合同支付补偿是《劳动合同法》新确立的原则，此前《劳动法》并无该原则，所以法律还特别规定，自《劳动合同法》施行之日存续的劳动合同在该法施行后解除或者终止，依照该法第46条规定应当支付经济补偿的，经济补偿年限自该法施行之日起计算；该法施行前按照当时有关规定，用人单位应当向劳动者支付经济补偿的，按照当时有关规定执行。也就是说，罗敏关于终止劳动合同的经济补偿金计算年限不能从其劳动合同建立之日起计算，应从2008年1月1日起《劳动合同法》施行之日起计算。所以，泰海机械厂应向罗敏支付相当一个月工资的经济补偿金 4 000 元。

提示点 4：劳动者要求订立无固定期限劳动合同的条件

期满终止应当仅适用于固定期限劳动合同，对于无固定期限劳动合同用人单位不得适用期满终止这一规定，故而，许多劳动者都希望与用人单位订立无固定期限劳动合同，更好地保障自己的劳动权利。

所谓无固定期限劳动合同，是指用人单位与劳动者约定无确定终止时间的劳动合同。《劳动合同法》第 14 条第 2 款第 3 项规定，连续订立两次固定期限劳动合同，且劳动者没有《劳动合同法》第 39 条关于过失性辞退情形、第 40 条第 1 项关于医疗期满不能从事原工作情形、第 40 条第 2 项关于不胜任工作情形的，劳动者提出或者同意续订劳动合同的，用人单位应当与劳动者订立无固定期限劳动合同。

从表面上看来，罗敏是符合上述法律规定的应当签订无固定期限劳动合同的情形的，因为他毕竟已经与泰海机械厂连续订立了两次固定期限劳动合同，那么他是否有权不接收泰海机械厂的终止通知，而要求与该厂续订无固定期限劳动合同呢？答案是否定的，因为《劳动合同法》同时规定，该法第 14 条第 2 款第 3 项规定连续订立固定期限劳动合同的次数，自该法施行后续订固定期限劳动合同时开始计算。也就是说，连续订立固定期限劳动合同的次数要从 2008 年 1 月 1 日之后起算，这是法不溯及既往的原则的体现。所以说，罗敏想适用新法律来解决他的老问题是不妥当的。

资料来源：乐清教育热线. http://www.yqedu.com/new_show.asp? id=27251. 2009-06-07.

（4）延缓终止劳动合同的情形

《劳动合同法》第 45 条规定："劳动合同期满，有本法第 42 条规定情形之一的，劳动合同应当续延至相应的情形消失时终止。但是，本法第 42 条第 2 款规定丧失或者部分丧失劳动能力劳动者的劳动合同的终止，按照国家有关工伤保险的规定执行。"即有下列情形之一的，劳动者提出延缓终止劳动合同的，劳动合同不能立即终止，而应当续延至相应的情形消失时才能终止：①从事接触职业病危害作业的劳动者未进行离岗前职业病健康检查，或者疑似职业病病人在诊断或者医学观察期间的；②在本单位患职业病或者因工负伤并被确认丧失或者部分丧失劳动能力的；③患病或者非因工负伤，在规定的医疗期内的；④女职工在孕期、产期、哺乳期的；⑤在本单位连续工作满十五年，且距法定退休年龄不足五年的；⑥法律、行政法规规定的其他情形。

《劳动合同法》的重要宗旨之一是保护劳动者的合法权益，对于一些处于特殊困难阶段或者做出特殊贡献的劳动者，《劳动合同法》给予了相应的特殊保护，《劳动合同法》第 42 条规定在 6 种情形下的劳动者，用人单位不得解除劳动合同。如果劳动者有劳动合同法第 42 条规定的 6 种情形的，劳动合同期满时，要求用人单位必须将劳动合同延续至相应情形消失时才能终止。其中从事接触职业病危害作业的劳动者未进行离岗前职业健康检查，劳动合同期满的，必须等到进行了职业健康检查后，劳动合同才能终止；疑似职业病病人在诊断或者医学观察期间，劳动合同期满的，必须等到排除了职业病、确认了职业病或者医学观察期间结束，劳动合同才能终止；在本单位患职业病，劳动合同期满的，必须等到职业病治愈，劳动合同才能终止，如果职业病不能治愈，劳动合同就不能终止，国家另有规定的除外；患病或者非因工负伤在医疗期内，劳动合同期满的，必须等到医疗期满后才能终止劳动合同；女职工孕期、产期、哺乳期满后，劳动合同才可以终止；在本单位连续工作满十五年，且距法定退休年龄不足五年的，如果劳动合同期满，由于这种工作年限的情况不可能消失，因此就不能终止劳动合同。

本条对劳动者患职业病或者因工负伤并被确认丧失或者部分丧失劳动能力的情形作了例外规定。在劳动者患职业病或者因工负伤并被确认丧失或者部分丧失劳动能力时，劳动合同何时终止，不以相应情形消失为准，而是按照国家有关工伤保险的规定执行。根据国家2004年颁布的《工伤保险条例》中的第33条，职工因工致残被鉴定为一级至四级伤残的，保留劳动关系，退出工作岗位，享受以下待遇。

① 从工伤保险基金按伤残等级支付一次性伤残补助金，标准为：一级伤残为24个月的本人工资，二级伤残为22个月的本人工资，三级伤残为20个月的本人工资，四级伤残为18个月的本人工资。

② 从工伤保险基金按月支付伤残津贴，标准为：一级伤残为本人工资的90%，二级伤残为本人工资的85%，三级伤残为本人工资的80%，四级伤残为本人工资的75%。伤残津贴实际金额低于当地最低工资标准的，由工伤保险基金补足差额。

③ 工伤职工达到退休年龄并办理退休手续后，停发伤残津贴，享受基本养老保险待遇。基本养老保险待遇低于伤残津贴的，由工伤保险基金补足差额。

职工因工致残被鉴定为一级至四级伤残的，由用人单位和职工个人以伤残津贴为基数，缴纳基本医疗保险费。

《工伤保险条例》第34条规定，职工因工致残被鉴定为五级、六级伤残的，享受以下待遇。

① 从工伤保险基金按伤残等级支付一次性伤残补助金，标准为：五级伤残为16个月的本人工资，六级伤残为14个月的本人工资。

② 保留与用人单位的劳动关系，由用人单位安排适当工作。难以安排工作的，由用人单位按月发给伤残津贴，标准为：五级伤残为本人工资的70%，六级伤残为本人工资的60%，并由用人单位按照规定为其缴纳应缴纳的各项社会保险费。伤残津贴实际金额低于当地最低工资标准的，由用人单位补足差额。

经工伤职工本人提出，该职工可以与用人单位解除或者终止劳动关系，由用人单位支付一次性工伤医疗补助金和伤残就业补助金。具体标准由省、自治区、直辖市人民政府规定。

《工伤保险条例》第35条规定，职工因工致残被鉴定为七级至十级伤残的，享受以下待遇。

① 从工伤保险基金按伤残等级支付一次性伤残补助金，标准为：七级伤残为12个月的本人工资，八级伤残为10个月的本人工资，九级伤残为8个月的本人工资，十级伤残为6个月的本人工资。

② 劳动合同期满终止，或者职工本人提出解除劳动合同的，由用人单位支付一次性工伤医疗补助金和伤残就业补助金。具体标准由省、自治区、直辖市人民政府规定。

9.2.2 劳动合同续订

劳动合同的续订，是指当事人双方经协商达成协议，使原签订的期限届满的劳动合同延长有限期限的法律行为。

劳动合同续订一般应履行以下程序。

① 劳动合同期限届满或其他的法定、约定终止条件出现，任何一方要求续订劳动合同，应当提前30日向对方发出《续订劳动合同通知书》，并及时与对方进行协商，依法续订劳动合同。

② 续订劳动合同，如原劳动合同的主要条款已有较大改变，双方应重新协商签订新的劳动合同；如原劳动合同的条款变动不大，双方可以签订《延续劳动合同协议书》，并明确劳动合同延续的期限及其他需重新确定的合同条款。

③ 续订劳动合同后，用人单位应将双方重新签订的劳动合同或《延续劳动合同协议书》一式两份，送有管辖权的劳动合同鉴证机构进行鉴证，并到社会保险经办机构办理社会保险延续手续。

关于劳动合同续订，《劳动合同法》第14条规定："无固定期限劳动合同，是指用人单位与劳动者约定无确定终止时间的劳动合同。用人单位与劳动者协商一致，可以订立无固定期限劳动合同。有下列情形之一，劳动者提出或者同意续订、订立劳动合同的，除劳动者提出订立固定期限劳动合同外，应当订立无固定期限劳动合同：（一）劳动者在该用人单位连续工作满十年的；（二）用人单位初次实行劳动合同制度或者国有企业改制重新订立劳动合同时，劳动者在该用人单位连续工作满十年且距法定退休年龄不足十年的；（三）连续订立二次固定期限劳动合同，且劳动者没有本法第三十九条和第四十条第一项、第二项规定的情形，续订劳动合同的。用人单位自用工之日起满一年不与劳动者订立书面劳动合同的，视为用人单位与劳动者已订立无固定期限劳动合同。"

劳动合同续订，三个阶段维权各异

每年的8月，职场进入了入职高峰期，同时很多职场人也面临着是否续签劳动合同的选择。但是，在劳动合同续签前后，用人单位和劳动者究竟该注意什么，很多读者却无从知晓，据此，笔者采访了上海江三角律师事务所屈晓蓉律师，请她向读者介绍劳动者与用人单位在劳动合同"续签"前后最容易出错以及最需要了解的两大问题。

劳动合同到期后"未续约"应如何处理？

案例一：小李是某外企员工，进公司时与公司签订了一年期劳动合同。转眼间，一年合同期满，小李仍在该公司工作，但公司人事并未与小李重新订立劳动合同。对此，小李只是认为是公司一时疏忽所致，并未在意。未曾想，过了四个月，当小李完成了手中的项目，公司即提出与小李终止劳动合同，除了按月支付其工资，未给付其他任何补偿，小李叫苦不迭，后悔自己当初为何没有提出订立书面劳动合同。

劳动合同期满以后，在不同的未续约阶段，用人单位和劳动者所承担的责任是不同的。

第一阶段：自劳动合同期满起一个月内未续订。

用人单位：首先，用人单位应书面通知劳动者订立劳动合同。如经用人单位书面通知后，劳动者不与用人单位订立书面劳动合同的，用人单位应当书面通知劳动者终止劳动关系，并无须向劳动者支付经济补偿。在此期间，用人单位应当依法向劳动者支付其实际工作时间的劳动报酬。

劳动者的权利：如经用人单位书面通知后，劳动者不与用人单位订立书面劳动合同，在用人单位经书面通知劳动者终止劳动关系后，劳动者有权要求用人单位依法支付实际工作时间的劳动报酬。

第二阶段：自劳动合同期满起超过一个月不满一年。

用人单位：首先，用人单位有义务与劳动者补订书面劳动合同，并依法向劳动者每月支付两倍的工资。如劳动者不与用人单位订立书面劳动合同的，用人单位应当书面通知劳动者终止劳动关系，并需依法向劳动者支付经济补偿金。此外，根据有关劳动合同法若干问题的意见规定，如用人单位已尽到诚信义务，因不可抗力、意外情况或劳动者拒绝签订等用人单位以外的原因，造成劳动合同未签订的，不属于用人单位"未与劳动者订立书面劳动合同"的情况。

劳动者的权利：在此期间，劳动者有权依法向用人单位要求每月支付两倍的工资。（注：两倍工资的起算时间为用工之日起满一个月的次日；截止时间为补订书面劳动合同的前一日。）如果劳动者不与用人单位订立书面劳动合同，经用人单位书面通知劳动者终止劳动关系后，劳动者有权要求用人单位依法支付经济补偿金。

第三阶段：自劳动合同期满一年以后。

用人单位：应当立即与劳动者补订书面劳动合同。

劳动者的权利：自用工之日起满一年的当日用人单位与劳动者视为已订立无固定期劳动合同。

案例二：老周是一家国企员工，2009 年 3 月 5 日，与公司之间的劳动合同到期。到期时，老周已在公司连续工作十一年。由于受金融风暴的冲击，企业欲精减人员，即对即将到期的劳动合同全部采取"不再订立"的方式。老周因此失业。

屈晓蓉律师介绍，劳动者有权向用人单位提出订立无固定期限劳动合同应满足以下三种情形之一。

一、劳动者在该用人单位连续工作满十年的。

在《劳动合同法》施行之前签订劳动合同，《劳动合同法》施行之后发生原合同约定的终止事由，但劳动者在用人单位连续工作已满十年亦属于该情形；劳动合同期满，有符合应当续延合同期限的法定情形时，劳动合同延续至相应的情形消失时终止。但若因法定顺延事由，使得劳动者在同一单位工作时间超过十年的，不属于该情形。

二、用人单位初次实行劳动合同制度或者国有企业改制重新订立劳动合同时，劳动者在该用人单位连续工作满十年且距法定退休年龄不足十年的。

三、连续订立两次固定期限劳动合同，且没有出现以下两种情形的，需续订劳动合同的。

劳动者已与用人单位连续订立两次固定期限劳动合同后，与劳动者第三次续订合同时，劳动者提出签订固定期限劳动合同的情形。

对一些政府有关部门为安置就业困难人员提供的给予岗位补贴和社会保险补贴的公益性岗位，其劳动合同不适用有关无固定期限劳动合同的规定以及支付经济补偿的规定。

资料来源：文新传媒. http://www.news365.com.cn/wxpd/zc/flyz/200908/t20090806_2419192.htm. 2009-08-06.

9.3 员工辞职管理

引导案例

某公司员工辞职管理办法

第一章 总 则

第一条 为保证公司人员相对稳定、维护正常人才流动秩序，特制定本办法。

第二章 辞职程序

第二条 员工应于辞职前至少1个月向其主管及总经理提出辞职请求。

第三条 员工主管与辞职员工积极沟通，对绩效良好的员工努力挽留，探讨改善其工作环境、条件和待遇的可能性。

第四条 辞职员工填写辞职申请表，经各级领导签署意见审批。

第五条 员工辞职申请获准，则办理离职移交手续。公司应安排其他人员接替其工作和职责。

第六条 在所有必需的离职手续办妥后，到财务部领取工资。

第七条 公司可出具辞职人员在公司的工作履历和绩效证明。

第三章 离职谈话

第八条 员工辞职时，该部门经理与辞职人进行谈话；如有必要，可请其他人员协助。谈话完成下列内容：

1. 审查其劳动合同；
2. 审查文件、资料的所有权；
3. 审查其了解公司秘密的程度；
4. 审查其掌管工作、进度和角色；
5. 阐明公司和员工的权利和义务。

记录离职谈话清单，经员工和谈话经理共同签字，并分存公司和员工档案。

第九条 员工辞职时，人事经理应与辞职人进行谈话，交接工作包括：

1. 收回员工工作证、识别证、钥匙、名片等；
2. 审查员工的福利状况；
3. 回答员工可能有的问题；
4. 征求对公司的评价及建议。

记录离职谈话清单，经员工和谈话经理共同签字，并分存公司和员工档案。

第十条 辞职员工因故不能亲临公司会谈，应通过电话交谈。

第四章 辞职手续

第十一条 辞职员工应移交的工作及物品：

1. 公司的文件资料、电脑磁片；
2. 公司的项目资料；

3. 公司价值在40元以上的办公用品；

4. 公司工作证、名片、识别证、钥匙；

5. 公司分配使用的车辆、住房；

6. 其他属于公司的财物。

第十二条　清算财务部门的领借款手续。

第十三条　转调人事关系、档案、党团关系、保险关系。

第十四条　辞职人员若到竞争对手公司就职，应迅速要求其交出使用、掌握的公司专有资料。

第十五条　辞职人员不能亲自办理离职手续时，应寄回有关公司物品，或请人代理交接工作。

资料来源：中国研究生人才网. http://www.91student.com/showdoc.do? docid＝230037，2006年10日.

9.3.1　员工辞职管理

在如今的社会环境下，辞职已成为一种很普遍的现象。职业危机、福利报酬、工作环境、发展空间、企业文化等种种原因，都可能成为员工们辞职的理由。尤其在竞争激烈的就业环境下，辞职深造、另谋高就成为不少员工尤其是年轻核心员工的选择，从而对企业人力资源管理以及如何保持核心竞争力提出了重大挑战。因此，企业应针对员工辞职构建标准化的管理流程与应对措施，以保持企业良性的人才流动。

① 把眼光投放于内部人才和人才市场，重点借助于猎头公司。这一点在实践中，一般从核心员工提出辞职时便开始行动，它的主要目的是衡量聘用该类人才的成本。并且，通常核心人才流失，内部提升的方法很难奏效，因此，应该重点借助于猎头公司寻找核心人才的替代者。以上两个方面的工作，一般会产生三种不同结果，即该员工继续在本公司工作，公司通过内部提升选拔工作替代者，公司通过外部招聘选拔工作替代者。如果该员工继续在本公司工作，则公司应兑现先前承诺，及时解决员工在沟通时提出的问题，并且采取相应措施淡化此次事件，将事件的负面影响降到最低。如果最终该员工还是选择了辞职，公司也应支持员工的选择，并且依法为员工办理相关的离职手续；同时要依法维护自身利益，积极地去完成交接工作，告之员工所应遵守的条约、规章制度等。

② 完善劳动合同。劳动合同是在劳资双方权利和义务对等的情况下签订的，具有法律效力。一旦出现劳资纠纷，公司应积极利用法律来维护自身利益，因此公司必须首先完善劳动合同，在合法的基础上，明确双方的权利和义务。一般对于涉及技术、商业秘密等事项时，公司可以在保密协议中明确双方的权利和义务，从法律上保障公司的利益。

③ 定期开展工作分析。工作分析是人力资源管理各项职能的基础，它的作用是多方面的。首先，进行工作分析，能明确各个岗位的职责，确定各个岗位的重要程度，从而定义公司的核心人才。其次，可以根据工作分析的结果，开展薪酬调查，制定薪酬制度，保障公司核心人才具有竞争性的薪金待遇。最后，根据工作分析的结果，明确核心人才的绩效评估标准，建立弹性的工作机制。

④ 加强企业文化建设。良好的企业文化能加强员工的凝聚力，从而有效地防止员工流失。具体可以从以下几个方面培养员工的凝聚力。

● 实行内部导师制，使公司员工之间形成纽带，在快速培养公司所需人才的同时，也增强了公司员工的凝聚力；

● 建立弹性的激励文化，即根据员工的需要设计不同的激励措施，包括物质激励和精神激励，针对核心人才应以精神激励为主；

● 尊重离职者，肯定离职者的成绩。这一点，容易被许多公司忽略，但是很重要，因为离职者有可能会成为公司将来的客户，也有可能将来会重新被公司聘用。同时，尊重离职者能培养员工对公司员工的认可度，从长远来看有利于公司的战略利益。

⑤ 提高员工违约成本。应根据员工岗位差异与其签订劳动合同。一般而言，核心员工的劳动合同期限应较长，以尽可能保证核心人力资源的相对稳定性；对于那些控制较多企业资源的员工，还需与之签订竞业避止条款。条款中的违约责任赔偿，应与年薪成正比例关系，或者续签较长期限的劳动合同，提高员工的违约成本。

⑥ 构建知识管理系统。构建知识管理系统，规范操作流程，对工作进行分解和细化，减少核心员工对企业信息和技术的控制力，有效减少用人风险。同时，降低对任职者的要求，降低薪酬水准，缩小人工成本规模。

⑦ 实行 AB 角制度。在一些员工流失率较高的企业，可以考虑实行 AB 角制度或者接班人计划，即 A 角以一类工作为主，B 角在这类工作方面是 A 角的助手。一旦 A 角出差或离职，B 角可以及时代职或补缺。同时，每位员工必须培养自己的接班人，无法培训出合适接班人的员工将不得升迁。

9.3.2 辞职面谈

辞职面谈是验证留住人才的措施有效与否的重要途径。新进员工在录用前要经过面试，辞职时更应该安排辞职面谈，通过与员工面对面的交流，了解员工的真正需求或对企业的不满之处，为企业以后的管理改善明确方向，从而更有效地留住并吸引人才。辞职面谈（Exit Interview）的主要步骤如下。

（1）面谈前的准备

辞职面谈地点应选择轻松、明亮的空间，切忌在主管办公室内面谈，时间以 30 分钟为宜。面谈前，要先搜集、研读辞职者的个人基本人事动态资料（升迁、轮调、调薪、降级等）、辞职申请书（辞职原因）、历年考核、内外培训资料，并从非正式渠道探听出辞职的可能原因，使辞职者感受到面谈者对于当事人的重视与尊重程度。

（2）面谈技巧

企业在与辞职员工面谈时，应设计辞职面谈表格逐项咨询，以全方位的角度，深入探讨员工真正的辞职动机，从而针对外在诱因、内部阻力、个人的不可抗力等因素，找出问题症结。面谈主持人应以开阔的胸襟，坦然面对辞职者表达出来的“哀怨”声，理解员工的苦处。例如，当员工对公司制度存有某些“误解”时，应加以说明或解释；同时尽量多听少说，适当回应并加以安抚，但也不宜当场对员工作出任何承诺。

（3）告知辞职规定

在面谈中，当劝说与挽留员工都无效时，应友善地提醒员工依照法律程序及要求逐项办理辞职手续，履行“竞业禁止条款”，保护企业的商业秘密与核心财产，以及在辞职生效日期前遵守企业相关的纪律规定等。

（4）辞职资料的诊断

面谈结束后，应将面谈记录汇整，针对内容分析整理出辞职的真正原因，并且提出改善建议，以防范类似辞职原因再度发生。但如果从面谈中了解到该员工有被挽留的可能性，又值得挽留时，则应马上向有关用人单位主管传递此信息，设法留住人才。

课后阅读

辞职纠纷案例

小赵在大学毕业后进入一家企业工作，与企业签订了为期三年的劳动合同。工作半年之后，小赵感觉这个企业并不适合自己发展，于是向公司发了一封电子邮件提出辞职，要求解除劳动合同，随后即不再去上班了。没有想到企业提出，她未提前三十天书面通知公司，并要求她支付 2 000 元的招录费用及 3 000 元的培训费用之后才肯为她办理相应的辞职手续。小赵因为一直未支付上述费用，公司也一直未与她办理离职手续，不向其开具离职证明，导致新的单位无法接收。

在上述案例中，虽然公司未依法向小赵开具离职证明是不对的，但显然小赵在辞职之前并未做仔细的考虑。如辞职应提前三十日书面通知，还应注意企业与她签订的劳动合同中有关于提前解除劳动合同的相应赔偿规定。

如果去意已定，需要了解此前与公司签订的合同中对于辞职的规定。

1. 企业员工手册中关于辞职的相应规定；

2. 与企业签订的劳动合同中关于如何解除劳动合同及相应责任的条款。

因此，正式辞职之前，必须要先熟悉企业关于辞职的规定及辞职时需要办理的各种手续，并按照规定的程序进行辞职，辞职者才可以最大限度地保护个人利益不受损害。

需要注意的是，许多辞职者存在着这样一个误解：认为辞职必须要企业同意才行，因为担心企业不给予办理相关手续而失去许多更好的机会。其实我国《劳动法》及《劳动合同法》均给予了辞职者一把“尚方宝剑”：“劳动者解除劳动合同，应当提前三十日以书面形式通知用人单位。”也就是说，如果你想要辞职，不需要举出任何法定理由，不以用人单位存在过错为前提，均可以辞职的形式单方面解除劳动合同（或者是提出辞职），无论单位同不同意，在三十日之后必须要给你办理相关手续。

当然，《劳动法》也赋予了用人单位一定的请求赔偿损失的权利。劳动者违反规定解除劳动合同（公司与劳动者此前持有关于培训后的服务期约定，在服务期未满要辞职的话，还是要遵从关于服务期的约定，否则就会构成违约，需要向用人单位承担违约责任），或者违反劳动合同中约定的保密事项，对单位造成经济损失的，应当依法承担赔偿责任。

资料来源：鹤城人才网. http://www.0452zhaopin.com/News/53200931994156.html，2009-03-19.

9.4 员工离职管理

引导案例

单位除名程序不当，停薪留职11年后复工胜诉

【案情简介】1974年，兰先生被招聘进入宜州市印刷厂工作，成为该厂的正式职工。1993年1月1日至1994年12月31日，兰先生根据国家政策、地方政府文件精神及厂里的号召，与厂方办理了停薪留职手续，下海经商。期满后，兰先生继续回厂里工作了半年，后又与厂方继续办理停薪留职手续一年，即从1994年6月1日至1995年5月31日止。停薪留职期间，兰先生按规定每月向厂里缴纳123元停薪留职费。

1995年5月停薪留职期满后，兰先生回厂里要求安排工作，而厂里根据当时实际情况，未能安排工作。此后，厂里一直没有书面通知兰先生回厂上班，并停止了对兰先生的一切待遇，而兰先生也没有再缴纳停薪留职费。

2006年11月中旬，兰先生再次到厂里找厂领导请求安排工作。现任领导班子调出当年的档案资料，发现了1995年12月24日厂职代会通过、1995年12月25日厂部下达的对兰先生除名的《处理决定书》一份。除了处理决定外，其他相关的会议材料和相关文字记录均没有，也没有将《处理决定书》送达给兰先生的证明材料。为此，宜州市印刷厂现任领导班子根据1995年12月25日厂部下达的处理决定，不同意兰先生回厂工作。

2006年12月，兰先生以自己不知道被厂里除名为由，向宜州市劳动争议仲裁委员会提出申诉。宜州市劳动争议仲裁委员会经过审理，于2007年2月15日作出宜劳仲案字(2006)第35号仲裁裁决书，裁决：一、被诉人1995年12月25日作出的“对兰先生除名处理决定”，在程序上违反劳办发（1995）178号文件关于送达程序的规定，应予撤销。二、恢复申诉人原职工身份，按政策规定享受相应的待遇。

该厂收到仲裁裁决书后，向宜州市人民法院提起诉讼，法院经审理后作出如下判决：撤销原告宜州市印刷厂于1995年12月25日作出的“对兰先生除名处理决定”；恢复被告兰先生在原告宜州市印刷厂的劳动关系；驳回原告宜州市印刷厂的诉讼请求，恢复兰先生在宜州市印刷厂的劳动关系。

点评：本案对用人单位的警示意义在于：辞退员工，须格外注意法定程序。用人单位应当建立完善的企业管理规章制度，对企业职工的奖惩，应当严格依照有关劳动法律法规规定，履行有关法定程序，遵循对企业职工负责的原则。根据劳动部《关于企业职工要求“停薪留职”问题的通知》（劳人计［1983］61号）第二条、第六条中规定的职工要求停薪留职，未经企业批准而擅自离职的，或停薪留职期满后一个月内既未要求回原单位工作，又未办理辞职手续的，企业对其按自动离职处理，是指企业应按照《企业职工奖惩条例》有关规定，对其作出除名处理。为此，因自动离职处理发生的争议应按除名争议处理。同时，《企业职工奖惩条例》第十九条规定：给予职工行政处分和经济处罚，必须弄清事实，取得证据，经过一定会议讨论，征求工会意见，允许受处分者本人进行申辩，慎重决定。第二十条规定：审批职工处分的时间，从证实职工犯错误之日起，开除处分不得超过五个月，其他处

分不得超过三个月。职工受到行政处分、经济处罚或者被除名，企业应当书面通知本人，并记入本人档案。本案中宜州市印刷厂显然没有按照上述法规的有关程序进行除名，因而导致了败诉。

在《劳动法》、《劳动合同法》的背景下，企业一般不再使用“除名”的概念，而以解除劳动合同来处理。但《劳动合同法》对用人单位单方解除劳动合同一以贯之采取的仍是严格的法定主义，即用人单位必须符合法律规定的条件和程序，才可以不经劳动者同意单方解除劳动合同，同时，在解除劳动合同的过程中，提前通知、征求工会意见及通知员工本人等法定程序仍然有着重要的法律风险防范意义。

资料来源：http://www.sina.com.cn 2008年01月20日17：26《法制日报》

9.4.1 辞职与离职的区别

辞职是指职工根据劳动法规或劳动合同的规定，提出辞去工作从而与用人单位解除劳动关系。辞职一般有两种情况：一是依法立即解除劳动关系，如用人单位对职工有暴力或威胁行为强迫其劳动，不按合同约定支付工资等，职工可以随时向用人单位提出解除劳动合同的要求；二是根据职工自己的选择，提前30天以书面形式通知单位解除劳动合同关系。

离职是指职工终止劳动关系时不履行解除手续，擅自离岗，或者解除手续没有办理完毕而离开单位。劳动者离职的行为就是擅自解除合同，依照《劳动合同法》规定，离职的行为构成违约。离职职工需承担违约责任，并且擅自录用离职员工的用人单位，对原用人单位造成经济损失的，应承担连带赔偿责任。

员工的离职危机期有三次高潮。试用期间的新进人员，因不能适应企业文化的管理模式所造成的离职危机；在职两年后因感到升迁无望的离职危机；在职五年后的工作厌倦感的离职危机。

员工离职的原因主要包括：外部诱因，即竞争者的挖角、合伙创业、服务公司乔迁造成通勤不便、竞争行业在服务公司的附近开张、有海外工作的机会等；组织内部推力，即缺乏个人工作成长的机会、企业文化适应不良、薪资福利不佳、与工作团队成员合不来、不满主管领导风格、缺乏升迁发展机会、工作负荷过重、压力大、不被认同或不被组织成员重视、无法发挥才能、公司财务欠佳、股价下滑、公司裁员、公司被并购等；个人因素，即为个人的成就动机、自我寻求突破、家庭因素、人格特质、职业属性、升学或出国、健康问题等。

9.4.2 员工离职管理

员工的离职行为会对企业造成负面的影响，甚至带来巨大损失。虽然员工的离职行为在法律上是不予以支持的，但是在现实中，许多企业的经济处罚手段效果并不理想。员工离职的现象并未得到有效控制，反而有愈演愈烈的趋势。因此，企业在经济处罚失效的前提下，要把离职现象放到企业整体管理系统中去对待，仔细地分析其产生的根源，并采取一系列措施进行改善，使员工对企业产生足够的信任度和忠诚度，从而有效地控制恶性离职现象，进而吸引外部人才。具体而言，建议企业加强以下方面工作的配套改进。

① 加强人力资源规划工作。企业的人力资源供给状况直接决定着员工离职带来的影响和损失程度。一个人力资源供给和储备丰富的企业，在面对员工离职行为时，往往会有很大的选择权和主动权。对于企业而言，要减少员工离职带来的损失，就应该加强人力资源规划

工作，对企业中的人力资源环境进行有效的监测。所谓监测，即是企业通过研究组织所处的人力环境，并指出其中的机会与威胁的过程。除此之外，企业人力资源部还应建立人力资源信息系统，对员工的各种信息进行综合、统计和预测。这有利于企业迅速把握员工的动向，采取相应措施，使员工离职行为在事前得以控制。

② 加强对非正式群体的管理。通过调查了解，集体离职的背后或多或少都有着非正式群体的影子。在生产制造型企业，许多员工都是通过企业员工或老乡介绍进厂务工的，其员工的构成显现出强烈的地域集中性。在这种情况下，如果企业不加强对这些非正式群体的管控，一旦爆发集体离职，情况就会失去控制。因此，企业管理者应该合理地处理好与非正式群体之间的关系，对某些消极现象进行敏锐的观察，采取措施引导员工的思想情绪，促使员工的行为向好的方向转变。同时也要有意识、有计划地促进某些具有较多积极意义的非正式群体的形成和发展，如技术研讨、学习互助、业余娱乐，使其成为企业管理的辅助工具，从而减少非正式群体在员工离职过程中的影响力。

③ 完善薪酬福利。除特殊情况以外，员工离职的主要原因之一就是薪酬福利待遇。如果企业不能提供良好的薪酬福利，员工就会产生较低的满意度，对企业的归属感和忠诚度就会大大降低。此时，若竞争对手提供丰厚的物质诱因，员工有可能不顾一切地离职。因此，规范和完善企业的薪酬管理制度，引导员工有序地工作，在控制员工离职行为上格外重要。

④ 加强企业文化建设，倡导人性化管理理念。如何处理员工的离职，能够体现一个企业的管理风格和文化。在员工流失率屡创新高、离职行为日渐严重的今天，企业更应从本质上更新管理理念，加强企业文化的建设，对员工进行必要的宣传教育和培训，旗帜鲜明地推动企业文化建设，让员工知道哪些事情是公司不希望看到的，哪些事情是公司鼓励去做的，可以通过各种渠道加大力度，使员工转变对企业的看法，减少员工离职行为出现的概率。

案例

某公司员工离职管理办法

1. 目的

为确保员工离职时，其工作能明确地转移，以利接交人完整地接任工作，特制定本办法。

2. 适用范围

适用于本公司员工离职时的处理程序。

3. 离职管理

3.1 辞职

(1) 员工因故辞职，应填写《员工离职申请书》，并依《分层负责办法》的核决权限呈核。

(2) 公司职员辞职应于一个月前提出书面申请。

(3) 试用期职员或未签订劳动合同者辞职申请应于七日前提出。

3.2 辞退、除名

(1) 员工严重违反公司规章制度，由其直属主管填写《奖惩申请单》呈准后，作辞退处理。

(2) 员工未经批准擅自离开公司者，视为自动离职，作除名处理。

(3) 有关辞退条款，依《员工奖惩办法》执行。

3.3 离退休

员工合乎退休条件时得自动申请或命令退休，退休办法另订立。

4. 移交、监交

4.1 员工获准离职或作辞退处理时，由人事科发给《离职通知书》依规定办理移交手续。

4.2 离职员工应填写《移交清册》一式三份后，接交人各持一份，一份送人事科备查。移交事项包括：现款、有价证券、账表凭证；原物料、财产设备、器具、公章；规章、技术文件、业务等有关资料；其他应交办事项。

4.3 监交

(1) 副科长级以上主管及同等人员由处（副）长或厂（副）长监交，但情况特殊者，仍由总经理指派专人协助监交。

(2) 组长级以下同等级人员由直属主管监交。

5. 其他：员工办妥离职手续后，由人事科依《劳动合同法》规定办理劳动合同终止、退保及结算工资等相关手续。

6. 管理

6.1 员工离职时必须办妥离职手续，否则员工本人将承担由此造成的损失，必要时将要求其承担法律责任。

6.2 凡违纪被辞退、除名的员工，公司不事先通知和作任何补偿。

6.3 在通知期内，如有关员工故意缺勤或未尽全力执行任务，或因不尽职责而给公司带来经济损失的，公司有权追究其经济责任。

6.4 移交人于离职6个月内，经发现有亏空、舞弊或业务上的不法事情，除应负担赔偿责任外，情节严重者，将追究法律责任。如监交人知情不报或故意疏失，需受连带处分。

资料来源：中国研究生人才网. http://www.91student.com/showdoc.do? docid=230037，2006.10.

9.5 企业裁员管理

裁员（Downsizing）是近20年来世界经济发展中的一个普遍现象，也称经济性裁员。对于裁员所带来的对组织绩效和个人福利的负面影响，无论是理论界还是实践部门，都没有达成应有的共识。裁员是组织管理方为降低成本而采取的一系列自愿行动，重点领域可能是劳动力成本、货币成本，也可能是时间成本或技术成本。

9.5.1 规定经济性裁员的原因

经济性裁员是用人单位行使解除劳动合同权的主要方式之一。凡是实行劳动合同制的国家，都或多或少允许用人单位在一定条件下解除劳动合同，其原因是法律赋予了企业经营自主权。我国《劳动合同法》允许一定条件下用人单位进行经济性裁员，其原因也是企业享有经营自主权。我国《宪法》第16条、第17条规定了国有企业、集体经济组织在法律规定的范围内有权自主经营。第11条第二款规定国家保护个体经济、私营经济等非公有制经济的合法权利和利益。我国实行社会主义市场经济，与社会主义市场经济相适应的是现代企业制度。现代企业制度中企业是独立经济主体，自主经营，自负盈亏，因此享有经营自主权是现代企业的应有内容。企业的经营自主权不仅包括生产自主权，也包括用人自主权。用人自主权是企业经营自主权的重要内容，企业可以根据企业的实际需要招用人员，也可以裁减人员。如果企业在生产经营困难等情况下不能裁减人员，那么企业的经营自主权就没有办法落实，也会使企业背上冗员的包袱，无法适应社会主义市场经济的要求，不利于进行公平竞争。

在劳动法中涉及经济性裁员的内容是各国的普遍做法。国外劳动法中基本上都有经济性裁员的内容。如英国雇佣权利法中规定，在企业关闭或者企业对其人员确需减少时，用人单位可以进行经济性裁员。由于经济性裁员涉及劳动者的人数众多，社会影响广泛，因此在制定劳动合同法过程中，如何进一步规范经济性裁员一直是讨论和修改的重点和热点。关于经济性裁员主要的立法原则是既要保护用人单位合理调整企业结构的权利，也要防止用人单位随意进行经济性裁员。

9.5.2 经济性裁员的内涵

简单地讲，经济性裁员就是指企业由于经营不善等经济性原因，解雇多个劳动者的情形。对经济性裁员应从以下几个方面进行理解。

① 经济性裁员属于用人单位解除劳动合同的一种情形。在市场经济中，用人单位直接面对的是市场竞争，为更好地适应市场需求，使企业保持一定的活力，用人单位必须在用人方面形成“能上能下”、“能进能出”的机制。为此，《劳动合同法》规定，在满足一定条件下，用人单位可以单方解除还未到期的固定期限劳动合同以及无固定期限劳动合同。经济性裁员是用人单位出于经营方面考虑，单方解除劳动合同的方式。尽管名为经济性裁员，其实质是用人单位单方解除劳动合同的一种方式。在经济性裁员中，由于是用人单位单方解除劳动合同，且劳动者并没有过错，因此用人单位应当依法向劳动者支付经济补偿。

② 进行经济性裁员的主要原因是经济性原因，而不是劳动者个人原因。为保障劳动者的合法权益，平衡用人单位与劳动者的权利义务，促使劳动合同的正常履行，《劳动合同法》不允许用人单位随意单方解除劳动合同，规定只有在四种情况下用人单位才可以解除劳动合同：一是在劳动关系双方协商一致的情况下，用人单位可以解除劳动合同；二是劳动者有法定过错的，如不符合录用条件的、严重违反规章制度的、严重失职、营私舞弊、给用人单位造成重大损失的、兼职的、欺诈、胁迫或者乘人之危致使劳动合同无效的、犯罪的，等等；三是劳动者不能适应工作的，如患病或者非因工负伤的（在规定的医疗期满后不能从事原工作，也不能从事由用人单位另行安排的工作的）、不能胜任工作的、客观情况发生重大变化劳动合同无法履行的，等等；四是劳动者没有任何过错或者不适应工作岗位的情形，由于经济性原因而经济性裁员的。在上述用人单位单方解除劳动合同的四种方式中，经济性裁员有着特殊的解除原因，这些经济性原因大致可以分为三大类：一是企业因为经营发生严重困难或者依照破产法规定进行重整的；二是企业为了寻求生存和更大发展，进行转产、重大技术革新、经营方式调整的；三是兜底条款，其他因劳动合同订立时所依据的客观经济情况发生重大变化，致使劳动合同无法履行的。

③ 经济性裁员只发生在企业中。《劳动合同法》第二条规定了适用范围，用人单位的范围比较广，包括各类企业、个体经济组织、民办非企业单位等组织。经济性裁员只能发生在企业中，只有企业才有可能进行经济性裁员。在有些国家中，经济性裁员只发生在中型或者大型企业中，微型和小型企业不受经济性裁员规定的约束，其主要原因是微型或者小型企业一次性解除劳动合同的数量较少，其社会影响比较小，不需要纳入经济性裁员的范围进行规

范。同时，国外的经济性裁员需要企业与工会进行谈判，而微型或者小型企业缺乏谈判的能力。在我国《劳动合同法》制定过程中，考虑到整部劳动合同法中都没有区分企业的规模，且我国经济性裁员并没有国外的谈判机制，我国经济性裁员主要是履行一些法定程序，微型或者小型企业都容易做到，因此本条中并没有区分企业的规模。

④ 构成经济性裁员必须要一次性解除法定数量的劳动合同。在《劳动合同法》的制定过程中，经济性裁员究竟要一次性裁减多少人才是合适的一直是讨论的热点。对于劳动者而言，经济性裁员是“双刃剑”，经济性裁员的人数标准太低，用人单位容易利用解除条件较为宽泛的经济性裁员进行解除劳动合同，反倒对劳动者不利。同时要考虑社会的承受力，如果一次性解雇较多劳动者但不履行说明情况、听取意见、报告程序，将会给社会带来不稳定因素。因此，《劳动合同法》规定一次性裁减人员二十人或者裁减不足二十人但占企业职工总人数百分之十以上的，才是经济性裁员。

9.5.3 进行经济性裁员的法定条件

经济性裁员作为用人单位单方解除劳动合同的一种方式，必须满足法定条件。这些法定条件包括实体性条件和程序性条件，只有同时具备了实体性条件之一和全部的程序性条件，才是合法有效的经济性裁员。

(1) 实体性条件

《劳动合同法》规定，在四种情形下用人单位可以进行经济性裁员。

① 依照企业破产法规定进行重整。《企业破产法》第2条规定：“企业法人不能清偿到期债务，并且资产不足以清偿全部债务或者明显缺乏清偿能力的，依照本法规定清理债务。企业法人有前款规定情形，或者有明显丧失清偿能力可能的，可以依照本法规定进行重整。”依照企业破产法的规定，在三种情形下，债务人或者债权人可以向人民法院申请对债务人进行重整：一是企业法人不能清偿到期债务，并且资产不足以清偿全部债务；二是企业法人不能清偿到期债务，并且明显缺乏清偿能力的；三是企业法人不能清偿到期债务，并且有明显丧失清偿能力可能的。另外，根据《企业破产法》第70条第二款的规定，债权人申请对债务人进行破产清算的，在人民法院受理破产申请后、宣告债务人破产前，债务人或者出资额占债务人注册资本十分之一以上的出资人，可以向人民法院申请重整。企业破产法设置重整制度，主要目的就是使用人单位根据企业重整的经营方案、债权的调整和清偿方案以及其他有利于企业重整的方案在内的重整计划，继续经营并清偿债务，避免用人单位进入破产清算程序，使经营失败的企业有可能通过重整而得到复苏、振兴的机会。在重整过程中，用人单位可根据实际经营情况，进行经济性裁员。

② 生产经营发生严重困难。市场经济中的企业无时不面临着激烈竞争，一旦对市场需求判断失误或者决策偏差等，企业的生产经营可能就会发生困难。在用人单位的生产经营发生严重困难时，应允许用人单位通过各种方式进行自救，而不是进一步陷入破产、关闭的绝境。在用人单位的生产经营发生严重困难时，裁减人员、缩减员工规模是一项较有效的缓减措施，从全局看，对用人单位的劳动者群体是有利的，但涉及特定劳动者的权益，应慎重处理。因此，劳动合同法在允许用人单位在生产经营发生困难时采取经济性裁员的措施，但同时要求用人单位要慎用该手段，“困难”两字前加了“严重”的限制。

③ 企业转产、重大技术革新或者经营方式调整，经变更劳动合同后，仍需裁减人员。

在企业生产经营过程中，企业为了寻求生存和更大发展，必然要进行结构调整和整体功能优化，这些方式包括企业转产、重大技术革新和经营方式调整。企业转产、重大技术革新或者经营方式调整并不必然导致用人单位进行经济性裁员，如企业转产的，从事原工作岗位的劳动者可以转到转产后的工作岗位。为了更好地保护劳动者合法权益，同时引导用人单位尽量不使用经济性裁员，劳动合同法要求企业转产、重大技术革新或者经营方式调整，只有在变更劳动合同后，仍需要裁减人员，才可进行经济性裁员。

④ 其他因劳动合同订立时所依据的客观经济情况发生重大变化，致使劳动合同无法履行的。实践中，除了本条中列举的三类情形外，还有一些客观经济情况发生变化需要经济性裁员的情形，如有些企业为了防治污染进行搬迁需要经济性裁员的，也应允许用人单位进行经济性裁员。作为兜底条款，对本规定应作严格解释。

（2）程序性条件

为了尽量缓减经济性裁员对劳动者和整个社会的安定团结造成的冲击，《劳动合同法》第 41 条延续了《劳动法》关于经济性裁员的程序性规定，要求用人单位进行经济性裁员必须履行一套法定程序。这些法定程序是有顺序的，须全部履行。

① 必须裁减人员二十人以上或者裁减不足二十人但占企业职工总数百分之十以上的。在国务院提交全国人大常委会审议的《劳动合同法》草案中关于经济性裁员的人数标准只规定了五十人，在全文公开征求社会意见过程中，不少意见认为规定一个固定数不全面，有些企业规模较小，一次性裁减十五人对企业和职工来讲就是一件很大的事情，建议在规定一个固定数的同时再规定一个比例。因此，裁减人数有两个相对的标准：二十人以上或者不足二十人但占企业职工总数百分之十以上。

② 必须提前三十日向工会或者全体职工说明情况，并听取工会或者职工的意见。由于经济性裁员涉及较多劳动者的权益，为便于工会和劳动者了解裁减人员方案及裁减理由，获得工会和劳动者对经济性裁员行为的理解和认同，用人单位必须提前三十日向工会或者全体职工说明情况，并听取工会或者职工的意见。有的企业中已建立了工会，有的企业中还没有建立工会。已建立工会的用人单位进行经济性裁员，可以选择向工会或者全体职工说明情况，并听取工会或者职工的意见。没有建立工会的用人单位进行经济性裁员，只有向全体职工说明情况，听取职工的意见。

③ 裁减人员方案向劳动行政部门报告。用人单位经向工会或者全体职工说明情况，听取工会或者职工的意见，对原裁减人员方案进行必要修改后，形成正式的裁减人员方案。按照 1994 年劳动部企业经济性裁减人员规定（劳部发［1994］447 号）第 4 条规定，裁减人员方案的内容包括：被裁减人员名单，裁减时间及实施步骤，符合法律、法规规定和集体合同约定的被裁减人员经济补偿办法。该裁减人员方案需要向劳动行政部门报告，以使劳动行政部门了解裁减情况，必要时采取相应措施，防止出现意外情况，监督经济性裁员合法进行。这里的"报告"性质上属于事后告知，不是事前许可或者审批。当然，有的企业出于各种考虑，自愿提前与劳动行政部门报告协商，法律并不禁止。

④ 进行经济性裁员必须遵循社会福利原则。根据实际情况，经济性裁员中裁减的人数不定，在裁减一部分劳动者时，就涉及裁减哪些劳动者的问题。经济性裁员不能只考虑用人单位的需求，还要考虑社会因素，优先保护对用人单位贡献较大、再就业能力较差的劳动者。劳动合同法规定经济性裁员中优先留用人员时，主要从劳动合同期限和保护社会弱势群

体角度出发，规定了三类优先留用人员。其中与本单位订立较长期限的固定期限劳动合同和订立无固定期限劳动合同的人员，主要是考虑劳动者对劳动合同有较长期限的预期，法律应对这种预期予以相应保护；规定优先留用家庭无其他就业人员，有需要抚养的老人或者未成年人的劳动者，主要是考虑这类劳动者对工作的依赖性非常强，一份工作关系到一个家庭的基本生活，不能将其随意推向社会，对这类社会弱势群体法律应给予相应保护。三类优先留用的劳动者之间并没有谁优先的顺序，用人单位可以根据实际需要予以留用。

⑤ 重新招用人员时，被裁减人员具有优先就业权。之所以赋予被裁减人员优先就业权，主要出于三方面考虑：一是被裁减人员并不是因为个人有违法违纪违规的行为而被解除劳动合同的，而是因为用人单位经营出现严重困难等情况服从大局而被解除劳动合同的，因此在用人单位生产经营正常后，重新招用人员时，应优先照顾被裁减的劳动者；二是被裁减人员对用人单位比较熟悉，技术也熟练，对用人单位而言并不完全是负担；三是可以有效防止用人单位以经济性裁员为借口，随意裁减劳动者。同时，为更好地保护被裁减人员的合法权益，劳动合同法增加了规定，用人单位在六个月内重新招用人员时，应当通知被裁减的人员，并在同等条件下优先招用被裁减的人员。

9.5.4 企业裁员管理

研究显示，企业实施裁员的方式和方法是很重要的。有三种方法可以实施裁员，一种是系统战略（Systemic Strategy），包括组织更新（Organizational Renewal），一种是劳动力裁员战略（Workforce Reduction Strategy），一种是组织再造战略（Organizational Reengineering Strategy）。一般说来，系统战略是更为有效的方法。如果组织能够将裁员过程变成一个组织更新过程，组织就能在裁员之后提高组织的效率。如果组织仅仅将裁员当成一个减少开支和减少员工数量的过程，那么就达不到提高效率的目的，反而会降低组织的效率，给企业带来了如下一系列问题：丧失员工与客户之间的良好关系；破坏员工与客户之间的信任和忠诚；扰乱企业已存在的平稳的、可预见的运行程序；增加管理中所需要的规则、标准化和刚性，从而不利于组织灵活性的发展；丧失由于长时间的个人交流而建立起来的跨部门和跨层次的知识和经验；丧失公司处理非常规性挑战的知识和能力；降低员工生产率；丧失企业的共同的组织文化。

尽管有这样一些不好的后果，裁员对于那些面临劳动力过剩、成本高涨、效率下降的组织，仍然不失为一种战略选择。三种不同的裁员战略，对企业绩效会产生的影响是不同的。表9-1更详细地列举了各种方法的优缺点。

表9-1 各种裁员战略的优缺点

	内容与形式	优　点	缺　点
劳动力裁员战略	降低员工数量；主要形式有提前退休、岗外安置、金色降落伞、临时解雇开除等	迅速实现“组织瘦身”，实现经济成本的节约；吸引相关人员对精简的注意力；创造危机意识	知识和核心技能的损失，造成关系的丧失和破坏；战略的暂时性破坏企业的持续和长期战略
组织再造战略	淘汰不必要的工作职责，减少管理层次，停止某一部门的工作或停止某一产品的生产，将功能接近的部门合并，重新设计工作过程和工作时间	避免组织中的人员配置的浪费；更高的效率；结构更简化；对员工忠诚和士气的负面影响比较小	耗时多；属于中期战略，所以不能迅速实施

续表

	内容与形式	优　点	缺　点
系统战略	改变组织的系统、文化和员工的态度与价值；将裁员看成是一个持续性的过程和改进效率的基础，而不是一个项目和一个目标	使组织重新获得活力；降低成本开支；效率高；裁员已经变成企业经营的一种哲学	属于长期战略，见效很慢；需要大量的投资于培训、组织诊断和团队建设等

资料来源：于桂兰，苗宏慧. 人力资源管理. 北京：清华大学出版社；北京交通大学出版社，2008：160.

本章主要内容回顾

劳动合同的解除，是指劳动合同在订立以后，尚未履行完毕或者未全部履行以前，由于合同双方或者单方的法律行为导致双方当事人提前解除劳动关系的法律行为。可分为协商解除、法定解除和约定解除三种情况。

劳动合同终止是指劳动合同的法律效力依法被消灭，即劳动关系由于一定法律事实的出现而终结，劳动者与用人单位之间原有的权利义务不再存在。

劳动合同的续订，是指当事人双方经协商达成协议，使原签订的期限届满的劳动合同延长有限期限的法律行为。

辞职是指职工根据劳动法规或劳动合同的规定，提出辞去工作从而与用人单位解除劳动关系。辞职分为因企业过错导致职工立即解除劳动关系，以及根据职工自己的选择，提前30天以书面形式通知单位解除劳动合同关系两种情况。

辞职面谈是验证留住人才的措施有效与否的重要途径。新进员工在录用前要经过面试，辞职时更应该安排辞职面谈，通过与员工面对面的交流，了解员工的真正需求或对企业的不满之处，为企业以后的管理改善明确方向，从而更有效地留住并吸引人才。

离职是指职工终止劳动关系时不履行解除手续，擅自离岗，或者解除手续没有办理完毕而离开单位。劳动者离职的行为就是擅自解除合同，依照《劳动合同法》规定，离职的行为构成违约。离职职工需承担违约责任，并且擅自录用离职员工的用人单位，对原用人单位造成经济损失的，应承担连带赔偿责任。

裁员（Downsizing）是近20年来世界经济发展中的一个普遍现象，也称经济性裁员。对于裁员所带来的对组织绩效和个人福利的负面影响，无论是理论界还是实践部门，都没有达成应有的共识。裁员是管理方为降低成本而采取的一系列自愿行动，重点领域可能是劳动力成本、货币成本，也可能是时间成本或技术成本。企业实施裁员的战略包括：系统战略，劳动力裁员战略，组织再造战略。

案例讨论

用人单位口头解除劳动关系属违法解除

张某，女，原系西安市一家国有企业职工，该企业于2007年12月15日改制为有限责任公司，张某与企业解除了劳动关系。2007年12月25日，张某经人介绍，进入某公司从事管理工作，月工资2 000元，但未签订劳动合同，也未办理社会保险。2008年2月19日，该公司领导口头通知张某解除劳动关系，办理交接手续，2月份的工资未发放。张某要求经济补偿及支付工资，公司只答应支付一个月的工资。张某不服，委托律师代理其进行仲裁及诉讼活动。

【诉讼请求的提出】

律师接受委托后，提出以下诉讼请求：

1. 要求支付拖欠的工资2 000元，并支付未签订书面劳动合同所应支付的工资2 000元，以及拖延支付工资所应承担的额外经济补偿金1 000元；

2. 为张某办理社会保险；

3. 支付违法解除劳动关系的经济补偿金6 000元。

【证据】

本案中，用人单位为了规避法律，不给张某出具书面的解除通知，这给诉讼带来很大的阻力：

第一，解除劳动关系，首先要存在劳动关系，而张某没有办法来证明自己与用人单位存在劳动关系；

第二，劳动关系是否违法解除，仍然需要证据证明，但用人单位不出书面的解除通知，张某无法证明劳动关系是否解除，更无法证明是否是违法解除了；

第三，由于张某已经与单位关系恶化，所以无法从公司处再得到有用的证据。

律帅在了解了情况之后，帮助张某设计了一些方法，使张某成功地从公司获取了必要的证据，从而使本案朝着对张某有利的方向发展。

【争议焦点】

不出所料，在审理中，公司辩称并未解除张某的劳动关系，而是张某擅自离职，公司现在就决定对其予以除名，并保留追究张某赔偿责任的权利。法庭总结了本案的焦点：

1. 公司违法解除劳动关系是否违法；

2. 经济补偿金的计算方法。

【判决】

由于劳动者与用人单位长期所形成的地位的差异，劳动者处于弱势地位，在本案中，用人单位为了掩盖自己违法的事实，制作了一份张某违反规章制度的文件以及一份开除的通知，但该证据的真实性及合法性不予认可。同时，由于张某已经顺利地取得了证据，在出示该证据时，公司被突如其来的证据弄得措手不及，无法应对，拒绝质证。根据证据规定，该证据被法院予以采信，认定了公司违法解除劳动关系的事实存在。

在确定用人单位违法解除劳动关系的前提之下，案件的焦点就延伸至经济补偿金的计算方法问题。公司主张仅从2008年开始计算，给张某半个月工资经济补偿金，依据是《劳动合同法》第97条第三款的规定："本法施行之日存续的劳动合同在本法施行后解除或者终止，依照本法第四十六条规定应当支付经济补偿的，经济补偿年限自本法施行之日起计算；本法施行前按照当时有关规定，用人单位应当向劳动者支付经济补偿的，按照当时有关规定执行。"这属于对法律规定的错误理解。2007年12月25日至2007年12月31日，虽然张某仅工作了7天，但按照相关司法解释，这几天时间，单位应当支付一个月工资的经济补偿金2 000元，而2008年1月1日至2008年2月19日这段期间，用人单位应当支付1 000元的经济补偿金，共计3 000元。由于用人单位系违法解除，故应支付双倍即6 000元。

最终法院判决如下：

1. 判决公司支付张某工资 4 000 元，拖欠工资的额外经济补偿金 500 元；

2. 判决单位支付违法解除劳动关系的赔偿金 6 000 元；

3. 补办工作期间的社会保险。

【对判决的不同看法】

关于拖延支付工资的额外经济补偿金，判决认为应当以 2 000 元为基数计算，而不包括未签订劳动合同所支付一倍工资。对此，有人提出不同观点：《劳动合同法》第八十二条规定："用人单位自用工之日起超过一个月不满一年未与劳动者订立书面劳动合同的，应当向劳动者每月支付两倍的工资。"法律条文表述明确，即未签订书面劳动合同，劳动者每月的工资是约定的两倍，那么拖延的就是两倍的工资，同时，额外经济补偿金也应当以两倍为基数计算，即 4 000 元×25%＝1 000 元。

问题：结合本章内容，你认为哪种判决看法更合理？请说说你的想法和理由。

资料来源：张富俊. 西安长洪律师维权网. http://www.029148.cn/2008/12-27/194721428.html. 2008-12-27.

复习思考题

1. 劳动合同解除分为哪几种情形？
2. 劳动合同终止与续订分别应遵循什么原则？
3. 在什么情况下用人单位可以单方解除劳动合同？
4. 在什么情况下劳动者可以单方解除劳动合同？
5. 员工辞职面谈包括哪些步骤？
6. 员工离职的原因是什么？相应的对策分别有哪些？
7. 企业裁员各种战略的优缺点分别是什么？

参考文献

[1] 程延园. 劳动关系. 北京：中国人民大学出版社，2002：44-62.

[2] 常凯. 劳动关系学. 北京：中国劳动社会保障出版社，2005：9.

[3] 左祥琦. 劳动关系管理. 北京：中国发展出版社，2007.

[4] 巴德. 人性化的雇佣关系：效率、公平与发言权的平衡. 解格先，马振英，译. 北京：北京大学出版社，2007.

[5] BUDD J W. Employment with a human face: balancing efficiency, equity, and voice. Cornell University Press，2004：68 Tables 1.1.

[6] BUDD J W. Labor relations: striking a balance. McGraw-Hill/Irwin，2005.

[7] 刘路，邓娟. 浅论我国非全日制用工制度. 今日南国：理论创新版，2009（5）：154-156.

[8] 杨秀峰，冯锦卫. 雇佣关系中竞业禁止问题初探. 河北法学，2000（6）：93-96.

[9] 李琪. 产业关系概论. 北京：中国劳动社会保障出版社，2008.

[10] 程延园. 员工关系管理. 2版. 北京：复旦大学出版社，2008.

[11] 魏秀丽. 员工管理实务. 北京：机械工业出版社，2008.

[12] 张倜，戴环宇. 劳动关系管理. 北京：电子工业出版社，2006.

[13] 孙立如，刘兰. 劳动关系实务操作. 北京：中国人民大学出版社，2009.

第10章 集体谈判和集体合同

本章学习内容

1. 集体谈判和集体合同的概念及其作用；
2. 国内外集体谈判制度概述；
3. 集体谈判的程序和内容；
4. 集体谈判的方式及集体谈判结果；
5. 集体合同与劳动合同的关系；
6. 集体合同的内容和签订程序；
7. 集体合同争议的处理途径。

本章学习目标

1. 掌握集体谈判和集体合同的概念以及作用；
2. 了解各国的集体谈判制度，学习运用系统的方法，从历史发展的角度来理解集体谈判制度；
3. 了解集体谈判的程序和内容；
4. 掌握集体合同的内容和签订程序。

引导案例

"行业集体合同"保障上海10万出租车司机权益

江南出租公司的"的哥"郑平工伤在家休养，今年，他的工伤工资从每月960元增加到1 975元，因为之前他签了《上海市出租汽车行业集体合同》。

由上海出租汽车行业协会制定的《上海市出租汽车行业集体合同》，是全国出租汽车行业第一份"集体合同"，它使上海10万"的哥"的合法权益得到了充分保障。

工伤工资标准明显提高

上海目前共有147家出租汽车企业和3 158个"的哥"个体户，带顶灯的出租车有4.7万辆，驾驶员近10万人。前几年，在职工经济补偿、违约金处置、工资支付、工伤待遇及交通事故赔偿等方面，出租汽车行业的劳动争议特别多，劳动保障一直是"的哥"们非常关心的，特别看重工伤保险和带薪休假等福利待遇，更企盼用集体合同把工龄计算、工资报酬等事关核心利益的内容固定下来。终于，2008年4月，在上海市人力资源和社会保障局指导下，上海出租汽车行业协会与出租汽车暨汽车租赁行业工会签订了上海首份出租汽车行业集体合同。

然而，随着《劳动合同法》实施细则和带薪年休假办法出台，人们发现一些新规定在原先的行业集体合同中没能体现，有些标准订得低了，如工伤人员的工资定为本市最低工资960元，由此引发的劳动争议诉讼依然不少。法院在受理这类案件时，也认为这个标准的确低了，但要判高又缺乏依据，只好采取调解方式给工伤人员补偿。

根据新情况，今年（2009年）3月，出租汽车行业协会和行业工会经过协商，签订了新版的行业集体合同，充实完善了相关条款。新合同对出租车驾驶员应享受的劳动权益规定得更加明确和清晰，如首份合同仅规定"驾驶员婚、丧、病、工伤、探亲等假期按相关规定执行"，此次按照劳动保障部门关于工伤人员工资待遇不变的规定，新版合同在"休息休假"章节中明确，"驾驶员探亲、婚丧、产假等假期的工资按本市最低工资标准计发。驾驶员工伤期间的待遇按当年社会保险费缴纳基数执行。驾驶员疾病休假工资或疾病救济费不得低于最低工资标准的80%"。如果明年社会保险费缴纳基数提高，工伤人员工资还将相应提高。由此，"的哥"得到了实惠。

劳动争议案减少六成

原来"的哥"们没有休假，生活很单调，不是在开车就是在睡觉，他们自我调侃：工作日是"机器人"，休息日是"植物人"。新版集体合同对驾驶员的"休息休假"、"保险福利"等章节增加了内容。明确车辆承包定额按小时计算，承包费用由政府有关部门制定统一标准，以免企业为追求利益最大化而不合理收费。合同还明确规定，劳动报酬包含基本工资和承包经营收入两部分，保障了出租车驾驶员在带薪离岗期间的基本工资收入。新合同对"带薪休假"这样规定："职工累计工作时间的认定，拟以市社会保险事业基金结算管理中心核定的工作时间为准。"这就是说，驾驶员计算带薪休假时间以社保核定的累计工作时间为准，避免了有些出租车公司强调"本企业工龄"，以此为由克扣"的哥"的休假时间。

住房公积金曾经与许多"的哥"无缘。新修订的集体合同在"保险福利"中明确，"企业按照国家和本市有关规定为驾驶员缴纳养老、医疗、失业、工伤、生育等各项社会保险费和住房公积金。"新合同还根据《妇女权益保障法》对"的姐"的特殊利益进行保护，规定女驾驶员享受特有假期，工资按本市最低工资标准计发。

锦江出租汽车公司实行出租汽车行业集体合同后，"的哥"如果是知青子女，要回乡探望当年下乡的父母，不仅可按规定拿基本工资，探亲的路程再远，哪怕到新疆，路费也可按规定报销。

实施新集体合同以来，强生、大众、锦江等出租汽车公司的劳动争议案减少了60%。

思考与讨论题

1. 集体合同的内容有哪些？

2. 集体合同和劳动合同有什么区别？集体合同的作用有哪些？

资料来源：徐媛媛."行业集体合同"保障上海10万出租车司机权益.新民网，2009-09-05.

10.1 集体谈判与集体合同概述

集体谈判与集体合同制度作为协调劳动关系的基本法律制度，在推动现代企业制度建设、实现新型工业化和社会公平的过程中具有重要的作用。市场经济体制的发展、劳动关系的市场化特征和民主政治建设的加强为其推行创造了必要的条件。

10.1.1 集体谈判与集体合同的定义

"集体谈判"一词是表示集体合同双方的商谈过程的专门术语。"集体谈判"这一术语由英国学者比阿特丽斯·韦布（Beatrice Webb）于1891年在其研究论文《英国合作运动》中首先提出并开始使用，后来，西德尼·韦布（Sidney Webb）和比阿特丽斯·韦布（Beatrice Webb）夫妇在其研究工会和集体谈判的代表作《产业民主》（1902）一书中指出："在无工会组织的行业，劳动者个人无论在寻找工作，还是接受或拒绝雇主提供的就业待遇时，除了考虑自身所处的紧急状况之外，并没有与其同伴进行交流。为了出卖劳动力，劳动者个人不得不与雇主进行艰难的个人交涉，但如果工人团结起来，推选代表以整个团体名义与雇主谈判，其弱势地位将会即刻得到改变。雇主也无须再分别与每个雇员签订一系列的个别劳动合同，而只要签订一个能够满足集体意愿、规定集体劳动条件的协议即可。根据这一集体协议所确立的准则，从签订之日起，所有特定群体、特定阶层、特定等级的人员都要遵守该协议。"① 这一论述阐明了集体谈判制度的起源。

集体谈判是指雇员代表与一个或几个雇主通过谈判和签订集体合同（协议），确定劳动条件、劳动标准、劳动关系诸内容的过程。关于集体谈判的定义，有不同的表述。国际劳工局的约翰·P·温德姆勒等人所著的《工业化市场经济国家的集体谈判》将集体谈判表述为："集体谈判是代表雇主和雇员利益的集团之间的决策过程。它的压倒一切的任务是谈判，以及应用一系列经过认同的规则来约束就业关系的实质内容和程序，同时，还要确定谈判过程中参与者之间的关系。"②国际劳工组织（ILO）1981年颁布的《关于促进集体谈判的公约》（第154号公约）将集体谈判定义为：单个雇主、雇主群体或组织同单个或若干工人组织之间签订有关劳动条件和其他劳动问题的各项协议的过程。由左祥琦编著的《劳动关系管理》将企业集体谈判表述为："劳动者代表与企业管理者或雇主为规定双方可以接受的录用条件和明确彼此之间的权利、义务关系而进行的谈判。"由常凯编著的《劳动关系学》将集体谈判定义为"工人通过自己的组织或代表与相应的雇主或雇主组织为签订集体合同进行谈判的行为"。在我国，法律、法规中并没有使用"集体谈判"这一称谓，而是用"平等协商"、"集体协商"这样的术语。原劳动部1994年颁布《集体合同规定》第七条将集体协商定义为：集体协商是指企业工会或职工代表与相应的企业代表，为签订集体合同进行商谈的行为。

集体合同，又称"集体协议"、"团体契约"、"集体契约"等。国际劳工组织第91号建议书《1951年集体协议建议书》将集体协议定义为："由一个或几个雇主或其组织为一方与一个或几个工人的代表组织（不存在这种组织的，应由通过按照国家法律或法规由工人正常选举产生并认可的工人代表）所达成的，涉及工作条件和就业条件的任何书面协议。"也有一些国家从其他角度，如集体合同的功能、作用等角度来下定义的。例如，"集体合同是调整企业、机关和组织中雇主和职工之间劳动、社会经济和职业关系的法律文件。"③

我国在集体合同定义的规定上经历了一定的变化。1994年，我国劳动部颁发的《集体

① Terry Mcllwee. Collective Bargaining [a]. in European labor relations [c]. vol. 1. gower, England, 2001. 14.

② 约翰·P·温德姆勒. 工业化市场经济国家的集体谈判. 北京：中国劳动出版社，1994.

③ 俄罗斯联邦集体合同和协议法，1992.

合同规定》将集体合同定义为："集体合同是集体协商双方代表根据法律、法规的规定，就劳动报酬、工作时间、休息休假、劳动安全卫生、保险福利等事项，在平等协商一致基础上签订的书面协议。"1995年中华全国总工会为集体合同所下的定义与之相似："集体合同是企业工会代表职工与企业就劳动报酬、工作时间、休息休假、劳动安全卫生、保险福利等事项通过平等协商订立的书面协议。"而2003年的新《集体合同规定》则将集体合同定义为："企业和实行企业化的事业单位与本单位职工根据法律、法规、规章的规定，就劳动报酬、工作时间、休息休假、劳动安全卫生、职业培训、保险福利等事项，通过集体协商签订的书面协议。"这三个定义的差别，主要集中在主体的变化上，即从未明确规定主体（仅提集体协商双方），到将主体明确为一方是企业，另一方是工会及其所代表的职工，再到一方是企业，另一方是职工；其次，在新的《集体合同规定》中，专门强调了集体协商制度（通过"集体协商"签订的书面协议）。

集体合同不同于其他民事合同，有其自身的特性，一般认为，集体合同具有下列特征。

① 主体的特定性。集体合同是特定的当事人之间达成的协议，一方当事人是雇主（国内一般称为用人单位）或雇主团体，另一方则是代表全体劳动者的工会。在没有建立工会的情况下，则是由劳动者推选出来的代表与雇主订立集体合同，而不能由劳动者个人或其他团体作为代表与雇主签订集体合同。工会和雇主之间必须存在着利益冲突或矛盾的关系，否则签订集体合同变得毫无意义。集体合同在主体上所具有的这种特性明显区别于其他合同。

② 内容的特定性。集体合同虽然是雇主与代表劳动者的工会之间集体谈判达成的意思表示一致的协议，但是其内容却受到严格的限制。一般来讲，集体合同涉及的主要是关系到劳动者的全体性、整体性的劳动权利和劳动义务问题，如劳动报酬、工作时间、保险福利、安全卫生等，并且集体合同主要规定的是雇主一方对劳动者承担的义务，对劳动者一方的义务不作规定或者规定得很少。这是由于集体合同的作用在于修正劳动者个人同雇主之间的不平等地位。劳动者个人与雇主相比，无论从经济地位还是从劳动地位上来讲，都是处于弱势，无法做到和雇主处于实质上的平等，因而难以要求雇主提供公平的劳动条件。集体合同制度的作用则在于使分散的劳动者集合起来，以工会的形式来与雇主相抗衡，从而迫使雇主提供公平的劳动条件。

③ 程序的法定性。集体合同的订立要采用法定的形式，并要以书面形式订立。集体合同要经过集体谈判（或协商）程序，这一过程的进行及后果要受到国家法律的特别规范，如谈判主体资格的要求、谈判内容的要求、冲突的解决等方面。同时，大多数国家也要求集体合同必须向政府部门进行登记备案。1951年国际劳工组织第91号《集体协议建议书》第8条也规定："国家法律或条例可着重规定集体合同以及后来所作的任何修改均须登记备案。"① 通过集体谈判方式签订集体合同并且对集体合同登记备案，是国际上通行的做法，主要原因在于集体合同涉及众多劳动者的切身利益，影响面很大，其重要性绝非一般民事合同所能比拟。

企业集体谈判的结果一般是企业集体合同的签订。就是说，企业集体谈判和企业集体合同是一件事情的两个阶段，企业集体谈判是企业集体合同的前提和准备，企业集体合同是企业集体谈判的成果和结论。没有企业集体谈判，就没有企业集体合同的签订；没有企业集体

① 杨伟杰. 集体合同制度研究［D］. 厦门：厦门大学. 2007.

合同的签订，企业集体谈判就是不成功的，或者说，企业集体谈判就没有达到应有的目的。企业集体谈判和企业集体合同两者之间是对立统一、密不可分的。

10.1.2 集体谈判与集体合同的作用

由于集体谈判和集体合同制度有益于劳动关系的稳定和社会经济的发展，所以，这一制度逐渐被许多国家的法律所认可，而逐步成为一种劳动法律制度。作为一种法律制度，集体谈判和集体合同制度具有积极的作用，主要表现在以下几个方面。

首先，这一制度改变了雇主和雇员双方力量不平衡的状况，使双方在协商谈判中的地位和权力趋于平等。在西方国家，集体谈判和集体合同制度诞生之前，劳动关系双方主体彼此之间劳动经济利益的形成和调整主要是以自由契约为依据。具体来说，就是以劳动者个人与雇主签订个人劳动合同来实现的。而这种个别劳动合同的签订并不能保证双方主体之间的对话平等性和权利对等性。情况往往是由于雇主在经济上的优越性和主动性，个人劳动合同所反映的主要是雇主的意愿和意志，劳动者凭借个人的力量无法与雇主抗衡。集体谈判和集体合同制度诞生和发展之后，情况发生了根本的变化。通过集体谈判和集体合同制度的推行，劳动者一方完全可以集体的形式与雇主进行对话和抗衡，这就改变了劳动关系主体双方力量不平衡的状况，使得劳动者不仅在一般法律意义上，而且在劳动利益关系的实际处理上，取得了与雇主权利平等的地位。

其次，集体谈判和集体合同制度促进现代企业制度建设，满足实行经济民主的需要。现代产权制度、管理制度和劳权制度构成了现代企业制度内部的权利关系及制约机制。现代企业制度的基本特征和要求之一，就是产权与劳权的利益关系要和谐、公正，如果任何一方的利益得不到公平的待遇和尊重，其结果必将使双方的利益都受到损害①。市场经济也是民主经济，其民主包括三层含义：一是产权民主，即产权构成多元化；二是管理民主，即劳动者广泛参与企业管理；三是利益分配民主，即劳方利益由劳资双方在集体谈判一致的基础上确定。从这个意义上说，集体谈判与集体合同制度不仅仅是利益保护制度，也是现代企业的科学管理制度。

再次，集体谈判和集体合同制度是以劳动者权益保障为中心和出发点，其最终目的在于协调企业劳动关系，促进企业与职工的共同发展。集体谈判和集体合同的侧重点在于实现劳动权的保障，这一点自集体谈判和集体合同产生之初就非常明确。但集体谈判和集体合同的作用并不只是单方面地片面强调劳动者的权益，而是在劳动关系双方利益的妥善处理中来动态地施加保护。集体合同是双务合同，这就是说，劳动者在享有权利的同时也需要履行义务，雇主在承担义务的同时也享有权利。集体谈判和集体合同制度就是在兼顾双方主体利益的情况下完成自己的历史使命。集体谈判和集体合同对于双方都是有益的，这种益处主要表现为劳动者可以得到相对“公平”的劳动报酬和劳动条件，雇主可以保证生产稳定而有序地进行，特别是可以通过集体谈判和集体合同来避免或减少罢工、怠工和抵制等劳动冲突事件的发生。正是在这个意义上，集体谈判和集体合同的基本作用在于协调和稳定了劳动关系，从而保证雇主和劳动者双方的合法权益，促进企业和职工的共同发展。

最后，集体谈判和集体合同制度实现劳动者的民主权利，促进民主政治建设。劳权的实

---

① 王金萍，曲延志. 平等协商与集体合同制度. 中共长春市委党校学报，2004.

质是人权。尊重集体谈判权就是尊重人权。在一个企业中，劳动者的政治地位是通过参与民主选举、民主管理、民主决策、民主监督等权利的实现而得以体现的。集体谈判作为劳动者实现经济利益和民主权利的重要法律途径，在推进民主政治建设方面具有重要的现实意义，而不能把它仅仅视为劳动者实现眼前经济利益的一种手段。

10.2 集体谈判

所谓集体谈判，就是以工人集团即工会为一方，以雇主或雇主集团为另一方进行的劳资谈判。集体谈判是市场经济国家调节劳动关系的基本手段和重要机制，是工会维权活动的途径之一，也是判断企业经营管理水平和对职工权益维护力度的重要标准。集体谈判的最终成果——集体合同，不仅体现了企业的劳动关系，也规定了职工的基本权益及其保障条件。

深圳强力推动跨国公司集体谈判

2008年8月1日，深圳正式施行新的《深圳市实施〈中华人民共和国总工会工会法〉办法》(以下简称《办法》)，如今《办法》掀起的风暴刮向了世界500强。

9月22日，深圳总工会统一向以包括世界500强在深企业在内的百余家重点企业发出谈判要约，要求这些企业在10日内承诺开展集体谈判，并在12月5日前签订集体合同。这也意味着深圳全面启动外资企业大规模集体谈判。

沃尔玛的谈判成果

集体谈判此前从未在国内法律法规中出现，惯例是用“平等协商”这个词。新《办法》明确规定了工会有权代表会员和职工与用人单位进行集体谈判，签订集体合同并监督集体合同履行。

深圳签订集体合同的企业约4万家，覆盖员工400万人。然而，与大型跨国公司开展集体谈判并签订集体合同7月之前未有先例。今年7月，沃尔玛深圳工会代表在全总和深圳市总工会指导下与沃尔玛行政方签署集体合同。谈判的过程一波三折，但在背负着沉重的社会压力下“讨价还价”之后，最终沃尔玛还是与工会“签约”。集体合同约定，在2008年、2009年工资的年平均增长幅度为“9+1”，即工资平均增长9%，同时公司提供1%用于升职和特别调薪。而且以后每年12月份，劳资双方还可以就员工薪酬待遇举行谈判。而新《办法》则对沃尔玛等企业出台了许多针对性的规定，如“当下级工会不能履行职责时，上级工会可以代行集体谈判”，来对抗跨国巨头们的延宕战术。

此次发出要约的对象包括世界500强在深企业、著名跨国公司在深企业等百余家公司。深圳市总工会法律工作部部长张友泉表示，要约内容是要跟上述企业建立“定点定时定项”集体谈判机制，即在每年的某个时段就劳动关系中直接涉及职工切身利益的事项与企业方进行集体谈判、签订集体合同。百胜、麦德龙、宜家这些跨国巨头都将直面沃尔玛曾经经受的考验。

“不得拒绝要约和集体谈判”

企业收到要约后是否一定会承诺同意集体谈判?

张友泉介绍，根据总工会的要求，从收到要约起10日内，相关企业必须作出承诺。之后就进入实质的集体谈判阶段，这个过程会持续到11月14日，在此期间，企业与工会就有关劳动报酬、工作时间、休息休假、劳动安全卫生、保险福利、职工培训、劳动纪律以及劳动定额管理等进行谈判。集体谈判完成后。到12月5日前，相关企业要签订集体合同。

宜家家居深圳商场方面表示，宜家已经和上级工会进行了接触，但现阶段不方便发表评论，相关措施正在讨论中。百胜餐饮深圳分公司则表示，有关集体谈判的事宜他们将慎重对待，具体措施正在请示上海总部。其他几家企业的相关人士也表达了类似观点。

意料之中的谨慎言论反映出这些跨国企业们还心存疑虑。

张友泉指出，依据《办法》相关条款，在集体谈判要约发出之后10个工作日内，企业必须给予回复，不得拒绝要约和集体谈判。对于部分企业如果承诺了谈判却消极拖延的，张友泉表示，根据《办法》规定相关部门会要求其整改，如果不整改，将对这部分企业“公开谴责”，“当然我们会慎重使用这个权力”。

工资谈判为重中之重

工资调整机制是双方争夺最激烈的阵地。张友泉表示，深圳市总工会将对工会和企业职工谈判代表进行专项培训，谈判程序、谈判技巧艺术、谈判应注意把握的问题是培训的重点。

深圳市广东劳维律师事务所主任段毅律师表示，新《办法》的实施标志着更加注重保护劳动者权利的时代来临。段毅表示，集体谈判意味着职工在与企业谈判时拥有集体争议权，这也许是工会对抗资方最重要武器。段还透露，新《办法》的配套法规《集体谈判条例》已在草拟中，将对集体谈判涉及的一些具体问题作出规范。

“未来的劳资关系应该是一种有机博弈，双方的分歧是显性化的，法律将对双方予以对等保障。”中华全国总工会民主管理部部长郭军认为。

思考与讨论题：

1. 集体谈判有哪些内容？
2. 集体谈判结果的决定因素有哪些？

资料来源：魏竣韬. 21世纪经济报道. 2008-09-26.

集体谈判制度最早出现在英、美等市场经济发达国家。18世纪末资本主义自由竞争时期，英国雇佣者团体与工厂主谈判所签订的劳动协定是集体合同的萌芽。1799年，美国费城制鞋业工人工会与雇主举行谈判。1850年，英国纺织、矿山、炼铁业工会与雇主谈判达成一系列协议。这些出现在英、美等国的工会与雇主进行谈判达成协议的现象，标志着集体谈判制度的产生。

在集体谈判产生之初，政府对集体谈判多采取禁止的态度，通过制定禁令把工会进行集体谈判和签订集体谈判协议的行为视为非法。如英国议会于1799年至1800年通过了《禁止结社法》，宣布组织工会为非法。《禁止结社法》导致劳资矛盾更加激烈，最终“工会运动是真正地诞生了，更广泛的统一、更普遍的团结开始代替了地方同业俱乐部的狭隘观念”。政府通过立法禁止工会进行谈判，从而导致了工会向地下转移，工会组织罢工的规模越来越大，手段也越来越激烈。在工会活动的巨大压力下，承认工会享有结社权、工会享有谈判权逐渐成为各国政府立法的趋势。从20世纪初期开始，各国开始承认并支持集体合同立法，规定集体合同具有法律效力。新西兰于1904年制定了有关集体合同的各种法律，是世界上最早进行集体合同立法的国家。随后，奥地利、荷兰、瑞士等国也先后制定了这类法律。

第一次世界大战后，集体谈判和集体合同作为调整劳动关系的手段在西方国家得到了新的发展，各国或出台单行的集体合同法，或在劳动法典等基本法中对集体合同作出专章规定。第二次世界大战之后，世界范围内经济结构和社会体制发生了巨大变化，摒弃劳资对立，谋求劳资合作，成为工业国家劳资关系发展的主要潮流。集体谈判制度不仅是对劳动者的一种契约保障，而且也成为雇主谋求工业和平与工业利润的手段之一，在西方国家得到了新的发展。同时，国际劳工组织也通过了一系列推动集体谈判的文件，包括1949年的《组织权利和集体谈判权利公约》(第98号公约)、1951年的《集体谈判协议建议书》(第91号建议书)、1971年的《工人代表公约》(第135号公约)、1981年的《促进集体谈判公约》(第154号公约)和同名的建议书(第163号建议书)。

总的来说，集体谈判制度的产生是劳资斗争的成果之一，工人运动迫使雇主不得不正视工人作为一个最重要的社会力量的存在。为了避免更多的经济利益损失，雇主必须缓解劳资矛盾，这个缓解矛盾的有效方式就是通过协商谈判的办法，一方面对劳工提出的要求作出一定程度的让步，同时，通过这个协商谈判也对劳工的行为作出某种程度的约束。这种斗争与妥协带来的劳资关系的相对稳定更有利于经济的发展和社会的稳定，集体谈判制度逐步得到了认可与肯定。

10.2.1 国外集体谈判制度①

(1) 美国的集体谈判制度

美国是当今世界上经济最为发达的资本主义国家，集体谈判在美国经济发展过程中占有重要地位。美国作为市场经济模式的代表，其集体谈判制度不可避免地带有这种经济模式的某些特征。一是拥有深厚的法律基础。19世纪末，美国的一些州相继制定了承认并保护集体谈判制度的法律。1935年颁布的《国家劳动关系法》标志着美国联邦在法律上对集体谈判制度的承认。该法规定了工会与企业进行集体谈判的权利及要件。此后，美国相继颁布了很多相关的法律法案，这些法律法案将集体谈判制度纳入国家法律的保护之下。集体谈判的基本议题是由法律明确规定的。《国家劳动关系法》规定：资方与工会务必就分配比例、工资、劳动时间和就业条件进行协商。集体合同具有法律上的约束力。在美国，集体合同的法律效力与国家的法律相一致。合同生效后，双方必须在规定的时间内执行合同，否则会受到法律的追究。二是谈判主体结构分散。从工会一方来看，美国工会是自由的工会，工会组织程度不高，结构分散而复杂。从类型上来看，分为行业工会、产业工会和总体工会；从组织形式上看又有地方工会、全国工会及劳联—产联。从雇主一方来看，美国没有中央级别的雇主组织，雇主仅是产业与地方一级组织团体，它们在谈判中所起作用不大，劳动关系问题一般都由企业自行处理。三是谈判形式独特。在美国的集体谈判中，由于劳资双方组织结构都比较分散，导致其谈判形式与其他西方市场经济国家明显不同。一般来说，主要采用单一工会与单一雇主进行谈判的方式。

(2) 英国的集体谈判制度

英国的集体谈判分为两个层次，一是行业间的谈判，主要在行业协会和工会之间进行，

① 欧阳帆. 国外集体谈判制度的比较分析. 中国集体经济，2007 (23).

而全国性的产业联合会和工会联合会不直接参与谈判；二是企业级的谈判。在过去十五年之前，行业谈判占了主导地位，而最近十年的趋势是行业谈判逐渐转移到企业谈判，旧的全国性谈判方式很少应用，越来越多的是把纠纷解决在低层次。1989年以前全国性的谈判在行业协会和行业工会之间进行，主要谈判内容是最低工资的支付、如何计算加班工资、工时和休假待遇等。保守党执政时期出台了8个法规限制工会的力量，1989年以后，由于行业工会提出工作时间从39小时缩短到37小时，但不影响其工资水平①。雇主协会经过艰苦的谈判后，决定不参与继续谈判。此后全国性的谈判非常少，集体谈判主要在企业内部进行，并且集体谈判的方式也发生了很大变化。公司可以自主决定工资和工作条件，不受全国性谈判的限制；每个公司根据自己的文化和背景来决定谈判的方式，没有固定的谈判模式；企业与工会谈判的数量也减少了，有时把企业内的几个工会放在一起谈，甚至有些企业不承认公司里的工会，直接与雇员谈判。

集体谈判模式的变化有多方面的原因。在保守党制定的限制法律没有出台前，工会的力量非常强大，经常罢工，但由于法律严格的限定，工会的力量减弱，相应地降低了谈判的力量。1979年工会参与率为57%、工会组建率为90%，2003年下降为26%和52%②。另外，立法的主导作用非常大，《个人就业权利法》的颁布，给了劳资双方一定的工作标准，集体谈判获取权益的空间较少；劳动力市场的变化也影响到集体谈判的方式，以前罢工存在于采煤和钢铁业，现在这种行业减少了，并且在高科技企业中很难组织工会；妇女更多地参与劳动力市场，而妇女参加工会的比例较低。并且，在英国集体谈判争议没有法律规定要求必须去解决，一般通过自愿的方式解决占主导，也可以自愿请劳动咨询调解仲裁委员会（ACAS）解决。

工党执政后修改了部分限制工会的法律，并且于1999年颁布了《劳动关系法案》，对集体谈判的规则进行了规范，在一定程度上有利于集体谈判的开展。政府颁布《劳动关系法案》的目的是在工作场所达到一种公平，在雇员和雇主需求方面达到一种均衡。《劳动关系法案》主要内容有两点：最重要的是承认工会，《劳动关系法案》颁布之前企业对工会的认可是自愿的，而现在规定了工会可以向政府提出申请的权利，并进行注册。其次是对参加罢工的员工提供额外的保护，员工参加合法的罢工，在8周之内雇主是不能解雇员工的，8周之后也只能采取合理的方式解决纠纷。2000年7月《劳动关系法案》实施，2002年7月宣布修改，多方面征求意见，2003年5月公布征求意见的结果③。雇主方对《劳动关系法案》的修改主要有两方面：一是对工会认可；二是对罢工的雇员如何合法地解雇。工会方对《劳动关系法案》的修改意见主要是：明确工人参加工会的途径和渠道，建议把养老金也作为谈判的内容等。《劳动关系法案》的制定和修改有利于工会组织的进一步发展。

（3）德国的集体谈判制度

德国也是较早推行集体谈判的国家，经过近百年的发展，已经形成了较为完整的集体谈判法律体系，以及相应的集体谈判制度。大体上来说，德国的集体谈判制度具有以下几个特点。一是工会组织具有自发性，入会率很不平衡，但工会影响力较大，在谈判中占据优势地

① 沈阳劳动保障网. http://www.lnsy.lss.gov.cn/llyj/llyj_2.html.

② 沈阳劳动保障网. http://www.lnsy.lss.gov.cn/llyj/llyj_2.html.

③ 沈阳劳动保障网. http://www.lnsy.lss.gov.cn/llyj/llyj_2.html.

位。在德国，工会是自发组织的，职工可自愿加入和退出。从行业看，矿山、钢铁企业一般达到100%，银行业只有20%；从身份看，公务员一般达到64%，职员达到20%，工人达到50%。德国的工会在企业里具有举足轻重的影响，无论在企业经营管理还是在生活福利等问题上，工会与资方享有同等权力，对于企业内任何重大事项均需双方协商决定，任何谈判均以法律为基础。二是谈判结构中以产业谈判为主。德国劳资双方谈判分别在国家、产业和企业三级劳资双方间进行，其中以产业级谈判为主，由国家级谈判达成的协议是产业和企业劳资谈判的基础和前提，这一点与美、英等国不同。三是工资自治政策。在德国，自魏玛共和国以来，就实行工资自治政策，即工资水平与工资结构受劳动力供求双方力量对比的影响，完全由劳资双方自主商定，政府不予干涉。四是“共决权”制度。在劳资共决政策框架内，德国建立了“共决权”制度。所谓共决权制度，指的是德国法律规定的、在所有企业中建立的雇员享有参与和与雇主共同决定企业事务的权利的制度。五是国家、政府对集体谈判主要采取间接控制的方式。德国政府对劳资谈判采取了不干预、不介入的立场。但是，国家对企业工资的间接控制仍然是客观存在的，主要通过以下几种方式：通过立法规范劳资双方的权利和义务，使集体谈判始终建立在法制化的基础之上；通过政府发言的形式，运用舆论导向对集体谈判产生影响，这种发言没有约束力，但它通常是成功的；中央银行通过调整利率来影响企业成本，从而间接影响工资；利用税收政策从收入再分配角度调节工资增长和收入差距。

（4）瑞典的集体谈判制度

瑞典的集体谈判是随着19世纪下半叶瑞典工业革命的发展而出现的，经过一百余年的发展变迁，形成了自己的特色。一是谈判双方的组织化、集中化程度都较高。在所有西方国家的工会组织中，瑞典工会是最强大的。在瑞典，有近90%的工人参加了工会，主要有三大工会，分别是：主要由蓝领工人构成的瑞典工会联合会以及主要由白领工人组成的瑞典职员中央组织，除此之外，瑞典还有一个主要由知识分子构成的瑞典专业人员中央组织。这三大工会的中央组织权力很大，组织结构也很严密，有不同层次的地方组织。与之相适应，瑞典的私营企业的雇主大多都参加同一个雇主组织，即雇主联合会，瑞典雇主联合会由35个雇主协会组成，大约有4.2万个公司。雇主一般都通过雇主组织与工会谈判，很少单个同工会进行谈判。二是谈判的内容以工资问题为主。在瑞典的集体谈判中，由于就业保障、雇员的企业管理权、工作环境等方面的问题均有立法保护，所以工资问题是谈判的最主要内容，工资谈判就成了瑞典工会的最主要职能。瑞典工会在这方面取得了较大的成果。三是集体协议的约束力较强。瑞典的集体协议对签订协议的工会和雇主都有约束力，并有法律效力。如果对协议产生争执，双方必须按照法律程序来处理，或通过仲裁的方式，或通过特别劳工法庭。值得一提的是，瑞典的集体谈判中有一种特别的做法，即劳资双方签订“工业和平协议”。这类协议的内容一般是规定在双方签订协议所规定的年限内不得采取工业行动，其主要目的是避免冲突的发生。四是良好的社会环境，政府对谈判采取不干预政策。在瑞典的集体谈判中，劳资双方靠他们的愿望和能力就他们之间的关系形成各种规则，即这些规则完全是自发形成的。此外，瑞典的劳资双方在集体谈判中都将对方看作是社会伙伴，从而容易取得谈判的成功。瑞典政府对集体谈判的态度与其社会历史传统、政体，特别是成熟的主体组织密切相关，它们基本上处于一种旁观者与调和者的地位。无论是劳资争议的处理，还是集体协议内容的审查，政府都不直接介入。

(5) 法国的集体谈判制度

法国是市场经济十分发达的资本主义国家，但是法国的集体谈判和劳资协议制度不像其他西欧国家那样具有悠久的传统和严密的体系，法国的集体谈判制度带有很大的分散性和相当的随意性，具有自身的特点。一是集体谈判制度以及劳资关系的演变，都带有很强的政治性。政治斗争的发展和政府的政治倾向对集体谈判制度的发展变化起着相当重要的作用。劳资关系的调整在很大程度上依赖于工人阶级的政治斗争而不仅仅是集体谈判制度。二是工会的力量较弱，雇主组织力量较强。法国的工会组织主要有三个，即法国总工会、法国工人力量总工会和法国工人民主联合会。此外，还有两个由知识分子组成的工会，即教师工会联合会和高级职员联合会。在法国的企业中，这五大工会同时存在，各工会受政治的、宗教的派系纷争的影响，工会运动长期处于分裂状态。法国工会的组织率在西欧国家中属于低的，大约只有10%。因此，从整体上讲，法国工会的力量比较弱。与工会力量较弱相对应，法国的雇主组织较为强大。实力雄厚的大企业的雇主联合起来，组成了强大的雇主组织。法国的雇主组织主要有法国雇主全国理事会、中小企业总联合会、全国工艺手工业联合会等。三是签订集体合同遵循“有利职工”原则。在法国各种类型的集体谈判中，都普遍遵循一个签订集体合同的基本原则，即“有利职工”原则，其内容主要是在不违反现行法律的前提下，集体合同中所作的规定可以更有利于职工。

(6) 日本的集体谈判制度

日本的集体谈判形成于第二次世界大战之后，经过不断完善和发展，形成了自己的特点，主要表现在以下几个方面。一是集体谈判主要在企业内部进行。有别于欧美各国主要以产业或行业的全国性或地方性的劳资集体谈判的方式，日本劳资双方的集体谈判主要在企业内部进行，即在企业工会和该企业资方之间进行。二是“春斗”。“春斗”，即集体春季工资谈判。自1956年起，日本团体交涉就在春天进行，并形成为制度。春季谈判的主要内容是工资的涨幅，也包括劳资双方共同关心的其他问题。三是谈判内容涉及面相当广泛。由于日本《工会法》没有明确规定集体谈判的内容范围，因此，日本集体谈判的内容涉及面相当广泛。企业工会代表工人同企业主就工人的切身利益以及企业生产经营等事项进行谈判，凡是影响到工人劳动条件、工种和工作场所的变化，都可列为集体谈判的内容。四是劳资合作，罢工的情况罕见。工会除了享有集体谈判权之外，许多企业尤其是大公司，还存在着广泛的、没有立法强制规定的劳资合作协商制度。劳资双方就共同关心的问题进行协商，交换信息和意见，从而加深双方的理解和交流。由于日本劳资双方在谈判中的广泛合作，劳动市场上的争议很少出现，即使发生罢工，持续时间也很短。其争议的处理程序与其他国家类似，斡旋失败后进入调解与仲裁程序。

10.2.2 我国集体谈判制度现状和存在问题

20世纪90年代初，我国开始引入集体协商制度。1994年颁布的《劳动法》对集体协商和集体合同制度做了原则性规定。从总体上讲，由于我国集体谈判和集体协议制度刚刚起步，因而对集体谈判理论缺乏专门的深入研究。随着劳动关系问题日益突出，国内对集体谈判的研究转移到了集体谈判在劳动关系调整机制中的必要性、意义上。有的学者指出，“严格意义上的市场化的集体劳动关系在我国尚未形成”，“实现由个别劳动关系调整到集体劳动关系调整的转变是我国劳动法律调整方式和内容的发展趋向”（常凯，2004）。有的学者认为，集体谈判和集体合同制度在保护劳动者权益和调节劳动关系方面，具有其他劳动法律制度、劳动关系协调制度无法取代的功能（土守志，2004）。还有学者对集体谈判的理论基础、模式框架、集体谈判主体的再造、相关立法方面做了比较有价值的研究，认为“集体劳动关系的调整是劳动法律的核心问题”，“集体劳动关系是否协调是劳动关系调整的关键”，“劳动合同制度建立了劳动关系的确立机制，集体谈判制度则建立了劳动关系的调整机制”（程延园，2004）。这些学者均认为在转型时期，集体谈判在调整劳动关系中的地位应当给予充分的肯定。另一方面，也有学者认为“在中国产业关系调整模式应以人力资源管理模式为主，辅之以完善的劳动法制”、“集体谈判的制度在法律上也应作出规范”的观点（杨体仁，2000）。可以看出，近年来，无论学界还是实践部门，人们都逐步把集体谈判视为调整劳动关系的重要机制，但对这一机制如何建立、如何保障、如何才能发挥作用还没有更多的研究。

现阶段，在实践上我国集体谈判制度存在以下几个方面的问题。

① 工会的代表性和独立性问题。集体谈判制度有效运作的前提是劳资双方彼此独立，谈判主体具有独立性和代表性，具有法定权利和组织能力来代表从企业级别到国家级别的国有和非国有企业的工人和雇主。工会的代表性主要解决工会与劳动者在集体谈判中的关系和地位问题，工会的独立性则主要指工会与管理方之间的关系问题。工会是劳动者权益的“代表者”，是为了维护劳动者权益而与雇主进行交涉的“谈判者”，处于与管理方相对立的地位。工会的谈判权利由劳动者授予，谈判活动要向劳动者负责。但在实践中，对我国企业集体谈判制度的观察表明，与中央级别的工会组织的强势地位形成鲜明对照的是，企业一级的工会组织地位却有日渐下降的趋势。一些企业的基层工会在企业改制中被撤并，非公有制企业工会的组建率还很低。尽管上一级工会组织努力加强工作场所工会对会员的代表能力，但企业一级的工会仍然继续兼具工会职能和管理职能，并且较多介入企业管理机构内部，工会委员会中拥有高比例的高层管理人员，职工代表大会作为民主管理的关键性角色与作为企业工会的角色之间存在一定程度的混淆。企业级别工会组织的这些特点，削弱了其代表会员权益的能力。因而，工会委员会更加倾向于在结构内部协调雇员与管理方的利益分歧，而不是代表工会成员与管理方谈判。

② 谈判环节缺位，协商谈判机制尚未发挥作用。集体谈判是签订集体协议的前提和必经阶段，是集体协议制度的灵魂，协议只是谈判的最终结果。集体合同与其他合同一样，是劳资双方意思表示一致所达成的协议。集体谈判要经过反复多次的讨价还价，谈判的过程实际上也是双方求同存异、逐步达成共识、解决矛盾和分歧的过程。没有实际的谈判过程，事实上就不可能通过谈判达到解决纠纷和冲突的目的。衡量集体谈判成功与否的关键，要看能否通过集体谈判化解劳资纠纷，和谐劳动关系。在实践中，有的地方在推行集体合同制度的过程中，把先建机制变成了先签合同，不是将协调劳动关系作为推行集体协议制度的目的，而是把集体协议这种手段当成了目的。重签约、轻协商的现象普遍存在，合同签了就万事大吉了，没有真正形成协商谈判机制。

③ 协议内容雷同，缺少针对性和可操作性。目前，相当多的企业签约质量不高，合同条款大多照抄现有法律法规规定，反映企业和劳动者共同关心但法律又没有规定的问题，如职工下岗、劳动合同续订、劳动报酬、企业年金、住房、补充保险、家属医疗费用的承担等的条款却很少，真正对劳动关系有协调力度的条款更少。一些上级工会为迅速推进集体合同

制度，实现签约数量要求，往往拿着事先拟定好的合同范本，说服企业与工会签约。其结果是多数企业集体合同雷同，内容空泛、笼统，缺少灵活性、针对性，没有结合本企业实际进行具体量化细化，致使合同缺乏可操作性。集体合同内容普遍存在“三多三少”现象，即：原则性条款多，具体规定少；抄法律条文的多，结合企业实际的少；虚的多，实的少。

10.2.3 集体谈判的程序

在李琪所编著的《产业关系概论》中，将集体谈判的程序分为四个环节。

（1）谈判准备

集体谈判的准备工作是谈判是否成功的关键环节，准备工作主要包括以下几项。

① 拟订谈判方案。根据近期的经济形势和企业经营状况，双方当事人各自拟订内容包括谈判的基本原则、最低目标和主要谈判策略等在内的谈判方案，以便己方在谈判中做到有的放矢。

② 组建谈判机构和人员班子。在没有谈判常设机构的情况下，双方当事人都要临时成立自己的谈判机构，具体确定己方的谈判人员及其首席代表。在工会方面，一般来说，是由一个工会的地区分会作为雇员一方的谈判代表，工会的谈判团队主要包括地区分会的主席或者分会的专职工会干部、谈判公司或者工厂的工会干事、工会聘请的谈判专家；在雇主方面，谈判团队通常由管理方的高级管理人员组成，包括人力资源经理、产业关系经理、财务部门经理和企业的律师，在多元雇主的集体谈判中，雇主组织还经常要聘请产业关系专家或者谈判专家负责谈判。

③ 约定谈判日期和地点。这是由双方当事人共同协商而定的，即要将预定的谈判主题、谈判日期和地点以及谈判的双方当事人代表等上报给政府有关主管劳动关系或劳动问题的部门或机构。

④ 收集信息。企业管理者有义务向工会方面提供有关企业发展的准确的信息和数据，以此作为双方拟订谈判方案和进行具体谈判的客观依据和共同基础。

（2）发出谈判要求与回应

集体谈判通常是应雇员和工会的要求举行的，在正式谈判开始之前，工会或者雇员代表要在征求雇员意见基础上准备谈判提案，以书面形式传递给雇主方，并且提出集体谈判会议的召开时间、地点等建议。谈判提案中的事项应当是具有可操作性、符合实际情况、通过谈判可以达成协议的事项，这些事项要给予管理方足够的财力空间，使其能够在有限的财政能力的基础上考虑工会提出的谈判要求。雇主在收到对方的谈判提案后，要在一定期限内作出回应，并就对方提出的谈判时间和谈判地点予以答复。

（3）进行正式谈判

劳资双方按照约定的时间和地点召开集体谈判会议。会议开始时，双方要首先确定谈判的规则和谈判会议的议事日程。下面是谈判规则的一些主要内容。①所有的谈判会议都要如期按时并且在双方约定的谈判地点举行。②劳资双方的首席谈判代表应当是双方谈判会议中的主要发言人，但是，其他谈判代表也可以应要求发言。③在谈判中，一方就谈判所需信息向对方提出获取要求，如果要求合理，另一方应当予以满足。④任何一方的谈判代表团队发生人员变动，应当及时通知对方。⑤双方应提出合理的谈判提案和反提案，提案和反提案应当有双方代表的签名和日期。双方可以在合适的时间内同时交换各自提出的谈判提案。⑥双方就具体的谈判事项达成协议后，应在一份书面文件上签字并注明日期，并且要将这个事项从谈判日程中勾销。⑦谈判双方的首席代表有权对合同的语言与条款达成一致意见。然而，任何在谈判中双方达成的协议都是初步的协议，要以最终的集体合同为准。任何初步协议中有关个人雇佣合同的条款都需要首席谈判代表的签字和日期。⑧如果双方同意采用调解方式解决争端，调解人应当由双方共同挑选①。

为提高集体谈判的成功率，在谈判的议事日程中，一般要将双方认为容易达成协议的事项放在谈判会议的初期，这种做法有利于培育一种和谐的谈判气氛。为了提高成功率，双方还可以将谈判事项分为两类：一类是与经济利益有关的事项，如工资、福利、工作条件等；另一类是与经济利益无关的事项，例如，工作地的规章制度、雇员抱怨的处理程序、工作岗位的评价系统等。在谈判时，双方先就与经济利益无关的事项进行谈判，在这些事项达成一致意见之后，以一种初步协议的方式确定下来，并将这些事项从谈判日程中勾销。在涉及与经济利益有关事项的谈判中，也可以采取归类“打包”的方式，将一些具有相互关系的事项归为一类，放入谈判会议中讨论。这种方法有助于双方在同类事项上获得较大的让步机会，特别是在使用分配型的谈判方式时，几种事项放在一起谈判可以照顾到双方的得失。

（4）达成协议、签订集体合同

劳资双方在就谈判事项达成协议之后，要将所有的协议事项转变为书面的集体合同。在这份集体合同文件的准备过程中，最为重要的是集体合同条款的文字表述。条款的表述应当准确、完整地表达谈判双方的意思，这关系到未来对集体合同的理解与履行。

在集体谈判的整个过程中，“诚意谈判”已经成为双方谈判代表的一项基本义务。“诚意谈判”要求谈判双方带着一种真诚和诚实的意图进行谈判，要保证合理的谈判地位、谈判策略和谈判行为②。“诚意谈判”的原则最早出现在美国1935年的《国家劳工关系法》中，该法规定：“进行集体谈判是雇主与雇员代表履行相互的义务，双方应就任何一方的要求，在合适的时间就有关工资、工作时间和其他雇佣条件进行诚意的谈判，或者就一项协议，或者就该协议产生的任何问题，或者就一个书面合同中任何协议条款的执行问题进行诚意的谈判。”这一原则目前已经被很多国家的法律所接纳，列为集体谈判双方的主要义务。这项义务包括四项要求：双方要在合理的时段和相互便利的地点进行谈判；要就所有的谈判事项进行有实质意义的谈判；在不能满足对方要求的时候要出示理由；在否决对方提案时，要提出反对案。

此外，在集体谈判过程中需要注意和处理以下几个问题。

① 谈判对手的承认问题。这一问题主要是指企业管理者一方对工会组织代表资格的承认问题。在美国等一些西方国家，对于某一具体的工会组织作为某一类具体的集体谈判的劳方代表问题，还要由政府或相应的法律作出规定或承认。

② 谈判义务和常设机构问题。谈判义务主要是针对企业管理者或雇主而言的。西方市场经济国家普遍规定，企业管理者有义务定期举行诚意谈判，也有些国家规定工会有定期促

① Heavrin, Christina and Michael Carrell. Collective Bargaining and Labor Relations: Cases, Practice, and Law. 2nd ed. Ohio, Columbus: Merrill Publishing Company, 1988: 124；李琪. 产业关系概论. 北京：中国劳动社会保障出版社，2008：181.

② Holley, William, Jennings, Kenneth and Roger Wolters. The Labor Relations Process. 8th ed. Ohio: Thomson/South-Western, 2005: 279；李琪. 产业关系概论. 北京：中国劳动社会保障出版社，2008：182-183.

成和进行企业集体谈判的义务。对于集体谈判的常设机构问题，大多数西方国家并没有作出明确的法律规定。但常设机构能保证集体谈判的连续举行，有利于谈判双方就有关问题或共同感兴趣的问题展开研究，为谈判的顺利举行奠定基础，还有利于基于谈判而订立的集体合同的实施和履行等。

③ 谈判进程问题。一般来说，就谈判进程而言，可能会出现这样几种情形：谈判双方相互谅解和妥协，谈判很快达成协议；双方就有关问题互不相让，谈判陷入僵局，但经调解后可达成协议；谈判陷入僵局后，经调解无效，导致谈判破裂甚至引起罢工或关闭工厂事件，这时就需要由仲裁或法律诉讼的办法加以解决，或者由政府出面促成谈判继续举行，直至最终达成协议。不论出现哪种情况，谈判双方最终都要签订谈判集体合同，并经双方签字、盖章后生效。

④ 谈判代表的权力问题。谈判代表的权力问题就是指谈判代表有无权力签订经谈判而达成的集体合同。对此，各国的规定不大一样：美国、加拿大和日本等国规定，在企业级谈判中，工会代表对谈判最后结果无权决定，需由企业职工大会批准；比利时、奥地利和瑞典等国规定，工会代表有权签署集体合同，不需经职工大会批准；德国、法国、英国和意大利等国介于中间状况，即有些集体合同可由工会代表直接签署，有些则需要经职工大会批准。在大多数市场经济国家，企业集体合同的签订要经企业职工大会的批准，而行业集体合同的签订则不需提交全行业的职工讨论批准①。

10.2.4 集体谈判的内容

(1) 工资集体谈判

工资是与劳动者关系最为密切，也最受劳动者关注的问题，因此，工资问题历来是企业集体谈判永恒的主题。工资集体谈判包括这样一些主要内容。

① 工资标准和工资水平。在谈判中，谈判双方要就企业不同岗位的工资进行协商，并确定最低工资、计件工资标准、加班工资标准以及特殊情况下的工资标准等。

② 工资制度。它主要包括工资形式（如计时工资和计件工资等），奖金津贴的形式，工资支付的方法、方式、时间、地点等内容。

③ 工资差别关系。它包括新老工人的工资差别和不同岗位、不同工种、不同职务、不同技术等级的工资差别。

④ 工资的最后冲刺。它是将所有岗位的工资确定下来以后，对相对工资较低的岗位再争取提高一个工资档次。

(2) 工时集体谈判

工时集体谈判也是企业集体谈判的重要内容，或是一种重要类型的企业集体谈判。主要内容可以概括为以下几个方面。

① 工时计算方法。一般来说，应该根据工作性质确定工时计算方法，但不论采用标准计算工时、综合计算工时还是不定时计算工时，都必须符合国家关于工作时间的有关规定。

② 特殊情况下工作时间的计算问题。在集体谈判中，如由于受不可抗的自然因素的影响，或者受原材料质量的影响等，工人们不得不占用工作以外的时间甚至周末和假期的时间

---

① 左祥琦. 劳动关系管理. 北京：中国发展出版社，2007：188.

进行生产，以保证完成企业的生产任务，这种情况下的时间应加以合理计算。

③ 延长劳动时间的工时计算问题。一般来说，平时加班加点、法定节假日加班等不同情况下的加班，其工时计算的标准是不一样的，有些工种（如弹性工作制）对加班时间的认定也有自己的特殊性。这些工时计算问题要在工时集体谈判中解决。

④ 计件工人工作时间的认定问题。这一问题是工时集体谈判中较为棘手的问题之一，这里的关键问题是如何合理确定劳动定额和计件报酬标准等。

(3) 休息休假集体谈判

休息休假集体谈判一般包括两个方面的内容。

① 休息休假时间问题。进行谈判时，工会方面要在了解本国有关法律规定的基础上，就工作日内的间歇时间、每周公休假日、探亲假、年休假以及婚丧假等问题与管理者达成符合法律规定的协议。除此之外，谈判重点还要解决一些临时发生的时间问题，如工人的亲属死亡而不得不请假的问题等。

② 休息休假时间工作的补偿问题。因生产或工作需要，比如由于供水或供电等方面的问题，工人们不能在法定的休息时间里休息的，其休息时间如何安排、如何补偿他们等问题也要在集体谈判中加以解决。

(4) 劳动安全卫生集体谈判

在劳动安全卫生集体谈判中，谈判双方一般要就以下几个问题进行磋商。

① 工作场所的环保和劳动条件的改善问题。在集体谈判中，工会方面要向管理者提出切实可行的工作场所环保的方案和劳动条件改进的措施，以防止工人在劳动过程中发生意外事故或受职业病侵害，对于企业中存在的一些事故隐患，也要在集体谈判中告诫管理者尽快解决。

② 工人劳动安全卫生教育、培训、监督问题。工会方面要在谈判中就加强工人安全卫生教育和培训、对特种劳动者进行安全训练、非常情况下对工人紧急救护、建立工伤医疗制度、建立安全监督机构等问题向管理者提出建议。

③ 劳动保护用品和健康检查问题。谈判双方还要就工人劳保用品的购置与发放，从事有毒有害工作人员的健康检查等问题进行谈判。

④ 劳动事故的赔偿问题。对于劳动事故的赔偿问题，谈判中也要有所涉及，尤其是事故责任属于管理人员的违章指挥和强行冒险作业的，要强调加大赔偿的力度。

⑤ 女工的特殊保护问题。对于一般女工的“四期”保护，为女工设置卫生室和哺乳室等问题，在谈判中也要有所涉及。

(5) 保险福利集体谈判

保险福利集体谈判一般包括以下一些内容。

① 保险与福利的范围问题。一般来说，保险的范围主要由国家的相关法律作出规定，但也有补充性的保险项目，福利的随意性较大。因此，就保险与福利的范围问题，谈判主要集中在补充性保险项目和福利的范围上。

② 保险与福利的标准问题。工会方面可以根据企业的实际能力在谈判中提出提高工人保险与福利标准的要求，具体来说，可以要求企业为工人进行更多的社会投保，也可以要求企业为工人提供小额优惠、带薪假期等。

③ 保险金的筹措问题。各国对于保险金的筹措问题一般都有自己的规定，但也可以通

过集体谈判来扩大筹措渠道。谈判中对于这种问题的协商要结合考虑社会经济发展水平和企业的实际承受能力，不能不切实际地提出过高的要求。

④ 各种具体的保险、福利的特点和标准问题。这些问题是劳动者最为关心的问题，但往往也是集体谈判中非常棘手的问题，比如工伤赔偿标准、医疗保险标准、失业救济标准、退休补助标准和提高福利待遇的问题。

（6）工作生活质量谈判

一般情况下，工作生活质量集体谈判包括这样一些主要内容：保护和改善工人工作场所的周围环境，如解决工作环境污染问题、工业有害物质或有毒废料危及工人及其家庭生活环境问题等；工人的特殊利益要求，如食堂、体育娱乐设施、厂区园林绿化等。

10.2.5 集体谈判的方式

集体谈判是劳资双方就雇员集体的工资和工作条件等事项进行的一个讨价还价的过程。在这个过程中，双方可以采取不同的谈判方式，也存在与谈判有关的协调过程。在李琪所编著的《产业关系概论》中，参照理查德·沃尔顿和罗伯特·麦克西的理论，将集体谈判方式分为两种主要方式，即分配型谈判（distributive bargaining）和整合型谈判（integrativc bargaining）[①]。分配型谈判和整合型谈判是在集体谈判过程中劳资双方的主要谈判方式，分配型谈判是一种利益对立的谈判，整合型谈判是合作解决问题的谈判。

（1）分配型谈判

分配型谈判属于一种“零和”（赢—输）的谈判方式，基本是属于竞争性的谈判，这种谈判被形象地比喻为双方在“分饼”，谈判双方将现有的利益看成一块体积固定的“饼”。对任何一方来说，这种谈判方式的使用成功就意味着，已方以对方的损失为代价，获得了尽可能多的利益。在使用这种方式进行的集体谈判中，双方的谈判目标之间具有直接的矛盾，一方获得的利益就是对方支付的成本，双方都希望通过谈判，在有限的资源中获得最大的利益。

罗伊·列维奇（Lewicki，Roy）和约瑟夫·莱特勒（Litterer，Joseph）提出，分配型谈判包括五个因素：①目标点（target point），这是谈判者最希望达到的目标所在之处；②抵制点（resistance point），这是谈判者可以接受对方要求的最高点，超过这一点，谈判者将无法接受对方的要求，因此，这一点也被称为谈判者的“底线”（bottom line）；③初始提议（initial off），这是谈判者最初提出的谈判主张；④谈判区间（settlement range），这是劳资双方抵制点（底线）之间的差异区间，也是谈判实际发生的空间，如果双方的要求超出了这个区间，有关这些要求的协议将无法达成；⑤协议达成点（settlement point）[②]。分配型谈判可以用一个有关工资增长的简单谈判过程加以解释，如图 10－1 所示。

图 10－1 显示，在一个正向的工资增长谈判过程中，工会的抵制点（底线）是 2%的工资增长幅度，雇主的抵制点（底线）是 5%的工资增长幅度，这两个抵制点之间的差异构成

---

① Richard Walton，Robert McKersie. A Behavioral Theory of Labor Negotiations. New York：McGraw－Hill，1965；李琪．产业关系概论．北京：中国劳动社会保障出版社，2008：172.

② Lewicki，Roy and Joseph Litterer. Negotiation. Howewood，Illnois：Richard D. Irwin Inc，1985：75－82；李琪．产业关系概论．北京：中国劳动社会保障出版社，2008：173.

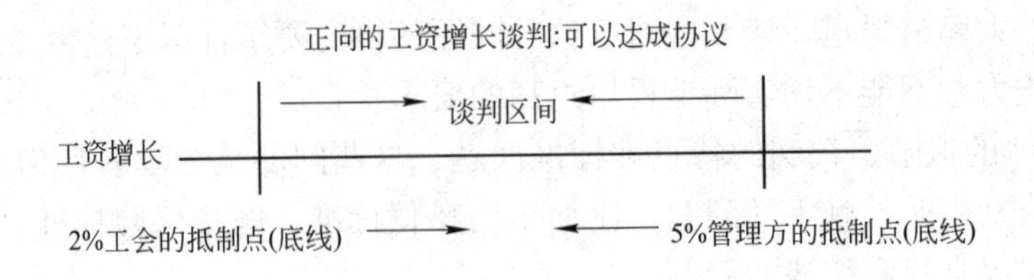

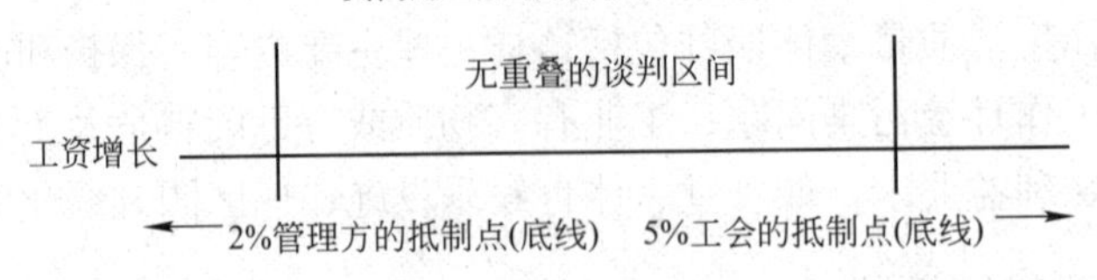

图 10－1　分配型谈判（以工资增长谈判为例）

资料来源：Budd，John. Labor Relations：Striking a Balance. 2nd ed. Boston：McGraw－Hill，2005：272.

了劳资双方有关工资增长的谈判区间。如果工会的初始提议落入了这个区间的任何一个点上，双方都有可能达成工资增长的协议。反之，如果双方之间进行的是一场负向的工资增长谈判，也就是工会提出的工资增长幅度在5％以上，而雇主可以接受的增长幅度不超过2％，在这种情况下，双方的抵制点之间没有谈判的区间，谈判无法进行，协议更无从谈起。

尽管在劳资双方的底线之间存在谈判区间，但是因为分配型谈判具有非赢即输的性质，在谈判过程中仍然存在双方的利益矛盾。为了在谈判中获得更多的利益，双方都要使用一些谈判策略，试图在巩固和加强己方底线的同时，降低或者突破对方的底线。这些策略包括：不向对方泄露己方真实的谈判底线、在谈判桌上由谈判的首席代表发言以显示谈判小组的意见统一；针对对方的要求作出激烈的反应或者不作任何反应；向对方提示不同意己方要求可能导致的后果；寻找适当时机作出让步等，有时甚至采取工业行动向对方施加压力。这是一些在商业谈判中经常使用的策略，在集体谈判中，这些策略有些是可以使用的，有些策略则可能违反有关法律规定。例如，违反了法律关于“诚意谈判”和“向对方通报与谈判有关信息”的规定。另外，这些策略在使用后是否能够产生预期的效果还取决于各方的谈判力（见下文）。

（2）整合型谈判

整合型谈判属于一种“正和”（双赢）的谈判方式，这是一种合作性的谈判方式。这种谈判不同于“分饼”式的谈判，被形象地比喻为“做饼”，也就是谈判双方通过利益的整合，将“饼”的体积做大。劳资双方使用整合型谈判方式寻求共同的利益所在，以减少谈判过程中的利益矛盾，进而顺利达成协议。例如，在控制成本的前提下调整雇员的福利待遇安排或者安排培训项目提高雇员的素质；在提高企业效益的同时采用利润分享制增加雇员的收入等。在整合型谈判中，谈判双方对谈判事项的考虑基点不同于分配型谈判，后者以各自的立场（position）为基点，前者则以各自的目标（objective）为基点，两者的区别仍然可以用简单的工资增长谈判为例。如果工会以5％的工资增长幅度作为谈判要求并且将谈判底线定位2％，这个底线就是工会的谈判立场；如果工会的谈判目标并不在于工资的增长幅度，而是通过谈判使谈判单位内的雇员获得更多的利益，那么，除了工资增长之外，职业保障、福利待遇、技术能力等都可能成为工会的谈判要求。从目标的角度考虑谈判事项，工会在管理方无法满足其工资增长要求的时候，可以考虑提出其他与雇员利益有关的谈判要求。例如，在对工资增长幅度做出让步的同时，要求管理方作出在集体合同有效期内不裁减雇员的承诺，或者要求调整福利项目使雇员可以获得较好的医疗保险待遇等。整合型谈判是一种劳资双方合力解决问题的谈判方式，这种方式对谈判者的基本要求是相互信任和充分的信息沟通①。这种要求使谈判双方必须采取一些与分配型谈判完全不同的谈判策略，特别是在信息交流方面，要在谈判中建立顺畅的信息沟通渠道。

与分配型谈判相比，整合型谈判是一种理想的集体谈判方式，但是，这种方式在谈判实践中并不多见。这是因为，在整合型谈判中，尽管双方可以通过利益的整合将未来的收益做大并可分享收益，这里仍然存在一个未来收益的分配问题，也就是说，双方在对未来收益的分配方面仍然需要进行分配型的谈判②。在集体谈判的实践中，就工资等涉及经济利益的事项，谈判双方经常使用的仍然是分配型谈判方式，整合型的谈判方式则有时用于谈判工作组织、雇员培训等与经济利益无直接关系的事项。分配型谈判与整合型谈判的基本差异如表 10-1 所示。

表 10-1 分配型谈判与整合型谈判的基本差异

	分配型谈判	整合型谈判
谈判涉及事项	诸多事项	个别事项
谈判事项考虑基点	注重于“立场”	注重于“目标”
信息使用方式	信息是一种谈判力，不可公开，要有选择地使用	信息就是信息，信息要公开，要由双方分享
信息沟通方式	控制信息	分享信息
	由谈判小组首席代表作为发言人	谈判小组成员均有发言权
	在各方内部发生意见分歧时，由几个人私下沟通	在各方内部发生意见分歧时，委派专门小组解决分歧
谈判方式	利益冲突型的谈判	问题解决型的谈判
	关注己方的立场、目标和利益	关注双方共同的目标和利益
	短期的谈判关系	长期的合作关系
	信任程度低	信任程度高

资料来源：Katz，Harry，Thomas Kochan. An Introduction of Collective Bargaining and Industrial Relations. 3rd ed. New York：McGraw - Hill/Irwin，2004：185；李琪. 产业关系概论. 北京：中国劳动社会保障出版社，2008：175. 作者有修改.

此外，在左祥琦所编著的《劳动关系管理》中将集体谈判方式归类为以下三种。

（1）对立式谈判

人们通常把传统的集体谈判假定为一个“对立的”谈判模型。虽然工会和管理方都知道双方存在着共同利益，但仍然认为他们最大的任务是从谈判对手那里为自己获取最大利益。通常是工会要为其成员争得最大利益，而管理方认为这一模式并不能解决矛盾，只会引起不必要的冲突。这种传统的、对立式的谈判常常使矛盾变得更为尖锐。

---

① BUDD. Labor Relations：Striking a Balance. Boston：McGraw - Hill，2005：252.

② Katz，Harry，Thomas Kochan. An Introduction of Collective Bargaining and Industrial Relations. 3rd ed. New York：McGraw - Hill/Irwin，2004：184.

（2）合作式谈判

合作式谈判是指谈判双方之间的一体化谈判、互惠式谈判，近年来一直为人们所倡导。在这种谈判中，冲突区域被看作是双方要解决的问题，而不是要获胜的位置。因此，谈判双方作为一个利益共同体，要共同努力、采取措施，解决彼此的分歧。合作式谈判关注的是双方利益的一致性，而不是冲突性，关注的是如何扩展共同利益空间并使双方从中获益。从理论上讲，尤其从管理方的角度看，合作式谈判能够支持企业的高效率运作。但谈判双方之间存在的真正冲突，使这种谈判的可行性受到限制。

（3）让步式谈判

让步式谈判常常存在于雇主要求工会减少工资福利，或减少对管理权威的限制方面。雇主认为，这些让步对于确保企业的生命力非常必要，否则企业就有可能倒闭。尤其是在一个雇主拥有几个生产企业的情况下，如果工会之间不会“踢皮球”，雇主很可能以漫长的停产相威胁。

20 世纪 80 年代初期，让步式谈判开始变得特别普遍，这反映了经济增长的放缓和工会谈判力量的全面下降。其结果是雇主在谈判中明显地采用越来越强硬的方法，并在 90 年代将这种方法扩展到公共部门。随着劳资合作的日益普遍，未来的工会运动和集体谈判必将发生变化。实际上，工会在集体谈判中越来越多地放弃原来的立场，因为工会官员已逐步接受这样的观点，即工资的增长源于工作中的合作、联合管理和生产力的全面提高。工会愿意以合作而不是以冲突来寻求解决问题、提高组织效率的方法。

10.2.6 集体谈判结果的决定因素

谈判过程的中心问题是双方是否愿意，并且能在多大程度上让步。谈判的结果如何，在相当程度上取决于以下三方面的因素：双方的谈判力量；利益、价值观和期望值；谈判技巧。

（1）谈判力量

谈判力量是三个要素中最重要，也是最难解决的问题，包括退出力量，它会给雇主带来额外的成本；罢工力量，即劳动者停止工作，会给雇主带来损失或成本；岗位力量，指劳动者仍旧在工作岗位上，由于主观故意或疏忽而造成雇主的损失。同样地，管理方也有退出、停工和岗位的力量，岗位的力量体现在它具有指挥、安排员工工作的权力。

对管理方来说，罢工带来的直接成本和工人的罢工力量是对等的。在私有部门，这些成本主要表现为：在罢工期间和罢工结束后，由于销量和市场份额下降引起的利润损失。通常在经济繁荣时期，这些成本是最高的，因为这时雇主不能有效地利用替代工人从其他工作场所为顾客供货，也没有专门为预防罢工储备产品或服务。在公共部门，罢工力量在某种程度上更为复杂，但主要表现为公众对罢工者的同情和对政府信任度的降低。在这两种情况下让步越大，超过其罢工成本的利益就越多。

对管理方来说，间接成本包括罢工后因工人不满和敌意引起的辞职的增加，以及管理成本的提升。由于这与工人的退出力量和岗位力量紧密地结合在一起，因而，尤其对那些技术水平高、专业技能强的工作，以及那些高度复杂、精确、资本技术密集型的工作来说，成本通常是高的。

对工会来说，直接成本与其管理罢工的能力是相等的。主要是参与罢工者能够在多大程度上弥补因为罢工而损失的收入，包括罢工前后的加班工资收入、在别处从事临时或非全日制工作所得，以及罢工期间工会提供给他们的津贴等。间接损失包括由于罢工而引起的潜在的损失，以及由于管理政策的改变而有可能被转移到条件更艰苦的工作场所，如工作负荷增加、劳动纪律更加严格等。同时，这些又与管理方的退出力量和岗位力量紧密相连，管理方辞退员工，其结果可能增加在职雇员的工作负担。

（2）利益、价值观和期望值

双方的利益、价值判断和期望值直接决定了彼此会在多大程度上抵制对方的要求，承受罢工带来的损失，因而对于谈判结果有着重要影响。对管理方来说，有三类要素是很重要的：一是各种让步的成本，具体数额依赖于雇主的实际支出；二是管理方持有的反工会化的价值和观念；三是关于管理决策者的想法，他们相信能够吸收和转移这些成本的程度。

对工会来说，同样有三类因素会对谈判结果产生重要的影响：一是工人及其谈判代表认为做出让步的成本很高，尤其是工资和福利，以及在协议有效期内如何保护工人权利的程序性问题；二是工人及其谈判代表受到压抑、挫折，或对管理政策和实践不满引起的强烈反应；三是公平感，特别是雇主有能力作出让步而不肯让步时，或者受到相似职业工人就业条件和待遇的影响时，这种感觉会更加明显。

（3）谈判技巧

谈判技巧的重要性表现在两个方面：一是改变对方期望值和谈判底线的技巧；二是准确判断对方让步位置的能力。谈判技巧的获得，不仅要通过对对手在谈判桌上的行为进行准确分析，还要对谈判力量、对方的价值取向以及期望值判断正确，以确定对方可能作出的让步限度。

显然，这三类因素之间是相互关联的，如果工会方的谈判力量弱而管理方的力量强，那么工人就会降低期望值并且改变强硬的态度。另外，这些因素的变化也与经济状况和经济形势紧密相连。对一个具体的谈判结果的影响，从根本上说有赖于谈判者及其所代表的群体对形势的把握和选择。

10.3 集体合同

案例

2005年12月1日，某中外合资企业为了稳定、协调劳动关系，与该中外合资企业的工会组织就职工的劳动报酬、工作时间、休息休假、各种福利待遇等事项签订了集体合同，该集体合同为期限为2006年1月1日至2008年12月31日。其中，集体合同规定职工的月工资不低于1 500元，2005年12月25日，双方将集体合同提交当地劳动与社会保障部门审查。截至2006年3月25日，劳动与社会保障部门仍未给予答复，该中外合资企业认为该集体合同没有被劳动与社会保障部门批准，因此，该集体合同未生效。于是，该中外合资企业于2007年10月，分别同每一个职工签订劳动合同，职工的月工资标准分为1 200元至1 400元不等。

思考与谈论题：

1. 该集体合同是否已经生效？
2. 劳动合同中关于工资报酬的条款是否合法？
3. 集体合同和劳动合同的区别在哪？

资料来源：杜律师. 法易网. http://case.laweach.com/Case_52612_1.html. 2009-06-06.

集体合同制度是市场经济条件下调整劳动关系的重要形式，世界各国基本上都采用这一制度。它是充分发挥工会在协商劳动关系中地位和作用的有效形式，有利于弥补劳动法律、法规的不足，有利于从整体上维护劳动者的合法权益，有利于促进企业管理，有利于调动职工的生产工作积极性，巩固发展和谐的劳动关系。

按照不同的分类标准，集体合同可划分为不同的种类。

① 按照适用范围划分，可以分为工厂协约、地方协约和全国协约。工厂协约是指适用于个别企业或者工厂及其所属单位的协议；地方协议是指适用于某城市、省或者特定地区内的某行业雇主或者雇主协会与该行业工会所签订的协议，这种协议规范该区域内某具体行业的劳动条件；全国协约是指全国行业总工会与其雇主签订的协约，它规定该行业的劳动条件，然后各个行业及雇主协会可以按照其原则再签订个别协约。

② 按协议内容划分，可以划分为完全协约和不完全协约。完全协约包含了劳动关系中的所有事项，内容包括工资、工作时间、解雇及劳动争议的解决等。不完全协约则只规定了劳动关系中的一部分特定内容，如针对劳动争议的处理问题而专门制订的集体合同。

③ 按照内容的繁简划分，可以划分为立法协约和行政协约。立法协约指双方当事人详细规定有关工资、工作时间、工作条件及其他条款的协约；行政协约是指双方当事人只约定相互关系的一般原则，其详细内容由各个小协约补充。

10.3.1 集体合同与劳动合同的关系

(1) 劳动合同与集体合同的共同点

① 主体的法律平等性和事实上的不平等性。劳动法律法规赋予了劳动合同缔约双方平等的法律地位，劳动者与用人单位经过双向选择后，达成合意确立劳动关系；签订集体合同的双方也具有平等的法律地位。双方经过平等协商，达成合意之后，集体合同才能成立。因此，它们的主体在法律上都是平等的。但在实际的劳动关系中，用人单位是独立面向市场的主体，在市场竞争机制的驱动下，往往以最小的成本获取最大限度的利润，于是在劳动力充足的情况下，劳动者一方事实上处于弱势地位，为了获得工作机会，不得不接受用人单位的不合理限制；即使是在集体合同关系中，由于劳动者群体与用人单位之间还是存在着被管理与管理的关系，受这种关系的限制，双方仍然难以达到实质上的平等。因此，劳动合同与集体合同的主体都只具有法律意义上的平等，而在事实上是不平等的。

② 合意的有限性。虽然劳动合同的缔约主体具有法律意义上的平等，但是，在劳动合同缔约后，双方就具有了隶属性质，作为劳动者一方的当事人必须加入到另一方当事人用人单位中，成为其成员。这种“转化为隶属关系”的特点已经不符合典型意义上的调整平等主体之间的关系的契约，因此，虽然劳动合同也体现了一种“合意”，但这种合意只能起到“触发性作用”，即劳动合同的订立，只是启动劳动法律法规对于劳动合同的特殊规定的程序；集体合同的签约双方一般是作为劳动者代表的工会和用人单位，在这种劳动者作为用人单位的成员，工会往往是隶属于用人单位的情况下，集体合同也不免打上人身性和隶属性的特点，所谓“合意”也会大打折扣。

③ 内容的相对法定性。劳动合同虽然是双方当事人的合意产物，但是劳动法一般对于劳动合同的基本内容，如工资、工时、保险、纪律等规定得比较具体，通过法定内容在一定程度上限制了约定内容；集体合同也有相同的特点，各国的劳动法、集体合同法等都毫无例

外地对集体合同的基本内容作出了详细规定。

(2) 劳动合同与集体合同的不同点

① 主体不同 。我国《劳动法》第 16 条指出："劳动合同是劳动者与用人单位确立劳动关系、明确双方权利和义务的协议。"这是从法律上确定劳动法律关系的主体，即劳动合同的双方当事人，是劳动者与用人单位；对于集体合同的主体，我国《劳动法》第 33 条规定："企业职工一方与企业可以就劳动报酬、工作时间、休息休假、劳动安全卫生、保险福利等事项，签订集体合同"、"工会代表职工与企业以及实行企业化管理的事业单位进行平等协商，签订集体合同"。因此，集体合同的主体是劳动者群体与企业（或企业联合），双方处于平等地位，协调劳动关系，使集体合同制度发挥积极作用。

② 内容不同。劳动合同以单个劳动者的权利和义务为内容，一般包括劳动关系的各个方面；集体合同以集体劳动关系中全体劳动者的共同权利和义务为内容，可能涉及劳动关系的各个方面，也可能只涉及劳动关系的某个方面（如工资集体合同）。

③ 合同作用不同。劳动合同是确定劳动关系的形式，是重要的劳动法律事实，通过劳动合同的订立、变更、终止、解除，使劳动法律关系产生、变更和消灭；集体合同是在众多的具体的劳动关系存在的条件下，劳动者团体代表劳动者与用人单位签订的书面协议，一般没有确立和终止具体劳动关系的作用。

④ 产生方式不同。集体合同产生于劳动关系运行中，而不是产生于劳动关系建立之前，劳动合同在劳动者就业时就已经产生了；集体合同由工会代表全体职工同企业经过充分协商，并提交职工代表大会或全体职工讨论后才能形成，劳动合同由职工个人同企业协商一致后就形成了。

⑤ 效力不同。劳动合同对单个的用人单位和劳动者有法律效力；集体合同对签订合同的单个用人单位或者用人单位团体所代表的全体用人单位，以及工会所代表的全体劳动者，都有法律效力。集体合同的效力高于劳动合同的效力，劳动合同的条款不能与集体合同相抵触，如果两者规定发生抵触时，以集体合同条款为准。

10.3.2 集体合同的内容

集体合同的内容，是指集体合同中需要明确规定的双方当事人的权利义务条款及必须明确的其他问题。集体合同的内容一般由三个部分构成：第一，劳动关系标准条件规范部分，这是集体合同的核心内容，它制约着个人劳动合同；第二，过渡性规定，主要包括集体合同履行过程中发生纠纷时的解决措施、优先雇用被解雇的员工等；第三，有关集体合同本身的一般性规定，包括集体合同的有效期限、变更、解除的条件等。集体合同的内容还可以有以下分类。

① 标准条款。即规定劳动标准的条款，包括劳动报酬、工作时间、休息休假、劳动安全卫生、保险福利等。这是集体合同的核心内容，它制约着劳动合同的劳动标准。员工与用人单位订立的劳动合同中劳动条件和劳动报酬等标准，均不得低于集体合同的规定。

② 目标条款。它是在集体合同有限期限内应当达到的具体目标和实现该目标的措施。具体来讲，它以用人单位和员工提出的目标为依据，具体规定诸如完成某项任务指标、增加某项生活福利等内容。

③ 程序条款。这是规定集体合同自身运行程序规则的条款，包括集体合同的订立、履

行、变更、解除、终止以及续订的协商程序，双方履行集体合同的权利义务以及违反集体合同责任的承担、发生争议时的处理等。这是集体合同履行和维护集体合同主体双方合法权益不可缺失的保证。

根据我国2004年《集体合同规定》（中华人民共和国劳动和社会保障部令第22号），集体协商双方可以就下列多项或某项内容进行集体协商，签订集体合同或专项集体合同，集体合同的主要内容包括：劳动报酬，工作时间，休息休假，劳动安全与卫生，补充保险和福利，女职工和未成年工特殊保护，职业技能培训，劳动合同管理，奖惩，裁员，集体合同期限，变更、解除集体合同的程序，履行集体合同发生争议时的协商处理办法，违反集体合同的责任，双方认为应当协商的其他内容。

集体合同（样本）

本合同由　　公司（以下简称公司）与　　公司工会（以下简称工会）签订。

第一章　总　　则

第一条　为了建立稳定和谐的劳动关系，依法维护职工和企业的合法权益，根据《中华人民共和国劳动法》、《中华人民共和国工会法》、《集体合同规定》（中华人民共和国劳动和社会保障部［2004］22号令）等有关法律、法规和规章的规定，双方遵循相互尊重、平等协商、诚实守信、公平合作、兼顾双方合法权益的原则，签订本合同。

第二条　本合同是公司与公司职工根据法律、法规、规章的规定，就劳动报酬、工作时间、休息休假、劳动安全卫生、职业培训、保险福利等事项，通过集体协商签订的书面协议。

第三条　本合同生效后，对公司和公司的全体职工具有法律约束力。

第二章　劳动报酬

第四条　公司依据国家法律、法规和省、市有关政策规定，在与职工订立的劳动合同中约定工资支付的内容。约定的工资支付标准不得低于本合同或者工资集体协议的规定。

第五条　公司在发展生产的前提下，逐步提高职工的工资收入水平。

第六条　公司建立工资正常调整机制，根据政府制定的工资指导线和本单位生产经营状况，参照劳动力市场工资指导价位，制订工资调整方案。工资调整方案应当征求本单位工会或职工（代表）大会的意见。

第七条　公司每月　日前以法定货币形式支付职工工资或委托银行代发，并提供工资清单，如遇节假日或休息日，提前在最近的工作日支付。

第八条　公司确因生产经营困难等原因需执行最低工资标准时，应征得工会同意或职工（代表）大会审议通过，并报告劳动保障行政部门。

第九条　公司若发生生产经营困难，暂无法按时支付工资，经与工会协商一致，可延期支付职工工资，并将延期支付的时间告知全体职工，延期时间最长不超过30日。

第十条　有下列情形之一的，公司依据国家、省、市等法律、法规的规定，支付高于职工正常工作时间的工资：

（一）安排职工在日法定标准工作时间以外延长工作时间的，按照不低于本人日或小时加班工资计发基数的150%支付加班工资；

（二）安排职工在休息日工作的，首先安排其补休，补休时间不少于加班时间；不能安排补休的，按照不低于本人日或小时加班工资计发基数的200%支付加班工资；

（三）安排职工在法定休假日工作的，按照不低于本人日或小时加班工资计发基数的300%支付加班工资。“加班工资计发基数”，是指公司正常生产经营情况下职工本人上月扣除加班工资后的工资，但不得低于当地最低工资。

第十一条　职工试用期工资支付不低于当地政府规定的最低工资标准。

第十二条　职工因病或者非因工负伤停止工作，公司按照以下标准支付病假工资或疾病救济费：

（一）在规定的医疗期内，停工医疗累计不超过6个月的，由用人单发给本人工资70%的病假工资；

（二）在规定的医疗期内，停工医疗累计超过6个月的，发给本人工资60%的疾病救济费；

（三）超过医疗期的，由于公司未按规定组织劳动能力鉴定的，按照不低于当地最低工资标准的80%支付疾病救济费。

病假工资和疾病救济费最低不低于当地最低工资标准的80%，最高不超过公司上年度职工月均工资。

第十三条　职工请事假的，公司可不予支付事假期间的工资。

第十四条　职工在法定工作时间内依法参加社会活动的，视其提供了正常劳动并支付工资。

第三章　工作时间和休息休假

第十五条　公司依法执行《劳动法》及国务院颁布的职工工作时间的规定，职工每日工作不超过8小时、每周工作不超过40小时。

第十六条　公司实行每日　时至　时（包括午间　小时休息）工作制；每周　和周　为周休息日。

第十七条　公司有责任不断改善生产管理，严格控制延长工作时间，确需延长工作时间的，企业应说明情况与工会和职工协商，工会及职工应予以支持。一般每日加班不得超过1小时，特殊原因需要延长工作时间的，每日不得超过3小时，每月加班不得超过36小时。

第十八条　公司因生产特点不能实行《劳动法》第三十六条、第三十八条规定的，经工会同意，可向劳动行政部门申报实行不定时工作制或综合计算工时工作制，并与职工在劳动合同中约定。实行综合计算工时工作制的集中休息时间，公司应当按照劳动合同约定的休息时间工资支付标准支付工资，没有约定的，按照劳动者上年本人月平均工资计发。

第十九条　公司对于实行不定时工作制和综合计算工时工作制的职工，采用集中工作、集中休息、轮休调休、弹性工作时间等适当方式，确保职工的休息休假权利和公司生产、工作任务的完成。

第二十条　职工依法享受年休假、探亲假、婚假、丧假等假期。假期期间公司应按劳动合同约定的工资标准支付职工工资。没有约定的，按照公司正常生产经营情况下，职工休假前本人上月正常工资为标准计发。

第四章　劳动安全与卫生

第二十一条　公司必须为职工创造符合国家职业卫生标准和卫生要求的工作环境和条件，并采取措施保障职工获得职业卫生保护。

第二十二条　公司必须建立、健全劳动安全卫生制度，严格执行国家劳动安全卫生和标准，对职工进行劳动安全卫生教育，防止劳动过程中的事故，减少职业危害。

第二十三条　公司必须为职工提供符合国家职业卫生标准和卫生要求的、必要的劳动防护用品和职业病防护用品。对从事有职业危害作业的职工定期进行健康检查。

第二十四条　公司职工在劳动过程中必须严格遵守安全操作规程。

第二十五条　公司职工对公司管理人员违章指挥、强令冒险作业，有权拒绝执行；对危害生命安全和身体健康的行为，有权提出批评、检举和控告。

第二十六条　公司与职工订立劳动合同时应当将工作过程中可能产生的职业病危害及其后果、职业病防护措施和待遇等如实告知职工，并在劳动合同中写明，不得隐瞒和欺骗。

第二十七条　公司必须依法参加工伤社会保险。职工因工负伤或者患职业病的，医疗期间和伤残鉴定后待遇，按国家、省、市工伤保险的规定执行。

第五章　保险和福利

第二十八条　公司严格按照国家、省、市规定，及时为职工办理养老、医疗、工伤、生育和失业等各项社会保险，并按时缴纳各项保险费。

第二十九条　公司执行国家、省、市有关职工、职工亲属福利待遇的政策规定。

第三十条　公司按国家、省、市有关规定为职工缴纳住房公积金。

第三十一条　公司应当创造条件，改善集体福利，提高职工的福利待遇。工会应协助公司办好职工集体福利事业，做好工资、劳动安全卫生和社会保险工作。

第三十二条　工会应协助公司定期组织职工开展文娱、体育活动。

第六章　女职工和未成年工特殊保护

第三十三条　公司严格执行国家、省、市对女职工和未成年工的劳动保护政策。

第三十四条　公司禁止安排女职工和未成年工从事国家禁止从事的劳动。

第三十五条　公司不得以结婚、怀孕、产假、哺乳等为由，单方与女职工解除劳动合同。

第三十六条　公司女职工在孕期、产期和哺乳期的待遇，按国家、省、市规定执行。

第三十七条　公司依据《劳动法》及有关法律、法规的规定，对未成年工实行特殊保护。

第三十八条　公司每年定期组织女职工和未成年工进行健康检查。

第七章　职业培训和教育

第三十九条　公司应建立职业培训制度，按照国家规定提取和使用职工教育经费，根据生产经营发展实际，有计划地、定期对职工进行职业技能培训、职业卫生培训。

第四十条　公司对新招收录用的职工，必须在上岗前对其进行有关的职业安全教育和技术培训。

第四十一条　公司对从事特种作业的职工必须经过专门培训，并取得特种作业资格。

第四十二条　公司鼓励职工参加政治、文化和专业技术知识学习。鼓励职工自学成才，对于在自学中有突出成绩的，可给予一定的物质奖励。

第四十三条　工会应会同公司教育职工以国家主人翁态度对待劳动，爱护国家和企业财产，组织职工进行业余文化技术学习和职工培训。

第四十四条　工会应教育职工不断提高思想道德、技术业务和科学文化素质，建设有理想、有道德、有文化、有纪律的职工队伍。

第八章　劳动合同管理

第四十五条　公司严格执行《劳动法》、《山东省劳动合同条例》和有关法律、法规，在劳动者的第一个工作日之前，以书面形式与之订立劳动合同。工会应当帮助、指导职工与企业签订劳动合同。

第四十六条　公司与职工订立、变更劳动合同，应遵循平等自愿、协商一致的原则。

第四十七条　公司根据有关法律、法规的规定，结合生产经营发展的实际，经与工会协商，合理确定订立劳动合同期限的条件。

第四十八条　公司根据有关法律、法规的规定，确定劳动合同变更、解除、续订的一般原则及无固定期限劳动合同的终止条件。

第四十九条　公司根据有关法律、法规的规定，与职工订立劳动合同约定试用期的，试用期应当包括在劳动合同期限内。续订劳动合同的，不得再约定试用期。

第五十条　劳动合同期限不满6个月的，试用期不得超过15日；劳动合同期限在6个月以上不满3年的，试用期不得超过30日；劳动合同期限在3年以上不满10年的，试用期不得超过3个月；劳动合同期限在10年以上的，试用期不得超过6个月。

第五十一条　公司单方面解除职工劳动合同时，应当事先将理由通知工会，工会认为违反法律、法规和有关合同，要求重新研究处理时，公司应当研究工会意见，并将处理结果书面通知工会。职工认为公司侵犯其劳动权益而申请劳动争议仲裁或者向人民法院提起诉讼的，工会应当给予支持和帮助。

第九章　奖　惩

第五十二条　公司依据国家有关法律、法规、规章及有关政策规定，结合本公司实际，制定本公司劳动纪律、规章制度和考核奖惩制度。

第五十三条　公司根据国家有关政策和本公司的有关规章制度，对在生产、工作中表现突出的职工，给予物质奖励和精神奖励。

第五十四条　工会应根据政府的委托，与有关部门共同做好劳动模范和先进生产（工作）者的评选、表彰、培养和管理工作。

第五十五条　公司有权依据有关法律、法规及本公司的规章制度，经过一定会议讨论，并征求工会意见，对违反劳动纪律、规章制度的职工，给予相应处理。

第十章　经济性裁员

第五十六条　公司濒临破产进行法定整顿期间或者生产经营状况发生严重困难，确需裁减人员，应提前30日向工会或全体职工说明情况，并提供有关生产经营状况的资料。

第五十七条　公司裁减人员应提出裁员方案，内容包括：被裁减人员的名单、裁减时间及实施步骤，符合法律、法规规定的被裁减人员的经济补偿办法。

第五十八条　公司应将裁员方案征求工会或者全体职工的意见，并对方案进行修改和完善后，将裁员方案以及工会或者全体职工的意见，向当地劳动保障行政部门报告、备案，听取劳动保障行政部门的意见。

第五十九条　公司正式公布裁员方案时，与被裁减人员办理解除劳动合同手续，按照有关规定向被裁减人员支付经济补偿金，并出具裁减人员证明书。

第十一章　合同的期限、终止和续订

第六十条　本合同有效期为　年，自　年　月　日起，至　年　月　日止。合同期满或双方约定的终止条件出现，即行终止。

第六十一条　本合同期满前3个月内，任何一方均可向对方提出重新签订或续订的要求。

第十二章　合同的订立、变更和解除

第六十二条　经双方协商代表协商一致的本合同草案应当提交职工代表大会或者全体职工讨论。职工代表大会或者全体职工讨论本合同草案，应当有三分之二以上职工代表或者职工出席，且须经全体职工代表半数以上或者全体职工半数以上同意，本合同草案方获通过。

第六十三条　本合同草案经职工代表大会或者职工大会通过后，由集体协商双方首席代表签字。

第六十四条　有下列情形之一的，本合同可以变更或解除：

（一）公司因被兼并、解散、破产等原因，致使本合同无法履行的；

（二）因不可抗力等原因致使本合同无法履行或部分无法履行的；

（三）本合同约定的变更或解除条件出现的；

（四）法律、法规、规章规定的其他情形。

第六十五条　变更或解除本合同，需按规定的集体协商程序进行。

第十三章　履行本合同发生争议处理及违约责任

第六十六条　因履行本合同发生的争议，双方当事人协商解决不成的，应当自劳动争议发生之日起60日内，向有管辖权的劳动争议仲裁委员会申请仲裁。

第六十七条　当事人对仲裁裁决不服的，可以自收到仲裁裁决书之日起15日内向人民法院起诉，期满不起诉的，裁决书即发生法律效力。

第六十八条　依法签订的本合同生效后，对公司和公司全体职工具有约束力。双方都必须认真履行，任何一方违反本合同，必须依法承担违约责任。

第十四章　附　　则

第六十九条　本合同未尽事宜，按国家法律、法规、规章执行。

第七十条　本合同及附件若与国家法律、法规、规章相抵触的，按法律、法规、规章执行。

第七十一条　本合同若需中、外文文本，应各一式三份。中、外文文本具有同等效力。两种文本如出现矛盾，以中文文本为准。

第七十二条　本合同签订或变更后，自双方首席代表签字之日起10日内，由公司一方将文本一式三份报送劳动保障行政部门审查。

第七十三条　本合同生效后，应当自其生效之日起　日内，由协商代表以适当的形式向本方全体人员公布。

双方协商约定的其他事项：

企业方（盖章）： 职工方（盖章）：

首席代表（签字）： 首席代表（签字）：

签订日期： 年 月 日 签订日期： 年 月 日

资料来源：第一范围网. http://www.diyifanwen.com/fanwen/jitihetong/20080701232116735_2.html.

10.3.3 集体合同的形式

在20世纪90年代推行集体合同制度之后，综合性集体合同曾经是集体合同的主要形式。在1994年劳动部颁发的《集体合同规定》中，综合性集体合同一直是行政规章确定的集体合同形式。按照这两个规章的规定，这类集体合同的内容应当涉及企业劳动关系的主要方面，包括工资、工作时间、休息休假、职业安全与卫生、社会保险和福利、女职工和未成年工特殊保护、职业技能培训、劳动合同、奖惩和裁员等。

在2000年11月8日劳动和社会保障部发布《工资集体协商试行办法》之后，专项集体合同受到各级工会的重视。通过专项集体合同，劳资双方可以就某一方面的事项达成协议，可以满足工人的一些切身利益要求，这样可以增加工人对集体协商的支持。各地工会在推广工资集体合同的同时，也推广了有关其他劳资关系事项的专项集体合同。李琪在其所编著的《产业关系概论》中，将集体合同的形式主要分为以下几种。

（1）工资集体合同

2000年11月8日，劳动和社会保障部发布了《工资集体协商试行办法》，这一行政规章以法律形式正式确定了工资集体协商适用于各类企业，并规定了劳资双方在进行工资集体协商时要涉及的内容，包括工资分配制度、工资标准和工资分配形式，职工年度平均工资水平及其调整幅度，奖金、津贴、补贴等分配办法以及工资支付办法。2005年2月全总与劳动和社会保障部、中国企业联合会、中国企业家协会联合发出《关于进一步推进工资集体协商工作的通知》，建立了三方联合推进工资集体协商的模式。

工资集体协商试行办法

劳动和社会保障部部务会议2000年10月10日通过，部长张左己11月8日以第9号令发布，自发布之日起施行。

第一章 总 则

第一条 为规范工资集体协商和签订工资集体协议（以下简称工资协议）的行为，保障劳动关系双方的合法权益，促进劳动关系的和谐稳定，依据《中华人民共和国劳动法》和国家有关规定，制定本办法。

第二条 中华人民共和国境内的企业依法开展工资集体协商，签订工资协议，适用本办法。

第三条　本办法所称工资集体协商，是指职工代表与企业代表依法就企业内部工资分配制度、工资分配形式、工资收入水平等事项进行平等协商，在协商一致的基础上签订工资协议的行为。

本办法所称工资协议，是指专门就工资事项签订的专项集体合同。已订立集体合同的，工资协议作为集体合同的附件，并与集体合同具有同等效力。

第四条　依法订立的工资协议对企业和职工双方具有同等约束力。双方必须全面履行工资协议规定的义务，任何一方不得擅自变更或解除工资协议。

第五条　职工个人与企业订立的劳动合同中关于工资报酬的标准，不得低于工资协议规定的最低标准。

第六条　县级以上劳动保障行政部门依法对工资协议进行审查，对协议的履行情况进行监督检查。

第二章　工资集体协商内容

第七条　工资集体协商一般包括以下内容：

（一）工资协议的期限；

（二）工资分配制度、工资标准和工资分配形式；

（三）职工年度平均工资水平及其调整幅度；

（四）奖金、津贴、补贴等分配办法；

（五）工资支付办法；

（六）变更、解除工资协议的程序；

（七）工资协议的终止条件；

（八）工资协议的违约责任；

（九）双方认为应当协商约定的其他事项。

第八条　协商确定职工年度工资水平应符合国家有关工资分配的宏观调控政策，并综合参考下列因素：

（一）地区、行业、企业的人工成本水平；

（二）地区、行业的职工平均工资水平；

（三）当地政府发布的工资指导线、劳动力市场工资指导价位；

（四）本地区城镇居民消费价格指数；

（五）企业劳动生产率和经济效益；

（六）国有资产保值增值；

（七）上年度企业职工工资总额和职工平均工资水平；

（八）其他与工资集体协商有关的情况。

第三章　工资集体协商代表

第九条　工资集体协商代表应依照法定程序产生。职工一方由工会代表。未建工会的企业由职工民主推举代表，并得到半数以上职工的同意。企业代表由法定代表人和法定代表人指定的其他人员担任。

第十条　协商双方各确定一名首席代表。职工首席代表应当由工会主席担任，工会主席可以书面委托其他人员作为自己的代理人；未成立工会的，由职工集体协商代表推举。

企业首席代表应当由法定代表人担任，法定代表人可以书面委托其他管理人员作为自己的代理人。

第十一条　协商双方的首席代表在工资集体协商期间轮流担任协商会议执行主席。协商会议执行主席的主要职责是负责工资集体协商有关组织协调工作，并对协商过程中发生的问题提出处理建议。

第十二条　协商双方可书面委托本企业以外的专业人士作为本方协商代表。委托人数不得超过本方代表的三分之一。

第十三条　协商双方享有平等的建议权、否决权和陈述权。

第十四条　由企业内部产生的协商代表参加工资集体协商的活动应视为提供正常劳动，享受的工资、奖金、津贴、补贴、保险福利待遇不变。其中，职工协商代表的合法权益受法律保护。企业不得对职工协商代表采取歧视性行为，不得违法解除或变更其劳动合同。

第十五条　协商代表应遵守双方确定的协商规则，履行代表职责，并负有保守企业商业秘密的责任。协商代表任何一方不得采取过激、威胁、收买、欺骗等行为。

第十六条　协商代表应了解和掌握工资分配的有关情况，广泛征求各方面的意见，接受本方人员对工资集体协商有关问题的质询。

第四章　工资集体协商程序

第十七条　职工和企业任何一方均可提出进行工资集体协商的要求。工资集体协商的提出方应向另一方提出书面的协商意向书，明确协商的时间、地点、内容等。另一方接到协商意向书后，应于20日内予以书面答复，并与提出方共同进行工资集体协商。

第十八条　在不违反有关法律、法规的前提下，协商双方有义务按照对方要求，在协商开始前5日内，提供与工资集体协商有关的真实情况和资料。

第十九条　工资协议草案应提交职工代表大会或职工大会讨论审议。

第二十条　工资集体协商双方达成一致意见后，由企业行政方制作工资协议文本。工资协议经双方首席代表签字盖章后成立。

第五章　工资协议审查

第二十一条　工资协议签订后，应于7日内由企业将工资协议一式三份及说明，报送劳动保障行政部门审查。

第二十二条　劳动保障行政部门应在收到工资协议15日内，对工资集体协商双方代表资格、工资协议的条款内容和签订程序等进行审查。

劳动保障行政部门经审查对工资协议无异议，应及时向协商双方送达《工资协议审查意见书》，工资协议即行生效。

劳动保障行政部门对工资协议有修改意见，应将修改意见在《工资协议审查意见书》中通知协商双方。双方应就修改意见及时协商，修改工资协议，并重新报送劳动保障行政部门。

工资协议向劳动保障行政部门报送经过15日后，协议双方未收到劳动保障行政部门的《工资协议审查意见书》，视为已经劳动保障行政部门同意，该工资协议即行生效。

第二十三条　协商双方应于5日内将已经生效的工资协议以适当形式向本方全体人员公布。

第二十四条　工资集体协商一般情况下一年进行一次。职工和企业双方均可在原工资协议期满前60日内，向对方书面提出协商意向书，进行下一轮的工资集体协商，做好新旧工资协议的相互衔接。

第六章　附　　则

第二十五条　本办法对工资集体协商和工资协议的有关内容未作规定的，按《集体合同规定》的有关规定执行。

第二十六条　本办法自发布之日起施行。

资料来源：http://www.chinaccm.com/40/4010/401001/news/20030128/133420.asp，2003-01-28.

(2) 女职工权益保护（女工）专项集体合同

女职工权益保护专项集体合同主要在一些女工比较集中的服务性行业企业中推行。这类集体合同根据《劳动法》中有关女职工职业安全卫生和特殊权益保障等规定和企业的实际情况，确定了一些条款。例如，女职工可以享有带薪休假的天数、妇女卫生保健用品发放标准、女工怀孕和生育的假期、女工定期体检等条款。有些集体合同还包括有关维护女工人格尊严的条款，如禁止性骚扰、禁止安排女工参加有损女性尊严的业务活动等。根据全总研究室“2006年工会组织和工会工作发展状况统计公报”，至2006年年底，全国签订女职工权益专项集体合同11.9万份，覆盖企业23.8万个，覆盖职工1 046.0万人。

湖北某公司女职工权益保护专项集体合同

第一章　总　　则

第一条　根据《中华人民共和国劳动法》、《中华人民共和国工会法》、《中华人民共和国妇女权益保障法》、《湖北省女职工劳动保护实施办法》、《湖北省集体合同条例》、《武汉市女职工劳动保护暂行规定》等有关法律法规文件规定，为维护和保障女职工的合法权益和特殊利益，更好地发挥女职工在武汉市经济社会发展中的重要作用，促进女职工与企业共同发展，依照“平等协商、共谋发展”的原则，制订本专项集体合同。

第二条　本专项集体合同由工会代表女职工与企业法人代表经过平等协商，达成一致后签订。

第三条　本专项集体合同对企业和女职工具有同等约束力。女职工与企业签订的劳动合同中有关女职工的劳动条件、劳动报酬等标准不得低于本合同的规定。

第四条　工会及其女职工组织积极协助企业做好女职工思想教育工作，引导女职工自觉遵守国家有关法律法规政策，提高女职工技能水平，共谋企业发展。

第二章　女职工合法权益和特殊利益保护条款

第五条　逐步提高企业职工代表大会和工会会员代表大会中的女代表比例，其比例数与女职工所占全体职工的比例相适应。

第六条　企业在制定及修改涉及女职工权益的规章制度、签订女职工专项集体合同时，要有一定数量的女职工代表参与平等协商的全过程，依法保障女职工的合法权益和特殊利益。

第七条 企业要支持工会开展提高女职工技能素质的活动，给予必要的活动经费保证。如果活动占用工作（生产）时间，在不影响生产的前提下，企业应给予支持。

第八条 企业在公开招聘岗位时，除不适合女职工的工种或者岗位外，不得以性别为由拒绝录用女职工或者提高对女职工的录用标准。

第九条 企业与女职工建立劳动关系时，双方必须订立书面劳动合同，实行男女同工同酬。

第十条 企业要注重对女性人才的培养和使用，在组织职工外出进修、业务学习、岗位培训、出国考察、挂职锻炼时必须考虑有一定比例的女职工参加。在提职、晋级、评定专业技术职称和享受其他福利方面，应当坚持男女平等。

第十一条 企业要禁止以违反法律、伦理道德的具有淫秽内容的语言、文字、图片、电子信息、行为等形式对女职工实施性骚扰。受害女职工有权向企业、工会组织及有关机关投诉。

第十二条 在女职工孕期、产期、哺乳期，企业不得降低工资，或单方解除其劳动合同。企业进行承包、租赁、转让、兼并时，对能胜任本职工作岗位的原企业的女职工，不得无故拒绝使用或聘用。

第十三条 女职工工资不得低于当年武汉市最低工资标准，最低工资不含各种补贴、保险、加班工资和免费食宿。

第十四条 企业要以80%的女职工在正常情况下能够在8小时内完成的工作量为标准，制定劳动定额标准。

第十五条 企业要严格执行《国务院关于职工工作时间的规定》，依法保障职工的休息权，因工作性质或生产特点限制，不能实行每日工作8小时、每周工作40小时标准工时制度的，可以实行不定时工作制或综合计算工时工作制等其他工作和休息办法，并按照劳动和社会保障部《关于企业实行不定时工作制和综合计算工时工作制的审批办法》执行。

第十六条 职工在国家法定节假日、休息日和平常工作日加班加点，企业要按规定支付加班工资或者给予补休；加班工资的支付标准，要按照《中华人民共和国劳动法》、《国务院关于职工工作时间的规定》与劳动和社会保障部颁布的《工资支付暂行规定》执行。

第十七条 企业对女职工实行工龄补贴，即工作满2年（从第25个月起），在原有工资、奖金不受影响的情况下，增加一定金额的工龄补贴，按月支付；工龄满3年（从第37个月起），在原工龄补贴的基础上再加一次，以此类推。

第十八条 女职工工作满2年后，每年可享受带薪休假3天；工作满5年后，可享受带薪休假4天；满10年后，可享受带薪休假6天；工作满15年后，可享受带薪休假8天，工作20满年后，可享受带薪休假10天。

第十九条 企业要严格执行劳动和社会保障部颁发的《女职工禁忌劳动范围的规定》、《女职工劳动保护规定》，依法对在经期、孕期、产期和哺乳期的女职工给予特殊保护，禁止安排经期、孕期和哺乳期的女职工从事高处、低温、冷水作业、有毒有害和国家规定的第三级体力劳动强度的劳动。

第二十条　女职工经期保护

（一）在月经期间，禁止安排经期的女职工从事高处、低温、冷水作业和国家规定的第三级体力劳动强度作业，暂时调整安排其他工作；

（二）按月或定期发给女职工卫生保健用品或费用，费用标准不低于每月10元。

第二十一条　女职工孕期保护

（一）对怀孕的女职工，不得在正常劳动日以外延长劳动时间，对不能胜任原劳动的，根据二级及以上医疗单位的证明，予以减轻劳动量或者安排其他工作。

（二）怀孕女职工在劳动时间内进行产前检查，算作劳动时间。

（三）对怀孕7个月及以上的女职工，应给予每天工间休息1小时，不得安排夜班劳动，可提前请产前假15天。如工作许可，经本人申请，企业批准，可请产前假两个半月。产前假期间工资不得低于本人上年度同期工资收入的70%。

（四）企业要按规定参加生育保险，女职工怀孕、分娩的检查费、接生费、手术费、住院费和药费可按有关规定报销（未参加生育保险的由企业支付）。

第二十二条　女职工产期保护

（一）正常生育者，给予产假90天，难产者，增加产假15天；

（二）多胞胎生育，每多生1个婴儿，增加产假15天；

（三）符合晚育年龄（女职工年满24周岁），增加产假15天；

（四）自然流产或实施节育手术的按省、市计划生育有关规定执行。

（五）产假期间，工资照发。

第二十三条　女职工哺乳期保护

（一）有不满1周岁婴儿的女职工，每天劳动时间内给予2次哺乳时间，每次30分钟（不含往返单位途中时间），两次哺乳时间，可以合并使用，哺乳时间和往返单位的时间算作劳动时间，并扣除相应的劳动定额；

（二）多胞胎生育者，每多哺乳1个婴儿，每次哺乳时间增加30分钟；

（三）女职工在哺乳期间，上班有困难者，经本人申请，单位批准，可休6个月的哺乳假，其工资不得低于本人上年度同期工资收入的70%；

（四）婴儿满1周岁后，经市及所辖市（区）级医疗单位确诊为体弱儿的，可适当延长哺乳时间，但最多不超过6个月。

第二十四条　企业要重视女职工健康保健工作，每两年或一年组织女职工进行一次妇女病检查并支付检查费用。女职工普查妇女病时间按公休假处理。

第二十五条　企业为女职工购买安康保险，增强女职工抵御疾病风险的能力。

第三章　合作与监督

第二十六条　为了对企业和女职工实施有效维护，企业与工会要密切合作，每年至少召开一次座谈会，听取女职工意见和建议；工会要就企业女职工权益保护法律法规的执行情况进行监督检查，确保法律法规的贯彻实施。

第二十七条　为确保本专项集体合同的全面履行，本企业集体合同监督检查小组，每年对本专项集体合同履行情况进行一次检查，检查结果，以书面形式提交双方首席代表研究处理，并将落实情况向企业职代会报告。

第四章 附 则

第二十八条 双方因履行本专项集体合同而发生争议，首先由协议双方协商解决，经协商未能达成一致意见，按劳动争议的有关规定进行处理。

第二十九条 本专项集体合同的有效期限与集体合同一致，自 年 月 日起至 年 月 日止，本合同期满前三个月内，双方应就签订新的专项集体合同或者续签本合同进行新一轮的平等协商。

第三十条 本专项集体合同相关条款，在履行期间，如果与国家、省、市的现行法律法规（条例、办法）相抵触，以国家、省、市的现行法律法规（条例、办法）为准。

第三十一条 本专项集体合同经双方代表签字，报劳动部门审查和上级工会备案。双方必须依法履行。

企业方首席代表： 工会方首席代表：

（签字、公章） （签字、公章）

年 月 日 年 月 日

资料来源：武汉市青山区总工会. http://www.qsqzgh.gov.cn/ReadNews.asp? NewsID=343. 2009-10-11.

(3) 安全生产专项集体合同

近年来，在冶金业、建筑业等一些职业风险较高的产业，正在推广涉及职业安全的专项集体合同。这种集体合同根据《劳动法》和有关职业安全卫生的法律，确定本企业职工在生产过程中享有的各种相关权利和义务。根据全总研究室“2006 年工会组织和工会工作发展状况统计公报”，至 2006 年年底，全国签订安全生产专项集体合同 5.5 万份，覆盖企业 11.7 万个，覆盖职工 599.7 万人。

重庆：企业与职工首签安全生产专项集体合同

日前，重煤集团南桐矿业公司工会代表全公司 13 759 名职工，与企业签订了《安全生产专项集体合同》(以下简称《集体合同》)。该《集体合同》涵盖了职工在劳动安全卫生、职工培训、安全奖惩等方面享有的权益，是该市签订的第一份安全生产专项集体合同。

近年来，企业侵犯职工安全生产方面的合法权益时有发生。为有效解决这一问题，深化集体合同，促进和谐劳动关系的构建，重煤南桐矿业公司工会起草了安全生产专项保护集体合同文本。

该《集体合同》明确了职工在劳动安全卫生、安全培训、奖励与惩罚方面享有的权利，规定企业在研究决定重大安全生产事宜和涉及职工切身利益的事项时，必须充分听取工会和职工代表意见；工会在开展劳动保护和职业病防治工作时，企业必须给予经费和时间上的支持。同时还要求行政必须建立职工培训、考核、使用并与待遇相结合的制度，明确给予职工经济处罚时，当月扣款不应超过职工本人当月工资的 20%等。

资料来源：中国经济网. http://www.ce.cn/xwzx/gnsz/gdxw/200603/17/t20060317_6397307.shtml. 2006-3-17.

(4) 职工培训专项集体合同

2002 年 8 月 8 日，江苏省常州公交集团公司工会和管理方签订了职工职业培训专项集体合同。这份合同可能是中国第一份有关职业培训的专项集体合同。在这份集体合同中规定，公司对从事技术工种的职工，上岗前必须按国家标准进行培训，使其达到本工种的职业技能要求；公司要在合同有效期内对一定数额的员工进行中级和高级驾驶技术的培训。这份合同还规定，公司必须按照合同要求的比例提取职工职业教育经费；对利用业余时间通过考试获得大学或者中专文凭的员工，公司要给予奖励和工资补贴等[①]。此外，在一些省市还出现了涉及社会保险和工作时间的专项集体合同。这些集体合同一般是由地方工会创造推行的，主要适用于一些私营企业特殊的工作环境和劳动力雇佣状况[②]。

(5) 区域（行业）性集体合同

自 2000 年以来，为了推进集体合同制度，政府和全国总工会一直在小型私营企业比较集中和行业集群的工业园区和乡镇（街道）、村（社区）推行区域（行业）性集体合同。如前所述，这类区域性或者行业性的集体合同通常是由地区或者行业的工会联合会与企业雇主或者雇主组织签订的。地区或者行业工会联合会实际上已经超出了企业的边界，进而使这类集体协商突破了 20 世纪 90 年代设定的以企业为单位的集体协商结构。

然而这类区域（行业）性集体合同的实际效果并不如预期的那样。这种涉及诸多企业的集体合同很难将各个企业的特殊情况和职工的不同利益需求包含在内，这类合同的条款主要是复制一些劳动法律的条款或者对这些条款做一些解释性的规定，而这些条款对于约束雇主的行为与法律所产生的效果并无二致。

10.3.4　集体合同的签订程序

集体合同应由工会代表职工与企业签订，没有建立工会的企业，由职工推举的代表与企业签订。签订集体合同一般需要经过以下五个程序。

(1) 谈判

谈判也称协商，这是签订集体合同的必经程序，由企业法人代表及有关人员与工会主席及职工代表进行协商谈判。双方代表就拟订的集体合同草案进行平等协商。在我国，集体合同草案拟订后，不论是哪一方当事人提出的草案文本，对方当事人没有正当理由都不得拒绝。对于不同看法，应由企业行政领导与企业工会进行协商，以补充或修改集体合同草案。在这个过程中应遵循平等、公平、自愿原则。

(2) 审议

将在集体协商谈判基础上形成的集体合同文本，提交职工代表大会或全体职工大会审议，作出审议决议。用人单位应当组织全体职工认真讨论集体合同草案。这是签订集体合同的必经法定程序。

召开职工代表大会讨论集体合同草案，会议工作程序一般如下。

① 清点代表出席人数。参加职工代表大会的代表有 2/3 以上出席会议方有效。

② 把印制好的集体合同草案发至代表，人手一份。

---

① 范小平. 江苏有了职工培训专项集体合同. 工人日报，2002-08-14.

② 王伟，张姿，范小平. 常州推行单项集体合同的调查与思考. 工人日报，2002-11-21.

③ 宣读集体合同草案，宣读人可由工会和企业双方共同议定。

④ 说明。由工会主席或企业法定代表人就集体合同的产生过程、主要劳动标准确定的法律依据，以及职工和管理者各自应承担的主要义务进行说明。

⑤ 分组讨论。以职工代表团或组成一个讨论单位，各代表团应认真做好记录。

⑥ 大会主席团听取各职工代表团的意见并进行必要说明，取得大多数职工代表的认可。

⑦ 大会表决。可以采取投票表决方式。

⑧ 宣读表决结果。根据职工代表表决情况，由大会主席团执行主席宣读表决结果。

（3）签字

集体合同草案经职工代表大会或全体职工审议通过后，由企业法定代表人与企业工会主席签字后即告成立。签字后的集体合同不得因双方代表的变更而解除。签字是集体合同订立过程中的一个必要手续，也是集体合同的形式要件，不得轻视或不履行签字手续。

（4）报送审查登记

集体合同签字后，企业应将集体合同文本及其附件一式三份在七日内报送劳动行政部门登记备案。劳动行政部门自收到集体合同文本之日起15日内未提出异议的，集体合同即行生效。劳动行政部门有审查集体合同内容是否合法的责任，如果发现集体合同中的项目与条款有违法失实的情况，可不予登记或暂缓登记，发回企业对集体合同进行修正，如果劳动行政部门在收到集体合同之日起15日没有提出意见，集体合同即发生法律效力，企业行政、工会组织和职工均应履行。

（5）公布

集体合同登记生效后，双方应及时以适当形式向各自代表的全体成员公布。

前面也已提及，集体合同必须以书面形式订立，也就是说，只有以书面形式订立的合同才具有法律效力。因为集体合同涉及用人单位、工会、全体员工各自的权利义务，采用书面形式订立，便于履行和检查。同时，集体合同订立以后，须经县（区）级以上的政府劳动行政部门登记、审查，因而集体合同必须采用书面形式订立。

本章主要内容回顾

集体谈判与集体合同制度作为协调劳动关系的基本法律制度，在推动现代企业制度建设、实现新型工业化和社会公平过程中具有重要的作用。市场经济体制的发展、劳动关系的市场化特征和民主政治建设的加强为其推行创造了必要的条件。

所谓集体谈判，就是以工人集体即工会为一方，以雇主或雇主集团为另一方进行的劳资谈判。集体谈判是市场经济国家调节劳动关系的基本手段和重要机制，是工会维权活动的途径之一，也是判断企业经营管理水平和对职工权益维护力度的重要标准。集体谈判的最终成果——集体合同，不仅体现了企业的劳动关系，也规定了职工的基本权益及其保障条件。

集体合同制度是市场经济条件下调整劳动关系的重要形式，世界各国基本上都采用这一制度。它是充分发挥工会在协商劳动关系中地位和作用的有效形式，有利于弥补劳动法律、法规的不足，有利于从整体上维护劳动者的合法权益，有利于促进企业管理，有利于调动职工的生产工作积极性，巩固发展和谐的劳动关系。

集体谈判的内容主要包括：工资集体谈判；工时集体谈判；休息休假集体谈判；劳动安全卫生集体谈判；保险福利集体谈判；工作生活质量集体谈判等。在进行集体谈判时，应遵循以下程序：谈判准备；发出谈判要求与回应；进行正式谈判；达成协议、签订集体合同。集体谈判的方式可分为分配型和整合型两种，也可分为对立式、合作式和让步式三种。集体谈判结果的决定因素包括谈判力量，利益、价值观和期望值，谈判技巧。

集体谈判的最终结果是签订集体合同。集体合同的内容包括标准条款、目标条款和程序条款三类。集体合同的形式包括工资集体合同、女职工权益保护专项集体合同、安全生产专项集体合同、职工培训专项集体合同和区域性集体合同等。集体合同的签订程序可分为谈判、审议、签字、报送审查登记和公布五个步骤。

案例讨论

深圳沃尔玛与8 500余名员工签订集体合同

2008年7月25日，沃尔玛在深圳的16家工会和沃尔玛公司在集体合同上签字。有别于其他，该合同是企业工会在深圳市总工会的直接指导下，与其企业高层以平等对话的姿态，集体谈判完成，共历时1年半时间。而该份涉及8 500多人的合同在劳动报酬、工作时间与休息休假、保险福利等核心问题上均作出约定，标志着经过多轮协商的沃尔玛集体谈判取得重大突破，而集体协商制度也在沃尔玛正式确立。

近7成沃尔玛工会会员赞成合同

沃尔玛中国总部工会及深圳区15个营运单位的工会与沃尔玛公司在深圳市总工会举行了集体合同签字仪式。据深圳市总工会法律部相关负责人介绍，集体谈判是工会代表维护职工利益，促进企业发展的基本方式。作为世界企业500强之一的沃尔玛自2006年8月4日凌晨在深圳成立工会后，集体谈判的开展和集体合同的签订即成为社会关注的热点，市总工会也随即在全国首先启动了沃尔玛的集体谈判工作，并就此事同沃尔玛中国总部多次磋商。

与此同时，深圳市总工会帮助沃尔玛在深的各个工会通过问卷调查和座谈会等方式听取员工的利益诉求。在与沃尔玛达成了谈判的基础协议，立即组织其在深的所有工会通过民主程序，推举成立由48名工会主席、委员和员工代表组成协商委员会，以无记名投票方式推举出10名协商代表和首席协商代表，而沃尔玛公司也派出相应的协商代表。

经过两轮谈判，双方达成一致意见，于7月21日签订集体合同（草案），并于7月22日至7月23日，在沃尔玛16个深圳工会分别召开员工大会，表决通过该合同。据工会方首席协商代表李翼新介绍，公司90%以上员工均加入工会，表决中，8 000多工会会员里有近5 500人投了赞成票，占总人数的66%。

集体合同约定沃尔玛员工年工资平均增长9%

据了解，这份涉及8 500多人的集体合同内容包括劳动合同、劳动报酬、工作时间与休息休假、保险福利和员工培训等五个方面。其重点包括：建立工资集体协商机制，每年12月工会与公司就下一年度工资整体增长幅度进行协商；2008年、2009年工资平均增长幅度为“9+1”，即工资平均增长9%，同时公司提供1%用于升职和特别调薪；公司的最低工资要明显高于深圳市政府公布的最低工资标准；在沃尔玛工作满三年的员工可签订无固定期限劳动合同；本集体合同作为公司制定和修改规章制度的依据等。

深圳市总工会相关负责人表示，此次集体谈判是深圳外资企业中具有示范性的一次集体谈判。“由于使劳资双方的利益在协商谈判中找到平衡点，因此这是一份双赢合同，也是沃尔玛集体协商机制建立并发挥作用的一个重要成果。”据其介绍，集体协商机制的重要意义就在于能够发现劳资关系中存在的问题，并通过沟通加以解决。

据悉，深圳市区两级工会今后也将更多地参与和指导重点企业，推动世界500强在深企业集体谈判。

案例讨论：

1. 本案例中集体谈判的主体是谁？

2. 沃尔玛的集体谈判成功的原因是什么？对其他世界500强企业有何借鉴意义？

资料来源：张玮．南方日报．http://www.21manager.com/html/2008/7-25/090414771.html．2008-07-25．

复习思考题

1. 什么是集体谈判和集体合同制度？
2. 集体谈判的内容包括哪些？
3. 进行集体谈判的程序分为几步？分别是什么内容？
4. 集体谈判双方可以采取的谈判方式有哪几种？
5. 决定集体谈判结果的因素有哪些？
6. 集体合同的内容包括哪些？
7. 集体合同的形式有哪几种？
8. 集体合同的签订程序可分为哪几步？

参考文献

[1] 程延园．劳动关系．北京：中国人民大学出版社，2002：44-62.

[2] 常凯．劳动关系学．北京：中国劳动社会保障出版社，2005：273-294.

[3] 左祥琦．劳动关系管理．北京：中国发展出版社，2007.

[4] 巴德．人性化的雇佣关系：效率、公平与发言权的平衡．解格先，马振英，译．北京：北京大学出版社，2007.

[5] BUDD J W. Employment with a human face: balancing efficiency, equity, and voice. Cornell University Press, 2004: 68 Tables 1.1.

[6] BUDD J W. Labor relations: striking a balance. McGraw-Hill/Irwin, 2008.

[7] 刘路，邓娟．浅论我国非全日制用工制度．今日南国：理论创新版，2009(5)：154-156.

[8] 杨秀峰，冯锦卫．雇佣关系中竞业禁止问题初探．河北法学，2000(6)：93-96.

[9] 李琪．产业关系概论．北京：中国劳动社会保障出版社，2008.

[10] 程延园．员工关系管理．2版．北京：复旦大学出版社，2008.

[11] 魏秀丽．员工管理实务．北京：机械工业出版社，2008.

[12] 张倜，戴环宇．劳动关系管理．北京：电子工业出版社，2006.

[13] 孙立如，刘兰．劳动关系实务操作．北京：中国人民大学出版社，2009.

[14] 程延园．集体谈判制度研究．中国人民大学出版社，2004.

[15] 王贤森．西方国家工会集体谈判经验研究：兼论对我国工会的启示．工会理论与实践，2003(6).

[16] 王大庆．劳资关系的理论与西方发达国家的实践．经济研究参考，2003(51).

[17] 余云霞．对集体谈判的理论分析．工会理论与实践，2004(1).

第11章 劳动争议管理

本章学习内容

1. 劳动争议概述；
2. 劳动争议相关组织；
3. 劳动争议调解；
4. 劳动争议信访；
5. 劳动保障监督；
6. 劳动争议仲裁；
7. 劳动争议诉讼；
8. 集体争议。

本章学习目标

1. 了解企业劳动争议的概念、分类及特征；
2. 了解企业劳动争议的相关组织；
3. 了解企业劳动争议产生的原因；
4. 掌握劳动争议处理的程序；
5. 掌握如何预防劳动争议。

引导案例

2000年初，某服装公司承揽了一项为某外贸公司定做衬衫的业务。在两公司为此订立的经济合同中规定：外贸公司负责提供衬衫的加工图纸及衣料，由服装公司在四个月内加工出衬衫8 000件，外贸公司向服装公司支付加工费25万元。

服装公司的总经理担心，只靠现有人员无法按期完成8 000件衬衫的制作，因此临时雇用了8名服装制作工人。为避免这8名工人中途流失，公司还在劳动合同中特意作了如下规定：合同期限为四个月，中途不得无故提前解除，任何一方违约，须向对方支付违约金5 000元。

这8名工人签完劳动合同，马上投入到了加工衬衫的工作中。不料一个月后，外贸公司单方撕毁了与服装公司的经济合同，拒绝向服装公司继续提供衣料。两个公司之间经济合同解除后，8名工人在服装公司便无活儿可干。无奈，服装公司只好以订立劳动合同时所依据的“客观情况发生了重大变化，现已无法继续履行”为理由，提出与这8名工人解除劳动合同。8名工人当即表示，解除劳动合同可以，但服装公司应按劳动合同的规定，向他们每人支付违约金5 000元。服装公司辩解道：造成与这8名工人解除劳动合同的原因不在服装公司，公司不该支付违约金。

资料来源：姜颖，吴亚平. 劳动争议处理教程. 北京：中国工人出版社，2000.

现实生活中，企业与员工由于利益冲突而引发的争议时有发生。本章主要介绍劳动争议的概念、分类、特征，分析了企业劳动争议的相关组织，分析企业劳动争议产生的原因，并展示处理企业劳动争议的过程，为企业正确、及时、有效地处理劳动争议提供依据。

11.1 劳动争议概述

11.1.1 劳动争议的含义

劳动争议，也叫劳动纠纷或劳资纠纷，是指建立了劳动关系的双方当事人，即用人单位和劳动者之间，因实现劳动权利或履行劳动义务，持不同的主张和要求而发生的争执。劳动争议分为个体劳动争议、集体劳动争议、集体合同争议。劳动争议的实质是一种与劳动有关的权利、义务之争，是劳动关系不协调的一种表现形式。当劳动关系的双方当事人对与劳动有关的权利和义务认识不能统一，在行使（享有）权利或履行义务时意见产生分歧，或者权利受到侵害，应当履行的义务不履行时，便可能产生争执，从而发生劳动争议。

劳动争议按照不同的标准可以分为不同的类别，这种分类有助于认清劳动争议的属性和本质，对于选择正确的纠纷解决途径也有一定意义。

按照劳动争议目标的类型来分，可以分为权利争议和利益争议。权利争议是指劳动关系当事人之间因为约定或法定权利而产生的纠纷，它是对既定的、现实的权利发生的争议，因为权利已由约定产生或者已由法律规定确立；利益争议是指劳动关系当事人就如何确定双方的未来权利义务关系发生的争议，它不是现实的权利争议，而是对如何确定期待的权利而发生的争议。有时称前者为既定权利争议，后者为待定权利争议。

按照劳动争议是否可以纳入劳动争议仲裁机构处理，可将劳动争议分为纳入仲裁处理的争议和不纳入仲裁处理的争议。目前，除劳动者个人与用人单位之间的纠纷外，其他劳动争议均不属仲裁或者审判的范围。

按照参加争议的劳动者人数不同，可将劳动争议分为个体劳动争议、集体劳动争议和集体合同争议。个体劳动争议是指单个劳动者与用人单位发生的争议；集体劳动争议是指多个劳动者（在我国是指 3 名以上的劳动者）因共同的理由与用人单位发生的争议；集体合同争议是指用人单位全体职工的代表——工会与用人单位或其团体就劳动权利义务发生的争议。

11.1.2 劳动争议的特征

劳动争议的特征是由劳动关系的特征以及劳动争议自身产生的特点决定的。

（1）劳动争议的主体是特定的

劳动争议不像民事争议和经济争议可以发生在纵横多元的法律关系条件下，而是发生在劳动过程或劳动过程的延续中，是以建立劳动关系为前提条件的。劳动争议只能发生在存在着劳动关系的用人单位和劳动者之间。也就是说，劳动争议的当事人一方是使用劳动力的用人单位，另一方必须是提供劳动力的劳动者。如果争议不是发生在建立劳动关系的用人单位和劳动者之间，便不属于劳动争议。

（2）劳动争议的内容限于实现劳动权利和履行劳动义务的纠纷

这是基于劳动法律关系而决定的，如因变更、解除、终止劳动合同而发生的争议，因劳动报酬、社会保险等发生的争议。劳动者与用人单位虽然建立了劳动关系，但双方的争议如果与劳动权利义务无关，则不属于劳动争议。

（3）劳动争议的社会影响大

由于劳动权利义务与劳动者的生活乃至生存有直接联系，特别是集体劳动争议和集体合同争议涉及人员多，如处理不当或不及时，容易激化矛盾，影响社会安定。

11.1.3 劳动争议的分类

劳动争议按照不同的标准可以分为不同的类别。较为常见的分类方法是按照参加争议的劳动者人数不同，将劳动争议分为个体劳动争议、集体劳动争议和集体合同争议。

（1）个体劳动争议

个体劳动争议，又称个人劳动争议，是指单个劳动者与用人单位之间发生的劳动争议。个体劳动争议的特点是：①发生劳动争议的劳动者一方只有1人或2人；②个体劳动争议处理时，必须由发生争议的劳动者参加或委托代理人参加，不能由他人代表参加；③个体劳动争议处理时，需要通过劳动仲裁方式，不适用特别审理程序；④个体劳动争议由于人数少，一般不容易形成对抗性矛盾。

（2）集体劳动争议

集体劳动争议又称多人劳动争议，是指劳动者一方当事人在3人以上且因共同理由与用人单位之间发生的劳动争议。与个体劳动争议相比，集体劳动争议具有以下特点：①劳动者一方当事人人数多，且有共同理由；②争议通过调解、仲裁方式处理时，劳动者一方应推举代表参加调解、仲裁活动；③争议通过仲裁方式处理时，适用特别程序；④集体劳动争议由于人数多，处理不及时或不当时，容易激化矛盾，形成对抗。

（3）集体合同争议

集体合同争议，是指用人单位内部的工会组织代表职工与企业代表（一般为管理方）因签订或履行集体合同而发生的争议。集体合同争议的主体一方是用人单位，另一方是全体职工（通常由工会代表）。根据《劳动法》第84条的规定，对集体合同争议的处理分为两种情况：因签订集体合同发生的争议，主要采取协商的方式处理，首先由当事人双方协商解决，协商解决不成的，由当地人民政府劳动行政部门组织有关各方进行协调处理；因履行集体合同发生的争议，按照劳动争议处理的方式和程序进行处理，即采取协商、仲裁和诉讼三种方式。集体合同履行中发生争议后，首先由当事人双方协商解决，当事人协商解决不成的，可以向劳动争议仲裁委员会申请仲裁；对仲裁裁决不服的，可以自收到仲裁裁决书之日起十五日内向人民法院起诉。

11.1.4 劳动争议与民事争议、经济争议的区别

劳动争议与民事争议、经济争议相比，主要有以下区别。①争议的主体不同。民事争议的主体是公民与公民、法人与法人、公民与法人；经济争议的主体也可以是法人与法人、法人与自然人；而劳动争议的主体只能是劳动者与用人单位。②争议的内容不同。民事争议是

发生在公民之间、公民与法人之间，以及法人与法人之间有关财产权益与人身权益方面的纠纷；经济争议则是公民与法人、法人与法人在经济活动中的经济权益之争，如经济合同纠纷等；而劳动争议仅限于劳动关系主体双方的劳动权利义务争议。③争议的表现方式和处理方式也有差异。各自均按照法定的途径进行处理，既有相同之处，又有不同之处。如在诉讼阶段，都可以由人民法院处理，但在仲裁阶段适用的法规各异。

11.1.5 劳动争议处理立法和处理制度

劳资争议具有频发、突发、涉及当事人众多、原因复杂、后果严重等特点，不适于通过复杂的诉讼程序予以解决，因此，在劳动争议日渐激化的19世纪初，欧洲首先开始重视通过设置专门机构处理劳动争议，并专门立法。英国于1824年制定《雇主雇工仲裁法》，1896年公布《调解法》，1919年制定《工业法院法》；法国于1892年制定《调解和仲裁法》；德国于1890年制定《工业仲裁所法》，1904年制定《商业裁判所法》；新西兰于1896年公布《强制仲裁法》；美国也于19世纪制定了调解和仲裁的法律，并于1935年制定《美国劳动关系法》。第二次世界大战后，各国的劳动立法迅速发展，劳动审判制度也在不断完善。德国于1920年制定《劳动法庭法》，此后，许多国家专设劳动法院或者法庭，来审理劳动争议案件。①

我国20世纪20年代就开始了劳动争议处理立法。国民党南京政府1928年颁布劳动争议处理法，并在1930年、1932年、1943年做出修改。新中国成立后，劳动部于1950年颁布《劳动争议处理条例》，1987年国务院发布《国营企业劳动争议处理暂行规定》，1993年国务院颁布了《企业劳动争议处理条例》，确立了市场经济条件下的劳动争议处理的框架，即所谓的“一调一裁两审”处理机制。2007年12月，全国人民代表大会常务委员会颁布了《中华人民共和国劳动争议调解仲裁法》，对公正及时解决劳动争议、保护当事人合法权益、促进劳动关系和谐稳定发挥了重要作用。

我国目前的劳动争议处理制度仍不健全。目前纳入劳动争议仲裁处理范围的仅是权利争议，而不包括利益争议。对于利益争议，目前仅靠行政协调解决。这和德、日的权利争议由法庭处理，利益争议则靠仲裁裁决的做法有很多区别。目前在我国，利益争议经双方当事人协商不能达成一致意见，当事人一方或双方只能向当地劳动行政部门请求解决，不能通过仲裁或诉讼的方式解决。劳动保障行政部门也只能通过宣传国家的法律和政策，对分歧进行积极的协调和斡旋，促进双方达成共识，协商解决争议。

11.1.6 劳动争议发生的原因

劳动争议发生的根本原因在于劳动关系双方之间经济利益的冲突。作为用人单位主体的企业，是以追求利润而生存的经营单位，事业单位在法律上虽然被定位为非营利性用人单位，但是，在市场竞争中，事业单位已经明显地表现出了其追求利润的特点。另一方面，劳动者主要是为了工资才为用人单位提供劳动。劳动关系双方基于对经济利益的追求结合起来，在劳动关系的运行中难免发生矛盾和冲突，由此产生争议在实践中比较常见。直接与经济利益相关的争议包括：工资、奖金、福利和社会保险费用方面的争议。间接与经济利益相

① 常凯．劳权论——当代中国劳动关系的法律调整研究．北京：中国劳动社会保障出版社，2004：368.

关的争议包括开除、除名、辞退职工和职工辞职、自动离职发生的争议，这些争议虽然表面上不是经济利益的争议，实质上与经济利益密切相关。

其次劳动关系的从属性决定劳动争议难以避免。劳动关系有从属性特征，劳动者在劳动过程中应接受用人单位的管理，遵守用人单位的纪律和内部规章制度。管理方和被管理方利益所在不同、价值目标各异，因此对于劳动关系的管理规则和方法可能产生完全不同的判断，发生矛盾和冲突是自然的。

对于社会转型、体制转换的国家来说，在新旧体制交错的过渡阶段，往往都出现劳动争议多发的状况。在原有的制度结构被打破，而新规范又未真正确立的时期，社会变革的成本大多落在劳动者头上，而相应的补偿措施又不到位，劳动争议频发便成为一种普遍现象①。

11.1.7 劳动争议处理的原则

劳动争议处理的原则是指劳动争议处理机构在解决劳动争议过程中应遵循的行为准则。《劳动法》、《企业劳动争议处理条例》和《中华人民共和国劳动争议调解仲裁法》都对劳动争议处理的原则做了规定。《劳动法》第78条规定："解决劳动争议，应当根据合法、公正、及时处理的原则，依法维护劳动争议当事人的合法权益。"第77条规定："调解原则适用于仲裁和诉讼程序。"《企业劳动争议处理条例》第4条也规定："处理劳动争议，应当遵循下列原则：（一）着重调解，及时处理；（二）在查清事实的基础上，依法处理；（三）当事人在适用法律上一律平等。"《中华人民共和国劳动争议调解仲裁法》第3条规定，解决劳动争议，应当根据事实，遵循合法、公正、及时、着重调解的原则，依法保护当事人的合法权益。

（1）合法原则

合法原则是指劳动争议处理机构在处理劳动争议过程中必须坚持以事实为根据，以法律为准绳，依法处理劳动争议案件。这里"合法"的法是一个广义的概念，既包括劳动实体法，也包括处理劳动争议的程序法。劳动实体法由我国《劳动法》、劳动行政法规和地方性法规，以及劳动规章及相关政策构成，是处理劳动争议的基本依据。值得注意的是，在劳动争议处理中，依法签订的劳动合同、集体合同，以及依法制定的并经职代会或职工大会讨论通过的企业规章，都可成为处理案件的依据。

合法原则要求劳动争议处理机构要查清案件事实，并在此基础上正确适用法律，只有以事实为根据，以法律为准绳，才能明辨是非，分清责任，正确解决劳动争议。此外，合法原则还要求对当事人双方在适用法律上要一律平等，不能因人而异，对任何一方都不偏袒、不歧视，对被侵权的任何一方都依法给予同样的保护。

（2）公正原则

处理任何争议都应当坚持公正，这是合理解决争议的基本前提。公正原则是指劳动争议处理机构在处理劳动争议时，要坚持秉公执法，不徇私情。保证争议双方当事人处于平等的法律地位，具有平等的权利和义务。

强调坚持公正原则对正确处理劳动争议有着重要的意义。这是因为在劳动关系中，劳动者和用人单位存在着行政隶属关系，用人单位有权对劳动者进行管理和指挥。劳动者则必须

① 常凯．劳动关系学．北京：中国劳动社会保障出版社，2005：383.

服从。显然，这种管理与被管理的关系使劳动者在劳动过程中处于较弱的地位，与用人单位的权利是不对等的。但这种不对等的关系不能带到争议处理程序中，一旦发生劳动争议，进入争议处理程序，用人单位与劳动者都是平等的争议主体。劳动争议处理机构就要坚持公正原则，保证争议双方都平等享有法律赋予的权利，承担法律规定的义务，任何一方都没有超越另外一方的特权。同时，为确保劳动争议处理机构公正执法，《企业劳动争议处理条例》和《民事诉讼法》都规定了回避制度。

（3）及时处理原则

劳动争议与其他争议的一个重要区别就是，劳动争议与劳动者的生活和企业生产密切相关，一旦发生争议，不仅影响生产、工作的正常进行，而且直接影响劳动者及其家人的生活，甚至影响社会的稳定。因此，对劳动争议必须及时处理，及时保护权利受侵害一方的合法权益，以协调劳动关系，维护社会和生产的正常秩序。我国有关处理劳动争议的法律法规的规定都体现了这一原则。

① 争议发生后，当事人应及时申请处理。劳动争议一旦发生，当事人应当及时协商，协商不成的，应当及时向劳动争议处理机构申请调解和仲裁，避免超过仲裁申请时效，丧失申请仲裁的权利。为促使当事人及时申请，尽快解决争议，我国《劳动法》规定，当事人应当自劳动争议发生之日起六十日内向劳动争议仲裁委员会提出仲裁申请。

② 劳动争议处理机构在受理劳动争议案件后应及时处理。为及时解决纠纷，保证有权处理劳动争议案件的机构及时受理、及时审查和处理，《劳动法》和《企业劳动争议处理条例》对受理和处理的期限做了规定：仲裁委员会应当在收到仲裁申请之日起七日内作出受理或不予受理的决定；企业调解委员会调解劳动争议应当自当事人申请调解之日起三十日内结束，仲裁裁决应在收到仲裁申请的六十日内作出。

③ 当事人应及时执行处理决定或及时起诉。劳动争议处理机构在作出决定后，当事人如果没有异议，就应当及时执行；如不服，应当依法及时向法院起诉。如果当事人既不提起诉讼，又拒不执行劳动争议处理机构的处理决定，有关部门和机构应及时对当事人进行说服教育，必要时应当依法请求人民法院对处理决定予以强制执行，以保证劳动争议案件的最终顺利解决。

（4）调解原则

调解是指在第三人的主持下，依法劝说争议双方进行协商，在互谅互让的基础上达成协议，从而消除矛盾的一种方法。劳动争议属于人民内部矛盾，劳动者与用人单位不存在对立的不可调和的矛盾，经过说服教育和协商对话就有可能及时解决纠纷，化解矛盾，而且由于调解气氛平缓，方式温和，易于被双方所接受，因此各国都十分重视采用调解方式，使之成为普遍采取的解决劳动争议的手段之一。我国《劳动法》第 77 条规定：“用人单位与劳动者发生争议，当事人可以依法申请调解、仲裁、提起诉讼，也可以协商解决。调解原则适用于仲裁和诉讼程序。”第 79 条规定：“劳动争议发生后，当事人可以向本单位劳动争议调解委员会申请调解。”调解不成可以申请仲裁，对仲裁裁决不服的，可以向人民法院起诉；当事人也可以不经过调解，直接向劳动争议仲裁委员会申请仲裁。《企业劳动争议处理条例》第 4 条也确定了“着重调解”是处理劳动争议应当遵循的一项基本原则。

从以上法律法规的规定看，调解原则包含两方面的内容。一是调解作为解决劳动争议的基本手段贯穿于劳动争议处理的全过程。在劳动争议发生后，当事人双方就可先行协商；在进入调解程序后，企业劳动争议调解委员会的全部工作就是进行调解；当进入劳动争议仲裁和诉讼程序后，劳动争议仲裁委员会和人民法院在处理劳动争议时，仍必须先进行调解，调解不成的，才能作出裁决和判决。二是调解不能违反自愿原则，即在双方当事人自愿的基础上进行，不能勉强和强制，否则即使达成协议，因违反自愿原则，企业调解委员会的调解协议书、仲裁委员会或人民法院的调解书都不能发生法律效力。

11.2 劳动争议调解组织、受理范围与处理程序

11.2.1 我国劳动争议调解组织

根据《劳动法》和《企业劳动争议处理条例》的规定，我国处理劳动争议的组织主要有：企业劳动争议调解委员会、劳动争议仲裁委员会和人民法院。企业劳动争议调解委员会是在企业内部依法设立的专门调解劳动争议的机构，属群众性组织，是处理劳动争议的基层组织机构。其处理劳动争议的方式是通过调解解决争议。劳动争议仲裁委员会是经国家授权，依法设立的专门处理劳动争议的组织机构，通常设在县、市、市辖区级劳动行政部门，有的省也设有仲裁委员会。仲裁委员会处理劳动争议的方式是调解和裁决，以仲裁庭的形式进行。人民法院是处理劳动争议的司法机关。法院的民事审判庭负责审理劳动争议案件。近年来，有的地方试行设立劳动法庭，专门审理劳动争议案件。人民法院审理劳动争议案件实行两审终审制。除此之外，我国劳动保障行政机关的信访部门和劳动监察机构依照行政职能，也处理一些劳动争议。

《中华人民共和国劳动争议调解仲裁法》第 4 条规定，发生劳动争议，劳动者可以与用人单位协商，也可以请工会或者第三方共同与用人单位协商，达成和解协议。第 5 条规定，发生劳动争议，当事人不愿协商、协商不成或者达成和解协议后不履行的，可以向调解组织申请调解；不愿调解、调解不成或者达成调解协议后不履行的，可以向劳动争议仲裁委员会申请仲裁；对仲裁裁决不服的，除本法另有规定的外，可向人民法院提起诉讼。第 6 条规定，发生劳动争议，当事人对自己提出的主张，有责任提供证据。与争议事项有关的证据属于用人单位掌握管理的，用人单位应当提供；用人单位不提供的，应承担不利后果。第 7 条规定，发生劳动争议的劳动者一方在十人以上，并有共同请求的，可以推举代表参加调解、仲裁或者诉讼活动。第 8 条指出，县级以上人民政府劳动行政部门会同工会和企业方面代表建立协调劳动关系三方机制，共同研究解决劳动争议的重大问题。第 9 条指出，用人单位违反国家规定，拖欠或者未足额支付劳动报酬，或者拖欠工伤医疗费、经济补偿或者赔偿金的，劳动者可以向劳动行政部门投诉，劳动行政部门应当依法处理。

（1）企业劳动争议调解委员会

企业调解委员会是依法成立专门处理劳动争议的群众性组织。一般来说，它是处理劳动争议的基层组织机构。由于调解委员会处在基层，与职工和企业的联系最为密切，既熟悉情况，又便于运用调解方式解决纠纷，因而易于被当事人所接受。因此，调解委员会在劳动争议处理中发挥着积极作用。企业调解委员会由企事业的工会代表、职工代表和企业行政代表三方组成。

（2）劳动争议仲裁委员会

劳动争议仲裁委员会是由国家授权、依法独立处理劳动争议的专门机构，一般设在县、市、市辖区一级，由同级劳动行政部门的代表、同级工会的代表、用人单位方面的代表组成。仲裁委员会主任由劳动行政部门代表担任。劳动行政部门的劳动争议处理机构是仲裁委员会的

办事机构，负责仲裁委员会的日常工作。仲裁委员会接受同级人民政府的领导并对其负责。

（3）人民法院

人民法院是处理劳动争议的最终司法机关。劳动争议案件由法院的民事审判庭负责审理，实行两审终审制。所谓两审终审制，是指一个案件经过两级人民法院的审理即告结束的审判制度，即第一审人民法院审理宣判的判决、裁定，尚不能立即产生法律效力，而允许在规定的时间内提出上诉或抗诉，经第二审人民法院审理后作出的判决裁定，一经宣判，立即产生法律效力。

11.2.2 工会在劳动争议处理中应发挥的作用

工会是职工利益的代表者，在劳动争议处理的各个环节上都发挥着重要作用。

在企业劳动争议调解中，工会主要负责调解，在其职责范围内，帮助企业建立劳动争议调解组织，健全调解工作制度，培训调解工作人员，主持调解劳动争议，预防劳动争议发生，促进企业劳动关系的稳定与和谐。

工会在劳动争议仲裁中的作用，不仅表现在工会参加劳动争议仲裁委员会，而且工会工作者可以被聘为兼职仲裁员，直接参与劳动争议的处理工作。

在劳动争议进入诉讼程序后，工会也可以发挥其积极作用。职工向人民法院起诉的，工会可以对其提供帮助，包括告知其诉讼权，对行使其权利有顾虑的职工给予鼓励和指导，对于经济上有困难的职工，工会可以在物质上给予帮助。工会还可以接受职工当事人的委托，作为其诉讼代理人代为参加诉讼活动，依法维护职工的合法权益。

11.2.3 我国劳动争议处理机构的受案范围

受案范围是指劳动争议处理机构受理劳动争议案件的范围。根据《劳动法》和《企业劳动争议处理条例》的规定，劳动争议处理机构的受案范围如下。

（1）主体范围

主体范围是指哪些用人单位和职工能够成为劳动争议的当事人，并可以申请劳动争议处理机构处理争议。根据我国处理劳动争议有关规定，劳动争议处理机构受理以下主体的争议。

① 中国境内的企业、个体经济组织和与之形成劳动关系的劳动者。这包括所有类型的企业，即无论是国营、集体企业，还是外商投资企业、私营企业或是乡镇企业，只要与劳动者发生了劳动关系并产生劳动纠纷，都将纳入劳动争议处理的范围。形成劳动关系有两种方式：一是订立劳动合同；二是未签订劳动合同却形成事实劳动关系。根据劳动部1995年8月颁发的《关于贯彻执行〈中华人民共和国劳动法〉若干问题的意见》第82条的规定，用人单位与劳动者发生了劳动关系并产生劳动纠纷，不论是否订立劳动合同，只要存在事实劳动关系，并符合《劳动法》的适用范围和《企业劳动争议处理条例》的受案范围，都可以向劳动争议处理机构申请。

② 国家机关、事业单位、社会团体与本单位的工人及与之建立劳动合同关系的劳动者。《关于贯彻执行〈中华人民共和国劳动法〉若干问题的意见》规定，公务员和比照实行公务员制度的事业组织和社会团体的工作人员不适用《劳动法》，这些人员如与单位发生劳动争议不属于劳动争议处理机构的受案范围，可依照公务员管理的有关规定处理，而这些单位与其工人和与之签订劳动合同的劳动者发生的劳动争议，则由劳动争议处理机构受理。

③ 实行企业化管理的事业单位与其工作人员，个体工商户与帮工、学徒，以及军队、武警部队的事业组织和企业与其无军籍的职工。根据劳动部的意见规定，以上人员均适用《劳动法》，因此，如与所在单位发生劳动争议，只要符合劳动争议的受案范围，以上单位及其人员均属劳动争议处理的主体范围。

(2) 内容范围

内容范围是指属于劳动争议处理机构的受理范围的那些劳动争议。根据《中华人民共和国劳动争议调解仲裁法》第 2 条的规定，中华人民共和国境内的用人单位与劳动者发生的下列劳动争议，适用本法：

① 因确认劳动关系发生的争议；

② 因订立、履行、变更、解除和终止劳动合同发生的争议；

③ 因除名、辞退和辞职、离职发生的争议；

④ 因工作时间、休息休假、社会保险、福利、培训以及劳动保护发生的争议；

⑤ 因劳动报酬、工伤医疗费、经济补偿或者赔偿金等发生的争议；

⑥ 法律、法规规定的其他劳动争议。

11.2.4 劳动争议处理程序

根据《劳动法》、《企业劳动争议处理条例》和《中华人民共和国劳动争议调解仲裁法》的规定，我国劳动争议实行“一调一裁两审”的处理程序，目前为了进一步保护劳动者权益，对于几种特殊的案件可以实行一裁终局制，即不能再向法院起诉，裁决书具有最终效力，可以申请法院强制执行。

我国目前的劳动争议处理制度可以用“一调一裁两审”来概括，即发生劳动争议后，当事人除先进行协商外，可以申请劳动调解，调解不成，或者不愿意调解的，当事人可以向劳动争议仲裁委员会申请仲裁；对仲裁裁决不服的，可以向人民法院提起诉讼，其诉讼程序按照民事诉讼法的规定，实行两审终审制。“一调一裁两审”的制度将仲裁作为诉讼的一个前置程序，不经仲裁，当事人不能直接向人民法院提起诉讼。在立法过程中，有些意见建议将这种仲裁前置的程序修改为“或裁或审”，即由当事人选择，仲裁或者诉讼，不再将仲裁作为必经程序，由于减少了一个必经仲裁程序环节，可以解决劳动争议处理时间长的问题。

经过立法机关反复研究认为，现行的“一调一裁两审”劳动争议处理程序经过 20 多年的实践，已经被社会所接受，能够充分发挥调解和仲裁的作用，使劳动争议尽可能在比较平和的气氛中得到解决，尽量减少打官司。同时，也有利于劳动争议在最初阶段予以化解，也就不存在周期长的问题了。此外，劳动合同与民事合同不同，《劳动合同法》确立了由政府、工会、企业建立的三方协调机制，劳动行政部门作为政府的主管部门应当督促当事人履行义务，有责任在劳动争议的处理过程中发挥作用，这也是一些国家的通行做法。为了快速处理劳动争议，解决劳动争议处理周期过长的问题，《劳动争议调解仲裁法》对现行劳动争议处理“一调一裁两审”体制进行重大变革，实行对涉及金额不大的追索劳动报酬、经济补偿、养老金或者赔偿金的争议，以及因执行国家的劳动标准在工作时间、休息休假、社会保险等方面发生的争议一裁终局的制度，对这部分争议案件，劳动争议仲裁委员会的裁决为终局裁决，使劳动纠纷终止于仲裁环节，不再走完全过程，有效解决周期长的问题，真正降低劳动者的维权成本。

11.3 劳动争议调解管理

11.3.1 劳动争议调解的概念、特点及作用

(1) 劳动争议调解的概念

劳动争议调解，是指依法设立的调解劳动争议的机构或者其他组织，依照法律、法规和有关政策，对发生劳动争议的双方当事人运用说服教育、劝导协商的方式，促使其在互谅互让的基础上解决争议的一种活动。调解有广义和狭义之分。广义的劳动争议调解，包括各种组织以各种方式对劳动争议案件进行调解，例如，仲裁委员会处理劳动争议时的仲裁庭调解，人民法院审判中的调解，政府有关行政部门的调解，劳动争议诉前的专家调解等。狭义的劳动争议调解，是指企业劳动争议调解委员会对本企业发生的劳动争议案件进行的调解。

(2) 劳动争议调解的意义和作用

劳动争议的妥善解决，直接关系到企业生产经营活动能否正常进行，直接影响职工积极性的调动。通过企业劳动争议调解委员会解决劳动争议，与通过劳动争议仲裁委员会和人民法院来解决劳动争议相比，有以下几个好处。

① 有利于争议及时解决。在企业调解，有利于争议当事人特别是职工一方当事人的及时申请、企业劳动争议调解委员会对争议案件的及时受理。由于调解委员会成员都来自本企业，对本单位劳动条件、工作环境、领导作风、职工思想等都比较熟悉，有利于对引起争议的原因作比较客观的分析，并提出较为切实可行的解决办法，从而保证调解的质量，使争议能得到正确合理的解决，防止矛盾的扩散和激化。

② 有利于职工和企业达成调解协议，增进团结。由于由职工代表、工会代表和企业代表三方共同主持调解，比较容易达成双方当事人都能接受的协议，达成的协议也容易履行；调解委员会的调解不伤感情，不伤和气，有利于消除当事人之间的隔阂，增进团结，有利于调动职工群众和企业的积极性。

③ 有利于把矛盾解决在基层。通过调解委员会的调解，把大量争议解决在基层，可以大大减轻仲裁机关工作负担，腾出时间和精力用以加强对企业调解委员会的业务指导，处理解决少数影响较大的疑难案件。

总之，企业劳动争议调解委员会调解劳动争议，是解决基层劳动争议的重要形式。通过调解把大量争议及时解决在基层，有利于保护争议双方的合法权益，有利于维护企业正常的生产秩序和工作秩序，有利于促进当事人之间的团结。

11.3.2 企业劳动争议调解委员的设立及其组织性质

按照《企业劳动争议处理条例》和《企业劳动争议调解委员会组织及工作规则》的规定，企业可以设立调解委员会，负责调解本企业内发生的劳动争议。设有分厂（或者分公司、分店）的企业，可以在总厂（总公司、总店）和分厂（分公司、分店）分别设立调解委员会。总厂（总公司、总店）设立的调解委员会为一级调解委员会，分厂（分公司、分店）设立的调解委员会为二级调解委员会。两级调解委员会分工协作，共同承担调解本企业劳动争议的任务。没有成立工会组织的企业，调解委员会的设立及其组成由职工代表与企业代表共同协商决定。

企业应当支持劳动争议调解委员会的工作，为劳动争议调解委员会开展调解工作提供物质保障和人员、时间保障，包括办公条件、办公用品等，承担劳动争议调解委员会的经费开支，保证兼职调解委员参加调解活动的时间等。

根据《企业劳动争议处理条例》和《企业劳动争议调解委员会组织及工作规则》的规定，企业内部设立的劳动争议调解委员会是专门负责企业内部劳动争议案件调解的群众性组织。这表明，企业劳动争议调解委员会是企业内部法定的处理劳动争议的机构。但从企业劳动争议调解委员会的人员组成、调解方式、工作规则以及调解效力等方面看，它属于基层调解，其性质属于群众性的调解组织，其调解结果不具有法律的强制执行力。

11.3.3 企业劳动争议调解委员会的组成人员和调整的要求

根据《企业劳动争议处理条例》和《企业劳动争议调解委员会组织及工作规则》的规定，企业劳动争议调解委员会由职工代表、企业代表、企业工会代表三方组成。其中，职工代表由职工代表大会（或者职工大会）推举产生；企业代表由厂长（经理）指定；企业工会代表由企业工会委员会指定。各方推举或指定的代表只能代表一方参加调解委员会。调解委员会组成人员的具体人数由职工代表大会提出并与企业法定代表人协商确定。企业代表的人数不得超过调解委员会成员总数的1/3。

《中华人民共和国劳动争议调解仲裁法》第10条规定，企业劳动争议调解委员会由职工代表和企业代表组成。职工代表由工会成员担任或者由全体职工推举产生，企业代表由企业负责人指定。企业劳动争议调解委员会主任由工会成员或者双方推举的人员担任。

企业劳动争议调解委员会承担着调解本企业劳动争议的重任。《中华人民共和国劳动争议调解仲裁法》第11条规定，劳动争议调解组织的调解员应当由公道正派、联系群众、热心调解工作，并具有一定法律知识、政策水平和文化水平的成年公民担任。因此，企业劳动争议调解委员会的组成人员应当由具有一定劳动法律知识、政策水平和实际工作能力，办事公道、为人正派、密切联系群众的人员担任。女职工人数较多的企业，调解委员会成员中应当有一定数量的女职工代表。调解委员会的人员数量，应当从企业的实际情况出发，以保证劳动争议调解工作的顺利开展和正常工作为原则确定。调解委员会委员调离本企业或者需要调整时，应由原推举单位或组织按规定另行推举或指定。调解委员会的组成名单应报送地方总工会和地方仲裁委员会备案。

调解委员会的办事机构设在企业工会委员会。没有成立工会组织的企业，调解委员会的设立及其组成由职工代表与企业代表协商决定。

11.3.4 企业劳动争议调解委员会、委员会主任、委员会委员的职责

（1）企业劳动争议调解委员会的职责

按照《企业劳动争议调解委员会组织及工作规则》的规定，企业劳动争议调解委员会主要有三项职责。一是负责调解本企业内发生的劳动争议，尽可能使争议双方达成谅解，消除纠纷；二是检查督促劳动争议双方当事人履行调解协议，经调解委员会调解达成协议的劳动争议案件，调解委员会要不定期地回访，检查当事人执行调解协议的情况，督促双方当事人认真履行调解协议；三是对职工进行劳动法律、法规的宣传教育，积极做好劳动争议的预防工作。通过有针对性的劳动政策法规宣传教育、日常的咨询及说服劝解工作，使职工增强法

律意识和自我保护意识。企业劳动争议调解委员会需要总结调解工作经验，完善各种制度，制定预防劳动争议的各项措施。

（2）企业劳动争议调解委员会主任的职责

按照《企业劳动争议调解委员会组织及工作规则》的规定，企业劳动争议调解委员会主任主要有以下职责：①对企业劳动争议调解委员会无法决定是否受理的劳动争议处理申请，作出是否予以受理的决定；②对于案件当事人申请的回避或调解委员会成员申请的自行回避作出是否回避的决定；③对于简单的劳动争议案件，有权及时指派调解委员进行调解；④主持调解委员会会议，研究并确定调解方案；⑤主持劳动争议案件的调解；⑥决定调解委员会的其他有关事项。

（3）企业劳动争议调解委员会委员的职责

按照《企业劳动争议调解委员会组织及工作规则》的规定，企业劳动争议调解委员会委员的职责主要是：①对于申请调解的劳动争议案件依法进行调解；②保证劳动争议当事人实现自愿调解、申请回避和申请仲裁的权利；③对于受理的劳动争议案件，应自当事人申请之日起30日内调解结束，到期未结束的视为调解不成，应告知当事人可以申请仲裁；④对于经调解达成协议的劳动争议案件，督促劳动争议当事人双方履行调解协议；⑤及时做好调解文书的制作、送达及调解案卷的整理归档工作；⑥做好劳动争议的预防工作。

11.3.5 企业劳动争议调解委员会的工作制度

根据《企业劳动争议调解委员会组织及工作规则》的规定，企业劳动争议调解委员会为了做好劳动争议的调解工作，应建立必要的工作制度。

（1）劳动争议案件调解登记制度

企业劳动争议调解委员会应当印制《调解登记表》，内容包括调解申请及调解情况两部分。调解申请部分应记述当事人（申请人）、申请时间、争议事由；调解情况部分应记述是否受理调解申请、调解时间和调解结果。调解登记制度主要是掌握企业劳动争议案件的发生和处理情况，因此，登记应及时、准确，文字简明扼要。

（2）劳动争议案件调解档案管理制度

劳动争议调解委员会应按照案卷归档管理的有关规定，结合调解工作的实际，建立调解案件的档案管理制度。企业劳动争议调解委员会的调解档案管理工作主要包括两部分内容。一是劳动争议案件调解卷，将当事人的调解申请书、受理通知书、调解取证材料、调解记录、调解协议书或调解意见书及善后工作记录进行归档；二是调解委员会工作卷，主要应将分析统计资料、调解委员会会议记录、调解委员会调整补充文件、上级工会和劳动争议仲裁委员会的指导性文件，以及有关的信息资料等归档管理。

（3）劳动争议案例分析统计制度

企业劳动争议调解委员会的统计分析工作通常包括两方面的内容。一是统计数字。例如，设有分厂（分公司、分店）的企业劳动争议调解委员会的数量；调解委员会组成人数及职工代表、用人单位代表、工会代表的人数；年度内申请调解的劳动争议数量；劳动争议的分类数量；经调解达成协议或调解不成的数量等。二是劳动争议调解情况的分析。包括本企业劳动争议与劳动关系状况的分析，劳动争议产生的具体原因及规律的分析，调解工作本身的分析等。

（4）劳动争议调解回避制度

根据《企业劳动争议调解委员会组织及工作规则》第19条，调解委员会成员有下列情形之一者，当事人有权以口头或书面形式申请，要求其回避：

① 是劳动争议当事人或者当事人近亲属的；

② 与劳动争议有利害关系的；

③ 与劳动争议当事人有其他关系，可能影响公正调解的。

调解委员会对回避申请应及时作出决定，并以口头或书面形式通知当事人。调解委员的回避由调解委员会主任决定；调解委员会主任的回避，由调解委员会集体研究决定。

（5）调解委员会的会议制度

企业劳动争议调解委员会应建立会议制度，定期召开调解工作会议。会议的内容包括：①研究所受理劳动争议案件的调解方案；②研究企业发生劳动争议的情况；③研究解决调解工作中的问题；④研究劳动争议的预防工作；⑤组织调解委员会成员学习法律、法规和有关政策；⑥总结交流调解工作经验，提高调解工作水平。

劳动争议调解登记表

表一　劳动争议调解申请书

申请人				被申请人			
姓名或单位名称				姓名或单位名称			
单位性质				单位性质			
法定代表人或主要负责人姓名		性别		法定代表人或主要负责人姓名		性别	
		年龄				年龄	
身份证号		职务		身份证号		职务	
工作单位				工作单位			
住所或户籍所在地址				住所或经营地址			
联系电话		邮编		联系电话		邮编	
代理人姓名		性别		代理人姓名		性别	
身份证号		年龄		身份证号		年龄	
工作单位		职务		工作单位		职务	
联系电话		邮编		联系电话		邮编	
地址				地址			
申请调解的事项	（申请调解的事项是指申诉要达到的目的和要求，申请人应具体写明）						
事实和理由	（申请人应当说明争议的基本事实和主要调解请求及理由，包括申请人与被申请人之间何时建立劳动关系、劳动合同履行情况，争议发生时间、争议内容、请求事项的法律依据，以及证据、证据来源、证人姓名和住址）						

此致

__________劳动争议调解委员会

申请人：________（本人签名或盖章）

年　　月　　日

填写说明

（1）本申请书样本是根据《中华人民共和国劳动争议调解仲裁法》有关规定而制作，供申请人使用。

（2）申请书应用钢笔、毛笔书写或打印。由正本和副本组成，副本份数应根据被申请人人数提交，由劳动争议调解委员会送达被申请人。

（3）事实和理由部分空格不够用时，可用同样大小纸续页。

（4）调解委员会应在接到《劳动争议调解申请书》4日内作出受理或不受理的决定，对不予受理的应向申请人说明理由。在15日内未达成协议的视为调解不成，当事人任何一方都可以向劳动争议仲裁委员会申请仲裁。

表二　劳动争议调解协议书

<table>
<tr><td colspan="4">申请人</td><td colspan="4">被申请人</td></tr>
<tr><td>姓名
或单位名称</td><td colspan="3"></td><td>姓名
或单位名称</td><td colspan="3"></td></tr>
<tr><td rowspan="2">法定代表人
或主要负责
人姓名</td><td></td><td>性别</td><td></td><td rowspan="2">法定代表人
或主要负责
人姓名</td><td></td><td>性别</td><td></td></tr>
<tr><td></td><td>年龄</td><td></td><td></td><td>年龄</td><td></td></tr>
<tr><td>身份证号</td><td></td><td>职务</td><td></td><td>身份证号</td><td></td><td>职务</td><td></td></tr>
<tr><td>工作单位</td><td colspan="3"></td><td>工作单位</td><td colspan="3"></td></tr>
<tr><td>住所或户籍
所在地址</td><td colspan="3"></td><td>住所或经营
地址</td><td colspan="3"></td></tr>
<tr><td>联系电话</td><td></td><td>邮编</td><td></td><td>联系电话</td><td></td><td>邮编</td><td></td></tr>
<tr><td>代理人姓名</td><td></td><td>性别</td><td></td><td>代理人姓名</td><td></td><td>性别</td><td></td></tr>
<tr><td>身份证号</td><td></td><td>年龄</td><td></td><td>身份证号</td><td></td><td>年龄</td><td></td></tr>
<tr><td>工作单位</td><td></td><td>职务</td><td></td><td>工作单位</td><td></td><td>职务</td><td></td></tr>
<tr><td>联系电话</td><td></td><td>邮编</td><td></td><td>联系电话</td><td></td><td>邮编</td><td></td></tr>
<tr><td>争议事项</td><td colspan="7">应当明确双方各自的主张及理由</td></tr>
<tr><td>调解内容</td><td colspan="7">在本调解委员会的主持下，当事人双方平等自愿、协商一致，依法达成如下解决纠纷之协议：
1. ……
2. ……
……
依据《劳动法》、《劳动合同法》、《劳动争议调解仲裁法》之规定，当事人双方应当依法自觉履行本调解协议，如果一方当事人在协议约定期限内不履行本调解协议的，另一方当事人可依法申请仲裁。</td></tr>
</table>

申请人：（签名或盖章）　　　　　　　　　　　　　　被申请人：（签名或盖章）

调解员：（签名）

__________劳动争议调解委员会（盖章）

年　　月　　日

填写说明

（1）本调解协议书样本是根据《中华人民共和国劳动争议调解仲裁法》有关规定而制作，适用于调解成功的案件，由劳动争议调解委员会制作。

（2）调解协议书应由双方当事人签名或者盖章，劳动者一方要有其本人或者特别授权委托人签名，用人单位一方要有具体承办人员签名并加盖公章。调解协议书经调解员签名并加盖调解组织印章后生效，对双方当事人具有约束力，当事人应当自觉履行。

（3）本调解协议书一式三份（争议双方当事人、调解委员会各一份），应及时送达当事人，并告知当事人在协议约定期限内不履行调解协议的，另一方当事人可以依法向当地劳动争议仲裁委员会申请仲裁。

表三　劳动争议调解意见书

申请人				被申请人			
姓名或单位名称				姓名或单位名称			
法定代表人或主要负责人姓名		性别		法定代表人或主要负责人姓名		性别	
		年龄				年龄	
身份证号		职务		身份证号		职务	
工作单位				工作单位			
住所或户籍所在地址				住所或经营地址			
联系电话		邮编		联系电话		邮编	
代理人姓名		性别		代理人姓名		性别	
身份证号		年龄		身份证号		年龄	
工作单位		职务		工作单位		职务	
联系电话		邮编		联系电话		邮编	
争议事项	应当明确双方各自的主张及理由						
调解不成的主要原因							
调解委员会的意见	调解不成的，应做好记录，并在此调解意见书上说明情况。						

调解委员会主任：（签名和盖章）

__________劳动争议调解委员会（盖章）

年　　月　　日

填写说明

（1）本调解意见书样本是根据《中华人民共和国劳动争议调解仲裁法》有关规定而制作，适用于调解未成功的案件，由劳动争议调解委员会制作。

（2）调解意见书由调解委员会主任签名、盖章，并加盖调解委员会印章。

（3）调解意见书一式三份（争议双方当事人、调解委员会各一份），应及时送达当事人，并告知当事人在规定的期限内向当地劳动争议仲裁委员会申请仲裁。

11.3.6　企业劳动争议调解委员会调解劳动争议前应做的准备工作

企业劳动争议调解委员会对于受理的劳动争议案件，在实施调解前必须做好各项准备工作，这对于调解工作有着重要意义。

调解前应当做好的准备工作，主要包括下述内容。

① 审查调解申请。《中华人民共和国劳动争议调解仲裁法》第 12 条规定，当事人申请劳动争议调解可以书面申请，也可以口头申请。口头申请的，调解组织应当当场记录申请人基本情况，申请调解的争议事项、理由和时间。

调解人员在调解工作开始前，应当对当事人递交的调解申请书或申请人的口头申请记录载明的内容进行认真审查，如发现内容有欠缺的，应及时通知申请人补充有关材料和证据。

② 通知被申请人。劳动争议调解委员会在调解案件前，应通知被申请人提交答辩书，同时提供相关的证据资料，做好参加调解工作的准备。如果被申请人是用人单位，应通知其指定专人或委托他人参加调解，以保证调解工作按预期顺利进行。

③ 告知与征询。企业劳动争议调解委员会应事先告知劳动争议的双方当事人调解人员名单。征询双方当事人是否申请回避。同时，告知双方当事人在调解活动中各自的权利和义务以及有关的注意事项。

④ 弄清案件的基本情况，掌握相关的法律依据。调解前，应弄清劳动争议发生的原因、发展的过程、争议的焦点，了解申请人的调解请求，被申请人的答辩意见，掌握情况，做到心中有数。同时，调解人员要查阅有关法律、法规和政策，调阅劳动合同及企业的劳动规章制度等，以便分清是非，为调解做好准备。

⑤ 进一步调查事实。调解人员针对案件的具体情况，深入做好调查工作。可以向当事人询问，找周围知情人及有关人员了解情况，收集有关的证据，进行现场勘察，对有关材料进行鉴定等。

《中华人民共和国劳动争议调解仲裁法》第13条规定，调解劳动争议，应当充分听取双方当事人对事实和理由的陈述，耐心疏导，帮助其达成协议。

⑥ 分析证据。调解人员在调解前，对当事人提供的证据材料及调查取得的证据作全面分析，去粗取精，去伪存真，掌握真实有用的证据，以供调解时使用。

⑦ 做好当事人的思想工作。由于企业劳动争议调解属群众性调解，调解人员又是本企业人员，因此，调解前既有可能又有必要通过各种形式做好当事人的思想工作，学习有关政策法规，缓和双方的矛盾，创造融洽的气氛，为顺利调解打下基础。

11.3.7 企业劳动争议调解委员会调解劳动争议的程序

企业劳动争议调解程序，是劳动争议双方当事人和企业劳动争议调解委员会在调解处理劳动争议过程中共同遵守的程序和秩序。

根据《企业劳动争议调解委员会组织及工作规则》的规定，企业劳动争议调解委员会对于决定受理的劳动争议案件，一般按下列程序进行调解。

① 首先指派调解委员对争议事项进行全面调查核实，调查时应做好调查笔录，并由调查人签名或盖章。

② 调查结束后，由调解委员会主任主持，召开由争议双方当事人参加的调解会议进行调解，有关单位和个人也可以参加调解会议协助调解。简单的争议，调解委员会可以指定1～2名调解委员进行调解。调解委员会召开调解会议调解劳动争议时，由调解委员会主任宣布调解会议开始，宣布调解会议纪律，告知当事人权利义务，宣布调解人员名单，询问当事人是否请求回避，接着听取双方当事人对争议事实和理由的陈述与答辩。在查明事实、分清是非的基础上，依照有关劳动法律、法规和政策，以及企业的劳动规章、劳动合同，提出调解建议，公正地进行调解。

③ 经调解后双方当事人达成协议的，制作调解协议书。

《中华人民共和国劳动争议调解仲裁法》第14条规定，经调解达成协议的，应当制作调解协议书。调解协议书由双方当事人签名或者盖章，经调解员签名并加盖调解组织印章后生效，对双方当事人具有约束力，当事人应当履行。自劳动争议调解组织收到调解申请之日起十五日内未达成调解协议的，当事人可以依法申请仲裁。

协议书应载明争议双方当事人的姓名（单位名称）、职务，法定代表人姓名及职务，争议事项、调解结果及其他应说明的事项，由调解委员会主任（简单争议由调解委员）以及双方当事人签名或盖章，并加盖调解委员会印章。调解协议书一式二份（争议双方当事人、调解委员会各一份）。

④ 经调解不成的劳动争议案件，应做好记录，制作调解意见书并在调解意见书上说明情况，由调解委员会主任签名、盖章，并加盖调解委员会印章，调解意见书一式二份（争议双方当事人、调解委员会各一份）。

对于不履行劳动争议调解协议书的，《中华人民共和国劳动争议调解仲裁法》第 15 条指出，达成调解协议后，一方当事人在协议约定期限内不履行调解协议的，另一方当事人可以依法申请仲裁。第 16 条规定，因支付拖欠劳动报酬、工伤医疗费、经济补偿或者赔偿金事项达成调解协议，用人单位在协议约定期限内不履行的，劳动者可以持调解协议书依法向人民法院申请支付令。人民法院应当依法发出支付令。

11.3.8 企业劳动争议调解委员会调解劳动争议应遵循的原则

根据《企业劳动争议调解委员会组织及工作规则》的规定，企业劳动争议调解委员会调解劳动争议，应当遵循以下主要原则。

（1）自愿调解原则

所谓自愿，是指在调解过程中完全尊重当事人的意愿，调解人员不能强迫任何一方接受调解。自愿调解原则着重把握三点：①争议当事人是否申请调解和同意调解，由当事人自己决定，任何单位和个人包括调解组织都不得强迫；②调解最终是否达成协议，也完全取决于当事人的意愿；③调解达成一致，协议的履行主要依靠当事人自觉，调解组织不得强制。

（2）实事求是原则

实事求是原则是指在调解过程中，要在坚持查明事实，分清是非、责任的基础上，进行调解。实事求是原则也可称重证据原则。即调解工作一定要以证据材料为依据，从而适用有关法律、法规和政策，从客观实际出发，解决纠纷。

（3）平等适用法律原则

在调解过程中，对于当事人双方适用法律一律平等。申请人与被申请人不管其身份、职业、社会地位，其合法权益都应得到保护，违法行为都应予以制止和纠正。调解人员对当事人双方都必须平等对待，秉公执法，一视同仁。

（4）同当事人民主协商原则

调解人员在调解过程中，必须认真听取当事人双方的意见，同双方当事人进行充分的协商。调解人员与当事人的关系属于第三者的身份，其地位平等。因此，协商是民主的，不是居高临下的。

（5）协议合法原则

协议合法原则是指经调解达成的协议内容不得违反法律、法规和有关政策，不能损害任

项；⑥协助有关部门处理与劳动和社会保障工作有关的信访事项；⑦检查、指导和协调下级劳动和社会保障信访工作；⑧对信访动态进行分析研究，及时向部门领导和上级机关反映情况，并提出解决问题的建议；⑨建立健全信访工作制度，开展调查研究，进行经验交流，培训工作人员。

各地劳动保障行政部门和政府设有信访办公室，对于通过企业内部协商不能解决问题者，可以通过这些渠道寻求政府的救济，采取外力来促进劳动争议的解决。在很多情况下，通过信访，可以使劳动者获得一个正确处理问题的途径，通过信访工作人员的解答，在纠纷当事人正确理解纠纷的性质，正确看待和分析纠纷、化解矛盾，以及在采取正确渠道解决矛盾等方面都有很多积极的作用。特别是在我国目前情况下，行政部门对用人单位有很多方面的制约作用，因此，劳动者向信访部门介绍情况，一方面可以帮助政府了解劳动关系实际中存在的问题，促进劳动执法；另一方面，也有助于劳动关系纠纷的处理，使得劳动关系能够更加和谐稳定，并以此促进社会稳定和经济发展。

然而，仅靠信访制度兼顾劳动争议处理工作是远不能适应客观需要的。主要原因是信访制度是靠单纯行政方式处理劳动争议，其所作决定不具有法律效力。而且信访部门对劳动争议多数是提出意见或建议，转回本企业或其主管部门处理，不能从根本上解决劳动争议，使一部分职工和企业的合法权益不能得到应有的保护。因此，部分当事人往往感到申冤无处，告状无门，产生逆反心理，便层层上告，长期重复上访。这充分暴露了信访制度在解决劳动争议方面的不足。[①] 另外，我们还需要看到，到信访部门要求解决问题的劳动者，往往是国有企业的劳动者，因为劳动者知道，对于国有企业的做法，政府部门有更多干涉的空间，而目前非国有用人单位的劳动争议逐渐增多，信访所能起到的作用逐渐减弱，更多的问题需要通过法律途径或者依靠法律机制来完善和解决。

11.5 劳动争议仲裁管理

11.5.1 劳动争议仲裁的概念、特点及作用

(1) 劳动争议仲裁的概念

劳动争议仲裁是指经劳动争议当事人申请，由劳动争议仲裁委员会对劳动争议当事人因劳动权利、义务等问题产生的争议进行评价、调解和裁决的一种劳动争议处理方式，生效的劳动争议裁决具有法律强制力。

劳动争议仲裁与企业劳动争议调解的主要区别是劳动争议仲裁的处理结果具有法律效力。劳动争议仲裁既有企业劳动争议调解的灵活、快捷的特点，又具有法律强制执行的特点，弥补了劳动争议调解委员会调解不具有强制力的弱点，比法院判决强制色彩弱，便于当事人接受和自觉执行。因此，劳动争议仲裁是一项带有准司法性质的处理劳动争议的形式，在劳动争议处理工作中具有重要的作用。

根据国务院 1993 年发布的《企业劳动争议处理条例》的规定，我国劳动争议仲裁采取

---

① 刘学民. 劳动争议仲裁与诉讼. 北京：人民法院出版社，2001：32－33.

了“仲裁前置，一裁终结，裁审衔接”的体制。所谓“仲裁前置”，是指劳动争议仲裁是解决劳动争议的必经途径，只有经过仲裁，方可向人民法院起诉。所谓“一裁终结”，是指我国的劳动争议仲裁只设一级仲裁机构，争议当事人只能申请一次仲裁。劳动争议在经过一个仲裁机构裁决以后，当事人就不得再要求另一仲裁机构裁决。所谓“裁审衔接”，是指劳动争议只经过一次仲裁，如果争议当事人对仲裁裁决不服，还可以向人民法院提起诉讼。

（2）劳动争议仲裁的特点

劳动争议仲裁，作为解决劳动争议的一项最基本的法律制度，被世界各个国家广泛运用。这说明，劳动争议仲裁有着其他制度代替不了的优势和特点。这些特点体现在以下方面。

① 仲裁时效短。争议当事人应当自劳动争议发生之日起一年内申请仲裁。

② 程序简便，先裁后审。劳动争议仲裁不像民事诉讼程序那样复杂，无论是申诉、受理，还是审理、裁决，都相对比较简单，且实行一裁终结制。当事人不服裁决，可以向人民法院提起诉讼，人民法院实行二审终审制度。

③ 裁决具有法律约束力。劳动争议当事人应及时履行仲裁裁决，如果当事人不起诉又不执行仲裁裁决，在仲裁结果生效后，享有权利的当事人可以依法申请人民法院强制执行。裁决的法律约束力还体现在裁决一经生效，非依法定程序，任何人不得变更，否则应承担法律责任。

④ 受理范围限于权利争议。目前我国劳动争议仲裁机构仅受理劳动者和用人单位之间在履行劳动合同过程中所发生的权利争议，不受理集体协商中所产生的利益争议。与一些国家的权利争议由法院审理，利益争议由仲裁裁决的受案范围有很大区别。

⑤ 公正性仲裁。从其本身的含义来说，仲裁是由第三人居中裁判，因此，公正是仲裁的基本特性。劳动争议仲裁也体现出公正性：首先，它是由与劳动争议无利害关系的第三人，即劳动争议仲裁委员会担任仲裁人；其次，为保证第三人公正处理纠纷，规定劳动争议仲裁委员会由来自政府、工会和企业的三方代表组成，三方代表由于具有专业知识和经验，能反映各自利益方的情况，一定程度上保证了争议的公正处理；最后，仲裁程序中的具体制度，如回避制度、合议制度以及仲裁员的聘任制度等，均体现了劳动争议仲裁具有公正性。

（3）劳动争议仲裁的内容

劳动争议仲裁的内容是针对劳动争议当事人有争议的劳动权利和义务，具体来说就是对双方有争议的案件事实和双方在争议中的责任进行确认，这是劳动争议仲裁的核心。当事人申请仲裁，就是请求劳动争议仲裁机构对争议的事实进行调查核实，在事实清楚的情况下，依据法律法规和双方的劳动合同，确定当事人的权利义务，从而解决劳动纠纷。

（4）劳动争议仲裁的方式及裁决的效力

劳动争议仲裁是依法进行的处理劳动争议的活动，是一项法律制度。其方式是根据法律规定的程序，对劳动争议双方争议的事实进行调查和分析判断，并依法对双方的权利义务作出裁决。由于劳动争议仲裁机构的设立、工作程序和裁决的作出必须依据法律，因此，仲裁机构对劳动争议作出的处理决定，包括仲裁调解书和仲裁裁决书均具有法律效力，对劳动争议双方当事人都具有法律约束力。当事人如不服，可以依照法律规定的程序提起诉讼，但对生效的调解书和裁决书必须执行，否则，仲裁机构可以申请人民法院强制执行。

（5）劳动争议仲裁的意义和作用

① 保护劳动争议当事人双方的合法权益。劳动争议仲裁是我国处理劳动争议的一种基本形式和法律制度，其根本目的是通过解决劳动争议，依法维护劳动关系双方的合法权益，从而保证劳动关系在法制的轨道上协调发展。为此，劳动争议仲裁制度规定了较宽的受案范围，在基层普遍设立仲裁机构，以方便当事人申请仲裁；仲裁机构的人员由具有劳动法律知识和实际经验的三方代表组成，保证作出的裁决合法、公正；仲裁机构在对争议事实进行调查核实后，依法对事实予以确认，并对双方的责任进行裁决，谁有理就维护谁，并且所作裁决具有法律约束力，使裁决确定的劳动争议当事人的合法权益能得到法律强制力的保障。

② 及时迅速地解决劳动争议，维护正常的生产经营秩序。在现代社会中，劳动争议时有发生，如久拖不决，劳动关系经常处在矛盾和不稳定的状态，势必造成企业和职工的关系紧张，甚至使矛盾激化，破坏企业正常的生产经营秩序。因此，要求劳动争议需尽快解决。劳动争议仲裁制度正适应了这种要求，突出体现在劳动争议仲裁的处理程序简便、灵活，仲裁期限较短，且实行一次仲裁终结制。这些规定保证了仲裁裁决能在短时间内作出，使劳动争议得以及时解决，迅速恢复正常劳动关系，以维护正常的生产经营秩序，促进经济的发展。

③ 减轻人民法院的负担。我国劳动争议处理实行调解、仲裁、诉讼的处理体制，其中调解并不是解决劳动争议的必经程序，而先经仲裁处理却是提起诉讼的必要条件，即不经仲裁直接起诉的，人民法院不予受理。但法律这样规定，并不影响当事人诉讼权的行使，当事人如对仲裁裁决不服，仍可以向人民法院提起诉讼。由于劳动争议仲裁委员会由较专业的三方代表组成，处理期限短且程序简单，能在短时间内较公正地处理劳动争议，因此，规定劳动争议仲裁为解决劳动争议的必经程序，能使大部分争议解决在仲裁阶段。对仲裁处理有异议的，再向人民法院申请诉讼，有利于减轻当事人和人民法院的负担，减少人力、物力和时间的浪费。

（6）劳动争议仲裁的原则

劳动争议仲裁的原则，是指贯穿于劳动争议仲裁始终，指导劳动争议仲裁机关仲裁工作的基本原则，也是劳动争议仲裁参加人和参与人必须遵守的行为规则。劳动争议仲裁的原则，是对劳动争议仲裁的基本要求，对于引导劳动争议仲裁的发展，指导劳动争议仲裁工作，保证劳动法律的具体实施有重要的意义。

《企业劳动争议处理条例》第4条规定："处理劳动争议，应当遵循下列原则：①着重调解，及时处理；②在查清事实的基础上，依法处理；③当事人在适用法律上一律平等。"这些原则应是劳动争议仲裁的基本原则，劳动争议仲裁机关在仲裁中应遵循这些原则。

由于劳动争议仲裁与其他制度相比有着不同的特点，因此，劳动争议仲裁除了要坚持上述基本原则外，还应遵循其特有的原则，主要包括以下几个方面。

① 三方原则。劳动争议仲裁的三方原则，主要体现在劳动争议仲裁组织的构成中。劳动争议仲裁委员会由来自政府、工会和企业的三方代表组成。由三方代表组成仲裁委员会，由于三方面的代表来自不同的组织，能代表不同方面的利益要求，而且各自又具有劳动关系方面的专业知识，能从不同的角度对劳动争议的处理提出意见。因此，由其组成的劳动争议仲裁委员会在人员组成上保证了其具有公平性，有利于取得当事人的信任，更有利于争议的及时、公正解决。

② 强制原则。根据《劳动法》和《企业劳动争议处理条例》的规定，我国劳动争议的处理，实行选择调解、必经仲裁、最后诉讼的处理体制，其中是否经过调解由当事人自由选择，而仲裁则是解决劳动争议的必经程序，当事人只有经过仲裁，才能向人民法院提起诉讼。可见，我国劳动争议仲裁在处理程序上实行的是强制原则。此外，强制原则还体现在：仲裁的提出无须双方当事人的一致申请，只要有一方当事人的申请，仲裁委员会就可以受理；仲裁庭在调解无效时，依法行使裁决权，径自对劳动争议作出裁决；对发生法律效力的仲裁调解书和裁决书，当事人不履行的，劳动争议仲裁机关可申请人民法院强制执行。

③ 独立仲裁原则。独立仲裁是指劳动争议仲裁机关依法独立对劳动争议案件行使仲裁权，不受其他任何组织和个人的干涉。《劳动争议仲裁委员会组织规则》第 2 条明确规定："仲裁委员会是国家授权，依法独立处理劳动争议案件的专门机构。"劳动争议仲裁机关独立行使仲裁权原则主要包括以下内容：劳动争议仲裁权统一由劳动争议仲裁机构行使；劳动争议仲裁机关行使仲裁权，不受其他组织和个人的干涉。

④ 一次裁决原则。根据《劳动法》和《企业劳动争议处理条例》的规定，我国劳动争议仲裁实行一次裁决制，即当事人向仲裁委员会申请，仲裁委员会在做出仲裁调解书或仲裁裁决书后，仲裁程序即行结束，当事人如不服，不能再向上一级劳动争议仲裁委员会申请仲裁，只能在法定期限内向人民法院起诉，进入司法审理程序。按照我国现行劳动争议处理体制，劳动争议实行一调一裁两审终审制度，经过三种程序、四级或三级处理，调解、仲裁和诉讼有机结合，劳动争议基本能得到有效的解决。

⑤ 不同举证责任原则。举证责任是指在争议处理中当事人提出证据的责任，即承担举证责任的当事人应当举出证据证明自己的主张，否则将承担败诉的法律后果。举证责任的确定与法律关系的性质有直接关系。在民事诉讼中，由于争议双方是平等的民事主体，具有同等的权利和义务，因此适用谁主张谁举证的原则。而在行政诉讼中，争议的标的是行政主体根据国家赋予的行政职权单方作出的具体行政行为，行政主体与公民、法人或其他组织在行政法律关系中的地位不平等，行政主体居于主导和支配地位，而公民、法人或其他组织则处于被动地位，因此举证责任应由掌握证据作出具体行政行为的行政主体，即被告承担。

确定不同的举证责任原则，有利于仲裁机关弄清事实真相，及时处理劳动争议，并且对于防止用人单位滥用管理权，促进其依法管理，保护职工的合法权益有重要的意义。

11.5.2 劳动争议仲裁组织

劳动争议仲裁组织，是国家法律授权处理劳动争议的机构，是劳动争议仲裁的主体。没有劳动争议仲裁组织，劳动争议仲裁就无法进行，因此，劳动争议仲裁组织是劳动争议仲裁的中心内容。劳动争议仲裁组织包括劳动争议仲裁委员会及其办事机构和仲裁庭。

(1) 劳动争议仲裁委员会及其职权

劳动争议仲裁委员会，是国家授权依法设立的独立处理劳动争议案件的专门机构。

根据《企业劳动争议处理条例》第 12 条的规定，县、市、市辖区设立劳动争议仲裁委员会，负责处理本地区的劳动争议案件。省、自治区、直辖市是否设立劳动争议仲裁委员会，由省、自治区、直辖市人民政府根据实际情况决定。

《中华人民共和国劳动争议调解仲裁法》第 17 条规定，劳动争议仲裁委员会按照统筹规划、合理布局和适应实际需要的原则设立。省、自治区人民政府可以决定在市、县设立；直辖市人民政府可以决定在区、县设立。直辖市、设区的市也可以设立一个或者若干个劳动争议仲裁委员会。劳动争议仲裁委员会不按行政区划层层设立。

《中华人民共和国劳动争议调解仲裁法》第18条规定，国务院劳动行政部门依照本法有关规定制定仲裁规则。省、自治区、直辖市人民政府劳动行政部门对本行政区域的劳动争议仲裁工作进行指导。

就法律性质而言，我国的劳动争议仲裁兼有行政性和准司法性。一方面，我国劳动争议仲裁机构属于半官方性质，劳动争议仲裁委员会按“三方原则”组建，但三方机制尚未形成，劳动仲裁实际由劳动行政部门负责。实践中，劳动保障行政部门的代表在仲裁机构组成中居于首席地位，仲裁委员会的办事机构设在劳动保障行政部门，仲裁行为中含有明显的行政色彩，仲裁机构要向劳动与社会保障及政府行政负责，仲裁行为中有诸多行政仲裁的因素。另一方面，劳动争议仲裁委员会也有准司法性，劳动争议仲裁机构不是司法机关的组成部分，劳动争议仲裁是劳动争议进入司法审理的前提和必要程序，劳动争议裁决必须经人民法院才能获得强制执行，不经劳动争议仲裁不能向人民法院起诉。

劳动争议仲裁委员会是劳动争议仲裁的处理机构，其主要职权有：①负责处理本委员会管辖范围内的劳动争议案件；②聘任专职和兼职仲裁员并对仲裁员进行管理；③领导和监督仲裁委员会办事机构和仲裁庭开展工作；④总结并组织交流办案经验；⑤对已经发生法律效力的仲裁裁决执行情况进行监督；⑥指导企业调解委员会的工作；⑦研究本地区劳动争议预防和处理工作，并负责向同级人民政府和上级业务部门报告工作；⑧协调部门之间劳动争议处理合作的关系。

（2）劳动争议仲裁委员会的人员组成

《中华人民共和国劳动争议调解仲裁法》第19条规定，劳动争议仲裁委员会由劳动行政部门代表、工会代表和企业方面代表组成。劳动争议仲裁委员会组成人员应当是单数。

《中华人民共和国劳动争议调解仲裁法》第20条规定，劳动争议仲裁委员会应当设仲裁员名册。仲裁员应当公道正派并符合下列条件之一：（一）曾任审判员的；（二）从事法律研究、教学工作并具有中级以上职称的；（三）具有法律知识、从事人力资源管理或者工会等专业工作满五年的；（四）律师执业满三年的。

仲裁委员会主任由劳动行政部门的负责人担任，副主任由仲裁委员会协商产生。至于三方中每一方代表的具体人数，由三方协商确定。仲裁委员会的组成不符合规定的，由同级政府予以调整，其委员会成员的确认或更换，须报同级政府批准。

（3）劳动争议仲裁委员会的办事机构的设立及职责

劳动争议仲裁委员会的办事机构设在劳动行政部门的劳动争议处理机构。据此，各级劳动行政部门的劳动争议处理机构担负两种职能，既承担劳动行政机关的行政职能，又行使劳动仲裁职能。之所以如此确定，是由于劳动行政部门是劳动争议仲裁委员会中代表政府的一方，在劳动仲裁中担负重要职责，其本身从事劳动行政管理，熟悉劳动法律、法规和劳动政策，其工作性质和范围正好与仲裁委员会办事机构的工作相吻合，因而可以避免机构重叠、重复劳动，有利于提高工作效率。

《中华人民共和国劳动争议调解仲裁法》第19条规定，劳动争议仲裁委员会依法履行下列职责：（一）聘任、解聘专职或者兼职仲裁员；（二）受理劳动争议案件；（三）讨论重大或者疑难的劳动争议案件；（四）对仲裁活动进行监督。劳动争议仲裁委员会下设办事机构，负责办理劳动争议仲裁委员会的日常工作。

劳动争议仲裁委员会的办事机构是仲裁委员会领导下负责处理劳动争议日常事务工作的机构。地方各级劳动行政主管部门的劳动争议处理机构（仲裁处、仲裁科或仲裁委员会办公室）为仲裁委员会的办事机构。仲裁委员会办事机构的主要职责是：①根据仲裁委员会的决定和授权组织仲裁活动，承办劳动争议处理的日常工作；②宣传劳动法律、法规和政策，负责培训和管理仲裁员，进行劳动仲裁咨询服务；③负责管理仲裁委员会文书、档案、印鉴等工作；④向仲裁委员会和劳动保障行政部门汇报、请示工作；⑤办理仲裁委员会授权或交办的其他事项。

（4）仲裁委员会工作人员的主要职责

劳动争议仲裁委员会办事机构的人员即为仲裁工作人员。仲裁工作人员在日常工作中的主要职责是：①接待传动争议当事人的来访和接受当事人的仲裁申请；②对经审查决定受理的劳动争议案件进行日常处理；③拟订劳动争议处理方案，提出处理意见；④承担劳动争议仲裁委员会会议的准备工作；⑤负责仲裁文书的制作、送达和归档工作；⑥承办劳动争议仲裁委员会和本部门委派的其他工作。

（5）劳动争议仲裁员及其职责

我国劳动争议仲裁实行仲裁员、仲裁庭制度，而仲裁庭是由仲裁员组成的，因此，劳动争议仲裁员是劳动仲裁的最基本主体和实际施行者，在仲裁中处于至关重要的地位。劳动争议仲裁员分为专职仲裁员和兼职仲裁员两类，他们是由劳动争议仲裁委员会从符合仲裁员资格条件的人员中，通过规定程序予以聘任，专门从事劳动争议仲裁工作的人员。

劳动争议仲裁员具有以下职责：

① 接受仲裁委员会办事机构交办的劳动争议案件，参加仲裁庭；

② 进行调查取证，有权向当事人及有关单位、人员进行调阅文件、档案，询问证人、现场勘察、技术鉴定等与争议事实有关的调查；

③ 根据国家的有关法律、法规、规章及政策提出处理方案；

④ 对争议当事人双方进行调解工作，促使当事人达成和解协议；

⑤ 审查申诉人的撤诉请求；

⑥ 参加仲裁庭合议，对案件提出裁决意见；

⑦ 案件处理终结时，填报《结案审批表》；

⑧ 及时做好调解、仲裁文书工作及案卷的整理归档工作；

⑨ 宣传劳动法律、法规、规章、政策；

⑩ 对案件涉及的秘密和个人隐私应当保密。

（6）仲裁庭开庭审理案件的程序

仲裁庭开庭审理劳动争议案件，可根据案情选择以下程序进行：

①由书记员查明双方当事人、代理人及有关人员是否到庭，宣布仲裁庭纪律；②首席仲裁员宣布开庭，宣布仲裁员、书记员名单，告知当事人的申诉、申辩权利和义务，询问当事人是否申请回避并宣布案由；③听取申诉人的申诉和被诉人的答辩；④仲裁员以询问方式，对需要进一步了解的问题进行当庭调查，并征询双方当事人的最后意见；⑤根据当事人的意见，当庭再行调解；⑥不宜进行调解或调解达不成协议时作出裁决；⑦仲裁庭复庭，宣布仲裁裁决；⑧对仲裁庭难以作结论或需提交仲裁委员会决定的疑难案件，仲裁庭宣布延期

裁决。

(7) 劳动争议仲裁参加人

劳动争议仲裁参加人，是指与仲裁结果有利害关系，以仲裁主体身份参加仲裁，并依法享有仲裁权利，承担仲裁义务的单位或个人。仲裁参加人包括仲裁当事人和地位类似于当事人的代理人。当事人包括申诉人、被申诉人和第三人。当事人与劳动争议有直接的利害关系，是劳动争议仲裁中最核心的参加人员。代理人包括法定代理人、指定代理人和委托代理人，虽然代理人与争议没有直接的利害关系，但其参加仲裁是为了被代理当事人的利益，因此具有类似于当事人的地位。

在劳动争议仲裁中，除仲裁参加人外，还有证人、鉴定人、翻译人和勘验人等的参与。他们参与仲裁的目的是协助仲裁庭查明案件事实，或为当事人提供帮助，与案件本身没有利害关系，也不享有和承担与仲裁参加人相同的权利和义务。他们与仲裁参加人一起构成仲裁参与人。

(8) 劳动争议仲裁当事人在仲裁活动中的权利和义务

在劳动争议仲裁活动中，当事人既享有一定的权利，又承担一定的义务。权利和义务互为条件，相辅相成。

劳动争议仲裁当事人的权利。根据劳动争议处理有关法律、法规的规定，当事人在仲裁活动中享有以下权利。①当事人有向劳动争议仲裁委员会提出仲裁申请的权利，申诉人有放弃、变更和撤销仲裁请求的权利；被申诉人有承认、反驳以及提起反诉的权利。②当事人在仲裁进行过程中有请求调解和自行和解的权利。③当事人任何一方对劳动争议仲裁委员会的裁决不服时，有向人民法院提起诉讼的权利。④当事人有权委托代理人参加仲裁。⑤当事人有申请办案人员回避的权利。⑥当事人有收集和提供证据，参加仲裁庭辩论的权利。⑦当事人有查阅、复制与争议案件有关的材料及法律文件的权利，有使用本民族语言文字的权利。⑧对已经发生法律效力的仲裁调解书或仲裁裁决书，如果一方当事人不履行，另一方当事人有向人民法院申请强制执行的权利。

劳动争议仲裁当事人的义务。劳动争议仲裁当事人在仲裁活动中享有权利的同时，亦应承担下述义务：①在仲裁活动中尊重其他当事人的仲裁权利；②按时参加仲裁活动，遵守仲裁活动中的纪律和程序；③当事人有举证、陈述案情的义务；④自觉缴纳仲裁费；⑤有履行已发生法律效力的仲裁调解书和裁决书的义务等。

11.5.3 劳动争议仲裁的申请

(1) 劳动争议仲裁申请的含义

劳动争议仲裁申请，也叫劳动争议仲裁申诉，是指劳动关系的一方当事人（职工或用人单位）与另一方当事人之间发生劳动争议后，依法请求劳动争议仲裁委员会进行处理的行为。当事人申请是劳动争议仲裁的先决条件，也是首要的和必经的程序。没有当事人的申请或者说当事人不申请，仲裁委员会便不会进入仲裁程序，也不会产生仲裁活动。劳动争议发生后，当事人之间不愿自行协商解决或者协商不成，又不愿申请企业调解委员会调解或经企业调解委员会调解不成的，均可在法定的仲裁申诉时效期间，向有管辖权的劳动争议仲裁委员会提出申诉，请求仲裁委员会解决劳动争议。

(2) 劳动争议仲裁申请的特征

第一，申请仲裁的主体必须是具有劳动关系，并发生劳动争议的职工和用人单位；职工和用人单位委托代理人经授权后可代为提出仲裁申请；第二，劳动争议双方都享有仲裁申请的法定权利，并对此权利拥有完全的处分权利；第三，申请引起仲裁程序的发生，其根本目的是申诉人保护自己的合法权益；第四，申请是一种法律请求，申诉人提出申请必须依法进行，仲裁机构必须对申请依法作出受理或不受理的决定。

《劳动人事争议仲裁办案规则》第33条规定，仲裁委员会在申请人申请仲裁时，可以引导当事人通过协商、调解等方式解决争议，给予必要的法律释明及风险提示。

我国最新颁布的《中华人民共和国劳动争议调解仲裁法》第53条规定，劳动争议仲裁不收费。劳动争议仲裁委员会的经费由财政予以保障。

(3) 劳动争议仲裁申请的条件

当事人申请劳动争议仲裁，必须符合法定的条件。根据《企业劳动争议处理条例》的规定，当事人向劳动争议仲裁委员会申请仲裁，必须具备下列条件。

① 申请仲裁的案件必须是劳动争议案件，而且要符合劳动争议仲裁委员会的受案范围。凡不属于劳动争议，或从广义上讲虽属于劳动争议但不符合劳动争议仲裁委员会受案范围的，不能申请劳动争议仲裁。

② 提出仲裁申请的，必须是该劳动争议的当事人。即劳动争议必须由发生争议的劳动者或用人单位提出申请。

③ 申请仲裁的劳动争议必须有明确的被申诉人和争议事实，有请求仲裁的具体要求和理由。

④ 必须在法定申诉时效期间向仲裁委员会提交书面申请书，并按照被申诉人数提交副本。如申请的劳动争议属集体劳动争议，当事人应推举代表参加仲裁，申请仲裁时应提交全体争议当事人签名的授权委托书。

(4) 劳动争议仲裁申请的形式

仲裁申诉书是劳动争议当事人向仲裁机构申请解决劳动争议的书面凭证，是劳动争议仲裁委员会受理并处理劳动争议案件的依据。按照《企业劳动争议处理条例》的规定，仲裁申诉书应当载明下列事项：①申诉人姓名、职业、住址和工作单位；被诉人名称、地址，如被诉人是用人单位，应写明法定代表人姓名、职务；②仲裁请求及所依据的事实和理由；③证据、证人的姓名和住址；④申诉人本人署名或盖章，申诉日期。

根据《中华人民共和国劳动争议调解仲裁法》第28条和《劳动人事争议仲裁办案规则》第29条的规定，申请人申请仲裁应当提交书面仲裁申请，并按照被申请人人数提交副本。仲裁申请书应当载明下列事项：（一）劳动者的姓名、性别、年龄、职业、工作单位、住所、通讯地址和联系电话，用人单位的名称、住所、通讯地址、联系电话和法定代表人或者主要负责人的姓名、职务；（二）仲裁请求和所根据的事实、理由；（三）证据和证据来源，证人姓名和住所。书写仲裁申请确有困难的，可以口头申请，由仲裁委员会记入笔录，经申请人签名或者盖章确认。申请人的书面仲裁申请材料齐备的，仲裁委员会应当出具收件回执。对于仲裁申请书不规范或者材料不齐备的，仲裁委员会应当当场或者在五日内一并告知申请人需要补正的全部材料。申请人按要求补正全部材料的，仲裁委员会应当出具收件回执。

劳动争议仲裁申请书范本如下。

劳动争议仲裁申请书

案由：工伤待遇争议

申请人：×××。性别：男。年龄：26。工作单位：××药业集团公司。用工性质：聘任制。住址：北京市××区××路。电话：×××××××××。邮编：100000

被申请人：××药业集团公司。法定代表人：×××。性别：男。年龄：26。职务：总经理。地址：北京市tt区tt路。电话：×××××××××。邮编：100001

劳动仲裁请求事项：

1. 请求裁决先予执行被申请人支付申请人医疗费4 962.1元；

2. 请求裁决先予执行被申请人支付申请人扣发的工资（5 899.83元）及其25%的补偿金共7 374.78元；

3. 请求裁决被申请人支付申请人一次性伤残补助金6 031元；

4. 请求裁决被申请人支付申请人护理费1 400元；

5. 请求裁决被申请人支付申请人交通费2 272元；

6. 请求裁决被申请人承担申请人申请仲裁的一切费用包括误工费、交通费；

7. 请求裁决被申请人承担全部仲裁费用。

事实与理由：

申诉人于2003年1月10日参加被申请人组织的篮球赛致膝关节严重受伤。2003年8月1日至14日在北医三院住院治疗，2003年11月22日由tt区劳动和社会保障局认定为工伤，2003年12月29日经tt区劳动鉴定委员会鉴定为伤残六级。由于被申请人未能及时为申请人申报工伤，致使申请人在工伤认定前被迫自费承担了医疗费4 962.1元（见医疗保险手册及有关的医药****）。《工伤保险条例》第十七条明确规定，“用人单位未在本条第一款规定的时限内提交工伤认定申请，在此期间发生符合本条例规定的工伤待遇等有关费用由该用人单位负担。”申请人工伤治疗期间，被申请人于2003年3月扣发了申请人工资564.42元（税后）、2003年8—11月扣发了申请人工资5 335.41元，合计5 899.83元（见本人的工资存折本）。在劳动保障部门作出工伤认定结论后，被申请人迟迟不予补发，拖欠申请人工资至今。根据《××市工资支付规定》的有关规定，被申请人应当向申诉人支付所欠工资25%的补偿金。根据《工伤保险条例》第三十四条的规定，“职工因工致残被鉴定为五级、六级伤残的，享受以下待遇：从工伤保险基金按伤残等级支付一次性伤残补助金，标准为：五级伤残为16个月的本人工资，六级伤残为14个月的本人工资。”按照《工伤保险条例》第六十一条的规定，申请人受伤前的平均工资为3 907，本人应该获得的一次性伤残补助金为56 977元。由于被申诉人未给申请人足额缴纳工伤保险费，致使申诉人仅获得一次性伤残补助金50 946元，相差6 031元。根据《××市实施〈工伤保险条例〉办法》第十三条规定：“用人单位少报职工工资，未足额缴纳工伤保险费，造成工伤职工享受的工伤保险待遇降低的，差额部分由用人单位补足。用人单位足额缴纳工伤保险费后，重新核定工伤保险待遇。重新核定前工伤保险待遇的差额，工伤保险基金不予补支。”因此，被申请人还应支付申请人一次性伤残补助金6 031元。

申请人在2003年8月6日住院治疗治疗手术后的两个多月的时间内，生活不能自理，需要生活护理（见邻居肖某的书面证实）。其中，从8月6日至9月中旬的一个多月时间内，生活大部分不能自理（翻身、大小便、穿衣及洗漱、自我移动方面均需要护理）；从9月中旬到10月中旬生活部分不能自理（穿衣、自我移动方面需要护理）。《工伤保险条例》第三十一条规定："生活不能自理的工伤职工在停工留薪期需要护理的，由所在单位负责。"《工伤保险条例》第三十二条规定："生活护理费按照生活完全不能自理、生活大部分不能自理或者生活部分不能自理3个不同等级支付，其标准分别为统筹地区上年度职工月平均工资的50%、40%或者30%。"北京市2003年度职工月平均工资为24 045元/12个月=2 003.75元。因此，被申请人须向申诉人支付护理费1 400元。

申请人治疗工伤期间共花费交通费2 272元（见相关车票），应由被申诉人承担。

由于被申请人未能依照有关规定落实申诉人的工伤保险待遇，给申请人带来极大的伤害。为维护申请人的正当权益，特向劳动仲裁委员会提出申诉，请求支持申请人的请求！

此致

北京市tt区劳动争议仲裁委员会

申请人（签名）：

200×年3月23日

附件：

1. 申请书副本1份；
2. 身份证复印件一份；
3. 劳动合同一份；
4. 医疗证实材料及相关医药****；
5. 正常上班的工资条与受伤治疗期间的工资条；
6. 单位实发的伤残补助金财务凭证；
7. 交通费****；
8. 工伤认定书一份；
9. 工伤伤残鉴定书复印件；
10. 邻居肖某的证言。

资料来源：http://bj.9ask.cn/hetongjiufen/chulitujing/200909/233153.html。

(5) 劳动争议发生后当事人向仲裁委员会申请仲裁的有效期限

这个问题涉及劳动争议的仲裁申诉时效。所谓仲裁申诉时效，是指劳动关系当事人在其劳动权利受到侵害后，向仲裁机关申请仲裁，请求依法保护其合法权益的法定有效期限，它是仲裁申诉在时间上的效力。当事人在法定仲裁申诉时效内不行使自己的请求权，超过仲裁申诉时效，再向仲裁机构申诉时，仲裁机构不再给予保护。

《中华人民共和国劳动争议调解仲裁法》第27条规定，劳动争议申请仲裁的时效期间为一年。仲裁时效期间从当事人知道或者应当知道其权利被侵害之日起计算。前款规定的仲裁时效，因当事人一方向对方当事人主张权利，或者向有关部门请求权利救济，或者对方当事人同意履行义务而中断。从中断时起，仲裁时效期间重新计算。因不可抗力或者有其他正当理由，当事人不能在本条第一款规定的仲裁时效期间申请仲裁的，仲裁时效中止。从中止时效的原因消除之日起，仲裁时效期间继续计算。劳动关系存续期间因拖欠劳动报酬发生争议的，劳动者申请仲裁不受本条第一款规定的仲裁时效期间的限制；但是，劳动关系终止的，应当自劳动关系终止之日起一年内提出。

《劳动人事争议仲裁办案规则》第23条规定，仲裁期间包括法定期间和仲裁委员会指定期间。仲裁委员会送达仲裁文书必须有送达回执，由受送达人在送达回执上记明收到日期、签名或盖章。受送达人在送达回执上的签收日期为送达日期。仲裁期间的计算和仲裁文书的送达方式，仲裁委员会可以参照民事诉讼关于期间的计算和送达方式的有关规定执行。

11.5.4 劳动争议仲裁申请的受理

(1) 仲裁委员会受理劳动争议案件的工作程序

仲裁委员会的办事机构接到劳动争议当事人的仲裁申诉书后，即进入了案件受理程序。仲裁委员会受理劳动争议案件包括以下三项具体工作程序。

① 收案。收案是指仲裁委员会办事机构工作人员处理案件申请的活动。主要是对当事人的申诉书进行审查，看当事人所申请的案件是否属于劳动争议，是否属于该仲裁委员会的管辖范围，申诉人是否具有申请仲裁的资格，即与本案有无直接的利害关系，申诉人的申请是否在法定申诉时效期间，如有委托代理人，授权委托书是否符合要求等。对于当事人的申请，应在收到申诉书5日内决定是否受理。

《中华人民共和国劳动争议调解仲裁法》第29条规定，劳动争议仲裁委员会收到仲裁申请之日起五日内，认为符合受理条件的，应当受理，并通知申请人；认为不符合受理条件的，应当书面通知申请人不予受理，并说明理由。对劳动争议仲裁委员会不予受理或者逾期未作出决定的，申请人可以就该劳动争议事项向人民法院提起诉讼。

② 审查。仲裁委员会办事机构对于决定受理的劳动争议案件，要作进一步的审查。审查的内容主要是申诉方是否具有权利能力和行为能力，申诉书及有关材料是否齐备并符合要求。经审查，申诉人的申诉材料不齐备或有关材料不明确的，应指导申诉人补齐，主要证据不齐备的，也应要求申诉人补齐。

③ 立案。仲裁委员会办事机构对于决定受理的劳动争议案件，经审查后应填写《立案申批表》，连同申请书、有关证据材料一同报仲裁委员会办事机构负责人审批。

根据《中华人民共和国劳动争议调解仲裁法》第30条和《劳动人事争议仲裁办案规则》第34条的规定，劳动争议仲裁委员会受理仲裁申请后，应当在五日内将仲裁申请书副本送达被申请人。被申请人收到仲裁申请书副本后，应当在十日内向劳动争议仲裁委员会提交答辩书。劳动争议仲裁委员会收到答辩书后，应当在五日内将答辩书副本送达申请人。被申请人未提交答辩书的，不影响仲裁程序的进行。

(2) 受理的管辖

仲裁申请必须由有管辖权的仲裁委员会受理，对该劳动争议没有管辖权的则无权受理，这是受理和处理争议最基本的原则。根据《企业劳动争议处理条例》的规定，我国劳动争议仲裁委员会管辖劳动争议实行以地域管辖为主、以级别管辖为辅的原则。

劳动争议仲裁案件的管辖，是指劳动争议仲裁机构之间处理劳动争议案件在权限范围上的分工。它向劳动争议当事人表明，劳动争议发生后，应当向哪一级或哪一个仲裁委员会申请仲裁。它也向劳动争议仲裁机构表明，对于当事人申请仲裁的劳动争议案件，是否应当由自己处理。劳动争议仲裁案件管辖制度为各级和各个仲裁委员会行使仲裁权界定空间范围。确定劳动争议仲裁案件管辖的一般原则是，既便于劳动争议当事人行使申诉权、应诉权，也便于劳动争议仲裁机构行使仲裁权。我国劳动争议仲裁案件的管辖，依仲裁委员会受理劳动争议案件权限的不同类别划分为地域管辖、级别管辖、移送管辖、指定管辖。

所谓地域管辖，是指依据劳动争议仲裁委员会所在的行政区域，从横向上划分并确定劳动争议仲裁案件受理权限的一种方式。它包括三个方面的情况。一是一般地域管辖。指劳动争议仲裁案件由其发生地的劳动争议仲裁委员会负责处理。按照《企业劳动争议处理条例》的规定，县、市、市辖区设立劳动争议仲裁委员会，并负责处理本行政区域内发生的劳动争议案件，设区的市、市辖区仲裁委员会受理劳动争议案件的范围由省、自治区人民政府规定。一般情况下，劳动争议仲裁案件的处理遵循地域管辖原则，即劳动者与用人单位建立劳动关系的所在县（市）、市辖区为劳动争议仲裁案件的管辖地。劳动争议发生后，当事人应向所在地的这一级劳动争议仲裁委员会申请处理。二是特殊地域管辖。指某种劳动争议案件依其特定标的由某地劳动争议仲裁委员会管辖。三是专属管辖。指法定的某国家机关经立法授权，依法确定某种劳动争议案件专属某地劳动争议仲裁委员会管辖。《劳动部关于涉外劳动争议管辖权问题的复函》（劳部发〔1994〕42号）规定，我国公民与国（境）外企业签订的劳动（工作）合同，如果劳动（工作）合同的履行地在我国领域内，因履行劳动（工作）合同发生劳动争议，可按照《企业劳动争议处理条例》第2条第4款的规定，由劳动（工作）合同履行地的劳动争议仲裁委员会受理。

级别管辖，是指依照设立劳动争议仲裁委员会的地区的行政级别来确定仲裁案件的管辖权。主要根据发生的劳动争议案件的性质、影响范围和案件本身的繁简难易程度来确定。比如，省级劳动争议仲裁委员会和设区的市一级劳动争议仲裁委员会，负责处理本行政区域内有重大影响的劳动争议案件和外商投资企业发生的劳动争议案件。级别管辖权的确定，一般由某一行政区根据该区域劳动争议案件发生的情况及本行政区域内各级仲裁委员会的情况来划分。

移送管辖，是指劳动争议仲裁机构将已受理的自己无权管辖或不便管辖的劳动争议案件，依法移送另一有管辖权或便于审理此案的劳动争议仲裁机构处理。《企业劳动争议处理条例》规定，仲裁委员会发现受理的案件不属于本会管辖时，应当移送有管辖权的仲裁委员会。县级劳动争议仲裁委员会受理的集体劳动争议案件，如认为有必要，可报请市（地、州、盟）仲裁委员会处理。在实践中，下级仲裁委员会也可以将疑难案件移送有管辖权的上级仲裁委员会处理。受移送的仲裁委员会对接受的劳动争议移送案件不得自行再移送。如果认为自己对已接受的移送案件确无管辖权时，可以报告劳动行政部门决定管辖权。

指定管辖，是指上级劳动行政部门决定下级两个或两个以上劳动争议仲裁委员会的其中之一，对某一劳动争议案件实施处理权。指定管辖通常发生在由于辖区不明或其他原因导致两个劳动争议仲裁委员会，对同一劳动争议案件的管辖发生争议，双方协商不成时采取的一种解决方式。遇到这种情况时，既可以由两个发生管辖争议的仲裁委员会申请，由上级劳动行政部门决定，也可以直接由上级劳动行政部门决定。另外，如果因某种原因造成有管辖权的劳动争议仲裁委员会暂时无法处理劳动争议案件时，可以由上级劳动行政部门指定某一劳动争议仲裁委员会受理案件。

《劳动人事争议仲裁办案规则》第13条规定，仲裁委员会发现已受理案件不属于其管辖范围的，应当移送至有管辖权的仲裁委员会，并书面通知当事人。对上述移送案件，受移送的仲裁委员会应依法受理。受移送的仲裁委员会认为受移送的案件依照规定不属于本仲裁委员会管辖，或仲裁委员会之间因管辖争议协商不成的，应当报请共同的上一级仲裁委员会主管部门指定管辖。《劳动人事争议仲裁办案规则》第14条指出，当事人提出管辖异议的，应当在答辩期满前书面提出。当事人逾期提出的，不影响仲裁程序的进行，当事人因此对仲裁裁决不服的，可以依法向人民法院起诉或者申请撤销。

(3) 对仲裁申请的审查

仲裁委员会的办事机构负责劳动争议案件受理的日常工作。审查仲裁申请具体由办事机构工作人员进行，审查主要从程序上进行。审查的主要内容包括以下几方面：①申诉人是否与本案有直接利害关系；②申请仲裁的争议是否属于劳动争议；③申请仲裁的劳动争议是否属于仲裁委员会的受理范围；④该劳动争议是否属于本仲裁委员会管辖；⑤申请书及有关材料是否齐备并符合要求；⑥申诉时间是否符合申请仲裁的时效规定。

(4) 审查后的处理

① 对于确认符合以上受理条件的申请，办事机构工作人员应填写《立案审批表》，及时报仲裁委员会或其办事机构负责人审批。仲裁委员会或办事机构负责人应当自收到申诉书之日起五日内作出是否受理的决定。决定受理的，应当自作出决定之日起五日内向申诉人发出书面通知，并将申诉书的副本送达被诉人。决定不予受理的，应当自作出决定之日起五日内制作不予受理通知书，说明不予受理的理由，送达申诉人。

② 对申诉材料不齐备的或有关情况不明确的仲裁申请应告知并指导申诉人予以补充。

11.5.5 仲裁前的准备工作

仲裁前的准备是指仲裁委员会及组成的办案组织在受理劳动争议案件后至开庭审理前，为保证开庭审理的顺利进行所作的一系列准备工作。根据《企业劳动争议处理条例》的规定，仲裁前的准备工作主要包括以下内容。

(1) 通知被诉人参加仲裁和发送仲裁文书

仲裁委员会应在决定受理之日起五日内将申诉书的副本送达被诉人，通知其参加仲裁。被诉人应当自收到申诉书副本之日起十日内提交答辩书和有关证据。被申诉人没有按时提交或不提交答辩书的，不影响案件的审理。

(2) 组成仲裁庭

仲裁委员会处理劳动争议案件实行一案一庭制，组成仲裁庭进行审理是劳动争议仲裁的基本形式。根据有关规定，仲裁委员会应当自决定受理之日起五日内按《劳动争议仲裁委员会组织规则》的规定组成仲裁庭。

(3) 决定仲裁庭组成人员是否回避

为保证仲裁的公正性，防止仲裁中徇私舞弊、枉法仲裁的现象发生，保护当事人的合法权益，我国仲裁立法规定在仲裁中实行回避制度。

根据《劳动人事争议仲裁办案规则》第15条的规定，当事人提出回避申请，应当说明理由，在案件开始审理时提出；回避事由在案件开始审理后知道的，也可以在庭审辩论终结前提出；当事人在庭审辩论终结后提出的，不影响仲裁程序的进行，当事人因此对仲裁裁决不服的，可以依法向人民法院起诉或者申请撤销。被申请回避的人员在仲裁委员会作出是否回避的决定前，应当暂停参与本案的处理，但因案件需要采取紧急措施的除外。

《劳动人事争议仲裁办案规则》第 16 条规定，仲裁员是否回避，由仲裁委员会主任或其授权的办事机构负责人决定。仲裁委员会主任担任案件仲裁员是否回避，由仲裁委员会决定。

（4）认真审阅材料，提出调查提纲

在组成仲裁庭后，仲裁员应当认真审阅申诉人和被申诉人提交的申诉书和答辩书，以及双方提供的有关证据，对案情作初步的了解，在此基础上，对还需要进一步了解的情况问题拟定一个调查提纲，以便进行下一步的工作。

（5）调查取位，拟订处理方案

调查取证就是仲裁员根据已拟定的调查提纲，向有关人员了解争议的情况，收集证据，以查明争议事实。调查取证是正确处理劳动争议的关键，只有查明争议事实，才能正确适用法律法规，才能分清责任，保护当事人的合法权益。

（6）准备开庭

上述工作完成后，仲裁员或仲裁庭即应决定开庭的时间、地点，并将其在开庭四日前通知当事人及其他仲裁参与人，以保证当事人及其他参与人按时到庭。

11.5.6 仲裁调解程序

劳动争议的仲裁调解，是指争议双方当事人在仲裁员的主持下，通过自愿协商，互谅互让达成一致协议，从而解决劳动争议。以调解的方式解决劳动争议有积极的意义，《劳动法》、《企业劳动争议处理条例》以及《劳动人事争议仲裁办案规则》等一系列法律法规和规章都对调解处理劳动争议做了规定。

（1）仲裁调解的原则

《企业劳动争议处理条例》第 28 条规定：“仲裁庭处理劳动争议应当先行调解，在查明事实的基础上促使当事人双方自愿达成协议，协议内容不得违反法律、法规。”从中可以看到，仲裁调解必须依据下列原则进行：①先行调解原则；②双方当事人自愿原则；③调解必须在查明事实、分清责任的基础上进行；④调解协议必须合法原则。

（2）仲裁调解的步骤

① 调解准备。这一阶段仲裁庭或仲裁员应做好两项工作：一是查明事实，分清当事人的是非曲直；二是了解双方当事人是否愿意接受调解，如果一方愿意，另一方不同意，则不能强行调解。

② 主持调解。调解在仲裁员或仲裁庭的主持下进行，由仲裁员在查明事实和分清责任的基础上对双方当事人进行说服教育工作，促使当事人自愿达成一致。当事人可提出调解方案，可进行辩论，仲裁员也可以提出调解意见供双方参考。对职工一方人数在 30 人以上的集体劳动争议，仲裁庭可以促使职工代表与企业代表召开协商会议。

③ 结束调解。调解工作结束后会出现两种情况：一是调解经双方自愿协商达成一致协议；二是调解未达成协议，或虽达成协议，但调解书送达前当事人反悔的，以及当事人拒绝

接收调解书的，均为调解不成。仲裁庭应及时裁决。

④ 制作调解书。经调解达成协议的，仲裁庭或仲裁员应当根据协议的内容制作调解书，调解书可参考裁决书的格式制作。调解书由双方当事人签字、仲裁员署名、加盖仲裁委员会印章并送达当事人。

(3) 调解书的法律效力

《企业劳动争议处理条例》第28条规定："调解达成协议的，仲裁庭应当根据协议内容制作调解书。调解书自送达之日起具有法律效力。"调解书的法律效力体现在，调解书一经送达，当事人及仲裁委员会即结束仲裁，当事人不得以同一事实和理由要求仲裁委员会裁决，也不得就调解书的内容向人民法院起诉；调解书中确定的权利与义务对当事人具有约束力，当事人必须履行，一方逾期不履行的，另一方可向人民法院申请强制执行。

劳动争议仲裁委员会仲裁调解书

劳仲案字（　）第　号

申请人：
委托代理人：
被申请人：
委托代理人：
申诉事由及请求的情况：
调解达成协议的内容：

申诉人：
被申请人：
仲裁员：(签名)

劳动争议仲裁委员会（盖章）
年　月　日

附：1. 本调解协议书一式三份，由双方当事人及劳动争议仲裁委员会各存一份。
2. 本调解协议书自送达签收之日起具有法律效力。

填写说明

(1) 本协议书样式根据《中华人民共和国劳动争议调解仲裁法》有关规定而制作，属拟制式仲裁文书。样本中所列项目只为启发思路所用，印制实用文书时均可删除，只印文头。调解达成协议的，根据协议内容制作仲裁调解书。协议内容不得违反法律、法规。

(2) 仲裁调解书由双方当事人签字、仲裁员签名、加盖劳动争议仲裁委员会印章，送达当事人。

(3) 仲裁调解书可根据具体情况，参考仲裁裁决书的格式书写。一般应有以下内容：

① 申请人和被申请人的姓名、性别、年龄、民族、职业、工作单位和住址，单位名称、地址及其法定代表人（或主要负责人）或委托代理人的姓名、职务；

② 申诉的请求事项、事实和理由，答辩的理由、事实；

③ 仲裁庭查实的事实，分清责任及适用的法律、法规；

④ 双方达成的协议（应明确、具体、便于履行）。

11.5.7 仲裁开庭审理程序

开庭审理是指在当事人和其他参与人的参加下，仲裁庭或仲裁员依照法律规定的程序在庭上对案件进行全面审查，并作出裁决的活动。开庭审理是整个仲裁活动的重心。开庭审理应依照以下程序进行。

(1) 开庭的准备

根据《中华人民共和国劳动争议调解仲裁法》第35条、第36条的规定和《劳动人事争议仲裁办案规则》第36条、第37条、第38条的规定，仲裁委员会应当在受理仲裁申请之日起五日内组成仲裁庭并将仲裁庭的组成情况书面通知当事人。仲裁庭应当在开庭五日前，将开庭日期、地点书面通知双方当事人。当事人有正当理由的，可以在开庭三日前请求延期开庭。是否延期，由劳动争议仲裁委员会决定。申请人收到书面通知，无正当理由拒不到庭或者未经仲裁庭同意中途退庭的，可以视为撤回仲裁申请。被申请人收到书面通知，无正当理由拒不到庭或者未经仲裁庭同意中途退庭的，可以缺席裁决。

正式开庭前，由书记员查明双方当事人、代理人及有关人员是否到庭，并宣布法庭纪律。

(2) 宣布开庭

开庭审理时，由首席仲裁员宣布开庭，然后依次核对当事人，宣布案由，宣布仲裁员、书记员名单，告知当事人有关仲裁的权利义务，询问当事人是否申请回避。

根据《劳动人事争议仲裁办案规则》第39条的规定，开庭审理时，仲裁员应当听取申请人的陈述和被申请人的答辩，主持庭审调查、质证和辩论、征询当事人最后意见，并进行调解。

《中华人民共和国劳动争议调解仲裁法》第41条和《劳动人事争议仲裁办案规则》第42条的规定，当事人申请劳动争议仲裁后，可以自行和解。达成和解协议的，可以撤回仲裁申请，也可以请求仲裁庭根据和解协议制作调解书。

根据《中华人民共和国劳动争议调解仲裁法》第40条和《劳动人事争议仲裁办案规则》第40条的规定，仲裁庭应当将开庭情况记入笔录。当事人或者其他仲裁参加人认为对自己陈述的记录有遗漏或者差错的，有权申请补正。仲裁庭认为申请无理由或者无必要的，可以不予补正，但是应当记录该申请。仲裁员、记录人员、当事人和其他仲裁参加人应当在庭审笔录上签名或者盖章。当事人或者其他仲裁参加人拒绝在庭审笔录上签名或者盖章的，仲裁庭应记明情况附卷。

(3) 听取当事人的申诉与答辩

仲裁庭开庭后，在仲裁员的主持下，首先由申诉人及其代理人进行申诉发言，然后由被申诉人及其代理人进行答辩。

《中华人民共和国劳动争议调解仲裁法》第38条规定，当事人在仲裁过程中有权进行质证和辩论。质证和辩论终结时，首席仲裁员或者独任仲裁员应当征询当事人的最后意见。

《劳动人事争议仲裁办案规则》第35条规定，被申请人可以在答辩期间提出反申请，仲裁委员会应当自收到被申请人反申请之日起五日内决定是否受理并通知被申请人。决定受理的，仲裁委员会可以将反申请和申请合并处理。该反申请如果是应当另行申请仲裁的争议，仲裁委员会应当书面告知被申请人另行申请仲裁；该反申请如果是不属于本规则规定应当受理的争议，仲裁委员会应当向被申请人出具不予受理通知书。被申请人在答辩期满后对申请人提出反申请的，应当另行提出，另案处理。

（4）仲裁庭调查

仲裁庭调查的任务是全面查清案件事实，审核各种证据，为正确认定事实和适用法律奠定基础。仲裁庭调查依下述顺序进行。

① 询问当事人。仲裁庭依照申诉人、被申诉人、第三人及其各自代理人的顺序进行询问，分别听取他们的陈述。

② 证人作证或宣读证言。对证人出庭作证的，告知证人的权利义务；对证人未到庭作证的，宣读其证言。

③ 出示书证、物证和视听资料。

④ 宣读鉴定结论和勘验笔录。

⑤ 对以上出示和宣读的证据，仲裁员进一步询问当事人及其代理人的意见。

《中华人民共和国劳动争议调解仲裁法》第39条规定，当事人提供的证据经查证属实的，仲裁庭应当将其作为认定事实的根据。劳动者无法提供由用人单位掌握管理的与仲裁请求有关的证据，仲裁庭可以要求用人单位在指定期限内提供。用人单位在指定期限内不提供的，应当承担不利后果。

根据《劳动人事争议仲裁办案规则》第17～22条对于证据的相关规定，当事人对自己提出的主张有责任提供证据。与争议事项有关的证据属于用人单位掌握管理的，用人单位应当提供；用人单位不提供的，应当承担不利后果。在法律没有具体规定，依本规则无法确定举证责任承担时，仲裁庭可以根据公平原则和诚实信用原则，综合当事人举证能力等因素确定举证责任的承担。承担举证责任的当事人应当在仲裁委员会指定的期限内提供有关证据。当事人在指定期限内不提供的，应当承担不利后果。当事人因客观原因不能自行收集的证据，仲裁委员会可以根据当事人的申请，参照《中华人民共和国民事诉讼法》有关规定予以收集；仲裁委员会认为有必要的，也可以决定参照《中华人民共和国民事诉讼法》有关规定予以收集。仲裁委员会依法调查取证时，有关组织和个人应当协助配合。争议处理中涉及证据形式、证据提交、证据交换、证据质证、证据认定等事项，本规则未规定的，参照民事诉讼证据规则的有关规定执行。

（5）当庭调解

根据《中华人民共和国劳动争议调解仲裁法》第42条和《劳动人事争议仲裁办案规则》第43条的规定，仲裁庭在作出裁决前，应当先行调解。调解达成协议的，仲裁庭应当制作调解书。调解书应当写明仲裁请求和当事人协议的结果。调解书由仲裁员签字，加盖劳动争议仲裁委员会印章，送达双方当事人。调解书经双方当事人签收后，发生法律效力。调解不成或者调解书送达前，一方当事人反悔的，仲裁庭应当及时作出裁决。

在经过仲裁庭调查，查明事实的基础上，仲裁庭在征得当事人同意后，对双方当事人可再一次进行调解。如果当事人通过调解达成协议，仲裁庭应制作调解书，一经送达，仲裁程序即宣告结束。

（6）仲裁庭合议，制作裁决书并宣布仲裁裁决

① 合议庭合议。对当事人不同意或不宜调解，或调解未达成协议，或达成协议但送达前当事人反悔的，仲裁庭应及时休庭合议并作出裁决。仲裁庭裁决实行少数服从多数的原则，对不同意见，必须如实作笔录。

② 制作裁决书。合议庭作出裁决后应及时制作裁决书，裁决书应写明：申诉人和被申诉人的基本情况；申诉的理由、争议的事实和要求；裁决认定的事实、理由和适用的法律、法规；裁决的结果及费用的承担；不服裁决，向人民法院起诉的期限。裁决书由仲裁员署名，加盖仲裁委员会印章，并注明裁决日期。

③ 宣布裁决结果，仲裁庭当庭裁决的，应当在五日内发送裁决书，定期另庭裁决的当庭发给裁决书。对在管辖区域内有重大影响的案件，以及经仲裁庭合议后难作结论的疑难案件，仲裁庭应当提交仲裁委员会决定，宣布延期裁决。

（7）裁决书的法律效力

《企业劳动争议处理条例》第 30 条规定："当事人对仲裁裁决不服的，自收到裁决书之日起十五日内，可以向人民法院起诉；期满不起诉的，裁决书即发生法律效力。"发生法律效力的裁决书对当事人具有法律约束力，当事人必须在规定的期限内执行，如一方当事人逾期不履行，另一方当事人可以申请人民法院强制执行。

根据《中华人民共和国劳动争议调解仲裁法》第 51 条的规定，当事人对发生法律效力的调解书、裁决书，应当依照规定的期限履行。一方当事人逾期不履行的，另一方当事人可以依照民事诉讼法的有关规定向人民法院申请执行。受理申请的人民法院应当依法执行。

11.5.8 仲裁期限

根据我国 2007 年 12 月颁布的《中华人民共和国劳动争议调解仲裁法》第 43 条和 2008 年 12 月颁布的《劳动人事争议仲裁办案规则》第 44 条的规定，仲裁庭裁决劳动争议案件，应当自劳动争议仲裁委员会受理仲裁申请之日起四十五日内结束。案情复杂需要延期的，经劳动争议仲裁委员会主任批准，可以延期并书面通知当事人，但是延长期限不得超过十五日。逾期未作出仲裁裁决的，当事人可以就该劳动争议事项向人民法院提起诉讼。仲裁庭裁决劳动争议案件时，其中一部分事实已经清楚，可以就该部分先行裁决。

《劳动人事争议仲裁办案规则》第 45 条规定，有下列情形的，仲裁期限按照下列规定计算：①申请人需要补正材料的，仲裁委员会收到仲裁申请的时间从材料补正之日起计算；②增加、变更仲裁申请的，仲裁期限从受理增加、变更仲裁申请之日起重新计算；③仲裁申请和反申请合并处理的，仲裁期限从受理反申请之日起重新计算；④案件移送管辖的，仲裁期限从接受移送之日起计算；⑤中止审理期间不计入仲裁期限内；⑥有法律、法规规定应当另行计算的其他情形的。

11.5.9 错误裁决的重新处理程序

错误裁决的重新处理，是指仲裁委员会对已发生法律效力的错误裁决书，另行组成仲裁庭

进行重新处理的制度。这一制度对于纠正错误裁决、维护当事人的合法权益有重要的作用。

启动重新处理程序有两个条件：一是仲裁委员会作出的裁决已发生法律效力，如果裁决没有发生法律效力，当事人认为裁决有错误，可以向人民法院起诉，请求人民法院对其争议进行处理；二是该裁决为错误裁决，认为裁决是否错误，并不是由当事人自己判断，而是由仲裁委员会主任确定，并提交仲裁委员会决定是否重新处理。

决定重新处理的争议，由仲裁委员会决定终止原裁决的执行，仲裁决定书由仲裁委员会主任署名，加盖仲裁委员会印章。仲裁委员会在决定原仲裁裁决书无效后，应从宣布无效之日起七日内另行组成仲裁庭。仲裁庭再次处理劳动争议案件，应当自组成仲裁庭之日起三十日内结案。

11.6 劳动争议诉讼管理

11.6.1 劳动争议诉讼的含义、特点及其原则

(1) 劳动争议诉讼的含义

劳动争议诉讼，指发生劳动争议的当事人不服劳动争议仲裁委员会对争议的处理，在法定的期限内依法向人民法院起诉，由人民法院依法进行审理和判决的活动，是人民法院通过司法程序解决劳动争议的方式。劳动争议的诉讼过程为起诉、审判、执行三个基本阶段。

(2) 劳动争议诉讼的特点

① 劳动争议诉讼是解决劳动纠纷的一种诉讼活动，诉讼事项与劳动权力和义务有关。

② 劳动争议诉讼的主体特定。即劳动争议诉讼当事人一方只能是用人单位，另一方只能是与其建立劳动关系的劳动者。

③ 仲裁前置。劳动争议的诉讼事项，必须先经劳动争议仲裁委员会处理，当事人对劳动争议仲裁机构的处理不服时，方可向人民法院起诉。

④ 劳动争议诉讼适用于民事诉讼程序处理。在劳动争议诉讼中，人民法院从受理案件到审判都是按照民事诉讼法规定的程序进行的，由人民法院的民事审判庭审理。

⑤ 劳动争议诉讼是人民法院作为国家审判机关依法对劳动争议仲裁机构处理劳动争议案件的一种监督。这种监督主要体现在两个方面。一方面，劳动争议当事人一方不服仲裁裁决的，可以在规定的期限内向人民法院提起诉讼，由人民法院对劳动争议案件依法作出判决。劳动争议案件经起诉到人民法院后，原仲裁裁决就失去了效力。另一方面，在仲裁裁决的执行上予以制约，对符合执行条件的，一方当事人若不履行已生效的仲裁裁决，人民法院根据另一方当事人的请求予以强制执行；对于仲裁裁决有错误，不符合执行条件的，人民法院裁定不予强制执行。

(3) 劳动争议诉讼的原则

1997 年 11 月，最高人民法院召开了全国劳动争议案件审判座谈会，对劳动争议案件的审理作了专门的规定。规定人民法院在审理劳动争议案件时，必须坚持以下主要几项原则：

① 保护劳动者合法权益的原则；

② 坚持有利于建立、维护适应社会主义市场经济的劳动制度的原则；

③ 坚持有利于社会稳定的原则；

④ 坚持调解的原则；

⑤ 坚持及时妥善处理原则。

11.6.2 劳动争议案件的诉讼管辖

劳动争议案件的诉讼管辖，是指各级法院之间和同级法院之间受理第一审劳动争议案件的分工和权限。劳动争议案件的诉讼管辖应遵循“两便原则”，即便于当事人进行诉讼，便于人民法院审理案件。根据我国《民事诉讼法》的规定和劳动争议案件的实际情况，劳动争议案件的诉讼管辖有级别管辖、地域管辖、移送管辖和指定管辖四种。

(1) 级别管辖

级别管辖是指上下级人民法院之间受理第一审民事案件的分工和权限。我国《民事诉讼法》规定，基层人民法院管辖第一审民事案件，但另有规定的除外。中级人民法院管辖下列第一审民事案件：①重大涉外案件；②在本辖区内有重大影响的案件；③最高人民法院确定由中级人民法院管辖的案件。高级人民法院管辖在本辖区内有重大影响的第一审民事案件。最高人民法院除管辖在全国有重大影响的民事案件外，还管辖认为应当由本院审理的民事案件。因此，在一般情况下，当事人不服仲裁裁决可以向仲裁委员会所在地的人民法院提起诉讼。但若有涉外因素或根据案件的性质、繁简程度、影响的范围，对难度大、影响范围广的案件，也可由中级人民法院或者高级人民法院甚至最高人民法院作为第一审法院进行审理，而不是由作出仲裁裁决的仲裁委员会同级的基层人民法院管辖。其中，案件的性质主要指企业的所有制性质；繁简程度是指案件情节的简单或复杂程度；影响范围是指案件涉及的范围和处理结果的社会影响所涉及的范围。

(2) 地域管辖

地域管辖是指不同地区的同级人民法院之间受理第一审民事案件的分工与权限。《民事诉讼法》规定的地域管辖有一半地域管辖、特殊地域管辖、专属管辖和协议管辖。

对劳动争议案件来说，当事人对仲裁裁决不服向人民法院起诉的，由处理该争议的劳动争议所在地的人民法院管辖。这样有利于劳动争议案件就地就近解决，既便于当事人诉讼，又便于人民法院调查取证，加强与处理争议的仲裁机构之间的沟通和联系，有利于案件及时、正确的处理。

(3) 移送管辖和指定管辖

移送管辖，是指人民法院将已受理的案件移送给其他人民法院审理。《民事诉讼法》规定：人民法院发现受理的案例不属于自己管辖时，应当移送有管辖权的人民法院，受移送的人民法院不得自行移送。如果不该移送的进行移送或受移送的法院无管辖权，根据法律规定不得再自行移送，所以受移送法院只能提出意见，报请和移送法院共同的上一级法院，由其指定管辖。

指定管辖，指上级法院以裁定方式将某一案件指定交由下级人民法院管辖。《民事诉讼法》规定有管辖权的人民法院，由于特殊原因不能行使管辖权的，由上级人民法院指定管辖。人民法院对管辖权发生争议，由争议双方协商解决。协商不成的，报其共同上级人民法院指定管辖。

人民法院受理案件后，当事人对管辖权有异议的，应当在提交答辩书期间提出。人民法院对当事人提出的异议，应当审查。异议成立的，裁定将案件移送由管辖权的人民法院；异议不成立的，裁定驳回。

11.6.3 劳动争议诉讼当事人及其特征

（1）劳动争议诉讼当事人

劳动争议的当事人是指劳动关系当事人双方——职工和用人单位（包括自然人、法人和具有经营权的用人单位），以及劳动法律关系中权力的享有者和义务的承担者。劳动争议诉讼当事人在不同的诉讼阶段中有不同的称谓。在第一审程序中，称为原告和被告；在第二审程序中，称为上诉人和被上诉人；在审判监督程序中，称为申诉人和被申诉人；在执行程序中，称为申请执行人和被申请执行人。当事人在不同诉讼阶段的不同称谓，不仅仅是一个名称问题，它直接表明了当事人在诉讼中的诉讼地位及其所享有的诉讼权利和应承担的诉讼义务。

（2）劳动争议诉讼当事人的特征

劳动争议诉讼当事人的特征，也就是劳动争议诉讼当事人进行诉讼应具备的条件。①以自己的名义参加诉讼。在劳动争议诉讼中，只有以自己名义参加诉讼活动的，才属于劳动争议诉讼当事人。如果不是以自己的名义参加诉讼，就不是劳动争议诉讼当事人。如诉讼代理人等。②与劳动争议案件有直接的利害关系。劳动争议诉讼是当事人之间为了保护自己的劳动权益而进行的诉讼活动，因而当事人必然是与争议案件有直接利害关系的人。虽参加劳动争议诉讼活动，但其与案件本身无直接利害关系，就不是劳动争议案件的当事人，如代理人、证人等。③受人民法院判决的约束。由于人民法院的判决是针对当事人之间的劳动权利和义务之争做出的，其效力是针对当事人的，当事人享有判决结果的权利和履行判决结果的义务。虽然以自己的名义参加诉讼，而不受人民法院裁判约束的人，如证人、鉴定人，不是劳动争议诉讼的当事人。对当事人以外的其他诉讼参与人，人民法院的判决不发生约束力。

（3）劳动争议诉讼中的原告和被告

原告和被告是劳动争议诉讼中不可缺少的相对立而存在的双方。为了保护自己的劳动权益，并以自己的名义向人民法院提起劳动争议诉讼，因而引起劳动争议诉讼程序发生的人，称为原告。被原告诉称侵犯其劳动权益或者与其发生劳动权益争议，并被人民法院通知应诉的人，称为被告。

特别需要指出的是，劳动争议仲裁委员会由于并不是争议的当事人，不能被列为被告。而被告是否侵犯了原告的劳动权利或者与原告发生了劳动权益争议，只能在诉讼程序结束时才能确定。原告、被告是劳动争议诉讼必备的双方当事人，是劳动争议案件不可缺少的相互对立的双方，它构成了劳动争议诉讼的基础。二者的显著特征在于，原告是引起劳动争议诉讼程序发生的人，被告则是被人民法院通知应诉的人。

（4）劳动争议诉讼中当事人的权利

劳动争议诉讼中当事人的权利，是指发生劳动争议的劳动关系双方当事人能够做出或不做出一定行为，以及要求他人做出或不做出一定行为以解决劳动纠纷的一种许可和保障。它是劳动争议当事人依照法律的赋予，维护自己劳动权益的一种手段。在诉讼活动中。当事人的权利主要有：①原告有向人民法院提起劳动争议诉讼的权利，在诉讼过程中有撤回起诉，放弃、变更和增加诉讼请求的权利；②被告对原告提起的诉讼，有应诉和答辩的权利；③原告和被告双方均有委托诉讼代理人代为参加诉讼的权利；④原告和被告在诉讼中有辩论的权利，经法庭许可具有向证人、鉴定人和勘验人发问的权利；⑤原告和被告在诉讼中有申请审判人员回避的权利，请求调解的权利；⑥原告和被告有查阅和申请补正庭审笔录的权利，经法庭许可，有要求查阅案件材料、请求复制案件材料及法律文书的权利；⑦对于一审法院的判决或裁定，当事人有在法定期间上诉的权利；⑧对于人民法院已经生效的判决、裁定，享有权利的当事人在义务人不履行义务时，有申请强制执行的权利；⑨当事人有使用本民族语言、文字进行诉讼的权利。

(5) 劳动争议诉讼中当事人的义务

当事人在劳动争议诉讼中的义务，是指为了维护正常的诉讼秩序，保证诉讼活动顺利进行，保证当事人依法享有权利的实现，要求双方当事人必须做出或不做出一定行为的规范，是对当事人依法进行诉讼活动的基本准则。主要有：①依法行使诉讼权利，不得滥用法律赋予的诉讼权利；②在诉讼活动中，应当遵守诉讼秩序，尊重其他诉讼参加人的诉讼权利，遵守法庭纪律，服从法庭指挥，保证诉讼活动顺利进行；③自觉履行人民法院已经发生法律效力的判决、裁定及调解协议。

11.6.4 劳动争议诉讼证据

(1) 劳动争议诉讼证据的概念和特点

劳动争议诉讼证据，是指能够证明劳动争议案件真实情况的客观事实。劳动争议诉讼证据有三个特点：第一，证据的客观性，是指一切劳动争议诉讼证据都必须是客观存在的事实材料；第二，证据的关联性，是指劳动争议诉讼证据与劳动争议待证事实之间有内在的联系，并能证明待证事实的全部或一部分；第三，证据的合法性，是指劳动争议诉讼证据必须具有法律所规定的特定形式；证据必须按照法定程序提供、收集调查和审查核实。

(2) 劳动争议诉讼证据的种类

根据《民事诉讼法》第63条的规定，证据有以下七种：①书证；②物证；③视听材料；④证人证言；⑤当事人陈述；⑥鉴定结论；⑦勘验笔录。

11.7 集体争议管理

11.7.1 集体争议

(1) 集体争议的概念和分类

集体争议是指集体劳动关系中存在的共同性和关联性权利义务的劳动者或者劳动者集体，因劳动条件、社会保障等方面的权利义务问题，与雇主发生的法律纠纷。它是与个体性争议相对应的争议形式。

集体争议与个体争议的分类标准有二。一是劳动争议的当事人是集体还是个人，即争议当事人中劳动者一方，在人数和组织性方面的特征。如果劳动者一方当事人是多人的，与同一雇主发生劳动争议，即通常在劳动者内部形成一定的组织性、群体性，这种劳动争议就称为集体争议。如果劳动者是单人，或者虽是多人但相互不存在组织性（即不团结），则为个体性争议。二是争议的标的及劳动争议所指向的权利（利益）、义务，是集体共同所享有、承担的，还是个体所享有、承担的。如果是当事人集体、共同享有和承担的，则为集体争议；反之为个体争议。

按照劳动者的集体性、组织性的形成时间、紧密程度等状况，还可以把集体争议分为：集体劳动关系引发的集体争议和劳动者在争议过程中联合而成的集体争议；紧密型集体争议和相对松散的集体争议。集体劳动关系引发的集体争议是市场经济国家常规性的劳动争议，在我国市场经济初步建立的时期，也在一定范围内存在，可称为古典性的集体争议、常规性的集体争议；因利益诉讼相同或近似而导致劳动者在争议过程中联合起来，即是在争议中的团结联合，是中国的一大特色，可称为个体争议集合而成的集体争议。

《劳动人事争议仲裁办案规则》第4条规定，劳动者一方在十人以上的争议，或者因履行集体合同发生的劳动争议，仲裁委员会可优先立案，优先审理。仲裁委员会处理因履行集体合同发生的劳动争议，应当按照县级以上人民政府劳动行政部门、工会和企业方面三方原则组成仲裁庭处理。

(2) 集体争议发生过程

在常规性集体劳动关系中，劳动者一方是一个集体或者群体，通常由工会代表。他们是集体争议的一方当事人。这一过程包括以下几个阶段。

① 劳动者团结、结社形成集体或者群体，选举谈判代表，或者组织、参加工会，以工会为其谈判代表。

② 劳动者的代表或者工会经过劳动者的授权，与雇主或者雇主组织一方进行集体谈判。

③ 谈判不成（缔约阻滞），或者谈判虽然成功，但在履行集体合同中发生纠纷（履行纠纷），则劳资双方发生了集体争议。

概言之，常规性集体争议的发生过程是：劳动者结社以产生集体代表（通常是工会）——集体谈判——谈判不成或者产生履行纠纷，产生了集体争议。

而个体争议集合而成的集体争议形成过程大体是：

① 同一雇主所雇用的多名劳动者与雇主发生了大体相同的劳动争议；

② 诸多劳动者各自采取申请劳动仲裁、提起诉讼、申诉或信访等方式，主张其个人权利、利益；

③ 由于个体性当事人的能力限制或者主管机关不能依法正当履行职责，劳动者为了产生更大的影响力或节约成本，相互联合，形成了有组织性的当事人集体，就使众多的个体争议变成了集体争议。

上述两类集体争议的集体性、群众性在发生过程上是不同的。主要问题是劳动者在争议发生之前是否、能否形成集体性、组织性，是否允许其拥有结社自由或者团结权。换言之，焦点是集体性组织是发生于集体谈判之前还是之中，劳动者的团结权在什么阶段能够行使。对此作出区别是十分必要的。

11.7.2 产业行动

(1) 产业行动及其性质、分类

产业行动，与集体行动是同义语。产业行动是指劳资关系双方当事人为了建立劳动关系或改变劳动关系状况、实现其权利主张或利益诉求，而集体采取的影响集体权益的单方面地（暂时）停止正常工作（经营）活动或者不与对方合作，（对相对方）施加斗争压力的行动或措施。它是劳资双方当事人都能够发动的、足以影响产业关系的行动。它是集体争议中劳资双方当事人都可能采取的最后、最有力的压力手段。即：产业行动是集体劳动争议的最高斗争手段。

产业行动的主体可以是劳动者也可以是雇主或雇主组织采取的集体行动。对于雇主或雇主组织采取集体的产业行动，本章不作详细讨论。

按照行动的目的可以分为：旨在推动集体谈判的行动和自我救济（保护）性的行动。前者以集体谈判的进行、胁迫对方妥协为目的；相对于集体谈判，这种行动是手段。后者以自我保护、私力救济为目的，是在无法通过集体谈判、公权力有效救济等手段保护自己权益的情况下所采取的集体行动。

（2）劳动者和雇主采取的产业行动方式

劳动者所能采取的产业行动方式，与其在劳动关系、劳动过程中所处的地位、履行义务的方式、具有的条件有关。一般地，劳动者的产业行动方式包括：罢工，设置纠察，联合抵制；拒绝加班加点；怠工；游行，示威等。[①] 当然，早期资本主义阶段，阶级剥削与压迫比较严重，对劳动者权利的承认和保护程度很低，甚至不允许劳动者以组织工会的方式维护其应得利益，劳动者的产业行动方式因而也相对比较激烈，如破坏生产设备、产品，甚至有暴力反抗。国际共产主义运动史、工人运动史等学科对此有系统的阐述。

雇主采取的产业行动在方式与特征上不如劳动者明显，而且通常具有一定的被动回应劳动者行动的特征。同样地，雇主所能够采取的产业行动方式，与其在劳动关系、劳资冲突中所具有的地位、条件有关。雇主采取的产业行动方式通常包括：单方面地改变劳动条件、工作规则，对劳动者利益产生不利影响；暂时或者持久地闭厂（停止生产经营，关闭工厂），联合闭厂或者罢市等。至于雇主在争议过程中可能采取的大规模地解雇劳动者等对抗劳动者的方式，则属于不当（不法）劳动行为，不具有合法性。

（3）集体争议和产业行动的立法和政策的完善

完善这些方面的法律与政策，已是社会的急迫需要。有以下主要原因。

① 完善市场经济体制、解决社会矛盾、建立公平与和谐社会的需要。我国已经初步建立起市场经济体制，正处于向成熟的市场经济转变的关键时期。社会矛盾，特别是劳动关系双方当事人之间的矛盾，已经成为社会基本矛盾，有关社会问题已经比较普遍而且严重，直接影响到国家的发展战略和社会稳定。劳资冲突的根本原因是劳动关系失衡、分配严重不公平，它可能加剧贫富分化，恶化社会结构、阻碍社会流动与整合。因此，确认或赋予集体争议和产业行动这些私力救济性的权利，是有利于在劳动关系领域实现“矫正正义”的。

② 保障人权、实现社会公平与正义的需要。自由结社、集体谈判、集体争议合称“劳动三权”，是劳动者的基本人权。资本主义能够发展到当今时代，在很大程度上是其能够自我调节、理性妥协的结果。承认和保证劳动者的这些权利，一方面是劳动者长期斗争的结果；另一方面也是资产阶级理性妥协的结果。如果不承认这些基本人权，则会发生严重的社会动荡或者危险。

③ 履行有关国际法义务的需要。联合国《经济、社会及文化权利国际公约》明确规定了工人享有罢工权。我国已经批准了这一公约。将这一国际法规定通过罢工权立法转化为国

① 和平罢工、设置纠察、联合抵制等，是欧美国家产业行动的基本方式。参考：[美] 罗伯特·A·高尔曼. 劳动法基本教程——劳工联合与集团谈判（第一章）. 马静等，译. 北京：中国政法大学出版社，2003.

内法，并在国内予以实施，也是国家的国际法义务。

当然，如何承认和保证劳动关系当事人的集体争议与产业行动的权利，具体要由国内法加以规范。在不妨害这些自由和权力的前提下，任何国家都可以根据其本国的实际情况，做出其所认为适当的制度安排。

11.7.3 集体劳动争议的处理程序

根据有关规定，处理集体劳动争议在程序上应该注意以下问题。

(1) 处理一般集体劳动争议的规定

在集体劳动争议中，职工应当通过自己推举的代表参加劳动争议的调处，即按《企业劳动争议处理条例》的规定推举代表。职工当事人推举出来的代表，在授权范围内，代表争议的职工一方全体当事人参加争议的调解、仲裁，表达全体职工当事人的共同意志，行使当事人的权利，履行相应的义务，而调解或仲裁的结果则由全体职工当事人共同承担，即推举代表的行为及调解、仲裁结果对所有的职工当事人包括没有参加具体调解仲裁活动的职工当事人也有效，也具有约束力。

根据有关规定，由于职工当事人推举的代表的行为对职工当事人的利益有着重大影响，故被职工当事人推举的代表在参加劳动争议的调解、仲裁活动时应当提交全权委托书。

《劳动人事争议仲裁办案规则》第6条规定，发生争议的劳动者一方在10人以上，并有共同请求的，劳动者可以推举三至五名代表人参加仲裁活动。

(2) 处理职工一方在30人以上的集体劳动争议的特别规定

为了重视这类劳动争议的处理，劳动法规专门规定了仲裁委员会处理职工一方在30人以上的集体劳动争议案件的特别审理程序，要求审理这种争议案件，应当组成特别仲裁庭。特别仲裁庭由3个以上仲裁员组成，县级仲裁委员会认为有必要，可以将这种劳动争议报请市（地、州、盟）仲裁委员会处理，仲裁庭可按就地、就近的原则进行处理，开庭场所可设在发生争议的企业或其他便于及时办案的地方，处理结果应及时向当地人民政府汇报。

由于这种劳动争议涉及职工人数多，社会影响大，为了能够得到及时处理，劳动法规对仲裁委员会受理和审理这种争议案件的期限，也作了专门的规定。要求仲裁委员会应当自收到集体劳动争议申诉书之日起三日内作出受理或者不受理的决定，仲裁委员会在作出受理决定的同时，组成特别仲裁庭。仲裁委员会处理集体劳动争议，应当自组成仲裁庭之日起十五日内结束，案情复杂需要延期的，经报仲裁委员会批准，可以适当延期。但是延长的期限不得超过十五日。

仲裁庭处理这种集体劳动争议，也应先行调解。另外，还可促成职工代表召开协商会议，在查明事实的基础上促使双方自愿达成协议。

11.7.4 集体合同争议

集体合同是集体协商双方代表，即工会或职工代表与企业行政，根据法律、法规的规定，就劳动报酬、工作时间、休息休假、劳动安全卫生、保险福利等事项在平等协商一致的基础上签订的书面协议。

因集体合同产生的劳动争议与一般劳动争议案件有所不同。因为集体合同的内容涉及的都是广大职工的群体利益，影响大、覆盖面广，问题也往往较复杂，调解起来难度很大。

集体合同产生的劳动争议案件主要包括因签订集体合同产生的劳动争议和因履行集体合同产生的劳动争议两类。

《劳动人事争议仲裁办案规则》第5条规定，因履行集体合同发生的劳动争议，经协商解决不成的，工会可以依法申请仲裁；尚未建立工会的，由上级工会指导劳动者推举产生的代表依法申请仲裁。

(1) 因签订集体合同产生的争议

签订集体合同争议是指双方当事人在集体协商时就确定合同的标准条款、义务条款，在理解和解释上产生分歧，进而发生纠纷。订立集体合同是非常严肃的要式法律行为，我国法律法规和规章对于合同的主体、内容、签订程序均有严格要求。

首先，订立集体合同的双方当事人，一方必须是企业工会或职工代表，另一方为相应的企业行政。其中，未建立工会由职工代表订立集体合同的，职工代表须由企业职工民主推举，并得到半数以上职工同意，凡不具备上述资格的，均无权参加集体合同的订立。订立合同的当事人不符合上述规定的，所订集体合同无效。

其次，集体合同的内容必须符合法律规定。《集体合同规定》明确指出，集体合同应当包括以下内容：①劳动报酬；②工作时间；③休息休假；④保险福利；⑤劳动安全与卫生；⑥合同期限；⑦变更、解除、终止集体合同的协商程序；⑧双方履行集体合同的权利和义务；⑨履行集体合同发生争议时协商处理的约定；⑩违反集体合同的责任以及双方认为应当协商约定的其他内容。上述规定与《劳动法》的规定不尽一致，《劳动法》第33条规定："企业职工一方与企业可以就劳动报酬、工作时间、休息休假、劳动安全卫生、保险福利等事项，签订集体合同。"所以，按照法律的效力高于部门规章的原则，我们认为：除了集体合同的期限、变更、解除与终止，监督、检查、争议处理，违约责任等合同必备条款以外，集体合同可就劳动报酬、工作时间、休息休假、保险福利、职业培训、劳动安全卫生、女职工和未成年工特殊保护等事项全部或就其中几项，乃至单独一项作出规定。选择的权利在于双方当事人，而并非如《集体合同规定》中所要求的"应当"包括上述全部内容。毕竟在我国，集体协商的机制尚属恢复与重建阶段，很难要求当事人双方对于劳动标准的全部事项一次性地解决在集体合同中。这样做既无必要，也不可能，而且很容易将集体合同流于形式，将集体协商沦为过场。从实事求是的原则出发，我们认为上述有关劳动标准的事项均可作为集体协商谈判的内容，谈成几项算几项，不必强求而大全。关键是建立集体协商的机制，在发展中完善。集体合同规定的企业劳动标准，不得低于劳动法律、法规和当地政府规定的最低标准。

最后，订立集体合同的程序必须合法。订立集体合同必须经过集体协商。集体协商代表每方为3～10名，双方人数对等，并各确定一名首席代表。工会一方首席代表为工会主席；工会主席可以书面委托工会其他负责人为首席代表。企业代表由其法定代表人担任或指派。协商代表一经产生，无特殊情况，必须履行其义务。

(2) 签订集体合同争议的处理程序

地方各类企业和不跨省（自治区、直辖市）的中央直属企业因签订集体合同发生争议的协调处理，由省（自治区、直辖市）劳动行政部门确定管辖范围。全国性集团公司、行业性公司以及跨省（自治区、宣辖市）的中央直属企业因签订集体合同发生的争议，由国务院劳动行政部门指定有关省（自治区、直辖市）劳动行政部门受理或由国务院劳动行政部门组织有关方面协调处理。县级以上人民政府劳动行政部门的劳动争议协调处理机构是受理和协调处理签订集体合同争议的日常机构。

因签订集体合同发生争议，双方当事人不能自行协商解决的，当事人一方或双方可向劳动行政部门的劳动争议协调处理机构书面提出协调处理申请，未提出申请的，劳动行政部门认为必要时可视情况进行协调处理。劳动行政部门协调处理签订集体合同发生的争议时，应组织同级工会代表、企业方面的代表及其他有关方面的代表共同进行。双方当事人应各选派代表3～10名，并指定一名首席代表参加。企业不得在此期间解除与职工代表的劳动关系。

协调处理机构应调查了解争议的情况，研究制订协调处理的方案，对争议进行协调处理，制定《协调处理协议书》，监督处理结果的执行、统计、归档，并将处理结果报上级劳动行政部门备案，必要时还应向政府报告并提出有关建议。

(3) 因履行集体合同产生的争议

因履行集体合同产生的争议，是指当事人对集体合同是否已经履行，或是否已经按约定的方式履行，以及在集体合同没有履行或没有完全履行时，当事人应如何承担法律责任等产生分歧而发生的纠纷。

集体合同订立后，当事人双方应当自觉履行合同，特别是企业一方，应当依照集体合同规定的内容和条款执行，努力实现集体合同规定的目标。

在调处因履行集体合同发生的劳动争议案件时，必须严格按照双方订立的集体合同，以集体合同中的各项规定作为依据来进行。由于在集体合同中，工会一般只承担道义上的违约责任，所以企业一方不得以工会违约为由，随意废止集体合同或对本企业的工会组织进行经济上、行政上的处罚，更不得处罚工会代表或是解散工会组织。工会在履行集体合同发生争议时，也不应组织工人停工、怠工，而应以积极的态度与企业方协商解决。协商解决不成的，可以向劳动争议仲裁委员会申请仲裁，对仲裁裁决不服的，可以自收到仲裁裁决之日起十五日内向人民法院提起诉讼。

11.7.5 建立法制化的集体争议处理机制

近年来，有的地方由于劳动争议没有能够及时妥善解决而引发了大规模的集体上访、罢工和闭厂等事件。此类事件均属于突发事件。突发事件对企业的生产经营、职工生活和社会稳定都有相当大的影响，因此必须重视和解决。由于我国目前还没有制定有关处理突发事件的法律法规，因此，应当按照“预防为主，积极调解，依法处理”的方针，尽快制定有关的法律法规，并建立预防、疏导、调解和处理的管理体制。

为了防止劳动关系双方矛盾激化，促进社会的稳定，有些地方还建立了劳动关系预警机制，其中明确“各级工会主席是劳动关系预警机制第一责任人。如有突发事件的苗头，必须在事件发生当日3小时内，以口头（电话）报告的形式向上级工会报告，并于二日内向上级书面报告其发生的原因和调处情况”。同时要求各级工会对单位出现的突发事件，积极配合党政做好职工的思想工作，对发现带有倾向性的问题及思想动态的敏感点，要及时深入研究进行协调，通过疏导、调解、法律援助等手段保护职工的合法权益，争取把矛盾化解在基层、化解在萌芽状态。

此外，我们还可以借鉴国外的一些做法，采取斡旋、调停、仲裁及政府出面进行紧急干预等多种形式，来处理突发事件。应注意以下一些问题。

① 对于某些职工无理怠工、停工或其他故意破坏企业正常生产经营秩序的行为，以及

企业经营者侵害职工权益或无正当理由而关闭企业胁迫职工让步的做法，可予以适当的经济制裁。

② 当出现妨碍、停止企业生产经营正常运转的劳动争议行为，并对社会产生重大影响时，应由政府采取行政手段强令制止这些行为。

③ 在对社会稳定和经济发展有重大影响的集体谈判僵持不下，并发生劳动争议过激行为时，可由政府用行政手段使双方代表暂时脱离，采取冷却期处理或劝导协商。

④ 如果劳动争议行为与公益事业有关，必要时可由政府运用行政权力进行调停。调停方式尽可能灵活多样，可以开座谈会，听取各方面意见，统一思想；也可以与经营者与工会个别谈，使双方的看法尽可能接近。

⑤ 如发生对国计民生有重大影响、严重损害公共利益的劳动争议行为，可由国务院作出紧急调整决定，劳动和社会保障部、有关部门及地方政府应配合采取紧急处置措施，以防止造成重大损失。

11.8 劳动争议的预防

11.8.1 劳动争议预防的定义

劳动争议预防，是指事先采取各种有效措施，积极防范和制止用人单位与劳动者之间发生劳动纠纷的活动。劳动争议预防是在劳动争议发生之前所采取的不让劳动争议发生的措施。它与劳动争议处理相比，是一种解决劳动纠纷的前置活动。劳动争议预防不仅是劳动关系双方的事情，而且是政府各级劳动行政机关、劳动争议处理机构及其他有关部门、社会团体的共同职责。

11.8.2 劳动争议预防的意义

劳动争议预防，对于从源头上控制争议发生，保障劳动者和用人单位的合法权益，保持劳动关系的和谐稳定，促进企业发展，维护社会安定，都具有重要意义。

① 防止和减少劳动争议发生，维护劳动关系双方的合法权益。任何一起劳动争议的发生都会给劳动关系双方的权益带来危害。因此，通过采取预防措施，避免或控制劳动争议的发生，就可以防止劳动关系双方的权益受到侵害。

② 保持劳动关系的和谐稳定，促进经济发展。劳动关系的和谐稳定是企业进行生产经营的基础，如果劳动争议频发，必然导致劳动关系不稳定，而劳动关系不稳定，劳动者的劳动积极性受到影响，企业的正常生产工作秩序被破坏，势必影响经济发展。

③ 保持社会安定。劳动关系是重要的社会关系，劳动争议不断发生，劳动者权益受到侵害，特别是集体劳动争议案件，涉及众多职工，这无疑会影响社会安定。

11.8.3 劳动争议预防的原则

① 需要采取积极的预防措施。劳动争议预防不能消极防范，而是要采取积极的措施，主动做工作，从而把争议消灭在萌芽状态。

② 普遍预防和重点预防相结合。既要普遍进行劳动法律、法规知识教育，从全局上堵

塞漏洞，预防劳动争议的发生；又要着重抓住易于发生劳动争议的企业、事项进行教育和监察，只有把普遍预防和重点预防结合起来，才能收到好的效果。

③ 坚持群防群治、综合效应的原则。预防劳动争议应从整体出发，群策群力，把各方面的积极因素都调动起来，按照分工，并通过多种渠道，发挥各种组织的职能，形成整体效应。

④ 坚持依法预防。预防劳动争议的发生要树立科学的态度，不能压、不能哄，只能依照法律法规和有关政策进行。这样，才能从根本上起到控制劳动争议发生的作用，劳动争议的预防工作也才能获得长期的效果。

11.8.4 劳动争议的预防措施

① 增强劳动法律意识。劳动法律意识是人们对劳动法律的认识与反应，法律意识强了，法治观念也就强了。劳动关系双方应当自觉地学习和贯彻执行劳动法，依法规范自己的行为，不符合劳动法的事情不做，从而避免发生劳动争议。

② 加强劳动合同管理。劳动关系双方的权利义务一般都是在劳动合同中体现出来的，因而加强劳动合同管理对于预防劳动争议发生十分重要。加强劳动合同管理主要有两个方面。一是签订劳动合同要符合法律规定。做到内容全面，语言表述准确，经过劳动合同鉴证机关鉴证。二是劳动合同的履行、变更、解除、终止及续订，要严格按照法定程序和要求办理。

③ 建立平等协商机制。劳动关系双方通过平等协商，对工资分配、工作时间、劳动条件等问题达成共识，有利于相互信任、相互谅解，化解矛盾。

④ 实行劳动监督检查制度。政府有关部门要加强劳动执法的监督检查，及时纠正和查处违反劳动法的行为，使违法行为在劳动争议发生前就得到纠正，从而防止劳动争议的发生。

⑤ 加强企业的民主管理。所谓企业民主管理，是指企业职工依法参与企业的经营和生产管理，监督企业经营者和管理者的活动。一方面，可以激发职工的主人翁责任感，主动关心企业的发展；另一方面，保证企业的重大决策代表职工的意志和利益，密切劳资双方的关系。同时，也监督企业执行劳动法律、法规和政策，及时纠正违法行为，防止劳动争议的发生。除此之外，政府还应强化劳动法制建设，积极推进劳动立法，完善劳动法规体系，使劳动领域真正有法可依，把劳动关系双方的行为全部纳入法制的轨道。

本章主要内容回顾

我国社会主义市场经济的建立和发展，对劳动争议处理提出了新课题。本章从劳动争议的概念、性质、特点以及种类出发，研究了劳动关系发展变化的新情况和劳动争议的现状，分析了劳动争议产生的原因，提出了劳动争议的处理对策。按照处理劳动争议的程序来妥善处理劳动争议，能有效地预防劳动争议，从而促进劳动关系的和谐稳定，维护劳动者用人单位的合法权益，建立和完善与社会主义市场经济相适应的劳动争议处理的新机制，从而保证社会主义现代化建设事业的顺利发展。

企业劳动争议是指企业劳动关系的双方主体及其代表之间在实现劳动权利和履行劳动义务等方面所产生的争议或纠纷。

企业劳动争议的第三方参与处理主要有三种基本办法：调解、仲裁和法院审理。劳动争议处理的原则为合法性原则、公正原则、及时处理原则、调解原则。我国专门处理劳动争议的机构主要有企业劳动争议调解委员会、劳动争议仲裁委员会和人民法院。

集体争议是指集体劳动关系中存在的共同性和关联性权利义务的劳动者或者劳动者集体，因劳动条件、社会保障等方面的权利义务问题，与雇主发生的法律纠纷。它是与个体性争议相对应的争议形式。

案例讨论

卡夫与达能整合过程中的集体劳动争议①

双方拉锯近一个月后，全球食品巨头卡夫因总部搬迁导致的劳资纠纷，仍然没有结束的迹象。去年（2007），这家公司还被《美国商业周刊》评为“大学生最佳雇主”。

“今天还是老样子，没有实质性进展，我们下周一会再次谈判。”（2008 年）4 月 2 日晚 8 点，与卡夫公司结束新一轮谈判后，卡夫工会主席、劳方首席代表陈宝庆接受《21 世纪经济报道》记者采访时说。他透露，双方一直难以达成一致的焦点是销售团队整合问题。

按照卡夫公司的说法，总部搬迁缘于卡夫、达能两大公司的整合。然而，在这场卡夫公司需要搬迁总部的整合中，被收购者达能表现得甚至比收购者卡夫更为强势。“虽然卡夫收购了达能饼干业务，实质却是达能在整合卡夫。”和君创业咨询公司总裁李肃评价说。

达能反整合?

对于这场引发劳资纠纷的总部大搬迁，卡夫方面认为这是卡夫、达能两家公司进行业务整合和重组的一个组成部分。显然，在这场目前尚以卡夫公司、卡夫员工为主角的劳资纠纷中，达能因素不可忽视。

最明显地，卡夫此番搬迁的目的地上海，是达能大本营。虽然卡夫给了选择上海作为新总部所在地的三个理由：税收优惠、人才更多、客户更多，但这并没有得到卡夫工会的认同。

更重要的是，此番负责卡夫、达能整合的卡夫新任中国地区执行董事戴乐娜，正是达能原饼干业务中国董事总经理。甚至有消息称，戴乐娜上台后，卡夫中国新高层将撤换卡夫中国旗下四家工厂的厂长，而这些接替者很大可能将是达能饼干的高管。

对此，卡夫方面没有正面回答，只表示正在讨论包括现任厂长职责在内的生产工厂的整合计划。

李肃认为，“这是一场以达能为中心的整合”。此次整合表面上是卡夫并购达能的饼干业务，但实质上却是达能整合卡夫。

对于这一点，陈宝庆表示：“以往的卡夫不是这样做事情的。”

据李肃推断，在此番卡夫与达能的整合中，以达能为整合中心，或与卡夫为了完成收购，在收购前对达能的承诺有关。

---

① 本作者根据《21 世纪经济报道》2008 年 4 月 5 日相关报道整理。案例标题为整理者拟定。

据了解，在卡夫成功收购达能饼干业务之前，达能饼干中国公司曾出现离职和工厂罢工现象。为此，卡夫曾做出承诺，三年内不关闭达能饼干中国工厂。此外，达能饼干中国公司约 2 300 名员工将全部纳入整合后的公司，原有的合同继续有效。

据业内管理专家分析，这种以收购对象为中心，整合收购者的现象，并不鲜见。联想收购 IBM 之后，就以 IBM 的国际化团队为核心，将总部迁至纽约。

“企业并购，就是为了节约成本，提高效率。团队整合必将大规模裁员。”李肃分析说。他认为，此次纠纷的主要原因在于实际在并购中占据主动的达能，过于注重自己在企业内部控制中的强势地位，没有很好地与卡夫的企业文化相融合。

据了解，达能是一家以兼并起家的企业。自 20 世纪 80 年代进入中国市场后，达能在扩张上毫不手软，通过十余次并购行动，业已在中国食品饮料行业占据了重要地位。在此次卡夫劳资纠纷前，达能让人印象最深刻的是其与娃哈哈之间的持久纷争。

卡夫：搬家的代价

此次卡夫发劳资纠纷的导火索，是中国总部的迁址。自 1984 年进入内地市场始，卡夫中国的总部一直设在北京。目前，卡夫中国有 700 多名员工，北京总部有员工 300 多名。上海是达能饼干业务在华总部所在地。

不知道戴乐娜（Lorna Davis）是否曾预计到现在的状况。2008 年 1 月，卡夫食品大中华区的这位总经理在北京向卡夫员工宣布，卡夫中国总部将在 2008 年第四季度从定居 20 年之久的北京搬至上海。不安的情绪旋即在卡夫内部蔓延，员工迅速组织起来成立工会，就总部搬迁可能带来的裁员或者是辞职补偿进行谈判。

到 3 月下旬，依然没有明确信息表明劳资双方已达成协议，不安和敌意还在继续，各种不利于卡夫的负面消息被陆续扩散，并由此演变成一场对卡夫中国不利的公关事件。

2007 年，卡夫食品收购达能集团麾下饼干业务。这场作价超过 70 亿美元的收购，使卡夫食品跃居全球饼干老大，也占据了中国饼干市场的半壁江山。

戴乐娜的职务因此从原达能饼干中国总经理转变成卡夫食品中国总经理，原卡夫中国总经理则高升去了海外。理论上说，戴乐娜是最合适的整合操作人选，她来自“血液里流淌着并购”的达能，并购整合经验丰富。但这个决定，却让对整合和裁员不确定性的担忧，从被收购方达能延伸到收购方卡夫：对卡夫食品“达能化”的隐隐担忧，开始弥漫在原来的卡夫中国员工心中。

事实上，任何一场收购整合，都必然带来机构调整和裁员，因为两个公司在并购前后拥有的资源结构发生了改变——比如卡夫和达能在生产、销售、渠道等各方面都有重合，公司领导者需要重新确定公司的业务和发展战略。

更重要的是，大规模的并购重组都会受到资本市场的监督，在过去几年里卡夫在全球市场一直交不出漂亮的报表，最新的财务资料显示，2007 年第四季度盈利同比下降 6.3%。投资者需要将并购重组的效果尽快显示出来，而裁员带来的成本削减是最好的办法。

戴乐娜选择整合的时机很合适。咨询公司科尔尼在过去 13 年对 1 300 多家企业并购案例分析后说，一个公司只有两年时间来让并购提升价值。就卡夫中国对卡夫全球重要性的角度而言，2007 年 11 月完成收购，按照戴乐娜的计划，在 2008 年第四季度将总部搬迁，同时也就实现了对公司内部架构的重组。

从另外一个角度上说，戴乐娜2008年1月向员工宣布总部迁址的消息，到四季度正式迁址，其间有将近一年的时间，给员工去留的抉择时间也并不短，想要离开的员工也有充裕的时间寻找新东家，想随总部搬迁的员工也有充裕的时间处理好生活和工作之间的关系。

看似完美的计划，为何会遭遇暴风骤雨般的抵制？除了前期的沟通和对员工情绪关注的缺失以外，一个很重要的原因在于，当戴乐娜宣布总部迁址这一决定的时候，却没有将与之相关的裁员、补偿等完整的整合计划告知内部员工，这让“每一个人都感觉自己会被裁掉”，不安的情绪蔓延得远比想象中要快。在卡夫工作了20年之久的员工并不想离开北京，但他们对自己补偿和未来的职业前景充满担忧；而年轻的员工愿意去上海工作，却不知道是否会成为被裁的员工之一，于是每个人都人心惶惶。在卡夫收购达能饼干业务后，今年1月24日，卡夫中国公司向员工宣布，将办公地点从一直所在的北京迁往上海。员工认为，公司在事先未协商的情况下作出该决定，违反新《劳动合同法》，要求公司管理层与员工签订集体合同以保障员工权利。

卡夫中国员工的反应速度，超出了公司新管理层预期。2月21日，春节过后7个工作日，卡夫食品（中国）有限公司工会火速成立；2月28日，工会向卡夫中国新管理层发信，质疑总部搬迁的决定；3月7日，工会提出就《集体合同》进行磋商的要求。此后一直低调进行的卡夫劳资谈判公开化。

3月11日，卡夫中国新管理层书面回复工会，同意与员工签订集体合同。

事实上，不止一个公司面临过裁员和总部迁址的问题。家得宝公司刚进入中国的时候总部位于上海，但是随着对家世界的收购，企业发展的重点转移到北方，将总部搬到北京理所当然——包括企业高管在内的很多人都因为不想离开上海而离开了公司。不过当时猎头们早就在门口虎视眈眈，找到一份新的收入更好的工作一点也不难，而且公司有足够多的补偿和足够透明的整合方案，所以尽管人们会有微言，但不会酿成对企业发展有重大影响的负面事件。在此之前，阿里巴巴收购雅虎中国，马云亲自坐镇北京开出“N+1”的补偿方案，处理裁员问题，也是很好的例证。

谈判僵持

据卡夫员工透露，这场已经持续近一个月的劳资纠纷自卡夫中国地区执行董事戴乐娜（Lorna Davis）上任后便逐步引发（卡夫中国公司原总裁已调任巴西）。

2007年12月，距卡夫正式宣布成功收购达能饼干业务仅一个月，戴乐娜就开始执掌卡夫，并主导卡夫与达能饼干业务的整合。就在戴乐娜上任后的第二个月，这位新任掌门人向卡夫员工宣布了卡夫中国公司总部将在2008年第四季度从北京迁往上海的消息。

“当时我们很震惊。”陈宝庆回忆说。据了解，卡夫自1984年就进入中国市场，其总部也在北京设立多年。该公司旗下不少员工已在北京生活、工作多年。仅此一项，就意味着其中部分员工可能因总部搬迁而失业。

于是，在宣布总部搬迁不到1个月的时间内，卡夫工会迅速成立。随后，这个工会与卡夫公司进行多次谈判。

在今年（2008）3月27日，卡夫公司曾表示，已经与工会就机构重组及裁员等内容达成共识。不过，陈宝庆表示，此轮谈判仍有很多核心问题还没有涉及。他所指的核心问题其中就包括至今仍未有解决方案的卡夫中国公司的销售团队整合问题。

据了解，在4月2日的谈判中，卡夫公司方面仍然仅表态“无裁员计划”，而没有拿出销售团队的具体安置方案。

“无计划是什么意思？可不可以保证两年内不裁员？卡夫方面一直没有肯定答复。”陈宝庆说。他认为，“无计划”一说过于空洞。

据了解，虽然卡夫面向全国市场布局，达能市场主要分布在华东地区，但卡夫和达能在中国的饼干业务规模不相上下。因此，双方在销售渠道、销售人才等资源方面有不少重合。

有消息称，卡夫、达能整合后，新总部的编制不超过250人，而上海达能饼干总部已有120人，卡夫在全国也有500多名销售人员。

据卡夫内部员工透露，在戴乐娜上任后不久，卡夫很多高层迅速下马，不少已经离开卡夫公司。

“我们都很迷茫，对未来充满困惑和不安。”陈宝庆说。据悉，受劳资纠纷事件影响，卡夫3月份业绩出现下滑，最低时甚至只有平时一成水平。

陈宝庆透露，工会将继续就销售团队整合问题与卡夫公司谈判，而卡夫公司方面也将在4月7日的谈判中提出销售团队的整合方案。届时，卡夫公司还将请北京市劳动局出面协调。

事实上，在卡夫劳资纠纷刚刚发生的时候，北京市劳动局曾一度出面。不过，当时北京市劳动局只是为这场纠纷定调，希望双方协商解决。

由于北京市劳动局是非仲裁机构，陈宝庆对其协调是否能使双方达成一致，并不乐观。

妥　协

“协商就意味着妥协。卡夫劳动关系双方这次能就集体合同达成共识，就是相互妥协的结果。”北京市劳动保障局相关负责人李长宝说。他和他同事协调了卡夫劳资双方的谈判。

3月17日始，以工会主席陈宝庆等4人为代表的劳方和劳方律师，卡夫中国公司人力资源总监、员工关系经理为代表的资方及资方律师开始了就集体合同条款的谈判。

约定第一周，谈判没有任何进展。陈宝庆说，有几次谈判几乎破裂。

转机出现在接下来的一周。3月27日晚，卡夫中国对外发表“联合声明”，公司劳资双方就集体合同的重要内容达成共识。但是，包括陈宝庆在内的工会代表没有这么乐观，“只是达成初步共识，很多核心问题还没有涉及。”

谈判的难点之一，是关于补偿标准。虽然对因中国总部迁址而将到异地工作或者被裁减的员工，卡夫中国一开始就承诺将提供高于中国法律要求的经济补偿，但并没有满足员工的诉求。“不是说高于法律标准就万事OK了。很多东西是法律无法界定的，得于情于理于法。”陈宝庆说。他介绍，卡夫中国员工的平均工龄为6年，是一个比较稳定的团队，卡夫的管理一直比较人性化，员工对突如其来的总部搬迁和裁员遣散，在情感上难以接受。

不明朗的谈判形势，加重了员工的不安，传言越来越多：因为价格更便宜，公司采购部的供应商都换成达能的供应商；公司新高层决定撤换卡夫4家工厂的厂长，换上达能饼干厂的人，等等。

近一个月的谈判，有时候经常延迟到深夜。不安中，卡夫员工终于等到了新消息。4月11日晚上，陈宝庆发了一条手机短信：下午4点50分，集体合同正式达成一致意见。待卡夫的全体职工代表大会通过后，再送交市劳动局备案生效。

关于补偿标准，卡夫劳资双方没有对外透露对员工补偿的具体标准。据卡夫工会主席、劳方首席代表陈宝庆透露，补偿原则的制定“参考了行规，高于同行业中间水平”。不过，有信息显示，此次经济补偿的基数以月薪 9 440 元为界，月薪不足 9 440 元的按 9 440 元计算，超出的按照实际月工资计算。倍数的分类更细，比如，在公司工作 1～2 年的，按 N+1 计算；在公司 2～4 年的，按 N+3 计算。

虽然经过数十天的谈判，劳资双方终于就集体合同达成一致。不过，谈判的阶段性胜利难掩蒙在卡夫中国公司员工心头的伤感。有员工说，4 月 11 日劳资双方就集体合同达成共识的当天，就有不少员工离开，“大家都很伤心”。据了解，从公司宣布迁址至今，卡夫中国公司总部已经有 10 来个员工离职；到 4 月 15 日、4 月底，还将陆续有集中的员工离职。这些人员都不在去上海总部的名单中。

签订集体合同

4 月 15 日下午，卡夫职工代表大会全票通过集体合同。根据协议，卡夫将向现在北京总部的 100 多名员工（约占总部员工总数的 50%）发出去上海新总部的邀约，并为他们提供安家费等补助费用；而离职员工将得到高于中国现行法律的经济补偿。此外，工会方面也为 10 多名“特殊人群”争取了权益，包括连续服务时间长的、无固定合同期者、家庭唯一经济来源的人，均获得了额外补偿。

2008 年 4 月 18 日上午，卡夫食品（中国）有限公司（简称“卡夫中国”）劳资双方集体合同在北京建国饭店举行《集体合同》签约仪式。签约仪式后，戴乐娜（Lorna Davis）主动与陈宝庆握手，为历时三个月的卡夫中国公司劳资纠纷画上了一个阶段性的句号。据了解，卡夫与公司员工经过几轮谈判后，卡夫劳资双方最终在 4 月 11 日下午达成一致意见，并决定签署上述协议。而上述协议将在送交北京市劳动局备案 15 天后正式生效。

签约仪式上，卡夫中国工会主席、劳方首席谈判代表陈宝庆直接抛给卡夫中国公司董事长兼总裁戴乐娜两个敏感但又迫切的问题：新卡夫销售团队的整合速度，卡夫员工如何正确面对来自达能饼干的公司高管。这些都是卡夫中国公司劳资双方已经达成共识的《集体合同》所不能解决的，也将成为世界食品饮料公司巨头卡夫，在并购达能饼干业务后，中国版整合故事的新话题。

卡夫方面表示，此次签订的集体合同与个人单方面与公司签订的劳动合同不同，是针对公司的劳动标准问题，由工会或者职工推举代表，代表职工与用人单位依照法律法规就劳动报酬、工作条件、休假、社会保险福利等事项缔结的书面协议。此次卡夫与其工会签订的集体合同有效期为两年。对于此次纠纷，北京市劳动和社会保障局劳动工资处处长李长宝表示，劳资双方对目前的状况都比较满意，协议顺利生效的可能性极大。

待　续

戴乐娜 4 月 18 日接受本报专访时称，卡夫中国公司正在评估上海的新办公室，地点还未最终确定。“它不是原达能饼干的总部办公地点。我们将在 10 月底前搬入新办公室。”

“陈先生（陈宝庆）说销售团队的整合宜快不宜慢，在这里我谢谢他的建议。”戴乐娜的感谢，其实是一种婉拒。戴乐娜说，销售团队的整合将与营销淡季结合起来，这样也便于运行管理的电脑系统改造，计划在 2009 年春节时完成销售团队的整合，而且，卡夫中国新高管层需要时间“挑选合适的人才”。目前，卡夫在全国50个城市设立了销售办事处，按照东、西、南、北、中进行区域管理，全国大约有500多名销售人员。达能饼干在中国市场也有50多个销售办事处。尽管戴乐娜表示，新卡夫中国的目标是把城市覆盖率提高30%，网点覆盖率提高3倍，几百人的销售团队是未来公司开展业务的重中之重。但陈宝庆之前一直认为，“销售团队不裁员、不遣散”是不可能的。

陈宝庆认为，戴乐娜的这个思路忽略了人的因素。“(卡夫中国)总部人员的整合已经开始，原来与销售团队合作的很多同事都已经离开，这对销售团队工作士气影响非常大。而销售是一个需要激情的工作”，而新近卡夫销售总监更换为达能饼干的高管，陈宝庆认为，将加重销售团队的不安、困惑，基层团队与管理者间的沟通是很大的问题。对此，卡夫中国人力资源总监黄琪博表示，公司已成立专门的协调委员会，员工有任何问题都可以随时沟通。

尽管陈宝庆认同，夏季是饼干业务销售的淡季，在夏季整合销售团队符合市场规律，从理论上来看是最佳方案，但一直在卡夫从事销售工作的陈宝庆仍希望，销售团队的整合越快越好。架构的整合、不同公司文化的融合，是戴乐娜需要面临的新问题。她承认，公司文化的融合，不是写个公告就能解决的。

戴乐娜说聘用最好的人才“与他们来自哪个公司无关”。除她之外，卡夫中国新管理团队中，卡夫和原达能饼干的员工各有6位。针对各种传言，戴乐娜一一做了回应，“撤换卡夫4个工厂厂长人选”的消息是不属实的，工厂的整合正在进行，公司将会尽快公告厂长任命的消息；“采购部的供应商都换成达能的供应商”的消息也是不属实的；原达能饼干的销售总监出任新卡夫的销售总监，是因为原卡夫销售总监周志毅个人选择离开卡夫。

经过这次纠纷，陈宝庆与戴乐娜都有类似的感受，“斗争的心态，解决不了纠纷。我们双方应该是谈判，沟通，减少误解，建立信任。”

不过，卡夫的销售团队何去何从，则仍然是劳资双方一个未解开的结。至于卡夫北京、天津、苏州、广州的4家工厂（北京的饼干厂、苏州的饼干厂、天津的固体速溶饮料、广州的咖啡厂，大约有员工2 000人），如何整合，在本次协商中也不涉及。3月28日卡夫中国公司给本报的回复是：“目前公司并没有计划去关停、减产任何生产工厂。生产部门整合的讨论还在进行。”据悉，工厂的人员并非和卡夫总部签署劳动合同，而是和下属的工厂签约，所以不受本次签订的集体合同的约定和管辖。本星期，工厂自己的工会可能和卡夫的管理层商谈集体合同问题。

讨论题：

1. 引起卡夫集体劳动争议的主要问题是什么？
2. 卡夫工会在集体劳动争议中履行了哪些职责？
3. 如果你是戴乐娜，你将采取什么措施以避免此次集体劳动争议的发生？

复习思考题

1. 应如何理解劳动争议的概念？
2. 劳动争议有哪些特征？有哪些种类？
3. 处理劳动争议应遵循哪些原则？
4. 我国处理劳动争议有哪些程序？各处理程序之间的关系如何？
5. 我国劳动争议调解的原则是什么？企业劳动争议调解委员会在调解劳动争议中如何

贯彻这些原则？

6. 企业劳动争议调解委员会是一个怎样的组织？
7. 劳动争议仲裁有哪些特有的原则？
8. 劳动争议仲裁委员会如何组成？其职责是什么？
9. 提起劳动争议诉讼应具备哪些条件？
10. 我国集体劳动争议的处理程序是怎样的？

参考文献

[1] 北京辛吉宇劳动保障咨询中心. 劳动争议和劳动保障行政争议释解. 北京：中国劳动社会保障出版社，2003.

[2] 郭庆松. 企业劳动关系管理. 天津：南开大学出版社，2001.

[3] 姜颖，吴亚平. 劳动争议处理教程。北京：中国工人出版社，2000.

[4] 常凯. 劳权论：当代中国劳动关系的法律调整研究. 北京：中国劳动社会保障出版社，2004.

[5] 黄越钦. 劳动法新论. 北京：中国政法大学出版社，2003.

[6] 常凯. 劳动关系学. 北京：中国劳动社会保障出版社，2005.

[7] 刘学民. 劳动争议仲裁与诉讼. 北京：人民法院出版社，2001.

[8] 常凯. 论不当劳动行为立法. 中国社会科学，2002 (5).

[9] 常凯. 关于团结权的性质及其在中国的实施//常凯. 全球化的劳资关系与劳工政策. 北京：中国工人出版社，2003：137-168.

[10] 武唯. 劳动监察：我们有时很尴尬. 中国劳动保障报，2004-04-06.

[11] 张涛. 劳动监察部门为何帮不上民工的忙 [N]. 新华每日电讯，2003-12-29 (7).

[12] 李剑锋. 劳动关系管理. 北京：对外经济贸易大学出版社，2003.

第12章
企业劳动关系管理评估

本章学习内容

1. 企业劳动关系管理评估概述；
2. 国内学者建立的劳动关系管理评估指标体系；
3. 国外学者建立的劳动关系管理评估指标体系。

本章学习目标

1. 了解企业劳动关系评估的指标体系；
2. 了解影响企业劳动关系管理效果的因素。

引导案例

秘密劳资会谈　美联航为免破产最后一搏

陷入财务困境的美国联合航空公司希望，成本节约的幅度可足以保证其在年底之前获得美国政府18亿美元的贷款担保，以使其免于申请破产保护。2002年11月底，为帮助公司避免破产，联合航空的2.4万名乘务员同意了减薪4.12亿美元的提案。联合航空的飞行员工会和其他雇员组织先前就成本削减达成临时协议，联合航空公司内共有67%的公司员工参加了有关这项协议的投票，其中87%的员工投了赞成票。这项协议的通过将使面临财政危机的联合航空公司节省人力成本支出，从而使公司可以获得18亿美元的贷款援助。

机械师是唯一反对联合航空应急减薪提议的雇员团体。如果机械师工会拒绝签署减薪协议，上述临时协议均将于2002年12月31日到期。

为了解决人力资源上出现的危机，12月1日联合航空公司的管理层和机械师工会进行了非公开会谈，就如何避免破产厄运进行再次协商。如果双方不能达成协议，美国联合航空公司破产将是板上钉钉的事。

美国联合航空公司向机械师提出的建议包括将机械师现有的劳工合约延期1年，取消原定的加薪和其他薪酬增加。作为回报，该航空公司向工会提出给予机械师一笔股票期权，期权的数额没有透露。机械师们目前已拥有UAL约20.4%的股权。新合约还将使该工会有义务至少要与联合航空探讨报酬的临时减让问题，并可能要求工会将此类的计划交由员工投票。但机械师工会的发言人说，联合航空的计划该工会没有义务必须参加。最终，美国联合空运公司没有通过协商获得机械师工会的减薪支持。

12月1日，美国联合航空的管理层和机械师工会举行了非公开谈判，希望代表1.3万名机械师的工会同意减薪方案，结果却遭到拒绝。员工关系的僵局终将美国联合航空逼上破产保护之路。员工持股多达55%的美国联合航空公司，居然会因为员工反对以减薪渡过难关的方案而被迫申请破产保护。

为了解决财务上的问题，美国联合航空又是裁员又是减薪，导致人力资源出现危机。企业危机时刻存在两难的问题：一方面需要员工鼎力支持企业渡过难关；另一方面又往往不得不采取裁员减薪以缩减开支。这时如何处理好员工关系，是解救企业于水深火热之中的关键所在。这并不意味着企业在危难中不能采取裁员减薪等削减成本的措施，但是一定要注意在敏感时期缓解敏感的员工关系，取得员工的支持。

美国联合航空公司所面对的问题，在任何一家企业都可能发生。其中一些关于劳动合同、劳动争议、集体谈判、裁员减薪等问题在人力资源管理中属于劳动关系管理的范畴。但目前，很多企业的人力资源管理者仍然对企业劳动关系管理抱有人事管理时代的成见，认为那些工作都是一些烦琐的事务性工作，并不能真正促进企业的生存和发展。但实质上，如果没有劳动关系的和谐运转，就没有企业的健康发展。

企业劳动关系是企业管理者与劳动者之间的关系，是企业内部一种核心的或最为重要的人与人之间的关系，因此，加强企业劳动关系管理，处理好企业与劳动者之间的关系，是人力资源管理的重要内容和基本目标之一。

12.1 企业劳动关系管理评估概述

12.1.1 当前中国企业劳动关系的三种类型

当前中国企业劳动关系有三种类型：和谐型、摩擦型、冲突型。不同类型劳动关系各自具有以下特征。

（1）和谐型劳动关系

和谐型劳动关系的运行主要有三方面特征。其一，劳动者劳动权利、利益得到较高层次的实现，如签订劳动合同、工资水平相对较高、工作时间符合法规、福利较好、参加各种保险等。其二，劳动关系协调机制较完善，劳资双方基本认同。劳资双方认识到各自权利、利益不同，各自法律地位平等，并在此基础上认同双方劳动关系的基本一致性。劳资双方强调相互合作、相互信任，避免冲突和摩擦。劳资双方以对等协商为主要原则，建立工会，工会主席与企业主无近亲属关系。工会工作正常开展，建立平等协商、集体合同制度，日常劳资协调机制、民主参与管理机制正常运作，双方利益通过日常协调机制协商得以一致。其三，劳动争议处理机制健全。建立企业或区域性劳动争议调解组织，劳动争议依法处理。

和谐型劳动关系强调双方在利益差别基础上的合作，通过规范双方的权利义务，通过平等协商保障双方权利、利益，实现双方共同利益的最大化。劳动者与企业自主建立和自行协调劳动关系、工会与企业参与协调劳动关系，政府指导协调劳动关系，这种市场经济劳动关系和谐运行的目标模式在和谐型劳动关系中得以实现。

（2）摩擦型劳动关系

现实中主要有以下两种摩擦型劳动关系。第一种是自觉性摩擦型。劳资双方自觉强调和注重各自权利、利益的区别，但不具备现代法律知识、缺乏日常协调机制、劳动者以消极怠工为对抗手段、雇主以绝对剩余价值为获取利润的主要手段，“紧张状态”是其常态，只不过没有突发事件、导火线使矛盾转化为冲突。第二种是压制性摩擦型。雇主明确劳资矛盾的本质，雇主以老板、管理者、家长一身三任的身份（甚至还是干部）绝对地控制了劳动关系；雇工并不明确劳动关系的性质、自身素质低下、受侵害时未意识到被侵害，即虽然存在矛盾但由于雇工素质低下、无自主意识，而使矛盾处于潜伏、压制状态。“内紧外松”是其常态。

这两种摩擦型劳动关系的劳动者劳动权利、利益实现机制均处于潜在的不稳定状态，如不签订书面劳动合同或按雇主单方面意向签订劳动合同、工资水平低、有时拖欠工资、工作时间较长、劳动安全卫生条件较差、未参加各种社会保险等。劳动关系协调机制、劳动争议调解组织均不健全；未建立工会，或工会完全被老板控制，不能开展维权活动；不能形成劳动争议或劳动争议私下了结。

（3）冲突型劳动关系

冲突型劳动关系具有以下特征：劳动者劳动权利利益实现处于最低状态，如工资水平低下、工资经常拖欠、劳动条件恶劣等。

劳资双方意识到各自权利利益的区别，强调突出各自的权利、利益，双方界限清晰。雇工有强烈的权利和利益意识，其中有些具有强烈的农民意识、同乡观念，有些甚至具有不自觉的不成熟的早期无产阶级意识，经常以破坏机器、浪费原材料、消极怠工甚至罢工等方式发泄愤怒与不满。雇主以绝对剩余价值为获取利润的主要手段、以泰罗式管理为主要管理方法，甚至采取更原始、粗暴的管理方法。劳资双方均缺乏法治意识；企业内部管理制度混乱，甚至没有管理制度；未建工会，更无劳动关系日常协调机制及各类劳动争议调解组织。劳资冲突时常发生，并得不到妥善、符合法律的解决。冲突发生后，雇主强力“镇压”或由外部力量干预处理。

和谐的劳动关系是经济发展的前提，更是构建和谐社会的基石。和谐劳动关系的实质是劳动关系主体双方利益的和谐，是双方权利义务的平衡。和谐劳动关系的构建既要体现对劳动者利益的偏重保护，同时也要兼顾企业利益。构建和谐的劳动关系，必须不断完善“三方机制”，重视和强化集体谈判，建立便捷、经济的劳动争议处理制度。从企业本身来说，理顺劳资关系，加强体制建设，才能建设现代企业文明和促进企业的进一步发展，提升企业的内在竞争力。在构建和谐社会过程中，企业应有所作为：一方面，要以人为本，协调劳资双方利益关系，从企业内部夯实社会和谐的基础；另一方面，要主动沟通，追求社会利益相关者的满意，从企业外部构建社会和谐的环境。除通过法制建设和企业自身建设外，还应加强工会建设，通过对劳资关系的协调和监管使企业承担一定的社会责任，既能够促进企业发展，又能够造福于社会，使社会诸方面都成为企业发展的受益者。

12.1.2 企业劳动关系评估指标体系构建的重要性

了解和评价企业劳动关系状况是构建和谐劳动关系的前提和基础，对国内外劳动关系评价的相关研究进行深入分析后，我们发现这些研究具有以下特点：第一，国外学者的关注点是企业劳动关系与企业绩效、战略以及劳动生产率等因素之间关系的实证研究，提出了若干相关指标或要素来评价企业劳动关系，一般不将企业劳动关系评价指标构建作为专门的研究对象；第二，目前国内多集中于劳动关系的个案和专项的研究，如对劳动合同管理、劳动争议处理等方面的研究，其立足点多是单纯的员工或者政府立场，而对企业运行中的劳动关系状况及其影响因素进行深入研究与探讨的著作比较少，对企业劳动关系的评价缺乏一定适用性和可操作性。①

随着国内劳动关系的转型，各种问题凸显。在这种背景下，国内一些研究者开始进行企业劳动关系评价指标体系构建的探索性研究，并取得重要成果。

12.2 国内学者建立的劳动关系评估指标体系

12.2.1 国内学者劳动关系评估指标的文献综述

目前，许多学者从不同的视角研究了劳动关系的测量问题。雇员对公平和公正待遇的关心，同雇主或管理方对经济效益和组织效率的关心，在某种程度上是相互冲突的。这种冲突包括了诸如薪酬收入、工作条件和福利保障等具体利益问题。相对于雇主，雇员个人配置资源的能力十分有限，而且往往还要面对劳动力市场的“机会稀缺”——能够选择的工作种类很有限。如果辞职，一般很难有选择的机会。所以，在劳动力市场上，雇员大多处于相对不利的地位。雇员和雇主的不平等地位，决定了发生劳动关系问题的可能性。建立科学的企业劳动关系评价指标体系是评价劳动关系状况的前提和基础。国内一些学者对企业劳动关系的评价指标进行了一定程度的研究。

吕景春（2006）认为，雇主的效率需求与雇员公平之间的利益平衡是劳动关系和谐的基点。他提出了“创新利益均衡机制，以实现劳动关系和谐”的基本策略。

劳资双方利益制衡机制的创新，主要取决于培育以“劳资自治”为目标的和谐劳动关系内部利益制衡机制。通过逐步完善内部利益制衡机制，增强自治能力，增进劳资双方的合作意识和责任意识，实现劳资双赢的合作博弈，从根本上减少劳资冲突；即使发生冲突也基本能在双方之间解决，避免劳资矛盾的显性化和外部化。

罗明忠（2006）研究了民营企业和谐劳动关系的构建，认为我国民营企业劳动关系中的冲突是一种客观存在，主要表现为：劳动争议案件有继续增长之势；企业内部的信任主要按照以血缘为基础的亲疏排序；劳动契约以短期为主而影响劳动者预期；劳动者的生存和发展要求与企业可能提供的条件和机会不一致。管理者必须着眼于调解与开发，采取有效措施化解破坏性冲突，以可行的方法和制度开发良性冲突，构建我国民营企业和谐的劳动关系，推动企业健康发展。

王贤森（2005）通过对《工会法》实施过程中若干问题的反思，研究了我国当前和谐劳动关系构建的新视角，认为劳动关系的和谐是构建和谐社会的重要内容，将劳动关系纳入法制化轨道运行是确保劳动关系和谐的关键。他对于协调劳动关系重要法律的《工会法》在实施中出现的工会组建和职工入会的各种误区，以及在平等协商、签订集体合同和职工民主管

① 常凯．中国劳动关系报告——当代中国劳动关系的特点和趋势．北京：中国劳动关系保障出版社．2009：577.

理制度推行中遇到的困惑，从立法和执法的层面进行反思，并提出对策。首先，应该完善法律体系，建议在国家层面上制定一部专门规范集体协商和集体合同的法律——集体合同法，以对集体协商和集体合同的主体、范畴、程序、职责、法律责任等一系列问题加以具体、统一规范。其次，从操作层面分析，通过立法严格界定平等协商主体及其代表，确保集体合同收到实效；同时，需从立法上加强对双方协商代表的身份甄别或限制。集体协商的实践证明，工会一方的首席代表，不得由企业行政副职的人员兼任，以防其受利益驱动影响，在协商中发生立场漂移。最后，现代和谐社会的和谐理论与实践及其制度安排不仅要关注人民的“福利”，同时还需关注人民的“权利”。基于这一理念，从政治民主领域看，社会主义民主政治赋予职工民主管理权力的内涵应该是丰富的，范围应是广泛的。

贺秋硕（2005）研究了企业和谐劳动关系评价指标体系的构建。她认为，企业和谐的劳动关系应是劳动者与劳动力使用者在实现劳动的过程中所结成的一种社会经济利益关系，表现为友好合作的一种新型伙伴关系，其目标既能提高劳动者素质和生产效率，又能增强企业核心竞争力、提高利润。因此，构建和谐的劳动关系就应该包括劳动关系的各个方面，即：规范劳动合同、提高员工职业培训机会、工资制度规范、社会福利保障全面到位、保证员工得到公平合理的待遇（包括积极参与企业的决策，发挥民主机制作用）、充分有效地发挥工会的职能、及时解决内部纠纷等。若这些管理政策得到切实施行，生产效率和员工素质就会得到提高，双方的不合作或冲突就会降低到最小程度，工作中存在的其他问题也会迎刃而解。她提出从劳动者就业及工资状况、劳动者就业环境及受保护程度、劳动者民主程度及其发展前途三个准则出发，选择劳动合同状况、就业培训状况、工资状况、劳动条件、社会保障、工会组织情况、劳动争议率、经济效益及文化这八个要素，建立企业劳动关系和谐度评价指标体系。

姚先国和郭东杰（2004）以浙江省10家国有制企业为研究对象，分析了工资（包含奖金）、持股比例对管理层和工会等的满意度，对改制方案的满意度，福利水平等对企业劳动关系的影响。

齐志国（2004）从劳动关系危机预警的角度确立了员工满意度、流失率、合同签订率、集体合同数目、劳动争议频率及调解率、缺勤率、旷工率等企业劳动关系的评价指标。

汪弘、邱羚（2001）则从企业解决劳动者就业状况、企业就业合同签订、工资及其分配、社会保障、工会组织和企业经济效益五个方面，共筛选了26个指标，组成企业劳动关系的评价指标体系。

黄攸立、吴功德（2006）将企业人事劳资管理人员作为调查对象，通过传真、面谈等方式向合肥经济技术开发区180家企业的人力资源部门发放问卷。由于人事管理人员具有一定的劳动关系管理专业知识和丰富的劳动关系管理经验，问卷要求根据自身专业技能和经验，选择被调查者认为重要的劳动关系指标，通过隶属度分析、相关分析和鉴别力分析，建立了包括基础业务管理、合作管理、冲突管理、劳动者权益保障和企业绩效表现这五个方面共14个指标，作为企业劳动关系和谐度评价的指标体系。但是，这些指标注重对劳动关系结果的测量和评价，忽视了对劳动关系形成和发展过程的评价。

常凯、于欣、吴清军（2009）建立了包括“劳动关系的运行与协调”和“劳动关系的产出与结果”两个一级指标、13个二级指标、40个三级指标的企业劳动关系评价指标体系。①

① 常凯. 中国劳动关系报告：当代中国劳动关系的特点和趋势. 北京：中国劳动关系保障出版社，2009：578-579.

总结国内学者对劳动关系的研究可以看出，学者们为建设和谐劳动关系提出了各种设想和建设思路，和谐劳动关系是建立在企业内部管理方、员工、工会合作，以及双方利益均衡、兼顾公平与效率的基础之上的，必须通过建设合作型劳动关系，从而实现和谐劳动关系的管理策略。

12.2.2 国内学者建立的劳动关系评估指标体系

目前国内主要是反映劳动关系和谐程度的指标分析。我们收集了来自人大复印资料、中国学术期刊网（CNKI）、维普资讯等国内关于劳动关系的有关文献，国内学者以研究劳动关系和谐和满意程度等测量评价指标为主，代表性作者和指标内容见表12－1。

表12－1 国内劳动关系测量评价指标

作者	劳动关系内容	指标内容
常凯，于欣，吴清军（2009）	劳动关系的运行与协调	劳动合同、集体协商与集体合同、工会组织、劳动规章制度、员工民主参与、劳动争议处理、劳动管理
	劳动关系的产出与结果	工资工时、社会保障、职业安全与卫生、就业培训、员工发展、企业绩效
黄攸立，吴功德（2006）	基本业务管理	合同签订率
	合作管理	员工参与企业管理状况、员工工作自主性
	冲突管理	员工投诉的解决状况、工作场所的监督方式
	员工利益保障	工资水平、福利项目与水平、收入差距、安全卫生事故数量、社会保险的缴纳情况
	企业绩效表现	员工满意度、员工流失率、员工缺勤状况、企业盈利状况
侯典牧（2006）	人员状况	员工平均工作年限、员工结构、员工流动率
	劳动合同及安全	员工忠诚度、人均周工作小时、出勤率、违纪人次及原因、劳动环境评测值
	劳动争议及处理	劳动争议数量、劳动争议产生原因比例、调解、仲裁、诉讼分别占争议处理的比例
	员工参与管理	人均表达管理意见次数、意见被采纳率、因参与管理受奖励人次
	其他	员工满意度、工会的组织程度
詹婧（2006）	收入评价	收入水平、工资增长情况、分配公平性
	对管理层的评价	对管理方式的满意度、对经营效益的满意度、管理层的胜任度、管理层对员工的关心
	对工会的评价	工会组织的设立、工会对员工的代表性、员工对工会的信任度、工会监督管理层的力度、工会参与决策的程度
	对岗位的评价	下岗比例、待岗比例、对岗位稳定性的评价、对人岗匹配公平性的评价
	劳动合同签订情况	劳动合同签订率、劳动合同期限、集体合同签订情况、合同签订的自主性
	民主参与情况	表达权的大小、建议有回应的比例、建议被采纳的比例、民主参与方式的多寡

续表

作者	劳动关系内容	指标内容
贺秋硕(2005)	劳动者就业及工资状况	劳动合同状况、就业培训状况、工资状况
	劳动者就业环境及受保护程度	劳动条件、社会保障
	劳动者民主程度	工会组织、劳动争议率、经济效益及文化
	劳动者就业及工资状况	劳动合同状况、就业培训状况、工资状况
	劳动者就业环境及受保护程度	劳动条件、社会保障
姚先国，郭东杰(2004)	对改制企业劳动关系满意度	工资（包括奖金）、持股比例、对管理层和工会等的满意度、对改制方案的满意度、福利水平等
齐志国(2004)	企业劳动关系评价指标	员工满意度、流失率、合同签订率、集体合同数目、劳动争议频率及调解率、缺勤率、旷工率等
许菁容(2004)	劳资气氛	口角或摩擦的情形、对立、沟通不良
	劳工参与	对公司措施的满意度、参与管理、意见参与、沟通的通畅性
	劳资共益	认同公司目标、维系公司正常运作、员工间的融洽性
汪泓，陈心德，邱羚(2001)	企业就业状况	下岗率、待岗率、分流安置率、外地民工比率
	企业劳动合同	劳动合同签订率、合同期限、劳动争议率、签订集体合同
	工资及其分配	工资增长情况、与行业比较情况、工资发放情况、工资分配情况
	社会保障	养老保险、医疗保险、失业保险、公积金等缴纳情况
	工会组织	工会组织的设立、工会专职干部配备、工会对职工利益的参与决策、职代会召开情况
	企业经济效益	与去年利润比较、与去年资金利润率比较、与去年市场占有率比较
	企业景气指标	对本企业经营者管理能力的信心、对本企业发展前景的信心、对目前生活保障水平的满意度、对未来生活保障的乐观程度、对目前岗位稳定的乐观程度

资料来源：本章作者根据文献整理。

12.3 国外学者建立的劳动关系评估指标体系

12.3.1 国外学者劳动关系评估指标文献综述

国外一些学者对劳动关系评价指标进行了一定程度的探索及实证研究。Harry C、Kate等人（1983）以“投诉率”、“员工受处分比例”、“合同量”、“谈判时间”、“缺勤率”和“劳资态度”作为企业劳动关系的评价指标，以分析企业劳动关系与企业绩效的关系，以及工作生活计划对于企业的影响。Joel Cutcher－Gershenfeld（1991）把“冲突频率”、“冲突的解决”、“投诉的正式及非正式的解决”、“工作自主性”、“工作的反馈”等作为评价指标，把企业劳动关系分为传统型、过渡型和变革型三类，并分析了三类劳动关系对于企业成本、生产率等的影响。Jody，Hoffer，Gitttel等人（2004）从“工会代表性”、“参与管理”、“劳资冲突”、“工作场所氛围”四个方面来评价企业劳动关系，指出了企业解决劳动冲突、营造良好的工作氛围的重要性。Robert Buchele（1991）则以“平均工作年限”、“监督者和工人的数量比”、“工人最高最低收入比”三个指标评价国家（地区）的劳动关系，通过分析得出合作性的劳动关系更能促进生产率的提高。Jeffrey B. Arthur（1993）则以“决策权的分散程度”、“员工参与状况”、“监督者和工人的数量比”、“劳资冲突的解决”、“工资及其结构”等作为企业劳动关系的评价指标，研究发现企业的劳动关系类型与企业的经营战略有着较强的相关性。

12.3.2 国外劳资关系评估指标分析

国外研究劳资关系的指标较多，从劳资合作的角度来评价劳资关系质量的实证研究见表12-2。

表12-2 国外劳动关系评价指标

作者	劳动关系内容	劳动关系指标
Jody Hoffer Gittell，Andrew Von Nordenflycht，Thomas A. Kochan（2004）	劳动关系对企业绩效的影响	因变量：工资水平、服务质量、劳动生产率、生产利润；自变量：工会成员率、共同治理、劳资冲突、工作场所氛围
Patrick P. McHugh 和 Seong J. YIM（1999）	劳资合作实践内容	集体合作协议：集体协商、集体合同、民意调查反馈、合理化建议调查反馈； 实践和计划：质量圈、利润分享、工作生活质量、工作团队、参与董事会，战略、员工参与、工作安全/健康、培训/教育、工作保障、民事权利、工作内容、照顾小孩等组织
John W. Budd（2004）	人性化的雇用关系	效率：以市场为基础的交易和合同、最低劳动标准（工资、工时、安全家庭休假、事先通知、童工）、所得维持（失业保险、劳工补偿、退休金标准）、产业和谐、劳工谈判力的增强、工作场所公共物品、机会均等、员工代表/参与、正当理由解雇 公平：最低劳动标准（工资、工时、安全家庭休假、事先通知、童工）、均衡的所得分配、机会均等、正当理由解雇 发言权：工业民主、员工决策与自治、言论自由、员工政治权利
Robert Buchele，Jens Christiansen（1998）	劳动关系的测量指标	平均工作年限、监督者和工人的数量比、工人最高收入与最低收入比
Bennett（1994）	影响企业员工关系的实务	团体协商、抱怨与申诉、谈判、离职、员工参与和投入、沟通与咨询
Jeffrey B. Arthur（1993）	企业劳动关系类型与企业经营战略的关系	劳动关系的评价指标：工作组织特征、决策权的分散程度、员工参与状况、监督者和工人的数量比、培训、劳资冲突的解决、工资结构等
Brewster（1989）	影响企业员工关系的实务	员工参与和投入、沟通与咨询、奖惩规定、谈判、抱怨与申诉、离职

续表

作者	劳动关系内容	劳动关系指标
Harry. C. Katz，Thomas A. Kochan，Kenneth R. Obeille（1983）	企业劳动关系与工作生活计划对于企业绩效的影响	企业劳动关系的评价指标：投诉率、员工受处分比例、合同数量、谈判时间、缺勤率和劳资态度； 员工抱怨的原因：工作环境、工资水平、劳动监督、劳资争议处理
I. R. Norsworthy，Caring A. Zabala（1985）	劳动关系评价指标	流失率、投诉数量、未解决投诉数量，未授权罢工数量
HC Katz，TA Kochan，MR Weber（1985）	劳动关系系统评估指标	申诉率、旷工率、受处分率、员工对企业建议方案的态度和参与程度、员工对改善工作生活方案的参与、员工对劳动生产率和产品质量的意见的采纳率
Joel Cutcher-Gershenfeld（1991）	劳动关系类型对企业成本、生产率等因素的影响	劳资关系的评价指标：冲突频率、冲突的解决、投诉的正式及非正式的解决、工作自主性、工作反馈；劳资关系影响企业的绩效机制；冲突处理的方式；对劳资共同利益的追求

本章主要内容回顾

了解和评价企业劳动关系状况是构建和谐劳动关系的前提和基础。劳动关系的调整是劳动管理工作的重要组成部分，直接关系着劳动关系的和谐和社会的稳定，对促进改革和社会经济发展起着重要的作用。

企业劳动关系管理的工作囊括了企业管理层与劳动者合作与冲突的很多层面，大多数结果是不明确的，因而很难对其进行直接的量化。所以，在对劳动关系管理的效果进行核查时，应该从其目标和原则出发选定一些指标，同时可以根据国家的相关规定制定标准，或根据企业的实际情况制订计划。设定的指标及其标准和计划可以作为日常劳动关系管理工作的指导和目标。如果工作中发现某些指标的执行与标准或计划差异较大，人力资源管理人员应当尽快分析原因，及时解决问题。要做到这一点，就要求管理人员要掌握好人事数据和信息，建立好相关的台账，并关注其变动。对于一些比较主观的指标，如员工忠诚度、员工满意度等，可以定期通过访谈或者问卷调查的方式获取。

人力资源部管理人员可以根据搜集到的数据和资料进行分析并撰写报告，通过比较指标的实际执行情况与计划或标准的差异，分析企业劳动关系管理工作的优点和存在的问题，为拟订新的工作方案、设定新的指标体系做向导。

复习思考题

1. 什么是劳动关系评价指标体系？
2. 评估企业劳动关系效果的指标有哪些？

参考文献

[1] 常凯．劳动关系学．北京：中国劳动社会保障出版社，2005.

[2] 常凯．中国劳动关系报告：当代中国劳动关系的特点和趋势．北京：中国劳动关系保障出版社，2009.

[3] 侯典牧. 人力资源管理360度全程序工作手册. 北京：中国经济出版社，2006.

[4] 李德齐. 建立劳动关系的三方协调机制. 北京：中国经济出版社，1999.

[5] 汪泓，邱羚. 企业劳动关系定量评估模型. 上海企业，2001 (7)：10-13.

[6] 姚先国，郭东杰. 改制企业劳动关系的实证分析. 管理世界，2004 (5)：97-107.

[7] 徐小洪. 企业劳动关系类型评估体系之构建. 工运研究，2006 (5)：11-13.

[8] 杨玉兰. 以人为本构建和谐劳动关系. 科技创新导报，2009 (16)：252.

[9] 王全兴. 劳动法. 北京：法律出版社，1997.

[10] 关怀. 劳动法. 北京：中国人民大学出版社，2000.

[11] 李淑芳，张文霞. 政府在建立和谐劳动关系中的责任. 党史博采，2009 (6)：32.

[12] 黄攸立，吴功德. 从理论和实证的视角构建企业劳动关系评价指标体系. 中国人力资源开发，2006 (8)：90-94.

[13] 郭庆松. 企业劳动关系管理. 天津：南开大学出版社，2001.

[14] 姚先国，郭东杰. 改制企业劳动关系的实证分析. 管理世界，2004 (5).

[15] 齐志国. 企业劳动关系的预警系统研究 [D]. 郑州：河南大学，2004.

[16] 汪弘，陈心德，邱羚 . 企业劳动关系测评与景气指数体系的研究. 上海工程技术大学学报，2001 (3).

[17] 贺秋硕，余敬 . 区域人力资源开发与管理的评价指标体系. 统计与决策，2005 (12)：50-51.

[18] 吕景春. 和谐劳动关系：制度安排与机制创新 一个福利经济学的研究框架. 经济学家，2006 (6)：11-18.

[19] 徐小洪. 企业劳动关系类型评估体系之构建. 工运研究，2006 (5)：11-13.

[20] 詹婧. 模糊综合评价法在企业劳动关系计量中的应用. 首都经济贸易大学学报，2006，8 (4)：57-62.

[21] 罗明忠. 基于冲突管理视角的企业和谐劳动关系构建. 中国人力资源开发，2005 (11).

[22] 王贤森. 当前和谐劳动关系构建中的新视角：《工会法》实施中若干问题的反思. 中国劳动关系学院学报，2005 (5).

[23] 贺秋硕. 企业劳动关系和谐度评价指标体系构建. 中国人力资源开发，2005 (8).

[24] 许菁荣. 员工福利措施对劳资关系影响之研究 [D]. 台湾中山大学人力资源管理研究所，2001.

[25] 巴德. 人性化的雇佣关系：效率、公平与发言权之间的平衡. 北京：北京大学出版社，2007.

[26] NORSWORTHY I R，ZABALA C A. Worker attitudes，worker behavior，and productivity in the U. S. automobile industrial. 1959—1976. Industrial and Labor Relations Review，1985，38 (4)：544-557.

[27] Joel Cutcher-Gershenfeld. The impact on economic performance of a transformation in workplace relations. Industrial and Labor Relations Review，1991 (2)：241-260.

[28] Jody Hoffer Gittell，Andrew Von Nordenflycht，Kochan T A. Mutual gains or zero sum? Labor relations and firm performance in the airline industry. Industrial and Labor Relations Review，2004 (2)：163-180.

[29] Robert Buchele，Jens Christiansen. Do employment and income security cause unemployment? A comparative study of the US and the E-4. Cambridge Journal of Economics，1998，22 (1)：117-136.

[30] Arthur J B. The link between business strategy and industrial relations system in American steel minimills. Industrial and Labor Relations Review，1993，45 (3)：488-506.

[31] Katz H C，Kochan T A，Weber M R. Assessing the effects of industrial relations systems and efforts to improve the quality of working. The Academy of Management Journal，1985，28 (3)：509-526.

[32] Kleiner M M，Leonard J S，Pilarski A M. How industrial relations affects plant performance：the case of commercial aircraft manufacturing. Industrial and Labor Relations Review，2002，55 (2)：195-218.

[33] Katz H C, Kochan T A, Gobeille K R. Industrial relations. performance, economic performance and QWL programs: an interplant analysis. Industrial and Labor Relations Review, 1983, (1): 3-17.

[34] McHugh P P, Seong J YIM. Developments in Labor-management cooperation: the codification of cooperative mechanisms. Industrial Relations, 1999.

[35] Bennett R. Employee relations. Singapore: Longman Group UK Ltd., 1994.

[36] Brewster, Chris. Employee relations. People's Republic of China: Macmilian Education Ltd., 1989.